Milan Kuna · Musik an der Grenze des Lebens

Milan Kuna

Musik an der Grenze des Lebens

Musikerinnen und Musiker aus böhmischen Ländern in nationalsozialistischen Konzentrationslagern und Gefängnissen

Übersetzt von Eliška Nováková

Zweitausendeins

1. Auflage, Oktober 1993.

Die tschechische Ausgabe von »Musik an der Grenze des Lebens« erschien 1990 in der Reihe Dokumenty. Svazek 220 bei Naše vojsko Český svaz protifašistických bojovníků in Prag unter dem Titel Hudba na hranici života. O činnosti a utrpení hudebníků z českých zemí v nacistických koncentračních táborech a věznicích.

Die deutsche Fassung wurde von Michael Schmitt und Martin Weinmann überarbeitet und vom Autor durchgesehen. Der Beitrag »Musik in nationalsozialistischen Lagern. Eine kommentierte Bibliographie« wurde der deutschen Ausgabe hinzugefügt.

Nachweise der Abbildungen Seite 379.

Lektorat: Martin Weinmann, Wiesbaden.
Umschlagentwurf: Helene Fischer.
Satz und Herstellung: Dieter Kohler & Bernd Leberfinger, Nördlingen.
Druck: Wagner GmbH, Nördlingen.
Gedruckt auf chlorfrei gebleichtes Bilderdruckpapier,
geliefert von Arma Druckpapiere, Hamburg.
Einband: G. Lachenmaier, Reutlingen.
Printed in Germany.

Dieses Buch gibt es nur bei Zweitausendeins
im Versand (Postfach, D-60381 Frankfurt am Main) oder
in den Zweitausendeins-Läden in Berlin, Essen, Frankfurt, Freiburg, Hamburg,
Köln, München, Nürnberg, Saarbrücken, Stuttgart.

In der Schweiz über buch 2000, Postfach 89, CH-8910 Affoltern a. A.

ISBN 3-86150-018-3

Inhalt

Einleitung

Leid kann nicht gemessen werden. Was wissen wir schon über das Grauen, das sich eines Menschen bemächtigt, wenn er erfährt, daß ihm ein weiteres, von Folterungen begleitetes Verhör bevorsteht, was von seinem seelischen Zustand, wenn er von Hunger und Krankheit erschöpft in einer Betonzelle zu Boden sinkt? Wenn er in einer engen Stehzelle oder im eiskalten Bunker steht und nicht weiß, wie lange er noch zu leben haben wird? Wenn seine Menschenwürde tagtäglich von den schlimmsten Kreaturen mit Füßen getreten wird. Wenn er seine ausgemergelten und zu Tode geschundenen Mithäftlinge anblickt und in diesem Spiegel erkennt, daß auch der eigene Zustand hoffnungslos ist? Wenn er sieht, wie der Rauch der Krematorienöfen in den Himmel steigt, in denen menschliche Wesen in ein Häuflein Asche verwandelt und zu Staub werden, der für die Machthaber des »Dritten Reiches« nichts Heiliges mehr hat? Ein Entrinnen aus dieser Welt gibt es nicht. Der Häftling, der ein rüstiger und gesunder Mensch gewesen war, wird allmählich zu einem »Muselmann«, zu einem mit Haut überzogenen Skelett, das allen Lebenswillen verloren hat. Sein gepeinigter Körper, sein unendlich trauriger Blick weisen auf den Abgrund des Leidens hin, das er durchlebt. Wird er sich aufgeben und sterben wollen, oder gibt es einen Rest von Überlebenswillen?

Noch weniger ist es möglich, diese Hoffnungslosigkeit, die Verzweiflung und die Qual Hunderttausender zu erfassen, die an der Schwelle zwischen Leben und Tod vegetierten. Wer diese Erfahrung nicht durchlitten hat, wird das Ausmaß der Entwürdigung jener niemals nachvollziehen können, die wegen ihres Widerstandes gegen die verbrecherische Willkür der Nazis in Lager und Gefängnisse gesperrt oder wegen ihrer »Rasse« auf die barbarischste Weise verfolgt wurden.

Obwohl in den letzten fünfundvierzig Jahren eine Fülle von Literatur über das Leben und die Verbrechen in den Nazi-KZ angehäuft worden ist, liegt noch vieles im dunkeln. Kein Dokument vermag wiederzugeben, wie das alltägliche Leben im Lager erfahren wurde, oder vermag beispielsweise darüber Aufschluß zu geben, welche Bedeutung Liedersingen oder Musizieren unter den Bedingungen unmenschlichen Drucks für die Häftlinge gehabt hat. Selbst in den Erinnerungen der Überlebenden ist darüber nur wenig zu erfahren; vielleicht spielen dabei Scheu oder Scham eine Rolle, die damaligen Gefühle öffentlich zu machen, vielleicht auch das Bedenken, ein solches Geständnis könnte womöglich naiv klingen. Aber so wie ein ans Bett gefesselter Schwerkranker die Welt mit ganz anderen Augen sieht als ein gesunder und kräftiger Mensch, so hatte ein schlichtes, gedämpft unter seiner schäbigen Decke gesungenes Lied für den im Elend und im Dreck des Konzentrationslagers lebenden, durch anstrengende Arbeit und Hunger erschöpften Häftling eine ganz andere Bedeutung, als das je ein Konzertabend gehabt haben konnte, den er früher als freier Mensch miterlebt hatte. Die Begriffe Leben, Kultur, Musik relativierten sich und erhielten einen anderen Sinn. Die Musiker waren gewaltsam aus ihrer Umgebung herausgerissen worden, doch obwohl sie von der Heimat abgeschnitten waren, blieben sie wie alle Häftlinge in ihrem Denken und Fühlen ständig mit ihr verbunden. Denn in der Heimat gab es Menschen, die jene, die die Greuel des Lagers und die Folterkammern der Gestapo überleben würden, nach ihrer Befreiung mit offenen Armen begrüßen würden. Durch diese noch so schwache Hoffnung blieben sie im Lager und in den isolierten Zellen mit ihrem Zuhause verbunden. Die Nazis waren zwar imstande, die körperliche Kraft eines Menschen zu brechen, sie vermochten aber kaum, seinen inneren Halt, seine Gedanken und Zukunftspläne, seinen Glauben zu vernichten.

Das vorliegende Buch beruht auf Zeugnissen und Dokumenten über die Wirkung und die moralische Kraft der Musik, die in den nationalsozialistischen Lagern und Gefängnissen gespielt wurde; es handelt vor allem vom Schicksal jener Menschen, die aus den tschechischen Gebieten – aus dem, wie es damals hieß, Protektorat Böhmen und Mähren – in diese Welt des Grauens deportiert wurden: Tschechen, Deutsche, Juden. Unter den Bürgern der ehemaligen Tschechoslowakischen Republik gab es keine grundsätzlichen Gesinnungsunterschiede zwischen denen, die von den Nazis wegen ihrer Beteiligung an der Widerstandsbewegung verfolgt wurden, und jenen, die als Juden Verfolgungen ausgesetzt waren.

So verschieden die Konzentrationslager waren, so verschieden waren die Existenzbedingungen der Häftlinge. In Buchenwald lebte man anders als in Auschwitz oder Dachau, in Flossenbürg, Mauthausen, Ravensbrück oder Sachsenhausen; anders auch in Theresienstadt, im sogenannten Ghetto oder hinter den Schanzen der »Kleinen Festung«. Nirgends war das Leben erträglich, überall herrschte unermeßliches Leid und ein täglicher Kampf ums nackte Leben. Prügel und Zynismus aller Schattierungen gab es genug. In den Vernichtungslagern hatten die Deportierten so gut wie keine Überlebenschancen; Raum für Hoffnung, mit dem Leben davonzukommen, gab es dort so wenig wie nirgends sonst. Daß Hoffnung auf Überleben aufkommen konnte, war nur in den Arbeitslagern und in einigen jüdischen Ghettos möglich, wo sich die Gefangenen über ihr endgültiges Los noch nicht im klaren waren. Dort haben sich trotz der deprimierenden Situation Formen der gegenseitigen Hilfe und Ermutigung unter den Häftlingen entwickeln können. Vergleichbares gilt auch für die großen Gefängnisse von Prag-Pankrác, Dresden, Berlin oder Wohlau.

Die Lebensbedingungen änderten sich im Verlauf der Jahre von 1939 bis 1945 unter anderem als Folge der Lage an den Fronten. Sie wandelten sich aber auch, als die Arbeit der Häftlinge für die Produktion der auf Kriegswirtschaft eingestellten Reichsindustrie unverzichtbar wurde. Vorher war der Zweck der Konzentrationslager die schnellstmögliche Ausrottung der Häftlinge gewesen. An deren Stelle trat die zweckbestimmte und schonungslose Ausbeutung ihrer Arbeitskraft und zuletzt der Einsatz der Häftlinge als billigste, wirtschaftlich unentbehrliche Sklavenarbeiter.

Auf die Frage, unter welchen Bedingungen und in welchen der nationalsozialistischen Konzentrationslager und Gefängnisse musiziert werden konnte, gibt es also keine allgemeingültige Antwort. In einigen Lagern durfte kein Ton erklingen, in anderen dagegen war Musik die allgegenwärtige und deprimierende Kulisse zum tödlichen Alltag des Lagerlebens; mal wurde sie als ein kümmerliches Lebenszeichen streng bestraft, mal wurde sie geduldet – dann nämlich, wenn es den SS-Leuten gleichgültig war, was diese Menschen in den letzten Stunden, Tagen oder Wochen ihres Lebens trieben.

Dieses Buch kann keine vollständige, alle Einzelheiten erschöpfende Darstellung der Bedeutung der Musik in jenen faschistischen Konzentrationslagern bieten, in die – unter anderen – auch hervorragende Musiker aus böhmischen Ländern verschleppt wurden. Das wäre eine zu große Aufgabe. Ergiebige und authentische Quellen für die Erforschung dieses Themas gibt es nur wenige; sie wurden dem Verfasser erst nach langwierigen Recherchen zugänglich. Einen ersten Versuch, diesen Komplex zu bearbeiten, unternahm ich in meiner Dissertation *Das Musikleben während der nazistischen Okkupation 1939–1945*, die ich im Jahr 1966 abgeschlossen und verteidigt habe.[1] Als Mitarbeiter bei der Vorbereitung der Ausstellung *Die Kunst in Theresienstadt 1941–1945*, die 1972–1973 in der dortigen Gedenkstätte veranstaltet wurde, kam ich erneut mit diesen Fragen in Berührung.[2] Doch erst die folgende Ausstellung, die unter dem Titel *Die Musik in den Konzentrationslagern* im Jahre 1982 im Hof IV der »Kleinen Festung Theresienstadt« gezeigt und für die eine beträchtliche Menge authentischer Dokumente zusammengetragen wurde, gab den Anstoß zur Niederschrift des Buches.[3] Aus dem ursprünglichen Vorhaben, eine kleinere Veranstaltung mit einem auf den ersten Blick eng gefaßten Thema zu organisieren, entwickelte sich eine repräsentative Ausstellung, die nicht nur von einheimischen und ausländischen Besuchern der Gedenkstätte Theresienstadt, sondern auch von den ehemaligen Häftlingen mit viel Beifall aufgenommen wurde. In Gesprächen regten die Überlebenden indirekt zum Schreiben eines Buches an – und ohne ihre geistig-moralische Unterstützung hätte der Autor auch kaum den Mut gefunden, ein solches Werk in Angriff zu nehmen. Das meiste von dem, was im Folgenden ausgeführt wird, beruht primär auf schriftlichen Dokumenten, auf Erlebnisberichten und Exponaten, die zum Gedenken aufbewahrt werden; was diese Materialien sagen wollen, erschließt sich aber oft erst dann, wenn ein Mensch aus eigener Erfahrung von der spezifischen Rolle der Musik im Lageralltag erzählen kann. Wo sie durch beweiskräftige Quellen gestützt werden, sind deshalb die Erinnerungen von Überlebenden eine unschätzbare Hilfe für den Historiker.

Die Zahl ehemaliger Häftlinge, die die Nazi-Greuel aus eigener Anschauung beschreiben und bezeugen können, wird immer geringer. Festzuhalten, was sie heute noch erinnern und was nie in Vergessenheit geraten darf, ist deshalb besonders dringlich. Es ist auch wichtig, weil viele der musikalischen Werke, die in den Konzentrationslagern und Gefängnissen des »Dritten Reiches« entstanden sind, bis heute aktuell und lebendig geblieben sind. Denn sie sind kein verloschenes, totes Vermächtnis, das mit Rücksicht auf die Leiden der Betroffenen mit mitleidigem Blick zu betrachten wäre. Vieles ist nur mit den letzten Kräften geschaffen worden – dokumentiert aber gleichwohl Stärke und ist voller Eindringlichkeit. Denn diese Musik ist von der natürlichen menschlichen Sehnsucht nach der Schönheit des Lebens durchdrungen, sie ist erfüllt von der Suche nach einem lebensbejahenden Sinn, der über das Böse und die Not dieser Welt triumphiert.

Dieses Buch wird keine in sich geschlossene Darstellung bieten. Dagegen sträubt sich das Thema. Der behandelte Gegenstand gleicht einem großen Mosaik, von dem wir nur eine unvollständige Anzahl von Steinchen besitzen. Die Teile schillern in allen Farben, in bunten Kontrasten ebenso wie in zarten Pastelltönen, aber überall werden Lücken bleiben müssen. Dennoch werden wir versuchen, sie zusammenzusetzen und sie in eine Ordnung zu bringen, um besser zu verstehen, unter welchen Verhältnissen in den Nazi-KZ musiziert werden konnte, und was Musik unter diesen Bedingungen bedeutet hat.

Einem möglichen Vorwurf möchte ich jedoch von vornherein begegnen, nämlich daß ich bei meinen Ermittlungen vor allem den böhmischen Musiker-Häftlingen Aufmerksamkeit geschenkt und jene musikalischen Anstrengungen außer acht gelassen habe, an denen diese nicht beteiligt waren. Die Zustände in den meisten Lagern waren so, daß es zwischen den tschechischen und nichttschechischen Musikern ohnehin bald zu Verbindungen oder enger Zusammenarbeit kam. Wenn sich diese Untersuchung auf Häftlinge konzentriert, die aus Böhmen, Mähren und Schlesien stammten, so deshalb, weil es durch diese Einschränkung möglich wurde, zu eingehenderen Erkenntnissen zu gelangen. Einen umfassenden, ernstzunehmenden Vergleich der musikalischen Aktivitäten böhmischer und nicht-böhmischer Musiker können wir auf der Basis der Ergebnisse dieser vorliegenden Arbeit nicht leisten. Eines aber wird deutlich: Die tschechischen Musiker, Amateure wie Berufsmusiker, – von den Nazis als »arische Tschechen« oder »tschechische Juden« eingestuft – haben in den Lagern, in die sie verschleppt wurden, zu den regsten und aktivsten gehört. Oft waren sie es, die die Musiker anderer Nationen überhaupt erst mitrissen und durch ihr Beispiel dazu anspornten, mehr als nur erzwungene und zur bloßen Zerstreuung bestimmte Liedchen zu spielen.

Die Ernsthaftigkeit und Einsatzbereitschaft der Musiker aus den böhmischen Ländern war außerordentlich. Wie ist das zu erklären? Warum leisteten sie mehr als andere? Das ist schwer zu beantworten. Einer der wichtigen Gründe ist sicherlich die ausgeprägte und lange Tradition der böhmischen Musik, die weit ins Mittelalter zurückreicht und die in den Wechselfällen der Geschichte niemals gebrochen wurde. Während der Hussitenkriege und in den Jahrzehnten der Gegenreformation blühte in Böhmen die Gesangskunst, das Musizieren wurde in Schulen, in Kirchen und an den Adelsresidenzen gefördert. Eine unüberschaubare Zahl tschechischer Musiker emigrierte in europäische Länder; Komponisten wie Bedřich Smetana, Antonín Dvořák, Leoš Janáček, Bohuslav Martinů und andere haben wunderbare musikalische Werke hinterlassen. Es gibt gute Gründe dafür, mit Charles Burney zu sagen, daß die böhmischen Länder früher einmal als das Musikkonservatorium Europas gegolten haben. Damit hat sich in jüngster Zeit auch der deutsche Musikwissenschaftler Karl Michael Komma in seinem Buch *Das böhmische Musikantentum* befaßt, in dem er unter anderem versucht, den Beitrag der deutschen Minderheit zu der böhmischen Musikkultur zu erforschen.[4]

Nicht nur nackter Überlebenswille trieb die böhmischen Musiker in den Konzentrationslagern dazu, sich, wo das möglich war, Musikinstrumente zu besorgen und mit oder ohne Erlaubnis darauf zu spielen, sich in Gesangsgruppen oder Kapellen zusammenzuschließen, zur Ermutigung ihrer Mithäftlinge musikalische Aufführungen zu organisieren oder sogar auf improvisiertem Notenpapier festzuhalten, was in ihren Seelen als schmerzlicher künstlerischer Ausdruck der durchlittenen Torturen und Depressionen nachklang. Musizieren gehörte zum Kampf um den Erhalt eines gewissen Selbstbewußtseins; es war ein Zeichen des Überlebenswillens. Wenn die tschechischen Häftlinge bei solchen gemeinsamen Bemühungen

Aus einer Ausstellung über Musik in Konzentrationslagern, Beroun 1985

nicht im Hintergrund blieben, sondern den Ton angaben, so setzten sie damit auch eine Tradition ihrer Väter und Großväter fort; schon deren Musik war immer auch Teil eines Ringens um die nationale Existenz, um die Sicherung oder Rückgewinnung der staatlichen Selbständigkeit gewesen sowie ein Versuch, die eigene Würde zu wahren. Für die böhmischen Musiker war es selbstverständlich, ihre Menschenwürde und ihren nationalen Stolz auf diese Art zu verteidigen. Und es verdient unsere Bewunderung, daß sie dabei eine ganze Reihe hervorragender Werke schufen.

Es ist mir eine angenehme Pflicht, all jenen zu danken, die mir beim Schreiben dieses Buches behilflich waren, wertvolle Informationen über das Leben der Musiker-Häftlinge in Konzentrationslagern und Gefängnissen beisteuerten und erhaltene Dokumente und Exponate zur Verfügung stellten. An erster Stelle gilt mein Dank den hilfsbereiten Mitarbeitern der Archive und Museen der Gedenkstätten in den ehemaligen Konzentrationslagern Theresienstadt, Buchenwald, Sachsenhausen, Ravensbrück, Mauthausen etc., die ich im Verlauf meiner Recherchen besucht habe. Dank gebührt auch den Mitarbeitern des Staatlichen Jüdischen Museums und dem Verband der antifaschistischen Widerstandskämpfer in Prag, die sowohl erhaltene Dokumente wie auch handschriftliche Manuskripte mit Erinnerungen Betroffener zur Verfügung stellten.

Den eigentlichen Anstoß zur Niederschrift der Arbeit verdankt der Autor aber den Mitarbeitern der Gedenkstätte Theresienstadt, vor allem Direktor Václav Novák. Darüber hinaus dankt er besonders Marie Báčová aus Prag, Bohumil Bardoň aus Ostrava-Zábřeh, Karel Berman aus Prag, Jaroslava Bezděková aus Litoměřice, Alois Bláha aus Prag, Slavoj Blecha aus Prag, Ing. Bedřich Borges aus Prag, Ing. Miroslav Broft aus Prag, dem verstorbenen Dr. Bohumír Červinka, Rudolf Dudák aus Jablonec nad Nisou-Mšeno, Josef Dvořák aus Stříbro, Dr. jur. Pavel Eckstein aus Prag, Dr. Peter Fischer aus Wien, Milena Foltýnová aus Prag, dem verstorbenen Dr. Jaroslav Helfert, Alžběta Hellerová aus Prag, Zdeněk Hradec aus Prag, Ladislav Huml aus Prag, Dr. Maria Chaloupková aus Prag, Jarmila Chmelíkova aus Brünn, Dr. med. Ivan Karel aus Prag, Lidmila Karlová aus Prag, Josef Klat aus Mariánské Lázně-Úšovice, Dr. phil. Vlasta Kladivová aus Prag, Eliška Kleinová aus Prag, der verstorbenen Zuzana Kočová, Prof. Zdeněk Kolářský aus Prag, Dr. phil. Josef Kotek CSc. aus Prag, Dr. Miroslav Krčmář aus Prag, Riva Krieglová aus Prag, Dr. phil. Miroslav Kryl aus Litoměřice, Karel Kulíšek aus Lom, Dr. phil. Martin Kuna aus Prag, Rudolf Lánský aus Dřínov nad Doubravkou, Jiří Lauscher aus Prag, Dr. phil. Jan Ledeč aus Prag, dem verstorbenen Vlastimil Louda, Dr. phil. Jitka Ludvová CSc. aus Prag, Hans Maršálek aus Wien, František Marušan aus Příbor, Dr. med. Zdeňka Nedvědová aus Prag, Eva Němcová aus Terezín, Jana Nováková aus Terezín, Dr. jur. Františka Pekelská aus Prag, Prof. Josef Pražák aus Prag, Ing. Miloš Reich aus Rousínov u Vyškova, dem verstorbenen Dr. jur. Karel Reiner, Hana Reinerová aus Prag, Viktor van Riet aus Antwerpen, Kamila Rosenbaumová aus Prag, Elke Rusinová aus Prag, Prof. Zuzana Růžičková aus Prag, Otto Sattler aus Prag, Dr. Inge Seidl aus Weimar, Margit Silberfeld aus Jerusalem, Prof. Václav Snítil aus Prag, Jura Sosnar aus Prag, Herta Soswinski aus Wien, Dr. Ludwig Soswinski aus Wien, Jaroslav Škabrada aus Prag, Jaroslav Šnábl aus Neratovice, Karel Štancl aus Ústí nad Orlicí, Dr. Kurt Thomas aus Weimar, Ing. Jan Vala aus Ostrava, Josef Větrovec aus Prag, Margot Větrovcová aus Karlovy Vary (Karlsbad), Eva Votavová aus Prag und dem verstorbenen Rudolf Zikmund.

Besonderer Dank gebührt der Übersetzerin Frau Eliška Nováková für ihre sachverständige, freundliche und geduldige Mitarbeit. Daß eine deutschsprachige Ausgabe dieses Buches zustande kam, ist das Verdienst von Vladimír Karbusický, Universität Hamburg. Danken möchte ich auch Professor Dr. Peter Petersen, ebenfalls Universität Hamburg, der das deutsche Manuskript begutachtet und mit fachkundigem Rat zur deutschsprachigen Fassung des Buches beigetragen hat. Vor allem aber gebührt meine Dankbarkeit Dr. Martin Weinmann für die gründliche Überarbeitung der deutschen Fassung.

Musik – eine verfolgte und verbotene Kunst

Tschechische Bürger wurden während der Nazi-Okkupation oft schon für unscheinbare, geradezu harmlose Gesten patriotischer Gesinnung verfolgt. Jede Regung, auch ihre Musik, konnte zum willkommenen Anlaß genommen werden, sie zu Feinden des »Dritten Reiches« zu stempeln. Darin kannten die Nazis weder Maß noch Ziel. Die Musik und ihre öffentliche Aufführung wurden im – wie es damals hieß – »Protektorat Böhmen und Mähren« allmählich in so enge Grenzen gezwängt, daß ein Verstoß gegen irgendeine Anordnung oder Zensurmaßnahme nur zu wahrscheinlich wurde. So wurde das gesamte Werk bekannter jüdischer Komponisten wie Mendelssohn-Bartholdy, Meyerbeer oder Mahler mit einem Schlag von den Spielplänen verbannt und bald auch die Musik all jener Nationen unerbittlich diskriminierenden Verordnungen unterworfen, mit denen sich Hitlerdeutschland von 1939 an im Kriegszustand befand. Das Verzeichnis jener Werke, die die Nazis zu »entarteter Kunst« erklärten, war deshalb unüberschaubar.
Das tschechische Volk durfte seine großen Komponisten nicht mehr feiern; aus ihrem künstlerisch-geistigen Vermächtnis Kraft zu schöpfen, war untersagt. Aus den Konzertsälen und den Theatern, selbst aus dem Alltag verschwand all jene Musik, die die Ideen der Unabhängigkeit, der Freiheit und des Widerstandes gegen Unterdrückung am eindrucksvollsten widerspiegelte. Dennoch gab es unter den tschechischen Künstlern eine Reihe couragierter Menschen, die sich über die Anordnungen der Protektoratsbehörden hinwegsetzten oder ihr Repertoire aus Werken zusammenstellten, deren Symbolkraft Verzweiflung, Niedergeschlagenheit und ohnmächtige Resignation überwinden helfen konnte: eine Form, an ihre Mitbürger zu appellieren, dem Schicksal der eigenen Nation gegenüber nicht gleichgültig zu werden.
Beispiele, wie weit die Okkupanten ihre Maßlosigkeit treiben konnten, wenn sie Hinweise auf tapfer organisierte, mißliebige musikalische Veranstaltungen fanden, gibt es genug. Der Theresienstädter Häftlingsarzt Vojtěch Sailer berichtet, daß in finstersten Zeiten der Okkupation in Nymburk der Gymnasialprofessor Novák nur des-

halb verhaftet wurde, weil er es gewagt hatte, während seines Unterrichtes in Musikerziehung den Marsch des tschechischen Komponisten Josef Suk *Ins neue Leben [V nový život]* vorzuspielen.[1] Am 17. Mai 1939 hatte der Dirigent Václav Talich das Stück noch im Rahmen des »Prager Musik-Mai« vom Orchester des Nationaltheaters unter begeistertem Beifall des Publikums aufführen lassen;[2] im darauffolgenden Jahr erschien es jedoch schon auf der Liste der *musica prohibita*. Professor Novák dürfte das gewußt haben, doch wie hätte er ahnen können, daß sich unter seinen jungen Schülern ein Denunziant befand? Er wurde von der Gestapo zum Verhör geholt, und obwohl man ihn keiner anderen Vergehen überführen konnte, galt die Aufführung dieses Marsches, der von der tschechischen Öffentlichkeit und von der Gestapo als Symbol der Sokol-Bewegung und als Indiz für eine patriotisch-antifaschistische Haltung aufgefaßt wurde, als hinreichender Grund, um Novák in die »Kleine Festung Theresienstadt« zu schicken, von wo er dann nach Auschwitz deportiert wurde.

Novák blieb kein Einzelfall. Jene Rolle, die während des Ersten Weltkrieges das Lied *Das weiße Blümchen [Bílý kvíteček]* gespielt hatte, übernahm während der Nazi-Okkupation *Unser tschechisches Lied [Ta naše písnička česká]*. Es stammt von Karel Hašler, dem populärsten Volkssänger seiner Zeit, und war den Tschechen so teuer, weil es ihre glühende Liebe zur bedrohten Heimat ausdrückte. Im Jahr 1939, am Vorabend zum »Tag der Arbeit«, fand in Prachov bei Jičín ein Nachmittagskonzert der Jičíner Blaskapelle statt. Unter Mitwirkung des sechzigjährigen Hašler wurde aus einem harmlosen Konzert eine antifaschistische Kundgebung: Als Hašlers Lied angestimmt wurde, »stand das Publikum auf, die Männer mit entblößtem Haupt, und es gab kein Auge, in dem nicht die Tränen gestanden hätten.«[3] Diese Begeisterung für Hašlers Lied erreichte am 1. Mai 1939 im Ausflugsort Prachovské skály ihren Höhepunkt, als der Sänger zusammen mit einer unübersehbaren Menschenmenge seinem berühmten Lied eine neue Strophe hinzufügte: eine Anspielung auf den kleinen Staat als einem zerrissenen Tüchlein, das erst wieder in Ordnung gebracht werden könne, »wenn wir die Stückchen, die Spitzen und Fleckchen an unser Tüchlein wieder hinzugefügt haben werden«. So kommentierte Hašler die Zerstückelung der böhmischen Länder nach dem Münchner Diktat. Diesmal griff die Gestapo ein: Der Sänger wurde zum Verhör abgeführt, zwar wurde er wieder entlassen, er erhielt aber eine eindringliche Mahnung. Trotzdem sang er unbeirrbar seine patriotischen Lieder. So groß deren Widerhall bei den Tschechen war, so unerbittlich reagierte die Gestapo. Hašler wurde verhaftet, nach Verhören in Prag ins Gefängnis nach Dresden gebracht und von dort ins Konzentrationslager Mauthausen überführt, wo er schließlich an den Folgen der Mißhandlungen starb.[4] *Unser tschechisches Lied* jedoch wurde zu einer der beliebtesten Melodien, nicht nur im Protektorat, sondern auch unter den tschechischen Häftlingen in den Lagern.[5]

Die Nazis versäumten auch nicht, das Parodieren der Nationalhymne konsequent zu bestrafen. Es gehörte zur Tradition des tschechischen Volkswitzes, die österreichische Hymne zur Zielscheibe des Spottes zu machen – für die Vertreter des »Dritten Reiches« war ein solches Musikstück jedoch heilig und unantastbar. Dafür hatte die tschechische Jugend wenig Verständnis. In einer Bürgerschule in der Nähe von Ostrava übten die Schüler 1941 pflichtgemäß die deutsche Hymne und sangen, wohl eher aus Übermut als aus der bewußten Absicht zu provozieren: »Deutschland, Deutschland, über alles ... kurec – palec, nemáme se čeho najest [wir haben nichts zu essen]...«. Davon erfuhr der dortige Ortsleiter Otto Gella, der die Gruppe bei der Gestapo anzeigte. Es folgten umfassende Ermittlungen; der Fall wurde als Beleidigung der deutschen Nationalhymne behandelt, einer der Schüler wurde sofort von der Schule verwiesen, und der Lehrer, der angeblich für alles die Verantwortung trug, wurde kurze Zeit später verhaftet und ins Gefängnis geworfen.[6]

Die Lieder und Parodien, die nach bekannten Melodien gesungen wurden, erregten das Mißfallen der Nazi-Besatzer; alle Machthaber, die gegenüber dem eigenen und gegenüber einem geknechteten Volk kein gutes Gewissen haben, haben schon immer jede Form satirischer Äußerungen unterdrückt. Daß aber die bloße Aufbewahrung von Musikinstrumenten genügte, um Menschen in den Tod zu schicken, brachten nur die Nazis fertig. Als im Jahr 1941 die Juden im Protektorat Böhmen und Mähren alle Instrumente – ob wertvoll oder nicht – den Behörden ausliefern mußten, versuchte der Geiger Weißbart aus Prostějov, seine Meistergeige zu retten. Bei ihm, dem Liebhaber von Quartettmusik, hatten sich regelmäßig befreundete Musiker getroffen, um gemeinsam die großen Werke dieser Gattung zu spielen. Als die Anordnung bekanntgegeben wurde, vertauschte er seine Meistergeige, die er über alles liebte, mit einem fabrikmäßig hergestellten Instrument. Kurz danach wurde er verhaftet, nach Olomouc gebracht und von der Gestapo verhört. Angeblich soll er dort Selbstmord begangen haben, in Wirklichkeit aber wurde er gefoltert und totgeschlagen.[7]

Mit brutaler Verfolgung reagierte das Nazi-Regime auch auf die Aufführung von Musikwerken, die nicht ausdrücklich untersagt waren. Nur drei Monate vor Kriegsende brachte die Tschechische Philharmonie unter der Leitung von K. B. Jirák Smetanas Zyklus symphonischer Gedichte *Mein Vaterland [Má vlast]* zur Aufführung. Der Musiker, Musikwissenschaftler und -kritiker Zdeněk Němec schrieb darauf in einer Zeitung:

»Smetanas *Mein Vaterland* gehört zu jenen Werken, die allen Anstürmen der Zeiten und Umstände standhalten; es läßt in seiner Eindeutigkeit keine andere Schlußfolgerung zu als die, die durch die Idee des ›Blaník‹ gegeben ist [der Berg Blaník entspricht dem sagenumwobenen Kyffhäuser / A. d. Ü.]; es ist Träger überzeitlicher Werte und daher von höchster musikalischer und moralischer Erhabenheit. Das Werk übt auf den Hörer von den ersten Akkorden des *Vyšehrad* an eine ergreifende Wirkung aus und leitet ihn in hinreißender Weise bis zum Erscheinen der siegreichen Ritter, die in den düstersten Zeiten der Nation kommen werden, um die Fesseln der Unterdrückung und Finsternis zu brechen. In diesem Sinne hatte Smetanas Werk seine Sendung im Ersten Weltkrieg vollbracht, und so wird es auch heute von uns aufgenommen.«

Zeitungsausriß. Zdeněk Němecs Artikel über Smetanas *Mein Vaterland* in České slovo, 6. 2. 1945

K. B. Jirák řídil »Mou vlast«.

Smetanova »Má vlast« je z děl, odolávajících všem přívalům času a náporu okolností; ve své jednoznačnosti nepřipouští žádného jiného výkladu, než ten, který je dán idejí Blaníka; je nositelem hodnot nadčasových, poněvadž hudebně i mravně nejvznešenějších. Dílo samo k nám promlouvá a strhuje s prvními akordy Vyšehradu až k vítěznému pochodu blanických rytířů, přicházejících v nejtěžší chvíli národa a přinášejících mu spásu a vyproštění z pout poroby a temna. Tak plnilo Smetanovo dílo svůj úděl za první světové války a tak je vnímáme i dnes. Nedělní provedení Českou filharmonií pod taktovkou K. B. Jiráka ve vyprodané Smetanově síni nepotřebuje podrobného referátu. Orchestr i dirigent v plné míře dostáli své povinnosti. ek

Dieser Text wurde in der Zeitung *České slovo* am 6. Februar 1945 unter dem Kürzel *ek* publiziert. Die symphonischen Gedichte *Tábor* und *Blaník* durften merkwürdigerweise nach einem vorangegangenen Verbot des ganzen Zyklus wieder gespielt werden;[8] doch es war verboten, ihren patriotischen Gehalt zu erwähnen, wie das der junge Němec getan hatte.[9] Möglicherweise hoffte er, daß die Aufmerksamkeit der Gestapo angesichts der absehbaren Niederlage der deutschen Truppen nachgelassen hätte. Dem war aber nicht so. Die Gestapo zwang die Redaktion, den Namen des Rezensenten preiszugeben, für Zdeněk Němec gab es kein Entkommen. Noch am selben Abend wurde er vor einem Konzert der Tschechischen Philharmonie, deren Mitglied er war, verhaftet und die ganze folgende Nacht hindurch verhört und gefoltert. Was konnte er schon leugnen und was sollte er darüber hinaus gestehen, da doch an seiner Urheberschaft keinerlei Zweifel möglich war? Am Morgen des 8. Februar zogen ihn zwei Folterknechte, Müller und Aurik, aus und schlugen ihn in einer jener Kisten zu Tode, in denen man sonst die Köpfe von enthaupteten Häftlingen abtransportierte. Ein Mord, verübt von Gestapo-Schergen, die sich darüber im klaren sein mußten, daß die Tage ihrer Verbrechen schon gezählt waren, und daß sie selbst das Ende des »Tausendjährigen Reiches« nicht überleben würden.

So ist es schließlich auch gekommen: Die Botschaft von *Tábor* und *Blaník* wurde eingelöst. Der Weg war dornenreich und von unvorstellbarem Leid an der Front wie im Hinterland begleitet, aber er führte zu Freiheit und Frieden und zu einer Einigung der positiven Kräfte der ganzen Welt.

Wann immer Musik zum Anlaß der Verfolgung freiheitsliebender Menschen wurde, war deutlich, daß sie das Bewußtsein unterdrückter Menschen stärken und dem herrschenden Unrechtsregime dadurch zur Gefahr werden konnte. Von daher ist die Logik der Aufführungsverbote während der Nazi-Herrschaft begreiflich; sie betrafen u. a. die Opern *Libussa [Libuše]*, *Die Brandenburger in Böhmen [Braniboři v Čechách]* von Smetana, *Die Choden [Psohlavci]* von Kovařovic, *Dimitrij* von Antonín Dvořák, *Fidelio* von Ludwig van Beethoven, Chorwerke wie Janáčeks *70000* oder *Die tschechische Legion [Česká legie]*, Smetanas *Abtrünniger [Odrodilec]* und *Die drei Reiter [Tři jezdci]*, Zichs *Gebet am Říp [Modlitba na Řípu]*, Nováks *Kyjov*, Jeremiáš' *Ostrava* und andere mehr. Vom Volkslied bis zum symphonischen Gedicht und den großen Symphonien reichte die Liste jener Werke, die den Besatzern mißliebig waren und deren konzertante Aufführung verboten wurde. Die strengen Auflagen der nationalsozialistischen Zensur zielten nicht allein auf den Inhalt und den ideellen Gehalt eines Werkes, verboten wurden Werke auch wegen der Herkunft der Komponisten. Wer gegen solche Verordnungen verstieß, widersetzte sich dem Regime und wurde als Feind des »Großdeutschen Reiches« verfolgt. Den Kampfeswillen der tschechischen Patrioten, der auch ihrer Musik wieder den angemessen Platz im kulturellen Leben ihrer Nation erringen sollte, vermochte dies aber nicht zu brechen.

Musik als Vergehen – Musik als Strafe

In den Konzentrationslagern der Nationalsozialisten waren Musik und Strafe untrennbar verflochten. Die SS-Leute handhabten das, wie es ihnen gerade paßte. Häftlinge wurden gestraft, wenn sie in ihren Zellen halblaut sangen; sie wurden aber auch zu stundenlangem Singen am Appellplatz gezwungen, wenn dem Kommandanten danach zumute war. Regeln gab es nicht. Alles, was die Häftlinge an Leib und Seele quälen konnte, war erlaubt und wurde eingesetzt. Es konnte passieren, daß die Häftlinge sangen, und die Aufseher gingen umher und schlugen jene, die zu simulieren oder nur zurückhaltend zu singen schienen. Manchmal dienten die Gesangsaufführungen dem Zweck, in der näheren Umgebung einen günstigen Eindruck vom Lager und den Lagerinsassen zu erwecken. Wenn in der Nähe eine deutsche Ortschaft lag – etwa Oranienburg in unmittelbarer Nachbarschaft des Lagers Sachsenhausen – war den Kommandanten daran gelegen, daß es die Bürger auch hören konnten, wenn die Gefangenen am Sonntagnachmittag ein Lied nach dem anderen sangen.[1] Ungefähr nach dem Motto: »Durch Gesang zur Freude«. Damit sollte bewiesen werden, daß die Lager nicht so grausam und hart waren, wie es die gegnerische Propaganda der deutschen Bevölkerung klarzumachen versuchte. Daß sich an den Werktagen im Morgengrauen Tausende von hungernden Menschen zur Arbeit schleppten und abends in noch erbärmlicherem Zustand zurückkehrten, sollte dadurch gewissermaßen übertönt werden.
Das Singen wurde nicht nur in Sachsenhausen aus Propagandagründen befohlen, sondern im ganzen Reichsgebiet, wo auch immer die Konzentrationslager eingerichtet waren. Gesang war offiziell ein Mittel zur Umerziehung, er war Bestandteil einer verschärften Strafe, nicht anders wie die Peitsche, der Knüppel und manchmal auch der Galgen. Unter solchen Umständen war Singen kein Ausdruck von erlebter Freude oder Trauer mehr; daran lag diesen »auserwählten Übermenschen« nichts.
Dies ist jedoch nur ein Aspekt des Musizierens im KZ. Häftlingsgesang in den Zellen, aus freiem Willen und gegen das Verbot der Wächter hatte eine ganz andere Bedeutung und wurde grausam gestraft. In der »Kleinen Festung« in Theresienstadt, wo die tsche-

chischen Häftlinge die größte Zahl der Gefangenen stellten, wurde oft halblaut gesungen. Man sang vor allem dann, wenn die Belegschaft der Zellen die Wächter weit entfernt glaubte. Ein Irrtum konnte verhängnisvolle Folgen haben.

»Es war an einem Sonntag im September des Jahres 1943«, erzählt J. Jelínek, Häftling im Hof IV der Theresienstädter Festung, »und wie jeden anderen Sonntag schlossen uns die SS-ler nach dem Mittagessen in unsere Zellen ein und überließen uns unserem Schicksal. Jeder unterhielt sich auf seine Weise. Während einige an den Fenstern Decken schwenkten, um bessere Luft in die Zelle zu bringen, redeten andere miteinander, erzählten etwas oder sangen sogar. [...] Da wurde plötzlich die Tür aufgerissen, der diensthabende SS-Mann Neubauer trat ein und hinter ihm der Lagerkommandant Jöckel, genannt Pinďa. Unser Gesang hatte ihn in rasende Wut versetzt. Die Nächststehenden erhielten Hiebe, die vor allem Pinďa austeilte. Er griff nach einer Schaufel, einem Spaten und einer Hacke, die als Feuerschutzgeräte vor dem Zelleneingang standen. [...] Dann erteilte er Befehl, unserer Zelle drei Tage lang nichts zu fressen zu geben und uns zur schwersten Arbeit abzukommandieren.«[2]

Als Folge dieses Wutanfalls trug Dr. Silagadza, der Kapo der »singenden Zelle«, zwei gebrochene Rippen und eine Reihe blutender Striemen davon. Vojtěch Sailer, der Silagadza in der Krankenzelle behandelte, bemerkte dazu in seinem Buch über die Theresienstädter Häftlinge: »Ein Glück, daß Jöckel nur Holz zur Hand hatte. Hätte er etwas Schwereres ergriffen, hätte er ihn vielleicht getötet.«[3]
Ein anderes Beispiel erwähnt B. Čurda-Lipovský in seinem Buch *Die Theresienstädter Katakomben*: Seine Kameraden aus Mähren erzählten, daß sie in einem der Festungshöfe – im Glauben, daß die Wächter nicht in der Nähe seien, halblaut vor sich hin gesungen hätten.

»Das hörte ein Wächter, und als Strafe mußten sich drei Häftlinge auf den Boden legen, drei quer darüber und so fort. Der ganz unten Liegende mußte dann hervorkriechen und sich wieder ganz oben hinauflegen.«[4]

Weibliche Häftlinge blieben von Quälereien und Schikanen ebensowenig verschont. Weihnachten 1943, als in den Frauenzellen der »Kleinen Festung« in Theresienstadt die Stimmung besonders niedergeschlagen und von Heimweh gedrückt war, begann eine Frau mit einer schönen und geschulten Stimme zu singen und stimmte die Arie *Lieblicher Mond, du, im Silberschein* aus Dvořáks *Rusalka* an. Die anderen Frauen hatten sich, von diesem Gesang in Bann geschlagen, kaum wieder gefaßt, als sie schon Beschimpfungen und das Rasseln der Schlüssel hörten. Drei betrunkene SS-Leute wollten wissen, wer gesungen habe. Da niemand den Namen preisgeben wollte, mußten alle auf dem Hof antreten und dort in leichter Kleidung in der Eiseskälte bis zum Morgenappell ausharren.[5]
Ganz harmloser Gesang in Zellen oder Blocks wurde von der SS nach Lust und Laune geahndet. Das Singen politischer Lieder aber wurde als Revolte verstanden und überaus hart bestraft. Es war den

SS-Leuten dabei egal, welcher Nationalität die Häftlinge waren – politische Lieder straften sie ausnahmslos und unerbittlich. Ein besonders bezeichnender Vorfall ereignete sich in Gusen II, dem Nebenlager von Mauthausen, an dessen Bau im Frühjahr 1944 etwa fünfhundert Italiener beteiligt waren. Statt zu arbeiten, begannen diese Ärmsten plötzlich *Avanti popolo* zu singen, ein revolutionäres Lied, das allen Arbeitern Europas bekannt war. Die SS-Männer umzingelten die Italiener sofort und begannen zu schießen. Einige Häftlinge kamen um, die übrigen wurden anschließend auf verschiedene Arbeitskommandos verteilt, um den aufkeimenden Zusammenhalt der Häftlinge zu zerschlagen.[6]

Wie bereits erwähnt, waren die Lebensbedingungen in den verschiedenen Lagern sehr unterschiedlich. In den Blocks in Buchenwald, Sachsenhausen oder Dachau war es zum Beispiel durchaus möglich, zuweilen gemeinsam zu singen, ohne daß darin gleich ein grober Verstoß gegen die Lagerordnung gesehen worden wäre. Aber in den Lagern, in denen die Häftlinge in großen Zellen untergebracht waren und daher weniger Freiraum hatten, war das anders. Dort sang man nur, wenn es die Wächter erlaubten oder dazu aufforderten, oder nur wenn niemand von den »Lagerherren« in Hörweite war, um dann auf diese Weise den Schmerz zu lindern, der Körper und Seele peinigte.

Eines Tages vernahmen die Häftlinge in Auschwitz Töne, die entfernt an *Alle Vöglein sind schon da* erinnerten, ein sonderbarer Gesang, wie gekeucht, aus Kehlen, die vor Verzweiflung und Entsetzen verschnürt waren. Wer nicht wußte, was sich abspielte, mochte an »ein atonales Gejohle von Betrunkenen« denken. Wer jedoch begriffen hatte, dem erstarrte das Blut in den Adern. Eine kleine Schar von Häftlingen, einer an den anderen gekettet, wurden von einer Gruppe bewaffneter SS-Leute geführt; sie wurden von etwa zwanzig Wolfshunden begleitet, die eigens darauf abgerichtet worden waren, Menschen in Häftlingskleidern zu zerfleischen. Bei den Gefesselten handelte es sich um Entflohene, die der SS wieder in die Hände gefallen waren. Was hatten sie jetzt noch zu erwarten? Nach dem erniedrigenden Singen und einem Marsch quer durch das Lager umstellten die Wächter die Gruppe und erschlugen alle mit den Gewehrkolben.[7]

Auch die Juden, die in fast allen Lagern in Sonderblocks zusammengefaßt waren, wurden zum Singen gezwungen, um sie zu schikanieren und zu demütigen. In Buchenwald kam es öfter vor, daß sie beim Besuch deutscher Generäle oder politischer Prominenz antreten mußten, um ein eigens eingeübtes Lied vorzutragen, in dem vom Judentum als dem Geschwür der Menschheit und von »krummen Judennasen« zu hören war. Die Gäste unterhielten sich jedesmal köstlich, wenn ihnen ein solches antisemitisches Kabarett geboten wurde, das nicht von Schauspielern, sondern von wirklichen Juden getragen wurde, die darüber hinaus offensichtlich mit ihren seelischen und körperlichen Kräften am Ende waren.[8] Sie hatten das *Jüdische Lied* nicht allein für Gäste zu singen, sondern – wann immer es einem der Lagerkommandanten einfiel – die Juden damit zu quälen und zu demütigen; man ließ sie dann am Tor antreten und dieses erbärmliche Pamphlet mehrmals hintereinander singen:

Jahrhunderte haben wir das Volk betrogen,
Kein Schwindel war uns je zu groß und stark,
Wir hab'n geschoben nur, geschoben und gelogen,
Sei's mit der Krone oder mit der Mark.
[...]

Jetzt endlich hat der Deutsche uns durchschauet
Und hinter sichern Stacheldraht gebracht;
Uns Volksbetrügern hat längst davor gegrauet,
Was war geworden plötzlich über Nacht.

Nun trauern unsre krummen Judennasen,
Umsonst ist alle Giftsaat ausgesät.
Jetzt gibt's kein Stehlen mehr, kein Schieben und kein Prassen,
Es ist zu spät, für immer ist's zu spät.[9]

Verglichen mit den Juden, die mit Stöcken und Ochsenziemern zu Tode geprügelt wurden, wenn sie schlecht sangen, erscheint das Schicksal jener tschechischen politischen Geiseln erträglich, die seit 1939 auf dem Spielberg in Brünn inhaftiert waren. Dort kam es vor, daß Häftlinge wegen einer nicht vorschriftsmäßigen Meldung dem Aufseher eine Arie singen mußten, zum Beispiel jene des *Hans* aus der *Verkauften Braut*. Diese ausgefallene Strafe hatte sich ein »musikalischer« SS-ler einfallen lassen, dem das ausgesprochenes Vergnügen machte.[10] Ähnlich erging es den tschechischen Häftlingen, Jaroslav Bartl und Jiří Žák, die in Buchenwald wegen angeblich schlecht geputzter Schuhe drei Stunden lang in Schnee und Frost stehen und dazu deutsche Lieder singen mußten – mit ihren »schlecht« polierten Holzschuhen in der Hand.[11] Häufiger wurden Häftlinge auf den Hof gejagt, um dort über mehrere Stunden im Kreis herumzumarschieren und ebenfalls deutsche Lieder zu singen, weil sie sich erlaubt hatten, in ihren Zellen eine jener Melodien anzustimmen, die ihnen tatsächlich zu Herzen gingen.

Selbst Priester, die vorzugsweise ins KZ Dachau überstellt wurden, blieben von solchen Bösartigkeiten nicht verschont. Im Gegenteil – gerade weil sie Priester waren, wurden sie von den Nazis als »asoziale Elemente« verhöhnt. Obwohl sich die Blocks der Priester durch besondere Sauberkeit auszeichneten, wurden gerade diese Unterkünfte als schmutzige Spelunken bezeichnet. Alle Theologen mußten dann zur Strafe um ihre Blocks herummarschieren und befohlene Lieder anstimmen. Vor dieser Demütigung gab es kein Entkommen.[12]

Noch ärger wurde es, wenn sie dazu abkommandiert wurden, Leichen zusammenzutragen. Im Gegensatz zu den anderen »Todeskommandos« wurde ihnen befohlen, dabei ein *Requiem* anzustimmen – die SS-ler hatten sich das ausgedacht, um das christliche Begräbnisritual zu verspotten. Die Geistlichen freilich verstanden es, die Würde ihrer Religion zu wahren; sie folgten der Anordnung und vollbrachten die auferlegte Sklavenarbeit »mit innigster Frömmigkeit und im Bewußtsein, daß auch sie in einigen Tagen ein solches Begräbnis haben könnten«.[13]

Für die Unmenschlichkeit der Aufseherinnen in den Frauenlagern ist die Strafe bezeichnend, die Zinaida Golubjeva aus Leningrad, die mit anderen Komsomolzinnen im Lager war, wegen ihres Gesanges erleiden mußte. Am Abend des 21. Januar 1943, als die Gefangenen in einer Zelle zu Lenins Geburtstag in aller Stille eine kleine Gedenkfeier veranstalteten, sang Golubjeva *Das Lied eines Mädchens*, das sie selbst verfaßt hatte. Um es nicht wieder zu vergessen, schrieb sie den Text auf ein kleines Stück Papier. Am folgenden Tag wurde sie angezeigt, ihre Pritsche wurde durchsucht und der Zettel gefunden. Sie wurde für ihr Vergehen geschlagen, mißhandelt und zuletzt in einen eiskalten Betonbunker gesperrt.[14]

In Auschwitz wurden Frauen gestraft, wenn sie bei den Feldarbeiten sangen, zu denen sie im Morgengrauen antreten mußten. Hungrig und ausgelaugt wie sie waren, stimmten sie dennoch ein Lied an, wenn die Entfernung vom Lager groß genug war. Wenn die Aufseherin darüber Meldung machte, drohte entweder der »Stehbunker« – eine Zelle, in der man nur aufrecht stehen konte –, Knien vor der Baracke bis weit in die Nacht hinein oder Knien mit einem Ziegelstein in den über dem Kopf erhobenen Händen. Das alles hing von der Laune der Aufseherinnen ab.[15]

Der Appellplatz im Frauenlager Ravensbrück war nicht etwa eine Rasenfläche oder ein mit Sand bedeckter freier Platz; er war mit einer rauhen, schlackeartigen Schicht bedeckt, aus der beim Marschieren eine dichte Staubwolke aufstieg. Auf Befehl der Aufseherinnen marschierten die Gefangenen stundenlang in Holzschuhen oder barfuß über diese Schlacke und hatten bei dieser rücksichtslosen Art von »Sport« deutsche Lieder zu singen. Die Tschechinnen versuchten, das Repertoire zu ändern, kamen damit aber übel an. Die SS griff sofort ein und drohte mit Bunker oder Strafblock, wenn sich diese Widersetzlichkeit wiederholen sollte. Der Anblick solcher singenden Frauen war zum Erbarmen; viele, vor Staub nicht wiederzuerkennen, konnten sich kaum fortschleppen und stolperten nur noch vor sich hin. Sie marschierten nicht mehr wie befohlen stramm in Fünferreihen, ihre Stimmen waren nur noch Ausdruck von Qual, Verzweiflung und Resignation.[16]

Nicht weniger deprimierend war das gemeinsame Singen der »Strafblocks« beim Aufbruch zur Arbeit und besonders bei der Rückkehr

ins Lager. Die Frauen, die durch Hunger und durch die Schinderei zu Tode erschöpft waren, mußten jedesmal, wenn sie das Lagertor passierten, mit voller Stimme singen: *Denn wir fahren, denn wir fahren, denn wir fahren gegen Engeland* – ein Lied, dessen Siegeszuversicht im Lager einen perversen, tragikomischen Klang annahm. Die übrigen weiblichen Häftlinge mußten dem »singenden Strafblock« aus dem Weg gehen; niemand durfte stehen bleiben, hinsehen oder gar wagen, diese Unglücklichen anzusprechen. Die vollständige Isolation von den Mithäftlingen war neben der unmenschlich schweren Arbeit Bestandteil dieser »verschärften Strafe«.[17]
Ähnliches gilt für das berüchtigte »Marschkommando von Sachsenhausen«, das selbst von den Couragiertesten beinahe ebenso gefürchtet war wie die Außenkommandos in den Steinbrüchen. Am Rande des Appellplatzes war eine Marschstrecke angelegt worden, die ungefähr fünf Meter breit und in acht verschiedene Abschnitte unterteilt war: harter Beton, schlammiger Boden, Treibsand, faustgroße Steine, grober Sand, feldwegartiger, hartgestampfter Boden sowie ein Abschnitt, auf dem drei bis vier Zentimeter hohes Wasser stand. Auf dieser Strecke mußte das Kommando den ganzen Tag marschieren. Anfangs mußte eine dreißig Kilometer lange Strecke zurückgelegt und dabei eine Last von zehn Kilogramm geschleppt werden; in späteren Jahren wurde die Strecke auf vierzig Kilometer ausgedehnt und die Last auf fünfzehn Kilogramm erhöht. Alles wurde mit deutscher Gründlichkeit abgewogen und abgemessen, diente aber nicht dazu, herauszufinden, was ein schlecht ernährter Mensch im Lager noch ertragen konnte, sondern hatte den Zweck, die Qualität der von der Reichsindustrie produzierten Schuhe zu testen. Das Marschkommando erhielt die Schuhe an jedem Morgen um sechs Uhr. Sie waren neu und von unterschiedlicher Machart; mit weicher oder harter Sohle, mit oder ohne Schnüre und aus verschiedenen Materialien. Die Häftlinge mußten anziehen, was sie in die Hände bekamen, ob ihnen die jeweiligen Schuhe paßten oder nicht; obendrein war es untersagt, das Schuhwerk während des Marsches in Ordnung zu bringen. Um die Tortur für die Gefangenen noch vollkommener zu machen, wurden der Gruppe in bestimmten Intervallen Befehle erteilt: »Hinlegen! Aufstehen! Parademarsch! In Kniebeuge gehen! Robben! Auf der Stelle hüpfen!« Und oft auch: »Singen!« Ein armseliges Repertoire zwar, das aber ohne Unterbrechung und bis zur völligen Heiserkeit wiederholt wurde. Der Befehlshaber des Kommandos und Leiter der Schuhprüfstelle, Ernst Brennscheit, entwickelte bei der Ausgestaltung dieser sinnlosen Schinderei einen besonders teuflischen Erfindungsreichtum.[18]
Die Raffinesse des »Marschkommandos von Sachsenhausen« wurde jedoch durch die Grausamkeit des »Jüdischen Kommandos« im selben Lager noch überboten. Die Menschen wurden wie Tiere vor eine riesige eiserne Straßenwalze gespannt, die sie zum Planieren und

Befestigen unebenen Terrains ziehen mußten. Auf sie wurde mit blinder Wut solange eingeschlagen, bis ihre ausgemergelten Körper dieses Gerät überhaupt in Bewegung setzten. Aber damit nicht genug – zu dieser Schinderei hatten sie zu singen! Und wen die Kräfte verließen, der wurde nicht selten erschlagen.[19]

Im System der Konzentrationslager des »Dritten Reiches« blieben derartige Torturen nicht auf jene Lager beschränkt, in denen sie erfunden worden waren; sie verbreiteten sich schnell und überall. Details änderten sich, das Wesentliche wurde jedoch beibehalten. In der Fuhrwerkskolonne in Buchenwald arbeiteten ausschließlich Juden. Zehn bis fünfzehn Mann wurden vor schwere Wagen gespannt, die singend unter den Peitschenhieben der SS mächtige Lasten zu ziehen hatten. Sie hießen die »singenden Pferde«.[20]

Es hat etwas Erschütterndes zu erforschen, welche Rolle die Musik bei dieser Erniedrigung von Menschen in den Lagern haben konnte – neben allem anderen Leid, dem die Gefangenen ausgesetzt waren. Der Wunsch, die Bedeutung zu erfassen, die das Musizieren für seelisch und körperlich geschundene Menschen haben konnte, mag sogar abwegig erscheinen, denn die Häftlinge sind ja nicht an ihrem Gesang gestorben. Doch was wissen wir, die wir in Bequemlichkeit und Frieden leben, über das tiefe Leid, was ahnen wir von den seelischen Qualen, die im Lager mit der körperlichen Tortur einhergingen? Wenn doch schon alltägliche Nervosität und Unruhe die Lust zum Singen verleidet, wenn Gesang bei schlechter Laune und Verdrossenheit geradezu widerwärtig wird – welche Gefühle ruft dann ein Befehl zum Singen hervor, wenn Menschen dem Tod gegenüberstehen und am Ende ihrer Kräfte angelangt sind? Woher soll jener letzte Rest von Willenskraft und Energie kommen, sich auf verhaßte Worte und Melodien zu konzentrieren? Wie sollen die zugeschnürten Kehlen in der Lage sein, außer einem Stöhnen Töne aus sich herausprügeln zu lassen, die auch nur entfernt an ein Lied erinnern? Wird die Musik da nicht zu einem teuflischen Werkzeug, das die Nazis bewußt oder instinktiv eingesetzt haben, um Menschen zu peinigen und zu zermürben?

Mißbrauchte Musik

Hinrichtungen sind im Mittelalter nach einer festgelegten Dramaturgie vollzogen worden. Patrizier, Handwerker und Bettler verfolgten als Zuschauer ein wirkungsvoll inszeniertes Schauspiel des Schreckens. Die Ankunft des Verurteilten, das Verlesen des Urteils, während der Delinquent auf der Gerüstplattform wartete, und die Vorbereitungen für den Vollzug der Strafe: All dies war Teil eines festgefügten Rituals. Die Musik hatte in diesem Zusammenhang eine genau bestimmte Funktion. Sie sollte diesem Drama der Grausamkeit angemessenen Glanz verleihen, sie gab die Klangkulisse zu diesem einschüchternden und reinigenden Akt der Gerechtigkeit.
Diese traditionelle Inszenierung der Strafe gehört einer Zeit an, die sich nicht wie die moderne Gesellschaft der Humanität als wesentlichem Kern der staatlichen und zwischenmenschlichen Beziehungen verschrieben hatte. Doch indem die Nazis, diese selbsternannten »Übermenschen«, Brutalität und Sadismus zum bestimmenden Gesetz für die Mißachtung der unterdrückten Völker – der »Untermenschen« – erhoben, überboten sie die Grausamkeit mittelalterlicher Kerker und Autodafés, die Selbstüberhebung der Inquisition sowie die Greuel aller früheren Judenpogrome. Und sie pervertierten die Musik, diese »Trösterin der Menschen«, wie Georges Duhamel sie genannt hat, im Dienste von Quälereien und öffentlichen Hinrichtungen, deren Ungerechtigkeit zum Himmel schrie.
Es mag manchen Leser irritieren, wenn ihm diese Exzesse wieder in Erinnerung gebracht werden. Aber der Zweck ist ein doppelter: Es geht nicht nur darum, sich vergangenes Unrecht noch einmal bewußt zu machen, sondern auch darum, heutige und künftige Generationen zu mahnen, was passieren kann, wenn die Völker sich nicht vor einer unmenschlichen und durch pseudowissenschaftliche Theorien legitimierten Tyrannei hüten. Einige Vorfälle aus den nazistischen Konzentrationslagern, bei denen Musik die Kulisse zu solchen Willkürakten abgab, mögen dies belegen:
Auf einer Fotografie aus Mauthausen erkennt man einen kahlgeschorenen Häftling auf einem Karren. Man hat ihn stehend an jene Kiste gefesselt, in der er auf einem Lastwagen aus dem Lager hatte fliehen können und mit der zusammen man ihn nach seiner erneuten

Ein Häftling wird in Mauthausen zur Exekution geführt. Die Lagerkapelle begleitet den »Trauerzug«

Festnahme auf dem Appellplatz des Lagers ausgestellt hatte, um allen klar zu machen, wie es jedem gehen würde, der so etwas versuchen sollte. Mithäftlinge ziehen den Karren wie Pferde, denen nur die Trauerfederbüsche fehlen – dieser Umzug durch das Lager ist Bestandteil der Strafe für die versuchte Flucht. Vor dem Karren marschiert die Kapelle mit einigen Geigen und Harmoniken, mit einer Mandoline, einer Gitarre und einer Trommel. Die Musiker spielen *Alle Vöglein sind schon da*, während der Trauerzug sich zum Galgen hin bewegt.[1] Sie dürfen keine Pause machen, denn die SS-Leute fürchten, daß eine plötzliche, ungewohnte Stille unter den Häftlingen eine unkontrollierbare Welle des Hasses auslösen und sie, getrieben vom Mut der Verzweiflung, zu kollektiven Vergeltungsaktionen veranlassen könnte. Unzählige Male mußte die Lagerkapelle beim Marsch zur Hinrichtungsstätte aufspielen. Doch damit nicht genug. Wenn bei mittelalterlichen Hinrichtungen der Strick am Galgen riß, so sah man darin ein Gottesurteil und ließ den Häftling frei. Der Lagerkommandant von Mauthausen, Ziereis, befahl dagegen in der gleichen Situation gleich zweimal hintereinander, einen festeren Strick zu besorgen und den Vollzug des Urteils zu wiederholen. Das Opfer wurde also dreimal aufgeknüpft.[2] Und dazu wurde ohne Unterbrechung musiziert. Zuweilen wurde auch statt eines Seils eine Klaviersaite verwendet, um das Sterben zu verlängern. Die Phantasie der Henker brachte unausdenkbare Varianten hervor, und kein Musikstück war vor Mißbrauch oder Schändung sicher.

Wie so viele andere endete auch der Fluchtversuch dreier deutscher Häftlinge am Galgen. Nachdem sie furchtbar geprügelt worden waren, wurden sie zur Abschreckung auf dem Appellplatz gehängt; die Kapelle spielte dazu *Komm zurück, ich warte auf Dich* und musizierte nach der Hinrichtung weiter, während die Lagerinsassen gezwungen wurden, am Galgen vorbeizumarschieren und die Opfer zu betrachten. Wer den Blick zur Seite wandte, wurde brutal geschlagen.[3]

Mauthausen war nicht das einzige Lager, in dem solche Vorfälle an der Tagesordnung waren. In allen KZ, die im »Dritten Reich« errichtet wurden, gehörte Musik zum Ritual der grausig-pompös inszenierten Hinrichtungen, die den Häftlingen die ständige Bedrohung durch die übermächtige SS im Bewußtsein halten sollten. In Flossenbürg wurde ein polnischer Flüchtling, der nach einer Woche wieder gefaßt worden war, zuerst erniedrigt und dann in einem Akt des Triumphes getötet. In Pantoffeln und Unterwäsche mußte er vor den übrigen Häftlingen umhergehen und ein Schild auf der Brust tragen mit der zweisprachigen, deutsch-polnischen Aufschrift: »Lange habe ich nicht im Urlaub verweilt«. Danach wurde er geschlagen, bis er bewußtlos wurde und nach einem Monat grausamer Martern im Morgengrauen vor den Augen der versammelten Lagerinsassen gehängt. Die Kapelle, größtenteils tschechische Musiker, spielte auf Befehl österreichisch-deutsche Märsche: *Hoch oben auf dem Berg* und *Alte Kameraden*.[4] Die Geigenbögen zitterten ihnen in der Hand, und die Trompetentöne glichen eher einem Röcheln – den Häftlingen, denen der Tod zum Alltag geworden war, klangen diese Melodien schauderhaft in den Ohren.[5]

Fast überall, wo eine Kapelle existierte, wurde sie von den SS-Lagerkommandanten dazu benutzt, um Strafmaßnahmen zu untermalen.

Die Kapelle führt den »Trauerzug« an. Der Weg zum Galgen ist von Spalier stehenden Häftlingen gesäumt

Es gibt keine Hinweise dafür, daß der Ablauf solcher Exekutionen jemals durch einen Erlaß einheitlich geregelt worden wäre. Dennoch verliefen Hinrichtungen in allen Lagern ähnlich, nur die perfiden Formen der Demütigung und Ermordung der Häftlinge entsprangen der Phantasie des jeweiligen Kommandanten. In Dachau wurde dem wiederergriffenen Flüchtling ein Schild in die Hand gedrückt, auf dem zu lesen war: »Ich bin wieder da«. Der Unglückliche mußte es hoch erhoben über dem Kopf tragen und selbst vor der Kapelle hermarschieren. Die Musiker folgten in den bunten Uniformen der belgischen königlichen Garde; in ihren Holzschuhen stolperten sie im Rhythmus ihrer Musik und sahen aus wie das Zerrbild einer Zirkuskapelle. Wenn das Lager umrundet war, schleppten die Aufseher den Flüchtling in den Waschraum, um ihn dort brutal zusammenzuschlagen. Anschließend begleitete die Kapelle den blutüberströmten halbtoten Häftling unter lautem Musizieren zu einem der Bunker – keiner, der dort hineingeworfen wurde, kam lebend wieder heraus. »Zu diesem abscheulichen Theater«, erinnert sich einer der Musiker, »wurden Dutzende der SS-Kreaturen eingeladen, denen dieses Spektakel besonderen Spaß machte.«[6] Die Berichte darüber gaben die SS-Männer sicherlich untereinander weiter und prahlten wohl auch damit, welche »prachtvollen« Vorstellungen sie in ihren Lagern zu inszenieren verstanden.

Bei mittelalterlichen Hinrichtungen sollte der Klang der Instrumente den dramatischen, reinigenden Charakter des öffentlichen Schauspiels unterstreichen, vielleicht auch die Beschimpfungen der weltlichen Richter durch den Verurteilten übertönen. In Buchenwald dagegen verzichteten die Henker auf den Glanz obrigkeitlicher Selbstdarstellung; sie zogen statt dessen Ärztekittel über und hängten ein weißes Mäntelchen über ihre Verbrechen. Sie ließen Musik spielen, während sie ihre Opfer in einer Baracke, anonym durch ein Loch in der Wand, mit Nackenschüssen erledigten. Mann für Mann sanken die neu eintreffenden sowjetischen Kriegsgefangenen im Minutenabstand zu Boden, bis die bereitgestellten Särge, große fahrbare Kisten, voll waren. Sie starben zu den Klängen Beethovens, Wagners und vielleicht auch Mozarts, während draußen auf dem Appellplatz die Lagerinsassen lauthals singen mußten, um das Krachen der Schüsse zu übertönen das aus dem ehemaligen Pferdestall, dem »Sanitätsblock«, nach außen drang.[7]

Im September und November 1942 wurden in Neuengamme zunächst 197 und dann weitere 251 sowjetische Gefangene vergast – überwiegend Offiziere und politische Kommissare. Sie wurden mit Zyklon B erstickt, das in die luftdicht verschlossenenen Bunker durch vorbereitete Öffnungen eingeleitet wurde.

»Der Abendappell war vorbei, und wir sahen, wie die Kameraden des Rollwagenkommandos die toten nackten Körper heraustragen, aufladen und wie Garben aufschichten mußten. Sie fuhren an uns vorbei ins Krematorium hinter dem Lager, wir mußten am Appellplatz stehen und deutsche Lieder singen, und der Lagerälteste gab den Takt an. Wir sangen solange, bis man alle Leichname weggeschafft hatte, und erst nach Beendigung dieses grauenvollen Theaters wurden wir in die Blocks zum Abendbrot entlassen.«[8]

Auch in Auschwitz waren Massenhinrichtungen von sowjetischen Kriegsgefangenen an der Tagesordnung. Anfangs, im Jahr 1941, mußten alle Häftlinge auch während der Arbeitszeit antreten und singen. Später, als der Sinn dieser Anordnung allen Betroffenen klar geworden war, verzichtete die SS auf das überflüssig gewordene Manöver zur Verschleierung der Massaker.[9]

Wenn in den Lagern auf einem Podest am Tor ein Häftling geprügelt wurde, mußten seine Leidensgenossen dazu Lieder anstimmen.[10] Wenn in der Nacht ein Transport an der Rampe von Auschwitz eintraf und die verstörten Deportierten aus den Waggons getrieben wurden, befahl man die Lagerkapelle herbei, um das durchdringende Gebrüll der SS-ler und das jammervolle Heulen der ahnungsvollen Opfer zu übertönen. Ein grausiges Nachtkonzert erklang, wenn die Musiker ihre Pulte in der Nähe der Rampe aufstellten und beim Licht des brennenden, mit Erdöl übergossenen Mülls von ihren Notenblättern spielten. Was und wie gespielt wurde, war unwichtig. Die Lagerinsassen auf ihren Pritschen hörten nur die Kapelle; das Jammern der Erwachsenen und das Weinen der ausgehungerten Kinder drang nicht mehr bis zu ihnen durch.[11] Als die berüchtigte Rampe dann später weiter ins Lager hinein und in die Nähe der Öfen verlegt wurde, entschloß sich die SS, auf diese Tarnung zu verzichten.

Die SS spielte mit den Häftlingen Katz und Maus. Erträgliche, milde Anordnungen und unmittelbar darauf folgende rücksichtslose Brutalitäten wechselten einander ab. Beim Bau des »Sportplatzes« in Mauthausen ereignete sich zum Beispiel folgende Szene, die einem die Sprache verschlägt: Die Häftlinge waren damit beschäftigt, einen Felsen zu beseitigen. Nach dem Einsatz von Dynamit blieb an einer Stelle ein riesiger Block zurück, den man noch einmal sprengen mußte. Die Häftlinge bohrten Löcher in den Stein und befestigten die Sprengsätze darin. Daraufhin befahlen die SS-Männer einigen Juden, darunter ein Opernsänger aus Böhmen, sich auf den Felsblock zu setzen. Der Böhme mußte dann eine Arie singen, während die übrigen Häftlinge in Deckung getrieben wurden und die SS-ler mit Vergnügen ihre hilflosen Opfer auf dem Felsen beobachteten. Als die Ladungen explodierten, flogen nicht nur Steine, sondern auch Körperteile überall umher.[12]

Das Leben eines Häftlings galt keinen Pfifferling. In Flossenbürg kam es vor, daß der deutsche Vorsteher des Aufnahmeblocks – ein »Grüner«, der wegen Eisenbahndiebstahls in Haft war – Neuankömmlinge deshalb erschlug, weil sie sich die Füße gegen die nächtliche Kälte mit einer zerrissenen Decke umwickelt hatten. Im

November 1943 wurden aus diesem Grund zwei Tschechen niedergemacht, die gerade aus dem Prager Gefängnis Pankrác nach Flossenbürg gebracht worden waren. Der Blockälteste Anton Ull schlug mit allem, was ihm in die Hände kam, hemmungslos auf sie ein – mit einem Stock, mit einer eisernen Stange und mit einem Sessel –, bis ihre Körper zu einer formlosen Masse entstellt waren. Während man die Leichen wegschaffte, befahl er dem tschechischen Musiker Zdeněk Kolářský, Geige zu spielen. Wollte er nicht auch an Ort und Stelle totgeschlagen werden, hatte er zu gehorchen. Und so spielte er Schuberts *Ave Maria,* jene virtuose Bearbeitung des berühmten Liedes, in der die bekannte Melodie in einer Kantilene auf der G-Saite entfaltet wird und nach reichen Variationen am Ende zu ihrem Ursprung zurückkehrt. Kolářský sammelte seine letzten Kräfte, um überhaupt spielen zu können. Viermal mußte er die Komposition wiederholen, ehe der Blockälteste nach diesem Exzeß sein Gleichgewicht wiedergefunden und sich an der Musik ergötzt hatte. Dann ließ er verlauten, daß er noch nie etwas so Hinreißendes gehört habe.[13]

Vom Todesengel, von dem erzählt wurde, daß er die Verstorbenen in das Reich der ewigen Seligkeit leite, hatten die Menschen früherer Zeiten nichts zu fürchten. In Auschwitz wurde die Rolle der Todesboten einer Frauenkapelle aufgebürdet, die gewöhnlich am frühen Morgen in den Baracken antrat, um vor den weiblichen Häftlingen aufzuspielen. Dieser Auftritt hatte nichts Feierliches, nichts Erhabenes: Er rief Grauen hervor, denn er war das Signal für den Abmarsch zur Gaskammer und zum Krematorium. Diese Frauen erlösten die Todeskandidatinnen nicht, sie zeigten niemandem den Weg zu einem erlösenden Jenseits; ihr Gesang war ein »Witz« der SS, der nur Grauen auslöste.[14]

In Auschwitz wurden alle ideellen Werte der Musik, deren anrührender Klang und deren bezwingende Schönheit die Menschen zu allen Zeiten tief bewegt hat, in den Dreck getreten und ins Gegenteil verkehrt. Aus Freude wurde Verzweiflung und aus Harmonie wurde schwarze Hoffnungslosigkeit.

Was Musikinstrumente berichten

In den Wäldern nahe der tschechoslowakischen Grenze, in Rýnovice bei Jablonec nad Nisou, richteten die Nazis während der Besatzungszeit ein kleines Lager ein, in welchem vor allem Polen, die neben den Juden von der SS am schlimmsten behandelt wurden, interniert waren. Nicht einer der hier wie rechtlose Sklaven Geschundenen erlebte die Befreiung. Dieser düstere Ort ist heute von hochgewachsenen Bäumen überwuchert; vom elenden Schicksal der Lagerinsassen gibt es kein Zeugnis mehr – außer einer Harfe, einem Instrument, das in Jahrhunderten zum vollkommenen Ausdruck von Glück und Schönheit entwickelt worden ist. Sie begleitete Häftlinge durch Leid und Schmerz und spendete ihnen vielleicht, wenn sie zur Begleitung halblauten Gesangs gespielt wurde, einen kleinen Hoffnungsschimmer.
Vierzig Jahre nach Auflösung des Lagers versuchten wir zu klären, wann und durch wen das Instrument in dieses KZ gelangt war. Denn die Harfe wurde zwar auf tschechischem Gebiet gefunden, aber es waren keine tschechischen Musiker, die sie dorthin gebracht hatten. Nur folgendes ließ sich heute noch ermitteln: Kurz nach der Besetzung Polens durch die deutschen Truppen wurde im Krakauer Theater die in Polen überaus beliebte Oper *Halka* von Moniuszko aufgeführt. Die Orchestermusiker beschlossen, nach dem Ende der Aufführung die Hymne *Noch ist Polen nicht verloren* zuzugeben. Ihre Absicht wurde jedoch verraten. Für die Gestapo war das natürlich eine Provokation. Kaum war das Lied verklungen, wurden alle Mitwirkenden verhaftet und abtransportiert. Nicht einmal den Frack konnten sie ablegen. Einer der SS-ler fand Gefallen an der Harfe und ließ das Instrument ebenfalls in den Wagen laden. Lange Verhöre waren überflüssig; die SS fackelte nicht lange, die Musiker sämtlich für schuldig zu befinden, und so wurden sie – und mit ihnen die Harfe – ohne weitere Umstände in die Iserwälder verschleppt, wo für die Reichsindustrie Holz geschlagen werden sollte. Wie oft das Instrument dort noch gespielt werden konnte, läßt sich nicht mehr feststellen. Man weiß nichts über das Leid, das über diese polnischen Musiker hereinbrach. Doch das schmälert die Bedeutung der Harfe nicht, die uns bis heute an den Mut jener Menschen erin-

Aus der Ausstellung *Musik in Konzentrationslagern,* Gedenkstätte Theresienstadt 1982

nert, die ihren Versuch, dem eigenen Volk durch ihre Kunst beizustehen, mit dem Leben bezahlen mußten.[1]
Diese traurige kleine Geschichte ist charakteristisch für die widerspruchsvolle Situation aller Musiker in deutschen Konzentrationslagern. Nur wenige Instrumente haben das Ende der Lager überdauert. Entweder wurden sie nach Auflösung der KZ zerstört, weil sie nunmehr bedeutungslos schienen, oder die Häftlinge, die ihre eigenen Instrumente ins Lager gebracht hatten, nahmen ihr Eigentum wieder mit nach Hause. Zu den wenigen bewegenden Stücken gehört die Häftlingsmandoline aus Buchenwald, auf der noch heute die Worte zu lesen sind: »Wir hoffen, daß wir die Freiheit erleben!« – »Der Tod steht uns bevor.« – »Heute werden wir abtransportiert.« – »Wir werden heute verschleppt! April 1945.« Wer hat auf diesem Instrument gespielt? Durch wieviele Hände ist es gegangen? Wieviel Angst und Beklommenheit bedrängte die Musizierenden? Und wie schwer mag ihnen der Abschied von dieser Mandoline geworden sein, wenn sie sie wie eine Stafette an einen jener Glücklicheren weitergaben, die ein paar Wochen oder vielleicht auch länger würden darauf spielen können?[2]
Manchmal mußten die Häftlinge verzweifelt um die Rettung ihrer Instrumente kämpfen, denn solcher Privatbesitz war im Lager verboten und strafbar. Doch dank ihrer Solidarität haben viele Zellenbelegschaften diesen teuren Besitz wahren können.
Die Häftlinge in der großen Zelle am Hof IV der »Kleinen Festung Theresienstadt« besaßen eine Gitarre. Ein unscheinbares Instrument, das aber unter den gegebenen Umständen von unschätzbarem Wert war. Wenn die Aufseher am Sonntagnachmittag Ausgang hatten und sich vergnügten, wurde die Gitarre aus ihrem Versteck hervorgeholt, und bei halblautem Gesang konnten die Häftlinge ihren Gedanken an die ferne Heimat nachhängen. Das Elend der 150 bis

200 Menschen, die in diesem Raum zusammengepfercht waren, lichtete sich für einen kurzen Moment. Trotz aller Vorsicht erfuhren die Wächter von der Existenz der Gitarre; sie fahndeten danach und prügelten hemmungslos, konnten das Versteck in der Mauer hinter einer der Pritschen aber nicht ausfindig machen.[3]
Eine weitere Gitarre gehörte dem Tschechen Bohumil Bardoň, der darauf nicht nur für seine Mithäftlinge spielte, sondern auch zur Unterhaltung der Lagerprominenz, um so für sich und andere mehr Lebensmittel zu ergattern. Der Klangkörper des Instruments ist oben repariert und neu verleimt, denn diese Gitarre war zertrümmert worden, als Bardoň den versammelten Kapos einmal ein Spottlied auf Adolf Hitler vorgesungen hatte, ohne zu ahnen, daß einer unter den Blockältesten die tschechische Sprache beherrschte. Der riß die Gitarre an sich und schlug sie dem Musiker über den Schädel. Damit ging dieser Vorfall noch glimpflich aus; denn die Gitarre ließ sich reparieren, und Bardoň behielt seinen Kopf auf den Schultern.[4]

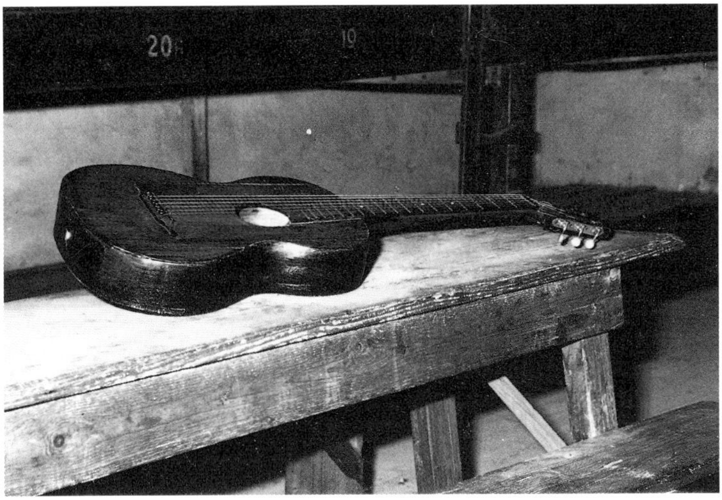

Die Gitarre des Mauthausener Häftlings Bohumil Bardoň

Einem namentlich nicht bekannten Häftling in Mauthausen blieb eine Geige, die 1871 gebaut worden war und deren Decke wohl schon fehlte, als er sie in die Hände bekam. Dieser Häftling muß an seinem Instrument gehangen haben, denn er bastelte eine neue Decke, um wieder spielen zu können. Ohne geeignetes Werkzeug bedurfte es dazu unendlicher Geduld und großer Geschicklichkeit.[5]
Ähnlich eindrucksvoll ist auch die Geige, die der tschechische Geigenbauer J. B. Herclík in der »Kleinen Festung Theresienstadt« zu bauen begonnen hatte. Der Aufseher Josef Sternkopf, der als einer von wenigen SS-Schergen ein wenig Menschlichkeit zeigte, hatte ihn dazu aufgefordert; als Theresienstadt schließlich befreit wurde, war die Geige fast fertig.[6]
Jedes erhaltene Instrument hat seine eigene Geschichte. Der Häftling

Jaroslav Pekelský erhielt von einem SS-Mann eine vortreffliche, in Maienkirchen gebaute Geige, nachdem er bewiesen hatte, daß er sogar auf einem billigen Instrument hervorragend spielen konnte.[7] Der Kommandant der »Kleinen Festung«, Heinrich Jöckel, ließ die Geige und die Trompete der gemeinsam verhafteten Josef Pražák und Jaroslav Škabrada aus deren Prager Wohnung kommen, als er erfuhr, daß beide Berufsmusiker waren; er ordnete an, die beiden sollten in der Kantine zur Unterhaltung der Aufseher spielen.[8] Ebenso blieb die Geige des Leiters der Buchenwalder Kapelle, Vlastimil Louda, erhalten[9] sowie jene Ziehharmonika, die den Häftlingen in Sachsenhausen bis zur Befreiung treue Dienste leistete.[10]

Bau von Musikinstrumenten im Lager. Ohne irgendwelche Spezialwerkzeuge bauten Mauthausener Häftlinge diesen Kontrabaß

Die Häftlinge, die in Mauthausen ihr Orchester auf allen Positionen besetzen wollten, beschlossen, sich die Instrumente selbst zu bauen, da es in diesem Lager nicht möglich war, sich Musikinstrumente aus der Heimat schicken zu lassen. Mit bewundernswerter Energie bauten sie zunächst ein Violoncello und später auch einen Kontrabaß; alles ohne die Hilfe handwerklich geschulter Instrumentenbauer, ohne geeignetes Holz und ohne die üblichen Stemmeisen und Klemmen, ohne Leim und ohne Lack. Das Violoncello wurde von einem Zigeuner in der Tischlerwerkstatt des Lagers gebaut; weil das Ergebnis mehr als befriedigend war, machte er sich danach an den Bau des Kontrabasses. Der Tscheche Rudolf Dudák, ebenfalls ein gelernter Tischler, verfertigte das Griffbrett. Ebenholz stand ihm nicht zur Verfügung; er mußte schwarzgebeiztes Ahorn verwenden. Auch beim Stützpflock mußte improvisiert werden; er ist aus ganz gewöhnlichem Holz und in der Werkstatt von einem spanischen Häftling hergestellt worden. Dieses Instrument war klobig und flacher als Kontrabässe, wie man sie kaufen kann, hatte aber einen überraschend starken Ton. Wenn in der Schusterwerkstatt geprobt wurde, war sein Klang bis zum Lagertor zu vernehmen.[11]

Es konnte vorkommen, daß ein Instrument einem Häftling das Leben rettete. Bald nach der Einrichtung des jüdischen »Ghettos« in Theresienstadt stellte man dem dortigen Pianisten ein altes, demoliertes und fußloses Klavier zur Verfügung. Bessere Instrumente sind erst 1943 aus beschlagnahmtem jüdischem Besitz ins Lager geliefert worden. Das alte Möbel war kein schöner Anblick, der Lack war gesplittert und das Holz war beschädigt. Doch nachdem der Pianist Gideon Klein und der Klavierstimmer Pick es wieder hergerichtet hatten, zeigte sich sein wahrer Wert. Es wurde auf einige Kisten gestellt, und Editha Steinerová-Krausová durfte täglich eine Stunde lang darauf üben. Sie arbeitete in den Werkstätten für Glimmerbearbeitung, die wahrscheinlich die deutschen Rüstungsbetriebe belieferten. Als sie erfuhr, daß sie für den Abtransport nach Auschwitz vorgesehen sei, gab ihr jemand den Rat, sie solle als professionelle Pianistin vorschlagen, für die Theresienstädter Häftlinge ein abendliches Klavierkonzert zu veranstalten. Daraufhin wurde das Piano in die Magdeburger Kaserne gebracht, wo Editha Steinerová-Krausová unter anderem Kompositionen von Bach, Chopin und Mozart frei vortrug. Sie wurde von der Transportliste gestrichen und dank der jüdischen »Selbstverwaltung« in die Gruppe jener Künstler-Häftlinge aufgenommen, die »zur Freizeitgestaltung abgestellt« waren. Als Pianistin erlebte sie auch die Befreiung. Sie war nicht die einzige, deren künstlerisches Können sie vor dem sicheren Tod bewahrte; die meisten Künstlerinnen und Künstler konnten jedoch die Deportation nur hinausschieben. Für Juden gab es, gleichgültig welche Fähigkeiten sie besaßen und welche Dienste sie hätten leisten können, nur die »Endlösung«.[12]

Häftlinge, die nach langer Entbehrung wieder ein Instrument in die Hand bekamen, konnten sich meist nur mühsam fassen. Als in der Mauthausener Lagerkapelle ein Oboist fehlte, erlaubte man Bolek Machnik, einem ehemaligen Mitglied des Orchesters der Warschauer Oper, nach Hause zu schreiben und um sein Instrument zu bitten. Ihm wurden umgehend drei Oboen zugeschickt; als er sie in Empfang nahm, brach er in Tränen aus.[13] Wer auf einem solchen Weg zu einem Instrument kam, hatte so manchen Vorteil. Die damit verbundenen Erinnerungen und Bindungen an das Zuhause stärkten den Willen zum Überleben. Vor allem aber wurde er im Lager als Musiker anerkannt und deshalb von der Arbeit im Steinbruch und von anderen Aufgaben befreit, bei denen die völlig erschöpften Menschen schnell zusammenbrachen.

Noch das einfachste Instrument – etwa eine in Sachsenhausen erhalten gebliebene Mundharmonika – ist für alle Zeiten ein wichtiges Erinnerungsstück – auch wenn niemand mehr feststellen kann, wem sie gehörte, weil es diese Instrumente in der Kantine zu kaufen gab und die Häftlinge die Fertigkeit, darauf zu spielen, nicht besonders hoch schätzten. Auf einer Mundharmonika spielte man gelegentlich sich selbst zum Trost und ohne daß die übrigen Häftlinge davon besondere Notiz nahmen. Nur selten wurde auf einem solchen Instrument gespielt, wenn die Häftlinge ihre leisen, verbotenen Feiern abhielten. Der 1. Mai oder der 7. November waren für die Sachsenhausener Häftlinge solche politischen Anlässe. Sie gedachten der Tradition dieser Feiertage, und sie machten einander Mut. Nach einer politischen Rede sangen sie Lieder. Dann spielte beispielsweise der Deutsche Karl Graf auf einer solchen billigen Mundharmonika die *Internationale* und das allseits bekannte *Brüder, zur Sonne, zur Freiheit*, und die übrigen sangen halblaut mit, gestärkt durch die spürbare Solidarität.[14]

Wie wenig sich auch in Erfahrung bringen läßt – die Beschäftigung mit solchen Dingen ist keine wertlose, vergeudete Mühe. Die Musiker-Häftlinge haben damals die toten Instrumente zum Leben erweckt, und dem heutigen Historiker enthüllen sie manch elendes Schicksal dieser Opfer des Nationalsozialismus.

Bedeutung und Zweck der Lagerkapellen

In fast allen großen KZ, in Dachau, in Buchenwald, in Sachsenhausen, in Flossenbürg und in Auschwitz wurden Musikkapellen eingerichtet. Auf Anordnung der jeweiligen Lagerkommandantur hatten sie zu den unterschiedlichsten Anlässen zu musizieren. Es handelte sich nicht um Militärkapellen – die SS-Garnisonen in Buchenwald oder Dachau hatten schließlich eigene Orchester. Und es handelte sich auch nicht um Musiker, die von den übrigen Häftlingen getrennt lebten oder gar eigens zur Verwendung in der Kapelle von Fall zu Fall herbeigeschafft wurden. Die Mitglieder dieser Orchester rekrutierten sich ausschließlich aus den Reihen der Lagerinsassen, sie mußten selbst für den Aufbau dieser Kapellen Sorge tragen. Wenn das Lager über ein Depot verfügte, worin Beutestücke der Nazi-Raubzüge aus ganz Europa gelagert waren, herrschte kein Mangel an geeigneten Instrumenten. Das Einverständnis des Kommandanten vorausgesetzt, durften die Häftlinge sich dort Geigen, Gitarren, Kontrabässe, Ziehharmoniken und Trommeln aussuchen.[1] Wenn dann noch etwas fehlte, wurde es auf Kosten der Häftlinge besorgt. Darüber hinaus erhielten manche Lagerinsassen, die sich als Musiker meldeten, die Erlaubnis, sich ihre Instrumente von zu Hause schicken zu lassen; das kam die Lagerverwaltung am billigsten.

Der Aufbau der Kapellen ging jedoch nicht überall gleich schnell vonstatten. In einigen Lagern gab es sie schon von Beginn an; in anderen hingegen wurden sie erst während des Krieges eingerichtet, als sich die Aufgabe der KZ mit der zunehmenden Belastung der Wirtschaft durch den Krieg zu ändern begann. Viele Lagerkapellen waren ursprünglich kleine Gruppen musizierender Zigeuner gewesen; zuweilen aber bildeten auch Berufsmusiker den ersten Kern der späteren Einrichtungen.

Grundlage für das Entstehen aller Orchester war eine Anordnung aus dem Reichssicherheitshauptamt (RSHA) vom August 1942, unterschrieben vom Chef der Abteilung IV, Heinrich Müller, die an alle Lagerkommandanten gerichtet war. Demnach sollte in jedem Hauptlager eine Kapelle gegründet werden, die nicht nur gelegentlich als Ensemble aufspielte. Es ist schwer abzuschätzen, ob dieser

Erlaß durch bestehende Erfahrungen mit schon vorhandenen Orchestern veranlaßt wurde oder ob er erst durch die bewußt angestrebte Umfunktionierung der Lager im Rahmen der Kriegswirtschaft inspiriert worden war. In jedem Fall wurde die Lage der bestehenden Kapellen verbessert, und eine große Zahl von Neugründungen wurde unmittelbar danach vorgenommen. Das letzte Wort lag dennoch bei den Lagerkommandanten; von deren gutem Willen blieben die Musiker weiterhin abhängig.

Die Anregung der Berliner Zentrale ist nur verständlich, wenn man sich vergegenwärtigt, welchen Nutzen man sich von diesen neuen Richtlinien versprach. Die militärische Lage Hitlerdeutschlands hatte sich im Jahr 1942 zuungunsten des Reiches entwickelt. Vor allem an der Ostfront bluteten die Divisionen aus und machten ständig die Mobilisierung neuer Reserven nötig. Dadurch fehlten Arbeitskräfte in allen wichtigen Bau- und Industrieunternehmen, und die Häftlinge sollten diese nun ersetzen. Ihre Arbeitskraft sollte bis zu ihrem einkalkulierten Tod rücksichtslos ausgeschöpft werden. Die Musik als Teil des Lagerlebens erhielt damit eine neue Aufgabe. Diente sie bis dahin vor allem zur Untermalung von Terrorakten, so sollte sie nun der Zerstreuung der zusammengetriebenen Sklaven des »Dritten Reiches« dienen. Vielleicht versprach man sich in Berlin sogar, daß die Häftlinge, wenn man ihre Lebensbedingungen auch nur ein wenig verbesserte, es ihren Schindern durch größere Arbeitsleistungen danken würden.

Es würde den Rahmen dieses Buches sprengen, die Lage sämtlicher Orchester in den KZ der Nationalsozialisten zu beschreiben. Uns interessiert ohnehin vor allem das Schicksal der böhmischen und mährischen Musiker, die nur in einigen dieser Orchester mitgewirkt haben. Dennoch muß vorab in groben Zügen skizziert werden, welche Aufgabe den Lagerkapellen in der Folge zuwuchs – nicht bloß welche ihnen von den Nazis auferlegt wurde, sondern welche sie im Interesse der Häftlinge wirklich übernommen haben.

Lagerkapellen waren keine Kurorchester – sie gaben nicht bloß Konzerte auf dem Appellplatz. Sie hatten vor allem frühmorgens aufzuspielen, wenn die Häftlinge zur Arbeit ausrückten, und abends, wenn sie ins Lager zurückkehrten. Dabei kam es nicht darauf an, hohe Kunst zu bieten; sie mußten bloß jene schmetternden deutschen Melodien beherrschen, zu denen die Häftlinge gut marschieren sollten. Die große Trommel, nach der tausende Häftlinge ihren Gleichschritt ausrichten konnten, war daher das bestimmende Instrument. Diese Ansprüche erforderten keine hochkarätigen Musiker; wichtiger war die Fähigkeit, sich mit dem einschlägigen Repertoire schnell vertraut machen zu können. Darüber hinaus hing es vom jeweiligen Kapellmeister ab, der ebenfalls aus den Reihen der Häftlinge stammte, welche Musiker zusammenfanden und was und wie gut gespielt wurde.

Es ist nicht leicht, sich den morgendlichen Abmarsch und die abendliche Rückkehr ins Lager auszumalen oder sich die Empfindungen der Häftlinge vorzustellen, wenn ihnen dazu aufgespielt wurde. In Auschwitz durchlebte Seweryna Szmaglewska diese alltägliche Szene und beschreibt sie ausführlich in ihren Memoiren:

»Im Nebel, in dem die Menschen nur schwer zu erkennen sind, ertönt leise Musik. Abgemagerte Gestalten in grauen, gestreiften Anzügen verschwimmen in den Schwaden und bilden einen sonderbar traurigen Kontrast zur heiteren Melodie. Sie ähneln eher den Nebelschwaden als Menschen, wenn sie so in der klirrenden Kälte in geschlossener Gruppe dastehen und aufspielen, noch ehe der Tag angebrochen ist. Gegenüber öffnet sich das Tor des Männerlagers, und in dichter Kolonne treten die Männer in Fünferreihen auf den Weg. Bei der Wegmündung, bei einem kleinen Häuschen, wartet die SS. Die Männer gehen aufrecht, marschieren nach der Musik. Der aufgeregtbetriebsame Kapo mit der gelben Binde am Arm ruft laut: ›Links, links, links! – Und links!‹ Sie gehen still, ruhig wie Phantome ohne Willen, ohne Lust – und ohne Widerstand. Die ersten sind schon nahe bei der SS, und aus dem Tor kommen immer neue. Jetzt reißt der Kapo die Mütze vom Kopf, brüllt der marschierenden Kolonne zu: ›Mützen ab!‹ und rennt zu der SS. Der Anblick der geschorenen Köpfe dieser wehrlosen Männer, die diszipliniert vor den wenigen bewaffneten Deutschen marschieren, ist beschämend. Die Gestalt des Kapos, der kerzengerade dasteht, seine Mütze an die gestreifte Hose preßt, hat etwas Peinliches. Neue und neue Kolonnen treten heraus und machen doch bloß weiteren Platz. Noch ein Kapo, nochmals Fünferreihen: ›Links! Links!‹ – stets das gleiche. Alle sind gleich mager und schwarz, bewegungslos recken sie die geschorenen Köpfe, gleichförmig pressen sie die Hände an die Hosennaht. Sie gehen wie eine große tote Armee, die Musterung hält. Es kommen immer neue, sie sind leicht zu zählen, wegen der Fünferreihen. Tausend sind vorübermarschiert, zweitausend, zehntausend, und immer noch kommen mehr ... Sie sind alle gleich erstarrt und tot. Und sie gehen ununterbrochen an der Kapelle vorbei, an der SS vorbei, an dem Wächterhäuschen vorbei, zum Tor hinaus auf das Feld.«[2]

Der Eindruck, den die Häftlingskolonnen hinterließen, wäre in Buchenwald nicht anders gewesen. Schon am Morgen waren die Häftlinge erbarmungswürdige Gestalten; beim Einrücken, abends, ebenfalls unter Musikbegleitung, war die Szenerie aber geradezu gespenstisch. Seweryna Szmaglewska beschreibt auch das mit großer Anschaulichkeit:

»Von allen Seiten her, so weit das Auge reicht, nähern sich Kolonnen, wie graue Raupen kriechen sie über alle Feldwege, über grüne Wiesenpfade, über Dämme zwischen den Torfgründen. Die Auschwitzer Häftlinge kehren von ihrer Arbeit zurück. Sie marschieren in der Stille des frühen Abends, die sich über der Landschaft ausbreitet, und auf ihren Schultern tragen sie ihre Gefährten, die bei der Tagesarbeit gestorben sind. Es sterben mehr Männer als Frauen, denn mit den Männern wird noch rücksichtsloser verfahren. Am Ende fast jeder Gruppe folgt eine kleine traurige Schar: Eine kurze Trage, die sonst zum Transport von Steinen und Schlacke verwendet wird, dient als Totenbahre, auf welche die Körper der Gestorbenen geladen und ins Lager gebracht werden. Zuweilen knarrt eine Schubkarre, die von den Händen eines Gefährten geschoben wird, und bleibt in der feuchten Schlacke stecken; über die eine Seite hinaus hängt der Kopf eines Getöteten, über die andere baumeln die Füße im Rhythmus der unregelmäßigen Stöße. Wenn Tragen und Karren nicht reichen, transportieren je zwei Häftlinge einen Toten, indem einer sich die Füße um den Hals über die Schultern legt und der zweite mit den Armen genauso verfährt, und so tragen sie die gebogene, leblose Gestalt. Am Tor spielt die Kapelle deutsche Märsche; die Melodien brennen sich unauslöschlich in die Herzen ein und werden für ewig als Todesmarsch erinnert werden.«[3]

Im Lager als Musiker anerkannt zu sein, brachte kleine Vorteile mit sich. Daher herrschte bei der Rekrutierung der Kapellen, die meist 25 bis 35 Mitglieder stark waren, kein Mangel. Zwar waren auch die Orchester als Arbeitskommando organisiert, aber um musizieren und üben zu können, wurden sie zu leichteren Arbeiten eingeteilt. Musiker mußten nicht in die Steinbrüche und Wälder außerhalb des Lagers, sie mußten nicht in die Sümpfe, in die Fabriken oder Gruben, und sie mußten auch nicht beim Straßenbau unter schärfster Aufsicht bis zur völligen köperlichen Erschöpfung arbeiten. Unter Umständen erhielten sie auch eine Scheibe Brot mehr als ihre Kameraden. Im Lager wurden sie bei Aufräumarbeiten eingesetzt, bei Transport- oder Instandsetzungskommandos oder im Waschraum. Mancher Kapellmeister sorgte deshalb dafür, daß auch Häftlinge als Musiker zugelassen wurden, die überhaupt kein Instrument angemessen beherrschten.

Die SS im Lager hatte keine genauen Vorstellungen davon, welche Aufgabe eine Kapelle in den Lagern haben solle. Vor August 1942 sind viele Musikergruppen spontan entstanden und wurden auch nicht gezielt ausgebaut. Anfangs meldeten sich viele Zigeuner zu diesen Kapellen; allerdings auch musikalische Dilettanten. Erst wenn fähige Musiker die Leitung der Lagerorchester übernahmen, stiegen die Leistungen und damit das Ansehen dieser Gruppen. Wichtig für das Schicksal der Kapellen war darüber hinaus, inwieweit die politischen Häftlinge sich im Lager gegenüber den »Kriminellen« durchsetzen konnten und wieviele Musiker sich den übrigen Häftlingen gegenüber solidarisch verhielten und nicht nur morgens und abends am Tor spielten, sondern sich auch am Aufbau eines kulturellen Lebens im Lager beteiligten.

Dementsprechend hatten die Musiker eine zwiespältige Position im Lager. Sie blieben schließlich Häftlinge und waren weiterhin allen Weisungen und Drohungen unterworfen; sie waren jedoch andererseits unmittelbar der Lagerleitung unterstellt, was sie vom Rest der Lagerinsassen abhob. Denn wenn der Lagerleitung an einem funktionierenden Orchester gelegen war, durften die Musiker nicht sinnlos geprügelt oder getötet werden.

Das konnte zum Neid der Mithäftlinge führen, weil die Musiker zu eng mit der SS verkehren mußten; oder zu Mißtrauen, weil sie leichter in den Verdacht geraten konnten, Spitzel zu sein. Das Ansehen der Kapelle bei den Lagerinsassen hing deshalb entscheidend davon ab, ob die Musiker in der Lage waren, ihre kleinen Vorteile zugunsten anderer Häftlinge zu nutzen. Einige Kapellen engagierten sich im illegalen politischen Widerstand; andere hingegen blieben gehorsame Diener der SS und isolierten sich von den übrigen Häftlingen. Das Verhältnis zwischen Musikern und nicht-privilegierten Häftlingen war auch von den unterschiedlichen Lebensbedingungen in den Lagern abhängig. Solidarität unter den Häftlingen war gewiß nicht überall gleich entwickelt. Man kann aber feststellen, daß die Häftlinge um so größere Distanz gegenüber den »prominenten« Musikern empfanden, je erbärmlicher ihre eigene Lage war. Denn Elend und Verzweiflung sind ein guter Nährboden für Böswilligkeiten und sogar Haß. Das Frauenlager in Auschwitz ist ein Beispiel dafür. Das geht aus den Schilderungen von Dr. Zdeňka Nedvědová hervor, die nach einem halben Jahr von Auschwitz nach Ravensbrück verlegt wurde und sich dort fast wie im Sanatorium fühlte. Die französische Sängerin Fania Fénelon, die zum »Mädchenorchester« in Auschwitz gehörte, hat folgendes berichtet:

> »Manche Frauen waren sehr böse, denn wir waren privilegiert – nicht wegen des Essens, aber wir hatten eine Baracke, einen Ofen, es war nicht kalt, wir waren gut angezogen, die übrigen Frauen liefen barfuß im Winter. Wir konnten uns jeden Tag duschen. Für mich war es das Größte, daß ich mich jeden Tag waschen konnte – die übrigen Frauen konnten sich manchmal drei Wochen lang nicht waschen. Wir hatten im Block eine Toilette. In den übrigen Blocks war es verboten, zur Toilette zu gehen – nur einmal am Tag durften die übrigen Frauen zur Toilette gehen.«[4]

Dennoch sollte man die Bedeutung dieser guten oder gespannten Beziehungen zwischen Musikern und Häftlingen nicht überbewerten. Unter den Zehntausenden, die in den Lagern eingesperrt wurden, überwog meist Gleichgültigkeit gegenüber diesen wenigen Dutzend Menschen, die alle Tage am Tor musizierten. Alle hatten mit ihren eigenen Sorgen und mit ihrer nächsten Umgebung genug zu tun.

Auch war das Leben der Orchestermitglieder nicht in jeder Hinsicht erträglicher. Oft hatten sie bei Hinrichtungen aufzuspielen, zu nächtelangen Siegesfeiern oder gar zu »Führers Geburtstag« anzutreten oder auch einfach die SS-Offiziere bei Saufgelagen zu unterhalten. Dann schützte sie niemand vor der Willkür betrunkener SS-Leute, für die sie Häftlinge blieben.

Nur selten konnten kleinere Gruppen der Musiker in Blocks ihrer Kameraden gelangen, um vor Kranken und Ausgemergelten ein Lied zu spielen, das sie mochten und das für eine Weile auf andere Gedanken brachte. Trotzdem mangelt es nicht an Zeugnissen dafür, daß diese scheinbar so unbedeutenden Musiker sich – wenn es erlaubt wurde – oft energisch für Musik- und Kulturveranstaltungen einsetzten, die an Sonn- oder Feiertagen in den Lagern vor Häftlingen aller Nationen aufgeführt wurden.

Nicht überall mußten die Kapellen morgens und abends am Tor spielen. Manche Kommandantur nahm die Dienste der Orchester nur selten in Anspruch und ließ den Musikern viel Freiheit. Das geschah vor allem nach dem militärischen Umschwung an den Fronten, als die kulturellen Aktivitäten von der SS zunehmend als Propagandamittel zur Beschönigung der Zustände in den Lagern eingesetzt wurden. Manche Kapellen, Orchester und Musikergruppen hatten Gönner in den einflußreichsten Gruppen des Lagers: SS-Offiziere hielten ihre schützende Hand über sie, wenn das Repertoire und die Darbietungen ihnen zusagten. Aufseher, die den Wert ihres Hundes höher schätzten als das Leben der inhaftierten Menschen, konnte die Rührung überkommen, wenn sie musizierenden Häftlingen zuhörten. In Auschwitz konnte Lagerkommandant Kramer in Tränen ausbrechen, wenn das Orchester Schumanns *Träumerei* anstimmte. Derselbe Mann hat 24000 Menschen in die Gaskammern getrieben, ohne mit der Wimper zu zucken. Auch die Lagerführerin Maria Mendel, die in Auschwitz zu den rücksichtslosesten SS-lerinnen gehörte, hatte Lieblingsmelodien, die sie sich zu jeder erdenklichen Stunde – auch nachts – vortragen ließ. Vor allem die Partien der Tscho-Tscho-San aus Puccinis *Madame Butterfly* hatten es ihr angetan. Und als die Dirigentin ihres Orchesters, Alma Rosé, an einer Blutvergiftung starb, legte sie ihr – der Jüdin – Blumen aufs Grab.[5]

Was für Widersprüchlichkeiten zerrissen diese Seelen? Man kann sie nicht pauschal als gespaltene Persönlichkeiten aburteilen. Was hätte aus ihnen werden können, wenn sie nicht irgendwann zur Nazi-Bewegung gestoßen und dann zu Vollstreckern dieser staatlichen Vernichtungspolitik geworden wären? Wie soll man erklären, daß sie imstande waren, Menschen mit Ochsenziemern und Schaufeln zu erschlagen, und sich danach Melodien aus bekannten Operetten und klassischer Musik anzuhören? Die Antwort darauf werden wir schuldig bleiben müssen. Wir können nur zur Kenntnis nehmen, daß solche Vorlieben manchen Menschen das Leben gerettet haben.

Die Lagerkapelle in Buchenwald

Die Buchenwalder Kapelle hatte anfangs eine weniger umfassende Aufgabe als Orchester in anderen KZ. Sie brauchte nicht für die SS zu militärischen Anlässen außerhalb des Lagers zu spielen, da es dort eine eigene Divisionsmusikkapelle gab.[1] Sie mußte den SS-Leuten auch nicht aufspielen, die Musiker waren also nicht ständig mit den SS-lern konfrontiert, denen man nach Möglichkeit besser aus dem Weg ging.

Die Anfänge dieser Kapelle waren eher schäbig. Die Musiker fanden zufällig zusammen, sie waren schlecht ausgebildet, viele konnten noch nicht einmal Noten lesen. Das Orchester entstand 1938, schon kurz nach Einrichtung des Lagers. Einige Zigeuner, die von den Nazis als »Schwarze«, also als »Asoziale« und »Arbeitsscheue« eingestuft waren, hatten ihre Instrumente, Geigen und Gitarren, ins Lager mitgebracht. Für die SS waren Zigeuner »rassisch minderwertig«, also zur »Ausrottung« bestimmt. Entsprechend ging man mit ihnen um. Im Lager hatten sie durch ihre Funktion als Musiker kaum irgendwelche Vorteile. Neben ihnen spielten noch drei »Bibelforscher« und ein tschechischer Klarinettist, der vor seiner Verhaftung in einem Wanderzirkus in Deutschland musiziert hatte. In diesen frühen Tagen des Lagers Buchenwald war der Kapellmeister ebenfalls ein »Schwarzer«, ein deutscher Chansonier, der jede nichtoffizielle Aufführung der Kapelle mit seinem Schlager *Ti-ti-bu* beendete.[2] Die zehn bis zwölf Musiker, die zu dieser Lagerkapelle gehörten, unterschieden sich äußerlich nicht von ihren Mitgefangenen. Sie traten in den gestreiften Anzügen und flachen Mützen auf und trugen wie alle über ihrer Häftlingsnummer an der Brust das farbige Dreieck zur Kennzeichnung der jeweiligen Häftlingsgruppe, der sie zugerechnet wurden.

Das Orchester wurde von Beginn an als Arbeitskommando organisiert. Die Musiker hatten jedoch keinen eigenen SS-Kommandoführer wie Kommandos, die außerhalb der Lager eingesetzt wurden. Sie unterstanden unmittelbar dem Lagerkommandanten. Morgens standen sie als erste auf, denn sie mußten am Tor antreten, wenn die Häftlingskolonnen zur Arbeit »ausrückten«. Dort hatten sie schneidige Märsche zu spielen, die den Tausenden den Gleichschritt diktieren sollten. Die Musiker selbst verließen das Lager meist nicht; sie mußten ihr Repertoire einüben und in den Blocks aufräumen oder in der Küche mithelfen.[3] Kräftezehrende Arbeiten wie jene bei den Ausschachtungen für die Kanäle der berüchtigten »Gemüsegärten«, wo unzählige Häftlinge an Erschöpfung starben oder willkürlich von den SS-Leuten erschlagen oder erschossen wurden, blieben ihnen also erspart.

Die Lagerkapelle der Jahre 1938–41 spielte mehr schlecht als recht. Nur ein paar Musiker verfügten über mehr als die simpelsten Grundkenntnisse und konnten sich kaum in einer einfachen Partitur orientieren. Wenn ein neues Stück eingeübt werden sollte, mußten jene, die Noten lesen konnten, den anderen ihre Partie solange einpauken, bis sie sie auswendig konnten. Das war aufreibend und schwerfällig. Das Ergebnis war meist Musik auf bescheidenstem Schrammel-Niveau.

Buchenwald aber wurde immer größer; ständig kamen neue Häftlinge aus den besetzten Gebieten hinzu. Das Lager erhielt allmählich einen internationalen Charakter; fast alle europäischen Sprachen waren in den Blocks zu hören. Von Seiten der Lagerführung bemühte man sich daher, die Kapelle, die als wichtiger Faktor für ein gutes Klima im KZ galt, auf eine sicherere Grundlage zu stellen. Man dachte an einen neuen Kapellmeister und erfahrenere Musiker. Doch zuvor mußten neue Instrumente bestellt werden – vor allem fehlten Blechblasinstrumente, die den Kern des zukünftigen Orchesters bilden sollten. Die Kommandantur wollte jetzt »anspruchsvollere« Musik als das »Geigengefiedel« oder »Klampfengeklimper« der Zigeuner der ersten Kapelle.

Die Rechnung der Firma A. Hermann Müller aus Halle vom 20. Februar 1941 ist erhalten geblieben. Aus ihr geht detailliert hervor, was für das neue Orchester angeschafft wurde: zwei Tuben in B, ein Bariton mit vier Klappenventilen, vier Waldhörner unterschiedlicher Stimmung, zwei Flügelhörner, drei Trompeten, eine Konzertflöte, eine Klarinette in B und eine in Es, einige kleinere und größere Handtrommeln, ein Paar Marschtschinellen, eine große Trommel mit Umhängeriemen, verschiedene Schlegel und ein Trommelpedal; es gab ein Tenorsaxophon, zwei Taktstöcke für den Dirigenten, eine Reihe verschiedener Dämpfer für die Tuben, Posaunen, Hörner und die übrigen Blechblasinstrumente; darüber hinaus wurden auch Kastagnetten, Saiten für die Streichinstrumente und Kolophonium eingekauft. Die Rechnung für die gesamte Lieferung ergab stattliche 2.693,85 Reichsmark.[4] Die SS dachte aber nicht daran, das aus dem Budget der Lagerverwaltung aufzubringen. Schließlich gab es Juden, von denen die Nazis vermuteten, daß sie heimlich Geld ins Lager geschmuggelt hatten, um sich damit »Vorteile« zu erkaufen. Die Rechnung wurde also dem »jüdischen Block« aufgebürdet – so wie das früher bei Pogromen üblich gewesen war. Wenn nun einer der

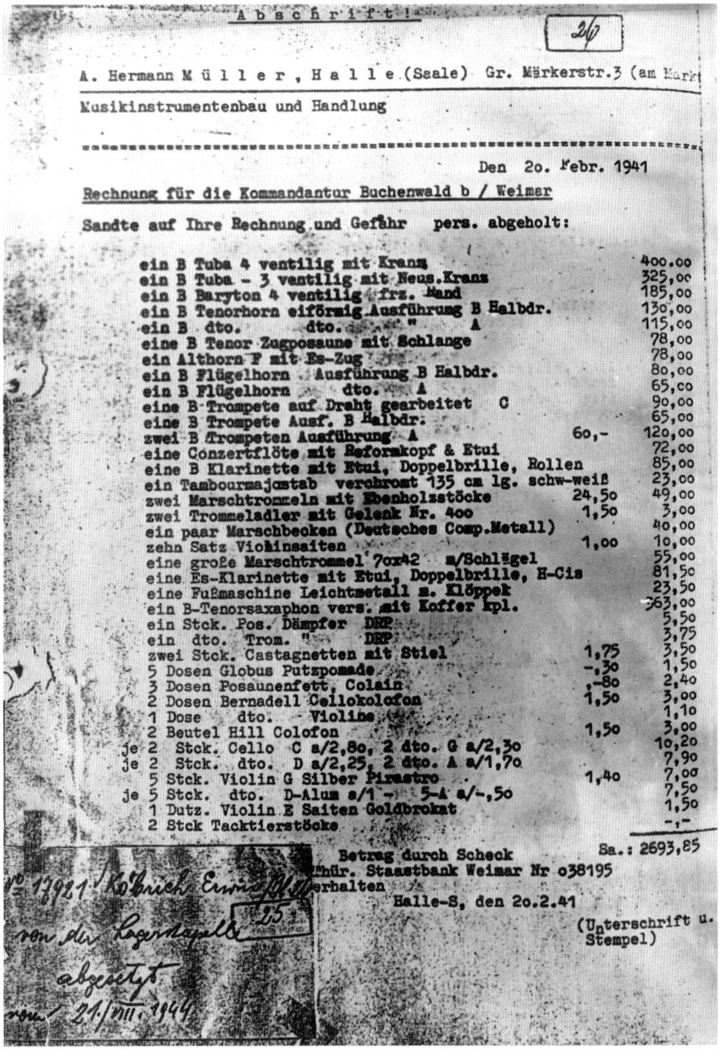

Abschrift!

A. Hermann Müller, Halle (Saale) Gr. Märkerstr. 3 (am Markt

Musikinstrumentenbau und Handlung

Den 20. Febr. 1941

Rechnung für die Kommandantur Buchenwald b / Weimar

Sandte auf Ihre Rechnung und Gefahr pers. abgeholt:

ein B Tuba 4 ventilig mit Kranz		400.00
ein B Tuba – 3 ventilig mit Neus. Kranz		325,00
ein B Baryton 4 ventilig frz. Hand		185,00
ein B Tenorhorn eiförmig Ausführung B Halbdr.		130,00
ein B dto. dto. " A		115,00
eine B Tenor Zugposaune mit Schlange		78,00
ein Althorn F mit Es-Zug		78,00
ein B Flügelhorn Ausführung B Halbdr.		80,00
ein B Flügelhorn dto. A		65,00
eine B Trompete auf Draht gearbeitet C		90,00
eine B Trompete Ausf. B Halbdr.		65,00
zwei B Trompeten Ausführung A	60,-	120,00
eine Conzertflöte mit Reformkopf & Etui		72,00
eine B Klarinette mit Etui, Doppelbrille, Rollen		85,00
ein Tambourmajostab verchromt 135 cm lg. schw-weiß		23,00
zwei Marschtrommeln mit Ebenholzstöcke	24,50	49,00
zwei Trommeladler mit Gelenk Nr. 400	1,50	3,00
ein paar Marschbecken (Deutsches Comp.Metall)		40,00
zehn Satz Violinsaiten	1,00	10,00
eine große Marschtrommel 70x42 m/Schlägel		55,00
eine Es-Klarinette mit Etui, Doppelbrille, H-Cis		81,50
eine Fußmaschine Leichtmetall m. Klöppel		23,50
ein B-Tenorsaxaphon vers. mit Koffer kpl.		363,00
ein Stck. Pos. Dämpfer DRP		5,50
ein dto. Trom. " DRP		3,75
zwei Stck. Castagnetten mit Stiel	1,75	3,50
5 Dosen Globus Putzpomade	-,30	1,50
3 Dosen Posaunenfett, Colain	,-80	2,40
2 Dosen Bernadell Cellokolofon	1,50	3,00
1 Dose dto. Violine		1,10
2 Beutel Hill Colofon	1,50	3,00
je 2 Stck. Cello C a/2,80, 2 dto. G a/2,30		10,20
je 2 Stck. dto. D a/2,25, 2 dto. A a/1,70		7,90
5 Stck. Violin G Silber Pirastro	1,40	7,00
je 5 Stck. dto. D-Alum a/1 - 5-A a/-,50		7,50
1 Dutz. Violin E Saiten Goldbrokat		1,50
2 Stck Tacktierstöcke		-,-
		Sa.: 2693,85

Betrag durch Scheck Thür. Staatsbank Weimar Nr 038195 erhalten

Halle-S, den 20.2.41

(Unterschrift u. Stempel)

Rechnung über Musikinstrumente für das KZ Buchenwald. Die Instrumente für die Lagerkapelle wurden mit dem Geld jüdischer Häftlinge bezahlt

Betroffenen fälschlich angab, kein Geld zu haben, so wurde er geprügelt; hatte er tatsächlich nichts, erging es ihm nicht besser. Es war nicht das einzige Mal, daß die Juden eine Rechnung der Lagerkommandantur bezahlen mußten; ging man auch sonst schlimmer mit ihnen als mit Kötern um – ihr Geld wurde freigebig ausgegeben.

Die Voraussetzungen für eine bessere Lagerkapelle waren damit gegeben. Sie wurde auf achtzehn Mann verstärkt und konnte mit der neuen Ausstattung wesentlich mehr Lärm machen als zuvor. Vor allem die Schläge der großen Trommel waren im ganzen Lager zu hören; das war dem Gleichschritt der marschierenden Häftlinge zwar förderlich, es verbesserte aber keinesfalls die musikalischen Qualitäten des Orchesters. Das war auch der Lagerleitung bald klar.

Ein Bayer, im Lager unter dem Namen »sympathischer Fips« bekannt, war der vorletzte, sechste Kapellmeister in Buchenwald. Er verstand es, mit der SS auszukommen – Lagerkommandant Schober war sein Mitschüler gewesen. »Fips« konnte mit ihm reden und sich hier und da für andere einsetzen. Ihm verdankt zum Beispiel der damals siebzehnjährige Student Miroslav Broft sein Leben, der im Gymnasium von Roudnice n. L. verhaftet worden war und im Lager zu einem guten Klarinettisten und Saxophonisten wurde. »Fips« war es schließlich auch, der Schober veranlaßte, einen tschechischen Musiker an die Spitze dieser Kapelle zu stellen.[5]

Der Kapellmeister, von dem man erwartete, daß er das Orchester auf Vordermann bringen würde, war der Häftling mit der Nummer 1759, Vlastimil Louda. Louda war stellvertretender Chefredakteur der Zeitung *Národní politika* gewesen, Geschäftsführer des Clubs der Militärredakteure in Prag und Mitglied der II. Abteilung des Generalstabes. Er war also kein hauptberuflicher Musiker, aber ein gewandter und kreativer Mensch und darüber hinaus ein guter Organisator; besonders diese letzte Eigenschaft war in Buchenwald – wie in jedem KZ – eine unersetzliche Eigenschaft.[6] Er hatte zum tschechischen Widerstand gehört und verfügte über Kontakte zu militärischen Einheiten, die im Untergrund weiterexistierten. Louda wurde am 15. Dezember 1939 verhaftet und im Prager Pankrác-Gefängnis verhört, dann ins Dresdener Gefängnis verlegt, vor Gericht gestellt und zur »Umerziehung« nach Dachau eingewiesen. Ein Jahr dauerte diese Wanderung von einer Hölle zur nächsten, dann gelangte er nach Buchenwald, wo er bis zur Befreiung inhaftiert blieb. Wann der »sympathische Fips« in ihm den fähigen Musiker erkannte, ist nicht bekannt; im Frühjahr 1942 wurde Louda als Kapellmeister eingesetzt, während »Fips« aus der Haft entlassen und als deutscher Soldat an die Front geschickt wurde. Louda sammelte nun nach und nach eine Reihe von Musikern ähnlicher politischer Gesinnung um sich und ersetzte die »schwarzen« oder »violetten« Instrumentalisten – also die Zigeuner und »Bibelforscher«. Damit waren die Voraussetzungen geschaffen, die Kapelle auch für verbotene Zwecke einzusetzen – und zwar nicht nur im eigenen Interesse, sondern für einen weiteren Kreis von Häftlingen.

Diese Änderungen in der Lagerkapelle könnten im Zusammenhang stehen mit den Bestrebungen, den Einfluß der »politischen« Häftlinge im Lager gegenüber dem der »kriminellen« Funktionshäftlinge zu verstärken. Für die »Politischen« war es in den Lagern lebenswichtig, daß Funktionshäftlinge aus ihren eigenen Reihen berufen wurden. Dieser ständige Kampf um Einfluß gegen die von den Nazis meist protegierten »Kriminellen« war ein Schwerpunkt der Widerstandsbewegungen im Lager.[7] Die Musiker, soweit sie mit Bedacht ausgewählt waren, vermochten die »Politischen« dabei durchaus zu unterstützen, denn sie konnten sich im Lager freier bewegen und wurden weniger schikaniert.

Vlastimil Louda war zuverlässig. Schon zu Beginn seiner Tätigkeit kannte er viele Häftlinge persönlich, Musiker und Nichtmusiker; er wußte, wem man vertrauen konnte und wem man besser den Rücken kehrte, und konnte daher jene Mithäftlinge als Orchestermusiker auswählen, die für beide anstehenden Aufgaben geeignet schienen. Mit Zustimmung des Lagerkommandanten löste er die meisten der bisherigen Mitglieder ab und sorgte dafür, daß die Kapelle auf 32 Mann verstärkt wurde.

Bis zum Winter 1942 hatte sich eine Gruppe von Musikern konsolidiert, die bis zur Befreiung des Lagers fast unverändert bestehen blieb: Stanislav Havliš, Václav Branowski, Nikolaj Oněščuk, Kurt Kirbach, Josef Netrefa, Leonid Kulakov, Jaroslav Jiřík, Willi Hild, Karel Weis, Nicolaas van Kranen, Vasilij Risničenko, Miroslav Broft, Ignác Knapp, Josef Kuča, Alfons Dombret, Stanislav Hatze, Josef Tůma, Kosťa Timosov, František Čaja, Kazimierz Tymiňski, Boleslav Mazanek, Kazimierz Radwaňski, Stanislav Žurawski, Emil Wacyk, Rudolf Procházka, Miroslav Perk, Bronislav Derkatz, Alois Prokůpek, Rudolf Břuska, Boleslav Markowicz, Vilém Kaucký, Václav Svojtka, Ervín Köbrich, Leon Borredon, Václav Kunz, Jaroslav Krátký, Karel Ertl.[8] In den 28 Monaten, die dieses Orchester bestand, wurden nur 37 mal Musiker ausgewechselt – was unter den Bedingungen eines KZ eine seltene Beständigkeit für diese Musikergruppe bedeutet hat, zu der neben Tschechen vor allem noch Polen, Russen und Deutsche gehörten.

Damit waren eine Reihe integrer Menschen von den Gefährdungen anderer Kommandos befreit; ja es gelang Louda sogar in Ausnahmefällen, Tschechen aus Kommandos der Rüstungsindustrie, in denen die Überlebensaussichten gleich Null waren, für sein Orchester freizustellen. Er erklärte sie zu »unentbehrlichen« Musikern, selbst wenn sie kein Instrument beherrschten; darauf wurden sie leichteren Kommandos zugeteilt, und niemand, schon gar nicht der Lagerkommandant, kontrollierte später ob sie tatsächlich musizierten.

Dennoch balancierten auch Musiker-Häftlinge nur auf einem schmalen Grat zwischen Leben und Tod, wenn sie nach der morgendlichen Marschmusik am Tor Stubendienst hatten, Brotsäcke schleppten, schmutzige Wäsche zusammensammelten und Kessel für die Küche transportierten. Erst in den Nachmittagsstunden versammelten sie sich in einem der Blocks, um das Repertoire zu üben.

Die Mitglieder der neuformierten Kapelle unterschieden sich nun auch äußerlich von den übrigen Häftlingen; die Deutschen hatten sich nach dem Überfall auf Jugoslawien der staatlichen Vorratslager und Magazine in Belgrad bemächtigt und unter anderem die Uniformen der königlichen Garde an sich gebracht, die sie mit anderem Beutegut ins Reich schafften. Diese völlig nutzlosen Kleidungsstücke schickte man dann in der Annahme ins Lager Buchenwald und in andere KZ, dort werde schon jemand dafür Verwendung finden. So kamen sie der Lagerkapelle zugute: Die Häftlinge mußten ihre gestreiften Anzüge ab- und die neuen Paradestücke anlegen. Sie bestand aus roten Reithosen, deren Nähte gelb abgesetzt waren, aus blauen Röcken mit Messingknöpfen und goldenen, zu Ornamenten geknüpften Kordeln sowie aus dunkelblauen Brigadiersmützen mit festem Schild. Die passenden Stiefel fehlten allerdings. Also wickelten die Musiker ihre Füße weiterhin in zerlumpte Stoffstreifen und klapperten in ihren klobigen Holzschuhen durchs Lager. Später wurden ihnen dann zwar noch richtige Gamaschen zugeteilt, sie boten aber trotz alledem einen grotesken Anblick. Die Uniformierung hob die Musiker aus den Scharen der anderen Häftlinge hervor; das schützte sie einerseits, andererseits waren sie dadurch auch auffälliger und konnten leichter kontrolliert werden.[9]

Paraderock für Mitglieder der Buchenwalder Kapelle. Die Uniformen der königlichen Garden stammten aus einem Belgrader Magazin, wo sie die deutsche Besatzung requiriert hatte: Die SS fand für alles Verwendung

Was nun die Leistungen dieser Kapelle anging, so machte sich bald bemerkbar, daß mittlerweile die vollständige Besetzung eines mittelgroßen Bläserorchesters zur Verfügung stand. Die oben zitierte Rechnung gibt darüber Aufschluß, aber auch jene Partituren, die in Buchenwald erhalten geblieben sind, beispielsweise die zu Ondřej Volrábs *Erinnerungen an Buchenwald [Vzpomínka na Buchenwald]*, *Der Freiheit entgegen [Svobodě vstříc]*, *Zum anderen Ufer des Rheins [Na druhý břeh Rýna]*, *Dem Sternenbanner entgegen [Hvězdnaté vlajce vstříc]* und *Mein Kamerad ist tot [Zahynul mi kamarád]*.[10] Man kann deshalb folgende Besetzung rekonstruieren: eine Flöte in Des, eine Pikoloflöte, eine Klarinette in Es, eine bis drei Klarinetten in B, ein bis zwei Flügelhörner, ein Baßflügelhorn [Tenor], ein Euphonium [Bariton], ein bis zwei Saxophone in Es [Alt], ein Saxophon in B [Tenor], ein bis zwei Waldhörner in F, ein bis zwei Waldhörner in C, eine Trompete in B, eine bis drei Trompeten in Es, eine Baßtrompete, eine bis zwei Posaunen, eine Baßposaune, eine bis zwei Baßtuben, eine kleine und eine große Trommel und Tschinellen. Zusammengenommen konnte das einen vollen Klangkörper bilden, wenn fähige und routinierte Musiker in einer solchen Kapelle zusammenfanden.

Noch gegen Ende des Jahres 1941 standen der Lagerkapelle nur wenige Kompositionen für ihre Aufführungen zur Verfügung. Die Noten wurden meist auf der Basis von verschiedenen Particellen ausgeschrieben. Einige deutsche Märsche, eine Operettenouvertüre von Franz Suppé und ein Potpourri aus deutschen Volksliedern, *Vom Rhein zur Donau*, waren das gesamte Repertoire. Vlastimil Loudas erstes Anliegen war, in diesem Punkt für Abhilfe zu sorgen. Er erbat die Bewilligung, nach Hause schreiben zu dürfen und um Noten zu bitten. Das Material, das seine Frau ihm daraufhin zusandte, wurde nicht einmal zensiert. Daraufhin standen nun viele tschechische und in Böhmen sehr populäre Stücke zum Einüben bereit: Märsche von František Kmoch wie Kolin, Kolin *[Kolíne, Kolíne]*, *Meine Rappen [Vraný koně]*, *Am vierten Juli auf dem*

Strahovgelände [Čtvrtého července na strahovských hradbách], der Marsch von Josef Hančl *Tapfer voraus [Mužně vpřed]*, solche von Karel Vacek wie *Der Marschower Walzer [Bábinčin maršovský valčík]* und Jaroslav Křičkas *Estradata Polka*. Man kann sich nicht mehr ausmalen, welche Wirkungen diese Musikstücke auf die Tausende von tschechischen Häftlingen ausübten:

»Es war, als platzte eine Bombe in die Eintönigkeit des Lagerlebens«, erinnert sich Vlastimil Louda. »Es war, als hätte man die Tschechen elektrisiert. Die Köpfe reckten sich, über die düsteren, mißmutigen Gesichter ging ein selbstbewußtes Lächeln.«[11]

Die tschechischen Märsche klangen besser als die deutschen. Sie waren eleganter und im Geist jener tschechischen Blasmusik instrumentiert, die Kmoch auf ein hohes Niveau gebracht hatte. Sie war den Musikern aber auch vertrauter, sie spielten sie mit größerer Hingabe. Nicht zuletzt empfanden sie beim Spielen dieser Lieder auch ein Gefühl von Widerstand, hatten sie doch die verhaßten deutschen Lieder vom Spielplan verdrängt. Sogar die Musiker der SS-Divisionskapelle begannen sich für die schönen Stücke der Tschechen zu interessieren.
Ein Jahr später wurde das Repertoire erneut erweitert. Im Herbst 1943 brachte die Post einen Musikalienkatalog des Prager Verlages Grando ins Lager. Louda wählte 48 patriotische Kompositionen aus, die er gerne für seine Kapelle haben wollte. Solche Bestellungen konnten im Lager Buchenwald nur mit Hilfe der Kantine der SS-Garnison abgewickelt werden; im Falle von Noten war das nicht leicht. Louda gelang es, den Lagerschreiber dazu zu bewegen, die gewünschte Bestellung zu veranlassen, sie also auf einem amtlichen Formular zu notieren und dem SS-Unterscharführer zur Unterschrift vorzulegen. Nach anfänglicher Weigerung unterzeichnete der, ohne zu wissen, was er damit genehmigte. Der Stempel »SS-Kantine KL Buchenwald« bedeutete eine Empfehlung zur positiven Erledigung. Die Beamten des Ministeriums für Volksaufklärung in Prag waren ziemlich ratlos, handelte es sich doch sämtlich um Musikstücke, die im Protektorat nicht gespielt werden sollten oder sogar ausdrücklich verboten waren. Doch wagte man auch nicht, diese Bestellung zusammenzustreichen. Also sandte man die Liste an die Reichsmusikkammer nach Berlin. Hier wurden eher willkürlich 22 Stücke ausgewählt und bewilligt, denn selbst in der Reichshauptstadt wußte man nicht, was sich dahinter verbarg. So traf nach vier Monaten aus Prag eine Notensendung im Lager ein, in der beispielsweise folgende Lieder und Märsche enthalten waren: *Die Tschechen waren einst … [Bývali Čechové statní junáci]*, *Slawe bin ich und Slawe bleib ich [Slovan jsem a Slovan budu]*, Vačkářs Marsch *Ein Hoch den Siegern [Sláva vítězům]*, die Bearbeitung des Liedes *Um Hradec herum [Okolo Hradce]*, die Kompositionen *In vino veritas* von Vačkář und der *Nationalmarsch [Národní pochod]* von

Jan Pehlík. Wieder gab es großes Aufsehen unter den tschechischen Häftlingen; die Freude war um so größer, als niemand einschreiten konnte, weil die Stücke von höchster Stelle genehmigt waren.[12]
Unter Vlastimil Loudas Leitung blühte die Buchenwalder Lagerkapelle allmählich auf. Und zwar weil sie sich neben den Verpflichtungen, die ihr von der Kommandantur auferlegt wurden, engagiert um die Organisation eines Kulturlebens im Lager kümmerte, und weil die Musiker in vieler Hinsicht bereit waren, ihren Mithäftlingen Mut zu machen und ihren Überlebenswillen zu stärken. Dank ihrer Mithilfe konnte manches arrangiert werden, was ansonsten gegen den Willen der Kommandantur nur schwer und nur für wenige Häftlinge hätte organisiert werden können. Dieses Lagerorchester gab seit 1943 Konzerte auf dem Appellplatz, die Musiker spielten in kleinen Gruppen zwischen den Blocks, sie waren auch an der Entstehung des Streich- und des späteren Symphonieorchesters beteiligt. Auf ihre Initiative gingen die Konzerte in der »Kinohalle« zurück, und sie formierten sich zu Streichquartetten. Vlastimil Louda kümmerte sich darüber hinaus auch um die Kompositionen, die im Lager geschrieben wurden, er schrieb sie hingebungsvoll aus, studierte sie ein und führte sie mit der Kapelle auf.[13]

Die Buchenwalder Konzerte

Anfang August 1943 fand in Buchenwald das erste von den Häftlingen organisierte Konzert statt – ein einzigartiges Ereignis unter Lagerbedingungen: in den Augen der Häftlinge ein Zeichen dafür, daß das Regime der »Übermenschen« an Selbstsicherheit einzubüßen schien. Tschechische Musiker hatten den Weg geebnet, und nun mußten alle denkbaren Anstrengungen unternommen werden, um weitere Veranstaltungen zu organisieren.

Dem Krankenblock gegenüber stand ein großer Holzbau, der ursprünglich als SS-Sporthalle gedient hatte. Mit Einrichtung des KZ hatte er neue Aufgaben erhalten: Dort wurden Neuangekommene untergebracht, ehe sie auf die Blöcke verteilt wurden, ebenso die »Abgänge« – Häftlinge, die in andere Lager überstellt werden sollten. In der ersten Zeit von Buchenwald wurden dort auch jene »Exekutionen« vorgenommen, die Lagerkommandant Karl Koch anordnete. Politische Häftlinge wurden hier an den auf den Rücken gedrehten Armen aufgehängt, andere wurden mit Ochsenziemern geprügelt. Von diesem Gebäude ging aller Schrecken des Nazi-Terrors aus. Daran änderte sich auch nichts, als vom Herbst 1941 an in diesem Raum Propagandafilme zur »Umerziehung« der Häftlinge vorgeführt wurden. Die Nazis hatten damit keinen Erfolg, da die Häftlinge an diesen Veranstaltungen kein Interesse hatten und erst recht nicht bereit waren, dafür den geforderten Eintritt zu bezahlen. Seit dieser Zeit jedenfalls hieß das Gebäude »die Kinohalle«.[1]

Laut Vlastimil Louda haben sich die Tschechen im Lager als erste dafür eingesetzt, an Sonntagnachmittagen in dieser Halle Konzerte zu geben.[2] Dazu brauchten sie jedoch die Zustimmung des Lagerkommandanten oder seines Stellvertreters. Louda versuchte zunächst, Erich Reschke, ein Mitglied der Häftlingsselbstverwaltung, zu einer Unterredung mit Rapportführer Werle zu bewegen. Der SS-Mann lehnte aber schroff ab. Louda ließ nicht locker, denn er wußte, daß Werle zwar einerseits ein überzeugter Nazi und erbarmungsloser Feind der Häftlinge war, daß er aber andererseits ein Musikfreund und ein Förderer der Kapelle war, seit sie unter Loudas Leitung Fortschritte zu machen begann. Als Werle sich im Juni 1943 wieder einmal eines seiner Lieblingsstücke von der Kapelle vortragen ließ – am liebsten hörte er *Lili Marleen* –, faßte Louda sich ein Herz und trug sein Anliegen selbst vor. Ob ihn die Musik gerührt hatte oder ob er nur in außergewöhnlich versöhnlicher Stimmung war, läßt sich nicht mehr klären – Werle gab jedenfalls überraschend seine Zustimmung[3] und setzte sich dabei offen über den bis dahin geltenden Grundsatz hinweg, daß Häftlinge nur beim Antreten am Appellplatz in größerer Zahl zusammenkommen durften: Die »Kinohalle« verfügte immerhin über rund 1000 Sitzplätze.

Kaum jemand im Lager, auch nicht die Häftlingsselbstverwaltung, glaubte an einen Erfolg. Zwei handgemalte Plakate, die an der »Kinohalle« und in der Schreibstube angebracht wurden, genügten jedoch, um die Häftlinge aufzurütteln. Am Sonntag, dem 1. August 1943, blieb kein einziger Platz unbesetzt. Alle kamen, niemand mußte gezwungen werden, sie kamen, weil sie hofften auf etwas, was es im Lageralltag sonst nicht gab: Menschlichkeit und Gemeinschaft.

Das erste Konzert wurde mit großer Neugierde erwartet, aber weniger aus Interesse an der Musik; das Programm bestand aus Stücken unterschiedlicher Qualität und sollte jedem Geschmack etwas bieten können. Auch blieb wenig Zeit für die Vorbereitung; nachdem man erst einmal die Zustimmung der SS hatte, galt es schnell zu handeln, denn den Musikern war bewußt, wie wichtig dieses Projekt für die Zukunft noch werden könnte und wie wichtig eine derartige Eigeninitiative für die Moral und das Selbstbewußtsein der Häftlinge wäre.

Aus den Angaben ehemaliger Häftlinge von Buchenwald läßt sich das Programm dieses ersten Konzertes rekonstruieren. Zunächst spielten die Bläser den Marsch *Erinnerung an Buchenwald*, den Ondřej Volráb im Lager komponiert hatte: Sie wollten gerne etwas aufführen, was eigens zu diesem Anlaß geschrieben worden war und noch nicht durch das allmorgendliche Abspielen am Tor diskreditiert war. Volráb, der aus der Nähe von Pilsen stammte und ein routinierter Komponist populärer Musikstücke war, hatte diesen Marsch auf Bitten seines Freundes Louda innerhalb weniger Tage ausgearbeitet. Die zweite Nummer war eine Phantasie auf Melodien aus Smetanas *Dalibor*, die Josef Malý in den zwanziger Jahren verfaßt hatte. Beide Stücke erforderten die Besetzung und Instrumentierung eines mittelgroßen Orchesters und konnten deshalb nur von der Lagerkapelle aufgeführt werden, die zu diesem Zeitpunkt schon ein beachtliches Niveau erreicht hatte. Der zweite Teil des Konzertes wurde dagegen von jenen Ensembles bestritten, die nicht zum offiziellen Orchester gehörten und sich aus Musikern zusammensetzten, die weder tagsüber üben konnten noch zu leichteren Arbeitskommandos abgestellt waren. Dazu gehörte ein Streichorchester, das ebenfalls von Vlastimil Louda geleitet wurde und sich in der »Kinohalle« zum ersten Mal einem größeren Hörerkreis präsentieren konnte. Ihren für die meisten Häftlinge überraschenden Auftritt bestritten sie mit einer Phantasie auf Melodien aus d'Alberts Oper *Tiefland*. Die eigentliche Sensation aber war ein doppelt besetztes Streichquartett, das Mozarts *Kleine Nachtmusik* aufführte. Die Häftlinge in Buchenwald waren musikalische Laien, aber ihnen war durchaus bewußt, was für ein außerordentliches Ereignis in dieser Holzbaracke stattfand. Hier wurde ihnen mehr als nur Unterhaltungsmusik geboten; hier ließen hervorragende Musiker den Geist und die Schönheit einer fernen, fast schon nicht mehr realen Welt wieder spürbar werden.

Begeisterte Aufnahme fand auch der darauf folgende Soloauftritt eines Geigers – wahrscheinlich J. Kropińskis –, der die *Ballettszene* Ch. A. Bériots vortrug. Abschließend stellte sich noch das Jazz-Orchester der Häftlinge vor, an dem ebenfalls viele Tschechen beteiligt waren. Was sie spielten, ist nicht mehr mit letzter Sicherheit festzustellen; es dürften jedoch auch Melodien von Jaroslav Ježek daruntergewesen sein, die ansonsten im »Dritten Reich« verboten waren.

»Die Begeisterung der Zuhörer steigerte sich von Nummer zu Nummer«, erinnert sich einer der Teilnehmer, »und erreichte ihren Höhepunkt am Ende, als einige gut ausgewählte Schlager auch noch die anspruchslosesten Zuhörer ergriffen. Das war nicht mehr das Spiel einer Zigeunergruppe, sondern die Leistung eines wirklichen Musikensembles, in dem es sogar eine Baßgeige gab – wenn die auch nur von der SS ausgeliehen war.«[4]

Dieses erste Konzert in der »Kinohalle« war ein außerordentlicher Erfolg. Zwar hatten die Bänke keine Polsterung und keine Lehnen, die Luft war zum Ersticken, und die Häftlinge saßen eng gedrängt in ihren schäbigen Häftlingsklamotten, aber niemand stand vorzeitig von seinem Platz auf. Im Gegenteil – alle hätten gerne noch länger zugehört, um sich der beruhigenden, freundlichen Stimmung, die sich in diesem Raum ausbreitete, überlassen zu können und sich für ein paar Stunden – mitten im KZ – wie ein normaler Mensch zu fühlen. Durch die Melodien, welche die Musiker-Häftlinge trotz aller Müdigkeit auf ihren Instrumenten zauberten, sprach die Heimat. Als gar ein ausgezeichneter jugoslawischer Flügelhornbläser die Arie des Dalibor *Als mein Zdeněk in heiliger Begeisterung* aus Smetanas Oper spielte, da füllten sich die Augen der Tschechen mit Tränen; und Mozarts heitere Musik im Lager hören zu können, muß vielen wie ein unvergeßliches Wunder vorgekommen sein. Was für viele die klassische Musik war, war insbesondere für manchen Jüngeren die Tanzmusik, für sie verkörperten die flotten Rhythmen des Jazz-Orchesters all das, wovon sie sehnsüchtig träumten: zu Hause zu sein, Tanzen gehen zu können, frei zu sein.

So begeistert wie die Häftlinge, so erstaunt war die SS, die ihren »minderwertigen« Häftlingen eine solche Leistung nicht zugetraut hätte. Rapportführer Werle äußerte sich anerkennend und schürte

damit gleich die Hoffnung, daß dieser ersten Veranstaltung noch weitere würden folgen dürften. Für die Häftlinge bedeutete das aber auch, daß sie sich jetzt um die Organisation von tausend Kleinigkeiten kümmern mußten. Denn es mußte nicht nur entschieden werden, welche Ensembles und welche Solisten auftreten sollten. Der Andrang bei den folgenden Konzerten war so groß, daß die Häftlinge sie nur in aufeinanderfolgenden Gruppen besuchen konnten. Manche Aufführungen mußten dreimal wiederholt werden. Deshalb war es wichtig, die ehemaligen Berufsmusiker und herausragenden Amateure von allzu schwerer Arbeit freizustellen. Das galt beispielsweise für den Primarius des Pariser Quartetts und Professor für Violine, Maurice Héwitt, für den Bariton Dr. Fr. Zelený, den Violoncellovirtuosen Dr. František Polák aus Ostrava oder den Komponisten und Kontrabaßspieler Ondřej Volráb. Darüber hinaus mußten jene Musiker anderer Nationalität, die bis dahin noch nichts von sich hatten hören lassen, angeregt werden, eigene Beiträge zu diesen Veranstaltungen zu erarbeiten. Solidarität – nationenübergreifende Zusammenarbeit – sollte das besondere Kennzeichen dieser Konzerte werden. Deshalb nahm sich auch das geheime internationale Häftlingskomitee dieser Sache an; es trat mit den ebenfalls illegalen nationalen Gruppierungen in Verbindung und bemühte sich, das entstehende kulturelle Leben im Lager Buchenwald politisch zu nutzen und Organisationsstrukturen zu schaffen.
Zwischen 1. August 1943 und 31. Dezember 1944 fanden 27 Konzerte in der »Kinohalle« in ziemlich regelmäßigen Abständen statt.[5] Die Veranstaltungen waren in diesen eineinhalb Jahren der Kristallisationspunkt des Buchenwalder Kulturlebens. Bis Mitte Januar 1944 handelte es sich um rein musikalische Darbietungen; vom 30. Januar 1944 an wurde dieses Programm auch durch Kabarettauftritte und kleine satirische Theatersketche, durch Volkstänze oder akrobatische Übungen, durch Pantomime oder durch Rezitationen bereichert. Das ergab sich geradezu selbstverständlich. Denn die Musik konnte viel dazu beitragen, den Häftlingen ihr Schicksal erträglicher zu machen; die Worte und Gesten eines guten Schauspielers sprachen das Publikum aber direkter an. Sie wirkten deshalb auch unmittelbar politisch. Sogar SS-Leute amüsierten sich bei solchen Darbietungen, an denen sie einige Zeit zahlreich teilnahmen. Wahrscheinlich begriffen sie deren tieferen Sinn und die satirischen Anspielungen nicht richtig. Das war ein Glück, denn schließlich war es riskant, wenn Künstler offen zur politischen Erziehung der Häftlinge beitragen wollten.
Nur vier der gedruckten Programme der Konzerte in der »Kinohalle« sind erhalten geblieben.[6] Sie erlauben nicht immer, genau festzustellen, in welcher Besetzung die angekündigten Werke aufgeführt wurden, oder zu erschließen, was sich dahinter verbirgt, wenn man liest: *Ismajlo singt* oder *Singende Feuerwehrleute*, *Serenade von der*

Kasanka oder *Ein Südseetraum*. Als später die Konzerte einen internationaleren Charakter annahmen, trat die Kapelle etwas in den Hintergrund und beschränkte sich darauf, nur zwei oder drei Stücke zu einer Veranstaltung beizutragen, während die übrigen Gruppen – Musiker, Sänger, Tänzer, Kabarettisten und Akrobaten – stärker hervortraten. Programmpunkte waren dann beispielsweise *Französische Volksmelodien*, *Polnische Volkslieder und Mazurkas*, *Tschechische Volkslieder*, *Bauerntanz* oder *Russische Volkslieder und Volkstänze*. *Don Juan* wurde aufgeführt, man konnte das *Panoptikum* einer tschechischen Musiker- und Bühnenformation bestaunen, die Revueszene *Paris 1900–1937* eines französischen Häftlingsensembles sowie das *Varieté* mit akrobatischen Kunststücken russischer Häftlinge; holländische Lagerinsassen boten sogar eine kurze Szene *Lebensbeschreibung eines Häftlings und wie es ein Maler sieht*.

Der Ursprung solcher Gruppierungen war oft eher zufällig. So kamen irgendwann im Herbst 1943 einige junge Tschechen am Appellplatz unter der ausladenden Eiche zusammen, um einige populäre Lieder zur Gitarre zu singen. Dann übernahm Zdeněk Dlouhý die Leitung, die Gruppe entwickelte nach und nach einen eigenen Stil und wuchs zu einem festen Ensemble zusammen. Sie gab sich den Namen »Bohema« und trat zunächst im geheimen in verschiedenen Blocks mit alten und neuen antifaschistischen Liedern auf, nahm später aber auch an Aufführungen in der »Kinohalle« teil.

Schon ihr erster Auftritt am 16. April 1944 machte die »Bohema« überaus bekannt. Die Mitglieder hatten *Don Juan*, eine lustige Oper in einem Akt, einstudiert und sowohl das Libretto in Versen wie auch die Musik dazu selbst geschrieben. Zdeněk Dlouhý, der Texter, übernahm zusammen mit Jan Pauly auch die Regie bei dieser Aufführung. Zdeněk Hradec hatte die Musik auf der Basis bekannter Melodien komponiert. Das Stück war zur Unterhaltung gedacht: Die Handlung wurde ins mittelalterliche Venedig verlegt, Opernkonventionen wurden parodiert, es gab viel Wort- und Situationskomik und am Ende, im Duett des Gondoliere Jussepe und des Dieners Pluto, auch einen leichten politischen Einschlag. In der Rolle des Don Juan trat Václav Krafek auf, der vor seiner Verhaftung an der Oper des Prager Nationaltheaters gesungen hatte; Josef Větrovec, heute Nationalkünstler in der Tschechoslowakei, gab den Gondoliere Jussepe, und Jan Pauly, der spätere Minister, stellte Juans Rivalen Riccardo dar; die Rolle von dessen Diener Pluto übernahm Václav Krumlovský, weitere Rollen gingen an Jiří Vymazal, Josef Vacek, Otto Tauber, Karel Schmiedberger und die Gruppe »Bohema« übernahm den Part des Chores.[7] Die Musik war nicht übermäßig originell, es handelte sich schließlich nur um ein Potpourri bekannter Opern-, Operetten- und Schlagermelodien, das bei hoch-

geschraubten künstlerischen Erwartungen wirklich nur als Parodie hätte durchgehen können: Zdeněk Dlouhý hat gleich beim Schreiben seiner Texte vorgegeben, welche Melodien den Versen zu unterlegen seien; also hörten die Zuschauer bekannte Partien aus *Hoffmanns Erzählungen*, aus *La Traviata*, *Rigoletto* und *Komödianten*, aus *Die lustige Witwe*, *Land des Lächelns*, *Carmen* und *Eugen Onegin*, aus Frimls *Eselsserenade*, Griegs *Peer Gynt* sowie Passagen aus bekannten Schlagern. Für Zdeněk Hradec war es keine leichte Aufgabe, all das zu einer Einheit zu verschmelzen, da er Partituren für fünfzehn Musiker ausarbeiten mußte, ohne selbst über die Klavierauszüge der zitierten Werke zu verfügen.[8]
Nach dem Erfolg, den sie mit dieser Kurzoper hatten, bereiteten die Musiker von »Bohema« sofort einen neuen Sketch für das Konzert am 17. August 1944 vor: *Panoptikum*. Einer der Verfasser erinnert sich:

»Das war schon ein sehr politisches Bühnenstück. Als der Vorhang aufging, sah man auf der Szene sieben Gruppen in typischer Tracht und Haltung, die Polen, Spanier, Jugoslawen, Russen, Deutsche, Franzosen und Tschechen darstellten, und auch den Wächter dieses Wachspuppenmuseums. Als die Uhr nach einer kurzen musikalischen Einleitung Mitternacht schlug, erwachten die Gruppen, begannen eine nach der anderen ein typisches Lied zu singen oder ihren Tanz aufzuführen, machten miteinander Bekanntschaft, grüßten einander und bildeten zusammen bald eine buntgemischte Menge. Der Wächter bemühte sich, das zu verhindern, doch die Gruppen vereinigten sich schließlich, warfen den Wächter hinaus und feierten unter den Klängen des Marsches von Josef Suk *Ins neue Leben* ihre Verbrüderung.«[9]

Es ist erstaunlich, daß die SS-Männer den Sinn dieser Szene nicht begriffen und daß die Aufführung für die »Bohema« keine üblen Folgen hatte. Sogar gegen Suks Marsch, der im Protektorat verboten war, gab es keine Einwände. Die Partitur zu *Ins neue Leben* war nur unter Schwierigkeiten ins Lager geschmuggelt worden. In Prag war sie aus dem versiegelten Musikaliendepot der Abteilung des Vereins »Umělecká beseda«, aus der Hudební matice, herausgeholt und in einem Paket mit Lebensmitteln nach Buchenwald geschickt worden.[10] Zdeněk Hradec studierte den Marsch dann mit drei Trompeten und mit fast vollständiger Orchesterbesetzung ein.
Mit der Sylvestervorstellung *Abschied vom alten Jahr* beendeten die »Bohema« und alle anderen Ensembles am 31. Dezember 1944 die Reihe der »Kinohallen«-Konzerte. Ihre Risikobereitschaft gegenüber den Nazis erreichte mit dieser letzten Revue ihren Höhepunkt. Unter Begleitung der Orchestergruppe führten sie eine Pantomime auf, in der ein alter und häßlicher Graukopf sich betrank und irgendwo im Graben endete, während Schlag zwölf Uhr ein lebhafter russischer Junge in einer gerafften Bluse und mit traditioneller russischer Mütze auf die Bühne sprang. Der Alte, gespielt von Karel Schmiedberger, verkörperte das abgelaufene Jahr; der Junge dagegen stand für die Hoffnungen des kommenden Jahres 1945, in dem die

Rote Armee wohl endlich die ersehnte Befreiung bringen würde. Im Zuschauerraum der »Kinohalle« gab es niemanden, der das nicht begriffen hätte. Die SS-Leute aber lachten darüber, wie über einen wirklichkeitsfernen Scherz.[11]

Der Mut, den »Bohema« bei den Auftritten zeigte, hat sicherlich mit dem jugendlichen Alter der Mitglieder dieser Gruppe zu tun. Ihre Phantasie und die Schlagfertigkeit, mit der sie aktuelle politische Ereignisse, von denen sie Kenntnis hatten, allegorisch umsetzten, sowie die Fülle der Einfälle, die in die Gestaltung ihrer Sketche und Musikstücke einflossen, waren in einem KZ eigentlich unvorstellbar. Je mutiger sie in ihrem Widerstand gegen die Nazis wurden, desto mehr bestärkten sie ihr Publikum in der Entschlossenheit, sich der herrschenden Willkür nicht geschlagen zu geben und den Gedanken an die Befreiung nicht aufzugeben.

Ist es eine Ironie der Geschichte, daß die Lagerleitung den SS-Angehörigen überraschend verbot, weiterhin an diesen Konzerten in der »Kinohalle« teilzunehmen, und nur den diensthabenden Offizieren das Zuschauen und Zuhören gestattete? Es war jedenfalls kein Zufall. Denn Musik und Theaterspiel der Häftlinge hatten dazu geführt, daß die »Herrenmenschen« in ihren Häftlingen nicht mehr nur die minderwertigen Kreaturen sahen, sondern sich von den außerordentlichen künstlerischen Leistungen beeindrucken ließen. Auch mag eine gewisse Befürchtung zu dieser Entscheidung mit beigetragen haben, daß diese Vertreter aller europäischen Nationen, die in Buchenwald gefangen waren, eines Tages Gericht über jene SS-ler würden halten können, die sich so unmenschlich an ihren Opfern vergangen hatten.

Die Buchenwalder Hymne

Tausende von Häftlingen aller Nationen, Tschechen und Deutsche, Polen, Norweger und Franzosen haben ein Lied, das ihnen in deutscher Sprache beigebracht wurde, immer wieder singen müssen. Wenn beim Abendappell in Buchenwald der Befehl »Ein Lied!« ertönte, dann war die *Buchenwalder Hymne* gefordert. Anfangs sangen die Häftlinge, welcher Nationalität und Muttersprache auch immer, dieses Lied nur mit Widerwillen; doch mit der Zeit änderte sich das: Je häufiger sie diese Hymne sangen, desto mehr wurde es ihr eigenes Lied – in dem sie mehr und mehr von den eigenen Empfindungen und Gedanken wiederfanden, um sie den Tyrannen beim Appell ins Gesicht zu schreien. Ähnliches ist auch in Sachsenhausen, in Dachau, in Neuengamme, in Lichtenburg und vielen anderen KZ passiert; eine sonderbare Verkehrung der Verhältnisse, die einer eigenen, eingehenderen Studie wert wäre.

Über lange Jahre war nicht bekannt, wann diese Lagerhymne entstanden war, und wer sie geschrieben hatte. Die Aussagen darüber weichen bis heute voneinander ab. Jedenfalls trifft nicht zu, was ein Häftling berichtete, der als einer der ersten Tschechen nach Buchenwald kam: Ein Kapellmeister habe diese Hymne komponiert und zum Dank hätten die Nazis ihn im Lager sterben lassen.[1] Die *Buchenwalder Hymne* ist viel früher entstanden – noch ehe die Tschechoslowakei von den Deutschen besetzt wurde, und noch ehe die ersten Tschechen als politische Geiseln in dieses Lager unweit von Weimar gesperrt wurden. Ende Dezember 1938 waren in Buchenwald größtenteils Deutsche, Österreicher, Juden und Zigeuner zusammengepfercht. Damals setzte sich der Lagerkommandant, er hieß Rödl, in den Kopf, daß in Buchenwald, wie in anderen Lagern auch, ein eigenes Lied zum gemeinsamen Singen her müsse. Über Lautsprecher klang das dann folgendermaßen:

> »Mal herhören: Wir brauchen ein Lied – 'n Lagerlied –, andere Lager haben längst eins! Wer es macht, erhält zehn Mark. Muß aber in drei Tagen fertig sein, wenn nicht, kriegt das ganze Lager nichts zu fressen. Mützen auf – wegtreten!«[2]

Knapp, martialisch und ganz der Mentalität der Lagerherren entsprechend: ein Lied auf Befehl und eine Kollektivstrafe, wenn etwas nicht nach Wunsch lief. Eine eigenwillige Auffassung von schöpferischer Tätigkeit und keine unproblematische Aufforderung, denn die Mehrzahl der »arischen« Häftlinge waren ja »Kriminelle« und kaum in der Lage, so etwas zu komponieren.

Statt dessen meldeten sich zwei Männer aus den Blocks der Juden. Einer von ihnen war der ehemalige Vizepräsident des Österreichischen Schriftstellerverbandes, Fritz Löhner, der Libretti zu Operetten von Franz Lehár und die Texte vieler populärer Lieder, darunter *Ausgerechnet Bananen*, *Was machst du mit dem Knie, lieber Hans* und *Wo sind deine Haare, August?* verfaßt hatte. Er stammte aus Böhmen, aus Ústí nad Orlicí, und war 1883 als Sohn eines Kaufmannes geboren worden. Nachdem er in Wien Jura studiert hatte, wurde er ein bekannter und beliebter Schriftsteller und hoffte sogar noch nach sei-ner Verhaftung, daß diese Popularität und die Fürsprache Lehárs, dessen *Land des Lächelns* mit Löhners Texten zum Repertoire zahlloser europäischer Bühnen gehörte, ihn aus der Hölle von Buchenwald würde befreien können. Er hoffte vergebens; nach dreijährigem Leiden kam er 1942 in einer Gaskammer von Auschwitz um.[3]

Der zweite Häftling, der sich gemeldet hatte, stammte ebenfalls aus Österreich, hieß Hermann Leopoldi und war Kabarettist. Eine Melodie zu einem vorgegebenen Text zu komponieren, war für ihn kein Problem, denn er war ein routinierter Komponist. Leopoldi hat das Lager überlebt; nach Wien, in die Heimat, ist er erst nach langem Aufenthalt in den USA zurückgekehrt.[4]

Löhner und Leopoldi machten sich umgehend an die Arbeit. Wieviel Mühe ihnen das Werk abverlangte, läßt sich schwer abschätzen; klar aber ist, daß diese Aufgabe einer Gratwanderung gleichkam, denn einerseits wollten sie sich nicht mit der Lagerleitung gemein machen und sie auch nicht provozieren, andererseits aber konnten sie auch nicht darüber hinwegsehen, wer dieses Lied würde anstimmen müssen. Ein letztes Problem war, wer offiziell als Verfasser genannt werden sollte? Rödl würde niemals ein Lied akzeptieren, das von Juden geschrieben worden war. Also wandten sich die Häftlinge vor der Übergabe der Komposition an den Kapo der Poststelle, einen ehemaligen Conférencier, der es als sein Werk ausgeben sollte. Rödl nahm die Arbeit an; die Belohnung aber hatte er vergessen, und so sahen Löhner und Leopoldi nichts von dem versprochenen Geld.

Das Einüben der Komposition war mühsam. 7000 Menschen standen im frostigen Dezemberwind auf dem Appellplatz und sangen mit äußerstem Widerwillen. Der Befehl aber war: Es wird solange gesungen, bis alles klappt und der Lagerkommandant zufrieden ist. Einige Beteiligte haben berichtet, was das für ein schauriges Konzert gewesen sei; es erwies sich als schlicht unmöglich, so viele Menschen aufeinander einzustimmen. Also wurde die Menge schließlich geteilt, und alle Blocks probten einzeln. Nach und nach gewann der Chorgesang beim Marschieren dann an Geschlossenheit. Vier Stunden, von 18.00 bis 22.00 Uhr, zogen sich die Proben hin, bis die erschöpften Häftlinge, denen das Lied immer widerwärtiger geworden war, auf ihre Pritschen durften.[5]

Erst mit der Zeit söhnten sich die Häftlinge mit der Melodie aus. Ein Grund war, daß das gemeinsame Singen gewöhnlich das Zeichen dafür war, in die Blocks abtreten zu dürfen; der wichtigere jedoch war, daß man in den Worten des Liedes einen versteckten revolutionären Appell zu spüren begann, der in den von der SS vorgegebenen Werken nicht enthalten war. Es gab darin verborgene Anspielungen, aus denen hervorging, daß dies kein Lied war, das den Faschisten zugedacht war. Es dauerte eine Weile, bis die Häftlinge selbst dahinterkamen – die Nazis merkten es nie – und allmählich mit voller Stimme mitzusingen begannen; dann aber wurde aus der *Buchenwalder Hymne* ein antifaschistischer Appell. Vor allem die abschließenden Verse machten das deutlich:

Darin klang die Sehnsucht nach Freiheit an; wer wollte, konnte aber auch die Faust dazu ballen. Die letzten Worte des dreimal wiederholten Refrains »Denn einmal kommt der Tag, da sind wir frei« stießen die Häftlinge denn auch mit besonders fester Stimme aus, so daß jeder, der wollte, wissen konnte, wie ernst sie es meinten. Die gesamte dritte Strophe konnte als revolutionärer Aufruf verstanden werden:

Und die Nacht ist kurz und der Tag so lang,
doch ein Lied erklang, was die Heimat sang,
wir lassen den Mut uns nicht rauben!
Halte Schritt, Kamerad, und verlier nicht den Mut,
denn wir tragen den Willen zum Leben
und im Herzen, im Herzen den Glauben!

Der SS gefiel das Lied, obwohl darin die Entschlossenheit, überleben zu wollen, so deutlich ausgedrückt wurde. Die Lagerleitung wollte es so oft wie möglich hören, also mußte selbst bei strömendem Regen gesungen werden oder bei Matsch und Schnee, wenn alle vor Kälte zitterten. Zwischenfälle waren deshalb an der Tagesordnung. Besonders wenn viele neue Häftlinge ins Lager eingeliefert worden waren, klappte der abendliche Gesang nicht so, wie sich das der Kommandant vorstellte. Einer der Häftlinge schildert, was dann geschehen konnte:

»Nach diesem Befehl lief der Dirigent der Häftlingskapelle auf einen hohen Schotterhaufen hinauf, breitete die Arme aus und gab das Zeichen zum Singen der Hymne. 13 000 Häftlinge sangen oder sangen auch nicht. Wie konnte man dazu noch Kraft haben, wenn man sich hungrig zwölf Stunden lang durch Schlamm und Kot geschleppt hatte, oder aus der vom Durst getrockneten Gurgel nur heisere Laute herauskamen. Darauf wurde freilich keine Rücksicht genommen. Wenn dem Scharführer am Tor der Gesang zu leise klang, brüllte er durch den Lautsprecher: ›Genug, nochmal!‹ Einige der Scharführer schlichen dann zwischen unseren Reihen herum und paßten auf, ob vielleicht jemand nicht mitsang. Von unserem Block haben einmal die Redakteure Hrdlička und Drašar dafür gebüßt. Sie wurden mit Füßen getreten. – Es ist noch kein Meister vom Himmel gefallen. Wir konnten die Hymne noch nicht, aber singen sollten wir sie doch. Die Scharführer hatten unsere Passivität bemerkt, und so ertönte eines Tages folgendes Kommando: ›Die Protektoratsvögel werden alleine singen!‹ Die meisten von uns gaben keinen Laut von sich. Als Strafe mußten unsere beiden Blocks auf allen vieren auf einen etwa zehn Meter hohen, am Tor aufgehäuften Schotterberg hinaufkriechen und auf der anderen Seite auf dem Hintern hinunterrutschen. So ging es einige Male hinauf und hinunter. Ich erinnere mich an den Galgenhumor von Direktor Kubis aus Olomouc, eines tapferen Sechzigjährigen. Mit dem Kopf nach vorne sauste er neben mir herunter und meinte: ›Solche Ochsen. Als ob uns die zerschundenen Ärsche die Hymne lehren könnten!‹«[6]

Tschechische Musiker in Flossenbürg

Nur sieben Kilometer von der tschechoslowakischen Staatsgrenze entfernt, in der Nähe der Stadt Weiden in Bayern, wurde 1937 ein ausgedehntes Lager eingerichtet, das nach einem nahegelegenen Dorf und einer mittelalterlichen Burg »Flossenbürg« genannt wurde. Dort errichteten die Nazis zunächst etwa ein Dutzend Unterkunftblocks; zunächst für deutsche, österreichische und jüdische, später dann für Häftlinge aus allen besetzten Ländern. Diese Bauten haben den Namen des Ortes weltweit bekannt gemacht. Flossenbürg war eines der KZ-Hauptlager und ist für die Unmenschlichkeit der Verhältnisse, unter denen die Häftlinge dort lebten und arbeiten mußten, bekannt. Die wesentliche Aufgabe dieses KZ bestand darin, Arbeitskräfte für die nahegelegenen Ziegeleien und Steinbrüche bereitzustellen. Deshalb wurde für ständigen Nachschub an Häftlingen gesorgt: für die riesigen Bauprojekte des »tausendjährigen Reiches« sollten Baumaterialien gewonnen, Ziegel gebrannt und Bausteine gebrochen werden.

8000 tschechische Häftlinge sind nach Flossenbürg deportiert worden; 3784 sind nicht mehr zurückgekehrt.[1] Die meisten kamen aus der »Kleinen Festung Theresienstadt«, andere waren vorher im Prager Pankrác-Gefängnis inhaftiert gewesen und nach Flossenbürg geschafft worden, wenn die Gestapo sie nicht mehr für weitere Verhöre zu brauchen glaubte. Sie trafen in größeren Transporten ein und waren dazu meist nach der Art ihrer angeblichen Vergehen in Gruppen eingeteilt worden. Politische Geiseln waren darunter, die wegen ihrer Verstrickung in die sogenannte »Smudek-Affäre« festgenommen worden waren, aber auch Männer, die verdächtigt wurden, zu den Widerstandsorganisationen um Domažlice oder um Tábor gehört zu haben. Einige tschechische Offiziere waren ebenfalls unter diesen Häftlingen.

In Flossenbürg spielte niemals ein Orchester am Tor; dennoch gehörte die Lagerkapelle zum Alltag der Häftlinge. Gegründet wurde sie im Mai 1940 von einer Gruppe von tschechischen Musikern, die meist aus Domažlice stammten.

»Am Anfang hatten wir nur eine Geige, ein Akkordeon und einen Kontrabaß. Der Musiklehrer Josef Solfronk spielte Geige, Jaromír Horák Akkordeon und Ota Zavadil Kontrabaß [...] Aus diesem Trio bildete sich im Herbst 1940 eine kleine Häftlingskapelle – natürlich nur nach der Arbeitszeit.«[2]

Nach der Besetzung Polens und Jugoslawiens und nach dem Überfall auf die Sowjetunion trafen Häftlinge aus diesen Ländern im Lager ein und schlossen sich vereinzelt der Kapelle an. Je ein Musiker aus Italien, Österreich und Deutschland gehörten ebenfalls zum Ensemble. Zunächst hatte diese Lagerkapelle eher den Charakter eines Streichorchesters; beim Musizieren unter freiem Himmel war das jedoch eine ungünstige Besetzung. Sobald sich die erste Möglichkeit bot, integrierte man deshalb Blas- und Blechblasinstrumentalisten, die später sogar eigenständig als Bläserkapelle auftraten. Ende 1941 gab es schon sechs Primen, vier zweite Geigen, zwei Violoncelli und einen Kontrabaß; nach und nach kamen dann noch eine Flöte, je eine Klarinette in C und in B, ferner ein Baritonsaxophon, ein Akkordeon, zwei Trompeten, zwei Waldhörner, drei Posaunen und ein Schlagzeug hinzu. Zusätzlich gab es im Lager ein Klavier, das die Musiker regelmäßig benutzen durften.[3]

Es war nicht einfach gewesen, die Instrumente und Noten zu besorgen. Im »Wertsachendepot« des Lagers gab es keine, und nur selten kam ein Musiker mit dem Instrument in der Tasche nach Flossenbürg. Beim Organisieren des Notwendigsten tat sich besonders Karel Volšanský, ein österreichischer Tscheche, hervor. In der Kapelle spielte er Geige; vor allem aber verstand er es, als Leiter der Häftlingskantine Geld zum Kauf von Instrumenten und Noten dadurch zu beschaffen, daß er Blutwurstkonserven, deren Verfallsdatum abgelaufen war und die er von der SS erworben hatte, in den Häftlingsblocks mit Preisaufschlag weiterverkaufte. Die Bestellungen liefen dann über »Lagerkantine K. L. Flossenbürg«; die Häftlinge selbst wußten davon wenig oder nichts.[4]

Wenn die Kapelle nicht übte und nicht spielte, wurden die Instrumente in einer der Häftlingsbaracken, im sogenannten »Musikraum«, an den Wänden aufgehängt und aufbewahrt. Sie waren nicht von bester Qualität, aber in den Händen guter Musiker taten sie hervorragende Dienste. Die Hauptsache war, daß überhaupt Musik gemacht wurde und daß die Kapelle auch in Flossenbürg eine Reihe von Menschen davor bewahrte, zu schwereren Arbeitseinsätzen eingeteilt zu werden.

Leiter des Lagerorchesters wurde der schon genannte Josef Solfronk, der die Militärakademie absolviert hatte und vor seiner Verhaftung in Domažlice gewirkt hatte. Er verfügte über Erfahrungen auf dem Gebiet der populären Musik und war selbst ein guter, geschulter Musiker. Die Flossenbürger Kapelle übertraf denn auch viele andere KZ-Orchester; neben Solfronk gehörten ihr nämlich auch so herausragende Musiker wie Zdeněk Kolářský an, der vor seiner Verhaftung Mitglied der Tschechischen Philharmonie gewesen war, oder die beiden Studenten des Prager Konservatoriums, Josef Pražák und Jaroslav Škabrada. Kolářský war ein vorzüglicher Violinist und wurde im gesamten Lager hochgeschätzt, nachdem ihm die Erlaubnis gegeben worden war, vor den Häftlingen auch als Solist aufzutreten.[5] Pražák war vielseitiger; er beherrschte nicht nur das Violoncello, sondern auch Geige und Klavier, kannte sich außerdem in Komposition aus und war erst kurze Zeit im Lager, als er schon beim Einüben des Repertoires mithalf. Er verstand sich besonders darauf, jene Stimmen zu ergänzen, die in den Parten der Musiker fehlten. Škabrada gehörte zu den wenigen, die ihr Instrument ins Lager mitgebracht hatten; seine französische Trompete, die ihn von Theresienstadt hierher begleitet hatte, war die Zierde des Orchesters. Diese Musiker wurden nach der Ankunft polnischer Häftlinge im Jahre 1941 noch durch einige Philharmoniker verstärkt, mit denen zusammen sich nun auch das schwierigste Repertoire bewältigen ließ. Als Josef Solfronk das Lager verlassen mußte, trat zunächst für kurze Zeit der Österreicher Sepp Dragoun an seine Stelle; ihm folgte jedoch schon bald ein ehemaliger Militärkapellmeister, der aus Polen stammte, der aber stets betonte, daß er Kaschube sei, also einer kleinen, im Norden Polens ansässigen Minderheit angehöre.[6] 1944 hatte dieses Orchester dann zwischen 40 und 50 Mitglieder. Viele sind namentlich nicht mehr bekannt. Den Überlebenden von Flossenbürg sind nur noch folgende tschechische Namen in Erinnerung geblieben: Jaromír Horák (Akkordeon), Ota Zavadil (Geige), Antonín Filip (Geige), Pavel Lánský (Geige), Ladislav Šanda (Geige), Josef Kyselka (Klavier), Emanuel Švígler (Klavier), Karel Kulíšek (Klarinette), Emanuel Vondrášek (Kontrabaß) und der Lehrer Tomandl, der zu den Blechblasinstrumentalisten zählte. Zeitweise gehörten der Kapelle auch die beiden Polen Kazimierz Szewczyk (Trompete) und Kazimierz Vallori (Waldhorn) an, der Deutsche Desider (Klarinette), der schon erwähnte Österreicher Sepp Dragoun (Kontrabaß), der Professor am Wiener Konservatorium, Siedler, und der Absolvent des Moskauer Konservatoriums und russische Offizier Leonid Stěpanovič Varažejkin (Klavier).[7] Die Kapelle war damit hinreichend besetzt, und die Musiker waren erfahren genug, daß sie nicht nur die schneidigen deutschen Märsche spielen konnten, sondern auch Salonstücke tschechischen Ursprungs.

In seltenen Fällen gelang es auch in Flossenbürg, Häftlinge vor dem sicheren Tod zu bewahren, indem man sie zu Musikern beförderte und ihnen ein Instrument in die Hand drückte, das sie kaum richtig zu halten verstanden. Sie wurden dann, wie in Buchenwald, einem Kommando zugeordnet, das innerhalb des Lagers arbeitete; dadurch entgingen sie der Gefahr, einem der Strafkommandos im Steinbruch zugeteilt zu werden, wo die Betroffenen zum Gebrüll und unter den Schlägen der SS im Laufschritt riesige Steinblöcke transportieren mußten und meist binnen weniger Tage zu Tode kamen. Wenn die Kapelle musizierte, imitierten sie oder kratzten nur vorsichtig auf ihrer Geige; ansonsten arbeiteten sie in den Lagerwerkstätten, in der Küche oder räumten als »Kammerkommando« die Schreibstuben auf.

Das Flossenbürger Orchester konnte mit der Unterstützung von Arbeitsdienstführer Schirner und dem Wohlwollen mehrerer Kommandanten rechnen. Schirner war rücksichtslos, schätzte aber die tschechischen Musiker. Ob das auch der Grund dafür war, daß er nach dem Attentat auf Heydrich zunächst zwar befahl, die ungefähr 500 Tschechen sollten antreten und jeder zehnte solle erschossen werden, es sich dann aber anders überlegte, die Exekutionen abblies und nur »Mützen ab!« exerzieren ließ?[8] Wie auch immer: Schirner war überaus sentimental, und mit seinem Lieblingslied *Warum hat die Eule so sehr geheult* konnte man ihn in ein sanftes Lamm verwandeln.[9]

Mit der Aufgabe, die sie übernahm oder übernehmen mußte, wechselte auch die Besetzung, in der die Kapelle im Lager musizierte: Manchmal trat sie als Salonorchester auf, manchmal als Blechblaskapelle. Die Verpflichtungen waren nicht genau definiert; einmal spielte sie am Appellplatz zur Unterhaltung der Häftlinge, dann wieder zur Begrüßung hoher SS-Funktionäre, beispielsweise bei den Besuchen von SS-Reichsführer Heinrich Himmler oder des Chefs des SS-Wirtschaftsverwaltungshauptamtes (WVHA), Oswald Pohl. Darüber hinaus fanden Konzerte in der großen Waschküche des Lagers statt, ein andermal wurde die Kapelle gezwungen, bei der Exekution eines Häftlings anzutreten.

Die Konzerte auf dem Appellplatz wurden im Sommer bei gutem Wetter veranstaltet. Am Sonntagnachmittag versammelten sich an die 2000 Flossenbürger Häftlinge, um den Stücken, die die Kapelle vorbereitet hatte, zuzuhören. Sie spürten dann, daß die Mitglieder des Orchesters alles taten, um den Zuhörern mehr als bloß die gewohnte Marschmusik zu bieten. Jedesmal wurde auch ein Pianino auf den Platz geschleppt, das unter anderem zur Begleitung von gesungenen Liedern notwendig war. Denn es gab im Lager zwei Sänger, Jaromir Horák und František Sobek, ein Mitglied des Opernensembles in Olomouc, deren Auftritte viel zur Popularität des Orchesters beitrugen. Zu den beliebtesten Stücken des Repertoires gehörten *Die grüne Birke [Bříza zelená]*, *Vier Paare weißer Pferde [Čtyry páry bílejch koní]*, *Warum hat die Eule so geheult [Proč ta sova tolik houkala]* oder *Glück am Kreuzweg [Štěstí na rozcestí]*. Manche Textpassagen in solchen Liedern waren mehrdeutig; sie stärkten den Durchhaltewillen. Wenn die Häftlinge in den Gesang des Solisten einstimmten, war das ein Gemeinschaftserlebnis, das viele die Köpfe wieder etwas höher tragen ließ; von der SS wurde das deshalb dann bald auch verboten.

Das Orchester brachte Kompositionen aus der Universal Edition, meist in der Bearbeitung von Bohuslav Leopold; darunter waren die Ouvertüren zu Franz Suppés *Dichter und Bauer*, *Die schöne Galathea*, *Die Banditen* und *Leichte Kavallerie*, die Ouvertüre zu Otto Nicolais *Die lustigen Weiber von Windsor*, Potpourris aus den deutschen Operetten Paul Linckes sowie Bearbeitungen populärer Werke tschechischer Komponisten: das *Poem* von Zdeněk Fibich, die *Humoreske* und die *Slawischen Tänze Nr. 8* und *10* von Antonín Dvořák oder Potpourris aus Smetanas Opern. Jaroslav Škabrada spielte zu solchen Anlässen auch Werke für Trompete mit Orchesterbegleitung, beispielsweise *Die Post im Walde [Pošta v lese]*; weitere Stücke aus dem Repertoire waren Julius Fučíks *Ideal der Träume [Ideál snů]* und die Ouvertüre zu *Hubertus* sowie Kompositionen von Vačkář, Vacek und Stelibský.[10]

Als die Flossenbürger Lagerkapelle ihre Blütezeit erlebte, war auch der tschechische Historiker Fridolín Macháček aus Pilsen im Lager inhaftiert. In seinem Bericht über seine Zeit im KZ spricht er auch über das Repertoire und die begeisterte Aufnahme, die die Orchesterveranstaltungen fanden:

»Als Sonntagsprogramm bot sich jedem vor allem das Konzert der Lagerkapelle an. Sie spielte regelmäßig bis Ende März 1945, und zwar gar nicht so schlecht, wenn man bedenkt, wie unterschiedlich die Qualifikation der einzelnen Orchestermusiker gewesen ist und daß viel zu wenig geprobt werden konnte. In der Kapelle gab es an die 50 Musiker, meistens waren es Tschechen, Deutsche und Polen. Violinen und Violinspieler gab es mehr als genug, dafür aber zu wenig Bratschen-, Cello- und Baßspieler, von letzteren gar nur zwei. Ziemlich gut waren auch die Blasinstrumente besetzt, und so konnte sich unser Orchester auch an ernstere Dinge heranwagen. Es wurden Ouvertüren zu populären Opern gespielt, beispielsweise zu *Faust* oder *Mignon*, oder Potpourris aus Opern Verdis, Lortzings oder Rossinis. [...] Mit stürmischem Applaus bedachten die tschechischen Hörer die Ouvertüre zu Smetanas *Libussa*, das Potpourri aus *Die verkaufte Braut* oder Proben aus Dvořáks *Slawischen Tänzen*. Der größte Teil des Programms bestand freilich aus schneidigen Märschen, Wiener Walzern und allerlei sogenannten Charakter- und Stimmungsstücken. Als Höhepunkte des Programms galten oft die Auftritte Kolářskýs oder Kyselkas, das Streichquartett sowie der Gesang des Tenors Sobek.«[11]

Wenn mit dem Ende des Sommers das Wetter ungünstiger wurde, verlegte man die Konzerte in die große Flossenbürger Waschküche. Tröge, Waschmaschinen und Wäscheschleudern trug man hinaus, aus dem leeren Gebäude wurde ein Konzertsaal, und für die SS-ler wurden Lehnsessel bereitgestellt. In diesem geschlossenen Raum kam die Kunst eines Geigers wie Kolářský, der an der Meisterschule von J. Mařák und J. Kocian ausgebildet worden war, natürlich weit besser zur Geltung. Kaum daß er zur Kapelle gestoßen war, galt er schon bald im ganzen Lager als der beste Musiker, den man hatte. Als Lagerkommandant Fritsche seine Solodarbietungen hörte, befahl er ihm, sich Noten aus der Heimat schicken zu lassen. So kamen die Noten von Bachs Sonaten und Partiten oder auch Max Bruchs *Violinkonzert in g-Moll* ins Lager, die *Zigeunerweisen* von Paul Sarasate und das gesamte Album *Goldene Geige*, dessen Stücke Kolářský glänzend interpretierte. Von da an – auch weil er inzwischen im »Musikraum« üben durfte – konnte der tschechische Geiger bei allen Konzerten nicht nur als Mitglied der Kapelle auftreten, sondern auch als Solist brillieren, sei es mit Orchesterbegleitung, sei es mit Dr. Josef Kyselka am Klavier oder allein. Sein Repertoire brachte ihm solche Wertschätzung ein, daß er von der Lagerkommandantur als Hauptschreiber des Lagers eingesetzt wurde. Hier liefen dann nicht nur streng vertrauliche Berichte über die Belegschaft des Lagers Flossenbürg durch seine Hände, sondern auch solche über die Häftlinge der verschiedenen Nebenlager, die über das Sudeten- und Reichsgebiet verteilt waren.

Kolářskýs Geige bezauberte das gesamte Lager. Einmal schenkte ihm ein gerührter SS-Mann nach der Darbietung von Bruchs Violinkonzert eine Schachtel mit Haselnüssen, sprach ihn gar respektvoll mit »Sie« an und beteuerte: »Das war prachtvoll!« Nach Wieniawskis *Souvenir de Moscou* mit Variationen auf eine bekannte russische Melodie weinten die Russen, Kriegsgefangene ebenso wie Zivilarbeiter, die aus den besetzten Gebieten hierher verschleppt worden waren. Und selbst Schwerkranke ließen sich zum Konzert tragen, wenn sie erfuhren, wer heute Violine spielte.[12]

Einen seiner größten Erfolge hatte der Tscheche zu Weihnachten 1944. Gemeinsam mit dem Pianisten Josef Kyselka organisierte er ein Konzert für die Tschechen – zu dem allerdings auch die Häftlinge anderer Nationen Zutritt hatten – und spielte Smetanas Duo *Aus meiner Heimat [Z domoviny]*. Diese Klänge riefen eine unvorhergesehene Begeisterung hervor, niemand konnte dabei ruhig bleiben, denn sie weckten noch einmal die Hoffnung auf eine baldige Heimkehr.[13]

Zu den schönsten – und sehr seltenen – Stunden, die ein tschechischer Häftling in Flossenbürg erleben konnte, gehörten die frühen Abende im »Musikraum«, wo Kolářský und Kyselka im kleinen Kreis die erlesensten Werke für Violine interpretierten: die Sonaten Ludwig van Beethovens. Die Abgeschlossenheit und Intimität des Raumes und die Erhabenheit der Musik brachten die Männer einander näher. Wenn es zum Musizieren zu dunkel wurde, blieb diese kleine Gruppe doch noch beisammen, um, mehr und mehr Vertrauen zueinander fassend, auch über Politik zu diskutieren. Sie spekulierten, wie der Faschismus besiegt werden könne, und auch darüber, wie das Unrecht der Nazis einst einmal vergolten werden müßte.[14]

Außerhalb der Mauern dieses engen Raumes regierte weiterhin die Launenhaftigkeit der SS. Nur in einem einzigen Fall hat die Willkür der Lagerherren auch einmal dazu geführt, einem Häftling das

Leben zu retten. Am frühen Morgen eines Tages im Jahre 1943 wurde der Pole Kasimierz Szewczyk aus seinem Block gezerrt. Auf Befehl der Gestapo sollte er noch am selben Tag wegen seiner Beteiligung am Warschauer Aufstand hingerichtet werden. Eine Stunde vor der Exekution fragte ihn der Lagerkommandant vor den Augen der angetretenen Häftlinge mit pathetischer Geste nach seinem letzten Wunsch. »Noch einmal Trompete spielen können«, lautete die Antwort. Dem Kommandanten war es recht, man schleppte das Pianino herbei, und die SS versprach sich einen Heidenspaß. Szewczyk konnte nur mühsam die Trompete halten, Josef Pražák am Piano hatte sich ebenfalls kaum unter Kontrolle. Kreideweiß setzte der Pole das Instrument an die Lippen und begann mit Suppés Operettenmelodie *Hab ich nur deine Liebe, die Treue brauch ich nicht.* Die Trompete klang unerwartet voll und innig, die Häftlinge und die SS-Mannschaften waren tief gerührt und einige mit einem Mal auch ein wenig beschämt. Das Katz-und-Maus-Spiel, das sie mit diesem Menschen hatten treiben wollen, wandte sich gegen sie – und sie hätten nicht sagen können warum. Lagerkommandant Küstner jedenfalls erklärte den Trompeter sofort für »unentbehrlich« und verbreitete, daß er dies nach Berlin melden und die Strafe in lebenslängliche Haft umwandeln werde. Szewczyk war gerettet. Er spielte von da an in der Kapelle; der Hohn der SS aber wollte es, daß man ihn später zum Henker in den Nebenlagern Flossenbürgs machte.[15]

Tschechische Musiker in Mauthausen

Mauthausen liegt am linken Ufer der Donau, unweit von Linz, im Norden eingerahmt von der dunklen Kulisse des Böhmerwaldes, im Süden von den majestätisch aufragenden Alpenkämmen. Hier richteten die Nazis 1938 ein weiteres ihrer Lager ein – ein trauriger Ruhm, der für immer mit dem Namen des kleinen Städtchens verbunden bleiben wird. Die Anhöhe, auf der das KZ angelegt wurde, besteht aus massivem Granit; dieses Material war auch der Grund, warum ausgerechnet dieser Ort gewählt worden war. Unter unvorstellbaren Bedingungen brachen, bearbeiteten und transportierten die aus ganz Europa verschleppten Häftlinge diesen Stein. Hunger, körperliche Erschöpfung und brutale Willkür der Wachmannschaften dezimierten die Menschen wie fast nirgendwo sonst. Systematisch zermürbt starben viele innerhalb kürzester Zeit.

Unter diesem extremen Druck verfielen sie oft tiefer Resignation. Wenige Tage oder Wochen genügten, um auch die Tapfersten unter ihnen zu brechen. Sie waren verdammt – das bewies man ihnen ständig an Körper und Geist – und gaben sich schnell selbst auf. Tag um Tag gab es zahlreiche Tote; von den 8482 Tschechen, die in Mauthausen interniert wurden, haben 7209 die Greuel nicht überlebt.[1]

Was konnte Musik an einem solchen Ort noch bewirken? Schließlich galt in den ersten Jahren sogar Redeverbot innerhalb des Lagers. Das war Teil der verschärften Strafe.

»Bis Ende 1942 war das Lager stumm wie ein Fisch«, erinnert sich einer der ehemaligen Häftlinge, »während der Arbeit durfte man mit den Kameraden nur über das Nötigste sprechen. In den Blocks wagte niemand zu singen.«[2]

Ein Instrument zu spielen, war verboten. Zuwiderhandeln kam Selbstmord gleich. Wenn überhaupt einmal musiziert wurde, dann für die allmächtigen Blockführer oder Kapos, die sich vergnügen wollten. Lagerkommandant Franz Ziereis hatte einigen Zigeunern, die mit ihren Instrumenten ins Lager gebracht worden waren, erlaubt, für die »Prominenten« zu spielen. Diese Musiker hatten keinerlei theoretische Kenntnisse; aber einer unter ihnen war der hervorragende Geiger King aus dem Mathiaskeller in Budapest. Er war ein Virtuose ungarischer Volksmusik, beherrschte sein Instrument perfekt und machte temperamentvolle Musik, die auf Melodien und

Rhythmen des Tschardasch beruhte. Die übrigen Musiker dieser eigenwilligen Kapelle begleiteten nur und spielten den Konterpart; sie verfügten ohnehin bloß über zwei Geigen, eine Gitarre, eine Mandoline und eine Zither sowie über ein Akkordeon, das ein Deutscher, ein »Politischer« namens Herrmann, spielte. Wenn die Kapos Geburtstag feierten oder die SS sich im Bordell vergnügte, ließ man diese Zigeuner herschaffen. Ab und zu wurden die Musiker auch zu Exekutionen befohlen; als Lohn erhielten sie Essen und Zigaretten.

Wie in anderen Lagern wirkte sich auch in Mauthausen die Entwicklung an den Fronten positiv für die Häftlinge aus. Als sie in den Rüstungsbetrieben eingesetzt wurden, erlaubte man ihnen endlich, länger zu schlafen, hob das Redeverbot auf und ließ es zu, daß abends in den Blocks auch gesungen wurde.[3] Nun durften sie sich sogar Instrumente besorgen, Gruppen von Musikern fanden zusammen, und eine ungeahnte Aktivität entfaltete sich. Die Häftlinge empfanden die neuen Möglichkeiten als Zeichen der zunehmenden Schwäche des Regimes; wenn von da an Musik erklang, war sie der Ausdruck neu erwachter Hoffnungen.

Es gibt voneinander abweichende Berichte darüber, wie es dazu kam, daß die SS sogar die Erlaubnis erteilte, daß Musikinstrumente aus der Heimat besorgt werden durften. Einer Version zufolge hat Georg Streitwolf dabei eine wichtige Rolle gespielt. Er war wegen Diebstahls und Betrugs verhaftet worden und wurde als Kapo zunächst beim Straßenbau und dann bei der Poststelle eingesetzt. Als einer der ersten nutzte er die Lockerung der Lagerreglementierungen und hielt seine Hand schützend über die Musiker in Mauthausen. Er selbst spielte kein Instrument, tat jedoch viel für den Aufbau einer Kapelle. Von einigen Mithäftlingen wird ihm sogar das Verdienst zugeschrieben, vom Lagerkommandanten Ziereis und von dessen Stellvertreter Bachmayer überhaupt die Erlaubnis zur Gründung einer solchen Einrichtung erwirkt zu haben.[4] Nach einem anderen Bericht entstand diese Idee jedoch während einer Feier im Bordell, an der die »Prominenten« Schöps, Streitwolf, Řezniček und der SS-ler Bachmayer teilnahmen. Während die Zigeunerkapelle für Stimmung sorgte, deutete einer der Kapos gegenüber Bachmayer an, wie schön es wäre, wenn deutsche Häftlinge nach Hause schreiben könnten, um sich ihre Instrumente zu erbitten: Sie könnten dann die »minderwertigen« Zigeuner ersetzen; und schließlich gebe es auch unter den Tschechen eine Reihe guter Musiker. Bachmayer habe daraufhin versprochen, die Angelegenheit mit Ziereis zu besprechen.[5]

Die Initiative, von wem auch immer sie ausging, traf zusammen mit der erwähnten Anweisung Heinrich Müllers, Chef der Gestapo im Reichssicherheitshauptamt in Berlin. Zwei Tage nach dem Fest wurde den Lagerschreibern deshalb mitgeteilt, daß jenen Häftlingen, die ein Instrument beherrschten, erlaubt werden solle, nach Hause zu schreiben und um dessen Zusendung zu bitten. Fast alle, die von dieser Anordnung betroffen sein konnten, mißtrauten dieser Meldung, denn nach ihren bisherigen Erfahrungen in Mauthausen war es eher wahrscheinlich, daß eine perfide Finte der SS dahintersteckte – etwa die Absicht, wertvolle Instrumente zu beschlagnahmen, um sie später vorteilhaft verkaufen zu können. Erst als Bohumil Bardoň, der als Volkssänger geschätzt und bekannt war, eine Gitarre und ein Akkordeon in Empfang nehmen und darauf spielen durfte, wagten auch weitere Musiker den gleichen Schritt. Die Angehörigen reagierten meist umgehend. Denn diese Post war die erste ermutigende Nachricht, die man erhielt, und sie bewies, daß der Verwandte noch am Leben war und sich sogar der Musik widmen konnte.

Die Lebensbedingungen im Lager verbesserten sich dadurch nicht entscheidend. Vor allem die Lage der Tschechen war schwierig, denn sie wurden nach dem Attentat auf Heydrich mehr als zuvor verfolgt. Allein während der deshalb folgenden Verhaftungswelle kamen 3200 tschechische Bürger nach Mauthausen.[6] Doch trotz aller Widrigkeiten gelang es ihnen, sich zu einer solidarischen, politisch motivierten Gemeinschaft zusammenzuschließen und später im Lager eine bedeutende Rolle zu übernehmen. Viele der Verhafteten waren hochqualifiziert und der deutschen Sprache mächtig. So konnten sie bald Funktionen in der Häftlings- und Lagerverwaltung übernehmen oder als Dolmetscher arbeiten. Sie bemühten sich um Solidarität mit den Häftlingen anderer Nationalität, sie verbreiteten Rundfunknachrichten, die sie aufgeschnappt hatten, und beteiligten sich an illegalen politischen Ausschüssen und Zellen. In manchen Paketen, die die tschechischen Kommunisten von Zuhause erhielten, wurde sogar antifaschistische Literatur ins Lager geschmuggelt. Dieser Widerstandsgeist beflügelte sie auch beim Aufbau des legalen oder halblegalen kulturellen Lebens in Mauthausen.[7]

Recht bald entstanden verschiedene Ensembles, deren Aufführungen den übrigen KZ-Insassen neuen Lebensmut gaben. Tschechen waren sofort in allen diesen kleinen Gruppen zu finden; sie hatten als erste eine Kapelle formiert, die »Šnábl-Kapelle«, die zum populärsten und agilsten Orchester in diesem Lager werden sollte.

Die Organisation dieser Kapelle übernahm Bohumil Bardoň, die musikalische Leitung lag bei František Šnábl, der aus der Gegend um Kladno stammt. Der brachte Erfahrung als Kapellmeister mit; Karel Hanuš schildert ihn als tatkräftigen, echt tschechischen Musiker, der seinen Kollegen immer wieder Mut zu machen verstand.[8] Šnábl war vor allem mit der Blasmusik gut vertraut und ließ sich durch keine Schwierigkeiten entmutigen, als er die Gelegenheit nutzen wollte, mit Bardoňs Hilfe tschechische Musiker zusammenzubringen, die vorhandenen Noten zu verteilen und zu musizieren. Die Stimmen hatte er entweder selbst arrangiert oder sie wurden aus dem Gedächtnis gespielt. Seine Kapelle bestand zunächst nur aus sieben Mitgliedern, deren von der harten Arbeit gezeichnete Hände anfangs kaum mehr mit den Instrumenten umgehen konnten. Doch sie waren mit Begeisterung dabei, der Dank ihrer Mithäftlinge spornte sie an und war zugleich ihr Lohn. Wenn sie von den »Prominenten« für ihre Leistungen mehr Essen erhielten als andere, dann teilten sie es mit den Hungernden. Šnábl spielte Posaune und gab den Rhythmus. Robert Hrdlička aus dem Gesenkegebirge in Mähren war Posaunist. Otokar Brožek, ehemaliges Mitglied des Symphonieorchesters des Prager Rundfunks, blies virtuos Trompete. Die Geigen wurden von Karel Hanuš aus Prag und von Václav Dvořák aus Mělník, zwei ehemaligen Lehrern, gespielt, und die Bratsche von Josef Jíra aus Kamenice nad Lipou, der ebenfalls Lehrer gewesen war. Bohumil Bardoň, der Flugzeugmechaniker, der als einziger dieser Gruppe keinerlei musikalische Ausbildung hatte, der aber über ein ausgezeichnetes Gehör verfügte, begleitete diese Musiker auf dem Akkordeon. Häufig sang er auch zum Spiel der Kapelle und brachte die Zuhörer zum Mitsingen. Auf den ersten Blick wirkte diese Combo arg zusammengewürfelt, aber Šnábls Routine – seine Fähigkeit, Kompositionen zu adaptieren – wurde mit diesem Problem fertig.[9] Bohumil Bardoň berichtet dazu einige Einzelheiten:

»Das erste, was wir gelernt haben, war *Vier Paar weiße Pferde*, das war unser Mauthausener Marsch; das zweite Stück war Karel Hašlers *Unser tschechisches Lied*, das für die tschechischen Häftlinge die Rolle einer inoffiziellen Hymne spielte. Außerdem haben wir eine ganze Reihe tschechischer Volkslieder eingeübt. Wir übten im Block 16, wo ich auch meine Harmonika aufbewahrte. Die Prominenz mit Hauptkapo Řezniček an der Spitze fand sich manchmal auch ein. Wir hatten uns schnell eingespielt, und so erklärte Řezniček bald: ›Jungens, eure Musik gefällt mir, und wenn jemand von uns Geburtstag hat, nehme ich euch statt der Zigeuner, die haben schon genug bekommen. Seht zu, daß ihr alles spielen könnt, was einem in den Sinn kommen kann.‹ Řezničeks Worte spornten uns an; wir übten fleißig auch solche Lieder wie *Wenn wir fahren gegen Engeland* oder *Erika* oder *Komm zurück*, um allen Wünschen gerecht werden zu können. Als uns Řezniček zum ersten Mal zu der Prominenz führte, spielten wir ordentlich auf und wollten nach einer Stunde weggehen, aber der Blockälteste ließ uns nicht fort. Und so spielten und sangen wir weiter, bis auch der Blockführer kam und mitsang. Wir bekamen dafür 100 Zigaretten, drei Brotlaibe und ein Glas Marmelade. Damit hatten wir die Aufgabe der Zigeunerkapelle übernommen, und seitdem spielten wir fast jede Woche für die Prominenten und hatten genug zu essen [...].«[10]

Solche Auftritte waren der Tribut, den die Kapelle leisten mußte, um überhaupt musizieren zu dürfen. Und immerhin trug sie dazu bei, den Hunger dieser Männer ein wenig zu lindern und auch anderen Häftlingen ein paar zusätzliche Bissen zu verschaffen.

Šnábls Kapelle wurde schnell populär. Nicht nur Tschechen, alle Lagerinsassen wollten diesen Musikern zuhören, und die Konzerte wurden oft zu ergreifenden Veranstaltungen. Karel Hanuš erzählt davon aus unmittelbarer Anschauung:

»Der Block ist zum Bersten voll mit Gästen aller Nationalitäten. Abwechselnd wird gesungen oder Instrumentalmusik gemacht. Tschechische Kirmesmusik tönt durch den Raum. Die Kapelle spielt pausenlos, manchmal eine halbe Stunde lang, ununterbrochen. Ein Lied folgt dem anderen, und alle sind von Widerstandsgeist geprägt: *Slawe bin ich, Slawe bleib ich [Slovan jsem a Slovan budu], Prag ist wunderschön [Praha je krásná], Den Hain hinauf, den Hain hinunter [Hore háj, dolů háj], An unseren Grenzen [Na našich hranicích]* oder *Bei Preßburg [Pod Prešpurkom].*«[11]

Auch Václav Berdych schildert in seinem Buch über den Widerstand unter den Häftlingen in Mauthausen diese Stunden, wenn in den Blocks gemeinsam Lieder gesungen werden konnten:

»Das Lied *Slawe bin ich, Slawe bleib ich* kannten schon alle Häftlinge. Sie sangen, daß die Fensterscheiben klirrten. Man spielte Kmochs *Tschechische Musik [Česká muzika]* und sang *Wer uns verwehrt, was uns gehört, dem liefern wir 'nen Tanz.* Wenn die Häftlinge aus anderen Ländern das Soldatenlied *An unseren Grenzen* nicht kannten, fand sich immer ein bereitwilliger Übersetzer für den zweiten Vers: ›Hitler, warte nicht auf uns, wartest du vergeblich‹. Als die Rote Armee in den Karpaten stand, spielte die Kapelle *Bei Preßburg an der Donau*, die Zeile ›Von Ungarn nach Böhmen, nach Mähren‹ wurde mit besonderer Inbrunst gesungen.«[12]

In dem Maße, wie sich bestimmte Lockerungen im Regiment, das die Mauthausener SS im Lager führte, zeigten, wagte es die Kapelle immer öfter, auch in anderen Blocks aufzutreten und sogar auf dem Appellplatz zu spielen. Kaum hatten die Orchestermitglieder ihre Instrumente herausgeholt und zu musizieren begonnen, waren sie schon von einem dichten Kreis von Zuhörern umringt, die nach immer neuen Liedern verlangten. So spielten die Musiker der Šnábl-Kapelle, ob müde oder nicht, Stücke von Kmoch, Hašler, Vacek, Vašata, Jankovec, Bláha und anderen populären tschechischen Komponisten. Deutsche Schlager waren zu solchen Gelegenheiten nicht zu hören; statt dessen verlangte man nach *Vier Paar weiße Pferde* und *Ein Brieflein nach Jahren [Psaníčko po letech].*[13]

Es ist bezeichnend, welches Lied das populärste war. In Mauthausen war das nicht Kmochs *Kolin, Kolin [Kolíne, Kolíne]* oder etwa Vejvodas in der ganzen Welt bekanntes *Rosamunde [Škoda lásky]*, sondern Karel Vaceks *Vier Paar weiße Pferde*, das die kleine tschechische Kapelle eingeübt und verbreitet hatte. Dieses Lied wurde für Häftlinge aus aller Herren Länder zu einer Art Hymne.[14] Dazu war es noch nicht einmal nötig, daß jeder, der es sang, auch den Text verstand. Die Worte waren nicht ausschlaggebend, das Stück wirkte wahrscheinlich allein durch Rhythmus und Melodie, durch die Energie, die es vermittelte und die selbst den größten Pessimisten das Blut ein wenig schneller durch die Adern trieb. Die tschechischen Musiker spielten es nicht als Polka, sondern sie machten einen Marsch daraus, wodurch sie den aufmunternden Charakter noch betonten.[15] Vielleicht haben auch Šnábls und Hrdličkas Posaunen durch die kräftigen Bässe, die die Ausstrahlung der Hauptmelodie steigerten, zu seiner Beliebtheit beigetragen. Doch war die Bearbeitung bei den Liedern von Karel Vacek meist nicht ausschlaggebend. Sie fanden überall ihr Publikum, in Mauthausen genauso wie in Flossenbürg oder Buchenwald, weil ihre Melodien sich als kraftvoller Ausdruck tschechischer Musikalität und populärer Volkskunst erwiesen.

Nicht selten kamen Musiker, wenn sie über ein Instrument verfügten, auch alleine in die Häftlingsblocks, um für ihre Kameraden zu spielen. Niemand störte sich daran, daß der Geiger oder Bratschenspieler dann keine Begleitung hatte. Das Engagement und die beliebten Melodien verloren auch bei der schlichtesten Darbietung nichts von ihrer Wirkung. Alle Häftlinge im Raum summten oder sangen die Melodie mit. Jeder wollte sich beteiligen, um hinter dem Stacheldraht des Lagers diesen schwachen Widerschein einstiger Freiheit nicht zu versäumen.

Die kleine Kapelle war überaus erfinderisch, wenn es darum ging, Verzweifelte aufzumuntern und Gelegenheiten zum Musizieren zu finden. Hatte ein Häftling Geburtstag, kam sie und brachte ihm ein Ständchen, war jemand krank, spielten sie an seiner Pritsche; gelegentlich besuchten sie Blocks, in denen niemand tschechisch sprach, in denen aber nicht weniger gelitten wurde, und gaben so unermüdlich ihren Beitrag zur internationalen Solidarität unter den Lagerinsassen.

Die Hilfsaktionen, die die Musiker leisteten, waren nicht immer gefahrlos. František Šnábl selbst wurde einmal von Wachmannschaften ertappt, als er einigen Spaniern eine »organisierte« Suppe bringen wollte. Er sollte 25 Schläge mit dem Ochsenziemer erhalten; doch erkannte ihn der SS-Mann noch rechtzeitig und beendete die Strafaktion nach fünf Hieben. Auf mehr Anerkennung konnte man in Mauthausen eigentlich nicht rechnen.[16]

Wie angesehen die Kapelle unter den Häftlingen war, geht unter anderem aus einem Brief hervor, den ein ehemaliger sowjetischer KZ-Insasse noch Jahre später an Karel Hanuš schrieb. Valentin Korolovič aus Těsnopolje war in dem streng bewachten Quarantäneblock 18 eingekerkert; er liebte Musik über alles, und obwohl es mit härtesten Strafen geahndet wurde, hielt er sich einige Male bei den begünstigteren tschechischen Häftlingen auf. Einmal wurde er ergriffen und an den Pranger am Tor angekettet:

»Du weißt, womit die SS-Männer den unglücklichen Häftling, der am Pfahl ohnmächtig zu Boden gefallen war, zu Bewußtsein brachten – mit eiskaltem Wasser und Ochsenziemerschlägen. So ist es auch mir ergangen. Und Du wirst es nicht glauben, Karel, daß die tschechische Musik mir Kraft gab, stehend am Pfahl auszuhalten. Es war gegen Abend und ihr habt gerade auf dem Appellplatz gespielt. Eure Lieder haben mir meine Heimat in Erinnerung gebracht, haben der Seele die Hoffnung auf eine bessere Zukunft eingegeben. [...] Ich spielte kein Instrument und doch war mir, als gehörte ich zur Kapelle. Deine Geige und die tschechische Musik haben den Faschisten nicht erlaubt, in den Häftlingen alles Menschliche zu ersticken, im Gegenteil, sie haben in uns den Haß gegen den Faschismus gestärkt.«[17]

Auch Bohumil Bardoň, der Organisator des Lagerorchesters, war in Mauthausen eine Berühmtheit. Er war ein selten begabter Liedermacher, spielte dazu in der Kapelle eine Harmonika und beherrschte nicht nur die spanische, sondern auch die Hawaii-Gitarre. Als er 1941 nach brutalen Verhören und Dunkelarrest nach Mauthausen deportiert wurde und im Block 18 der üblichen Befragung nach seinen besonderen Befähigungen unterworfen worden war, erklärte er, welche Instrumente er beherrsche; Sepp, der Kapo dieses Blocks, ließ sogleich eine Gitarre besorgen und befahl ihm zu spielen:

»Es dauerte lange, bis ich vor den versammelten Kapos und allerhand Prominenz der Gitarre einige Töne entlocken konnte. Ich spielte und sang ein Volkslied, und nachdem ich ein wenig Mut gefaßt hatte, spielte und sang ich alles mögliche aus meinem reichen Repertoire, darunter auch lustige Couplets, komische Parodien und kleine Instrumentalstückchen. Das war ein unerwarteter Estradenauftritt, bei dem diese entarteten Menschen und Mörder schallend lachten und sich glänzend unterhielten. Ich werde nie meine Überraschung vergessen, als Sepp auf einmal das tschechische Lied *Wir mahlen nicht, wir mahlen nicht, das Wasser hat die Mühle genommen [Nemelem, nemelem]* verlangte. Nach ihm begannen auch andere weitere tschechische Lieder auszurufen. Das waren, wie ich später erfuhr, Wiener.«[18]

Das wäre nicht wichtig, wenn Bardoň immer nur zum Vergnügen der Kapos und Blockführer gespielt hätte. Aber dadurch, daß er deren Respekt erworben hatte, erhielt er auch die Freiheit, sich mit seinem Instrument im gesamten Lager zu bewegen und überall dort, wo er das für angebracht hielt, ein Lied vorzuspielen. Es ist deshalb kaum übertrieben, wenn sein Freund Karel Hanuš in ihm den ersten Boten der tschechischen Musik in diesem Lager sehen will. Hunderte konnten Bardoň zuhören, er kannte so viele verschiedene Lieder, daß ihm für jede Situation und für jede Stimmung etwas Passendes einfiel – er konnte auch jodeln. Außerdem war er ein begnadeter Imitator, was ihm den Spitznamen »Hurvínek« (nach einer populären Figur des Puppentheaters) einbrachte. Wie keiner sonst konnte er die Mithäftlinge zum Lachen bringen – was selten genug möglich war; und da er auch bei den reicheren »Prominenten« des Lagers Zutritt hatte, kehrte er oft mit wahren Schätzen zu den Häftlingen zurück: mit Zigaretten, mit Brot, manchmal mit Wurst. Er galt als guter Kamerad und teilte, was er mit seiner Gitarre an Belohnung erspielte.[19]

Ab Anfang September 1942 gelangten immer mehr Musikinstrumente nach Mauthausen, und Georg Streitwolf war, was er schon lange gewollt hatte, in der Lage, ein großes Lagerorchester zusammenstellen, das nicht nur Populärmusik, sondern auch klassische

Musik interpretieren sollte. Er suchte also nach geeigneten Musikern, prüfte sie und entschied, wer aufgenommen wurde und wer nicht; er selbst spielte kein Instrument. Das war für die Häftlinge nicht problemlos. Ausgehungert und erschöpft wie sie waren, konnten sie kaum auf den Füßen stehen; meist hatten sie das Instrument, das sie früher beherrscht hatten, seit Monaten nicht mehr in der Hand gehabt. Die Hände waren geschwollen oder bluteten, die Finger waren steif geworden. All das mußte Streitwolf berücksichtigen. Wie sich die Aufnahme in den Kreis der Orchestermusiker abspielen konnte, schilderte der Bratschist Josef Jíra später folgendermaßen:

»Als ich von meiner Frau das Paket mit der Bratsche erhielt, meldete ich es Streitwolf, und er unterzog mich gleich der Prüfung. Da ich im Baukommando mit Kalk und Mörtel arbeitete, war die Haut an beiden Händen aufgesprungen, die Finger waren geschwollen, ich konnte sie nicht biegen. Bei der Prüfung bin ich durchgefallen. ›So wie du aussiehst, kann ich dich nicht aufnehmen‹, erklärte Streitwolf. ›Wir werden dich ein bißchen auffüttern, der Trägerkolonne zuweisen, und in 14 Tagen kommst du wieder zur Prüfung.‹ Darauf bekam ich statt einer Portion Rübeneintopf zwei, und nach etwa zwei Wochen erschien ich wieder zur Prüfung, die diesmal gut ausging. So wurde ich definitiv in die Kapelle aufgenommen.«[20]

Für Viktor van Riet, einen belgischen Geiger, war die Prüfung nicht weniger schwierig, denn er hatte im Steinbruch gearbeitet. Als Prüfungsaufgabe spielte er zwei Kreuzer-Etüden und ein Konzert von Vivaldi.[21] In den darauffolgenden Tagen wurde er ebenfalls einer Trägerkolonne zugewiesen, so daß seine Hände wieder abheilen konnten. Ähnlich verliefen fast alle Rekrutierungen.

Nicht selten wurden auf diese Weise Leben gerettet. Der Trompeter Josef Dvořák, der als Zweiundzwanzigjähriger am 24. März 1944 in Mauthausen eintraf, wurde nach der unvermeidlichen Quarantäne dem Baukommando zugeteilt. Schon bald war Dvořák nur noch Haut und Knochen und fühlte, wie es mit ihm zu Ende ging. Als er dann die kleine Kapelle hörte, erwachte in ihm der Wunsch, noch einmal Musik machen zu dürfen. Man gab ihm Brožeks Cornett, und er spielte so ausgezeichnet, daß er alle Musiker, auch František Šnábl, für sich gewinnen konnte. Dadurch öffnete sich ihm der Weg zum großen Orchester. Doch ehe er zum erstenmal mit dieser Gruppe zusammen musizieren konnte, erschien sein Name auf einer Häftlingsliste zum Abtransport mit unbekanntem Ziel. Mithäftlinge nahmen sich der Sache an und verwandten sich zu seinen Gunsten. Als er schon zum Abmarsch bereit stand, wurde überraschend seine Nummer aufgerufen und durch eine andere ersetzt. Josef Dvořák konnte im Lager bleiben, und Georg Streitwolf verschaffte ihm aus Wien sein privates Instrument. Vom Baukommando wurde er befreit; zunächst kam er in die Lagerschusterei, wo er Holzschuhe nagelte, dann in die Waschküche und zuletzt zum Desinfektionskommando. Sein Instrument mußte er ständig griffbereit haben, denn wenn sich das Orchester auf Befehl versammeln sollte, hatte er den Auftrag, das Signal zu geben. Dazu diente ein Motiv aus dem Lied *Mähren, Mähren [Moravo, Moravo]*, das unverwechselbar und für die im Lager verstreuten Orchestermitglieder nicht zu überhören war.[22]

Politische Erwägungen konnten die Aufnahme in das Orchester erschweren. So weigerte sich Georg Streitwolf anfangs, den sowjetischen Kriegsgefangenen und Violoncellisten Alexej Sotnikov zu akzeptieren. »Wenn er spielte«, erinnert sich Robert Hrdlička, »blutete jedem das Herz.« Das war dem Kapo nicht unbekannt; dennoch zögerte er lange und nahm den Russen erst im Frühjahr oder Sommer 1944 in den Kreis der Musiker auf.[23]

Dirigent der Lagerkapelle wurde der Deutsche Hans Rumbauer, Kapo in der Schusterei und vor seiner Verhaftung Kapellmeister des städtischen Orchesters in München. Er hatte genügend Erfahrung mit ernster und leichter Musik, spielte selbst Violine, war aber kein begnadeter Instrumentalist. Als Dirigent jedoch war er nicht zu ersetzen; und als Deutscher und Kapo war er auch in den Augen der SS akzeptabel. Georg Streitwolf hätte diese Aufgabe nicht selbst übernehmen können; wenn er zum Taktstock griff, dann nur bei solchen deutschen Märschen, die die Musiker ohnehin sicher beherrschten.

Zu Beginn des Jahres 1943 gehörten der Kapelle 30 Instrumentalisten und drei Opernsänger an. Ein Jahr später versammelten sich schließlich an die 60 Musiker. Die ursprüngliche Besetzung bestand aus fünf ersten und vier zweiten Geigen, einer Bratsche, zwei Violoncelli, zwei Kontrabässen, zwei Flöten, zwei Klarinetten, einem Saxophon, vier Trompeten, zwei Posaunen, zwei Tuben, einem Waldhorn, einer Harmonika, einer großen und einer kleinen Trommel. Die Musiker stammten aus allen besetzten Ländern; die meisten kamen aus Böhmen und Mähren sowie aus Belgien, hinzu kamen Spanier, Holländer, Franzosen, Russen, Polen, Deutsche, Österreicher und Italiener.

Standarte der Mauthausener Lagerkapelle von 1943

Die Zigeuner, die in Mauthausen lange Zeit als Musiker gedient hatten, wurden nach Einrichtung dieses größeren Orchesters nicht mehr gebraucht. Von niemandem mehr geschützt, wurden sie zur Vernichtung bestimmt und abtransportiert; wahrscheinlich nach Auschwitz gebracht, wo sie in den Gaskammern starben.[24]

Über welche Qualifikation verfügten die Musiker der neuen Kapelle? Viele waren erfahrene Amateure, einige auch hervorragende Berufsmusiker. Mehrere von ihnen haben wir schon im Zusamenhang mit der »Šnábl-Kapelle« erwähnt, die im Lager nur zusammen mit dem größeren Orchester weiterbestehen konnte. Neben František Šnábl (Posaune), Robert Hrdlička (Waldhorn, später, nach einer Verletzung, Posaune und Baßposaune), Karel Hanuš (Geige), Václav Dvořák (Bratsche), Alois Lamač (Geige), Josef Jíra (Bratsche) und

Otakar Brožek (Trompete) kamen weitere Tschechen hinzu: die Geiger Adolf Hrček und Josef Tichý, der Violoncellist Bohuš Pechek, die Saxophonisten und Klarinettisten Rudolf Dudák und Hynek Husák sowie der schon genannte Josef Dvořák, ein junger Trompeter, der in seiner Heimat in ländlichen Blaskapellen gespielt hatte. Hynek Husák beherrschte außerdem auch Schlagzeuginstrumente.

Die Berichte über Musiker, die nicht aus der Tschechoslowakei stammten, sind spärlicher. Namentlich bekannt sind nur der Belgier Viktor van Riet (Geige), der Pole Bolek Machnik (Klarinette), der Deutsche Hermann (Harmonika), der Russe Alexander Sotnikov (Violoncello), der ursprünglich Professor am Leningrader Konservatorium gewesen war; weitere gute Musiker waren ein spanischer Klarinettist, der vor seiner Deportation zum Orchester der Madrider Oper gehört hatte, ein ehemaliger Geiger des Amsterdamer Rundfunkorchesters und ein Konzertmeister von Radio Paris.[25] Solche Musiker verliehen der Mauthausener Lagerkapelle rasch einen professionelleren Habitus.

Bis zum Frühjahr 1944 hatte sich das Orchester konsolidiert. Dann wurde es noch einmal verstärkt, denn etwa 20 Instrumentalisten der Warschauer Philharmonie trafen im Lager ein und wurden, nachdem die nötigen Musikinstrumente herbeigeschafft waren, in das Orchester integriert. Für die Polen ging es, so kurz vor Kriegsende, um Leben und Tod. Für das Orchester bedeutete diese Verstärkung hingegen – und darin stimmen alle Zeugen überein –, daß mit einem Mal ein sechzigköpfiger Klangkörper mit symphonischer Besetzung zur Verfügung stand und kein wichtiges Instrument mehr fehlte. Das Ensemble war nunmehr in der Lage, nicht nur populäre Ouvertüren bekannter Opern oder Operetten zu interpretieren, sondern auch anspruchsvollste Konzerte und symphonische Kompositionen von Händel, Beethoven, Bruckner, Liszt, Schubert oder Smetana.[26]

Zu den Arbeitskommandos, zu denen die meisten Musiker eingeteilt waren, gehörten neben den Lagerwerkstätten die Trägerkolonnen der »Desinfektion«. Etwa fünfzehn Mitglieder der Kapelle schleppten paarweise die verschiedensten Gegenstände auf Tragen durch den Lagerbereich; eine Arbeit, die gewiß kein Zuckerschlecken, aber bei weitem nicht so mörderisch war wie die jener Kommandos außerhalb der Lagergrenzen. Diese Männer waren bei der Ankunft neuer Transporte und bei der Befragung während der Aufnahme anwesend und erhielten dabei Informationen über Vorgänge von außerhalb, die sie dann weitergaben. Darüber hinaus konnten sie Anzüge, Schuhe, Wäsche oder Nahrungsmittel »organisieren«, die ihre Mithäftlinge dringend benötigten. Das alles leiteten sie an die Vertreter des internationalen Häftlingsausschusses weiter, die das Material dann an die Bedürftigsten verteilten. Es war nicht ungefährlich für die Musiker, ihre privilegierte Stellung zugunsten der noch unglücklicheren Lagerinsassen einzusetzen. Deshalb kann ihr Solidaritätssgefühl nicht hoch genug eingeschätzt werden.[27] Instrumentalisten, die die deutsche Sprache beherrschten, wurden auch in der Lagerverwaltung eingesetzt; hier hatten sie Totenscheine für die Verstorbenen auszustellen, die an die Hinterbliebenen geschickt wurden.[28]

Trotz kleiner Vorteile blieben die Musiker der Lagerordnung unterworfen und unterschieden sich auch äußerlich nicht von den übrigen Häftlingen. Tagsüber waren sie ihrem Arbeitskommando unterstellt; zum Üben blieb ihnen am Abend nur wenig Zeit. Meist trafen sie sich samstags in der Schusterei, wo ihr Dirigent, Kapo Rumbauer, arbeitete. Bereiteten sie anspruchsvollere Konzerte vor, trafen sie sich manchmal dreimal in der Woche. Ihr Engagement blieb freiwillig. Das große Orchester von Mauthausen spielte nicht morgens und abends am Tor, wenn die Häftlinge ein- oder ausrückten – deshalb standen seinen Mitgliedern offiziell auch keine Privilegien zu. Die Vorteile, die sie hatten, verbesserten aber dennoch ihre Überlebenschancen.

In Mauthausen, wie in allen anderen Lagern auch, bestand eines der größten Probleme darin, geeignete Noten zu beschaffen. Die SS-Offiziere kümmerten sich nicht darum; so blieb diese Aufgabe dem Kapo Streitwolf und dem SS-Unteroffizier Ullmann, der die Musiker zu beaufsichtigen hatte, überlassen. Streitwolf nützte seine Stellung bei der Lagerpost aus. Meist beschaffte er deutsche Schlager, österreichische oder deutsche Märsche, Wiener Walzer und Operettenmelodien, die keine besonderen künstlerischen Anforderungen stellten, aber für die Kapelle unentbehrlich waren. Streitwolf hinderte auch niemanden daran, nach Hause zu schreiben und um Noten zu bitten. So gelangten die Partituren vieler tschechischer Musikstücke nach Mauthausen, darunter schließlich auch die Kompositionen großer Meister – entweder in deren ursprünglicher Instrumentierung oder in der Bearbeitung für Salonorchester von Bohuslav Leopold: Smetanas *Der Kuß [Hubička]*, ein Melodienpotpourri aus der *Verkauften Braut [Prodaná nevěsta]*, Dvořáks *Polonaise*, *Festmarsch* und *Mazurka* sowie einige *Slawische Tänze*, die Orchesterbearbeitung von Suks *Liebeslied [Píseň lásky]* und Smetanas *Moldau*. Auch Werke deutscher und italienischer Komponisten gelangten ins Lager; vor allem Auszüge aus Wagners Opern, aus *Lohengrin* und *Die Meistersinger von Nürnberg*, aus Verdis *La Traviata* und *Aida*. Einige französische und spanische Musikstücke machten das Repertoire noch vielfältiger.[29]

Den überwiegenden Teil der populären Darbietungen machten bekannte tschechische Kompositionen aus: Fučíks *Florentinermarsch*, *Gladiatorenmarsch*, oder *Marinarela*, Stücke von Vacek, Vejvoda, Stelibský, Vačkář und vielen anderen. Georg Streitwolf bemühte sich stets, auch deutsche Schlager wie *Berolina*, *Erika* oder *Kaiser-*

marsch in das Programm einzuflechten, er fand damit aber weder bei den Musikern noch beim Publikum besondere Resonanz.

So reichte die Bandbreite der Musik in Mauthausen von Gassenhauern bis zu klassischer Musik – welches Orchester hätte jemals ein so umfassendes Repertoire geboten? –, jedoch waren die Probleme, die damit verbunden waren, nicht unerheblich: Die Noten, die zur Verfügung standen, waren oft unvollständig, oder sie waren für eine andere Besetzung ausgelegt und mußten adaptiert werden. Ohne einen geschickten Arrangeur wäre das nicht möglich gewesen. Diese Aufgabe übernahm der ehemalige Schuldirektor Václav Dvořák, der im Fach Komposition ausgebildet war. Mit seinen 60 Jahren half er nach Kräften. Er spielte Bratsche. Georg Streitwolf hatte ihm ein Instrument besorgt und ihn zunächst neben Josef Jíra im Orchester eingesetzt. Mehr als andere Musiker war Dvořák mit dem Arrangieren vertraut; also verschafften ihm die Lagermusikanten eine Tätigkeit im leichtesten Arbeitskommando, damit ihm Zeit und Kraft blieb. Er wurde zum Waschküchenkommando eingeteilt. Dort arbeitete er aber nur wenig. Meist blieb er im Block und versorgte das Orchester mit neuen Noten, soweit das bei dem Mangel an geeignetem Notenpapier möglich war. Wie schwierig es sein konnte, fehlende Stimmen durch vorhandene Instrumente zu ersetzen, hat Rudolf Dudák beschrieben:

»Als ich im Jahr 1943 im Orchester zu spielen begann, gab es dort kein einziges Fagott. Mein Part wurde deshalb so geschrieben, daß beide fehlenden Instrumente durch das Saxophon ersetzt wurden. Zunächst – ich war doch Amateur und bis zu dieser Zeit mit klassischer Musik nicht in Berührung gekommen – hatte ich Schwierigkeiten beim Ansetzen tiefer und unmittelbar darauf folgender hoher Töne; aber man lernt doch alles. Das Vibrato beim Saxophon, das bei der Tanzmusik nötig ist, bei der klassischen Musik aber stört, mußte ich mir abgewöhnen. Das war nicht einfach –, doch auch das habe ich gelernt.«[30]

Václav Dvořák leistete die Hauptarbeit, war aber nicht der einzige, der im Lager neue Arrangements einrichtete. Viktor van Riet erinnert sich an einen belgischen Trompeter, einen ehemaligen Solisten und Komponisten des belgischen Rundfunkorchesters, der aus dem Gedächtnis heraus Beethovens *Schicksalssymphonie* und Teile der *Neunten* sowie Schuberts *Unvollendete* für das Mauthausener Orchester bearbeitete.[31] Ob ihm dafür nicht wenigstens ein Klavierauszug zur Verfügung stand, ist nicht mehr festzustellen. Wir wissen aber, daß das Häftlingsorchester diese Werke mit Erfolg aufgeführt hat.

Mit diesen anspruchsvolleren Kompositionen verfeinerten sich auch die Variationsmöglichkeiten des Orchesters. Nicht nur weil neue Instrumente hinzukamen und Georg Streitwolf beispielsweise die Harmoniken durch einen Flügel ersetzen konnte, sondern auch weil der Dirigent Rumbauer um einen immer differenzierteren Klang bemüht war.

Es wird Außenstehenden wahrscheinlich immer unbegreiflich bleiben, warum es diese Musiker nicht bei bloßer Schrammelmusik beließen. Der ursprüngliche Plan der SS, die Häftlinge durch Musik zu besseren Arbeitsleistungen zu bringen, ging jedenfalls nicht auf. Die Leistungen der Kommandos ließen sich auf diese Weise nicht steigern. Der Einfluß der Musik war von anderer Art. Er wirkte den Interessen der Nazis entgegen – auch wenn es den Musikern nicht möglich war, alle dahinvegetierenden Häftlinge im Lager mit ihrer Botschaft zu erreichen.

Kein Häftling in Mauthausen durfte sich frei bewegen, man konnte einander nicht wie in anderen Lagern besuchen oder gemeinsam Musik hören. Das Orchester hatte keinen geeigneten großen Raum für seine Aufführungen, in dem wie etwa in der Buchenwalder »Kinohalle« Hunderte von Häftlingen Platz gefunden hätten. Zu den Konzerten in Mauthausen konnten nur wenige Zuhörer kommen; und viele Lagerinsassen waren zudem schon in so elender Verfassung, daß weder Musik noch andere kulturelle Aktivitäten sie in ihrer tödlichen Apathie noch hätten erreichen können.

So blieb das Publikum in Mauthausen auf einen kleineren Teil der Häftlinge, auf die »Prominenz« und auf die SS beschränkt. Bei günstigem Wetter wurde sonntags am Nachmittag oder am frühen Abend unter freiem Himmel gespielt. Wenn es kälter wurde, musizierte man in einem der Blocks, der aber natürlich weit weniger Menschen Platz bieten konnte als der Appellplatz. Danach richtete sich denn auch das Programm: Die Konzerte unter freiem Himmel waren populärer Art, die in geschlossenen Blocks boten anspruchsvollere, hier besser zur Geltung kommende Musik. Auch an den Oster- und Weihnachtsfeiertagen wurde gespielt. Dann brachten die SS-Männer ihre Ehefrauen mit; und in dem Maße, wie sich die Leistungen der Lagerkapelle verbesserten, stieg der Stolz der Wächter auf die Leistungen ihrer Opfer.

Manche Aufführungen des Orchesters wurden durch Schauspieleinlagen ergänzt. 1944 studierten die Häftlinge sogar *Im weißen Rössel am Wolfgangsee* ein. Rudolf Dudák übernahm die Rolle der Wirtin. Er spielte sie so überzeugend, daß die SS eine Frau im Lager vermutete. Das gab Unannehmlichkeiten, die sich erst ausräumen ließen, als Dudák erneut in Frauenkleider schlüpfte, sich schminkte und sich in diesem Aufzug noch einmal seinen Wächtern präsentierte. Das Risiko, das mit solchen Vorfällen verbunden war, schien den Häftlingen jedoch zu groß, und deshalb stellten sie das Theaterspielen wieder ein.[32]

Zu den aufwendigeren Inszenierungen zwischen Weihnachten und Silvester 1943 gehörte auch eine Aufführung der Operette *Die lustige Witwe*, an der das Orchester, kostümierte Sänger und Schauspieler beteiligt waren. Dazu mußten die Häftlinge einen ganzen Block ausräumen, denn sie benötigten Platz für eine Bühne und den

Zuschauerraum; daß sich in dieser Woche einige Hundert Häftlinge in anderen Räumen noch enger zusammenpferchen lassen mußten, vergaßen sie über diesen Vorbereitungen.
In den Monaten vor der Befreiung des Lagers Mauthausen organisierten die Häftlinge immer häufiger sportliche Veranstaltungen und Wettkämpfe. Besonders das Boxen war beliebt. Bei den Kämpfen, die sie ausrichteten, fehlten denn auch weder die SS als Zuschauer noch die Kapelle als Stimmungsmacher. Deutsche Militärmärsche, besonders das vom Kommandanten immer wieder gewünschte *Preußens Gloria*, dienten als Untermalung. Auf Betreiben der Musiker wurden später aber auch häufiger tschechische Lieder ins Programm genommen, an denen zuletzt auch die SS-Männer Gefallen fanden.[33]
Als im Januar 1945 Heinrich Himmler das Lager besuchte und zunächst den Bunker inspiziert hatte, in dem so prominente Gefangene wie die Söhne Badoglios und Horthys unter elendesten Bedingungen eingesperrt waren, führte Kommandant Ziereis den obersten Befehlshaber der SS samt seinem Gefolge auch in die Schusterei, um ihm das Häftlingsorchester vorzuführen. Die Kapelle spielte den *Hochzeitsmarsch* aus *Lohengrin*, aber die Laune Himmlers, der offensichtlich ziemlich abgespannt war, schien das nicht zu bessern. Ziereis befahl deshalb dem Orchester etwas Muntereres zu spielen. Rumbauer schlug die *Polonaise* von Antonín Dvořák vor; Ziereis fragte, woher der Komponist stamme und verbot prompt »diese Schweinerei«, die Musik eines Tschechen zu spielen; stattdessen wählte er den *Florentinermarsch* und ahnte nicht, daß der Komponist Julius Fučík ebenfalls ein Tscheche und zudem ein Schüler Dvořáks war. Daß sie Himmler am Ende doch noch mit tschechischer Musik zu unterhalten hatten, machte den Musikern ein diebisches Vergnügen.[34] Bei einem späteren Besuch, als Himmler, Kaltenbrunner, Pohl und weitere hohe SS-Funktionäre sich im Lager aufhielten, spielte das Orchester Ziereis' Lieblingsmelodie, nämlich Suppés *Leichte Kavallerie* und die *Unvollendete* von Schubert. Der Lagerkommandant war außerordentlich stolz auf seine Kapelle, obwohl er keinerlei Verdienst um sie hatte.[35]
Es war schon schwierig, regelmäßige Konzerte in der Schusterei oder auf dem Appellplatz zu organisieren. Einige andere Vorhaben der Mauthausener Häftlinge erforderten jedoch einen weit größeren Einsatz. Dazu gehörten die »Smetana-Feiern«. Wie im Protektorat Böhmen und Mähren gedachten die Tschechen auch im KZ ihres genialen Landsmannes anläßlich dessen 120. Geburtstages und 60. Todestages, indem sie seine Musik spielten. Alle Tschechen, die im Lager inhaftiert waren, wollten sich an diesen Festlichkeiten beteiligen, und jeder wollte Hand anlegen. Block 16 wurde als Raum für das Konzert ausgewählt; damit möglichst viele Platz finden konnten, wurde die Trennwand zwischen zwei Räumen entfernt und dadurch ein kleiner Saal geschaffen. Die vordere Wand wurde mit Tuch

verkleidet und mit einer von Vlastimil Amort geschaffenen Gips-Büste Smetanas geschmückt. An den übrigen Wänden wurden Blumenschmuck und Nadelholzzweige angebracht, die die Lagerinsassen irgendwo besorgt hatten. Streitwolf organisierte weiße Hemden und dunkle Hosen für die Musiker. Auf jedem Pult standen zwei Kerzen, die die Notenblätter beleuchteten. Soviel Pomp war bis dahin unvorstellbar gewesen. Streitwolf strahlte vor Zufriedenheit. Sein Traum, ein eigenes symphonisches Orchester auf die Beine stellen zu können, ging vor seinen Augen in Erfüllung. Er selbst sprach über Smetanas bedeutende Musik, um jedem deutlich zu machen, warum es zu dieser Veranstaltung gekommen war. Die Pracht dieser »Smetana-Feiern« verschlug denn auch den geprügelten und gequälten Häftlingen in Mauthausen vor Verblüffung die Sprache. Schließlich waren sie immer nur Nummern im Lager gewesen, und die SS konnte jeden einzelnen von ihnen leichter auslöschen als eine der Kerzen, die so zahlreich vor ihnen flackerten. Als das Orchester unter Rumbauers Leitung zunächst die Ouvertüre zu Smetanas *Kuß*, dann ein Potpourri aus der *Verkauften Braut* und schließlich *Die Moldau* spielte, flossen ihnen die Tränen über die hohlen Wangen.[36] Diese Feier war mehr als ein Erfolg; sie war ein Manifest der Menschlichkeit und einer nicht zu brechenden Heimatliebe. Sie blieb unvergeßlich für alle Beteiligten und wurde in der Erinnerung auch durch eine zweite, ähnlich imposante Aufführung von Suks *Liebeslied*, Dvořáks *Mazurek* und *Humoreske* sowie Fibichs *Poem* nicht übertroffen.[37]

Ermuntert durch den Erfolg dieser beiden Veranstaltungen, gingen die Tschechen daran, ein Silvesterkonzert zur Begrüßung des Jahres 1945 vorzubereiten. František Šnábl, Robert Hrdlička, Otokar Brožek, Rudolf Dudák, Hynek Husák sowie zwei polnische Waldhornbläser spielten auf dem Balkon des Mauthausener Lagertores für das ganze Lager Václav Dvořáks Bearbeitung der Fanfaren von Smetanas *Libussa*.[38] Soviel Mut hatten die Häftlinge ihren Musikern nicht zugetraut; aber wahrscheinlich ahnten Georg Streitwolf und die SS nicht, daß diese Melodien zu den erhabensten Symbolen tschechischen Nationalbewußtseins gehörten. Das neue Jahr, das einigen schließlich doch noch die ersehnte Befreiung brachte, wurde feierlich begrüßt; und die Hoffnungen, die sie mit dem anbrechenden Jahr 1945 verbanden, ließen viele Musiker vergessen, daß ihre Lippen bei dem strengen nächtlichen Frost an den Mundstücken ihrer Instrumente festfroren und aufrissen.

Wie im Stammlager Mauthausen waren auch in den beiden Nebenlagern Gusen und Ebensee Kapellen eingerichtet worden. Doch in keiner von diesen spielten tschechische Musiker. In Gusen machten vorwiegend Polen unter gräßlichsten Bedingungen ausgezeichnete Musik; die Lagerleitung hatte ihnen einen Deutschen als Leiter des Lagerorchesters aufgezwungen. Es handelte sich um Heinrich Litterbach, der schon 1941 als »Bibelforscher« und Pazifist interniert worden war. Das war 1944 – die Kapelle entstand erst zu diesem späten Zeitpunkt –, als Mitglieder der Warschauer Philharmonie auch in dieses Lager deportiert wurden. Das Chorensemble, das in Gusen ebenfalls bestand, setzte sich ausschließlich aus Polen zusammen.[39] Gusen und Mauthausen liegen nur drei Kilometer voneinander entfernt; dennoch hatten die Orchester keinerlei Kontakt. Den Aussagen der tschechischen Musiker aus Mauthausen zufolge, wußte man im Stammlager bis zur Befreiung überhaupt nicht, daß es im Nebenlager eine solche Einrichtung gab. Vom Orchester der Häftlinge in Ebensee wußten sie ebenfalls nichts.

Die Musiker der Mauthausener Kapelle haben sich noch über die Tage der Befreiung hinaus für ihre Mithäftlinge engagiert. Zwar war das Lager schon vor der Ankunft der ersten amerikanischen Panzer und Militärfahrzeuge von der SS und der Wehrmacht verlassen worden und stand nur noch unter Bewachung des österreichischen Feuerwehrdienstes, doch konnte den Häftlingen erst später geholfen werden. In der näheren und weiteren Umgebung des Lagers, an den Ufern der Donau und im Vorland des Böhmerwaldes wurde noch gekämpft. Ziereis hatte eine SS-Einheit gebildet, um den Alliierten außerhalb des Lagers Widerstand zu leisten. Die Häftlinge waren in katastrophaler Verfassung. Als die ersten amerikanischen Einheiten am 5. Mai 1945 den Appellplatz des Lagers erreichten, krochen sie zu Tausenden wie Schatten aus ihren Unterkünften, erschöpft und halb wahnsinnig vor Hunger. Die Befreier waren starr vor Entsetzen. Zahllose Leichen lagen umher. Wer noch lebte, glich mehr einem Skelett als einem menschlichen Wesen. Die Amerikaner zogen sich wieder zurück, um ihrem Kommandanten Bericht zu erstatten. Derweil warteten die etwa 70000 kranken und ausgemergelten Häftlinge auf Hilfe, während weiterhin täglich Hunderte starben. Die Lebensmittelversorgung war total zusammengebrochen. Ihnen fehlte das letzte bißchen Kraft zum Überleben. Die Nahrungsmittel und Arzneien der Alliierten, die erst mit Verzögerung im Lager eintrafen, kamen für viele Häftlinge zu spät.

Das Häftlingsorchester tat sein Bestes, um in diesen Tagen die Lagerinsassen nicht im Stich zu lassen. Keiner der Musiker entzog sich dieser Verpflichtung. Was in den vergangenen Jahren einstudiert worden war, stand als reicher Fundus zur Ermutigung der Befreiten bereit; insgeheim hatte die Kapelle auch die Nationalhymnen aller im Lager vertretenen Nationalitäten vorbereitet. Die Konzerte waren Balsam für die Menschen, die jeden erdenklichen Trost brauchten. Vom 5. bis zum 15. Mai fanden sie mehrmals täglich statt. Dann aber hieß es, voneinander Abschied zu nehmen und die Reise in die befreite Heimat anzutreten. Freude über die Befreiung mischte sich mit Trauer um die, die in Mauthausen eines elenden Todes gestorben waren. Beim letzten Konzert spielte das Lagerorchester deshalb den langsamen Satz aus Beethovens *Eroika* und verabschiedete sich damit von den Kameraden, die dem Faschismus zum Opfer gefallen waren. Als Symbol des kommenden Friedens und des Fortschritts spielten sie anschließend die neue sowjetische Hymne.[40] Die Zuhörer waren nun freie Menschen und keine recht- und namenlosen Häftlinge mehr. Sie hatten den Leidensweg durch die Nazi-KZ überlebt und warteten auf ihre Heimreise. Nur die Mitglieder jener kleinen Kapelle, die seit 1942 das größte Verdienst um die Entstehung des großen Orchesters erworben hatten, fehlten bei diesem Abschlußkonzert. Die sowjetischen Soldaten hatten sie darum gebeten, bei einer Militärparade in der Nähe des Städtchens Neudorf zu spielen, und die Musiker hatten frohen Herzens zugesagt. Es war die erste Truppenparade der Roten Armee, die den Osten Österreichs von den Faschisten befreit hatte.[41]

Die Orchester in Dachau

Das Konzentrationslager Dachau wurde wenige Kilometer von München entfernt im März 1933 gegründet und galt zeitweise als Musterlager der Nazis. Hier wurden SS-Offiziere für leitende Funktionen in anderen KZ ausgebildet; hier begann auch schon die systematische Vernichtung der Häftlinge durch Arbeit, Hunger und Willkür. Weniger bemüht war man um die Lagerkapellen, die keine Kontinuität ausbilden konnten, da ihr Schicksal allzusehr von den unberechenbaren Launen der jeweiligen Kommandanten abhing.

1940 gab es wohl die ersten Ansätze seitens tschechischer Häftlinge, in diesem Lager gemeinsam Musik zu machen. Es handelte sich um einige Amateurmusiker, deren Bemühungen von Kommandant Zill geduldet wurden, weil sie zur Unterhaltung der Kapos, der verlängerten Arme der SS, benutzt werden konnten. Neben einem deutschen Kontrabassisten und dem ausgezeichneten polnischen Geiger Kulawik gehörten folgende tschechische Musiker dieser Formation an: der Geiger Karel Bráf, die Gitarristen Emil Kalát und Tupý, der Mandolinenspieler Vaníček und der Harmonikaspieler Kozlík. Nach kurzer Zeit kamen zwei weitere Tschechen hinzu, der Klarinettist František Blaťák und Josef Ulc, der Klarinette, Geige und Saxophon spielte und in den späteren Dachauer Orchestern eine wichtige Rolle übernehmen sollte. Für eine Schale elender Kohlrübensuppe, die übliche Häftlingsnahrung im Lager, spielten sie gängige Schlager und versuchten so, ihre Wächter bei Laune zu halten. Vejvodas Polka *Rosamunde* wurde bald ihr zugkräftigstes Stück.

Erst als zu Beginn des Jahres 1941 die Lagerkommandantur beschloß, eine größere Kapelle, eine richtige »Lagermusik« aufbauen zu lassen, erhielten auch andere Musiker die Möglichkeit, ihr Können unter Beweis zu stellen. Die anfängliche Besetzung des Orchesters, die sich nicht lange hielt, war ein Spiegel der Umstände. Seine eher kuriose Zusammensetzung richtete sich nach den verfügbaren Instrumenten; diese bestanden aus sechs Geigen, einem Akkordeon, einer Klarinette, einem Saxophon, einer Trompete, einem Kontrabaß und einigen Gitarren. Für ein solches Ensemble gab es natürlich keine Noten; die Musiker, zu denen sämtliche Mitglieder der ursprünglichen klei-

nen Kapelle gehörten, mußten sich also ihre Arrangements selbst schreiben. Der Mißstand war offensichtlich, und Zill erlaubte den Instrumentalisten, sich von zu Hause das Notwendigste zu besorgen. Damit wurde eine neue Grundlage geschaffen; im Frühjahr 1941 verfügte die Lagerkapelle dann über 28 Mitglieder und über genügend Instrumente. Vierzehn Tschechen, zehn Polen, zwei Österreicher und zwei Deutsche machten aus der »Lagermusik«, zumal sie noch durch ein Piano verstärkt werden konnte, ein Salonorchester. Es gab nun sechs erste und sechs zweite Geigen, zwei Bratschen, ein Violoncello, einen Kontrabaß, eine Flöte, drei Klarinetten, zwei Saxophone, drei Trompeten, zwei Waldhörner, eine Posaune, ein Akkordeon, ein Klavier und ein Schlagzeug.[1]
Der Kapo dieser Kapelle, Kozlík, war ein Tscheche aus Wien; er hatte als Friseur gearbeitet und übte dieses Handwerk auch im Lager aus. Er hatte deshalb regelmäßig Kontakt mit den SS-Offizieren, die er rasierte, und konnte sie ein wenig bei ihren Entscheidungen beeinflussen. Die übrigen Tschechen waren die Gitarristen Emil Kalát, Tupý und Stanislav Macák, die Klarinettisten František Blaťák, Josef Ulc und František Benák, der Kontrabassist Karel Přibyl, die Geiger Karel Bráf, Emanuel Faltus und Jaromír Sláma, der Saxophonist Karel Störzer, der Banjospieler und Tschinellenschläger Straka und der Trommler Dalibor Broft. Keiner von ihnen hatte vor seiner Verhaftung jemals als Berufsmusiker gearbeitet; alle hatten aber Erfahrungen in verschiedenen Blas-, Salon- oder Volksmusikorchestern gesammelt. Josef Ulc kannte sich auch im Arrangieren aus und schrieb im Lager einige populäre Stücke. Auch in Dachau ist wenig über die anderen Musiker bekannt; der Fähigste unter ihnen war aber ohne Zweifel der Pole Kulawik, der zum Dirigenten der Lagerkapelle avancierte. Solange noch keine Unterlagen der Universal Edition zur Hand waren, arrangierte Ulc beliebte einfache Musikstücke für die vorhandene Besetzung. Dabei hatten sie nur Harmonikanoten für einige Schlager. Er machte das Beste daraus und schrieb sie für das gesamte Orchester aus. Dazu organisierte er eine ganze Gruppe von Ausschreibern und Arrangeuren.

»Ich wurde aus meinem Arbeitskommando mit der Begründung herausgezogen«, erinnert er sich, »das Notenausschreiben zu leiten. Das gesamte Schreibmaterial – Federn, Tinte, Papier – stand bereit. Die einen zogen die Linien, die anderen, die Fähigeren, schrieben die Geigen aus, und ich arrangierte.«[2]

Die Dachauer »Lagermusik« war ein eigenes Kommando; für die Häftlinge hatte das den Vorteil, daß sie eine Brotzulage erhielten und innerhalb des Lagers arbeiten konnten. Geprobt wurde an jedem Tag; sonntags fanden die Konzerte in jener Baracke statt, in der die Woche über die Holzschuhe für die Häftlinge hergestellt wurden. Das Orchester spielte nicht übel, und nachdem Zill daran Gefallen gefunden hatte, ließ er keine Gelegenheit verstreichen, sich bei

»hohem Besuch« mit seiner Kapelle zu brüsten. 1941 war eine solche Einrichtung in den Nazi-KZ noch die Ausnahme. Nach einigen Aussagen trafen zuweilen viermal in der Woche Gäste ein; dann hieß es: »Alles in die Baracken!« und »Lagermusik antreten!«. Die Häftlinge mußten dann von der Bildfläche verschwinden, und die Orchestermusiker versammelten sich auf dem Appellplatz vor der Kantine und intonierten deutsche Märsche und Schlager. Unter den Besuchern, die so begrüßt wurden, waren beispielsweise Reichsminister, SS-Offiziere und Generäle der Wehrmacht, Journalisten, Schauspieler oder Ärzte, die sich aus den unterschiedlichsten Gründen davon überzeugen sollten, daß die SS in Dachau mit den Häftlingen zwar streng, aber anständig umging.

»Der Besuch galt immer der Kommandantur, der Küche, dem Revier [dem Krankenbau / Red.] und dem Musterblock Nr. 2. Anderswohin ging man nicht, und etwas anderes wurde dem Besuch auch nicht gezeigt, damit die menschlichen Wracks voller Ungeziefer, Schmutz und eiternder Geschwüre nicht gesehen werden konnten. Wenn man das Lagermuseum und die Kantine, in der es nichts zu kaufen gab, besichtigt hatte, kam man bei uns vorbei, als der letzten Attraktion, um sich lustige Schlager und den bekannten Walzer *Melodie* – Zills Lieblingslied – anzuhören. Der Kommandant strahlte vor Freude, sich mit all dem rühmen zu können, was den Häftlingen geboten wurde: Musik, Gesang, Zerstreuung. In der Küche gab man den Besuchern dann eine Kostprobe einer Verpflegung, die in einem eigenen Kessel gekocht worden war und die wir nie erhielten. Alles war Betrug.«[3]

Vom Frühjahr 1941 bis Frühjahr 1942 veranstaltete das Orchester regelmäßig seine Konzerte in der Holzschusterei. Viele der damaligen Zuhörer erinnern sich mit Anerkennung an das gebotene Programm und die virtuosen Fähigkeiten des Ensembles. Zu den Glanzstücken im Repertoire gehörten Liszts zweite *Ungarische Rhapsodie*, die Ouvertüren zu Offenbachs *Orpheus in der Unterwelt*, zu Rossinis *Diebischer Elster* und zu Suppés *Dichter und Bauer* sowie Walzer von Strauß. Josef Ulc hatte verschiedene tschechische Volkslieder bearbeitet und einige Tänze komponiert, darunter einen Tango und zwei Polkas, die gewöhnlich als Zugaben gespielt wurden.[4] Besonders das Konzert zu Weihnachten 1941 kam bei den Lagerinsassen gut an und mußte mehrmals wiederholt werden, damit alle Häftlinge an dieser Aufführung teilnehmen konnten.
Aus den Reihen der Musiker dieses Orchesters entstand im September 1941 eine eigenständige Blaskapelle. Vermutlich ging die Initiative dazu von Kozlík aus, vielleicht auch von Kommandant Zill. Der erste Auftritt war jämmerlich. Nach nur einer einzigen Probe und mit einer unzureichenden Besetzung aus einer Flöte, drei Klarinetten, drei Trompeten, einer Posaune, zwei Saxophonen und einer großen und einer kleinen Trommel marschierten die Musiker durch das Lager und begannen ihr Konzert. Der Krach war unerträglich;[5] doch der erste Schritt war getan – Zills Wunsch war natürlich Befehl –, und so wurde den Häftlingen das Geld abgepreßt, das für weitere

Instrumente benötigt wurde. Nach zwei Wochen trafen diese im Lager ein, neue Musiker wurden rekrutiert, und Dachau verfügte mit einem Mal über ein mittelgroßes Blasorchester. Die Lagerschneiderei mußte für einheitliche Anzüge sorgen. Die Musiker erhielten schwarze Hosen mit breiten Lampassen, die aus den gestohlenen Beständen der belgischen königlichen Garde stammten; ihre Jacken waren neu, sie waren gestreift und liefen am Rücken in einer Spitze aus. Auch die Mützen waren gestreift und mit einem großen Schild versehen; es gab neue Hemden mit Kragen und für jeden eine schwarze Krawatte. Die Musiker und die anderen Häftlinge empfanden den ganzen Aufzug als lächerlich. Allenfalls die offiziellen Besucher, derentwegen Zill seine Kapelle so ausstaffieren ließ, hielten diese Maskerade für einen passenden Aufzug. Die Würde der Häftlinge spielte in deren Augen keine Rolle.

Die ersten Arrangements für die Bläsergruppe besorgten Josef Ulc und Dalibor Broft. Diese Kapelle benötigte aber sehr viel mehr Kompositionen, als die beiden alleine einrichten konnten. Also schrieb Broft nach Hause und bat um Musikbücher mit den entsprechenden Stimmen für die Werke tschechischer Komponisten. Vačkářs *Erwachen [Probuzení]* und *Kapitän Římek [Kapitán Římek]* fanden dann besonders viele Liebhaber. Die Bläser spielten jeden Abend am Tor, wenn die Häftlinge ins Lager einrückten, und während des Marsches zum Appellplatz. Wenig später fiel ihnen auch die Aufgabe zu, Besucher zu empfangen.

»Zu diesem Zweck hatte Kozlík sich einen Tambourstab mit Beschlag angeschafft. Jeden Sonntag übten wir marschieren, wenden, auseinandertreten und wieder in dicht geschlossenen Reihen marschieren. Wie beim Militär. Dafür erhielten wir sonntagsmittags eine Schale mehr. Gewöhnlich waren das Graupen oder Makkaroni, das einzig gute Essen im Lager.«[6]

Die beiden Orchester, aus denen das Kommando jetzt bestand, spielten meist für die SS; davon hatten die übrigen Häftlinge wenig. Dennoch kam dadurch ein Hauch von Kulturleben nach Dachau. Am Appellplatz und in der Schusterei konnten ihnen viele zuhören. In kleineren Gruppen durften die Orchestermusiker auch zu den Häftlingen in die Blocks kommen. Josef Ulc hatte aus tschechischen Musikern eine kleine Combo zusammengestellt, die sich ihrer heimatlichen Volksmusik verschrieb. Wenn die Instrumentalisten dann musizierten, wurde begeistert mitgesungen.

Doch die Phase des vergleichsweise ruhigen und sicheren Lebens in Dachau war für die Musiker nicht von langer Dauer. Es gab in Dachau noch ein drittes Orchester, das nicht im gleichen Maße von der Lagerkommandantur unterstützt wurde, das aber ein außerordentliches künstlerisches Niveau erreicht hatte und auf viele, vor allem auf die Intellektuellen, eine starke Ausstrahlung hatte. Dieses Orchester wurde von Van Hurk, einem Musiker von Radio Eindhoven, geleitet und trat meist als zweiunddreißigköpfiges Streichorchester auf. Wiederum stammte die Hälfte der Musiker aus der Tschechoslowakei; an den übrigen Pulten saßen Jugoslawen, Franzosen, Niederländer, Deutsche und Italiener. Zum Repertoire gehörten Werke von Tommaso Giordani, von Händel, Mozart, Beethoven und Grieg. Die unvergleichlichen Leistungen dieses Ensembles beruhten auf dem Können einiger wirklich bedeutender Künstler. Der Pole Kulawik spielte mit, ebenso der italienische Geiger Gottipavero, der an der Mailänder Scala gewesen war und in Dachau nicht nur Mozarts *Konzert in D-Dur*, sondern auch Mendelssohns *Violonkonzert* aufführte – und dabei einen falschen Komponisten angab, um der Zensur zuvorzukommen. Von der Berliner Staatsoper war der Geiger Wohlheim hierher verschlagen worden, und am Violoncello saß der weltberühmte Niederländer Hugo Nolthenius.[7] Als Emil František Burian, der tschechische Dramatiker und Komponist, vor dem Abtransport nach Neuengamme noch Mozarts *Kleine Nachtmusik* in der Interpretation dieses Orchesters hörte, beeindruckte ihn die Perfektion, mit der hier musiziert wurde.[8] Solche Veranstaltungen fanden aber nur in geschlossenen Räumen und im kleinen Kreis statt; an die Häftlinge, die Zutritt erhalten konnten, wurden Eintrittskarten ausgegeben.[9]

Die Versetzung Zills nach Natzweiler bei Straßburg unterbrach im Frühjahr 1942 den Aufbau der Dachauer »Lagermusik«. Der neue Kommandant Hofmann untersagte Konzerte und löste das Musik-Kommando auf. Die Musiker wurden der Lagerreinigung zugeteilt und mußten von 4.00 Uhr früh bis 21.00 Uhr abends arbeiten. Zum Musizieren blieb ihnen keine Zeit mehr. Erst als eine Abordnung hoher Nazi-Funktionäre sich darüber beklagte, im Lager ohne Orchester begrüßt worden zu sein, kam Hofmann in Zugzwang und mußte dafür sorgen, daß die Orchester ihre Tätigkeit wieder aufnehmen konnten. Das Salonorchester, in dem die Streichinstrumente überwogen, unterstellte er dem Deutschen Amberg, angeblich ehemaliger Dirigent des Berliner Rundfunkorchesters; die Leitung der Bläserkapelle wurde wiederum dem Kapo Kozlík übertragen.

Die beiden Dirigenten beargwöhnten einander eifersüchtig. Das bekamen ihre Musiker zu spüren. Als Zill, der vorherige, nach Natzweiler versetzte Kommandant, auch dort eine »Lagermusik« aufbauen wollte und nach Dachau an seinen Nachfolger schrieb und um einige befähigte Musiker bat, reagierte Hofmann resolut: Er schickte sie alle mit einem Transport russischer Häftlinge nach Natzweiler und ließ ihre Instrumente an die Mitglieder der SS-Garnisonsmusik verteilen, die außerhalb des Lagers untergebracht waren. Mit der »Lagermusik« in Dachau war es endgültig vorbei.[10]

Gesang und Tanz in Frauenlagern

»Wohin die Männer gegangen sind, weiß ich nicht, uns Frauen brachte man in ein Lager. Über dem Tor stand die Aufschrift ›Arbeit macht frei‹. Hinter dem Tor ein wüster rotbrauner Lehmboden, zwischen den unverputzten Ziegelbaracken lagen Tote herum. Wir wurden in eine Baracke geführt, ein großer Raum mit gestampftem Lehmboden, leer, mit kleinen Fenstern versehen. Nur in einer Ecke stand ein kleiner Ofen mit einem Holzgestell. Vom Ofen her bewachten uns einige deutsche weibliche Häftlinge mit schwarzen Dreiecken, die unzüchtig tanzten, Mundharmonika spielten und sangen. Bis heute höre ich noch das damals beliebte *Rosamunde*, das sie immerfort wiederholten. An den Wänden standen andere weibliche Häftlinge. Wir waren so viele, daß wir zwei bis drei Tage gestanden oder einander beim Sitzen auf dem Boden abgewechselt haben; aufs Klo ließ man uns in einem der Blocks gehen [...].«[1]

Wenn Menschen das verzweifelteste Leben, daß je geführt werden mußte, über Monate hin ertragen haben, ist es verständlich, daß ihre Erinnerung sich nur mehr an einigen wenigen Episoden festmacht, in denen sich die Verhältnisse dramatisch verdichten. Ihr Geist wehrt sich dagegen, alles noch einmal zu durchleiden. So wie der Überlebenswille die Wahrnehmungen eines Kranken filtert und ihm den Blick auf seine wirkliche Lage verstellt, so verdrängen ehemalige Häftlinge aus deutschen KZ vieles von dem, was ihnen widerfahren ist.

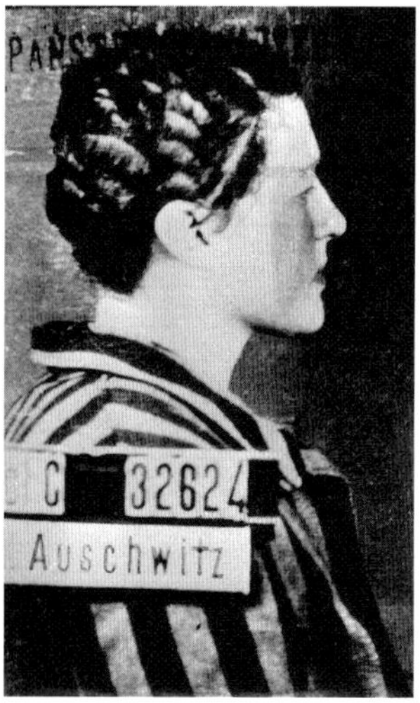

Zdeňka Nedvědová

Der Bericht von Zdeňka Nedvědová-Nejedlá, die am 5. Juni 1942 im Zusammenhang mit der Aufdeckung des KSČ-Ausschusses verhaftet wurde und deren Worte wir einleitend zitiert haben, zeigt eindringlich, wie blitzartig Erinnerungsfetzen aufleben und daß sie wie im Fieber und in knappen Worten niedergeschrieben werden. Die geschilderte Szene spielte sich im Frauenlager in Auschwitz-Birkenau ab, wohin Zdeňka Nedvědová nach ihrer Haft in Prag und in der »Kleinen Festung Theresienstadt« verschleppt worden war. Was ihr zustieß, war nicht Traum oder Trugbild; jedes Detail, das sie beobachtete, war furchtbare Realität. Es wurde ihr unmöglich, ruhig zu schlafen oder gar vernünftig und angemessen zu reden. Sie wurde von Hysterie und Gewalt überflutet. Im nachhinein bleibt es unbegreiflich, wie sie und andere Frauen das überleben konnten. Für alle Menschen gibt es eine Grenze der Schmerzen, über welche hinaus jede weitere Qual die Fähigkeit zum logischen Denken und zur kontrollierten Wahrnehmung erschüttert. Viele hatten nicht die Widerstandskraft, die sie an einem solchen Ort gebraucht hätten. Sie verloren den letzten Rest ihres Lebensmutes und starben.

Im Lager fehlte es an Wasser; es gab nicht genug zum Trinken, geschweige denn zum Waschen. Die Frauen schleppten sich durch Schlamm und Kot; die Baracken, in denen sie eingepfercht waren, hatten keine nennenswerten hygienischen Einrichtungen. Ruhr, Typhus, Hunger und Durst rafften sie zu Hunderten dahin.

Die Verhältnisse in den Frauenlagern unterschieden sich nicht von denen, die in den ersten Jahren in Mauthausen geherrscht hatten. Überall handelte die SS nach der Devise, daß es umso besser sei, je mehr Häftlinge täglich sterben. Den scharfen Kontrast zwischen den Schrecken dieser Umgebung und der Musik, die an diesen Orten dennoch gespielt wurde, verdeutlicht eine Episode, die sich in Auschwitz abspielte: Zwischen dem Männer- und dem Frauenlager gab es nur einen doppelten Drahtverhau und eine breite Straße; eine der Frauen hörte kurz nach ihrer Ankunft im Lager die Musik, die auf der anderen Seite des Zaunes gespielt wurde, und erlitt dabei einen solchen Schock, daß sie bis zum Ende ihrer langen Haft davon überzeugt blieb, niemals mehr Musik hören zu können – so sehr schienen alle Melodien vom Sadismus ihrer Folterknechte durchdrungen zu sein.[2]

Niemand weiß mehr genau, wie und wann die tschechischen Frauen in Auschwitz-Birkenau noch einmal Mut faßten, sich selbst zu beweisen, daß sie noch der menschlichen Gemeinschaft angehörten und das Gefühl elementarster Menschenwürde nicht gänzlich in ihnen erstickt war. Es bedurfte einer äußerlichen Verbesserung der Verhältnisse im Lager. Dazu kam es erst im Frühjahr 1943, als die Lebensbedingungen der eingepferchten Frauen aufgrund der hohen Sterblichkeit und der vielen Selektionen, die die Zahl der Inhaftierten verringert hatte, geringfügig erträglicher wurden. In diesen Wochen kamen die Frauen erstmals hinter ihren Blocks zusammen, um gemeinsam zu singen: slowakische oder tschechische Volkslieder, Melodien von Jaroslav Ježek nach Texten von Voskovec und Werich. Satirisch-politische Texte munterten sie ein wenig auf, Hašlers *Altprager Lieder [Staropražské písničky]* oder *Unser tschechisches Lied* und Voborskýs *Ein Häuschen am Fuße des Berges [Chaloupky pod horama]* trösteten sie, wenn sie niedergeschlagen waren. Die Frauen kamen nur selten dazu, gemeinsam zu singen; aber sie fanden in diesem Kreis die Solidarität, die ihnen so not tat.[3]

Ungefähr zur gleichen Zeit gelangten sowjetische Fallschirmspringerinnen in das Lager, die über feindlichem Hinterland abgesprungen und in deutsche Kriegsgefangenschaft geraten waren. Sie freundeten sich mit den Tschechinnen an, mit denen sie sich am besten verständigen konnten, und vergalten ihnen die Unterstützung, indem sie ihnen

russische Lieder beibrachten: *Katjuscha*, *Feld, mein kleines Feld*, *Weit ausgebreitet liegt mein Vaterland*, *Partisan* und *Die Möwe*.[4]
Die Solidarität, die sich im gemeinsamen Musizieren ausdrücken konnte, wurde zur wichtigen Stütze. Der Stephanietag 1942 ließ sich wie einer der vielen höllischen Tage an, welche die Frauen hier durchleiden mußten. Aber einigen Musikern war es gelungen, die Erlaubnis zu erhalten, aus dem Männerlager herüberzukommen, um ein wenig für die Frauen zu musizieren.[5] Sie besuchten vor allem die Kranken und spielten für jene, die dringend seelische Unterstützung brauchten. Was die Männer im einzelnen spielten, weiß niemand mehr. Die Frauen konnten ihnen auch keine Gegenleistungen dafür bieten, denn sie hatten außer einem schwachen, dankbaren Lächeln für die erwiesene Anteilnahme buchstäblich nichts: Es waren die unscheinbaren Signale einer noch vorhandenen Menschlichkeit.[6]
Im Frühjahr 1943 entstand auch im Frauenlager Auschwitz eine Lagerkapelle. An ihrer Spitze stand zunächst eine Polin namens Czaikowska, die das Kommando leitete. Ihre musikalischen Vorkenntnisse waren dürftig, und entsprechend kümmerlich spielte das Orchester. Das änderte sich allerdings grundlegend, als Alma Rosé, eine Violinistin von Weltruf, nach Auschwitz deportiert wurde. Sie war die Tochter des Primarius des »Rosé-Quartetts« in Wien und eine Nichte des Komponisten Gustav Mahler.
Der Bericht, den Fania Fénelon über das »Mädchenorchester« geschrieben hat und der nicht nur in französischer, sondern auch in deutscher und tschechischer Sprache erschienen ist, hat durch seine große Resonanz in der Öffentlichkeit ein etwas schiefes Bild von dieser Kapelle verbreitet.[7] Weder hatte Fania Fénelon große Bedenken, manche Ereignisse ein bißchen zu beschönigen – auch wenn sie dafür keine Zeugen anführen konnte –, noch zögerte sie, der Geigerin Alma Rosé Unrecht zu tun und ihr einige unangenehme Eigenschaften zuzuschreiben. Zwei weitere Musikerinnen aus Böhmen, die Sängerin Lotte Lebedová und die Gitarristin und Texterin Margot Anzenbacherová (nach dem Krieg: Větrovcová), überging sie einfach oder entstellte deren Bild in fast beleidigender Weise.
Über Lotte Lebedová muß deshalb einiges nachgetragen werden. Sie stammte aus Böhmen, hatte lange Zeit in Wien gelebt, sprach und sang aber fließend tschechisch. Andere schildern sie als aufgewecktes, hübsches Mädchen, das durch kleine Anekdoten die Häftlingsgemeinschaft immer wieder aufzuheitern verstand; sie hatte eine gute, geschulte Subrettenstimme und sang gerne Operettenmelodien, Chansons und verschiedene Schlager.[8]
Margot Anzenbacherová gehörte zusammen mit ihrem Ehemann, der am 21.10.1943 in Dresden hingerichtet wurde, zum kommunistischen Widerstand in Pilsen und ging nach ihrer Verhaftung im Januar 1942 zunächst durch die Gefängnisse Prag, Leipzig, Dresden und Waldheim, ehe sie nach Auschwitz deportiert wurde. Sie traf im

Sommer 1943 ein, und da sie zu einer langjährigen Haftstrafe verurteilt war, durfte sie bei Selektionen nicht für eine vorzeitige Ermordung bestimmt werden; für sie begann die Tortur der Arbeitseinsätze außerhalb des Lagers, da ihre Richter sie bis zum Ende ihrer Kräfte büßen lassen wollten.[9]

Margot Anzenbacherová hatte in ihrer Jugend Geige gespielt; einige Musikerinnen wußten das und versuchten, als Alma Rosé wegen Scharlachs einige Tage im Krankenblock verbringen mußte, die Tschechin ins Orchester aufzunehmen. Es war die letzte Chance, das Leben dieser jungen Frau zu retten. A. Rosé war einverstanden, und Margot durfte auf Probe im Orchester mitspielen. Da ihre Hände aber nicht mehr fähig waren, mit dem Instrument umzugehen, wurde ihre Lage kritisch:

> »Am achten Tag, als sich in der Pause die Spielerinnen entfernt hatten, blieb ich allein zurück. Um mich herum lagen Instrumente, auch Gitarren. Ich stimmte eine davon und begann zu spielen. Da erschien Alma Rosé und fragte: ›Wer spielt denn da, es ist doch Pause!‹ Ich antwortete nicht. Alma dachte eine Weile nach und sagte dann: ›Aber es hat gut geklungen. Du hast richtig gespielt. Kennst du Noten? Weißt du, wie man sie ausschreibt? Weißt du etwas über die Instrumentation? Kannst du Sprachen?‹ Und ich war – buchstäblich im letzten Moment – ins Orchester aufgenommen. Zwar nicht als Geigerin, aber was zählte das schon.«[10]

Das Leben der Musikerinnen dieser Kapelle war nicht leicht. Früh am Morgen trugen sie ihre Pulte und Instrumente bei jedem Wetter und zu jeder Jahreszeit ans Tor und musizierten. In die Blocks zurückgekehrt, übten sie weiter und traten abends noch einmal am Tor an. Zehn Stunden waren sie täglich im Einsatz, denn sie mußten auch für die SS-Aufseherinnen zu den Instrumenten greifen.

> »Da kam eine SS-Frau und wünschte, ein Werk von Chopin zu hören. Nachdem sie es angehört hatte, verließ sie den Block als ein scheinbar kultivierter Mensch; aber kaum war sie hinausgegangen, erteilte sie einer armen, alten Frau mit ihren Stiefeln die rohesten Fußtritte. Uns wurde übel davon.«[11]

Auch Lagerkommandant Kramer kam öfter, um zuzuhören und sich zu entspannen. Diese »musikalischen Zusammenkünfte« – wenn man sie so bezeichnen darf – waren der Berliner SS ein Dorn im Auge; doch zum Glück für die Musikerinnen zog niemand Konsequenzen aus dieser Abneigung.[12]

Margot Anzenbacherová schrieb auch Texte; da für die eigenartige Besetzung dieses Frauenorchesters, das neben Geigen, Bratschen und Violoncelli auch über Gitarren verfügte, wenig geeignete Musikstücke zu finden waren, blieb Gesang oft der einzige Ausweg aus diesem Dilemma. Margot, die gut Deutsch sprach, wurde deshalb die Aufgabe übertragen, für bekannte Melodien neue Verse zu schreiben. Damit sie konzentriert arbeiten konnte, versorgte man sie mit einer Kanne Tee und sperrte sie alleine in einen leeren Raum, den sie erst verließ, wenn der Text fertig war.[13]

Neben den täglichen Frondiensten spielte die Kapelle in kleinerer Besetzung auch im Krankenrevier. Dabei erlebten die Musikerinnen erschütternde Szenen. Sterbende Frauen, die zunächst völlig apathisch da lagen, lebten unter den Klängen der Musik wieder auf und weinten steinerweichend. Erinnerungen und verschüttete Gefühle wurden in diesen Momenten wieder wach; ein ganzes Leben, das unausweichlich bald enden würde, zog an ihnen vorbei. Für viele Musikerinnen waren das bedrückende Momente; aber Alma Rosé bestand darauf, dieser Verpflichtung weiterhin nachzukommen.[14]

Als verantwortliche Dirigentin war sich diese Frau mehr als andere darüber im klaren, an welch dünnem Faden das Leben aller Musikerinnen hing. Wie wenig war nötig, um den Unmut der Aufseherinnen zu erregen und den härtesten Strafen zum Opfer zu fallen. Schon morgen konnten sie alle tot sein – hier, in Auschwitz. Es genügte ihrer Meinung nach deshalb nicht, bloß drauflos zuspielen und nur wenig auf die künstlerische Qualität der Aufführungen zu achten. Märsche herunterzuleiern mochte morgens am Tor noch angehen; doch den SS-Aufseherinnen und -Aufsehern, die im »Musikraum« nach Ablenkung suchten und sich deshalb klassische Werke der Tonkunst zu Gemüte führen wollten, mußte Besseres geboten werden. Wie widerwärtig die Situation für die Musikerinnen auch sein mochte – wollten sie das Lager überleben, mußten sie gute Musik machen. Sie durften niemals nachlässig werden – gerade weil kaum professionelle, routinierte Musikerinnen zum Orchester gehörten.

Alma Rosé sah ihre Aufgabe darin, dies durchzusetzen. Obwohl sie eine strenge Zuchtmeisterin war, wurde sie von den Musikerinnen der Kapelle geliebt. Man schätzte ihr Geigenspiel genauso wie ihre Fähigkeiten als Dirigentin. Als 1944 ihr Geburtstag nahte, überlegten die Musikerinnen, wie sie der »Kapowa« ihres Kommandos eine Freude machen könnten; da sie nichts hatten, was zu verschenken gewesen wäre, besannen sie sich auf das, was sie bei ihr gelernt hatten: Margot Anzenbacherová schrieb ein Gedicht, dessen Versmaß Schillers Ode *An die Freude* angepaßt war, und andere unterlegten den neuen Text der Vertonung in Beethovens *Neunter Symphonie*. Das mochte überzogen sein oder geschmacklos – doch was lag daran? Hatte nicht das Leben in Auschwitz alle ästhetischen Kategorien völlig umgekrempelt? Alma Rosé war gerührt; an diesem Ständchen erkannte sie, daß sie für die jungen Frauen mehr als nur eine disziplinierende Zuchtmeisterin war.[15]

Alma Rosé starb in Auschwitz. Nach ihrem Tod wurde das »Mädchenorchester« aufgelöst, und die meisten Frauen wurden in das neue Lager Bergen-Belsen verlegt. Hier gab es für sie keine Möglichkeiten mehr, Musik zu spielen. Selbst der Lagerkommandant von Auschwitz, Josef Kramer, der mit seinem SS-Stab ebenfalls nach Bergen-Belsen versetzt worden war und der die ehemaligen Musikerinnen in ihrem neuen Block aufsuchte, mußte feststellen, daß hier kein Orchester eingerichtet werden konnte. Es gab überhaupt keine Musikinstrumente. Die Frauen hatten nur eine Möglichkeit: Sie mußten Instrumente imitieren. Also übten sie das solange, bis sie gemeinsam so etwas wie den Zusammenklang einer Kapelle hervorbringen konnten.

»Es klappte ausgezeichnet«, bemerkte nach Jahren Margot Anzenbacherová, »es hatte wirklich Niveau. Wir durchlebten in dieser Situation sehr gemischte Gefühle; Freude durch die Musik, die wir aus dem Nichts hervorbrachten, und zugleich eine unsägliche Trauer.«[16]

Die übrigen tschechischen Frauen, die nicht dem Orchester angehörten, verließen Auschwitz schon früher, nämlich am 18. August 1943; doch nicht um in die Freiheit zurückzukehren, sondern um in ein anderes KZ deportiert zu werden. Von ungefähr achthundert Menschen, die in das Frauenlager Auschwitz gelangt waren, blieben nur hundertfünfundsiebzig für den Weitertransport nach Ravensbrück am Leben.[17] Sie bildeten ein erbärmliches Häuflein zu Skeletten abgemagerter Gestalten. Alma Rosé kam, um zum Abschied der Frauen zu spielen, denn sie unterhielt, obwohl sie selbst kaum Tschechisch sprach, ein gutes Verhältnis zu diesen Tschechinnen. Das lag vielleicht daran, daß sie einmal mit dem tschechischen Geigenvirtuosen Váša Příhoda verheiratet gewesen war. Sie kam heimlich zu den Tschechinnen, nach dem Abendappell, als viele Aufseherinnen das Lager schon verlassen hatten, und spielte wunderbar. Wer sie hören konnte, erzählte später, sie habe beim Geigenspiel die Augen geschlossen, und ein entrücktes Lächeln sei über ihre Lippen geglitten. Diese Perfektion hatte ihr schon den Respekt der Führerin des Frauenlagers, Marie Mendel, sowie des Lagerkommandanten Kramer eingetragen. Ihr selbst schien es dadurch für Augenblicke möglich zu werden, sich über die Schrecken ihrer Umgebung zu erheben, denen sie schließlich doch zum Opfer fallen sollte. An diesem Abschiedsabend für die tschechischen Frauen in Auschwitz spielte Alma Rosé eine Sonate von Bach für Violine solo und einige eingängigere Stücke wie beispielsweise Montis *Tschardasch* oder Sarasates *Zigeunerweisen*. Zuletzt hatte sie auch aufmunternde Worte für die Gequälten: Sie sollten den Mut nicht aufgeben, ihr Weg könne ihnen eigentlich nur Besseres bringen als das, was ihnen in Auschwitz widerfahren war.
Im direkten Vergleich zu den Zuständen in Auschwitz brachte die Deportation nach Ravensbrück für die Frauen eine minimale Verbesserung.[18] Hier gab es immerhin Pritschen mit Strohsäcken, es gab Wasser zum Trinken und zum Waschen, und die Luft war nicht vom Rauch der Schornsteine der Krematorien durchsetzt. Auch mußten die Frauen nicht wie in Auschwitz mit klobigen Holzschuhen durch den zähen Schlamm der Lagerstraßen stapfen.
In Ravensbrück waren ebenfalls an die 800 Tschechinnen untergebracht, die vor allem im Block 8 zusammengepfercht wurden. Die

Frauenlager Ravensbrück. Nach dem Appell rücken die Arbeitskommandos singend zur Arbeit aus. Zeichnung von Nina Jirsíková

Räume waren entsprechend überfüllt, Sitzmöglichkeiten gab es nicht, den Schlafraum mit den Pritschen durften sie tagsüber nicht betreten, Ausgang war nur am Sonntagnachmittag erlaubt. Für niemanden und zu keiner Stunde gab es die Möglichkeit, sich zurückzuziehen. Die älteste Frau in dieser Baracke, Josefa Kubelková aus Lidice, war 82 Jahre alt. Zwei Musiklehrerinnen, eine Schauspielerin, zwei Tänzerinnen, zwei Ärztinnen und zwei Malerinnen, die an Kunstakademien gelehrt hatten, wurden auch hier untergebracht und arbeiteten meist in der Waschküche oder im Kleiderdepot.[19] Mit dem Eintreffen des Augusttransportes wurden die Platzverhältnisse unerträglich; die meisten der Neuangekommenen wurden deshalb nach Neubrandenburg weitergeschickt, wo die Verhältnisse noch übler waren und die Frauen zwölf Stunden täglich in Munitionsfabriken arbeiten mußten. In diesem Nebenlager gab es keine Möglichkeiten, sich zu waschen; es fehlte an allem – an Ersatzwäsche, an geeigneter Ersatzkleidung, an Nahrungsmitteln.[20] Anders als in vielen Männerlagern oder in Theresienstadt, wo Frauen und Männer zusammenlebten, stand Musik in Ravensbrück nicht im Mittelpunkt des Bemühens der Häftlinge, einen Rest kulturellen Lebens aufrechtzuerhalten. Die Frauen im Haupt- und in den Nebenlagern lernten statt dessen öfters Gedichte auswendig und trugen sie vor; sie arbeiteten an gemeinsamen Deklamationen, übten sich im Tanz und improvisierten Kostüme für die Auftritte vor ihrem Publikum. Musikaufführungen traten dahinter zurück, was daran gelegen haben mag, daß nur wenige Frauen Musikinstrumente spielten und daß in Ravensbrück außer zwei Musiklehrerinnen keine weiteren Instrumentalistinnen bekannt wurden, die Streich- oder Holzblasinstrumente beherrscht hätten – von Blechblasinstrumenten gar nicht zu reden. Die Frauen sangen häufig; damit rundeten sie aber ihre anderen Aktivitäten nur ab.

Die Frauen in Ravensbrück liebten Gedichte, Verse von K. H. Mácha, Fráňa Šrámek, Antonín Sova, František Halas, Petr Bezruč, Josef Hora, Vítězslav Nezval, Stanislav Kostka Neumann, František Gellner und Jaroslav Seifert. Damit hatten sich in den Männerlagern allenfalls einige inhaftierte Studenten abgegeben. Viele der Frauen lernten erst im Lager, welche Kraft und Schönheit Poesie entfalten konnte. Die Texte, die sie lasen und rezitierten, hatten sie nicht aus Anthologien. Im Lager gab es so etwas nicht. Vielmehr wurde jede Frau, die eintraf, sofort ausgefragt, welche Gedichte sie auswendig kenne. Es gab ein gemeinsam geführtes dickes Heft, in das solche Verse dann eingetragen wurden. Nur im geheimen wanderte es von Hand zu Hand, es war der kostbarste Besitz der Frauen überhaupt.[21]

Über die Gründe, warum es in Ravensbrück nicht zur Gründung eines Orchesters kam, sind oben schon Vermutungen angestellt worden; selbst die Lagerleitung hatte keine Möglichkeiten, der Anweisung der Berliner Zentrale Folge zu leisten und eine Kapelle zur Steigerung der Motivation und Arbeitsleistung der Häftlinge zu gründen. Dadurch entfiel für die Frauen aber auch die Chance, eine solche Organisation für ihre eigenen Interessen, für Widerstand und Hilfsaktionen, auszunützen. Es gab in Ravensbrück zwölf Baracken, die vollgestopft waren mit Wertgegenständen, die aus den besetzten Ländern geraubt worden waren; darunter wären auch genügend Musikinstrumente gewesen. Doch es existierte kein eigenes »Musikkommando«, und so gelangten nur wenige Instrumente in die Hände der Frauen; die Tschechinnen erhielten überhaupt keine.[22] Ohne den Segen der Lagerleitung blieben alle kulturellen Aktivitäten mehr oder weniger illegal. Die Frauen konnten sich damit beschäftigen, wenn

Das russische Lied *Široka strana rodnaja*, notiert auf einem Formbriefbogen

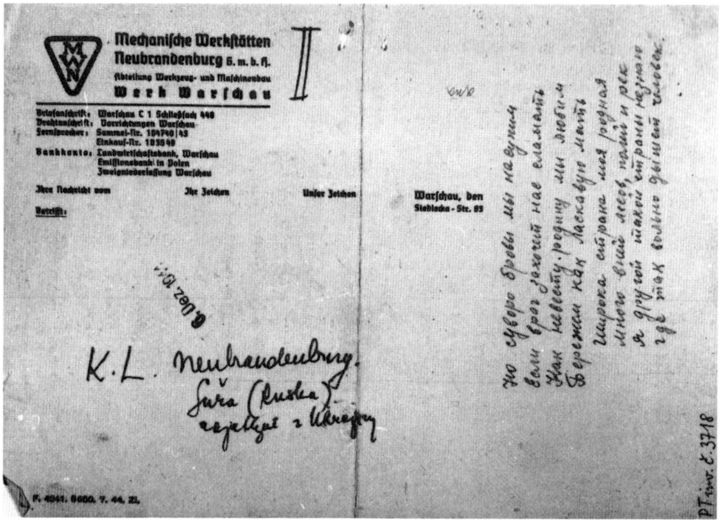

Mechanische Werkstätten
Neubrandenburg G.m.b.H.
Abteilung Werkzeug- und Maschinenbau
Werk Warschau

Warschau, den

K.L. Neubrandenburg.

Но сурово брови мы насупим
Если враг захочет нас сломать
Как невесту, родину мы любим
Бережем как ласковую мать
Широка страна моя родная
Много в ней лесов, полей и рек
Я другой такой страны не знаю
Где так вольно дышит человек.

PT inv. č. 3718

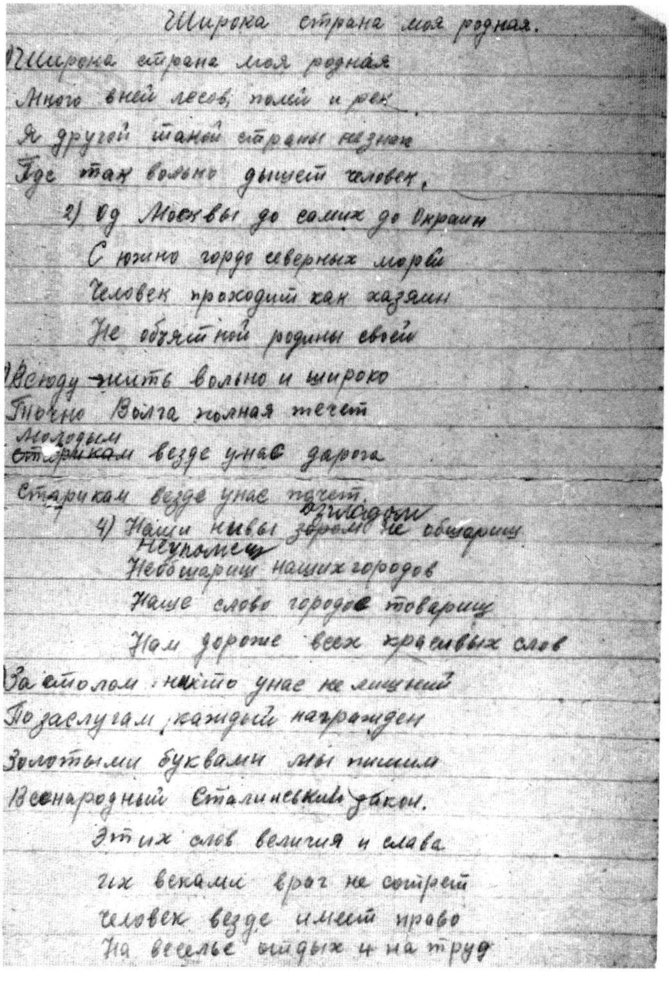

Широка страна моя родная.

Широка страна моя родная
Много вней лесов, полей и рек
Я другой такой страны незнаю
Где так вольно дышет человек,

2) Од Москвы до самих до Украин
С южно гордо северных морей
Человек проходит как хазяин
Не объятной родины своей

Всюду жить вольно и широко
Точно Волга полная течет
молодым
старикам везде унас дарога
Старикам везде унас почет.

4) Наши нивы взором не обшаришь
Небошариш наших городов
Наше слово гордое товарищ
Нам дороже всех красивых слов

За столом никто унас не лишний
По заслугам каждый награжден
Золотыми буквами мы пишим
Всенародный Сталинский закон.

Этих слов величия и слава
Их веками враг не сотрет
Человек везде имеет право
На веселье отдых и на труд

die SS-Aufseherinnen das Lager verlassen hatten und wenn ihre Block- und Stubenältesten die Erlaubnis gaben. Wurden Gedichte, Zeichnungen oder Tücher für Tanzdarbietungen entdeckt, drohten harte Strafen. Die Frauen lernten deshalb schnell, ihre Schätze sorgsam zu verstecken: Papierstreifen mit Gedichten trugen sie in ihren Holzschuhen oder Strumpfbändern; Tücher, Leibchen und ähnliche kleine Gegenstände verbargen sie hoch oben unter der Stubendecke über der dritten Pritsche, wohin die Aufseherinnen nur ungern zur Kontrolle hinaufkletterten.

Gegen Ende des Jahres 1942 entstand das erste Sängerinnenensemble in diesem KZ. Es wurde von Anna Kvapilová geleitet, die einen Weg fand, sich Noten für Chorwerke zu verschaffen. Ihre Schwester schickte sie ihr auf ihre Bitten hin mit Hilfe eines SS-Mannes aus den Sudeten, der sich zu diesem Dienst bereit fand. Das Anna-Kvapilová-Ensemble umfaßte etwa 25 Sängerinnen, durfte den SS-Aufseherinnen aber nicht auffallen. Zum festen Stamm dieses Chores gehörten M. Šimčíková, J. Kábrtová, L. Plachá, T. Kleinerová, A. Vopičková, J. Kryslová, G. Košutová sowie B. Klečková und andere.[23]

Die Frauen waren mit Feuereifer dabei, mit ihrem neuen Chor die sonntäglichen Unterhaltungen abwechslungsreicher zu gestalten. Sie nützten jede Gelegenheit, um neue Stücke einzuüben; und da sie keine Möglichkeiten für organisierte Chorproben hatten, übten die Sängerinnen statt dessen gruppenweise – stehend am Appellplatz, beim sonntäglichen Ausgang auf der Lagerstraße, wenn die Aufseherinnen nicht in Sicht waren, im Waschraum, in den Stuben, kurz: überall, wo es irgend möglich war. Nach solchen ersten getrennten Proben mußten dann gemeinsame Aufführungen vor den im Block versammelten Frauen zuwege gebracht werden. Zum Repertoire gehörten tschechische und slowakische Volkslieder in Bearbeitungen für zwei oder drei Stimmen, Smetanas *Drei Frauenchöre*, Chorwerke von Foerster und anderen tschechischen Komponisten.[24] Hinzu kamen Werke für gemischten Chor, die sie für ihre Zwecke umarrangierten; beispielsweise das revolutionäre *Unsere Stunde ist gekommen [Přišla naše hodina]* aus Smetanas *Die Brandenburger in Böhmen* oder ein Auszug aus seiner Kantate *Das tschechische Lied [Česká píseň]*.[25]

Volkslieder sangen alle Frauen gerne; sie stimmten sie bei jeder Gelegenheit an, sogar bei der Arbeit, wenn sie sich nicht beaufsichtigt fühlten. Sorgsam, fast kalligraphisch trugen sie die Texte in kleinen Heftchen ein und schmückten sie manchmal mit Zeichnungen. Viele sind dort noch heute erhalten und zu lesen: *Za starú Breclavú, Vylet' sokol, Tancuj, tancuj, Dolina, dolina, Červená, modrá fiala, Zelený hájové, Prijdi ty šuhajko, Sil jsem proso, Ach synku, Boleraz, boleraz, Proč jsi k nám nepřišel, Sadaj slnko, sadaj, Sobotienka ide* sowie das beliebte Lied von Leopold Zvonař *Čechy krásné, Čechy mé*.[26]

Am Appellplatz konnten die Frauen selbstverständlich nur leise oder halblaut singen und nur wenn die SS und die bekannten Spitzel nicht in der Nähe waren. Gemeinsames Singen blieb stets für jede von ihnen eine aufwühlende Sache – nicht weil es verboten war, sondern weil darin jener Widerstand zum Ausdruck gebracht wurde, den sie den Nazis entgegensetzen wollten. Neben den Volksliedern, die sinnbildlich zu verstehen waren, sangen sie deshalb besonders gerne Ježeks Werke, die nach Texten von Voskovec und Werich komponiert waren, denn darin fanden sie ihre eigene Lage gespiegelt; der *Marsch der Plebejer [Pochod plebejců]* aus dem Schauspiel *Caesar* gehörte dazu, oder auch das hinreißende *Gegen den Wind [Proti větru]* aus dem Singspiel *Panoptikum*. Manchmal sangen auch einzelne Frauen; dann hörten die übrigen ergriffen zu.[27] Es gab mehrere Solistinnen mit geschulter Stimme, beispielsweise Milada Šimčíková, L. Glikselikóvá, M. Lískovcová und eben auch Anna Kvapilová. Milada Šimčíková war angeblich sogar eine Schülerin von Ema Destinnová.

»In dieser eigenartigen Atmosphäre, in einem Raum, in dem wir dichtgedrängt, Kopf an Kopf standen, wo man auf den Tischen, Betten, ja sogar auf allen Schränken saß – wir nannten das: die Galerie –, wurden Aufführungen veranstaltet. Die Künstlerinnen in ihren gestreiften Lumpen traten auf einem ganz kleinen freien Raum auf. Doch diese Verhältnisse beeinträchtigten weder die Kunst noch die Begeisterung der Zuhörerinnen. Es war interessant zu sehen, wie in diesem überfüllten Raum, in dem keine Nadel hätte zu Boden fallen können und in dem eine Stille herrschte, in der man den eigenen Atem hörte, die Frauen entrückt den Arien aus der *Verkauften Braut*, dem *Kuß*, der *Rusalka*, dem *Eugen Oniegin* und anderen Opern lauschten. Wenn zu besonderen Anlässen sogar Melodien aus Smetanas *Libussa* und die Worte ›das tschechische Volk wird nicht untergehen, es wird alle Nöte überwinden‹ erklangen, füllten sich die Augen mit Tränen, und in den Frauen wurde die Entschlossenheit zum Durchhalten und Weiterkämpfen neu entfacht.«[28]

Das Sängerinnenensemble der Anna Kvapilová unterstützte auch die Tanzaufführungen von Nina Jirsíková, der früheren Tänzerin und Choreographin des Prager Burian-Theaters D 34. Ihre Auftritte gehörten zu den bewegendsten Aufführungen, die in den nazistischen Konzentrationslagern stattfanden. Ihr Ausdruckstanz verschmolz mit dem Gesang des Chores, während sie mit den Mitteln der Pantomime die von den Mädchen rezitierten Verse in Bewegungen umsetzte.

Ihre erste Vorstellung gab sie am Weihnachtsabend 1942, nachdem zuvor Milada Šimčíková Dvořáks *Biblische Lieder* gesungen und die Schauspielerinnen Vlasta Fáberová und Milena Fišerová Gedichte rezitiert hatten. Nina Jirsíková tanzte nach den gesummten Melodien des Chores und hatte, wie sie später berichtete, allergrößtes Lampenfieber. Welche Wirkung konnte sie in ihrer Verfassung noch als Tänzerin erzielen? Sie war gekleidet wie eine Vogelscheuche, hatte einen aufgedunsenen Bauch und Geschwüre an den Beinen. Würde sie überhaupt etwas zustande bringen?

»Ich stand vor ihnen, vor diesem elenden Publikum, in den Lagerlumpen, die Füße durch die schwere Last der Holzschuhe wie am Boden angewachsen. Und diese Schwere in mir und um mich herum gab den ersten Impuls, mich zu bewegen, und ich begann zu tanzen. Ich bat die Mädchen, mir als Begleitung brumendo einen langsamen Walzer zu singen. Sie fingen an, und ich begann pantomimisch unser gemeinsames Leid zu gestalten. Der Ausdruck entstand durch sparsame Bewegungen, er war durch die Füße bestimmt, die am Boden wie festgewachsen waren – als ob ich auf meinem Rücken die ganze Last der gemeinsamen Not tragen müßte. Dann schüttelte ich die Holzschuhe von den Füßen und tanzte frei in den abscheulichen grauen Lagerstrümpfen. Und in dem Maße, wie ich die Last in mir selbst loszuwerden begann, wurden meine Gesten trotziger, und auch den Chor riß es zu schnellerem Tempo mit. Die zuschauenden Frauen, die den Raum bis zur letzten Nische füllten, lebten diesen Tanz mit. Anfangs haben sie über meine und ihre Not geweint, dann erhoben sie die Köpfe, standen auf und begannen im Rhythmus mitzuklatschen. Mein Tanz endete in dem Gefühl, daß wir alle ein Körper und eine Seele seien und uns gemeinsam dem Leid entgegenstellten.«[30]

Nun mußte Nina Jirsíková nahezu jeden Sonntag auftreten. Das gab ihrem Häftlingsdasein einen neuen Sinn. Der Dank ihrer Kameradinnen gab ihr die Kraft, den Lageralltag durchzustehen – den Hunger, das unendliche Stehen am Appellplatz, die harte Arbeit. Für ihre Auftritte bereitete sie sich sorgfältig vor, nichts überließ sie dem Zufall, Improvisation war ihr ein Greuel, auch hier im KZ. Sie durchdachte und probte jede einzelne Bewegung und Gebärde abends zwischen den Pritschen und im Waschraum, wenn ihre Gefährtinnen sich dort nicht mehr drängten. Wollte sie zu rezitierten Versen tanzen, so lernte sie den Text auswendig, um ihre Gebärden auf jede Nuance abstimmen zu können. Ihre Pantomime wurde so zu einem Schauspiel, das alle Empfindungen, welche die Frauen an diesem Ort durchlitten, auf das Genaueste widerspiegeln konnte.[31] Vlasta Fáberová ihrerseits verstand es, den Rezitationen eine vergleichbare Intensität zu verleihen. Auch mit L. Plachá und M. Fišerová konnte Nina Jirsíková ausgezeichnet zusammenarbeiten. Ihr Ausdruckstanz war die prägnanteste Reaktion auf die Lage ihrer Gefährtinnen. Deshalb suchte sie auch die Kooperation mit dem Ensemble von Anna Kvapilová. Sie hatte unter anderem einen Tanz für solche traurigen Tage einstudiert, an denen Mithäftlinge umgekommen waren. Dieser Tanz beruhte auf Smetanas Chor *Der Sonnenuntergang [Západ slunce]*, den die Frauen einfühlsam singen konnten. Andere Tanzdarbietungen, die beliebt waren, beruhten auf Ježeks *Befreitem Theater*; am häufigsten jedoch verlangten die Frauen den Tanz zu dem fortschrittlichen Lied *Spanisches Land*. Solche Aufführungen regten dann das Publikum an, auch selbst Ježeks aufmunternde Lieder zu singen, beispielsweise *Die Welt gehört uns [Svět patří nám]* oder *Wenn wir Millionen sein werden [Až nás půjdou milióny]*.[32] Sogar die Frauen, die aus anderen Ländern nach Ravensbrück verschleppt worden waren, ließen sich

Ravensbrück 1942. Tanz im Block der Tschechinnen. Zeichnung von Nina Jirsíková

mitreißen, ließen sich die Lieder übersetzen und lernten sie auswendig.[33]

Jirsíkovás Tanz stand meist im Mittelpunkt der nachmittäglichen Sonntagsveranstaltungen in den tschechischen Blocks. Wie sehr die Frauen an ihrer Tänzerin und deren Darbietungen hingen, zeigte sich, als sie ihr heimlich zwei Kostüme anfertigen ließen. Eines davon, für traurige Anlässe, aus schwarzem Samt und mit einem Rock, der bis zur Hüfte geschlitzt war; das andere, für heitere Tänze, aus einer weißen Bluse und einem hellgrünen Rock mit kleinen Kaschmirröschen. Einmal »organisierten« sie sogar einen spanischen Schal aus schwarzem Atlas mit rosa gestickten Blumen für »ihre Nina«.[34]

Die Tänzerin scharte auch junge Mädchen um sich und veranlaßte sie, sich an den Aktivitäten im Lager zu beteiligen. Das war ein Ansporn, der vielen half, aus ihrer Niedergeschlagenheit herauszufinden. Ende

1944 übte sie mit acht jungen Frauen beispielsweise die *Tschechischen Tänze* ein, zu denen der Chor die Begleitung sang. Die Trachten – weiße Mieder und bunte Röcke aus vorhandenen Tüchern – waren unter enormem Risiko angefertigt worden; die kurzgeschnittenen Haare blieben unter Kopftüchern verborgen. An Silvester 1944 fand die erste Aufführung statt, nachdem die Frauen fünf Stunden lang in der Kälte hatten stehen müssen, weil unter einer ihrer Pritschen angeblich Staub gefunden worden war. Es war eine internationale Feier: Außer den Tschechinnen, deren Tanz viel Beifall erntete, führten Holländerinnen in Holzschuhen ihren Nationaltanz auf, Österreicherinnen sangen Volkslieder, Nina Jirsíková wiederholte ihren Tanz zu Ježeks *Spanisches Land*, und eine Deutsche trug das Lied der Polly aus der *Dreigroschenoper* vor.[35]

Besondere Hingabe erforderte es auch, als die Frauen Máchas Dichtung *Mai [Máj]* einübten. Die Aufführung dieses anspruchsvollen epischen Gedichtes, das zu den größten Werken der tschechischen Literatur gehört, war einer der Höhepunkte des selbstorganisierten Lagerlebens. Die Frauen studierten *Mai* in Sprechchortechnik (Voice-Band-Technik) ein und erreichten durch die genaue Rhythmisierung eines jeden Wortes und durch die eigentümliche Singweise und Stimmodulation eine besonders eindrucksvolle Mischung von Rezitation und musikalischer Interpretation. E. F. Burian, Musiker und Schauspieler, hatte diese Techniken entwickelt und damit in vielen europäischen Theatern gastiert. Nina Jirsíková kannte jede Nuance von Burians Interpretation des *Mai*, ihr fehlte in Ravensbrück nur eines: Máchas Text.

Den ins Lager zu schmuggeln war nicht leicht, doch Anna Kvapilová nahm sich der Sache an: Als es erlaubt wurde, Päckchen von Verwandten zu empfangen, deutete sie ihren Angehörigen in einem Brief an, was sie benötigte, und fand in den nächsten Sendungen, die für sie eintrafen, alle Lebensmittel in die Seiten von Máchas Werk gepackt. Die Frauen bewachten diese Päckchen besonders gut, damit auch nicht eine Seite bei Durchsuchungen verlorengehen konnte. Nach einem halben Jahr war der vollständige Text ins Lager geschmuggelt. Es kam einer Sisyphusarbeit nahe, die 832 gereimten Verse im Lager auswendig zu lernen:

»Wie sollte man hier, wo jede noch so kleine Gruppe aufmerksam verfolgt wurde, zusammenkommen? Zuerst lernte jede Frau den Text allein auswendig. Die Papierstreifen hatte man in der Hand, in der Tasche, im Strumpfband, im Schuh, überall, wo man sie am besten verbergen konnte, und während der Arbeit warf man einen Blick hinein. Die meisten Frauen kannten nicht nur ihre eigenen Passagen, sondern den ganzen *Mai* auswendig. Danach habe ich dann den Sprechchor in Abschnitte unterteilt und nach und nach eingeübt, denn nicht alles war tutti. Man trat im Quartett auf, es gab Soli, einen Geisterchor usw. Und dann trafen wir uns in der dritten Abteilung des tschechischen Blocks oder im Waschraum, einige Male auch im Dienstraum der tschechischen Blockältesten M. Svědíková.«[36]

Schon die Premiere des vom Chor dargebotenen Gedichtes, das in einer Passage mit der Melodie der tschechischen Nationalhymne unterlegt wurde, war hinreißend. Máchas Gedicht wurde schnell zum Herzstück des Repertoires in Ravensbrück. Eine Zeile nach der anderen schrieben sie es auf kleinen Blättern ab und lernten es auswendig. Dieses lyrisch-epische Werk wurde zum Halt, an den sich jene Frauen, die »an der Grenze des Lebens« standen, klammern konnten.

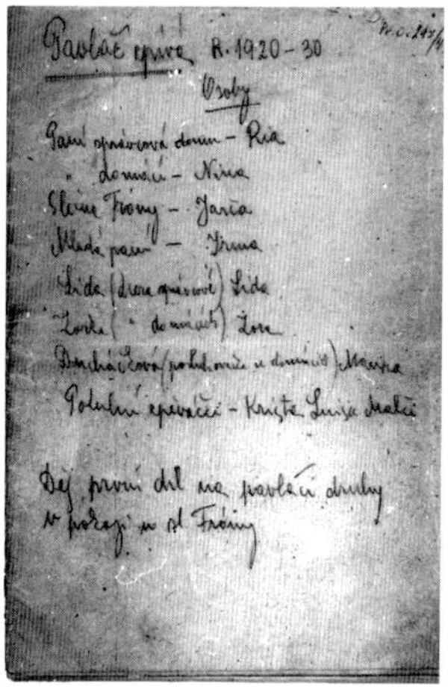

Die Hausdiele singt. Titelseite des Sketches von Nina Jirsíková

Als Nina Jirsíková und mit ihr viele andere Tschechinnen in dem weit entfernten Siemenswerk zur Arbeit eingesetzt wurden, brachte man sie in näher gelegenen Außenlagern unter. Hier schrieb sie für ihre Mithäftlinge gegen Ende 1944 den aus einem Akt bestehenden, musikalisch-dramatischen Sketch *Die Hausdiele singt [Pavlač zpívá]*. Die Handlung spielt auf dem Durchgangsbalkon eines Vorstadthauses, Liebe und Eifersucht führen zu einer Reihe possenhafter Verwicklungen. Viele Lieder waren in die einfache Handlung eingeflochten, darunter alte Chansons und bekannte Gassenhauer; der Komödiencharakter der Handlung wurde dadurch wirkungsvoll unterstrichen.[37]

Es wäre falsch, anzunehmen, daß in Ravensbrück und seinen Nebenlagern nur tschechische Frauen kulturelle Aktivitäten entfaltet hätten. Frauen aller Nationen fanden in solchem Engagement zusammen; ihre je eigenen nationalen Traditionen wurden ihnen zur Stütze im Kampf gegen die Resignation. Ungefähr 120000 Frauen aus vielen europäischen Ländern waren in Ravensbrück inhaftiert, viele von ihnen hochgebildet und selbst unter so verheerenden Bedingungen zu großen kulturellen Anstrengungen bereit. Alle diese eigenständigen Leistungen – russische, polnische, ukrainische, belgische, französische und italienische – stützten und beeinflußten sich gegenseitig. Sie ergänzten sich, auch wenn jede einzelne der verschiedenen Nationalitäten vor allem die eigenen Werte pflegte. Die Temperamente waren eben verschieden. Die Russinnen zeichneten sich durch besondere Vitalität aus, die Sonntagnachmittage in ihren Blocks wurden oft zu wahren Tanzorgien.

»Die Frauen begannen zu singen«, erinnert sich Nina Jirsíková, »eine von ihnen sprang aufs ›Parkett‹, eine zweite schloß sich an, dann eine weitere, und nach einer Weile bebte der ganze Block von den hinreißenden Rhythmen, dem Stampfen, Klatschen, Rufen – das Tempo wurde immer schneller und riß schließlich jeden in den Tanz hinein.« [38]

Auch Nina Jirsíková gehörte dazu.

Solche Veranstaltungen mit Tänzen, Gesang und Rezitationen wurden in den Blocks aller Nationen, deren Frauen in größerer Zahl hierher gebracht worden waren, mit einiger Regelmäßigkeit ausgerichtet. Wenn die Blockältesten, ohne daß die SS-Aufseherinnen davon wußten, ihre Zustimmung gegeben hatten, gestaltete man alles im Geiste internationaler Solidarität aus. Etwa seit Mitte des Jahres

1944 war in Ravensbrück schon der internationale Ausschuß der inhaftierten Frauen tätig, der die politische Schulung aller linksgerichteten Kräfte übernahm, Feiern zum Jahrestag der Oktoberrevolution veranstaltete, Hilfe für besonders leidende Frauen organisierte und die Zusammenarbeit der verschiedenen nationalen Gruppen im Lager koordinierte. Je mehr der Krieg erkennbar seinem Ende zuging, desto größer war aber die Gefahr, unmotivierten Repressionen der SS zum Opfer zu fallen, und umso größer war die Notwendigkeit, das Gefühl der Zusammengehörigkeit unter allen Frauen zu stärken. Veranstaltungen, die in diesem Geist organisiert wurden, bestanden überwiegend aus Tanz- und Gesangsbeiträgen, da die Rezitationen für den größten Teil des international gemischten Publikums unverständlich gewesen wären. Auch auf dieser Bühne erntete Nina Jirsíková große Erfolge, denn ihre Pantomime bedurfte keiner Worte. Auch das Ensemble von Anna Kvapilová und die Sängerin Marie Krzáková beteiligten sich und wurden mit viel Beifall bedacht. Alle vertretenen Nationen trugen dazu etwas bei, wovon sie wußten, daß es ihre Leidensgenossinnen interessieren könnte. Vielen ist der Gesang der Französin Margueritte Solab von der Pariser Komischen Oper für immer im Gedächtnis geblieben. Andere erinnern sich an die Stimme einer Sängerin aus Kiew, deren Namen nicht überliefert ist. Berichtet wird auch von den exotischen Tänzen einer holländischen Studentin, die sich vor ihrer Verhaftung beruflich mit indonesischem Tanz beschäftigt hatte. Sie soll wie eine »Alabasterstatue« ausgesehen haben. Sie tanzte mit brennenden Kerzen auf dem Handteller und hielt die Lichter gleichmäßig senkrecht, wie auch immer sie ihre Glieder und ihren Körper bewegte. So vollführte sie wundervolle Handarabesken und ließ sich dazu von einigen Frauen begleiten, die eine einfache indonesische Melodie erlernt hatten.[39] Eine weitere Tänzerin, die Chinesin Anne Wang, bezauberte ihr Publikum beispielsweise mit alten chinesischen Tanzformen, dem Blumen- und dem Stäbetanz. Da sie eine ausgezeichnete Komikerin war, bot sie auch groteske Tanznummern, an denen sich Nina Jirsíková als Tanzpartnerin beteiligte.

Solche gemeinsamen Aktionen fanden in Ravensbrück zwar nur selten statt, doch schon die Tatsache, daß so etwas überhaupt möglich war, wirkte sich positiv auf den Zusammenhalt und das Bewußtsein der Frauen aus, nur gemeinsam etwas gegen ihre SS-Aufseherinnen und gegen ihre Kapos ausrichten zu können. Kraftvoll demonstriert haben das besonders die sowjetischen kriegsgefangenen Frauen. Als ihnen einmal erlaubt wurde, gemeinsam auf der Lagerstraße auszugehen, ordneten sich die fünfhundert Frauen zu Fünferreihen und schritten in energischem Marsch los.

»Sie schritten in geschlossenen Reihen, marschierten wie bei einer Truppenparade. Von den Treppen der Küche her beobachteten sie der Kommandant und der gesamte Stab der Aufseherinnen und der SS. Am Straßenrand folgten Tausende von Augenpaaren der gefangenen Frauen aller europäischen Nationen. Als die Kolonne sich dem Zentrum des Lagers näherte, begannen die sowjetischen Frauen alle gemeinsam ein Kampflied der Roten Armee zu singen. Sie sangen mit hellen, klangvollen Stimmen: ›Vstavaj strana ogromnaja, vstavaj na smertnyj boj ...‹, schallte es durch das Lager. Alle erstarrten, doch die Frauen schritten weiter, als ob sie sich auf dem Roten Platz in Moskau befänden und nicht in einem nazistischen Konzentrationslager. [...] Die Sowjetmädchen marschierten an dem Spalier der anderen gefangenen Frauen vorbei. Tausende von Köpfen richteten sich auf, Tausende von Händen klatschen Beifall. Die Rotarmistinnen stimmten das *Partisanenlied* an. Die ganze Lagerstraße sang mit, in allen Sprachen der unterjochten Völker Europas.«[40]

Diese überwältigende Kühnheit der Frauen kam so unerwartet für die SS, daß es einige Zeit dauerte, bis man begann, die Russinnen auseinanderzutreiben und sie unter Schlägen wieder in ihre Blocks zurückzujagen. Zur Überraschung aller inhaftierten Frauen folgte jedoch keine regelrechte Strafaktion. Ob die Lagerleitung fürchtete, der Vorfall könne im Berliner Hauptamt die Runde machen, und eine Untersuchungskommission könnte das Lager unter die Lupe nehmen?

Russische Musik wurde nach diesem Vorfall ausgesprochen populär. Es kam zu Begegnungen mit den sowjetischen Kriegsgefangenen, die den übrigen Frauen vom Leben in der UdSSR, von der Verteidigung Sevastopols und anderer Städte und weiteren Schlachten der Roten Armee berichteten. Die sowjetischen Lieder wie *Partisan*, *Davaj zakurim, tovarišč*, das *Lied vom Vaterland*, *Široka strana moja rodnaja* sowie die Nationalhymne der UdSSR waren bald im ganzen Lager bekannt.

Alle in den Blocks organisierten kulturellen Veranstaltungen und alle spontan gesungenen Lieder drückten das gleiche aus: Das letzten Endes nicht zu erschütternde Bewußtsein der zahllosen Häftlinge, trotz aller Demütigungen und trotz aller körperlichen Leiden weit über jenen zu stehen, die ihnen dieses Martyrium aufzwangen. Die Nazis kannten weder Erbarmen mit den Kindern von Zigeunern noch mit jenen von Juden. Warum also hätten sie welches mit den Frauen in Ravensbrück haben sollen? Nie zuvor wurden die Würde und die körperliche Unversehrtheit von Frauen so mit Füßen getreten wie in den Lagern des »Dritten Reiches«; keine nachträgliche Verurteilung kann die Monate oder Jahre wiedergutmachen, die man sie dort vegetieren ließ. Ebensowenig kann es Wiedergutmachung für die Toten geben, die dieser Willkür zum Opfer fielen. Für den Widerstand, den die Frauen dem SS-Regime entgegensetzten, standen ihnen nur bescheidene Mittel zur Verfügung. Wenn sie unter den erbärmlichen Bedingungen dennoch sangen und sich auf die Kraft erinnerter Verse stützten, haben sie eine seelische Tapferkeit bewiesen, die niemand ermessen kann.

Gesang in der »Kleinen Festung Theresienstadt«

Die Formen des Singens waren in den Gefängnissen und Lagern des »Dritten Reiches« sehr unterschiedlich. Es gab den Sadismus der SS, die den Häftlingen das Singen befahl und ihnen die Lieder diktierte, in denen ihr Leid noch verhöhnt wurde. Und es gab den Trost, den die Häftlinge fanden, wenn sie trotz des Risikos, das sie dabei eingingen, jene Melodien aufgriffen, die ihnen ein wenig Ermutigung versprachen. Das war eine flüchtige Erleichterung, aber sie half und verdient deshalb, nicht nur von heutigen Historikern, sondern auch von Psychologen und Soziologen gewürdigt zu werden.

In den Zellen der »Kleinen Festung Theresienstadt«, die der Gestapo in Prag als Gefängnis diente, wurden in den ersten Jahren nach der Okkupation vorwiegend Tschechen aus dem Protektoratsgebiet inhaftiert. Von hier aus wurden sie nach einigen Wochen oder Monaten, nach Maßgabe ihrer angeblichen Vergehen und ihrer sonstigen Verwendbarkeit und nach Verhören und Folterungen, in andere Gefängnisse oder Konzentrationslager deportiert. Den Mitarbeitern der Gedenkstätte Theresienstadt gebührt das große Verdienst, eine umfangreiche Sammlung von Berichten jener Häftlinge angelegt zu haben, die diesen Torturen unterworfen waren und sie unter Aufbietung aller Widerstandskräfte überleben konnten.

Wie in jedem anderen Gefängnis oder Lager gab es unter den Inhaftierten auch fragwürdige Charaktere, die sich als Spitzel in den Dienst der Nazis stellten oder ihre Leidensgenossen erpreßten; die rege politische, aufklärerische und kulturelle Aktivität, die sich immer dann entfalten konnte, wenn die Aufseher die Zellen verschlossen und die Beleuchtung untersagt hatten, vermochten sie jedoch nicht zu verhindern.

»In dem Maße, in dem sich das Kollektiv unserer Zelle zusammenzuschließen begann, nahm unser Leben kulturell wertvollere Formen an, zu denen Schachturniere, improvisierte Konzerte und sogar abendliche Vortragsreihen gehörten.«[1]

»Unsere Abendvorträge hatten immer eine schöne Einleitung – Vondráček hatte mit seinem fünfköpfigen Chor den Choral *Gäbe Gott, daß jeder guten Willens sei [Pánbůh dej, každý dobrou vůli měj]* eingeübt, der gedämpft gesungen wurde und im Dunkel der Nacht sehr melodisch klang. An den Fenstern wurde natürlich Wache gehalten.«[2]

In der »Kleinen Festung«. Auf dem Hof werden Lieder eingeübt

In Zelle Nr. 17 ging es etwas anders zu:

»Wir hatten eine gewisse Verbindung zu den Frauen in den Nachbarzellen. [...] Ein Lied sangen wir, ein anderes die Frauen. Das war aber nur möglich, wenn die Luft rein war.«[3]

Es blieb eine Ausnahme, daß in Zelle 5 und 6 gemeinsames Singen nicht geschätzt wurde:

»Es gab hier kein Gemeinschaftsleben. Die Häftlinge waren meist ältere Leute, und wenn wir jüngeren ein Lied zu summen begannen, verboten sie es uns kategorisch, weil es doch strafbar sei. Das war überaus deprimierend für mich und mir kamen Gedanken an Selbstmord.«[4]

In Zelle 2 war es besser:

»Im Vergleich zu anderen Gefängnissen, die ich kennengelernt hatte, lebte man in der »Kleinen Festung« freier. Ich erinnere mich, daß sich dort ein gewisser Škabrada befand, der Trompete spielte. Er hatte sein Instrument dabei und veranstaltete abends für uns Konzerte. Man sprach auch über die gegenwärtige Situation [...].«[5]

Der Bericht eines andern Häftlings ergänzt die Schilderungen aus dieser Zelle:

»Für Unterhaltung war in der Zelle gesorgt. Josef Klíma-Kunďaba spielte Baßgeige – ein Besen, mit dem er den Fußboden reinigte, stellte das Instrument dar. Es wurde aber auch wirklich Musik gemacht: Unter uns befand sich Jaroslav Škabrada, und Kommandant Jöckel brachte ihm zu Weihnachten 1940 seine Trompete in die Festung. Gleichzeitig hatte er auch Josef

Pražák, der allerdings nicht in unserer Zelle untergebracht war, eine Geige besorgt. Pražák spielt heute im Symphonieorchester des Tschechoslowakischen Rundfunks. Die beiden durften ihre Instrumente auch nach Weihnachten behalten. Die SS-Leute haben Weihnachten 1940 für sich und für uns Häftlinge ausgerichtet. Es gab einen Christbaum, und jeder erhielt drei Zigaretten.«[6]

Daß sich kulturelle Interessen in den Zellen regten, wird vielfach berichtet:

»Man veranstaltete Kulturabende«, erzählt Václav Koza, »an denen ich mit Kožík und Čeřovský gesungen habe. In den Zellen hockten zu manchen Zeiten Menschen mit den unterschiedlichsten Fähigkeiten zusammen – Sänger, Rezitatoren und viele andere; der Lieblingsdichter der Häftlinge war Wolker.«[7]

Beim gemeinsamen Singen wanderten die Gedanken nach Hause:

»Unsere Abende waren immer von Erinnerungen ans Zuhause und vom Gesang tschechischer Lieder erfüllt. [...] Das gefiel den SS-Leuten nicht, und einmal holten sie uns am Sonntag nach dem Mittagessen auf den Platz vor den Zellen, und wir mußten solange im Trab laufen, bis wir anfingen, deutsche Lieder zu singen. Das ging oft so bis zum Abend.«[8]

In Zelle 1 kam es einmal zu einer bizarren Szene:

»Am 28. Oktober 1940 brachte der Theresienstädter Kanalreiniger Gaube den Aufsehern wieder einmal Schnaps, und es wurde gemeinsam getrunken. Wir in der Zelle feierten den Gründungstag unserer Republik, zuerst sangen wir leise Volkslieder; als wir an dem Geschrei erkannten, daß die Aufseher schon betrunken waren, sangen wir lauter, zum Schluß auch unsere Nationalhymne. Der Kanalreiniger zog mit den Aufsehern vor unser Zellenfenster und brachte ihnen dort bei, unsere tschechische Hymne zu singen.«[9]

Auch in Zelle 9 wurde abends nach Möglichkeit gesungen:

»Die Zellen waren von 15.00 Uhr an abgeschlossen. Vorerst erklang der Gesang nur gedämpft, dann schlossen sich andere Stimmen an. Man sang vor allem Volkslieder. Unter den Häftlingen waren gute Sänger, die am Konservatorium ausgebildet worden waren; ihr mehrstimmiger Gesang war wunderschön.«[10]

Eine Reihe der Lieder, die zum Repertoire gehörten, hatten eine fortschrittliche, politische Botschaft. Sie drückten die Hoffnungen der Menschen aus:

»Wir sangen Volks- und Arbeiterlieder. Viele von Ježeks Liedern, und unter diesen vor allem *Gegen den Wind [Proti větru], Die Panikmacher [Panikáři], Der Henker und der Narr [Kat a blázen], Der Himmel auf Erden [Nebe na zemi].*«[11]

Als im letzten Jahr des Krieges auch sowjetische Kriegsgefangene nach Theresienstadt gebracht wurden, suchten die Tschechen den Kontakt zu ihnen. Dabei lernten sie weitere Lieder kennen:

»Nikolaj aus Kujbyšev an der Wolga hat mir bei diesen kurzen Begegnungen das Lied von Katjuscha und das vom Flieger beigebracht, mit dem wunderschönen Refrain: ›Ljubinnyj gorod v sinej dymke tajut...‹ und auch das Partisanenlied *Po dolinam i po vzorjam šla divizija vperjot.* Von einem Kameraden aus der russischen Zelle habe ich noch andere Revolutionslieder und alte russische Romanzen lernen können.«[12]

Auch die *Internationale* wurde gesungen, obwohl das äußerst gefährlich war; unter anderem in Zelle 3, wo eine Reihe von Kommunisten eingesperrt waren.[13] Das Repertoire war von Zelle zu Zelle verschieden, unter manchen Häftlingen überwogen eher die volkstümlichen Lieder:

»Die Abende unter der Woche und die Sonntage waren am angenehmsten. Wir kletterten auf die oberste Pritsche und sangen leise alle möglichen Lieder, vor allem Volkslieder; eben die, die das Publikum unten verlangte. Gewöhnlich wählte man die Lieder nach dem Alphabet aus, so daß sie sich nicht wiederholten. Der Buchstabe Q wurde nicht ausgelassen; doch da kein Lied damit beginnt, ersetzten wir ihn durch *kv* und sangen *Kvetou máky v poli [Mohnblumen blühen im Feld]*. Als Solist erfreute uns ein Professor der Handelsschule in Rakovník, der auch Arien sang und eine angenehme Stimme hatte.«[14]

In der »Kleinen Festung Theresienstadt« sind auch neue Lieder entstanden; meist Parodien auf das »Dritte Reich« oder auf die Situation der Häftlinge:

»Sehr beliebt war das *Theresienstädter Lied [Terezínská písnička]*, das ein Dr. Lachmann, der in der Werkstattskanzlei arbeitete, verfaßt hatte. Manchmal trat auch der sogenannte Singverein von Dr. Anton Klatovský auf und sang im unvollendeten Waschraum im Hof II der Festung.«[15]

Auch Weihnachtsstimmung brach in gemeinsam gesungenen Liedern durch:

»Zu Weihnachten hatten wir einen Christbaum, den wir irgendwo aufgetrieben und, so gut wir es eben konnten, geschmückt hatten. Wir wollten *Wir bringen frohe Botschaft [Nesem vám noviny]* singen, kamen aber über die ersten Worte nicht hinaus, wir konnten nicht weiter, denn wir wurden von Tränen überwältigt.«[16]

Und in einer anderen Zelle, vermutlich im Jahr 1943:

»Der jüngste Häftling verteilte an alle anderen ein Fichtenzweiglein als weihnachtliches Symbol. Wir sangen die Nationalhymne und, so zerrissen das Vaterland war, auch *Über der Tatra blitzt es [Nad Tatrou sa blýska]*. Dabei strömten die Tränen. Dann wurden verschiedene Revolutionslieder angestimmt: die *Internationale*, das *Lied der Arbeit [Píseň práce]*, *Es werden neue Kämpfer erstehen [Vstanou noví bojovníci]*; schließlich volkstümliche Weisen und Lieder von Hašler.«[17]

Andere Erlebnisse erschütterten die hilflosen Häftlinge:

»Wir hatten die Möglichkeit zu verfolgen, was in der Festung vorging. So hörten wir einmal aus den Einzelzellen im Hof I eine herrliche Tenorstimme, die die *Marseillaise* sang; es klang wundervoll im ganzen Hof. Rojko hörte es, holte den Franzosen heraus und prügelte ihn, bis er blutete. Wer der Sänger gewesen ist, haben wir nie erfahren.«[18]

Anrührend war ein Vorfall in Zelle 44:

»Gegen Ende unseres Aufenthaltes in der Kleinen Festung wurden Soldaten der Alliierten in unsere Zelle gebracht. Darunter waren Australier, Kanadier, Engländer, Franzosen und ein Mann aus Jersey. [...] Am Abend erzählte er zuerst, dann schlug er vor zu singen. Die Franzosen stimmten die *Marseillaise* an, fast flüsternd, aber es war trotzdem fabelhaft. Drei Russen begannen danach *Dumkas* zu singen; und so ging es fort – es war der bewegendste Abend, den wir in dieser Gruppe erlebten.«[19]

Bunt und vielseitig war das Repertoire in Zelle 15:

»Es wurden auch Lieder von Voskovec und Werich gesungen, die meisten von ihnen kannte ich selbst auswendig«, erzählt der Schauspieler Oldřich Musil. »Man sang im Chor, wenn auch leise und vorsichtig – schließlich wurde Gesang in der Kleinen Festung nicht geduldet. Ich erinnere mich an Stücke von Burian, von Nezval und Ježek, an *Rue de la gaité* oder *Als es dunkelte [Když se stmívalo]*. Natürlich sang man oft Volkslieder. In der Zelle befand sich von Oktober bis Dezember 1944 auch Antonín Kopečný, der zur Oper des Nationaltheaters gehört hatte und der nun unser Programm durch seinen Sologesang ergänzte: Arien aus der *Verkauften Braut*, scherzhafte schlesische Lieder, einiges von Friml, die *Záviš-Lieder* und anderes.«[20]

In Zelle 14 gab es sogar einen organisierten Sängerkreis:

»Der Lehrer Jelínek stellte einen Sängerkreis zusammen, der, wenn die Wächter nach der Schließung der Zellen verschwunden waren, vorwiegend Volkslieder sang. Das wirkte sich sehr positiv aus, denn es brachte uns alle auf andere Gedanken, es lenkte uns von unseren düsteren Vorstellungen, von den Folgen der Verhaftung und von den harten Verhörmethoden ab.«[21]

Für die Frauen galten in der »Kleinen Festung Theresienstadt« andere Bedingungen. Ihr Los war etwas leichter; sie arbeiteten weniger hart, hatten mehr freie Zeit und wahrscheinlich auch bessere Möglichkeiten, gemeinsame kulturelle und aufklärerische Aktivitäten – Gesang, Rezitationen, Theaterszenen, Vorträge und gemeinsames Erzählen – zu organisieren. Die Verbote galten zwar auch in ihren Zellen; sie wurden aber weniger streng gehandhabt. Auch darüber liegen viele eingehende Berichte vor:

»In Zelle 24 – in der nur ›Politische‹ waren – herrschte gutes Einvernehmen. Nach der Arbeit legten wir uns hin, plauschten oder sangen das *Theresienstädter Vaterunser [Terezínský otčenáš]*, und das mit solcher Inbrunst, daß wir manchmal zu weinen begannen.«[22]

»An manchen Abenden, vor allem samstags, setzten sich einige Frauen, denen die Verhältnisse weniger zusetzten, komische Mützen auf, die sie aus bunten Lappen hergestellt hatten, und sorgten durch ihren Gesang für etwas bessere Stimmung.«[23]

Frauen, die eine gute und geschulte Stimme hatten, konnten viel für ihre Kameradinnen tun:

»Sonntags nachmittags blieben wir in den Zellen eingesperrt. Die Aufseherinnen befanden sich nicht in ihren Stuben, nur die Pförtnerstube war besetzt. [...] Wir fanden uns allmählich zusammen, es wurden Anekdoten erzählt, aus Liedern und verschiedenen Vorfällen wurden kleine Auftritte improvisiert, die dann in der Zelle bis zum Abend vorgeführt wurden. Wenn eine von uns Namenstag oder Geburtstag hatte, gratulierten wir, sangen ihr etwas vor, übergaben ihr ein Geschenk, das wir aus dem Inhalt unserer Päckchen zusammengestellt hatten, und fügten unserem Programm eine Passage über das Geburtstagskind hinzu. [...] In der Kleinen Festung befand sich unter uns auch die Sängerin Zemanová, die uns Opernarien vorsang; die Zellenfenster waren offen, man hörte sie bis in den Hof, und manche Aufseherinnen kamen her, um zuzuhören.«[24]

Auch neue Lieder entstanden hier:

»Abends haben wir gewöhnlich gesungen – einmal gab es sogar eine richtige kulturelle Veranstaltung. Sie bestand aus Gesang und Rezitationen, durfte aber nicht nach draußen dringen. Wir lernten auch das Lied *Der Abend senkt sich über das Theresienstädter Gefilde, in den Zellen ist nur Schluchzen zu hören, wer nicht im Sterben liegt, denkt an seine Mutter, an ihr graues Haar, an das Streicheln ihrer Hand [Soumrak se sklání na terezínskou pláň].* Es war das Lied einer ehemaligen Gefangenen, und wir sangen es täglich.«[25]

»Im Frauenhof war Marusja Zemanová inhaftiert, sie sang herrlich. Zu Weihnachten haben wir unter ihrer Leitung *Abendklang [Večerní zvon]* eingeübt. Auch die Gestapo-Leute sind manchmal gekommen, um zu hören, und einmal wurde sie sogar gebeten, ihnen etwas vorzusingen, aber sie lehnte ab.«[26]

»Unter uns war auch eine Freundin von Milada Horáková, an ihren Namen kann ich mich nicht erinnern. Sie dirigierte, als wir am Jahrestag der Oktoberrevolution entsprechende Lieder sangen. Natürlich hat man uns das schnell verboten.«[27]

»Die Leiterin der Nähstube war M. Zápotocká [die Frau des späteren Präsidenten der Republik /M. K.]. Einmal pro Woche ging ich dorthin, um zu bügeln; auf ausdrücklichen Wunsch der Zápotocká – nicht weil ich so gut bügeln konnte, sondern um für die anderen Frauen zu singen.«[28]

»Vielleicht sind nirgends in der Welt so viele Lieder gesungen worden wie in unserer Zelle 21. Wir begannen leise und zaghaft, sangen dann in vielstimmigem Chor. War die Woche auch noch so schwer, die Sonntage waren voller Gesang. Wenn ich heute daran denke, waren es eigentlich Estradenaufführungen von Amateuren, Gesangsauftritte, was eben jeder so konnte. Besonders gern spielten wir *Wenn die Holzschuhe ... [Když se ty dřeváčky]* – heute würde man wohl sagen: einen mimischen Tanz mit Gesang; es gefiel uns sehr, und wir tanzten immerzu. [...] In der Nachbarzelle, das war die jüdische Zweiundzwanziger, sang am Sonntag immer Margot Šnáblová Opernarien. Wir verstummten und lauschten dem weit über den Hof klingenden herrlichen Sopran. [...] Wenn dieses Lied im Festungshof widerhallte und durch die Gitterfenster in die Zellen drang, entfaltete die Schönheit der Melodie unglaublichen Zauber. Die samtene Mädchenstimme sang die süßen Töne uralter Melodien, auch das bekannte *Ave Maria*, und wir hörten mucksmäuschenstill zu.«[29]

Die Konzertsängerin Mirka Pokorná erinnert sich noch an die Gemütsverfassung, in der sie eines von Dvořáks *Biblischen Liedern* sang, woraufhin eine der Frauen, die am nächsten Tag abtransportiert werden sollte, ihr die eigene Pritsche überließ.

»Zu Ostern habe ich ein großes Programm über die *Verkaufte Braut* vorbereitet. Zunächst habe ich gründlich den Inhalt durchgenommen, dann sang ich die Arien, nicht nur die für Frauenstimmen, sondern alle, die ich mir gemerkt hatte; und dann habe ich am Ostersonntag einen Abend gestaltet, an dem ich alle aufforderte, sie sollten sich vorstellen, es sei Frieden und schönes Wetter und sie gingen am Ufer der Moldau entlang zum Prager Nationaltheater. Dann begann ich der Handlung folgend die gesamte Oper zu singen. Die Frauen haben mir später herzlich gedankt; sie hatten tatsächlich das Gefühl, an diesem Abend im Nationaltheater gewesen zu sein.«[30]

Viele Erlebnisse, auch gefährliche Situationen, wenn beispielsweise Aufseher die singenden Frauen überraschten und sie sich dann durch Notlügen retten mußten, blieben für immer im Gedächtnis haften.

»In der Nacht fiel mir so manches ein. Ich verfaßte ein Lied, alle haben es gesungen – über Theresienstadt. Wir sangen auch die französische *Carmagnole.* Mutti H. war von Beruf Sängerin. Sie war viel im Ausland herumgereist und sang uns Arien aus dem *Kuß* oder aus *Dalibor* von Smetana. Am liebsten war uns *Als wir durch fremde Länder zogen* aus Dvořáks *Jakobiner.* Die Vorbereitungen für Silvester 1943 fielen dann aber schlecht aus. Die Frauen hatten sich Kostüme gemacht und wollten Couplets und heitere Szenen vortragen. Gestohlene Glühbirnen beleuchteten die Zelle. Die SS ließ verbreiten, daß sie in Litoměřice feiern würde; dann kontrollierten sie aber doch die Zellen. Věra sollte tanzen. Alle krochen schnell unter die Decken, die Wache hatte rechtzeitig gewarnt; sie hatte das Hoftor knarren gehört. Im Frauenhof ging es noch einmal gut aus; im Hof der Männer allerdings verprügelte Pinďa die Häftlinge in den Zellen, in denen Licht war und gesungen wurde.«[31]

Milada Pixová wird immer wieder in den Berichten über Theresienstadt erwähnt. Sie organisierte viele der Unterhaltungsveranstaltungen, trug selbst revolutionäre Gedichte vor, sang Lieder von Voskovec und Werich und brachte den Frauen Zeitungen, die sie in Jöckels Wohnung fand, wo sie Dienst tun mußte.[32]

Wir haben bewußt mehr Passagen aus Erinnerungen von Häftlingen aus der »Kleinen Festung« zitiert, als nötig wären, um zu belegen, daß auch an diesem Ort Gesang eine große Rolle spielte. Im Archiv der Gedenkstätte gibt es noch weit mehr. Sie zeigen, wie unterschiedlich und von welcher Wirkung das gemeinsame Singen unter diesen Bedingungen gewesen ist. Deshalb wären sie es wert, noch ausführlicher zitiert zu werden.[33]

Eine Reihe neuer Lieder sind in der Festung entstanden. Meist als Abwandlung bekannter Melodien und Texte, oft als satirischer –

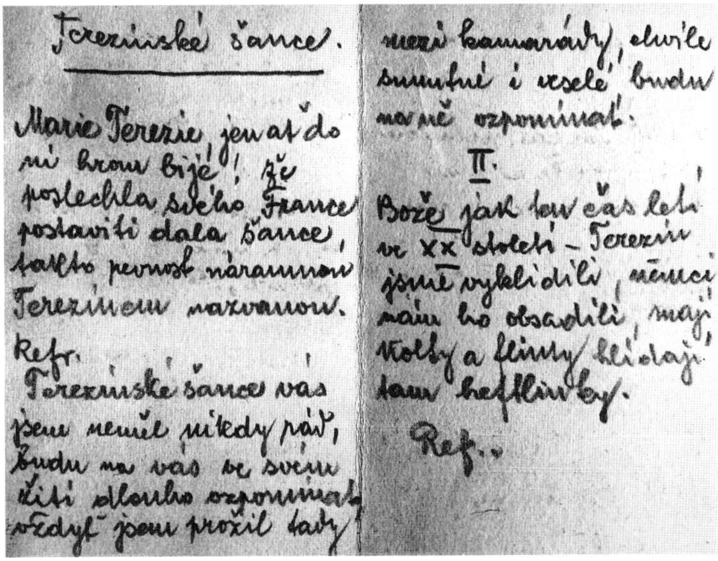

Terezínské šance.

Marie Terezie, jen ať do
ní hrom bije! Že
poslechla svého France
postaviti dala šance,
tuhle pevnost náramnou
Terezínem nazvanou.

Refr.
Terezínské šance vás
jsem neměl nikdy rád,
budu na vás ve svém
žití dlouho vzpomínat,
vždyť jsem prožil tady
mezi kamarády, chvíle
smutné i veselé budu
marně vzpomínat.

II.

Bože jak ten čas letí
ve XX století – Terezín
jsme vyklidili, němci
nám ho obsadili, mají
kolby a flinty, hlídají
tam heftlinky.

Ref..

Das satirische Lied *Die Theresienstädter Schanzen,* das in der »Kleinen Festung« gesungen wurde

seltener als sentimentaler – Kommentar zu den erlebten Zuständen. Dazu gehörten das schon genannte *Theresienstädter Vaterunser*, das couplethafte *I have much money, weiß nicht, was damit [I have much money, nevím ani, kam pak s nimi]*, das satirische *Ihr Theresienstädter Schanzen, ich hab' euch nie gemocht [Terezínské šance]* oder das *Theresienstädter Lied [Terezínská písnička]*.[34]
Zu den populärsten gehörte freilich das *Lied der Theresienstädter Häftlinge [Píseň terezínkých heftlinků]* mit seinem deutlich antifaschistischen Text. Frei übersetzt lautete er:

Die Theresienstädter Festung, die steht inmitten von Böhmen, meine Liebe, wie gerne käme ich zu dir, um dich in die Arme zu nehmen, meine teuren Kinder zu küssen, doch ich muß in den Festungsmauern bleiben. – Und wenn man uns einsperrt, es macht nichts aus, Kameraden, die Dinge laufen günstig für uns, nichts wird unsere Treue brechen, wir bleiben Kameraden bis in den Tod. – Die Theresienstädter Festung steht inmitten von Böhmen, dir, mein Vaterland, gehören meine Seufzer, die Zeit der schweren Prüfungen wird vergehen, das tschechische Volk wird nicht untergehen, nach dem herrschenden Winter werden wir auch wieder den Frühling begrüßen. – Ein starker Glaube schlummert im Herzen, Kameraden, wir werden den Tag der Freiheit begrüßen, wir Alten und Jungen, unsere Treue kann nichts brechen, kann nicht untergehen, wir bleiben Kameraden bis in den Tod.[35]

Musikinstrumente waren rar in der »Kleinen Festung«. Außer jener Gitarre, von der schon die Rede war, gab es nur die Instrumente, die einzelnen Musikern von der Lagerleitung genehmigt wurden und die nur solange zur Verfügung standen, wie ihre Besitzer hier inhaftiert waren. Lagerkommandant Jöckel hatte Škabradas Trompete, Pražáks Geige und das Akkordeon eines namentlich nicht bekannten Häftlings genehmigt, damit die Siegesfeiern der SS-ler, die jeden militärischen Erfolg der deutschen Truppen kräftig begossen, musikalisch untermalt werden konnten.[36] Das war zwischen Frühjahr 1940 und Frühjahr 1941, ehe diese tschechischen Musiker nach Flossenbürg verschleppt wurden. Bei einer dieser imposanten Feiern, die oft bis tief in die Nacht dauerten, und bei der die SS-Männer völlig betrunken waren, mußten die Instrumentalisten sogar auf die Schanzen klettern, um von hier aus der gesamten Umgebung den Ruhm der deutschen Waffen beim Einmarsch in Jugoslawien zu verkünden. Für die Häftlinge rückte durch solche Triumphe die Freiheit in immer weitere Ferne; so spielten sie Melodien wie *Wir mahlen nicht, wir mahlen nicht [Nemelem, nemelem]*, *Grünes Gras [Travička zelená]* oder *Kolin, Kolin [Kolíne, Kolíne]*, um die deutsche Armee zumindest ein wenig zu verspotten. Zu Weihnachten 1940, als sich unter dem Christbaum viele Häftlinge versammelt hatten, gaben sie sich dagegen beim Spielen große Mühe. Jaroslav Škabrada blies zum Beispiel die Fanfaren aus Dvořáks Oper *Die Teufelskäthe* und die Arie *Lieblicher Mond, du, im Silberschein weithin erstrahlt dein Licht* aus *Rusalka*, und die Melodien hinterließen einen tiefen Eindruck bei seinen tschechischen Landsleuten.[37]

Umfassende Solidarität und politisch denkende, patriotisch empfindende Häftlinge in fast allen Zellen waren die treibenden Kräfte, die die Häftlinge dazu brachten, sich mit kulturellen und politischen Problemen zu befassen und auch zu singen. Der Haß gegen die Faschisten und die Bewunderung für jede Form von Widerstand hielten sie aufrecht; die ständigen Grausamkeiten der SS nährten ihre gemeinsame politische Haltung. Dieser Geist, der sich in ihren Liedern zeigte und sich über die unerträglichen Umstände erhob, herrschte während all der Jahre, in denen die »Kleine Festung« von der Prager Gestapo benutzt wurde; er war nicht von der Initiative einzelner Häftlinge abhängig; gemeinsam setzten sich alle darüber hinweg, daß in den Männerhöfen Gesang streng verboten war und in den Frauenhöfen nur selten geduldet wurde.

Es muß immer wieder daran erinnert werden, wie man in diesen Zellen lebte: Sie waren überfüllt und modrig, die Luft war zum Ersticken; die Bewegungsfreiheit war unerträglich eingeschränkt, was bei labileren Menschen leicht zu überreizten Reaktionen führen konnte. Umsichtige Häftlinge versuchten deshalb, die Aufmerksamkeit der Gruppe auf Vorträge, Rezitationen und Gesang zu lenken, um Verzweiflungsausbrüche und ungehemmte Aggressionen ihrer schwächeren Leidensgenossen aufzufangen und die Stimmung in der Zelle in erträglichen Grenzen zu halten. Wenn die Aufseher nicht in der Nähe waren, kam es nicht auf geschulte Stimmen und auf die Schönheit des Gesanges an, sondern jeder, der wollte, sollte sich anschließen können. War allerdings ein geschulter Musiker unter den Häftlingen, der mehrstimmige Lieder einüben konnte, hatte das meist positive Folgen, denn er verstand es dann, aus einem einfachen Lied eine fast feierliche Sache zu machen. Weihnachtsfeiern und politische Jahrestage wurden dann zu wirklich feierlichen Ereignissen, die das widerwärtige Leben in der Zelle unterbrachen.

Was wir über die Musik in der »Kleinen Festung Theresienstadt« wissen, erlaubt nicht zu beurteilen, welches Niveau die dortigen Aktivitäten erreichten. Man sang meist auswendig, die zweite bzw. dritte Stimme wurde improvisiert; wenn es gut klang, erlernten die anderen Häftlinge diese Stimmen ebenfalls. Nur sehr selten schrieben sie Bearbeitungen auch auf. In den Zellen der Festung hatten solche Notizen eigentlich auch keinen Wert. Mehrstimmig gesungene Lieder wanderten von Mund zu Mund; es kam vor, daß Musiker-Häftlinge längst in anderen Lagern vegetierten, während ihre Interpretationen beliebter Melodien noch ständig weiter gesungen wurden.[38]

Die Menschen in Theresienstadt sangen intuitiv gegen die Bedingungen an, denen man sie auslieferte, weil sie spürten, daß der Gesang ihre gesamte, auch körperliche Widerstandskraft stärkte. Sie verbanden damit keine weiterreichenden Absichten. Dennoch waren ihre Melodien ihnen unersetzlich. Sie waren für sie ein spürbar notwendiger Teil des Lebens.

Der Gesang der tschechischen Studenten in Sachsenhausen

Zu den vielen namenlosen Häftlingen, die das Weihnachtsfest 1939 im KZ Sachsenhausen verbringen mußten, gehörte auch eine Anzahl tschechischer Hochschüler, die am 28. Oktober dieses Jahres beim Begräbnis des Medizinstudenten Jan Opletal ihrem Unmut gegenüber dem Okkupationsregime allzu deutlich Ausdruck gegeben hatten und verhaftet worden waren. Opletal selbst war aus den Reihen der Studenten das erste Opfer des Nazi-Terrors. Nach seiner Beerdigung fiel es dem Regime der neuen Herren nicht schwer, einen Vorwand für umfassende Razzien in den Universitäten in Prag und Brünn zu finden und in den Studentenheimen an die 1200 junge Menschen zu verhaften. Und weil »eine Gruppe tschechischer Intellektueller in Verbindung mit ausländischen Emigrantenkreisen die Ruhe und Ordnung im Protektorat Böhmen und Mähren zu stören anstrebt«, wie alle gleichgeschalteten Medien verbreiteten, wurden auch gleich die tschechischen Hochschulen »für drei Jahre« geschlossen – tatsächlich wurden sie erst 1945 wieder geöffnet –, neun Studentenvertreter wurden erschossen und eine große Zahl von Beteiligten in Haft genommen. Die entsprechende Bekanntmachung des Reichsprotektors von Neurath wurde am 17. November 1939 verbreitet; sie ist Teil der traurigen Geschichte Nazi-Deutschlands.[1]

Die Stimmung am ersten Weihnachtsabend in Sachsenhausen, wo die Studenten nun seit einem Monat gefangen saßen, war gedrückt und traurig. Alle waren hungrig, und die Furcht vor dem nächsten Tag stand ihnen in den Augen. Der Gegensatz zu ihrem früheren Leben – sie alle waren noch sehr jung und hatten meist geborgen im Elternhaus gewohnt – war harsch; die Zukunft, von der sie geträumt hatten, wurde durch die unvorstellbare Realität des Lagers zunichte. An diesem Abend wurden sie von einigen deutschen Genossen besucht, die als aktive Antifaschisten und als lebenserfahrene und harte Männer gleich nach der Machtergreifung festgenommen worden waren und den Aufbau des Lagers nördlich von Berlin, nahe bei Oranienburg, durchlitten hatten. Diese Häftlinge kannten ein Mittel, das den Kummer lindern konnte, und forderten deshalb die Tschechen auf, sich auf ihre Lieder zu besinnen: Die Studenten sangen zunächst nur zögernd, nach und nach aber wurden ihre Stimmen fester und klarer, je mehr sie sich nämlich darauf konzentrierten, sich ihrer Niedergeschlagenheit zu widersetzen. Sie kannten tschechische, mährische und slowakische Volkslieder. Sie sangen das Soldatenlied *Bei unseren Kasernen [U našich kasáren]*, das ihnen die Entschlossenheit der tschechischen Truppen bei der Mobilmachung 1938 in Erinnerung rief und das später in Sachsenhausen populär werden sollte. So überwanden sie ihre Trauer und sahen der Zukunft gefaßter entgegen.[2]

In Sachsenhausen wurde relativ häufig gesungen; man zwang die Häftlinge, sonntags nach dem Aufräumen deutsche Lieder zu lernen, deren Worte bitter schmeckten, und sie dann am Nachmittag zusammen mit der gesamten Belegschaft des Lagers laut vorzutragen. Der Dirigent dieses unfreiwilligen Chores, ein Häftling namens Haller, stellte sich vor den übrigen auf ein kleines Podium, nannte einen Titel und gab dann die Einsätze.[3] Schon bei diesen Pflichtübungen schwindelten die Studenten, sie folgten entweder der vorgegebenen Melodie, parodierten aber den deutschen Text, oder sie stimmten gleich eigene tschechische Lieder an, wenn die Aufseher weit genug entfernt waren. Das war riskant, denn zur SS gehörten auch Männer aus den Sudeten, die tschechisch sprachen, – aber die Überlebensaussichten in Sachsenhausen waren ohnehin schlecht.[4]

Ein Anstoß von außen veranlaßte die jungen Männer zu Beginn des Jahres 1940 schließlich sogar, ihr Wissen und ihre Bildung zu einem regelrechten Programm zusammenzutragen. In Sachsenhausen brach Scharlach aus, und im tschechischen Block waren in den Baracken Nr. 50 und 53 einige leichtere Fälle aufgetreten. Über die Studenten wurde Quarantäne verhängt. Sie durften nicht zur Arbeit, und der Kontakt mit den übrigen Häftlingen wurde auf das Notwendigste begrenzt. Unglücklich waren sie darüber nicht. Die Medizinstudenten unter ihnen sorgten rasch dafür, daß die Krankheit keine weiteren Opfer fand, und wachten streng darüber, daß die hygienischen Vorschriften eingehalten wurden; die Augen der Lagerleitung jedoch täuschten sie immer wieder durch scheinbare neue Symptome, die sie mit Vergnügen »erzeugten«, um ihre Isolierung zu verlängern.[5] Denn die Quarantäne bedeutete im Lager eine Phase relativer Ruhe. Die SS fürchtete den Scharlach und mied die tschechischen Baracken; die isolierten Studenten ihrerseits nahmen lieber die Folgen der Krankheit als die Willkür der brutalen Aufseher in Kauf. Doch nach der ersten Freude über das vorläufige Ende der Schikanen und des auslaugenden Arbeitseinsatzes befielen sie Langeweile, Melancholie und Heimweh und zerrütteten das psychische Gleichgewicht der Studenten. Was tun?

Es gab keine Zeitungen, deren Informationen man hätte bezweifeln oder diskutieren können, kein Radio, das einen gewissen Kontakt zur Außenwelt hergestellt hätte. Nirgends waren Bücher, mit denen sich die Zeit hätte verkürzen lassen. Und für Späße und Galgenhumor war auch nicht immer die rechte Stimmung. Aus diesen Tagen stammt die Idee, gemeinsam kulturelle Veranstaltungen zu organisieren und die Fähigkeiten, die es gab, nicht länger brach liegen zu lassen.

Zunächst veranstalteten die Studenten Debatten zu den verschiedensten Themen, hauptsächlich aber zu politischen Fragen. Am Anfang ereiferten sich viele Teilnehmer; im Lauf der Wochen stießen aber politisch geschulte, ältere Häftlinge zu diesem Kreis, beispielsweise Dr. Ivan Sekanina, Dr. Jaromír Dolanský und auch der spätere Präsident der Tschechoslowakei, Antonín Zápotocký. Dadurch gewannen die Diskussionsrunden an Gehalt und Methode; die Genossen sprachen über die harten Bedingungen des Lagerlebens und über die Haltung zum Faschismus; sie debattierten über die internationale politische Situation und über die Perspektiven, die der Krieg ihnen, den Häftlingen, bieten konnte. Die Studenten erfuhren eine eingehende Schulung; in Sachsenhausen wurden die Grundlagen für ihre spätere politische Orientierung gelegt.[6]

Unter den Studenten waren aber auch viele, die die Poesie liebten und zahlreiche Gedichte auswendig konnten. Nie hatten sie diese Verse mit so viel innerer Bewegung einem Publikum vorgetragen, dessen Gefühle den ihren ganz ähnlich waren, wie in diesem Lager zwischen Häftlingspritschen und primitiven Bänken und Tischen.

> »Als bislang verkannte Werte entdeckten wir wieder die Verse von Mácha und Neruda, von Šrámek und Sova, von Toman, Bezruč, Hora, Wolker, Halas, Seifert, Nerval, Jesenin, Garcia Lorca und vielen mehr. Nie werden wir vergessen, wie dort Seiferts *Maiengefilde [Májová krajina]* oder Máchas Liebeserklärung an das Heimatland geklungen haben ...«[7]

Die Poesie entfaltete ihre ganze Kraft. Die Studenten brachten einander die Verse bei, sie schrieben die Texte auf Packpapierzettelchen, die sie dann, um sie vor den Kontrollen der Lageraufseher zu schützen, zusammen mit den beliebtesten Liedern in Brustbeuteln aufbewahrten, die kaum mehr als um den Hals gehängte Stoffetzen waren.[8]

Einstimmiges Singen war bald fester Bestandteil im Leben dieser Studenten. Es war nicht nur Sentimentalität, die sie dazu brachte, sondern der Wunsch, Ermutigung zu finden. Rasch fanden sich Musiker unter ihnen, die den Ton angeben konnten. Zu den ersten gehörten Miroslav Píro aus Mähren, der ein unerschöpfliches Repertoire südmährischer Melodien beherrschte, und Karel Štancl, der sich verschiedenen Arten von Kunstliedern widmete und sie mit der Gitarre begleitete. Je enger sich die Studenten zusammenschlossen, desto mehr kamen auch Spaßvögel, geborene Satiriker zu Wort. Sie malten Bilder, wie einst die Bänkelsänger, und parodierten alltägliche Situationen, denen sie ausgesetzt waren. Solche gesungenen Kabarettnummern basierten auf den Melodien bekannter Schlager, beispielsweise *Mein Liebchen, mir träumte [Zdálo se mi, má pa-*

nenko], Bábinský, Mein allerliebstes Bärbelchen [Má roztomilá Baruško], zu denen sich die Sänger neue witzige Texte ausdachten.[9] Wer weiß, ob die Studenten sonst fähig gewesen wären, die Tage im Lager zu überstehen, ohne in Resignation und Verzweiflung zu fallen. Von vielen anderen Häftlingen in Sachsenhausen unterschieden sie sich jedenfalls auffällig durch ihre schöpferische Art der Selbstverwirklichung. Karel Štancl hat seine Erinnerungen so zusammengefaßt:

»Mit unserer Jugend hatten wir ins Lager neue Töne, neue Rhythmen und ein gewisses Maß an Studentenulk gebracht, die dort sämtlich eine neue Funktion gewannen. Wir entwickelten auch schwarzen Humor mit einer gesunden Dosis von Zynismus, was im Lager nur zu verständlich war. Den SS-Männern ist es nicht gelungen, uns dieses Lachen zu rauben; sie nannten uns deshalb die ›lachenden Bestien‹.«[10]

Die älteren Häftlinge hatten die jungen Tschechen gelehrt, auf alles zu achten, was im Lager vorfiel; deshalb lernten sie auch bald jene Lieder, die im Lager entstanden und beliebt waren, weil sie die Sehnsucht aller Inhaftierten nach Freiheit zum Ausdruck brachten. Die Texte waren meist in deutscher Sprache, denn sie waren von engagierten Antifaschisten komponiert worden. Das berühmte Lied von den *Moorsoldaten* gehörte dazu, dessen Text Wolfgang Langhoff und dessen Melodie Rudolf Goguel geschrieben hatten; es war die Hymne der Häftlinge, die sich durch die Torturen des Börgermoors nicht hatten beugen lassen. *Esterwegen*, das in einem der ersten nazistischen Lager entstanden war, lernten sie ebenfalls – und darüber hinaus *Den Spaten geschultert*, *Graue Kolonnen* oder *Das Sachsenhausenlied*, die alle einen verborgenen antifaschistischen Appell enthielten. *Und wenn wir marschieren* gehörte zu den beliebtesten, denn es endete mit den Worten »Du Volk aus der Tiefe, du Volk aus der Nacht, vergiß nicht das Feuer, bleib auf der Wacht.« Nach den Worten eines ehemaligen Häftlings klang dieses Lied immer wie ein Schwur, ein Aufruf und Versprechen, daß selbst »in der finstersten Nacht des Faschismus keiner von den Häftlingen die Flamme der Freiheit vergessen wird!«[11]

Mehr als ein Jahr verging, in dem der Optimismus der Jugend unter den jungen Tschechen nur selten zu spüren war, ehe sich unter ihnen ein kleines festes Sängerensemble bildete. Kurz vor Ostern 1941 faßten acht Studenten den Mut, gemeinsam eine Veranstaltung vorzubereiten, die sie der Lagerleitung verbergen mußten. In täglichen Proben im Waschraum des 52. Blocks stellten sie ein Programm zusammen, von dem sie hofften, daß es den Mithäftlingen Freude machen und helfen könnte, manches zerrüttete Selbstbewußtsein wieder aufzurichten. Dieser Schritt war nicht nur deshalb wichtig, weil sie damit den Tschechen halfen, sondern weil sie bald auch die Häftlinge anderer Nationalität mit ihrem Aktivismus und ihren Ideen ansteckten. Diese Gruppe junger Menschen wies allen den

Weg, wie es auch unter dürftigsten Bedingungen möglich sein konnte, etwas Sinnvolles und sogar Unterhaltsames zu unternehmen und Niedergeschlagenheit und Verzweiflung zu überwinden, wenn sie die Häftlinge zu zermürben drohten.

Dem Jurastudenten Miroslav Pilař war es gelungen, die Medizinstudenten Vladimír Raška, Vojtěch Schnurpfeil und Antonín Paldus, den Veterinärmediziner Jiří Wolf, die Philosophen Josef Mlček und Karel Štancl sowie den Kandidaten der Rechtswissenschaften Evžen Seyček für die Idee eines Sängerensembles zu gewinnen. Keiner war professioneller Musiker, doch der Stil, den sie kreierten, ihre mehrstimmige Interpretation unterhaltsamer Lieder, machte sie bald im ganzen Lager berühmt.

Karel Štancl arrangierte die meisten Melodien für diese Gruppe. Er ließ sich von seinem Gefühl und seinen Erfahrungen mit der Gitarre leiten; meist arrangierte er vierstimmig, die Instrumentalbegleitung wurde durch die Imitation der Instrumente eines Jazz- oder Tanzorchesters ersetzt. Jede Stimme hatte eine genau bestimmte Funktion, doch wurde auch Raum für Improvisation gelassen. Der Stil, den sie entwickelten, ließe sich am besten mit dem der damaligen tschechischen Ensemble »Lišáci« oder »Settleři« vergleichen. Sie machten populäre Musik, aber sie kultivierten ihren musikalischen Ausdruck, und ihr Gesang klang rein und überzeugend. Durch tägliches Üben harmonierten sie immer besser, und nach kurzer Zeit verstanden sie einander auch beim gemeinsamen Improvisieren. Nach ihrem ersten Auftritt vor den Studenten des tschechischen Blocks an Ostern 1941 erhielten sie den Namen »Sing-Sing-Boys« – eine Anspielung auf das berüchtigte amerikanische Zuchthaus, aber auch eine Anlehnung an das deutsche Wort »singen«. Die Gruppe selbst hatte sich R. A. Dvorskýs »Melody-Boys« aus Prag zum Vorbild erkoren, der Name gefiel ihnen und sie behielten ihn bei.

Der Erfolg der »Sing-Sing-Boys« beruhte auf ihrem vergleichsweise temperamentvollen, jugendlichen Auftreten, auf ihrer Energie, den Erinnerungen an ihre Heimat, an sentimentale Lagerfeuerstimmungen und an Studentenliebschaften. Er beruhte ebenso auf ihrem breiten Repertoire, auf Liedern, die sie von zu Hause kannten, und auf solchen, die sie im Lager kennenlernten oder selber schrieben. Jedes Mitglied der Gruppe führte ein Liederbuch, ein Notenheft, in dem die eigene Stimme und die Texte der Lieder notiert waren. Diese Hefte wurden mit der Zeit immer umfangreicher und enthielten zuletzt etwa 150 verschiedene Stücke. Freie Improvisationen kamen noch hinzu.

Die Grundlage des Repertoires waren Lieder aus dem Prager »Befreiten Theater«, also von Ježek mit den Texten von Jiří Voskovec und Jan Werich. Die waren bei den jüngeren Häftlingen beliebt; durch die neuen, frischen Arrangements der »Sing-Sing-Boys« wurden sie noch populärer und erreichten auch die Häftlinge anderer

Nationalität. Diese Art von tschechischen Liedern war einzigartig. Wie schon erwähnt, handelte es sich um satirische Texte, die sich leicht aktualisieren ließen und durch die Verhältnisse im Lager und durch die Willkür der SS immer neuen Stoff bekamen. Sie zeigten, wie man auch die traurigsten Dinge mit Humor und von höherer Warte, sehen konnte. Und sie transportierten ihre moralische Aussage durch aktuelle Melodien. Es konnte nicht ausbleiben, daß im Lager, wo jedes ermutigende Wort fast eine himmlische Gabe war, diese Lieder eine besonders bezaubernde Wirkung ausübten. Die jüngeren Lagerinsassen waren begeistert und sangen diese Stücke umso lieber, weil sie wußten, daß der SS-Kommandant die Texte nicht verstand und auch sudetendeutsche Kapos nicht in der Lage waren, der SS den tieferen Sinn zu erklären, denn die Texte waren wegen der Zensur verklausuliert worden. Die Tschechen sind im allgemeinen politisch bewußte Menschen, die durch ihre Geschichte lernen mußten, auch die subtilsten politischen Anspielungen zu verstehen. Die Studenten, die sehr genau registrierten, was um sie herum im Lager geschah, und die durch die Schulung älterer Leidensgenossen auch gereift waren, entwickelten sich darin zu wahren Meistern. Eines der Lieder wählten sie zur Erkennungsmelodie, mit der sie jeden ihrer Auftritte eröffneten: *Die bärtige Welt [Vousatý svět]* aus dem Stück *Himmel auf Erden [Nebe na zemi].*

Ihr Repertoire an Ježek-Songs war reichhaltig; darunter waren *Auf Wiedersehen in besseren Zeiten [Na shledanou v lepších časech], Der Henker und der Narr [Kat a blázen], Himmel auf Erden [Nebe na zemi], Im Hause spukt ein Geist [V domě straší duch], Der Morgen bricht an [Svítá], Das Leben ist nur ein Zufall [Život je jen náhoda], Die Ahnfrau [Prabába], Marsch der hundertprozentigen Männer [Pochod stoprocentních mužů], Von Spanien singe ich [O Španělsku si zpívám]* und *Der Hut im Gebüsch [Klobouk ve křoví].*

Die SS hat nie erfahren, was bei diesen Auftritten gesungen wurde – und daß diese Lieder, die sich über das »Dritte Reich«, seinen großmäuligen Diktator und dessen Rassentheorien lustig machten, im besetzten Gebiet eigentlich verboten waren.

Wie weit die Risikobereitschaft der Studenten ging und wie wenig die SS informiert war, zeigte sich, als eines Tages Lagerkommandant Fickert wissen wollte, was diese »Sing-Sing-Boys« eigentlich taten, und ihnen befahl, ihm etwas vorzutragen. Ohne zu zögern stimmten sie *Der Henker und der Narr* an und sangen dem Vertreter des Nazi-Regimes ihren Hohn offen ins Gesicht. Soviel Spott wirkte ungeheuer befreiend; sie gingen klar als moralische Sieger über die allmächtigen, aber tumben Vertreter der SS aus diesem Treffen hervor.

Neben den Liedern von Ježek übten die »Sing-Sing-Boys« tschechische Tanzmusik des Swing und Songs aus bekannten zeitgenössischen Filmen ein, Tramp- und Volkslieder sowie Kunstlieder, die volkstümlich geworden waren – also alles, was die Jugend in diesen Jahren sang. Eine ganze Reihe sind Evergreens geblieben. Die folgende Aufzählung verzeichnet nur die wichtigsten: die Tanzlieder *Blau und Weiß [Modrá a bílá]* von K. Běhounek, *Nimmermehr werd' ich lieben [Už nikdy víc milovat nebudu]* von B. Nikodém, *Ich hab' eine rosarote Brille [Růžové brýle mám]* von J. Traxler, *Mit dem Mädchen allein im Regen [Sám s děvčetem v dešti]* von K. Běhounek, *Studentenblues [Studentský blues]* von V. Trojan, *Mamita [Maminko]* von J. Mottl, *Der Dudelsack pfeift [Hrály dudy]* von K. Běhounek, *Das flatternde Tüchlein [Vlající šátek]* von L. Korbař, *Die Ziege auf dem Eis [Koza na ledě]* von J. Rychlík, *Weit ist der Weg nach dem Westen [Je na Západ cesta dlouhá]* von L. Korbař; die Tramplieder *Der See schlummert [Jezero dřímá]*, *Ukulele*, *Johnny*, *Weiße Felsen [Bílé skály]*, *Kleiner Mund [Ústa malá]*, *Dort in der blauen Ferne [Tam v modré dáli]*, *Ein Kanu auf dem Fluß [Na řece keňu]*, *Eine Welle nach der anderen [Vlna za vlnou]*, *Der Fluß braust [Řeka hučí]*, *Schaukel, Schaukel [Houpy hou]*; Lieder aus ausländischen Filmen wie *San Francisco*, *Schneewittchen und die sieben Zwerge [Sněhurka a sedm trpaslíků]*, *Sous les tois de Paris*, *Mexikanische Romanze [Mexická romance]*, *Ich liebe Dich*, *Schanghai*, *Carioca*; Lieder von Karel Hašler, beispielsweise *Der Flößer [Podskalák]*, *Auf der Kaiserinsel [Na císařské louce]*; volkstümliche tschechische Lieder wie *Nur du kannst mir [Jenom ty mně]*, *Ich kauf' mir [Koupím si já]*, *Das Tor von Hradec [Ta hradecká brána]*, *Unser Haus [To naše stavení]*, *Frühlingsvögelchen [Jarabáček]*, *Mir träumte [Zdálo se mně]*, *Wer ein dunkles Liebchen hat [Kto má počernú galánku]*, *Ahorn [Javor]*, *Warum bist du nicht gekommen? [Proč jsi k nám]*, *Musike, oh Musike [Muziky, muziky]* sowie Jazzpotpourris aus Liedern, die von überallher zusammengetragen waren: *Tiperrary*, *Espagna*, *Mississippi*, *Indian love call*, *Mein schönes Hawaii [Má krásná Hawai]*, *Tahiti*, *Lied der Schiffer [Píseň plavců]*, *Auf dem persischen Markt [Na perském trhu]* und *Marsch der Jugend [Pochod mládí]*.

Die Studenten waren ausgesprochen erfinderisch und scheuten sich nicht, auch klassische Musikstücke umzuarbeiten; *Warum sollen wir nicht fröhlich sein? [Proč bychom se netěšili]* stammte aus Smetanas *Verkaufter Braut*; aus seinem symphonischen Gedicht *Aus böhmischen Fluren und Auen [Z českých luhů a hájů]* nahmen sie sich die *Polka* vor und aus Dvořáks Symphonie *Aus der Neuen Welt* das sogenannte *Largo*.

Als die »Sing-Sing-Boys« nach einiger Zeit dazu übergingen, auch Volks- und Tanzlieder anderer Länder in ihr Programm aufzunehmen, sangen sie in Deutsch, Französisch, Englisch, Polnisch und Spanisch, was ihnen bei den Häftlingen aus diesen Ländern Sympathien einbrachte. Unter den Deutschen war ihr Potpourri *Rheinlieder* besonders beliebt. Karel Štancl hatte sie notiert und arrangiert.[12] Gerührt erinnerten sich die Sänger auch nach Jahren noch an *Dorfglocken*, ein russisches Lied, das auf Umwegen zu ihnen gelangt war: In Esterwegen wurde zu der schwermütigen Melodie ein deutscher Text geschrieben, der von den Abendglocken eines Dorfes erzählt, deren Klang im Lager zu hören ist und Heimweh weckt. Politische Häftlinge aus Esterwegen, die das Lager Sachsenhausen hatten aufbauen müssen, brachten dieses Lied mit. Die Studenten übernahmen es, und Karel Štancl verfaßte einen tschechischen Text, der mit den Worten einsetzte: »In der Abendstille erklingt ein Gruß aus der Ferne.«[13] Es blieb nicht das einzige Mal, daß neue Texte zu bekannten Melodien geschrieben wurden. Zwar sangen die Studenten auch in fremden Sprachen, sie übertrugen beliebte Lieder aber doch gerne in ihre Heimatsprache. Josef Škopek und Sáva Wintery hatten ein besonderes Talent, volkstümliche Stücke mit neuen, satirischen Texten zu kombinieren. Mißstände, die Spott und Kritik verdienten, gab es im Lager genug; zugleich schützten die Studenten sich auch davor, mit ihrer Musik Illusionen zu nähren, die an der Realität von Sachsenhausen zerbrochen wären und nichts als Verbitterung und Resignation hinterlassen hätten. Sie machten die sogenannten Latrinen zu ihrem Thema, also die irreführenden Gerüchte, die im Lager im Umlauf waren, und Smetana mußte für den Titel herhalten: *Aus den Häftlingsfluren und Auen.*[14]

Karel Štancl schrieb auch eine Reihe eigener Lieder und brachte die Empfindungen der jungen Leute zum Ausdruck: *Soldaten aus Lumpen und Dreck [Vojáci z hadrů a špíny]*, *Melancholie*, *Roter Blues [Červené blues]* und *Carioca*. Er lehnte sich bei diesen Werken an das übrige Repertoire an und vermied es, bei sentimentalen Stücken in Kitsch abzugleiten. Der rauhe Alltag des KZ klang aus jeder Note und aus jedem Wort, die nur in dieser Atmosphäre überhaupt entstehen konnten:

»Warum erwacht der hoffnungslose Morgen gerade, wenn ich am tiefsten schlafen möchte, warum heult der Wind in den Drähten das Totengeläute, wenn du doch nicht sterben magst« [Proč probouzí se beznadějná rána].[15]

Die »Sing-Sing-Boys« erhielten für ihre Vorstellungen keine Extrarationen, sie hatten auch sonst keinerlei Vorteile davon; doch je mehr sie feststellten, daß sie den übrigen Häftlingen viel Freude bereiten konnten, desto mehr Kraft gewannen sie und desto weniger Ruhepausen nahmen sie für sich in Anspruch. Einerseits übten sie immer neue Stücke ein, damit sich ihre Lieder nicht wiederholten, andererseits traten sie in anderen Blocks auf, ohne Rücksicht auf das hohe Risiko und auf ihre Müdigkeit. Zwischen Abendappell und Zapfenstreich wurden sie überall gerne gesehen.

»Sobald bekannt wurde, daß die Tschechen singen würden, war der Block mit Zuhörern überfüllt, sie saßen auf den Deckenbalken und Schränken, und wir waren hochzufrieden, daß wir etwas von unserer bescheidenen Kunst bieten konnten. Wir fehlten bei fast keinem Kulturprogramm, bei keiner

Geburtstagsfeier bekannter Kameraden. Zu diesen Anlässen gab es nicht nur Lieder, sondern auch Worte voller Glauben und Entschlossenheit. So auch beim Geburtstag von Antonín Zápotocký.[16] Später haben wir auch den ›Kampfaufträgen‹ des Lagerältesten Harry Folge geleistet und sind in den einen oder anderen ›politischen‹, ›braunen‹ oder ›grünen‹ Block gegangen, wo es eben am meisten Not tat, um die Stimmung zu heben und den Lebenswillen der Häftlinge zu stärken. Das taten wir auch am Weihnachtsabend und halfen, für eine Atmosphäre unsentimentaler Gemeinschaft zu sorgen.«[17]

Neben den »Sing-Sing-Boys« entstand in Sachenhausen auch ein tschechischer Chor. Während die kleinere Gruppe in der Art einer Agitprop-Truppe arbeitete und ihr Programm jeweils rasch den Tagesgegebenheiten und der Stimmung der Häftlinge anpaßte, verfolgte dieser größere Kreis von tschechischen Sängern eher künstlerische Absichten. Er wurde von František Marušan geleitet, der auch den Anstoß zur Gründung gegeben hatte. Marušan hatte Musikwissenschaft studiert und als Mitglied des akademischen Männerchores »Moravan« in Brünn viel Erfahrung sammeln können. Aus diesem Chor waren noch fünf oder sechs andere Studenten nach Sachsenhausen deportiert worden, die alle das entsprechende Repertoire und ihre jeweiligen Stimmen beherrschten. Doch hatten sie zu Beginn im Lager einige Schwierigkeiten. Es gab keine Noten, Papier und Bleistifte waren rar. Die jungen Leute ließen sich aber nicht von ihren Vorhaben abhalten. Die ersten Partituren wurden in der Gruppe nach den Stimmen notiert, die sie auswendig kannten; für ihre Proben nutzten sie den Waschraum ihres Blocks. Dieser Raum war dafür eigentlich nicht geeignet, aber die Studenten empfanden, daß sie etwas Neues in Angriff nahmen, das für ihr Leben im KZ wichtig werden würde, und sie wollten auch nicht hinter anderen Chören, die es in Sachsenhausen schon gab, zurückstehen. Einschneidender war der Mangel an Instrumenten. Es gab nicht einmal eine Stimmgabel, und erst spät konnten sie sich eine mit dem Kammerton »a« verschaffen. Doch Marušan war findig genug, um seinem Chor, der immerhin etwa vierzig Sänger zählte, auch in dieser Lage helfen zu können. Nicht alle Mitglieder waren Studenten; Jan Vala, Bohumír Červinka und Rudolf Zvolánek beispielsweise waren schon älter.[18]

Polášeks *Es flog eine weiße Gans [Oj, letěla bílá hus]* war das erste Werk, das dieser Chor vierstimmig einübte. Es war leicht zu lernen; die Sänger beherrschten bald ihre Stimmen und fanden zu einem harmonischen Klang. Das ermutigte sie zu weiteren Proben. Aus dem Gedächtnis stellten sie Chorwerke von Pavel Křížkovský zusammen – *Das Tüchlein [Šatečka]* und *Ich lieb' dich nicht mehr [Odpadlý od srdca]* –, erlernten Otakar Zichs *Der Bauer [Sedlák]* und Josef Nešveras populäres *An Mähren [Moravě]*; dann folgten Foersters *Der Ackermann [Oráč]* und *Über den Feldweg [Polní cestou]*. Damit konnten sie sich hören lassen und selbständig vor den

Häftlingen auftreten; ihre Einstudierungen übertrafen bald die Leistungen anderer Ensembles.

Ihre ersten Auftritte hinterließen einen großen Eindruck; solche kulturellen Anstrengungen waren zwischen 1940 und 1942 noch keine Selbstverständlichkeit. Sie waren ständig gefährdet, weil das notdürftig zusammengesuchte und erarbeitete Notenmaterial leicht verlorengehen konnte.

Marušans Ensemble führte keinen eigenen Namen. Doch jeder ihrer Auftritte war ein großes Ereignis; die 40 Sänger, meist junge Männer, stellten sich im Halbkreis auf und stimmten auf das Zeichen ihres Dirigenten hin die schönsten Chorstücke an, in denen ihre Heimat besungen wurde. Dann vergaßen sowohl die Sänger wie die Zuhörer, wo sie sich befanden. Die Stube, in der sie sangen, oder der Trokkenraum waren keine Konzertsäle, und die Männer trugen keinen Frack; sie zauberten ihr Kulturprogramm gewissermaßen aus dem Nichts und bewiesen damit, daß sie trotz allem Elend noch Kulturwesen geblieben waren. Die tschechischen Studenten im Lager waren stolz auf ihren Chor, auf die Schönheit ihrer Aufführungen. Von der tiefen Niedergeschlagenheit, die noch vor Weihnachten 1939 geherrscht hatte, war in solchen Momenten nichts mehr zu spüren. Im Verlauf des Jahres 1941 wurden einige der jungen Männer freigelassen, und Marušan forderte sie auf, Professor Josef Veselka, der den »Moravan« in Brünn leitete, zu bitten, einige Noten ins Lager zu schicken. Der erfüllte diesen Wunsch umgehend, die Post erreichte die Studenten, ohne daß sie durchsucht und zensiert worden wäre. Das Repertoire des Chores konnte daraufhin rasch erweitert werden. Die Mitglieder des Ensembles nutzten jede freie Minute, um ihre Stimmen zu lernen; noch nie zuvor hatten sie Musik so ernst genommen. Im Verlauf von zwei Jahren studierten sie ein Programm ein, für das sich kein freier Chor hätte schämen müssen. Von Smetana sangen sie *Mitgift [Věno]*, *Das Landmannslied [Rolnická]* und das anspruchsvolle *Lied auf der See [Píseň na moři]*. Von Pavel Křížkovský gehörten zum Repertoire *Ich lieb dich nicht mehr [Odpadlý od srdca]*, *Das Tüchlein [Šatečka]*, *Die Ertrunkene [Utonulá]* und *Geschenk für die Liebe [Dar za lásku]*, alle populären Stücke von Foerster wie *Der Ackermann [Oráč]*, *Für die Lerche [Skřivánkovi]*, *Über den Feldweg [Polní cestou]*, *Als wir Abschied nahmen [Když jsme se loučili]*, *Ihr weiten heimatlichen Gefilde [Velké, širé, rodné lány]* und *Sommerabend [Letní večer]*, von Novák *Kyjov* und *Das Korn an der Pflugwende [Už to žito na souvrati]*, von Janáček *Aufrichtige Liebe [Láska opravdivá]*, *Unsere Birke [Což ta naše bříza]*, von Dvořák *Gastmahl [Hostina]* und drei Chöre mit Begleitung – wahrscheinlich *Kummer [Žal]*, *Rätselhaftes Wasser [Divná voda]* und *Mädchen im Hain [Děvče v háji]* – sowie *Aus dem slawischen Liederstrauß*, das nur von einem Klavier und nicht von einem Streichquartett begleitet werden mußte; ferner eine

Reihe von Liedbearbeitungen, darunter Křičkas *Hoch am Himmel der Morgenstern [Vysoko zornička]*, *Preßburger Kaserne [Prešporská kasárna]* und *Tanze, tanze [Tancuj, tancuj]*; von Wünsch *Rosmarin hab' ich gepflanzt [Nasila sem rozmarýnek]* sowie manche Bearbeitungen von Polášek und anderen Komponisten.

Nováks *Kyjov*, komponiert nach dem Text von Petr Bezruč, hätte eigentlich Folgen haben müssen. Im Protektorat durfte man dieses Werk nicht aufführen, weil vor allem der fortissimo gesungene Schlußteil viele zündende Widerstandsappelle enthielt: »Wer könnte uns schlagen, wer beleidigen? Wir kennen keinen Herrn; so fröhlich, wie wir zu leben und zu trinken verstehen, so freudig wollen wir im Felde fallen.« Doch erst nach dem Attentat auf Heydrich, als die Zahl der Spitzel sich in den KZ erhöhte, wurden die Mitglieder des Ensembles verhört und gefragt, was sie in ihrem Programm hätten.

Zum Kampf riefen auch die Lieder der niederländischen Geusen auf, jener »Bettler«, die gegen die Spanier für die Freiheit ihres Landes gekämpft hatten. Das *Geusenlied* sprach vom Durchbrechen der Dämme und vom Überfluten des Landes; wenn die Tschechen gemeinsam mit deutschen Häftlingen dieses Werk anstimmten, verstand jeder, was gemeint war.[19]

Da der tschechische Chor in Sachsenhausen nicht die einzige Einrichtung dieser Art war, regte der illegale Häftlingsausschuß an, ein Festival – vielleicht auch eine Art von Wettbewerb – dieser Ensembles zu organisieren, um das Leben der Häftlinge bunter und lebendiger zu gestalten. Die Lagerleitung war einverstanden, die Veranstaltung wurde offiziel genehmigt, und im Trockenraum des KZ konnte ein internationaler Sängerwettstreit stattfinden. Außer den Tschechen nahmen drei deutsche Chöre teil – die »Liedertafel ASO« und zwei Chöre politischer Häftlinge –, ein polnischer, ein norwegischer, ein französischer und ein jüdischer Chor. Die Tschechen wurden unbestritten als bestes Ensemble anerkannt; sie verfügten über das eindrucksvollste Repertoire und über die besten Stimmen.[20] Aber auch der polnische und der jüdische Chor, der von einem Professor des Berliner Konservatoriums geleitet wurde, bekamen viel Lob.[21]

Bei diesem »Festival hinter den Stacheldrähten« ist auch der Versuch unternommen worden, gemeinsam zu singen. Alle Gruppen, die am Wettbewerb teilgenommen hatten, sollten C. M. von Webers *Jägerchor* aus dem *Freischütz* einüben; das Ergebnis war jedoch unbefriedigend, denn nicht alle hatten ihren Part gelernt. Was als Manifestation gedacht war, scheiterte wohl an der Abneigung der Häftlinge gegenüber jenem gemeinsamen Singen, das ihnen sonntagsnachmittags nach dem Appell von der SS aufgezwungen worden war.

Das Sängerfestival stärkte trotzdem die Solidaritätsbereitschaft, allein schon weil deutlich wurde, daß Sprachbarrieren kein Hinder-

nis für gemeinsame Aktionen waren. Dieses Fest wurde zwar nicht wiederholt, es folgten jedoch andere kulturelle Veranstaltungen mit Musik, Rezitationen und Theater, an denen Lagerinsassen aus allen vertretenen Ländern aktiv teilnahmen.
Die erfolgreichen tschechischen Sänger waren fast ausschließlich Studenten gewesen. Als sie im Verlauf des Jahres 1942 aus Sachsenhausen entlassen wurden, verstummte der Gesang und wurde von niemandem wieder aufgenommen. Marušan überließ dem älteren Rudolf Zvolánek sämtliche Materialien, die die Studenten zusammengetragen hatten, doch der Versuch, einen neuen Chor aufzubauen, blieb fruchtlos. Alle erfahrenen Sänger fehlten nun; ihr Auftritt an Weihnachten 1942 besiegelte das Ende des tschechischen Gesangs in diesem KZ. Die Studenten durften in ihre Heimat zurückkehren – doch sie hatten sich innerlich und äußerlich sehr verändert. Sie kamen abgemagert und mit dunklen Schatten unter den Augen nach Hause, aber ungebrochen in dem Glauben an die Befreiung ihres Volkes. Sie waren politisch reifer geworden und hielten auch in den folgenden Jahren fest zusammen. In Sachsenhausen hatten sie ein Vorbild gegeben, und die Chöre anderer Nationen waren bestrebt, eine ähnliche Schönheit und Überzeugungskraft zu erreichen, um die verbliebenen Häftlinge zu ermutigen.

Tschechische Chöre und Lieder in anderen Lagern

In mehreren KZ sind Versuche unternommen worden, ähnliche Ensembles wie das der tschechischen Studenten in Sachsenhausen aufzubauen. Die Anstrengungen waren nicht immer von Erfolg gekrönt, denn ein Chor war von bestimmten Bedingungen abhängig. Den Kern eines jeden Chores bildeten Menschen, die aus ihrem früheren Leben Erfahrungen mit gemeinsamem Gesang mitbrachten, und ein guter Chorleiter war nötig, der notfalls ohne Klavier, Instrumente und sogar ohne Stimmgabel seine Sänger anleiten konnte. Nun bestanden diese Sängergruppen zumeist aus Häftlingen gleicher Nationalität und Sprache, wodurch sie der Lagerleitung von vorneherein verdächtig waren. Sie sangen Lieder, die fast revolutionären Charakter hatten und die die SS-Männer oft nicht verstanden; kein Wunder, daß Chorgesang zu den kulturellen Beschäftigungen zählte, die in den Lagern nur ungern gesehen wurden und nicht gefördert werden sollten.

In Mauthausen existierte 1943 ein tschechischer Chor. Nachdem den Musikern dort erlaubt worden war, sich ihre Instrumente von Zuhause zuschicken zu lassen, bemühte sich der Tscheche Břetislav Dvořák ein fünfundzwanzigköpfiges Ensemble aufzubauen. Er studierte eine Reihe anspruchsvoller Stücke ein und wollte damit an den schon bewilligten Veranstaltungen in diesem KZ teilnehmen; unter den vorbereiteten Kompositionen waren Foersters *Ihr weiten heimatlichen Gefilde [Velké, širé, rodné lány]* und entsprechend arrangierte Volkslieder wie *Die Turmuhr von Rožnov [Rožnovské hodiny]* und *Tanze, tanze [Tancuj, tancuj]* und viele mehr. An einem Sonntagnachmittag trat Dvořáks Ensemble zum erstenmal auf dem Appellplatz zwischen Varieténummern und Clownerien auf und erntete gleich stürmischen Beifall. Doch davon hatten sie keinen Vorteil. Im Gegenteil – die Lagerleitung reagierte empfindlich, und da sie den Tschechen ohnehin mißtraute, verhing sie ein generelles Auftrittsverbot für den Chor. Dieses Verbot mußten die Sänger respektieren; verbotenerweise in Mauthausen zu singen, war unter den gegebenen Verhältnissen von da an zu gefährlich.[1]

Etwas günstiger lagen die Dinge in Dachau. Hier bestanden 1943, als die Lage an den Fronten für die Deutschen kritischer wurde, drei

Chöre nebeneinander: ein deutscher, ein jugoslawischer und ein tschechischer. Der deutsche Chor hatte eine etwas sonderbare Zusammensetzung. Er wurde von einem Polen aus Warschau, Kaczmarek, geleitet; ihm gehörten Václav Vlach und František Süss, zwei Tschechen vom Prager Verein »Typografia«, an; die übrigen Sänger waren meist Kapos oder »Prominente«, die sich nur deshalb dem Singen widmeten, um den gelegentlichen Veranstaltungen ihrer Kameraden einen festlicheren Charakter geben zu können.[2] Darauf legten diese Kreise im Lager großen Wert.[3] Der jugoslawische Chor war dagegen mit Begeisterung bei der Sache und wurde durch die Qualität der Darbietungen und durch die Bearbeitungen patriotischer Lieder im Lager bald populär.[4]

Der tschechische Chor in Dachau war, ähnlich wie in Sachsenhausen, von den Chören anderer Nationalitäten nicht zu übertreffen. Er beherrschte repräsentative Werke wie Smetanas *Mitgift* [*Věno*] und *Gebet* [*Modlitba*], Foersters *Ihr weiten heimatlichen Gefilde [Velké, širé, rodné lány]* sowie Chöre von Křížkovský, Janáček und V. B. Aim und hatte noch ein von Jaromír Sláma in Dachau selbst verfaßtes Stück hinzugenommen. Leiter dieses Chores war der schon genannte František Süss, ein erfahrener Musiker und langjähriger Mitarbeiter im Prager Arbeiterensemble »Typografia«. Von seinem ehemaligen Verein erhielt er auch die meisten Partituren; seine und Václav Vlachs Ehefrau hatten diese Verbindung vermittelt.[5] Alle Sänger dieses Chores – es waren an die vierzig – sangen auswendig. Anfang September 1943 verbot Lagerkommandant Campe dem tschechischen Chor jedoch, in seiner Muttersprache zu singen; dahinter steckte vermutlich ein Befehl aus Berlin, denn auch in anderen KZ ergingen ähnliche Anweisungen. Da die Tschechen ihre patriotischen Lieder nicht ins Deutsche übertragen wollten, lösten sie den Chor auf.[6]

Einmal sangen sie aber doch noch. Das war am 9. April 1945, als das Lager von der amerikanischen Armee befreit wurde. Die Sänger fanden wieder zusammen, diesmal ohne die SS wegen ihrer tschechischen Lieder fürchten zu müssen. Das Konzert wurde ein Abschied von Dachau, ein Konzert glücklicher Menschen für ebenso glückliche befreite Kameraden an einem Ort, wo viele Leidensgenossen den Nazis zum Opfer gefallen waren.

Auch für die in Dachau inhaftierten Geistlichen war Gesang etwas Vertrautes. Die Priester resignierten nicht vor der faschistischen Willkür, die gerade ihnen besonders hart zusetzte. Sie hielten Andachten mit gemeinsamem Gesang in ihren Blocks ab. Zwar hatte man sie von den übrigen Häftlingen getrennt, dennoch zeigten sie sich solidarisch. Oft waren sie es, die jenen, die am ärgsten litten, Trost spendeten. An kirchlichen Feiertagen predigten sie in ermutigenden Worten und luden die Gläubigen aller Nationen dazu ein. Dabei hatten ihre Predigten oft einen entschieden antifaschistischen Charakter.

Schon zu Beginn des Jahres 1941 hatte der ehemalige Pfarrer der Linzer Diözese, Josef Moosbauer, einen Kirchenchor mit etwa 40 Mitgliedern ins Leben gerufen. Wieviele tschechische Geistliche zu dieser Gruppe gehörten, wissen wir nicht; die meisten kamen anfänglich aus Polen und Deutschland. Schon nach wenigen Monaten gab Moosbauer die Leitung des Chores an Karel Schrammel weiter, der ehemals Direktor des Priesterseminars in Bruntál und Priester in der Olmoucer Diözese gewesen war und als Musiker die bessere Erfahrung hatte. Schrammel leitete die Gruppe drei Jahre lang – von Anfang Dezember 1941 bis Anfang Dezember 1944 –, dann wurde er nach Buchenwald deportiert und umgebracht. Daraufhin nahm Moosbauer sich wieder des Chors an, widmete sich vor allem an bedeutenden Feiertagen dem Gesang kirchlicher Kompositionen in lateinischer Sprache und in mehrstimmiger Bearbeitung und schuf mit den Sängern »wahre Perlen kirchlichen Gesanges«.[7]
Der Gesang der Priester in Dachau war Bestandteil der Gottesdienste, die im geheimen in den Blocks abgehalten wurden. Die Tschechen waren sehr engagiert und hielten beispielsweise am 5. Juli 1944 eine große Andacht zur Feier der beiden Heiligen, Kyrill und Method:

»Die Kapelle war voll. Es waren Polen aus dem Block 26 und aus dem Priesterblock 28 gekommen, es beteiligten sich auch slowenische Priester und deutsche aus den Sudeten, anwesend waren Priester der Kirche der Böhmischen Brüder und der tschechoslowakischen hussitischen Kirche, schließlich auch ein orthodoxer griechischer Archimandrite und der orthodoxe Erzbischof von Prag, Antonín Vrabec. Vom tschechischen Block 20 hatte sich eine Reihe von Laien eingefunden. Sie haben fröhlich tschechische Lieder gesungen und der tschechischen Predigt gelauscht.«

Diese Kyrill-Method-Feiern fanden ihren Höhepunkt am Sonntag, dem 9. Juli 1944, als sie durch den grandiosen Chor *Tu es Petrus* beendet wurden.[8]
Mit Chorgesang wurden auch die Gedenktage zu Ehren des heiligen Wenzel begangen. Der Choral *Heiliger Wenzel* durfte dabei nicht fehlen. Als 1944 der Prager Erzbischof Dr. Josef Beran die Predigt hielt, wurde der Segen ebenfalls von einem Chor begleitet. Auch an dieser Andacht nahmen nicht nur tschechische Priester, sondern auch Laien aus den tschechischen Häftlingsblocks teil.
Zu verschiedenen Anlässen bildeten die tschechischen Priester kleinere Sängergruppen, die durch ihre Beiträge geheime Andachten und die menschlich bewegenden und patriotisch empfindenden Betrachtungen der Priester bereicherten. So las zu Weihnachten 1944 Pater Josef Plojhar die Messe, während zwei tschechische Theologen ministrierten. Beim Abendmahl sang der Chor der Priester unter der Leitung von Professor František Černý aus der Diözese Olomouc vierstimmig zwei Weihnachtslieder: *Wir bringen euch eine Botschaft [Nesem vám noviny]* und *Auf daß er schlafe [Chtíc, aby spal]*.

Am 28. Dezember wurde vor der Krippe in der Dachauer Kapelle bei einem Gottesdienst für alle Nationalitäten sogar in mehreren europäischen Sprachen gesungen. Die Priester hatten sich vorab über den Inhalt der Lieder verständigt. Bedřich Hofman berichtet:

»Es waren einstimmige und auch vierstimmige Lieder. Die Italiener begannen, danach sangen die Franzosen, dann die Holländer, Luxemburger, Polen, Tschechen und die Deutschen. Der beste Chor war der polnische aus Block 28. Die Tschechen sangen *Auf daß er schlafe* und *Christ ist geboren [Narodil se Kristus pán]*. Die slawischen Weihnachtslieder haben etwas Fröhliches an sich und verstehen es, die Menschen zu begeistern. Die Kapelle war bis zum letzten Platz besetzt. Außer den Priestern waren auch viele Laien aus den westlichen Blocks anwesend. Zum Abschluß haben alle Priester lateinisch *Adeste fidelis, laeti triumphantes, venite in Bethlehem* gesungen.«[9]

Wir könnten eine ganze Reihe weiterer Beispiele anführen, bei denen Priester – wie in Dachau – jede Gelegenheit nutzten, um bei ihren Andachten die eingeübten ein- und mehrstimmigen Chorstücke zu singen. Grundsätzlich wurden diese Andachten ohne jeden Prunk gefeiert; es gab keine kostbare Monstranz, keine geschmückten Ornate, keine Messerequisiten und keine Orgel; es war eine schlichte, tief verwurzelte Frömmigkeit, die in den religiösen Liedern ihren besonderen, erhabenen Ausdruck fand und die die Menschen für eine Weile aus dem Grau und den Greueln des Lagerlebens herauszog.

Die vielfältigen und bemerkenswerten Leistungen der Sänger- und Schauspielergruppe »Bohema« sind oben im Kapitel über Buchenwald schon gewürdigt worden. Zwar sangen die Mitglieder dieser Truppe nicht wie die bislang beschriebenen Chöre *a cappella*, doch hatte der Gesang bei ihren Vorstellungen eine genau bestimmte künstlerische und vor allem politische Absicht und ging über gelegentliche improvisierte Einlagen weit hinaus. Wir kommen also noch einmal auf jene Tschechen zurück, die im Juni 1943 mit einem großen Transport jüngerer Landsleute aus der »Kleinen Festung Theresienstadt« nach Buchenwald kamen. Josef Větrovec und Václav Krumlovský, der Gitarre spielen konnte, wollten das Lagerleben nicht nur passiv über sich ergehen lassen. Gemeinsam begannen sie bei der erstbesten Gelegenheit unter der »Goethe-Eiche« am Appellplatz von Buchenwald vor den staunenden Mithäftlingen zu musizieren; sie gaben ein kleines improvisiertes Konzert aus Liedern von Ježek und verschiedenen Fahrtenliedern und motivierten bald weitere junge Männer, sich ihnen anzuschließen; darunter die Brüder Vančura, Miloslav Moulis, Jan Matýsek und eine Reihe anderer.[10] In den Herbsttagen 1943 hatte »Bohema« sich formiert und stattete heimlich spät abends den Blocks in Buchenwald Besuche ab, um dort Gesangs- und Rezitationsvorstellungen zu geben. Sie hatten ihr Programm inzwischen um deutsche und russische Lieder mit fortschrittlicher politischer Aussage erweitert und darüber hinaus einige

Lieder eingeübt, die aktuelle Mißstände und Reibereien unter den Häftlingen im Lager anprangerten. Einige Lieder arrangierten sie zwei- oder dreistimmig und begleiteten sie mit Gitarren, die außer von Krumlovský auch noch von František Mužík, Miloslav Hejl und Jan Matýsek gespielt wurden. Matýsek beherrschte neben den schon genannten Musikstücken auch das Repertoire des linksgerichteten »Jugendbundes«.[11] Für solche Veranstaltungen teilte sich der inzwischen stark angewachsene Kreis in kleinere Gruppen; beteiligt waren neben anderen Antonín Racek, Otto Frankenberger, Otto Tauber, Antonín Urban, Evžen Orlich, Karel Schmiedberger, Sláva Bergmann, Oldřich Hajn, Ludvík Bartůněk, Ludvík Kubíček, Josef Kubát, Robert Kubáň, František Ural, Jiří Vymazal, Václav Jonák und František Choc.[12]
Als sich »Bohema« konsolidiert hatte, schlossen sich wie selbstverständlich zwei weitere junge Tschechen an, die schon länger in Buchenwald inhaftiert und talentierte Liedersänger waren: Jaroslav Bartl und Jiří Žák. Sie hatten schon seit 1940 gemeinsam Lieder geschrieben, in denen sich ihre KZ-Erfahrungen spiegelten, doch erst mit dem Auftreten der »Bohema« konnten sie sich entfalten. Bartl schrieb Texte, Žák komponierte; für die »Bohema« war ihr Beitrag von großer Bedeutung. Denn in den Liedern mischten sich antifaschistischer Geist, der der täglichen Auseinandersetzung mit der SS abgerungen war, mit Witz, Satire und sogar einem gewissen Optimismus. Ihre Verse standen in der satirischen Tradition von Voskovecs und Werichs »Befreitem Theater«. Die Melodien gingen auf die Ausdrucksformen Ježeks zurück. Die beiden waren jung und deshalb mutig genug, diese Werke auch im größeren Kreis zu singen und das Risiko nicht zu scheuen, das sie eingingen, wenn der SS der Sinn dieser Lieder nicht verborgen bleiben würde. Zu den Liedern, die in Buchenwald entstanden, gehören *Niemals zurück [Nikdy zpátky], Auf gemeinsamem Weg [Společnou cestou], Eiserner Besen [Železné koště], Draußen tagt es schon [Už venku svítá], Wenn wir uns einmal aufrichten [Až jednou narovnáme hřbet], Freiheit [Svoboda], Jeder sollte wissen [Každý vědět by měl], Der kranke König [Nemocný král], Jugend [Mládí], Sackgasse [Slepá ulička], Mutter [Máma]* und *Sterne [Hvězdy].* Diese Lieder forderten zum Kampf um das Überleben auf. *Niemals zurück* wurde immer als erstes Lied bei gemeinsamen Veranstaltungen im tschechischen Block gesungen; die ersten Takte von *Eiserner Besen* wurden zum Erkennungszeichen der Buchenwalder Jazz-Kapelle, auf die wir später noch einmal eingehen werden. Mit diesen Liedern und mit den Texten, die auch Zdeněk Dlouhý und Jan Pauly zu bekannten Melodien geschrieben hatten, gewann »Bohema« sein Publikum immer wieder.[13]
Sie konnten Hitler natürlich nie beim Namen nennen, sondern mußten mit Anspielungen arbeiten. Doch jeder Häftling wußte, wer gemeint war, wenn er hörte: »[...] es zog ein General aus, um Völker

zu unterjochen, sie der Freiheit zu berauben; wo es nur ging, half er sich mit Schwindel und Betrug.« Kritisch und aufheiternd waren auch die Chansons, die vom Sammeln alter Wäsche für die frierenden Soldaten an der Ostfront handelten oder sich über die Perfidie der Protektoratszeitungen ausließen.[14]

»Bohema« blieb immer bei politisch-satirischen und antifaschistischen Musikstücken; kunstvoller mehrstimmiger Gesang interessierte sie weniger, dafür gab es in Buchenwald einen weiteren eigenständigen tschechischen Chor. Dessen Leiter war der Stubenälteste im tschechischen Block 36, Jaroslav Mikula, ein ehemaliger Lehrer aus Radvanice. Am Aufbau dieses Chores hatte auch J. Ullrych einigen Anteil, der spätere tschechische Botschafter in London und Vertreter der Tschechoslowakei bei der UNO in New York. Anfangs scharte Mikula etwa 40 Sänger um sich – später waren es an die 60 – und probte mit ihnen im Keller des »Lagerkommandos« [ein sogenanntes Innenkommando, das zu Arbeiten innerhalb des Lagers »kommandiert« war; A. d. R]. Ein- bis zweimal in der Woche traf man sich dort; unter den Tenorstimmen war der Madrigalsänger Alfons Waisar, der Direktor des Smetana-Museums in Prag. Anfangs hatte der Komponist Ondřej Volráb einige Volkslieder für diesen Chor bearbeitet; später erhielt Mikula Chorpartituren aus seiner Heimat und arrangierte auch einiges. Die Mitglieder warteten aber nicht erst auf geschmuggelte Sendungen aus der Heimat, sondern machten sich selbst an die Zusammenstellung von Chorpartituren; denn unter ihnen waren zahlreiche ehemalige Mitglieder von Chören, die mit der tschechischen Chormusik so vertraut waren, daß sie vieles auswendig kannten und sich ihre Partituren selbst schreiben konnten. Es waren keine anspruchslosen Kompositionen, die sie in dieser Weise vorbereiteten: Smetanas *Mitgift [Věno]* und *Festlicher Chor [Slavostní sbor]*, Foersters *Über den Feldweg [Polní cestou]* und *Ihr weiten heimatlichen Gefilde [Velké, širé, rodné lány]*, Nešveras *An Mähren [Moravě]* und verschiedene Volkslieder.[15] Aus dem Programmheft vom 16. April 1944 geht hervor, daß Mikulas Chor auch anläßlich der internationalen Veranstaltungen in der Buchenwalder »Kinohalle« einige dieser Werke sang. Vlastimil Louda, der zu dieser Zeit die Buchenwalder Kapelle leitete, schildert, wie der Chor die tschechischen Häftlinge ermutigte und ihre Stimmung beeinflußte:

»Wenn der Chor zum Lied *Man führt mir schon mein Pferd heraus [Už mi koně vyvádějí]* mit der Tenor-Solostimme ansetzte, hätte ich schwer sagen können, wieviele Augen trocken blieben. Ich erinnere mich nur, daß sie dieses Lied dreimal hintereinander wiederholen mußten.«[16]

Nach einem Vierteljahr hatte Ondřej Volráb ein großes Potpourri aus Volksliedern für Chor, Tenor- und Baritonsolo und Begleitung eines großen Orchesters zusammengestellt. Es setzte mit dem Chor *Warum sollen wir nicht fröhlich sein* aus der *Verkauften Braut* ein, der für Männerstimmen bearbeitet war, und endete mit *Gott möge uns lieben [Aby nás pánbůh miloval]*. Mittlerweile gehörten an die sechzig Sänger zum Chor, denn einige Polen hatten sich der Gruppe angeschlossen und lernten mit Begeisterung die tschechischen Texte. Zum Orchester gehörten 45 Musiker, die unter Loudas Taktstock in kleiner symphonischer Besetzung musizierten. Das Tenorsolo sang der Ingenieur Václav Krafek, ein vorzüglicher Konzert- und Opernsänger, das Baritonsolo übernahm Dr. Zelený. Es wurde ein seltener Festtag für die tschechischen Lagerinsassen, und ihr Beifall kannte kein Ende.[17]

Im »Zigeunerlager« in Auschwitz lebten einige junge Zigeuner aus Böhmen, die ebenfalls einen kleinen Chor gebildet hatten. Sie vegetierten unter noch schlechteren Bedingungen als die übrigen Häftlinge; viele Zigeuner starben an Auszehrung, lange bevor ihre Leidensgenossen in die Gaskammern getrieben wurden. Im Frühjahr 1944 sollten jedoch einige von diesen jungen Leute innerhalb von sechs bis sieben Wochen das Maurerhandwerk erlernen, um bei Bauarbeiten eingesetzt werden zu können. In Block 7 wurden sie nach dieser kurzen »Lehre« untergebracht, wo es ausnahmsweise keine Läuse gab – hier war es ungewohnt sauber, alle 14 Tage durfte geduscht werden. Kaum hatten sich die Zigeunerjungen in ihre neue Lage gefunden, begannen sie abends, nach der ganztägigen Bauarbeit, vertraute Lieder zu singen, wie *Das Häuschen am Fuße der Berge [Chalupky pod horami]*, *Unser tschechisches Lied [Ta naše písnička česká]*, *Tanze, tanze [Tancuj, tancuj]* oder *Die Sonne schien warm [Hřálo slunce]*. Sie improvisierten zweite und dritte Stimmen, um einen volleren Klang zu erreichen, und weckten damit das Interesse des Dirigenten der Lagerkapelle. Der wählte 32 Sänger aus und probte häufiger mit ihnen. Dadurch wurden sie bei den Häftlingen bekannt. Diese kamen oft, um den Jungen in der Küche, wo sonst die Lagerkapelle spielte, zuzuhören. Für die Zigeuner besserte sich die Situation im Lager dadurch ein wenig; sie überlebten das fürchterliche Frühjahr 1944, als zahllose Häftlinge an Hunger starben, und manche konnten zumindest Auschwitz noch lebend verlassen, als sie später nach Buchenwald und Dachau gebracht wurden.

Häftlingsgesang in Gestapogefängnissen

Auf den ersten Blick erscheint es sicherlich aberwitzig, der Frage nachzugehen, ob und wie in den Verliesen der Gestapo noch gesungen werden konnte. Aber man darf diese Frage nicht ausklammern. Das Ergebnis dieser Untersuchungen wird nur aus Bruchstücken bestehen können – aber auch Fragmente haben ihren Wert.

Wo hätten die Menschen singen sollen? Wenn die Verhafteten stundenlang regungslos und mit der Stirn an der Wand auf den Gängen vor den Verhörzellen stehen mußten, durften sie bei Todesstrafe mit ihren verstörten und zerrütteten Nachbarn kein Wort wechseln. Wenn sie nach dem Verhör zerschlagen und blutend in die Zellen zurückgebracht wurden, herrschte eisige Stille. Sie konnten höchstens noch tuscheln; um ihre Widerstandskraft zu brechen, war absolute Totenstille befohlen. Sie lebten immer nur auf das nächste drohende Verhör hin; die Minuten, Stunden und Tage wurden durch das Warten von Angst erfüllt. Wann das nächste Verhör stattfinden würde, wußte niemand; was die Gestapo über sie wußte und was sie aus ihnen herausprügeln wollte, welcher Dinge sie beschuldigt wurden und welche Qualen noch bevorstanden – darum drehten sich alle Gedanken. Das Kalkül der Nazis war, daß die meisten ihrer Opfer unter der Folter früher oder später zusammenbrechen und die gewünschten Aussagen machen würden. Diese Rechnung ist nicht immer aufgegangen.

Die Widerstandskraft der Häftlinge war davon abhängig, ob sie sich – auch nur für kurze Zeit – von dem Druck freimachen konnten, der auf ihnen lastete. Wer nur in panischer Angst und einsam in seiner Zelle dem nächsten Verhör entgegenzitterte, um den war es schlimm bestellt. Waren aber mehrere Häftlinge in einer Zelle untergebracht, waren die Möglichkeiten, sich abzulenken, schon etwas günstiger. Es blieb immer ein ungleicher Kampf, den die Gefangenen gegen die Gestapo führten, und die Kultur spielte darin eine Rolle. Nicht jeder Häftling besann sich darauf, aber auch nicht alle hatten sie vergessen. Es gab einige, denen sie half, die furchtbarsten Tage, Wochen und Monate zu überstehen.

Daß Gesang in dieser Lage stärkend und ermutigend wirken konnte, hat Alois Bláha bewiesen, der als Mitglied des Stabes für Nationale

Verteidigung [Obrana národa] zweieinhalb Jahre lang in Einzelzellen inhaftiert war, ehe er vor Gericht gestellt wurde. Am Weihnachtstag 1941 klang während der Wachablösung im Zuchthaus Golnow unerwartet eine volle Baritonstimme durch die Gänge. Alles in den Zellen verstummte, auch das Nachrichtenklopfen hörte auf, alles lauschte. Die Stimme sang *Wir zogen durch fremde Länder [My cizinou jsme bloudili]* aus Dvořáks Oper *Der Jakobiner*. Dann folgte eine Arie von Smetana und zum Schluß Libussas *Prophezeiung*.

»Können Sie sich vorstellen, was für ein Erlebnis das war, nach so vielen Monaten Einzelhaft? Ich habe geweint, und als die letzten Töne der *Prophezeiung* verklungen waren, war im ganzen Zuchthaus ein derartiger Jubel zu hören, wie ihn Dvořáks und Smetanas Musik wohl noch nie geerntet hatten. Das verlieh uns Kraft, Kraft, die Vereinsamung zu bewältigen, und bestärkte uns in der Überzeugung, daß wir zurückkehren und siegen werden.«[1]

Obwohl sich im dreigeschossigen Flügel des Golnower Gefängnisses nur tschechische Häftlinge befanden, wußte niemand, wer gesungen hatte. Fest stand nur, daß es ein Tscheche und ausgebildeter Musiker gewesen sein mußte, der offensichtlich von allen anderen isoliert gehalten wurde. Bláha lernte ihn dann drei Wochen später in einer anderen Zelle kennen. Er hieß František Kryšpín, stammte aus Prag und war vor seiner Verhaftung Organist und Kantor der Nusler Kirche gewesen. Als Organist hatte er mit der Tschechischen Philharmonie zusammengearbeitet. Noch im Gefängnis beschäftigte er sich mit seiner Kunst; er bearbeitete Foersters Harmonielehre, einerseits um sie modernen Auffassungen anzunähern, aber auch um etwas zu tun zu haben und sich ablenken zu können. Nach einem der Verhöre hatte er bereits einen Selbstmordversuch unternommen und sich mit einem Brillenglas die Adern aufgeschnitten. Zwei Monate verbrachte Bláha mit ihm in einer Zelle – er sollte ihn von einem neuerlichen Suizidversuch abhalten. Dann wurde Kryšpín nach Berlin gebracht und am 10. Juni 1943 in Plötzensee hingerichtet.[2]

Man versuche einmal, sich dieses Schicksal vorzustellen: Der kommunistische Landtagsabgeordnete Jacob Boulanger hatte sechs Jahre lang ununterbrochen in Dunkelhaft in verschiedenen KZ zugebracht; zuletzt hatte es ihn in den Buchenwalder Bunker verschlagen, wo damals der sadistisch veranlagte SS-Hauptscharführer Martin Sommer Regiment führte. Durch eine Spalte im Mauerwerk konnte Boulanger den Gesang der anderen Häftlinge im Lager hören. Jeden Ton saugte er in sich hinein, sein ganzer Körper reagierte auf dieses Relikt menschlicher Kultur, das zu erleben ihm schon lange verwehrt war. Die Buchenwalder Hymne ergriff ihn jedesmal aufs neue, besonders wenn er den Refrain »denn einmal kommt der Tag, dann sind wir frei« aufschnappen konnte. Wieviel Hoffnung wurde durch diesen Gesang ausgedrückt, aber auch wieviel Verzweiflung – und nicht zuletzt auch eine Vorahnung der Vergeltung, die eines Tages kommen mußte.[3]

Was die Häftlinge in den Nazi-Bunkern durchmachten, darüber gibt es kaum Berichte, denn kaum jemand hat es überlebt. Doch gab es immer wieder einzelne, die auch in diesen Zellen das Singen nicht aufgaben und in ihrem Schmerz und ihrer Verzweiflung die unweigerlich folgenden Strafen in Kauf nahmen.
In Ravensbrück wurde die Kommunistin Jožka Jabůrková, eine tapfere junge Frau, furchtbar gefoltert. Was hat sie dazu bewegt, vor ihrem Tod noch die *Internationale* oder Dunajewskýs *Marsch der fröhlichen Kinder* zu singen?[4] Wollte sie mit diesem Gesang den anderen weiblichen Häftlingen inner- und außerhalb des Bunkers eine Botschaft übermitteln? Oder sang sie nur für sich selbst und um sich zu ihren Überzeugungen zu bekennen, für die sie in den Tod

Partitur des Chors *Unser täglich Brot*, komponiert von Ladislav Jandásek im Gestapo-Gefängnis »Pod kaštany« in Brünn

ging? Das ist schwer zu beantworten. Als sie selbst schon nicht mehr handeln konnte, ließ sie dieses Lied für sich sprechen. Es wurde gehört, und über ihre Haltung wurde im ganzen Lager voller Bewunderung gesprochen.

Ähnlich verhielten sich die politischen Häftlinge im »Pod kaštany«, dem Gestapo-Gefängnis in Brünn. Unter ihnen befand sich Professor Ladislav Jandásek, der ein begeisterter Musiker und Chorleiter war und sich noch im dunkelsten Kerkerloch mit seiner Kunst befaßte. Er brachte seine Mitgefangenen dazu, gemeinsam und halblaut bekannte Lieder zu singen, und half ihnen damit über ihre Lage ein

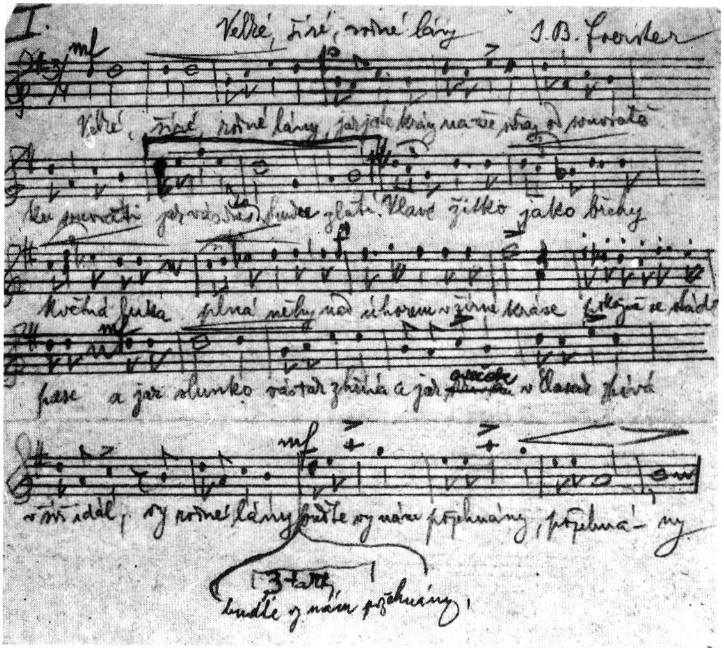

Partiturauszug der Tenor und Baßstimme aus dem Chorwerk *Große weite Heimat* von J. B. Foerster, im Gefängnis »Pod kaštany«, Brünn, aus dem Gedächtnis notiert

wenig hinweg. Doch er forderte noch mehr von ihnen: Wenn ein bedeutender politischer Jahrestag anstand, veranstaltete man in der Zelle ein regelrechtes Kulturprogramm; wenn einer der Kameraden umgekommen war, hielt man für ihn eine Totenfeier ab. Zu solchen Gelegenheiten schrieb Jandásek neue Kompositionen, er übte Chorwerke ein, die er auswendig kannte, und arrangierte Volkslieder für 1. und 2. Tenor- und 1. und 2. Baßstimme, gelegentlich auch für eine Solostimme, die er dann bisweilen selbst übernahm. Unter den erhaltenen Noten finden sich Foersters Männerchor *Ihr weiten heimatlichen Gefilde*, Kuznikovs *Über den Bergen tagt es*, die Bearbeitung von Beethovens Melodie aus dem langsamen Satz der Klaviersonate f-Moll, der *Appassionata*, Jandáseks Stücke *Unser Hauswirt [Náš hospodář]* und *Unser tägliches Brot [Chléb náš vezdejší]* nach den Texten seines Mithäftlings Jaroslav Zatloukal sowie Bearbeitungen der Volkslieder *Ach, ihr Wälder [Aj ve naše lesy]* und *Vater, es ist besser [Lepší je tatičko]*. Ebenfalls nach einem Text von Zatloukal hatte Jandásek noch im Gefängnis am 5. April 1942 das *Wiegenlied [Ukolébavka]* für Solostimme und Männerchorbegleitung komponiert, das den Kindern der Mithäftlinge Dr. jur. Zdeněk Krejčí aus Brünn und Dr. jur. Vlasta Pešek aus Hranice gewidmet war; Zdenička, die Tochter des ersten, und Jiříček, der Sohn des zweiten, waren auf die Welt gekommen, als ihre Väter schon inhaftiert waren. Die kleinen Werke wurden auf winzige Streifen Toilettenpapier geschrieben. Jandásek konnte später einige davon nach Hause schmuggeln; die meisten wurden aber unter dem Fußboden der Baracke verborgen, wo sie sogar einen Brand der Gebäude überdauerten und nach der Befreiung von einem der ehemaligen Häftlinge gefunden wurden. Jandásek selbst erlebte das nicht mehr; er starb in Auschwitz.[6]

Unter den Frauen, die in die Hände der Gestapo fielen, waren ebenfalls nicht wenige, die den Folterungen tapfer standhielten und deren Mut die Gestapo nicht brechen konnte. Sie sangen ihre Lieder, ohne an die Strafen zu denken, die unweigerlich folgen würden; sie wußten, daß ihr Gesang durch die Mauern drang, und sie fühlten, daß er ihren Mithäftlingen Kraft gab. Zu diesen Mädchen zählte Pavla Krčmová, die in Klatovy gefangen war. Bis zu ihrem Tod im KZ gelang es der Gestapo niemals, ihr Informationen zu entreißen. Ihre Zellengenossin M. Malafová erinnert sich noch, mit welcher Hingabe Pavla Krčmová singen konnte und ihre Leidensgenossinnen mitriß:

»Wir beide, Pavla und ich, sangen am geöffneten Lüfter bis tief in die Nacht hinein vaterländische Lieder, und das ganze Zuchthaus hörte uns zu. Die Gestapo-Leute tobten, und wir erhielten Dunkelarrest, aber unseren unbeugsamen Willen, wenigstens durch ein Lied die patriotischen Gefühle unserer Mithäftlinge zu stärken, haben sie nicht unterdrücken können. Dieser Gesang wurde für uns zum täglichen Bedürfnis, und so sangen wir in der mitternächtlichen Stille unsere schönen Volkslieder. Bei vielen Liedern haben wir den Text geändert und durch einen geeigneten Inhalt ersetzt.«[6]

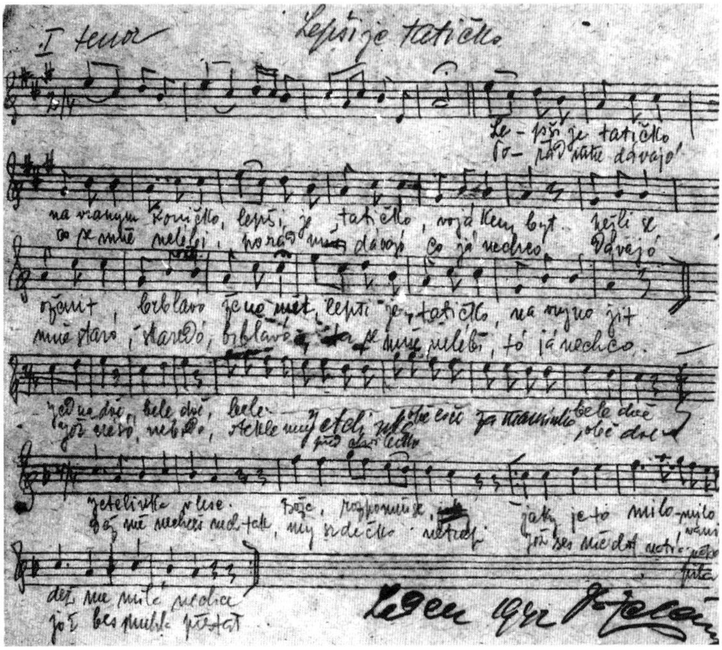

Partiturauszug der Tenorstimme des Chorarrangements *Väterchen …*, das 1942 im Brünner Gestapogefängnis gesungen wurde

Wer in diesen Kerkern den Mut aufbrachte, laut zu singen, verschaffte sich selbst Linderung und ermutigte die, die ihm zuhören konnten. Das wußten die Häftlinge; das wußte auch die achtzehnjährige Věra Doležalová, die zweimal von der Gestapo dafür bestraft wurde, daß sie in der Zelle »revolutionäre Lieder« gesungen hatte. Aber jung, wie sie war, ließ sie sich nicht abschrecken, denn sie fühlte die Verpflichtung, den leidenden Häftlingen mit ihren Mitteln zu helfen. Sie sang immer weiter und tat noch mehr, um die Häftlinge von ihrem Elend abzulenken:

»Ich sang, dachte verschiedene Geschichten aus, dichtete Sprüchlein und verfaßte Gedichte mit Liedeinlagen. […] Ich wußte, daß zum Beispiel das Lied ›Wir sitzen in der Ecke, gefesselt an Händen und Füßen, denken uns aber unseren Teil …‹ [Sedíme v koutě, ruce, nohy v poutech …] eine Stärkung und Unterstützung für die Männer bedeutete, die man oft in einer Decke zum Verhör tragen mußte, weil sie nicht mehr zu gehen imstande waren, und sobald ich rufen hörte: ›Sing uns unser Lied, Věra!‹, da mußte ich singen, obwohl ich nicht wußte, ob mich die SS-Männer hören konnten oder mich jemand verraten würde.«[7]

Für die junge Frau war das überaus belastend; doch als sie nach dem Aufenthalt in Tábor in die »Kleine Festung Theresienstadt« und später weiter nach Ravensbrück gebracht wurde, half sie den Frauen auch in diesen Lagern nach Kräften.

Tapferkeit – viel mehr als bloß Mut – gehört unbestritten zu den seltensten und bewunderungswürdigsten Eigenschaften. Sie kann ganz unterschiedliche Taten motivieren – sie kann Soldaten an der Front beseelen, aber auch dem Gefolterten die Festigkeit geben, Qualen

standhaft über sich ergehen zu lassen. Tapferkeit kann auch darin liegen, an kulturellen Werten festzuhalten und damit ein Beispiel für andere zu geben, das von nicht geringerer, vielleicht gar von größerer Bedeutung sein kann als Gesten des Patriotismus. Künstlerische Leistungen büßen ihren Wert nicht gleich wieder ein; sie wirken – über Jahrzehnte hin – weiter und manifestieren auf elementare Weise den Widerstand und den Willen, vor der Barbarei nicht zu kapitulieren und sich nicht von ihr knechten zu lassen.
In den Gestapo-Gefängnissen wußten die Häftlinge, was ihnen bevorstand, wenn sie bei Widersetzlichkeiten erwischt wurden. Auch der zweiundsechzigjährige Komponist Rudolf Karel, der als wichtige Persönlichkeit des tschechischen Widerstandes im Prager Pankrác-Gefängnis unter harten Bedingungen einsaß, wußte, was kommen würde. Sein junger Mithäftling, der Student Stanislav Falta, der von Juni 1943 bis zum Frühjahr 1944 sein Zellengenosse war, machte sich ebenfalls keine Illusionen. Sie halfen einander wie Vater und Sohn. Als Karel unter dem Druck der Verhöre zusammenzubrechen drohte, begann er Geistesgestörtheit vorzutäuschen und eine Gehbehinderung zu simulieren. Falta mußte ihn von da an stets aus der Zelle hinausbegleiten. Trotz ihres Altersunterschiedes von etwa vierzig Jahren hatten beide Vertrauen zueinander gefaßt und hatten sogar, während sie die Verhöre durchstanden, hinter dem Rücken der Folterknechte trotzig das *Lied der Freiheit [Píseň svobody]* verfaßt, das voll revolutionären Schwungs ist. Der Text stammte von Falta und wurde von Karel der Melodie etwas angepaßt. Sie wanderten die paar Schritte in ihrer Zelle auf und ab und sangen ihr Werk halblaut; zwischen dem Text und der schlichten Melodie bestand vollkommene Harmonie. Es hätte ein Revolutionsgesang der Massen sein können, da es zum Kampf gegen alle Okkupanten und Mörder am tschechischen Volk aufforderte [»Schlagt den Mörder, schlagt ...«].[8]

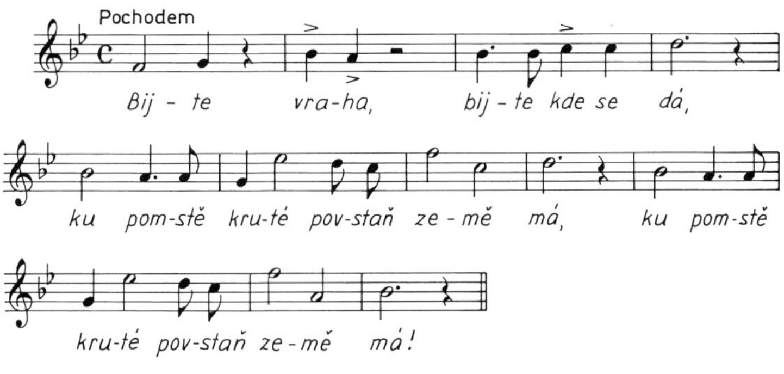

Ein schöneres Memento als dieses Lied konnte nicht entstehen. Die ganze Idee des antifaschistischen Widerstandes fand sich in wenigen Takten gebannt und gefühlvoll und ausdrucksstark vertont. Rudolf Karel ist kurz darauf gestorben, aber sein Vermächtnis lebt weiter.[9]

Das Singen hymnischer Lieder

Es ist für einen Außenstehenden und aus der zeitlichen Distanz heraus schwierig, jene Situationen zu beschreiben, in denen die Tschechen in den Lagern ihre Hymne sangen, und sich dabei klarzumachen, was sie empfanden. Nur wenige Quellen sind verfügbar; die Gefahr, unfreiwillig allzu gefühlsbetonte Schilderungen zu produzieren, scheint kaum zu umgehen zu sein. Solche starken emotionalen Regungen, wie sie in den KZ beim Gesang der schlichten aber eindrucksvollen Lieder ausgelöst wurden, kennen wir kaum. Als freie Menschen schämen wir uns oft schon, wenn wir uns allzu sehr von einer Melodie ergreifen lassen; meist sind wir bemüht, starke innere Bewegung vor anderen zu verbergen.

Doch in den nationalsozialistischen Lagern, wo jedes Leben an einem dünnen Faden hing, galten andere Maßstäbe. Hier stand eine Hymne für die ferne Heimat, sie hielt Erinnerungen wach, an die Familie, das Vaterland und an die Freiheit. Die Häftlinge zehrten von der Hoffnung, dorthin zurückkehren zu können, so schlecht die Chancen dafür auch standen. Die subjektive Verfassung, in der sich die Häftlinge befanden, machte sie für solche außerordentlichen Empfindungen zugänglich. Das ist keine Schwäche überempfindlicher, gedemütigter Seelen, sondern ein tief verwurzeltes Gefühl, das dem Wesen des Menschen entspricht.

Es gibt fast keine authentischen Dokumente zu diesem Thema. Außer in Theresienstadt, wo besondere Bedingungen herrschten, konnten es die Häftlinge in den Lagern kaum wagen, ihre unmittelbaren Eindrücke und ihre Gemütsverfassung niederzuschreiben und solche Texte dann aufzubewahren; darauf stand der Tod. Auch Vladimír Helfert, ein Professor, der seinem in der Nachbarzelle einsitzenden Freund mutig schriftliche Notizen zuspielte, hätte wohl nicht gewollt, daß diese Kassiber aufbewahrt werden, um sie der Nachwelt zu übermitteln. Der Historiker ist auf nachträgliche Schilderungen angewiesen, aber diese sind unvollständig und nur vereinzelt vorhanden. Denn Hymnen wurden – wie keine anderen Lieder sonst – in den Lagern am Abgrund des Todes gesungen.

Mit dem Einmarsch der deutschen Truppen in die Tschechoslowakei wandelte sich augenblicklich der Sinn, den solche Hymnen wie *Wo*

ist mein Heimatland [Kde domov můj] und *Über der Tatra kreuzen Blitze [Nad Tatrou sa blýska]* haben konnten. Die Slowakei trennte sich ab, das neugeschaffene »Protektorat Böhmen und Mähren« wurde dem Reich einverleibt, und damit trennten sich auch die beiden Lieder. *Wo ist mein Heimatland* wurde zwar weiterhin als Nationalhymne gesungen, aber nur zusammen mit *Deutschland, Deutschland über alles*; das war als bewußte Demütigung gemeint, und die Tschechen nahmen ihr Lied nicht als Hymne des besetzten Protektorates an. Für sie war diese Melodie weiterhin Ausdruck der nationalen und staatlichen Selbständigkeit ihres Landes und Symbol ihrer vaterländischen Kräfte. In Škroups und Tyls Lied schwingen die Liebe zur Heimat und ihren Schönheiten mit; noch im KZ hätte jeder Tscheche dieses Werk als sein liebstes Musikstück genannt. Das paradiesische Bild der Heimat, ihrer Gewässer, ihrer Wälder, ihrer Berge und Gärten blieb die Vision jedes Häftlings. Die Hymne hielt im Gedächtnis, was im Kot der Lagerstraßen und im Dunkelarrest der Betonbunker aus dem Gesichtskreis verschwunden war. Wo immer im KZ dieses Lied trotz der Risiken gesungen wurde, war die Wirkung überwältigend. Gleichgültig, was die Menschen bis dahin schon erlitten hatten, wenn sie im kleinen Kreis verstohlen *Wo ist mein Heimatland* sangen, wurden sie von Rührung übermannt.[1]
Wenn es irgendwie möglich war, sangen die Tschechen diese Hymne auch an den Weihnachtsabenden und zur Jahreswende. Darin erreichten Gefühlsregungen und Heimatliebe, die sie im Lager sonst unterdrücken mußten, ihren Höhepunkt. Willi Mahler notierte, Neujahr 1943, in Theresienstadt in seinem Tagebuch:

»Um Mitternacht, als die Freunde Fantl und Šmolka auf einem Blech ›Zwölf Uhr‹ geschlagen hatten, begrüßten wir nach den allseitigen Glückwünschen das neue Jahr 1943, indem wir unsere tschechische Hymne *Wo ist mein Heimatland* sangen. Obwohl wir das nicht vereinbart hatten, empfanden wir in diesem Moment alle, daß wir dieses Lied singen mußten, um uns Linderung zu verschaffen, und damit uns leichter ums Herz würde. Unsere Augen wurden feucht und unser Atem leiser.«[2]

Beim Morgenappell am Neujahrstag gab der Blockälteste der tschechischen Häftlinge, Dr. Alois Neumann, der als Geisel im ersten Jahr des Protektorates verhaftet worden war, die Anweisung, leise die geliebte Hymne zu singen:

»Über 400 gestreifte Mützen fliegen mit einem Schlag von den Häuptern. Zwischen den Blocks ertönt der erhabene Choral der tschechischen Hymne. Junge singen neben Alten, die schon weißhaarig sind, ohne der Kälte zu achten, und ihr Atem steigt als weißer Dampf in der eisigen Morgenluft. Sie singen leise, und dennoch erwecken sie die Aufmerksamkeit im benachbarten deutschen Block. Die Deutschen stecken die Köpfe heraus und lauschen ergriffen. Der Gesang geht zu Ende. Die Mützen werden wieder aufgesetzt. Viele Augen sind feucht geworden. Aber in unsere Seelen ist Frieden eingekehrt. In vielen Herzen keimte die Hoffnung auf eine baldige Rückkehr in die Heimat. Wie täuschten wir uns [...].«[3]

Das war ein Ereignis, das die Beteiligten, soweit sie noch leben, bis heute nicht vergessen haben. Das war für KZ-Verhältnisse eine Provokation; hätte ein Kapo oder ein Spitzel der SS verraten, was am Neujahrsmorgen gesungen worden war, hätten die Sträflinge mit einer Strafaktion rechnen müssen.
Im Internierungslager Svatobořice in Mähren kamen am Heiligen Abend 1942 die Bewohner des Ortes zu den Baracken und sangen ihre Lieder vor den inhaftierten tschechischen Frauen, denn sie hatten von Gendarmen erfahren, daß die Lagerleitung nicht anwesend sein würde.

»Sie sangen zunächst schöne tschechische Weihnachtslieder, um uns wissen zu lassen, daß wir nicht allein und verlassen sind, als wir plötzlich vom unteren Lager her unsere Hymne *Wo ist mein Heimatland* hörten; wir schlossen uns gleich an. Geknechtete Seelen ergriffen das Wort. Es war ein Ausdruck der Liebe zum Heimatland und eine Antwort denjenigen, die auch durch ihr hartes Vorgehen den Geist der Tschechen nicht brechen konnten.«[4]

Die Tschechin Margot Anzenbacherová (später verheiratete Větrovcová) beherrschte das Kunstpfeifen. In der Untersuchungshaft und im Zuchthaus Waldheim konnte sie auf diese Weise ihren Mitgefangenen einige Melodien klassischer Werke nahebringen. Auch in Auschwitz nützte sie diese Fähigkeit. Tschechische Mädchen hatten sich vorgenommen, einer Gruppe von Frauen aus Lidice, die zum Abtransport nach Ravensbrück vorgesehen waren, zum Abschied eine Freude zu bereiten und Margot Anzenbacherová gebeten, ihnen die Hymne vorzupfeifen. Alle, die dieser Szene beiwohnten, brachen in Tränen aus, und die Frauen wurden für diesen Augenblick über die unbekannten Leiden, die sie erwarten würden, hinweggetröstet.[5]
Das Absingen der tschechischen Hymne vermochte auch bei denen Ehrfucht hervorzurufen, die die Häftlinge beaufsichtigten und die Arbeit kontrollierten. Wenn bei der Untertagearbeit in der Grube »Richard« bei Litoměřice das Licht ausfiel, nutzten die Gefangenen die Gelegenheit, um zu debattieren oder Lieder zu singen. Im letzten Jahr des Krieges wurde den Häftlingen hier und da schon einiges nachgesehen; nicht alle Aufseher waren Unmenschen, manchmal war auch eine gewisse Lethargie bei den Verantwortlichen zu spüren. Gefangene aus der »Kleinen Festung Theresienstadt« saßen in einer solchen Situation singend beisammen, als am Ende des Ganges ein Grubenlicht sichtbar wurde und sich ihr Kapo »Steuermann« näherte; er hieß so, weil er eine Marineuniform trug; sonst wußte niemand etwas über ihn. Keiner wollte seinen Zorn erregen, also stellten die Gefangenen ihren Gesang ein. Doch das wäre nicht nötig gewesen. Statt wie erwartet in Deutsch, sprach der Kapo sie auf Polnisch an und bat sie, ihm die »tschechische Nationalhymne« vorzusingen. Und dann drehte er die Karbidlampe so, daß ihr Licht nicht mehr auf die Häftlinge fiel.

»Wir sangen also *Wo ist mein Heimatland* und *Über der Tatra kreuzen Blitze.* Mit einem mal ging das Licht an, und wir sahen den ›Steuermann‹, wie er mit abgezogener Mütze unserer Hymne lauschte.«[6]

So etwas blieb Einzelfall; aber die tschechische Hymne ist so schön, daß sie auch von jenen andächtig angehört wurde, die nicht wußten, wovon dieses Lied handelt. Gegenüber der SS war es allerdings klüger, den Inhalt dieses bewegenden Werkes nicht preiszugeben. Weihnachten 1940 beispielsweise, als den Gefangenen der »Kleinen Festung« erlaubt wurde, unterm Baum einige Lieder zu singen, spielte der hier inhaftierte Josef Pražák auf seiner Geige die tschechische Hymne. Schon wenn sie nur die Melodie vernahmen, kam bei den Häftlingen tiefe Rührung auf. Dabei durften sie wegen der Aufseher noch nicht einmal durch Augenzwinkern oder durch Tränen erkennen lassen, was ihnen in diesem Moment vorgespielt wurde.[7]
An etwas Ähnliches erinnern sich ehemalige Flossenbürger Häftlinge. Ebenfalls an Weihnachten spielten die Streicher der Häftlingskapelle in der Halle des Waschraumes die Hymnen aller Länder, deren Bürger hier festgehalten wurden. Die polnische, die jugoslawische und die tschechische Hymne wurden gespielt und – da die SS nicht ständig anwesend war – auch die *Internationale*. Der dortige Kommandant Fritsche hörte sich die Werke ebenfalls an: *Wo ist mein Heimatland* gefiel ihm am besten. Auf seine Frage, was für ein Lied das sei, sagte man ihm dann jedoch, es sei ein tschechisches Weihnachtslied.[8]
Auch die Tschechinnen in Ravensbrück haben versucht, ihre Hymne in die Rezitationen einzubauen. Sie sollte nicht nur ein spontaner Appell, sondern Teil ihres Programmes sein. Nachdem sie Máchas Poem *Mai [Máj]* vollständig im Lager zur Verfügung hatten und Nina Jirsíková den Text mit den Häftlingen in der Tradition von Burian als chorische Rezitation einzuüben begann, summten einige Frauen dieses Lied mit, während die übrigen den 3. Gesang rezitierten:

Wohin auch immer euch die Reise führt,
auch dort, wo ihr den eignen Strand berührt,
dort grüßt das Land mir auf eurem Wallen,
das schöne Land, das geliebte Land,
auch meine Wiege, meine Mutter und mein Grab hernach,
meine Heimat, mir verliehn, daß sie mein Erbe werde,
ach dieses weite Land, das einzige Land!

Die erste Aufführung fand am 1. Mai 1944 im Tagesraum des tschechischen Blocks statt, wo sich die Frauen zusammen mit den eingeladenen Jugoslawinnen versammelt hatten. Der Block war überfüllt, der Erfolg war enorm; Máchas Verse rissen das Publikum hin, und die Melodie der Hymne tat das ihre. Außerhalb des Lagers, in einem gewöhnlichen Theater, hätte man in dieser Kombination vielleicht eine übertriebene Effekthascherei gesehen. Hinter dem Stacheldraht von Ravensbrück war diese Überhöhung jedoch die bestmögliche Inszenierung. Die Frauen sprachen noch lange Zeit von nichts anderem als dieser »Häftlingseinstudierung«.[9]

Hymnen wurden aber nicht nur in Gemeinschaft gesungen. Es gab tschechische Häftlinge, die, den Tod vor Augen, eine Hymne anstimmten und mit dem Mut tragischer Helden auf ihrem letzten Weg den zurückbleibenden Häftlingen ein Beispiel geben wollten. Vielleicht wollten sie auch für sich selbst ausdrücken, daß sie reinen Gewissens, mit ungebrochenem Patriotismus und ungebrochener Freiheitsliebe in den Tod gingen. Über solche Szenen können nur jene wenigen berichten, die diese Hölle zufällig überlebt haben. Vor allem nach dem Attentat auf Heydrich wurden die Tschechen geschunden, gequält, erschlagen und zu Hunderten exekutiert. Für viele von ihnen bedeutete der Tod eine Erlösung. Auf dem Weg zur Hinrichtungsstelle sangen sie *Wo ist mein Heimatland* oder die *Internationale* und ließen die Tschechoslowakische Republik hochleben.[10]

Die Frauen in Ravensbrück hielten es nicht anders; die SS machte auch vor ihnen nicht halt. Als die Front dem Lager immer näher rückte, entschloß sich die Lagerleitung, die Gaskammern abzureißen, um ihr Morden zu vertuschen. Doch ehe es dazu kam, gab es noch eine Reihe von Opfern, Frauen aus Lidice, die mit der tschechischen Hymne auf den Lippen in den verordneten Tod gingen. Der Gesang dieser Frauen war Ausdruck ihres tiefempfundenen Patriotismus – ein Bekenntnis zum Heimatland, vor dem alle in Friedenszeiten gehaltenen Reden zu bloßen Worthülsen verblassen.[11]

Bis zum letzten Atemzug haben auch die tschechischen Juden, die in Auschwitz umgebracht wurden, ihre patriotische Gesinnung bekundet. Eines der Mitglieder der Sonderkommandos von Auschwitz und Birkenau, Filip Müller aus Sereď nad Váhom, der die Greuel überlebte, schilderte nach dem Ende des Krieges, wie die Angehörigen verschiedener europäischer Völker in den Gaskammern starben. Nur die Juden aus Böhmen, so berichtete er, sangen in diesen letzten Sekunden noch die tschechische Hymne.[12] Sie bekannten sich zu ihrem Heimatland, aus dem sie so mancher verweisen möchte. Diese vaterländische Gesinnung junger jüdischer Männer bestätigt auch das schmale Buch des bekannten Professors Emil Utitz über Theresienstadt.[13] Und Adolf Burger, der Tausende in den Gaskammern sterben sah, erzählt vom jüdischen »Familienlager« in Auschwitz und dessen Auflösung am 7. März 1944:

»In Gruppen von je 1500 Menschen gingen die Verurteilten in den Tod. Sie starben tapfer. Die Mauern der Gaskammern waren zwar dick, doch selbst durch sie ist die Geistesstärke jener hindurchgedrungen, die der Gewalt unterlagen. Nicht schreiend und weinend, sondern mit den tschechoslowakischen Hymnen und der *Internationale* auf den Lippen nahmen diese Märtyrer vom Leben Abschied. Ihr Tod wurde dem Schreckenskonto der deutschen ›Übermenschen‹ und ›Verteidiger der europäischen Kultur‹ hinzugefügt.«

Der Mut dieser Opfer wurde von allen bewundert.[14] Viele Beispiele solcher Tapferkeit könnten angeführt werden; wo immer Tschechen in größerer Zahl inhaftiert waren, begingen sie den 28. Oktober, den 1. Mai oder den Geburtstag Masaryks, den 7. März, und sangen ihre Hymne.

In den Tagen der Befreiung büßte dieses Lied nichts von seiner Kraft ein. Wie in Mauthausen, so hatte auch in Buchenwald die Lagerkapelle die Hymnen aller Lagerinsassen vorbereitet. Und im Hof IV der »Kleinen Festung Theresienstadt«, wo die menschlichen und gesundheitlichen Verhältnisse gegen Kriegsende täglich schlimmer geworden waren, erfaßte alle Befreiten eine ungeheure Erregung:

»Fast alle knieten nieder und begannen, einander zu umarmen und zu küssen. Große Tränen flossen ihnen über die Wangen. Manche knieten und beteten laut, aber die meisten lagen sich in den Armen. Es gab kein Jubelgeschrei, keine Begeisterungsrufe, es waren aber Augenblicke, da von allen die Furcht und das Grauen abgefallen war und der Stern der Hoffnung, der Freiheit, aufging. Und dann begann eine Gruppe von Kameraden, die in der Ecke der Zelle knieten, *Wo ist mein Heimatland* zu singen! Nie wieder im Leben werde ich wohl jene wunderbaren Klänge hören, die die Kameraden anstimmten. Das war kein schlichter Gesang, vielmehr sang in diesen Augenblicken die Heimat in und durch ihre Stimmen zu uns. Immer mehr schlossen sich an, und sogleich war die ganze Zelle auf den Knien und sang unsere Hymne. [...] Auch jene, die sie schon lange nicht mehr über die Lippen gebracht hatten, erwachten und sangen das teure Lied, das uns daran erinnerte, daß auch wir ein Heimatland hatten, daß wir nicht nur die Rädchen und Nummern waren, zu denen die Deutschen uns gemacht hatten, sondern daß es ein Land gab, das wir liebten und das uns ebenfalls liebte. Das waren unvergeßliche Augenblicke.«[15]

Ähnliche Szenen spielten sich auf dem Theresienstädter Hof ab, der sich rasch mit Häftlingen gefüllt hatte; jede vertretene Nation sang ihre Hymne, zuerst die Tschechen, dann die Franzosen, die Polen und die Russen.[16]

Aber nicht nur die Tschechen waren in den Jahren zuvor tapfer gestorben, nicht nur ihre Hymne hatte den Widerstandsgeist der übrigen Lagerinsassen gestärkt. Ein Vorbild waren auch die Französinnen in Auschwitz, wo die Qualen und die Verzweiflung am größten und das Sterben am effektivsten organisiert war: Als nach den Selektionen im Frauenlager die Häftlinge unter Schlägen und Gebrüll in die Lastwagen getrieben wurden und keinen Abschied nehmen durften, sangen sie »Allons, enfants de la patrie, le jour de gloire est arrivé!« In den Blocks erstarrten alle; die Polinnen, Tschechinnen, Jugoslawinnen und die Frauen anderer Nationen schlug diese Tapferkeit in Bann, mit der ihre Leidensgenossinnen den letzten Augenblicken ihres Lebens mit hoch erhobenem Haupt entgegengingen.

»Wir legten das Ohr an die Barackenwand«, erzählt eine der Zeuginnen, »die revolutionäre Melodie dringt bis zu uns, und wir zittern. Es war, als ob der Gesang immer höhere Töne erreiche und sich dabei wandle; dann klang er leiser und leiser, immer klagender, bis er in der Dämmerung ganz erlosch.«[17]

Doch er verklang nicht spurlos, er stärkte den Haß auf die »Übermenschen«, die Tag für Tag Tausende ihrer Opfer in die Gaskammern trieben.

Jede Nationalhymne, die in den Nazi-Lagern von den Häftlingen zum Trost gesungen wurde, erfüllte eine antifaschistische Sendung; das blieb aber auf vergleichsweise kleine, sprachlich zusammengehörige Gruppen der Lagerinsassen beschränkt. Ein Lied jedoch konnte alle zusammenschweißen: Es stammte aus der Zeit der Pariser Commune, die Melodie war von Pierre Degyeter und der Text von Eugène Pottier – die *Internationale*, die in alle Sprachen der Welt übersetzt und zur Hymne des Proletariats geworden ist. Die Häftlinge schätzten und achteten sie: Vor dem Ruf »Wacht auf, Verdammte dieser Erde!« verneigten sich auch jene, die nicht zu den Kommunisten zählten. Der Tscheche Norbert Frýd erlebte den gemeinsamen Gesang aller Lagerinsassen:

»Ich war Ende 1944 in Dachau-Kaufering, als die Männer aus ganz Europa zu singen begannen – Franzosen, Holländer, Deutsche, Polen, Jugoslawen, Griechen, wir Tschechen und wer weiß noch; jeder sang die *Internationale* in seiner Muttersprache, und doch sangen alle gemeinsam. Es klang wie nie zuvor.«[18]

Die psychologische Kraft der *Internationale* auf die Lagerinsassen war groß und ihre Wirkung für die SS kaum einzuschätzen. Häftlinge, die in Mauthausen, Buchenwald oder Auschwitz diese Melodie anstimmten, hatten nicht mehr zu befürchten, als daß ihr ohnehin sicherer Tod um eine kurze Frist vorgezogen werden würde. Die Nazis exekutierten in solchen Fällen sehr schnell. Als in Ravensbrück die zum Tode vorgesehenen Frauen die *Internationale* sangen und mit stolzer Haltung zur Hinrichtungsstelle schritten, mußten die anderen ihnen zusehen und haben dabei versucht, mit Blicken Abschied zu nehmen. »Wer nie die Internationale auf diese Weise singen gehört hat, wird nie ihre Erhabenheit und Kraft und ihre unermeßliche Schönheit verstehen.« Dagegen richteten das Geschrei und die Drohungen der SS-Aufseherinnen nichts aus.[19] Sie konnten auch nicht verhindern, daß einzelne diese Arbeiterhymne sangen, ehe sie starben; beispielsweise die Kommunistin und ehemalige Redakteurin der Zeitschrift Rozsévačka, die im Bunker von Ravensbrück gefoltert wurde und die, ehe sie am 21. Juli 1942 starb, unter größten Schmerzen in ihrer Einzelzelle neben anderen Liedern auch noch die *Internationale* anstimmte.[20]

Die bislang geschilderten Fälle gehören zu jenen Grenzsituationen, in denen es den Häftlingen schon gleichgültig sein konnte, was weiter mit ihnen geschehen würde. Aber die *Internationale* ist ein Lied, das sich dem Leben verschrieben hat. Sie wurde deshalb auch Bestandteil politischer Aktionen, bei denen parteienübergreifend alle linksgerichteten, fortschrittlichen Kräfte unter den Häftlingen zusammenfanden. In Buchenwald, wo die Arbeit illegaler Ausschüsse im Untergrund besonders entwickelt war, wurde der 1. Mai 1943 in vier Stuben des Blocks 39 gefeiert, in dem Häftlinge aller Nationalitäten nebeneinander untergebracht waren. Die Stuben wurden sorgfältig aufgeräumt und so gut es ging mit Zeichnungen und Blumen geschmückt. In jedem Raum fand ein eigenes Programm statt; ein tschechisches, ein deutsches, ein französisches und ein russisches. Eine Wache schützte sie vor unwillkommenen Besuchern, da diese Veranstaltungen geheim bleiben mußten. Ein erfahrener Genosse sprach über die Lage der Häftlinge und über die Entwicklungen an den Fronten, dann wurden Lieder, darunter auch die *Internationale*, gesungen. Außerhalb der Stuben regierte die SS und drohten deren Maschinengewehre; dennoch fanden die Lagerinsassen die Kraft, auszuhalten und zu widerstehen.[21]

Manche antifaschistischen Veranstaltungen fanden nur im kleinsten Kreis statt. Wären diese Feiern, an denen nur besonders zuverlässige Genossen teilnahmen, bekannt geworden, hätte das einen schweren Schlag für die illegalen Häftlingsorganisationen bedeutet. Die Maifeiern 1944 fanden in Buchenwald um vier Uhr morgens im Waschraum statt. Der Schriftsteller Bruno Apitz und ein französischer Genosse spielten zunächst auf einer Geige und einem Cello das Revolutionslied *Brüder, zur Sonne, zur Freiheit*; über ihnen hing ein Transparent mit der Parole »Der Kampfmai 1944 – Allen zum Trotz!« Der Kommunist Robert Siewert hielt eine Ansprache, und abschließend erklang aus 72 Kehlen und in verschiedenen Sprachen die *Internationale*.[22]

Dieses Lied bildete und festigte das Zusammengehörigkeitsgefühl. Gleichgültig, ob die gegenseitige Hilfe klein oder groß war, ob Nahrungsmittel oder Arzneien weitergegeben wurden, ob jemandem bei der täglichen Schinderei geholfen wurde oder gar etwas dazu beigetragen werden konnte, jemanden von einem schweren in ein leichteres Kommando versetzen zu lassen: Die *Internationale* war ein Aufruf und der Treueschwur, daß Solidarität die Häftlinge im Lager miteinander verbinden solle.

Voraussetzungen des musikalischen Lebens in Theresienstadt

Zahlreiche Forscher haben schon zu klären versucht, warum es im jüdischen »Ghetto« Theresienstadt zu einem so ausgeprägten kulturellen Leben kommen konnte; eine befriedigende Antwort ist bis heute nicht gefunden worden. An diesem von Festungsmauern und Gräben umschlossenen, isolierten Ort trugen die Eingesperrten Gedichte vor, spielten Theater, sangen Lieder und übten mehrstimmige Chöre ein, sie führten Opern und Oratorien auf, gaben Solokonzerte und musizierten als Kammerensemble oder Orchester; sie widmeten sich der leichten und der ernsten Muse, der klassischen wie der modernen Musik, gaben Konzerte auf Dachböden und in Turnhallen, aber auch Aufführungen in dekorierten Sälen; sie spielten in den Höfen der Wohnkomplexe, aber auch in der Nähe der Schanzen, von wo aus ihre Musik in der weiteren Umgebung zu hören war.

Denen, die daran nicht selbst mitwirkten, erscheint das alles fast unwirklich, eine absurde Gratwanderung zwischen einer Komödie und einer Tragödie? War das ein heroischer Kampf um menschliche Würde oder eine zynische und groteske Posse, in der die Theresienstädter Häftlinge die verhöhnten Opfer waren?

Sagen wir es vorab: Auch wir werden diese Fragen nicht abschließend beantworten.

Das Musizieren stand am Anfang dieser einzigartigen Entwicklung, ein großer Teil all der Anstrengungen, die über Jahre hin unternommen wurden, galt immer der Musik.[1] In diesem Zusammenhang stellen sich viele Fragen: Wie war es möglich, daß diese hungrigen, durch die ungewohnte zehnstündige Arbeit erschöpften Menschen noch an Musizieren, Komponieren und Spielen denken konnten, daß sie um künstlerische Selbstverwirklichung rangen, meist ohne daß sie dafür materielle Vorteile hätten erwarten können? Warum fand das in anderen Lagern nicht im gleichen Maße statt? Schließlich gab es auch dort Dichter, Musiker und Schauspieler.

Theresienstadt war von Beginn an eine besondere Funktion im System der Konzentrationslager zugedacht. Es spielte keine nennenswerte ökonomische Rolle; die Produktionskapazitäten für Rüstungsgüter waren unerheblich.[2] Theresienstadt war ein Sammel-

Theresienstadt. Tuschzeichnung von Bedřich Fritta, 1943

lager für jene, die nach den Bestimmungen der »Nürnberger Gesetze« von 1935 als Juden galten und den gelben Stern auf der Brust tragen mußten.[3] Es war gedacht als eine Zwischenstation, als »Durchgangslager« besonderer Art auf dem Weg zur »Endlösung der Judenfrage«; hierher kamen Menschen jeden Alters, Kinder und Greise, Gesunde und Kranke, Männer und Frauen. Theresienstadt wurde offiziell als »Vorzugslager« oder »Musterlager«, in der Propaganda auch als »Reichsaltersheim« bezeichnet. Aber auch hier wurden die Familien auseinandergerissen und lebten über das gesamte »Ghetto« verstreut; sie konnten sich – vor allem nachdem die Stadt evakuiert und zum Ghetto umfunktioniert worden war – allerdings gelegentlich sehen. In der knapp bemessenen Freizeit durften sie gemeinsamen Interessen nachgehen. Die Lebensbedingungen änderten sich mit den Jahren; zur Zeit des Aufbaus waren sie trübselig, in späteren Jahren erträglicher – zumindest in den Augen von uninformierten Außenstehenden. Jenen direkten und massiven Terror, der in den übrigen Lagern die Juden in den schnellen Tod trieb, gab es hier nicht.

Zum Vergleich sei an die Vernichtungslager erinnert, an die Verhältnisse in Auschwitz, Majdanek und Treblinka oder an die berüchtigten Judenblocks, die es in allen deutschen Konzentrationslagern gab, wo die Insassen systematisch erniedrigt und gequält und aus nichtigem Anlaß erschlagen wurden. Wer sich in Theresienstadt in den

Augen der SS schuldig machte, wurde nicht an Ort und Stelle erschlagen, sondern meistens zur Bestrafung in die »Kleine Festung« eingewiesen. Dennoch war Theresienstadt nur eine Station auf dem Weg in die Vernichtung, eine Art Aufschub; die Juden in diesem »Ghetto« waren zur Vernichtung bestimmt wie alle anderen auch. In dem Maße, in dem die Maschinerie im Osten anlief, wurden »Transporte« zusammengestellt und in die Vernichtungslager deportiert. Allenfalls eine rasche Niederlage der Deutschen an allen Fronten hätte die Juden in Theresienstadt vor diesem Schicksal bewahren können.

Die meisten Menschen, die in Theresienstadt festgehalten wurden, waren sich darüber nicht im klaren. Sie wußten nur, daß ihr Leben in Gefahr war. Hätten sie gewußt, was ihnen wirklich zugedacht war, wäre in diesem »Ghetto« wahrscheinlich ein Unruheherd entstanden, den die Nazis nicht gebrauchen konnten. Nur wenige Optimisten glaubten an die Versprechungen von »Umerziehung« und »Eingliederung« der Juden im Osten; die ständigen Transporte Tausender und Zehntausender Menschen verunsicherten sie. Aber die Gaskammern und Krematorien von Auschwitz lagen außerhalb ihres Vorstellungsvermögens. Ein solcher Genozid war lange Zeit selbst für die deutschen Kriegsgegner etwas Undenkbares.

Diese Täuschung erklärt aber nicht die Intensität, mit der die Häftlinge künstlerische Aktivitäten entfalteten. Wollten sie ihr elendes Alltagsleben, ihre Haftsituation und die materiellen Entbehrungen überspielen? Wollten sie sich gegenüber den SS-Folterknechten als Kulturmenschen behaupten?

Solche Fragen lassen sich nicht nur vom Standpunkt der Opfer aus beantworten. Wie man mit den Juden umsprang, war auch vom außenpolitischen Kalkül abhängig. Schließlich verfolgte die ganze Welt das Schicksal der Juden im »Dritten Reich«. Hitler-Deutschland, das nach dem Überfall auf die Sowjetunion mit fast allen Weltmächten im Krieg lag, hat die volle Wahrheit über die Vernichtung der jüdischen Bevölkerung nie öffentlich zugegeben. Man wußte in Berlin, daß für die Welt Tyrannei und Genozid zwei sehr verschiedene Dinge waren.

Den deutschen Absichten kam entgegen, daß im Ausland zunächst niemand glauben wollte, daß die Nazis tatsächlich Millionen Menschen ausrotten würden. Ansonsten wäre die ohnehin schwierige diplomatische Lage des Reiches vollends unhaltbar geworden. Die Deutschen waren ängstlich darauf bedacht, alle Informationen über die Vorgänge im Osten – von denen die Nazis nicht abließen – geheimzuhalten und den wahren Zweck von Theresienstadt vor der Öffentlichkeit zu kaschieren. In Auschwitz und den anderen Lagern wurden die Arbeitskommandos, die die Gaskammern und Krematorien bedienten, regelmäßig selbst ins Gas getrieben und durch neue Häftlinge ersetzt. Gerüchte und Nachrichten, die dennoch

durchdrangen, konnten allzulange als unglaubwürdige feindliche Greuelpropaganda abgetan werden.
Mit infamen Methoden hatten die Nazis die Juden schrittweise um alles gebracht, was sie besessen hatten. Die barbarische Entwürdigung in den Konzentrationslagern und die Vernichtung in den Gaskammern wurden mit jenen Methoden der List, Lüge und Täuschung betrieben, die einem Verwaltungsapparat und Staatsapparat zu Gebote stehen. Die wesentlichen Stufen dazu waren folgende:
In Böhmen und Mähren gehörten »Umschulungskurse« zu einem der ersten Schritte. Sie wurden den Juden angeboten, nachdem sie aus ihren angestammten Berufen herausgedrängt worden waren. Ihnen wurde erklärt, sie könnten mit dieser Ausbildung nach ihrer Umsiedlung im Osten eine neue Existenz gründen; in neuen Siedlungen sollten sie gemeinsam und selbstverwaltet leben können. Diese vorgeblichen Programme richteten sich besonders an Intellektuelle, darunter auch an Orchestermitglieder, Theaterleute und Lehrer an Musikschulen, die zu Hunderten ihre Stellen aufgeben und eine körperliche Arbeit übernehmen mußten. Zur Abwicklung wurde eine Auswanderungsbehörde für Juden – die spätere »Reichszentrale für jüdische Auswanderung« und das »Zentralamt für die Regelung der Judenfrage in Böhmen und Mähren« (1943) – eingerichtet; wo immer sich das machen ließ, zwang man die Juden, die sie diskriminierenden Maßnahmen selbst zu betreiben und sich an der Organisation der eigenen Vernichtung zu beteiligen.
Den jüdischen Bürgerinnen und Bürgern wurde beim Transport nach Theresienstadt vorgegaukelt, daß sie von ihrer Umsiedlung nichts zu befürchten hätten; man versprach ihnen Arbeit und ein sicheres Leben zur Vorbereitung auf die spätere Reise. Erst wenn sie mit dem vorgeschriebenen kleinen Gepäck in Theresienstadt aus dem Zug stiegen, begannen sie das Ausmaß dieser Lügen zu ahnen. Die Verpflegung war schlecht, statt Betten gab es Etagenpritschen, statt Wohnungen überfüllte Unterkünfte mit völlig ungenügenden sanitären Einrichtungen. Statt der 4000 Menschen, für die das »Vorzugslager« eingerichtet worden war, drängten sich dort schon zehn Monate später fast 60000 Häftlinge.
Selbst vor jenen jüdischen Bürgern, die Träger hoher staatlicher Auszeichnungen oder militärischer Ehrungen waren, machten die Nazis nicht halt. Sie lockten sie nach Theresienstadt, das – wie es in der Propaganda hieß – »Reichsaltersheim« für Juden, in dem ihnen ein komfortables Leben in einem Badeort versprochen wurde. Man rechnete damit, daß diese Menschen, vereinsamt wie sie in Deutschland waren, einer Umsiedlung nicht mehr unbedingt ablehnend gegenüberstehen würden. Die Hoffnung, ein ruhiges Leben im Alter finden zu können, ließ sie einwilligen, die geforderten hohen Summen der sogenannten »Heimeinkaufsverträge« tatsächlich zu bezahlen und alle ihre Wertsachen, Pelze, Schmuck und Geld, wie es ihnen

empfohlen worden war, nach Theresienstadt mitzubringen. Als ihnen dann alles geraubt wurde, und sie ihr Elend sahen, durchschauten sie den infamen Betrug.

Dem Mißtrauen, das sich bei den Juden in Theresienstadt bilden mußte, als immer mehr Transporte mit Familienangehörigen und Freunden spurlos im Osten verschwanden, begegneten die Nazis mit einer teuflischen Finte: Im September 1943 verfrachteten sie 5000 Menschen, einen ganzen »Transport« jüdischer Familien, nach Auschwitz, brachten sie dort aber nicht um, sondern sperrten sie in ein besonderes Lager. Hinter Stacheldrähten hatten sie nach Mustervorlagen an ihre Verwandten in Theresienstadt Briefe zu schreiben und ihnen zu berichten, wie gut es ihnen gehe. Damit wollte man dem allmählich aufkommenden Gerücht begegnen, daß die Deportierten nur der massenhafte Tod erwartete. 1944, als das »Familienlager« in Auschwitz seine Aufgabe erfüllt hatte, wurden seine Bewohner kurzerhand umgebracht.

Während der organisierte Mord an den Juden eskalierte, wuchs der Druck der internationalen Öffentlichkeit auf Nazi-Deutschland: Die Deutschen sollten klarstellen, was mit dieser Bevölkerungsgruppe im Osten geschah. Unter diesem Druck, und weil man ungestört die Vernichtung der europäischen Juden weiterbetreiben wollte, entschloß man sich auf höchster Ebene, aus Theresienstadt eine »Mustersiedlung« zu machen, die man ausländischen Gästen, Diplomaten und Vertretern des Roten Kreuzes vorführen konnte. Der Ort sollte den Beweis liefern, daß Juden unter der Herrschaft der Nazis glücklich leben und ihren vielfältigen Interessen nachgehen konnten.

Die kulturellen Aktivitäten der Bewohner des »Ghettos«, die bis dahin nur geduldet worden waren, spielten im Kalkül der Nazis fortan eine wichtige Rolle. Wann und von wem dieser Plan ausgeheckt wurde und inwieweit konkrete Beschlüsse zur Auswahl der Künstler führten, die nach Theresienstadt deportiert wurden, ist bislang noch kaum geklärt. Spielten Zufälle dabei eine Rolle oder hielten führende SS-Funktionäre ihre schützende Hand über wichtige Personen?

Die Theresienstädter Häftlinge ahnten genauso wenig wie die Mitglieder der jüdischen »Selbstverwaltung« – des sogenannten Ältestenrates –, welch zynisches Spiel mit ihnen getrieben wurde. Unfreiwillig trugen sie selbst zu ihrem Untergang bei. Während sie tapfer um ihre Menschenwürde kämpften, arbeiteten sie den Nazis in die Hände. Sie lebten in der ständigen Angst, von neuen, unberechenbaren Beschlüssen überrascht und getroffen zu werden, und ahnten nicht, daß das kulturelle Leben in der »Mustersiedlung« nur dem einen Zweck dienen sollte, die Kulisse zu einer perfiden Lüge abzugeben.

Die Nationalsozialisten, in deren Neuordnung Europas für Juden kein Platz vorgesehen war, wären wohl gar nicht auf den Gedanken gekommen, die vielfältigen Fähigkeiten der Künstler-Häftlinge für ihre Zwecke zu mißbrauchen, wenn ihre Opfer sie nicht selbst von der Qualität ihrer Talente überzeugt hätten. Das mag überspitzt klingen, läßt sich aber tatsächlich belegen. Die Nazis machten sich nur zunutze, was zuvor ohne ihre Unterstützung gewachsen war. Zu Beginn hatte es in Theresienstadt nur illegale, von der SS verbotene Aktivitäten gegeben; darauf folgte eine Phase der Duldung, in der die jüdische »Selbstverwaltung« das Heft in die Hand nahm, und schließlich wurden die Leistungen von höchster, offizieller Stelle seitens der Deutschen unterstützt und sogar gefordert. Nachdem sie dann ihren Zweck erfüllt hatte, wurde das zur Blüte – und Scheinblüte – gediehene Feld künstlerischer Aktivitäten zertrampelt und wieder vernichtet.

Diese vier Phasen müssen und können leicht unterschieden werden, sie sind Ausdruck der sich ändernden »Judenpolitik« der Berliner Zentrale.

Die erste Phase begann mit der Ankunft von Juden aus dem Protektorat Böhmen und Mähren. Sie hatten die Aufgabe, das »Ghetto« aufzubauen. Zwischen dem 24. November und dem 4. Dezember 1941 trafen insgesamt 1342 Männer ein. Diese Etappe der Lagergeschichte endete am 15. Juli 1942 mit der Übergabe Theresienstadts an die jüdische »Selbstverwaltung«. Die Monate waren unruhig, da erst entschieden werden mußte, welche Aufgabe diesem Lager im Rahmen der »Judenpolitik« des Reiches zufallen könnte. Die ersten Häftlinge wurden in den bestehenden, eilig geräumten Kasernen untergebracht und durften sich nicht frei bewegen. Obwohl der Ort darauf noch gar nicht vorbereitet war, traf am 30. November 1941 schon der erste Familientransport aus Brünn ein.

Die Existenzbedingungen waren zum Verzweifeln schlecht. Erst am 16. Februar 1942 wurde durch Erlaß des »Reichsprotektors für

Dachbodenunterkunft im Ghetto Theresienstadt. Tuschzeichnung von Bedřich Fritta, 1942

Böhmen und Mähren« verfügt, die ehemalige Garnisonsstadt aufzulösen und die Einwohner bis zum 1. Juli 1942 zu evakuieren. Seit Januar 1942 fuhren andererseits aber auch bereits die ersten Transporte von Theresienstadt in den Osten ab. An eine Konsolidierung war also nicht zu denken.[4]

Wenn in diesen Monaten spontan gesungen oder musiziert wurde, um sich gegenseitig aufzumuntern, dann auf Dachböden, in entlegenen Räumen oder in Kellern, wo es der SS nicht zu Ohren kam und die Häftlinge sich durch Posten vor Entdeckung schützten. Applaus konnte unter solchen Verhältnissen nicht riskiert werden. Musizieren und der Besitz von Instrumenten waren verboten. Wenn die Häftlinge ihre bunten, improvisierten »Kameradschaftsabende« veranstalteten, dann enthielt das Programm nur Beiträge, die mit den bescheidensten Mitteln verwirklicht werden konnten. Es gab noch keine Bücher mit Gedichten und Dramentexten, noch keine Noten für Chorgesang oder Instrumentalmusik. Dennoch engagierten sich die Künstler und boten ihrem Publikum, was sie von zu Hause hatten mitbringen können. Die Bewilligung für den Besitz von Musikinstrumenten erreichten die Häftlinge erst, als es den Nazis gleichgültig wurde, womit sich ihre wehrlosen Opfer nach getaner Sklavenarbeit beschäftigten.

Was zunächst illegal, spontan und heimlich entstanden war, konnte von da an gefahrloser organisiert werden. Im Vergleich zu anderen KZ war das ein Zugeständnis an die Häftlinge. Zu verstehen ist es im Zusammenhang mit dem Prozeß, in dem die sogenannte »Endlösung der Judenfrage« Gestalt annahm.

Die Wannsee-Konferenz am 20. Januar 1942, zu der Heydrich unter anderen auch Eichmann und Globke eingeladen hatte, schrieb verwaltungsintern offiziell fest, wie bei der Judenvernichtung künftig organisatorisch verfahren werden sollte. Theresienstadt war von diesen Beschlüssen direkt betroffen. Aus dem »Ghetto«, dem Sammellager, in dem die Juden für die Dauer des Krieges von der übrigen Bevölkerung isoliert werden sollten, wurde ein KZ für Menschen, für die man die »Endlösung« vorgesehen hatte. Wie lange die hier zusammengepferchten Juden noch zu leben hatten, hing davon ab, wann die Massentötungseinrichtungen im Osten ihr Vernichtungswerk würden aufnehmen können. Insofern konnten die Nazis im Juli 1942 die Verwaltung in die Hände des jüdischen »Ältestenrates« legen. Die SS-Kommandantur konzentrierte sich von nun an auf die Planung der Transporte in die Vernichtungslager.

In der darauffolgenden zweiten Phase nahmen die kulturellen Aktivitäten an Engagement und Umfang zu. Der »Ältestenrat« unterstützte die Initiativen, weil er sich der positiven Wirkung auf die Psyche der Häftlinge bewußt war. Da das Leben in Theresienstadt – die Unterkünfte, die Verpflegung, die hygienischen Bedingungen und das nicht existierende Familienleben – weiterhin kaum erträg-

lich blieben, waren künstlerische Ambitionen der einzige Halt vieler Menschen. Für manche waren sie zunächst freilich auch ein Grund in Melancholie und Verzweiflung zu versinken: Würden sie jemals wieder wirkliches Theater spielen und musizieren, Ruhm oder Beifall ernten können? Der Rabbiner Erich Weiner, der der jüdischen »Selbstverwaltung« angehörte, begann zu dieser Zeit auf eine Organisation hinzuarbeiten, die die Bereitschaft und die brachliegenden Fähigkeiten für die Häftlingsgemeinschaft fruchtbar machen sollte.[5] Mit Zustimmung der SS entstand die »Freizeitgestaltung«, die Veranstaltungen für Häftlinge – Kultur, Kunst und auch Sport – organisieren und koordinieren sollte.[6] Die ersten Erfolge dieser Einrichtung lösten eine Welle von Aktivitäten aus; jeder, der künstlerische Ambitionen hatte, wollte sich nun an Veranstaltungen beteiligen. Nach und nach gelang es der »Freizeitgestaltung«, eine umfassende Bibliothek zusammenzutragen, den Musikern Instrumente zu besorgen und Räume für Konzerte und Theateraufführungen zu finden. Die ersten von dieser Institution getragenen Veranstaltungen kamen im September 1942 zustande.
Das Ende dieser zweiten Periode in der Geschichte des Lagers Theresienstadt läßt sich weniger genau abgrenzen. Die »Freizeitgestaltung« spielte ihre Rolle weiter; geändert hatte sich, daß die Deutschen eine wesenlich tolerantere Haltung gegenüber den kulturellen Aktivitäten einnahm. Am 12. Dezember 1942 wurden sogar während eines Konzertes im »Kaffeehaus« – spöttisch auch »Kaffeehaus ohne Kaffee« genannt – Filmaufnahmen gemacht. Das war ein erstes Signal für die sich erneut wandelnde Einstellung der SS und kündigte die dritte Phase des kulturellen Lebens in Theresienstadt an.
Man kann sie ziemlich genau datieren: Sie begann im Februar 1943. Die ersten Deportationen (am 16. Oktober und 20. November 1941) aus dem Protektorat nach Lodz bzw. nach Minsk dienten unter

Im Theresienstädter Gebetshaus. Vor dem Konzert. Zeichnung von Bedřich Fritta anderem dem Zweck, Ärzte, Juristen und andere Akademiker, also die »Intelligenz« und nationale Führungsschicht, in den besetzten Gebieten »aus dem Weg zu räumen« und zu »liquidieren«.[7] Im Gegenzug wurden zahlreiche Künstler aus den unterschiedlichsten Reichsgebieten nach Theresienstadt eingewiesen, wo sie bald eine breite Schicht von »Prominenten« bildeten. 1943 erreichte dieser Zuwachs seinen Höhepunkt. Die meisten wußten nicht, daß sie zunächst nicht weiter deportiert werden sollten. Die Angst, die sie umtrieb, entlud sich in hektischer Betriebsamkeit. Naiv – aber in fataler Weise zurecht – hofften sie, daß sie ihr Leben verlängern könnten, wenn sie im Lager unentbehrlich wären. Die Rechnung der Nationalsozialisten ging damit auf: Sie brauchten das Engagement der Künstler, um nach außen den Schein normaler Lebensbedingungen aufrechterhalten zu können. Vom Februar 1943 an gingen sieben Monate lang keine Transporte mehr aus Theresienstadt ab; die »Mustersiedlung« schien zu florieren, während seit dem Oktober 1942 in Auschwitz die Gaskammern pausenlos arbeiteten. Das

Theresienstadt. Konzert im Hof der »Magdeburger Kaserne«. Zeichnung von Karel Fleischmann

Leben in Theresienstadt konsolidierte sich, und die Nazis konnten ihren Plan verwirklichen, zur Irreführung der deutschen und der ausländischen Öffentlichkeit ein Potemkinsches »Musterdorf« vorzuführen.

Als im Mai 1943 die Sonne schon warm in die Gassen und Höfe von Theresienstadt schien, veranstaltete die »Freizeitgestaltung« Konzerte, Theater- und Kabarettabende unter freiem Himmel. In den Kasernenhöfen, zwischen den Wohnblocks und in den Parks erreichten die Akteure ein viel größeres Publikum als in den kleinen und mangelhaft ausgestatteten Sälen. Die Zuschauer genossen diese Veranstaltungen, die Zahl der Beteiligten stieg ständig. Auch viele Amateure und weniger qualifizierte Künstler bestiegen nun die Podien – was einigen der hier inhaftierten Koryphäen außerordentlich mißfiel. Einiger Animositäten zum Trotz tat das aber der kulturellen Scheinblüte keinen Abbruch; das Publikum genoß die herausragenden Leistungen und amüsierte sich auch bei weniger anspruchsvollen Auftritten. Der Ehrgeiz, künstlerische Perfektion zu erreichen, war dennoch erstaunlich. Denn was waren das schließlich für Bedingungen, unter denen sie hier arbeiteten? Einige Häftlinge blieben mißtrauisch, andere hingegen ließen sich von der scheinbaren Großzügigkeit der SS blenden. Die »Blüte« dauerte bis zum Frühjahr 1944, als die Nazis entschlossen dazu übergingen, diese vielfältigen Aktivitäten zu mißbrauchen.

Die folgende vierte Phase war die tragischste. In der zweiten Hälfte des März 1944 gestalteten die Häftlinge den Park des Lagers und errichteten einen großen Musikpavillon von 40 Quadratmetern Grundfläche. Daneben sprudelten Fontänen – denn war dies nicht ein Badeort? Die Unterkünfte wurden verschönert und gereinigt, Hausfassaden neu gestrichen, Kindergärten eingerichtet und die Veranstaltungssäle herausgeputzt. Die Selbstverwaltung des »Ghettos« gab Anweisung an alle, die Veranstaltungen durchführten, ihre Auftritte durch Kostüme und Kulissen zu bereichern, außerdem wurden Mittel für Lichtinstallationen versprochen. Dahinter steckte ein ausgetüftelter Plan der Deutschen; die Renovierungen sollten nur einige Plätze, Straßen und Räume betreffen, bei weitem nicht das gesamte »Ghetto«. Nur wenige Häftlinge durchschauten, was geschah. Erst als im Juni 1944 höchste Chargen der NSDAP Theresienstadt inspizierten, begriffen alle, daß diese Arbeiten nicht in ihrem Interesse durchgeführt worden waren und daß sie zu willenlosen Figuren in einem bösen Spiel der Nazis gemacht werden sollten. Am 10. Juni 1944 hat ein Häftling folgendes in seinem Tagebuch notiert:

»Heute war hier eine höhere deutsche Inspektion. Von 14 Uhr an ist die Besichtigung der Stadt nach einem bestimmten und vorweg ausgearbeiteten Plan auf dem Programm. Auf dem Platz konzertiert die Stadtmusik. Die Häuser, Gänge, Wohnbaracken, Parks, Straßen, alles strahlt vor Sauberkeit und zeugt von der durchgeführten Verschönerung. [...] Das für den Rundgang der Inspektion vorbereitete Gebiet ist eigentlich ein Potemkinsches Dorf. Die Vorderseiten der Häuser und Gebäude, an denen die Inspektion vorbeidefilieren soll, sind sauber gestrichen und arrangiert, während die Rückseiten und Hinterhöfe dieser Häuser schmutzig und unansehnlich geblieben sind. Ebenso verhält es sich mit dem Inneren und der zur Besichtigung bestimmten Räumlichkeiten. Die Wohnverhältnisse sind hier auch bei verminderter Bewohnerzahl schlecht, die Leute leben zusammengedrängt. Keine Massenunterkunft kann wie ein normales Wohnzimmer aussehen. Die Räume, die die Inspektion betritt, sind für die Besichtigung sorgfältig vorbereitet. Die Zahl der Bewohner ist hier kleiner als in anderen gleich großen Räumen. Die Betten sind überwiegend einfach, aber keine Etagenpritschen. Alles ist ausgemalt, hergerichtet, überall gibt es Vorhänge, Zierdecken, Blumen, Bilder, Schränke, bequeme Sessel, Tische und anderes geeignetes Mobiliar. Dasselbe gilt von den Kinder- und Altersheimen, von den Institutionen und Ämtern. Überall Flittergold, Augenwischerei, während anderswo Schmutz, Unordnung, Ungeziefer und Interessenlosigkeit herrschen. Aber die Welt will getäuscht werden, und die Deutschen haben das verstanden. Das haben sie der Welt schon oft vorexerziert. Warum sollten sie das bei der Besichtigung der ›Judensiedlung‹ in Theresienstadt nicht auch tun können.«[8]

Es gibt mehrere solcher Notizen über vergleichbare Inspektionen. Der Staatssekretär und stellvertretende Reichsprotektor für Böhmen und Mähren, K. H. Frank, kam am 16. Juni 1944 nach Theresienstadt, um sich persönlich davon zu überzeugen, daß alles für den Empfang der Kommission des Internationalen Roten Kreuzes vorbereitet war und Pannen ausgeschlossen seien. Am 23. Juni traf diese Abordnung ein und staunte, wie schön Theresienstadt sei und wie gut es den Bewohnern gehe. Jedem Delegierten des schwedischen, dänischen und holländischen Roten Kreuzes, insgesamt zehn Personen, war ein hoher SS-Offizier zugewiesen worden; zusätzlich wurde die Kommission von Vertretern der Berliner, der Prager und der Theresienstädter Aufsichtsbehörden begleitet. Der »Judenälteste« Dr. Paul Eppstein stand als Vertreter der Selbstverwaltung zur Verfügung. Theresienstadt wurde als sehr ansehnlich akzeptiert; die jüdischen Ensembles, die auf Befehl der SS ihr Können vorführten, riefen den Respekt der Besucher hervor. Im neuen Musikpavillon spielte die Stadtmusik, und auf den Parkbänken saßen die Bewohner und hörten zu. Im passenden Augenblick kamen der Kommission einige Mädchen mit Rechen auf den Schultern entgegen und sangen Volkslieder, im »Kaffeehaus« spielte ein Trio populäre Unterhaltungsmusik, und in der festlich hergerichteten Turnhalle führten kostümierte Kinder ihre Oper *Brundibár* auf; als die Delegierten den Rathaussaal betraten, gab der Dirigent Rafael Schächter das Zeichen, mit Verdis *Requiem* zu beginnen.[9] Sie alle waren nur winzige Rädchen im Werk dieser gigantischen Täuschungskomödie, und allen ging nur eine Frage durch den Kopf: Durchschaut denn niemand, um was für eine tragische Farce es sich in Wahrheit handelt?

Theresienstadt. Kabarettaufführung in einem Hof. Zeichnung von Leo Haas

Keiner hat dieses Netz von Lügen durchschaut oder wollte es durchschauen. Für kurze Zeit ging das Leben noch weiter wie gewohnt. Wenn ein Teil des Lagers doch schon so adrett hergerichtet war, dann konnte man das doch auch für Filmaufnahmen nutzen? Für Bilder, die auch die breite Öffentlichkeit von der fingierten Behaglichkeit dieses »Kurortes« überzeugen sollten. Der berühmte Regisseur Kurt Gerron, der selbst in Theresienstadt inhaftiert war, hatte diese Aufgabe zu übernehmen. Im August 1944 drehte er den abendfüllenden Dokumentarstreifen *Der Führer schenkt den Juden eine Stadt*; er bereitete auch noch den weiteren Film *Paradiesisches Theresienstadt* vor, der freilich Fragment blieb. Auch Karel Ančerls Streichorchester, das Jazzquintett Bedřich Weiss', das Chorensemble K. Fischers und die Kinder aus Krásas *Brundibár* mußten für diese Propagandaaufnahmen herhalten.

Kurz nachdem die Kommission das Lager verlassen hatte und noch ehe die letzten Meter für Gerrons Film abgedreht waren, rollten wieder die Transporte von Theresienstadt nach Auschwitz. 18600 Menschen wurden in kürzester Zeit deportiert; zu den letzten Transporten, die vom 28. September bis zum 17. Oktober 1944 durchgeführt wurden, zählten auch alle, die für das kulturelle und künstlerische Leben in Theresienstadt wichtig gewesen waren – Musiker, Komponisten, Regisseure, Schauspieler, bildende Künstler. Nur sieben Frauen, die verschiedenen Gruppen angehört hatten, blieben – als hätte man sie vergessen – im Lager zurück; unter ihnen die Sängerin Heda Grabová-Kernmayrová.[10]

Viele wurden in Auschwitz sofort nach der Ankunft vergast; aber selbst wenn sie den Selektionen nicht sofort zum Opfer fielen und erst in die Pferdestall-Baracken eingewiesen wurden, kamen sie in kurzer Zeit ums Leben, starben an Erschöpfung, verhungerten, verloren ihr Leben bei den Erschießungen der jüdischen Arbeitskommandos oder kamen, als das Lager evakuiert wurde, elendiglich auf den langen Todesmärschen um. Nur sehr wenige der Millionen Häftlinge des Lagers Auschwitz haben überlebt.

Jene, die nach den letzten Transporten im Oktober in Theresienstadt hatten zurückbleiben können, mußten allerdings keine weiteren Deportationen und keine Gaskammern mehr fürchten: Für sie arbeitete jetzt die Zeit. Ständig trafen weitere Züge in Theresienstadt ein; auch Juden aus »Mischehen« wurden jetzt ins Lager eingeliefert. Das frühere Kultur- und Musikleben blühte aber nicht wieder auf. Als Anfang März 1945 abermals Delegierte des Roten Kreuzes zu empfangen waren, befahl die SS den Häftlingen, einige der früheren Stücke – darunter *Brundibár* – wieder aufzuführen. Doch das war nicht mehr möglich. Fast alle Darsteller und Interpreten, Kinder wie Erwachsene, waren tot; andere mußten an ihrer Stelle ein Ersatzprogramm einstudieren.

Der Maler und Zeichner Bedřich Fritta, der wegen »Greuelpropaganda« inhaftiert und gefoltert wurde. Zeichnung von Petr Kien

Am 8. Mai 1945 wurde Theresienstadt von der sowjetischen Armee befreit. Die Soldaten fanden einige Tausend Menschen vor, darunter viele ausgelaugte Häftlinge aus anderen Lagern. Die Freude, die sie empfanden, blieb gedämpft, weil so viele durch dieses »Musterlager« gegangen und gestorben waren. 155 000 Menschen waren im »Ghetto« umgekommen; 89 396 Bürger aus Böhmen und Mähren waren nach Theresienstadt deportiert worden, von denen 78 154 ihre Heimat nicht wiedergesehen haben.[11]

An den Theresienstädter Juden wurden Verbrechen verübt, die aller Zivilisation und jeglichem Christentum Hohn sprechen. Den Opfern blieb nichts als der moralische Triumph über ihre Mörder. In ihrem Beharren auf kulturellen Werten haben sie sich ein Stück ihrer Menschenwürde bewahren können – ob ihre Anstrengungen mißbraucht worden sind oder nicht.

Der Maler Otto Ungar. Auch seine Bilder wurden zur »Greuelpropaganda« erklärt. Er und seine Familie wurden von den Nazis umgebracht. Zeichnung von Petr Kien

Die »Freizeitgestaltung« hatte den organisatorischen Rahmen vorgegeben; die Auswahl des Repertoires blieb jedem selbst überlassen, ebenso die Details der Aufführungen. Es gehört zu den schlimmen, unbegreiflichen Wahrheiten über Theresienstadt, daß das kulturelle Leben hier nicht all jenen Restriktionen unterlag, die ansonsten im »Protektorat« oder im »Reich« galten. In gewisser Weise waren die Künstler in Theresienstadt frei. Mit Ausnahme der Theresienstädter Maler Bedřich Fritta und Otto Ungar, deren Bilder und Zeichnungen von den Nazis zur »Greuelpropaganda« erklärt worden war, und die deshalb mit ihren Familien aus Theresienstadt deportiert und umgebracht wurden, griffen die Nationalsozialisten im allgemeinen nicht in das kulturelle Leben, das Konzert-, Opern- und Theaterprogramm ein: Die Häftlinge, über deren Tod längst entschieden war, im geeigneten Moment als aktive Künstler vorzuführen, diente den Zwecken der Nazis besser.

Das Leben in Theresienstadt ist von vielen Widersprüchlichkeiten gekennzeichnet. Nicht einmal in Prag, Berlin oder Wien konnten Künstler so frei agieren. Nirgendwo, nur in diesem KZ, konnte das volkstümliche Bibelspiel *Esther* aufgeführt werden, das von der Rettung des jüdischen Volkes durch ein junges Mädchen handelte. Nur hier war die Musik jüdischer Koponisten wie Mendelssohn-Bartholdy, Mahler oder Schönberg nicht verboten; nur hier galt jenes Verdikt von der »entarteten Kunst« nicht, das sich fast auf die gesamte Moderne, einschließlich den Jazz, bezog. Hier wurde vieles aufgeführt, was außerhalb der Theresienstädter Schanzen nicht mehr zu hören war. Die Hingabe der Künstler und ihr Wille, sich nicht einschränken zu lassen, waren ungeheuer groß. Es gab Streitereien, Rivalitäten und politisch-nationale Konflikte zwischen den Häftlingen. Aber sie alle kämpften auf einem schmalen Grat zwischen Leben und Tod.

Die verkaufte Braut in Theresienstadt

Keine andere tschechische Oper hat sich seit der ersten Aufführung ihre ursprüngliche Frische so bewahren können wie Smetanas *Verkaufte Braut [Prodaná nevěsta]*. Ihre heitere, witzige, doch vergleichsweise harmlose Intrige hat nichts von den philosophischen und nationalpatriotischen Ideen, die *Libussa*, Beethovens *Fidelio* oder Mussorgskis *Boris Godunov* zugrunde liegen. Dennoch hat *Die verkaufte Braut* nach 1938 eine besondere Rolle gespielt: Im Protektorat war es die meistgespielte und -gewünschte Oper, auch in Theresienstadt stand sie auf dem Spielplan.[1]

Die verkaufte Braut war die erste Oper, die in Theresienstadt aufgeführt wurde. Erst nachdem dieses Werk bei den jüdischen Häftlingen Erfolg hatte, wurden andere, tschechische und nicht-tschechische Stücke von verschiedenen Ensembles auf den Spielplan gesetzt und dargeboten. Die Aufführung von Smetanas Oper mußte sich freilich mit dem Allernotwendigsten begnügen: Es gab weder Orchester noch Ballett, es mußte ohne Kostüme und Kulissen gehen, nur mit Klavierbegleitung. Daß sie dennoch häufiger als andere verlangt wurde, hatte viele Gründe. Für die KZ-Häftlinge war *Die verkaufte Braut* der Inbegriff der Lebenskraft, eine Verherrlichung des Lebens und seiner Freuden. Sie enthielt eine Lehre, die zwar allen bekannt war, aber immer wieder gerne gehört wurde: Nur die Kraft des menschlichen Willens vermag dem Bösen, dem gute Menschen in der Welt ausgesetzt sind, zu widerstehen. Das war Balsam für die Häftlinge, die kein Zuhause und keine Zukunft mehr hatten.

Die Qualität der Aufführung tat ein übriges. Der Chor und die Solisten sangen mit Hingabe und rissen die Zuschauer mit. Auch in den tristen Mauern dieses Ghettos entfaltete sich die magische Kraft des Theaters, sein Publikum so in Bann zu schlagen, daß es in der dargestellten Welt ganz aufzugehen vermochte und – über das Ende der Vorstellung hinaus – seine brennenden Sorgen und Leiden vergessen konnte. Vielleicht war dieser Effekt im Lager auch besonders stark; denn wo Menschen das Recht auf Leben aberkannt wird, ist der Raum für die Hoffnung auf eine lebenswerte Zukunft, der *Die verkaufte Braut* so mitreißend ihre Stimme leiht und Gestalt gibt, besonders groß.

Daß ausgerechnet diese Oper einstudiert wurde, hat aber auch damit zu tun, daß die aus Böhmen und Mähren nach Theresienstadt deportierten Menschen, die von den Okkupanten als »Juden« verfolgt wurden, sich als Tschechen in der Kultur ihrer Heimat verwurzelt fühlten. (Bei den aus Deutschland verschleppten jüdischen Häftlingen war dies anders.) Mochten sich viele Tschechen jüdischer Abstammung vor 1939 nicht vorbehaltlos zur tschechischen Kultur und Tradition bekannt haben, die Verfolgung, der sie nun ausgesetzt wurden, ließ ihr Heimatgefühl und ihren Patriotismus wachsen. Zionistische oder kosmopolitische Vorstellungen fanden unter ihnen ein geringes Echo; deren Vertreter waren meist Juden, die nicht aus Böhmen oder Mähren stammten. Die meisten betrachteten sich als Tschechen. Die Begeisterung für *Die verkaufte Braut* war Ausdruck ihrer Liebe zu jener Heimat, in die sie zurückkehren und wo sie zuletzt auch begraben werden wollten. Die Aufführung dieser Oper und die Resonanz, die sie beim Publikum fand, war immer etwas Besonderes; dabei spielten nicht nur künstlerische, sondern auch kulturhistorische, soziologische und kulturpolitische Aspekte eine große Rolle.

Die treibende Kraft hinter der Einstudierung der Oper war Rafael Schächter. Er wurde am 27. Mai 1905 geboren und war bis dahin nur einem engen Kreis von Fachleuten bekannt gewesen. Er stammte aus Braila in Rumänien – war also kein Böhme – und starb auf einem der berüchtigten Todesmärsche von Auschwitz; das künstlerische Werk dieses Komponisten, Dirigenten und Pianisten ist Bestandteil tschechischer Musikkultur. Nach dem Ersten Weltkrieg war er nach Brünn gekommen, um bei Vilém Kurz Klavier und bei Jaroslav Kvapil Komposition zu studieren. Zusammen mit Kurz zog er nach Prag und wurde dort an der Meisterschule des Konservatoriums ein Schüler von Karel Hoffmeister, bei dem er sein Klavierstudium erfolgreich abschloß. Darüber hinaus hatte er Komposition bei Rudolf Karel und Dirigieren bei Pavel Dědeček studiert. Schächter war vielseitig und hatte eine ausgezeichnete Ausbildung genossen. Er war ein hervorragender Pianist und ein guter Korrepetitor; deshalb wurde er am Theater E. F. Burians engagiert. 1937 begann Schächter mit eigenständiger, künstlerisch anspruchsvoller Arbeit und gründete ein eigenes Ensemble, eine Kammeroper, die vor allem schon vergessene Werke der Kammermusik aufführte. Im Rahmen einer Ausstellung des tschechischen Barocks, 1937 in Prag, inszenierte er auch zwei barocke Studentenspiele, *Luridi scholares* und *Erat unum cantor bonus*. Sie waren ein großer Erfolg, und Schächter wurde mit seinem Ensemble in die Schweiz eingeladen. Nach der Besetzung der Tschechoslowakei war er wie alle, die den gelben Stern tragen mußten, vom öffentlichen Musikleben ausgeschlossen, nahm aber oft aktiv an den verbotenen musikalischen Aufführungen in jüdischen Zufluchtsstätten, Kinderheimen und Privatwohnungen teil.

Rafael Schächter.
Zeichnung von Petr Kien

Schächter kam schon am 30. November 1941 mit den ersten Transporten nach Theresienstadt. Während die Häftlinge noch dabei waren, Unterkünfte für Tausende von Menschen herzurichten, war an Kunst eigentlich nicht zu denken. Gleichwohl wurden schon damals die ersten Versuche unternommen, die zusammengewürfelten Menschen mit Rezitationen, mit Gesang und Musik einander näherzubringen. Unter primitivsten Bedingungen – was er hatte, war eine Stimmgabel – begann Schächter, mit den Männern tschechische Volkslieder einzuüben, die der junge Gideon Klein für mehrstimmigen Gesang bearbeitet hatte: *Man führt mir schon mein Pferd heraus [Už mi koně vyvádějí], Durchs Dorf hinauf, hinunter … [Chodíme, chodíme …], Auf unseren Wiesen [Na tých našich lukách]* und das schlesische Lied *Der Fuchs ging übers Wehr [Chodila liška po razi]* – die Datierung einiger Bearbeitungen weisen darauf hin, daß sie im April 1942 entstanden sind.[2] Schächters Chor war nicht groß, er umfaßte gerade 20 Sänger; gleichwohl fand der erste »öffentliche« Auftritt in der »Magdeburger Kaserne« den Beifall des Publikums.[3]
Danach begann Rafael Schächter in der »Sudetenkaserne« mit einem Chor weiblicher Häftlinge zu arbeiten. Es ist jedoch nicht überliefert,

Partitur des Lieds *Man führt mir schon das Pferd heraus*, für Männerchor eingerichtet von Gideon Klein

ob er mit diesen Sängerinnen auch aufgetreten ist; nachdem der Kontakt der Häftlinge aus den verschiedenen Kasernen nicht mehr unterbunden wurde, bot sich an, beide Chöre zu vereinigen.[4] Schächter gab sich aber damit nicht zufrieden und wollte Anspruchsvolleres als einfachen mehrstimmigen Gesang.

Noten gab es in Theresienstadt vorerst nicht – wer hätte schon sein Reisegepäck mit etwas so Überflüssigem belastet? Immerhin ließ sich aber ein Klavierauszug aus Smetanas *Verkaufter Braut* auftreiben. Der Name des Häftlings, der ihn mitgebracht hatte, ist nicht bekannt; man weiß nur, daß Schächter mit ihm die Rolle des Kezal einstudieren wollte und daß die gemeinsame Arbeit nicht zum Abschluß kommen konnte, weil dieser Häftling bald mit einem der Transporte »in den Osten« geschickt wurde.[5] Mit diesem Klavierauszug begann nun Schächter zu arbeiten und Chöre einzustudieren. Ein kleines, erhaltenes Heft, in dem die Sopranstimmen dieser Partien verzeichnet sind, beweist, daß für die Sänger zuweilen Noten angefertigt wurden, um das Proben zu erleichtern.[6] Die Arbeit ging gut vonstatten; alle waren von Smetanas Musik begeistert. Zwar waren die Sänger Laien, nur wenige hatten schon früher in Ensembles gesungen, doch mit größter Hingabe versuchten sie, die Schwierigkeiten ihrer Partien zu meistern.

Das war keine geringe Leistung. Schächter brauchte unendliche Geduld, um dem etwa fünfzig oder sechzig Köpfe zählenden Chor, der nur abends nach der Arbeit zusammenfinden konnte, auf ein Niveau zu bringen, das der Bedeutung von Smetanas Musik angemessen war. Er konnte darauf bauen, daß jede Müdigkeit in diesen Abendstunden von den Menschen gleichsam abzufallen schien, als ginge es ihnen darum, sich selbst und anderen zu beweisen, daß auch unter Theresienstädter Verhältnissen kulturelle Interessen überleben und etwas geleistet werden konnte. Schächter selbst mußte sich mit der *Verkauften Braut* erst vertraut machen. Als Korrepetitor und Dirigent hatte er mit Smetanas Werk noch nichts zu tun gehabt. Vielleicht kam das dem Gelingen des Unternehmens sogar zugute. Er ging Schritt für Schritt vor, ohne vorab eine bestimmte Vorstellung von dem zu haben, was er erreichen wollte. Erst als er absehen konnte, daß die Sänger die Chöre würden bewältigen können, kam er auf die Idee, auch die Solopartien mit den Rezitationen, Arien, Duetten und Ensembles hinzuzunehmen und das ganze Werk konzertant aufzuführen. Das war zu diesem Zeitpunkt kein Traum mehr, sondern eine konkrete, anspruchsvolle Aufgabe, die sich sonst kaum jemand unter so schwierigen Umständen aufgeladen hätte.

Theresienstadt. Rafael Schächter am Harmonium. Zeichnung von Petr Kien

Im Verlauf des Jahres 1942 wuchs die Zahl der Häftlinge in Theresienstadt sprunghaft, obwohl gleichzeitig große Transporte in den Osten gingen. Das »Ghetto« breitete sich allmählich über die ganze, in den Schanzen der sogenannten »Großen Festung« eingeschlossene Stadt aus. Unter den männlichen und weiblichen Häftlingen aller Berufs- und Altersgruppen fanden sich auch Sänger mit professionell geschulten Stimmen. Das erleichterte Schächters Vorhaben.

»Irgendwo in der Turnhalle des Sokolvereins stand ein altes, halb kaputtes Klavier ohne Füße, und Schächter hatte inzwischen ein ebenso mitgenommenes Harmonium erhalten und außerdem in einem Keller auch einen kleinen Raum gefunden, wo er regelmäßig mit seinen Leuten studieren konnte. Und so haben wir in strengster Kälte, eingemummt bis über die Ohren, *Die verkaufte Braut* geprobt. Endlich waren wir fertig, und nun mußte das Klavier heimlich ins ›Ghetto‹ gebracht werden, denn die Turnhalle lag außerhalb. In einem Kinderheim für Jungen stellte man den Turnsaal zur Verfügung, und am 28. November 1942 kam es in Theresienstadt endlich zur Aufführung der *Verkauften Braut*. Der Eindruck war unvergeßlich. Bei den ersten Takten von *Warum sollen wir nicht fröhlich sein [Proč bychom se netěšili]* weinte fast jeder.«[7]

Bedřich Borges, der aktiv an dieser Aufführung beteiligt war, macht diesselbe Beobachtung wie Heda Grabová:

»Wenn ich davon sprechen soll, welchen Eindruck diese Aufführung hervorgerufen hat, so muß ich sagen, daß er viel tiefer war, als man ihn im Zivilleben bei einer erstklassigen Aufführung haben kann. Selbst wenn weltbekannte Sänger aufgetreten wären, hätte der im tiefsten Innern entstandene Eindruck nie so sein können wie damals, als der Chor mit *Warum soll ich nicht fröhlich sein* begonnen hatte.«[8]

Heda Grabová schrieb ihre Erinnerungen kurz nach der Befreiung nieder. Ihr Bericht gehört sicher zu den glaubwürdigsten Zeugnissen. Allerdings hat sie sich bei der Datierung der Premiere geirrt. Im Tagebuch des jungen Schriftstellers Egon Redlich findet man unter »Mittwoch, den 25. November 1942« folgende hebräische Notiz:

»Heute ist die Milch im Topf gefroren. Eine gefährliche Kälte. Die Kinder werden nicht ausgezogen, und so vermehren sich die Läuse. Heute war die Premiere der *Verkauften Braut*. Es war die schönste Aufführung, die ich hier gesehen habe.«[9]

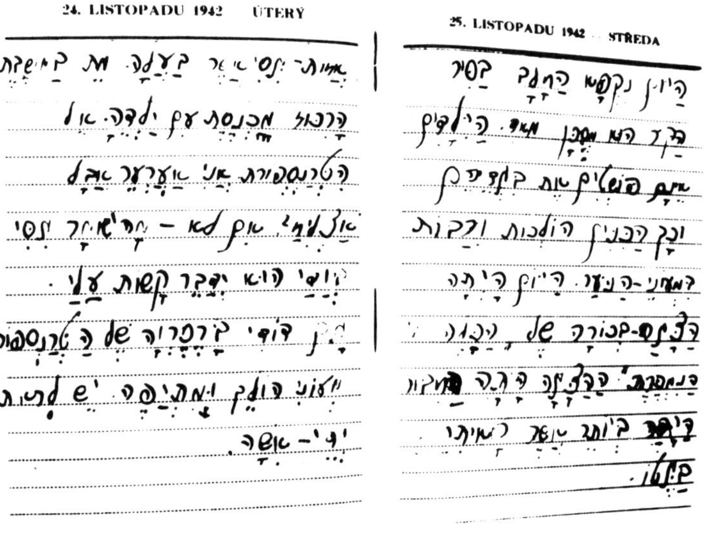

Aus Egon Redlichs Tagebuch in hebräischer Schrift. Notizen zur *Verkauften Braut*

Diese erste Veranstaltung fand im Turnsaal der alten Schule statt. Am gleichen Tag wurde zu dieser Uhrzeit auch in der »Magdeburger Kaserne« Hofers Operettenrevue *Von Offenbach zu Abraham* aufgeführt,[10] eine Zusammenstellung von Arien aus Werken verschiedener jüdischer Komponisten. Auch diese Revue fand viel Beifall, doch Schächters Inszenierung verfolgte höher gesteckte Ziele. Er wollte sein Publikum nicht nur unterhalten, sondern die Seelen bewegen. Die Zuschauer drängten sich überall in der alten Turnhalle, wo nur irgend Platz war; sie saßen auf dem Fußboden, auf Turngeräten oder in Fensterbänken. Das Interesse an Smetanas Werk war

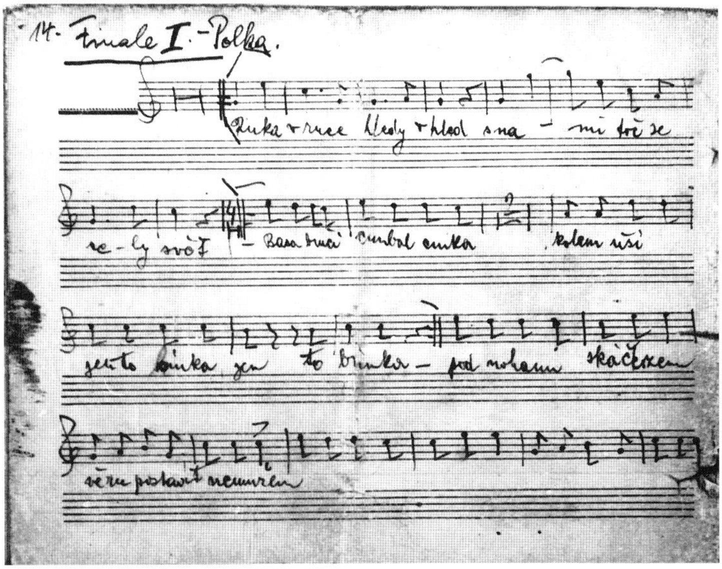

Zwei Partiturauszüge für die Chorstimmen der *Verkauften Braut*, die für die Aufführung in Theresienstadt verwendet wurden

unglaublich. Gideon Klein hatte das alte Klavier wieder soweit repariert, daß man darauf spielen konnte. Es wurde auf zwei Kisten aufgebaut, auf ihm spielte Rafael Schächter die Begleitung und leitete zugleich die Solisten und den Chor. Vorspiel und Teile der Ballettmusik hatte er gestrichen, da er die bloße Klavierstimme für zu dürftig hielt. Die Sänger traten ohne Kostüme auf; nur knappe Gesten deuteten die Rollen an, die sie spielten. Im Hintergrund war der Chor versammelt, der sowohl Schächters Anweisungen wie auch den Solopartien folgen konnte. Man könnte sich unmöglich ein aufmerksameres Ensemble wünschen als jenes, das hier zusammengewachsen war. Um den Zuhörern das Werk möglichst nahezubringen, hatte Gideon Klein vor Beginn der Aufführung das Wort ergriffen und Inhalt und Sinn der *Verkauften Braut* sowie deren zentrale Bedeutung für die tschechische Musikkultur erläutert. Er schloß mit einem knappen »Das Musizieren beginnt«. Das war das Zeichen für Schächter, die Premiere konnte beginnen.[11]
Was darauf folgte, war ebenso großartig wie wegweisend. Wir wissen nicht sicher, welche Solisten an dieser ersten Aufführung der *Verkauften Braut* in Theresienstadt teilgenommen haben. Authentische Berichte sind spärlich; die Rekonstruktion anhand der aufgezeichneten Erinnerungen ist schwierig. Schon das erste nicht datierte Dokument, ein Kassiber, den der Bassist Otto Ambrož seiner Verlobten Bohuslava Dostálová übermitteln wollte, bereitet Kopfzerbrechen. Wer hat nun als erster den Vater Kruschina gesungen? Otto Ambrož oder etwa doch Walter Windholz oder Karel Polák, die in anderen Quellen genannt werden.[12] Ambrož schreibt:

»Liebling, ich muß Dir sagen, daß wir hier fleißig arbeiten. Stell Dir vor, wir bereiten Die Verkaufte Braut samt den Chören vor. Ich singe den Vater Kruschina. Es wird sehr schön sein, nur ewig schade, daß meine Seele Dich in diesen Augenblicken vermißt, um wieviel schöner würde ich alles singen, wenn ich sähe, wie Du mich hörst und mit mir den Genuß an den göttlichen Tönen teilst.«[13]

Auch die Besetzung der Rolle der Marie Kruschina war lange nicht zu klären. Sang J. Klinkeová, Gertrude Borgerová oder etwa Marion Podolier?[14] Das erst jüngst entdeckte Tagebuch Willi Mahlers, der zur Arbeit auf der Theresienstädter Poststelle eingeteilt war, hat zur Klärung dieser Fragen einiges beitragen können. Am 15. Dezember 1942 notiert er:

»Nachmittags besuchte ich mit Muttern die Konzertaufführung der Verkauften Braut; es dirigierte R. Schächter, Marie: Klinkeová, Hans: Weissenstein, Kezal: Borges. Einer der größten Genüsse, verbunden mit Erinnerungen an die letzte Verkaufte Braut mit Máňa [Mahlers Freundin, A. M. K.] im Nationaltheater.«[15]

Diese Aufführung fand zwar erst zwanzig Tage nach der Premiere statt, aber die Besetzungen der wesentlichen Rollen der Oper änderten sich auch in Theresienstadt nicht so schnell – es sei denn, die

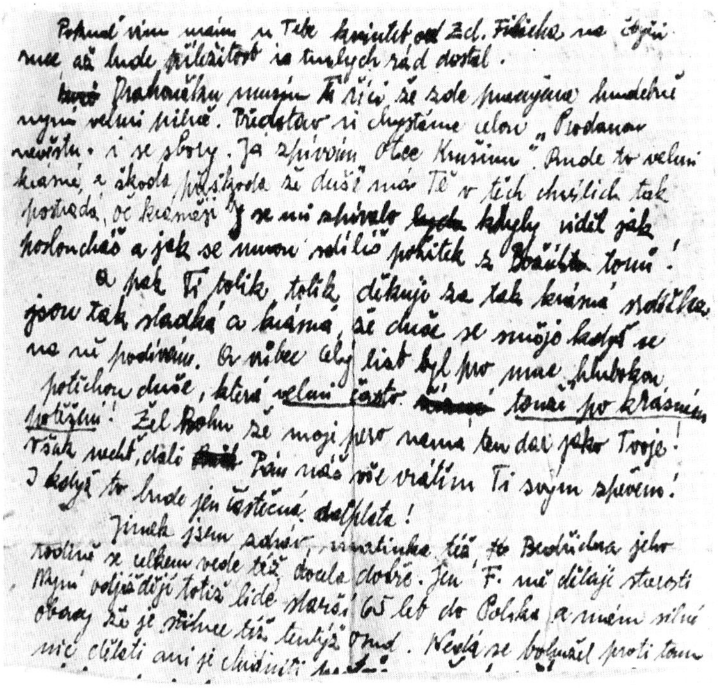

Kassiber von Otto Ambrož an Bohuslava Dostálová. Er handelt von der Theresienstädter Inszenierung von Smetanas *Die verkaufte Braut*

mächtige Hand der SS hätte eingegriffen. Dennoch bleibt vieles unklar: Hat Jacob Goldring oder Alexander Singer den Wenzel [Vašek] gesungen?[16] Wer sang den Micha [Mícha] bei der ersten Vorführung, wenn doch Bedřich Borges den Kezal [Kecal] interpretierte und er Michas Rolle erst nach der Ankunft Karel Bermans in Theresienstadt übernommen hatte? Auch wenn sich das nicht weiter belegen läßt, ist zu vermuten, daß Karel Polák diesen Part übernommen hatte.

Bei anderen Figuren scheinen die Berichte dagegen übereinzustimmen. Den Hans [Jeník] sang František Weissenstein, den Kezal Bedřich Borges, die Ludmila Heda Grabová-Kernmayrová, die Agnes [Háta] übernahm Ada Schwarzová-Kleinová, Tamara Zuckerová sang die Esmeralda, Karl Eisinger gab den Prinzipal ab, und Antonín Rosenbaum trat als Indianer auf.[17]

Wer waren diese Menschen, die sich von Schächters hohen Anforderungen nicht abschrecken ließen und damit ein neues Kapitel in der Geschichte der Musik in Theresienstadt aufschlugen? Nur wenige waren Berufsmusiker oder Schauspieler, die sich wie selbstverständlich auf der Bühne zu bewegen wußten. Zu diesen gehörte Ada Schwarzová-Kleinová, die vor der Okkupation im Neuen deutschen Theater gesungen hatte und ein breites Repertoire beherrschte. Walter Windholz hatte auf der Bühne in Brünn gesungen. František Weissenstein war Mitglied des Singspielensembles des Weinberger Theaters in Prag gewesen. Heda Grabová hatte eine künstlerische

Ausbildung und hie und da in Opern gesungen, bevorzugte aber Soloauftritte im Rahmen von Oratorien und Kantaten. Andere Solisten hatten vorher nie beruflich auf einer Bühne gesungen; manche von ihnen hatten Berufe ausgeübt, die mit Musik überhaupt nichts zu tun hatten, ihre Stimmen aber durch privates Studium geschult. Bedřich Borges trat manchmal im Neuen deutschen Theater in Prag auf, wenn dort bei doppelter Chorbesetzung Sänger benötigt wurden. Seine Gesangsausbildung hatte er bei Egon Fuchs am Prager Konservatorium erworben. Auch J. Klinkeová hatte privaten Gesangsunterricht genommen; sie war Lehrerin in Teplice in Nordböhmen. Tamara Zuckerová hatte lange darauf hingearbeitet, professionelle Sängerin zu werden, aber schließlich wegen ihrer geringen Körpergröße auf eine Bühnenkarriere verzichtet. Alexander Singer war Schneider; welche Ausbildung er genossen hatte, ist nicht bekannt. Seine Stimme aber soll klangvoll und harmonisch gewesen sein, und nach dem Krieg arbeitete er einige Jahre als Chorsänger am Smetana-Theater in Prag. Unter den Amateuren gab es zwei herausragende Stimmen: Antonín Rosenbaum und Karel Eisinger aus Prag.[18] Sie alle stammten aus Böhmen oder Mähren, einige standen aber auch durch ihre Lebensumstände der deutschen Kultur nahe. Der *Verkauften Braut* widmeten sich alle mit Feuereifer, denn das hieß, sich zu einer antifaschistischen Haltung zu bekennen und sich von den deutschen Traditionen loszusagen.

Welche Sänger besonders herausragten und wie die Gesamtleistung dieses Ensembles war, können wir nicht beurteilen. Dazu ist die Quellenlage zu schlecht. Willi Mahler schreibt zwar von dem großen Genuß, den ihm die Aufführung am 15. Dezember bereitet habe, äußert sich aber nicht detailliert darüber, was ihn am meisten berührt hat. Auch hat unseres Wissens kein Berufskritiker diese Aufführung unter künstlerischen Gesichtspunkten beurteilt. Aus manchen Aussagen von kompetenten Theresienstädter Häftlingen spricht jedoch die Überzeugung, daß der *Verkauften Braut* allein schon wegen der Vitalität des Werkes neben der späteren Einstudierung von Verdis *Requiem* der höchste Rang im Musikleben dieses Lagers zukam.

Aber unter den Bedingungen, die in Theresienstadt herrschten, konnte es nicht ausbleiben, daß auch Eitelkeiten, Mangel an gutem Willen oder Neid das Klima unter den Künstlern vergifteten. So war beispielsweise die jüdische »Selbstverwaltung« im Lager darüber aufgebracht, daß *Die verkaufte Braut* einen solchen Erfolg feiern konnte, obwohl sie außerhalb des Programms der organisierten Veranstaltungen zustande gekommen war. Ihre Vertreter bestanden deshalb darauf, die erste offizielle Aufführung im Rahmen der »Freizeitgestaltung« in der »Magdeburger Kaserne« stattfinden zu lassen; und zwar vor einem Publikum, das von ihnen eingeladen, und mit einem Redner, der von ihnen bestimmt worden sei. So geschah es dann auch – freilich erst bei der zweiten oder dritten Aufführung.

Damit sollte allen Bewohnern des Lagers signalisiert werden, daß solche Unternehmungen nur mit Genehmigung und Unterstützung des »Ältestenrates« organisiert werden sollten. Der 28. November 1942, ein Samstag, wurde von der Selbstverwaltung und von den Vertretern der »Freizeitgestaltung« zur offiziellen Premiere der *Verkauften Braut* erklärt. Rabbiner Erich Weiner hatte die vorangegangenen Aufführungen gar nicht zur Kenntnis genommen – sie vielleicht noch nicht einmal gesehen –, zeigte sich dann aber stolz, die erste in Theresienstadt einstudierte Oper ankündigen zu können. In seinem Bericht über die Arbeit der »Freizeitgestaltung« nennt er jedenfalls nur den 28. November als Premierentermin.[19]
Diese lagerinternen Differenzen erklären die Unstimmigkeiten bei der Datierung: Redlich bezieht sich auf die tatsächlich erste Aufführung im Turnsaal der alten Schule am 25. November, während Weiner und zahlreiche Abhandlungen über Theresienstadt nur von der »offiziellen« Veranstaltung im Rahmen der »Freizeitgestaltung« sprechen.[20] Der Bericht von Heda Grabová wirft beide Termine durcheinander; sie beschreibt die Veranstaltung in der Schule, gibt aber dafür das falsche, spätere Datum an.
Nach der Vorführung in der »Magdeburger Kaserne« wollte Schächter wieder in die alte Schule zurück, um dort für jene zu spielen, die Ermutigung am nötigsten brauchten. Damit stieß er jedoch auf den harten Widerstand der »Selbstverwaltung«, die die folgende Aufführung hintertreiben wollte und eine Wache vor der alten Schule aufziehen ließ. Nun hatten aber diese Wachposten *Die verkaufte Braut* selbst noch gar nicht gehört; weil sie neugierig waren und die Musik hören wollten, entschlossen sie sich, die Veranstaltung doch nicht zu vereiteln, die Sängerinnen und Sängern gewähren zu lassen – und selbst aufmerksam zuzuhören. Schließlich waren auch sie nur Häftlinge. Rafael Schächter wollte sich diese eigenmächtige Aktion der »Selbstverwaltung« aber nicht gefallen lassen. Nach den Worten »... er hat seine Braut verkauft, pfui, Schande, Schande, Schande ...« ließ er am Ende des zweiten Aktes die Aufführung abbrechen. Die Posten begriffen, schämten sich vielleicht auch und entfernten sich, ohne gegen das Ensemble vorzugehen.[21]
Smetanas Oper leitete eine neue Periode im Musikleben in Theresienstadt ein. Das haben auch die Mitglieder der Musikabteilung der »Freizeitgestaltung«, Hans Krása, Josef Stross, Gideon Klein und Pavel Libenský, in einem gemeinsamen Beitrag über den Musikbetrieb in Theresienstadt zugegeben:

»Der Übergang von der frühen zur mittleren Phase wird durch ein Ereignis gebildet, welches aus der Geschichte der Musik des Ghettos nicht weggedacht werden kann, und zwar durch die erste tschechische Aufführung der *Verkauften Braut* in konzertanter Form, begleitet auf dem noch immer geheimgehaltenen Klavier. Was für eine Arbeit der Aufführung vorangegangen war, was für eine Mühe das Studium der Chöre und der Solisten gekostet hatte, – es bleibt zu bedenken, daß alle Mitwirkenden bloß nebenamtlich Musik betrieben und in anderen Berufen arbeiten – dies zu schildern geht über den Rahmen dieser kurzgefaßten Geschichte hinaus. Wir müssen uns bloß damit begnügen zu erklären, daß dies, gemessen an den Schwierigkeiten und Hindernissen, wohl die musikalische Großtat an sich genannt werden muß, gegen welche sogar die dieser Aufführung vorangegangenen sporadischen Klavierkonzerte von Herrn Kaff und Herrn Klein unter Mitwirkung Meister Ledečs und C. Taubes verblassen.«[22]

Die verkaufte Braut wurde im Rahmen der Aktivitäten der »Freizeitgestaltung« im November dreimal gespielt, im Dezember fünfmal und im Januar 1943 viermal;[23] für die folgenden Monate fehlen genauere Angaben. Solange Schächter in Theresienstadt inhaftiert war, verzichtete das tschechische Ensemble nicht auf Smetanas Oper. Einige Mitwirkende wurden in den Osten deportiert und aus der Gruppe herausgerissen; ihre Rollen mußten neu besetzt und Nachfolger für sie gefunden werden. Schächter arbeitete unermüdlich. Er machte neueintreffende Häftlinge – auch später hinzustoßende Solisten – mit der *Verkauften Braut* vertraut und studierte weitere Opern ein. Am 5. März 1943 traf Karel Berman, der die Klasse von Egon Fuchs am Prager Konservatorium absolviert hatte, in Theresienstadt ein und schloß sich prompt Schächters Sängern an. Seine wohlklingende Baßstimme war eine ideale Besetzung des Kezal; mit vielen Theresienstädter Sängern war er schon aus Prager Zeiten bekannt. Auch die Rolle der Marie wurde umbesetzt. Gertrude Borgerová aus Ostrava übernahm sie – wann das war, ist nicht mehr festzustellen. Sie war keine professionelle Sängerin, aber ihre Jugend und ihre Gestaltung der Rolle verzauberten die Zuhörer. Dasselbe galt für die herausragende Tenorstimme von David Grünfeld, der den müde gewordenen František Weissenstein ablöste. Grünfeld eroberte zunächst Theresienstadt, nach dem Krieg dann die ganze Welt.

In Willi Mahlers Tagebuch findet man eine weitere Notiz zur *Verkauften Braut*. Sie stammt vom 12. Juli 1944, als er mit seiner Freundin Trude eine Aufführung in der Sokol-Turnhalle sah.

»Trude war von der tschechischen Musik begeistert, und auch die Verkaufte Braut hat sie, auch wenn sie Tschechisch nicht gut beherrschte, überaus glücklich gemacht. Die heutige Aufführung hatte hohes künstlerisches Niveau. (Ich habe die Verkaufte bald nach deren hiesiger Premiere gesehen, und schon damals hatte sie auf mich eine tiefe Wirkung. Heute hat ihr Zauber einen noch höheren Grad erreicht, und ich habe den Eindruck, daß ihr die teilweise geänderte Besetzung zum Vorteil gereichte. Zumindest in den beiden Hauptrollen sind die jetzigen Sänger wirkungsvoller.) Der Kapellmeister Rafael Schächter bringt das Werk in herrlicher Erhabenheit und vollkommener Reinheit des gesungenen Wortes. Grünfelds Hans ist vom Gesang her prachtvoll. Seine Stimme ist von wohlklingender Schönheit und männlicher Kraft. Die Marie der Frau Borgerová ist zart, ihr Gesang edel, und als Liebende ist sie rührend. Bermans Kezal ist ein vollkommener Darsteller dieser typisch Pollertischen Rolle. Mariens Eltern werden von Windholz und

Grabová gesungen, Hansens und Wenzels von Borges und Schwarzová-Kleinová. Singers Wenzel war im gesprochenen und gesungenen Wort unnötig überhastet, wenn er auch, was die Stimme anlangt, außerordentlich gut war. Es wirkt störend, wenn Frau Borgerová noch die Rolle der Esmeralda singt. Der Erfolg der Verkauften war, wie immer, mitreißend.«[24]

Die verkaufte Braut wurde in Theresienstadt insgesamt fünfunddreißigmal aufgeführt. Mahler hat sicherlich eine der letzten, wenn nicht gar die letzte Veranstaltung gesehen. Denn damals nahmen die Transporte wieder zu. Die Menschen wurden deportiert und wußten nicht, was ihnen bevorstand. Im Lager breitete sich Grauen aus. Wenn der Chor *Warum sollen wir nicht fröhlich sein* erklang, brachen jetzt fast alle in Tränen aus. Es bedurfte unvorstellbarer Anstrengungen und großer innerer Standhaftigkeit, in dieser Zeit noch zu singen und anspruchsvolle Aufführungen zustande zu bringen. Was Mahler beklagt – daß Borgerová eine Doppelrolle zu spielen hatte –, ist schon dieser Notlage und dem Personalmangel des Ensembles geschuldet.

Ende August 1944 wurden tschechische Aufführungen in Theresienstadt verboten. Die SS änderte wieder einmal ihre Politik und untersagte alle Aufführungen, die nicht in deutscher Sprache gesungen und gesprochen wurden. Mit der relativen Freiheit der Kunst in Theresienstadt war es vorbei; das letzte Kapitel der Geschichte des Lagers begann. Was bis dahin geduldet und zur Kaschierung der Judenvernichtung benützt worden war, wurde nun offen verhöhnt.[25]

Weitere Operninszenierungen in Theresienstadt

Smetanas *Verkaufte Braut* hatte Aufsehen erregt. Man sprach darüber, wollte sie immer wieder hören. Es war nicht leicht, ein weiteres, ähnlich erfolgversprechendes Projekt zu finden. Die Wahl fiel schließlich auf *Figaros Hochzeit* von Wolfgang Amadeus Mozart. Was letzten Endes dafür den Ausschlag gegeben hat, wissen wir nicht. Es mag persönliche Vorliebe gewesen sein; vielleicht war auch einfach kein anderer Klavierauszug zur Hand. Doch es besteht kein Zweifel, daß angesichts der Verhältnisse *Figaros Hochzeit* keine schlechtere Wahl war als *Die verkaufte Braut*. Mozarts Oper ist unkompliziert; sie verlangt nach keinem großen Ensemble, ihre Melodien sind gefällig und lassen sich gut mit Klavierbegleitung singen. Sie hat nur wenige Chöre – das Werk konnte also rasch einstudiert werden. *Figaros Hochzeit* ist eine Opera buffa, deren Komik in gesellschaftlichen Entwicklungen des späten 18. Jahrhunderts verwurzelt ist; sie greift Traditionen der Aufklärung ebenso auf wie Ideen, die in der Französischen Revolution zum Tragen kamen und die schon Beaumarchais in seiner ursprünglichen Fassung zum Thema gemacht hat. Gradlinigkeit und Vernunft des einfachen Volkes, die in der Figur des Figaro genial gestaltet sind, werden dem lächerlichen, putzsüchtigen Gebaren des Rokokoadels entgegengehalten. Figaro verkörpert als aufgeweckter Kopf das Volk, das sich seiner Menschenrechte bewußt ist; in dieser Oper spielt auch das Freimaurertum eine Rolle, das der Faschismus genauso ablehnte und aus der Welt schaffen wollte wie den Marxismus, den Bolschewismus und das Judentum. Entsprechend wenig hatten Nationalsozialisten für *Figaros Hochzeit* übrig, die so fröhlich den Geist weltumspannender Brüderlichkeit propagiert. Trotzdem konnten sie es sich aus Gründen der Propaganda nicht erlauben, dieses Werk wie so viele andere einfach zu verbieten. Damit hätten sie sich bloßgestellt.[1] Sie hatten ja auch Beethovens *Fidelio* und die *Neunte* nicht von den Spielplänen verbannt, sondern versucht, diese Werke in den Dienst ihrer Weltanschauung zu stellen.

Für die Häftlinge im »Ghetto« war *Figaros Hochzeit* geradezu ein Labsal. Sie litten ja nicht nur an Hunger, Krankheiten und anderen körperlichen Entbehrungen, sondern auch unter dem Unrecht, das ihnen durch die Nazi-Hetze gegen »rassisch Minderwertige« zugefügt wurde. Figaro sprach von *ihren* Problemen, mit Figaro erhob sich *ihre* Stimme.

Rafael Schächter setzte die Oper in Szene. Der im Lager vorhandene Klavierauszug enthielt freilich nur den deutschen Text. In Theresienstadt war das aber nicht hinderlich: Die meisten der hier inhaftierten tschechischen Juden beherrschten diese Sprache, und wer des Tschechischen nicht mächtig war und deshalb wenig von der *Verkauften Braut* verstanden hatte, konnte dem Werk Mozarts leichter folgen. *Figaros Hochzeit* wurde, meist in der »Magdeburger Kaserne«, etwa zehnmal konzertant mit Klavierbegleitung aufgeführt.

Die Premiere fand in den Monaten nach der ersten Aufführung der *Verkauften Braut* und vor der des *Kuß* statt, also irgendwann zwischen November 1942 und dem 20. Juli 1943. Sicherlich wurde mit den Proben vor dem 5. März 1943 begonnen, sonst hätte nämlich Karel Berman, der Freund Rafael Schächters, an der Einstudierung mitgearbeitet. Folgt man den Aussagen von Bedřich Borges, der bei allen Aufführungen den Figaro sang, dann übernahm Walter Windholz die Rolle des Grafen, die er schon von früheren Engagements her kannte; Heda Grabová sang die Gräfin.[2] Als Kammerjungfer trat J. Klinkeová auf, den Musiklehrer Basilio bot der Tenor Alexander Singer, das Baßpendant – die Rolle des Doktors Bartolo – interpretierte Karel Polák. Diese beiden waren Amateure, hatten aber ausgezeichnete Stimmen. Ein großer Gewinn für Schächters Gruppe war Hilde Aronson-Lindt, die den Cherubim sang. Sie war Deutsche, hatte eine hervorragend geschulte Stimme und entfaltete auf der Bühne eine Gestik, die nichts an Sicherheit vermissen ließ. In der Rolle des Antonio bewährte sich A. Rosenbaum. Die verfügbaren Berichte geben nicht über alle Sänger genügend Auskunft. So wissen wir fast nichts über Bondiová, eine Pragerin, die die Rolle der Marcellina übernahm, oder über Kominíková, die das Bärbelchen spielte. Beide werden bei der Besetzung weiterer Opern nicht mehr genannt.

Rafael Schächter rechnete ständig damit, daß Sänger erkranken oder mit den Transporten verschleppt werden würden. Soweit es ging, besetzte er deshalb die Rollen doppelt. Durch diese Umsichtigkeit war es auch möglich, die Sänger, die ja immer freiwillig auftraten, hier und da zu entlasten; andernfalls hätten sie womöglich bald die Kraft verloren, ständig neben ihrer harten Arbeit noch an den Proben und Aufführungen teilzunehmen. Heda Grabová wechselte in *Figaros Hochzeit* beispielsweise mit Marion Podolier, einer Sängerin aus Berlin, die zwar schon Erfahrungen in Prag gesammelt hatte und eine ausgezeichnete Stimme besaß, aber auch eine große Scheu vor öffentlichen Auftritten hatte. Gertrude Borgerová wechselte mit J. Klinkeová in der Rolle der Susanna, für Hilde Aronson-Lindt sprang Tamara Zuckerová ein, und in der Rolle des Basilio hörte man neben

Alexander Singer auch Grünbaum. Unklar bleibt die Besetzung des Don Curzio. Wahrscheinlich hat der Tenor Goldring diese Partien gesungen; das geht zumindest aus einem Gedächtnisprogramm hervor, das sich im Besitz von Karel Heřman befindet.[3]

Figaros Hochzeit fand großen Anklang, entfachte aber, jedenfalls bei den Tschechen, nicht die gleiche Begeisterung wie *Die verkaufte Braut*. Eingehendere Schilderungen besitzen wir nicht, nur zwei kurze, authentische Eintragungen. Beide bieten wenig Details und stammen wieder von Willi Mahler. Am 3. November 1943 schreibt er:

> »Um 17 Uhr hörten wir *Figaros Hochzeit* (Mozart) in B V [Blocknummer; A.d. R.], es dirigierte Rafael Schächter. Windholz, Podolier, Borges, Borgerová.«

Die zweite Eintragung vom 5. November 1943 ist ausführlicher:

> »In B V gingen wir uns Mozarts *Figaros Hochzeit* anhören. Die konzertante Aufführung dieser Oper verlief gut und hatte ein gutes Niveau. Die Sänger, vor allem Windholz (Graf), Podolier (Gräfin), Borges (Figaro) und Borgerová (Susanna) haben sich verdient gemacht. Die Leitung hatte Kapellmeister Rafael Schächter.«

Ob diese Notizen sich auf zwei kurz aufeinanderfolgende Aufführungen oder auf dieselbe Vorstellung beziehen, bleibt leider offen.[4]

Ehe Willi Mahler nach Theresienstadt gebracht worden war, arbeitete er als Redakteur und langjähriger Korrespondent der Zeitung *Lidové noviny*. Er hatte viele Opern auf der Bühne gesehen und seinen musikalischen Geschmack geschult; er verfügte über genügend Sachverstand, um verschiedene Sängerinnen oder Sänger in Wien, Bratislava, Prag oder Košice miteinander vergleichen zu können[5] und war gewohnt – auch in Theresienstadt –, mit seiner Meinung nicht hinterm Berg zu halten. Wenn er die Theresienstädter Aufführung von *Figaros Hochzeit* ausgezeichnet fand, so wird man seiner Beurteilung Glauben schenken dürfen.

Neben diesem Urteil kommt andererseits dem realistischen Kommentar von Bedřich Borges ebenfalls Gewicht zu, der bei dieser Aufführung in einer zentralen Rolle auftrat. Aus der Distanz vieler Jahre war ihm wichtig, auch auf den moralischen Appell den Akzent zu legen, der hinter Rafael Schächters künstlerischen Absichten stand:

> »Das Niveau einer solchen Darbietung ist nicht mit der Darbietung auf irgendeiner Weltbühne zu vergleichen, vor irgendeinem Publikum. Schächter war sich dessen bewußt, als er jede Aufführung mit dem ersten Auftritt und nicht mit der Ouvertüre begann. Er stand sich selbst und den anderen soweit kritisch gegenüber, als er es nicht wagte, die Ouvertüre nur auf einem, noch dazu beschädigten Klavier zu spielen. Es ging ihm offensichtlich nicht darum, die Illusion einer großen Opernaufführung hervorzurufen. Sondern er war bemüht, das erbärmliche Leben seiner Schicksalsgefährten um einige Takte reiner, menschlich bewegender Kunst zu bereichern.«[6]

Eine weitere Oper, die das tschechische Ensemble in Theresienstadt einstudierte, war Smetanas *Der Kuß [Hubička]*. Nachdem mehrere

Klavierauszüge bekannter Opern auf dem Weg über die Waschküche in das Lager geschleust worden waren, war es kein Zufall, das gerade dieses Werk ausgewählt wurde.[7] Man konnte hoffen, damit die gleiche Resonanz wie mit der *Verkauften Braut* zu erreichen. *Der Kuß* ist eine der tschechischen Opern, in denen der Nationalcharakter am schönsten zum Ausdruck kommt. Daß Schächters Ensemble ohnehin auf Smetanas Werke eingeschworen war, geht auch daraus hervor, daß auch noch die Oper *Zwei Witwen* vorbereitet wurde (die in Theresienstadt aber nicht mehr zur Aufführung gelangte)[8] und daß diesem Komponisten ein großes Konzert mit Chormusik gewidmet wurde, wobei unter anderem die Kantate *Das tschechische Lied* gesungen wurde.[9] Die Bedeutung dieser Auswahl darf man nicht übersehen. Sie bestätigt einmal mehr, wie sehr die tschechischen Juden Smetanas Musik verehrt, geliebt und sich ihr gewidmet haben.

Der Kuß war nicht weniger als *Die verkaufte Braut* eine symbolische Liebeserklärung an die Heimat. Mit ihren scharf umrissenen Charakteren verrät die Oper viel über die Seele der Tschechen; sie knüpft an volkstümliche Überlieferungen und die Vorstellungswelt der Bevölkerungsgruppen an, die das Land im Umkreis des Ještědgebirges bewohnen. Vor allem aber gefiel natürlich die Musik. *Der Kuß* gilt als Smetanas melodischste Oper.

Die Premiere der konzertanten Aufführung fand am 20. Juli 1943 auf dem provisorisch eingerichteten Dachboden der »Dresdener Kaserne« statt.[10] Der Raum war klein, alles stand gedrängt, der Chor hatte sich auf einigen Brettern aufgestellt, um höher als die Solisten zu stehen und Rafael Schächter am Klavier sehen zu können. Dieser begleitete die gesamte Aufführung, gab durch Kopfnicken den Solisten und dem Chor den Einsatz, und sein ganzer Körper war Ausdruck von Tempo und Rhythmus der Musik. Die Sänger erfaßten jede auch nur angedeutete Geste. Das Publikum unterbrach die Musik fast nach jedem Chor und jeder Arie mit seinem Beifall. Die Duette von Vendulka und Lukáš *Wir gehören einander [Jsme svoji]* und *Niemals, nie in unserer Trauer [Nikdy, nikdy v hoři svém]* gefielen allen Zuhörern, ebenso Vendulkas Arie *Wie könnte er vergessen [Jak zapomněl by]* und ihre Wiegenlieder; auch Palouckýs Arie *Wie ich gesagt habe, ist es geworden [Jak jsem to řek, už je to tak]* und Lukáš' *Wenn ich wüßte, wie ich meine Schuld sühnen könnte [Kdybych věděl, jak svou vinu smýt]*. Freude bereitete auch das *Lerchenlied* der Barča. Die Chöre waren wirkungsvoll in Szene gesetzt; in der Abenddämmerung klang der Männerchor der Schmuggler überaus geheimnisvoll. Bei den späteren Wiederaufnahmen erhielt die Gruppe schließlich auch einen geeigneteren Raum – B V in der »Magdeburger Kaserne« – für die Aufführung der Oper.[11]

All das Provisorische und Armselige, das die Bedingungen diktierte, unter denen man in Theresienstadt musizierte, scheint dem Erfolg niemals abträglich gewesen zu sein. Die Zuhörer lechzten nach schöner Musik und waren unerhört dankbar für jede Aufführung, die ihnen geboten werden konnte. Als Publikum von Schächters Ensemble waren sie nicht mehr die minderwertigen Sklaven; diese Klänge vertrieben den Jammer, der ihr Leben bestimmte, wenn sie nachts auf ihren Pritschen von Schmerzen, von Verzweiflung und Angst vor der Zukunft gequält wurden.

Der Kuß wurde ein durchschlagender Erfolg. Im Verlauf des Jahres 1943 wurde die Oper noch mindestens fünfzehnmal aufgeführt.[12] Wir wissen, welche Sänger an diesen Aufführungen beteiligt waren, wer die ersten Darsteller der Hauptrollen gewesen sind, ist schwieriger festzustellen. Die Fragen, ob bei der Premiere Marion Podolier oder Gertruda Borgerová die Vendulka sangen und ob David Grünfeld oder František Weissenstein den Lukáš darstellten, können bis heut nicht beantwortet werden; genausowenig, ob Walter Windholz oder Bedřich Borges den Part Tomš' übernahmen und ob Ada Schwarzová-Kleinová oder Heda Grabová-Kernmayrová die Martinka gesungen haben. Rafael Schächter hatte jedenfalls Mitte 1943 genügend Sänger zur Seite, um auswählen und wichtige Rollen doppelt besetzen zu können. Man weiß auch, daß sich die Doppelbesetzungen abwechselten – wie häufig, ist nicht bekannt. Aus den nachträglich verfaßten Programmen, die Karel Heřman für die Sammlung der »Freizeitgestaltung« zusammenstellte, erfährt man auch nichts Genaues, denn sie weichen bei der Nennung der Solisten voneinander ab.[13] Die Erinnerungen Karel Bermans und Bedřich Borges, die zwanzig Jahre später aufgezeichnet wurden, stimmen ebenfalls nicht miteinander überein.[14]

Bei kleineren Rollen gab es wahrscheinlich keinen Wechsel. Karel Berman sang immer den Paloucký, Karel Polák den Matouš, Tamara Zuckerová die Barča und Alexander Singer den Wachmann.

Die Aufführung des *Kuß* profitierte besonders von der Mitarbeit Karel Bermans und Marion Podoliers, die im Frühjahr 1943 nach Theresienstadt gekommen waren. Berman war zuvor in Lípa inhaftiert gewesen; er war jung, voller Energie und selbst unter den Lagerverhältnissen mit Begeisterung bei der Sache. Seine Stimme war wohlklingend und voll, seine Ausbildung am Prager Konservatorium war nicht zu verleugnen. Wenn er den Paloucký spielte, bedauerte jeder, daß er die Rolle nicht auch schauspielerisch stärker ausagieren konnte. Marion Podolier hatte mit ihrer Gestaltung der Vendulka ähnlichen Erfolg. Unter den Solisten war sie die einzige, die nicht Tschechisch sprach, obwohl sie aus Böhmen nach Theresienstadt gebracht worden war. Eigentlich stammte sie aus Berlin, von wo sie vor den Nazis nach Prag geflohen war; sie war mit einigen Tschechen befreundet, beispielsweise mit dem Architekten František Zelenka, und daher lockte sie die Zusammenarbeit mit diesem Ensemble besonders. Auf ihren Wunsch hin gab ihr Schächter die Rolle der Vendulka und half ihr bei den Schwierigkeiten, die sie mit dem Tschechischen hatte. Trotz ihres Akzentes meisterte sie ihre Rolle vorzüglich.[15] Willi Mahler ist wiederum der einzige, von dem wir einige Notizen über die Aufführungen des *Kuß* besitzen; am 3. Oktober 1943 vermerkt er, daß G. Borgerová, D. Grünfeld, B. Borges, A. Schwarzová-Kleinová, K. Berman und T. Zuckerová gesungen hätten. Damit bestätigt er auch, daß Grünfeld und Borges tatsächlich an dieser Inszenierung beteiligt waren.[16]

Nach der Premiere des *Kuß* vergingen keine zwei Monate bis zur ersten Aufführung von Mozarts *Zauberflöte*. Willi Mahler erwähnt eine Veranstaltung am 10. September 1943; es ist nicht unwahrscheinlich, daß es sich dabei um die Premiere gehandelt hat.[17] Rafael Schächter leitete auch diese Inszenierung im Saal L 514, wo das Publikum sich drängte und die Sänger mit stürmischem Beifall bedachte. Kritischer als Willi Mahler war Viktor Ullmann. Er monierte, daß die zahlreichen Rollen in dieser Oper mehr hervorragende Stimmen erfordert hätten, als in Theresienstadt vorhanden waren, und daß Schächter kein idealer Interpret von Mozarts Werken sei.[18] Ullmann gab sich als Purist und urteilte immer, als könne man darüber hinwegsehen, daß diese Aufführungen unter den Bedingungen eines KZ zustande kamen. Es mag schon sein, daß dieser Inszenierung der letzte Schliff fehlte; sie hinterließen aber bei den Zuhörern einen nachhaltigen Gesamteindruck. *Die Zauberflöte* wurde gewissermaßen international einstudiert. Jeder Solist sang in der Sprache, die ihm vertraut war und in der er seine Rolle am besten beherrschte. Tschechische, deutsche und italienische Passagen folgten aufeinander. Michael Gobec, ehemaliger lyrischer Tenor der Holländischen Königlichen Oper, und Ada Hecht, vormals Koloratursopranistin der Wiener Volksoper, waren weltberühmt, als sie nach Theresienstadt deportiert wurden. Gobec übernahm die Rolle des Tamino, Hecht sang die Königin der Nacht. Eine weitere ausgezeichnete Stimme hatte der Bassist Fried, der im Wechsel mit Berman manchmal den Sarastro, manchmal den Sprecher bot. Trude Borgerová, Hilde Aronson-Lindt und Heda Grabová-Kernmayrová übernahmen die Damen der Königinnensuite und trugen ihren Teil zu dieser außergewöhnlichen Aufführung bei.[19] Karel Ančerl war von der Stimme Ada Hechts so hingerissen, daß er von einer »absolut vollkommenen, phantastischen Leistung« sprach.[20] Karel Berman war ebenso entzückt.[21] Weitere Beteiligte an der *Zauberflöte* waren David Grünfeld, der zuweilen den Tamino sang, Alexander Singer, der den Priester spielte, Marion Podolier als Pamina sowie Walter Windholz als Papageno.[22]

Nach diesen populären Opern wandte sich Rafael Schächter einem Werk aus der ersten Hälfte des achtzehnten Jahrhunderts zu, dem in der Musikgeschichte eine zentrale Rolle zugeschrieben wird, das aber selten auf die Bühne gelangt: *La serva padrona* des italienischen

Komponisten Giovanni Battista Pergolesi, eine kleine Oper in Kammerbesetzung, aus der die gesamte Gattung der *opera buffa* hervorgegangen ist. Dieses Stück war zuletzt am 29. Juni 1929 auf der Kleinen Bühne des Neuen deutschen Theaters in Prag unter der Leitung von Steinberg aufgeführt worden. Möglicherweise hat Schächter diese Inszenierung gesehen; wahrscheinlich erwog er schon 1939 bei der Suche nach einem Repertoirestück für seine eigene Kammeroper, dieses Werk zu erarbeiten. Wegen der Bedeutung dieser Oper und ihrer Vitalität war das ein verlockendes Vorhaben. Es waren nur zwei Stimmen vonnöten, ein Baß und ein Sopran, sowie ein stummer Schauspieler für die Rolle des albernen Dieners Vespone. Die Arien und Duette, in denen der Witz der schönen, jungen und gescheiten Serpina über die Unverschämtheit des alten Junggesellen Doktor Pandolfo siegt, haben viel Schwung. *La serva padrona* war auf die spärlichen Möglichkeiten in Theresienstadt gleichsam zugeschnitten. Die Rollen wurden mit Marion Podolier und Bedřich Borges besetzt. Es gab sogar eine bescheidene Ausstattung: Einige Tücher grenzten die Szene ab, und Kostüme gab es, die František Zelenka entworfen hatte.[23]

Gegenüber früheren Aufführungen gab es eine weitere Neuerung. *La serva padrona* wurde nicht mehr nur vom Klavier Rafael Schächters begleitet, sondern von einem Orchester aus Streichinstrumenten und einem Cembalo, so wie es Pergolesi instrumentiert hatte. Die Streichinstrumente wurden von Musikern der »Stadtkapelle« gespielt, das Cembalo – der basso continuo – von Hans Krása.[24] Karel Berman übernahm die Regie; mit dem Schauspieler Karel Švenk als Besetzung für den Diener Vespone wurde es eine lebhafte und frische Inszenierung. Der schöne Sopran von Marion Podolier und der modulationsfähige Baß von Bedřich Borges waren natürlich das Rückgrat der ganzen Aufführung. *La serva padrona* wurde jedoch erst im Sommer 1944 einstudiert und konnte nur noch dreimal aufgeführt werden. Im September 1944 verschwand Borges in einem Transport nach Auschwitz.

Ungefähr zur gleichen Zeit, als Schächter an Pergolesis Oper arbeitete, brachte Hanuš Jochowitz Mozarts einaktige Oper *Bastien und Bastienne* auf die Bühne. Wieder hatte František Zelenka die Ausstattung besorgt und Karel Berman die Stimmen mit den Sängern einstudiert. Jochowitz hatte für diese Inszenierung das deutsche Libretto ins Tschechische übersetzt und dirigierte. Unter den Hauptakteuren verfügte Karel Polák über genügend Schauspielerfahrung, um die Rolle des Zauberers Colas gestalten zu können; H. Tomková und R. Fuchsová, zwei junge Interpreten, benötigten dagegen einige Unterstützung. Begleitet wurden sie von einem Streichquartett, das die Theresienstädter Musiker Kling, Block, Parkus und Daubner gebildet hatten.[25]

Bastien und Bastienne wurde ebenfalls erst um die Mitte des Jahres

1944 aufgeführt, als sich nach dem Besuch der Kommission des Internationalen Roten Kreuzes die kulturellen Anstrengungen noch einmal verstärkten und überall nach neuen, möglichst ungewöhnlichen Stücken gesucht wurde. Eduard Vavruška hat aber daran erinnert, daß Mozarts kleine Oper schon 1943 als Puppenspiel auf dem Dachboden der »Magdeburger Kaserne« gegeben worden war.[26] Dort wurde noch in deutscher Sprache gesungen, obwohl eine Interpretin aus der Tschechoslowakei stammte. Ihr Name war Marta Kolmanová; es ist sehr wahrscheinlich, daß es sich bei ihr um die schon mehrfach genannte Tamara Zuckerová handelte, deren Mädchenname Kolmanová hieß und die die Schwester des sowjetischen Mathematikprofessors und Politikers Arnošt Kolman war.

Programmzettel für ein Smetana-Konzert in Theresienstadt 1944

Hanuš Jochowitz kam am 18. Dezember 1942, im Alter von zweiundzwanzig Jahren, nach Theresienstadt. Zuvor, als Gymnasiast, hatte er privaten Musikunterricht gehabt.[27] Bis zur Besetzung des tschechischen Grenzgebietes studierte er in Děčín-Podmokly und veranstaltete vor seiner Deportation regelmäßig Plattenkonzerte in einem Prager Lehrlingsheim und hatte zusammen mit Amateurmusikern Glucks Oper *Der überlistete Kadi* in einer von ihm selbst übersetzten, tschechischen Version aufgeführt.[28] Nachdem er in Theresienstadt mit Mozarts kleiner Oper erfolgreich war, bemühte er sich, an eine Partitur von Glucks Oper zu kommen, um sie ebenfalls im Lager aufzuführen.[29] Im Herbst 1944 wurde er nach Auschwitz deportiert. Nachdem Auschwitz von den Nazis geräumt wurde, verschlug es ihn schließlich ins Lager Kauffering, wo er elend ums Leben kam.[30]

Zu den zentralen Gestalten des Theresienstädter Musiklebens gehörte zwischen dem 5. März 1943 und dem 28. September 1944 auch Karel Berman. Er sang in der *Verkauften Braut*, im *Kuß* und in *Carmen*, beteiligte sich an Lieder- und Opernabenden, leitete und komponierte Chöre, führte bei den Kammeropern von Pergolesi und Mozart Regie und schreckte auch nicht davor zurück, eine Oper ganz allein einzustudieren und zu leiten. Anfang August 1944 begann er, mit dem tschechischen Ensemble Vilém Blodeks *Im Brunnen [V studni]* zu erarbeiten.[31] Dieses Werk war mit Bedacht gewählt; die Oper stellte keine unüberwindbaren technischen Anforderungen, die Musik war lebhaft und unterhaltsam, die Besetzung erforderte nur vier Sänger und einen Chor. Die Charaktere der Handlung fanden sich in eine amüsante Intrige verwickelt, der Chor trat als der Hüter überkommener ländlicher Bräuche in einem tschechischen Dorf in Erscheinung. Nachdem das Ensemble einen Monat lang geprobt hatte, erging Ende August die Anordnung der SS, in Theresienstadt seien künftig nur noch Opern- und Theateraufführungen in deutscher Sprache erlaubt. Stichtag war der 3. September. Die Tschechen entschlossen sich daraufhin, das Werk auf jeden Fall in ihrer Muttersprache aufzuführen. In einem Wettlauf mit der Zeit setzten sie die Generalprobe auf Samstag den 2. September fest, die Premiere auf Sonntag, den 3. September um 19.00 Uhr.[32] Sie setzten alles daran, auf diese Weise ihrer Heimatverbundenheit und ihrer antifaschistischen Haltung noch einmal Ausdruck zu geben.[33]

Läßt man Krásas Kinderoper *Brundibár*, auf die wir noch zurückkommen werden, und Viktor Ullmanns *Der König von Atlantis*, die nie aufgeführt werden konnte, außer Acht, dann endete das Engagement des tschechischen Opernensembles in Theresienstadt mit Bermans Inszenierung. Die tschechischen Juden hatten diese Aufführungen, in denen sich ihre Heimatliebe zeigen konnte, in bewundernswerter Weise den ungünstigen Umständen abgerungen. Sie wollten nicht als fügsame Opfer der Nazis auf ihre Vernichtung warten. Das ihnen zugedachte Schicksal freilich vermochten sie damit nicht abzuwehren.

Außer den tschechischen Inszenierungen gab es eine ganze Reihe weiterer Opernaufführungen; Rafael Schächter hatte mit der *Verkauften Braut* ein Zeichen gesetzt, dem auch andere Musiker folgten – beispielsweise Franz Eugen Klein, der ehemalige zweite Dirigent der Wiener Staatsoper, und der Sänger Karl Fischer. Kleins Ensemble studierte zwischen Frühjahr 1943 und Herbst 1944 drei weltbekannte Opern italienischer und französischer Herkunft ein: *Rigoletto* von Giuseppe Verdi, Giacomo Puccinis *Tosca* und George Bizets *Carmen*.[34] Das zweite deutsche Ensemble unter Karl Fischer schloß sich mit Pietro Mascagnis *Bauer und Edelmann* sowie mit einem Querschnitt von Verdis *Aida* an; seine konzertanten Aufführungen hatten aber nicht den Erfolg, den man sich davon versprochen hatte.[35] Die Sänger um Franz Eugen Klein waren erfolgreicher und führten ihre Stücke häufiger auf. Das Repertoire der beiden Ensembles war internationaler als das der Tschechen. Die deutschen Häftlinge vermieden es allerdings, die Musik ihrer eigenen großen Landsleute zu interpretieren, selbst wenn die Dirigenten über das nötige Notenmaterial verfügten. Darüber herrschte in Theresienstadt Einmütigkeit. Allenfalls Werke von Mozart wurden als Ausnahme akzeptiert, aber selbst sie wurden nur von den Tschechen gespielt. Schächter war bewußt, daß Mozart in Böhmen sehr verehrt wurde und seine Werke überaus populär waren. Sie haben hier nie als Ausdruck bloß nationaler – deutscher – Kultur gegolten. Selbst die nationalsozialistische Propaganda, die aberwitzige Legenden über diesen Komponisten in Umlauf gebracht hatte, um ihn umso besser der gewünschten rein deutschen Tradition einreihen zu können, vermochte daran nichts zu ändern.

Franz Eugen Klein war ein begabter Pianist, der auch komponierte – von ihm entstand in Theresienstadt die Oper *Der gläserne Berg*, die zwar einstudiert wurde, aber nicht zur Aufführung kam.[36] Was aufgeführt wurde, begleitete und dirigierte er selbst; nur bei Bizets

Carmen, deren Bühnenbearbeitung und Kostüme František Zelenka besorgte,[37] half Edith Steiner-Kraus am zweiten Klavier aus.
Kern seines Ensembles waren Chorsänger, die aus Böhmen, Mähren, Deutschland und Österreich stammten und eigene Gruppen bildeten. Die Solisten dagegen gehörten nicht zur Stammtruppe und sangen je nach Bedarf in den Chören beider Dirigenten. Das führte bald zu nützlicher Zusammenarbeit und Arbeitsteilung. Auch Klein besetzte tragende Rollen doppelt; nicht nur um den Lücken, die die Transporte rissen, zuvorzukommen, sondern auch weil es in Theresienstadt eine solche Fülle von Veranstaltungen gab, daß einzelne Sänger oft an zwei Plätzen gleichzeitig gebraucht wurden. Bei seinen Inszenierungen war es auch üblich, daß die Sänger in der Sprache sangen, die ihnen am geläufigsten war. So begegnete man bei den Aufführungen wiederum jenen Solisten, die auch mit Rafael Schächter zusammenarbeiteten und die zu den aktivsten im Lager gehörten: Otto Ambrož, David Grünfeld, Hilde Aronson-Lindt, Walter Windholz, Karl Frei, D. Hartman, Heda Grabová-Kernmayrová, Ada Hecht, Tamara Zuckerová, Goldring und Michael Gobec; manche sangen in allen Opern, die Klein erarbeitete.
Welche Befriedigung brachte aber dieses Engagement den Künstlern? Es ist schwer zu belegen, was diese Auftritte für sie bedeutet haben. Die späteren Aussagen der Überlebenden können kaum die damalige Spannung, den Enthusiasmus und die Freude am gelungenen Werk wiedergeben, auch nicht die Enttäuschung, wenn etwas mißlungen war, ebensowenig die Reaktionen des Publikums, die strahlenden Augen, die Tränen der Rührung und der Freude. Und wieviel ihnen daran lag, keinen falschen Ton zu singen, sondern selbst unter den erbärmlichen Bedingungen des Lagers ihre Rolle überzeugend zu interpretieren. Die Kassiber des Tschechen Otto Ambrož, der als Bassist mit dem deutschen wie mit dem tschechischen Ensemble zusammenarbeitete, können diese Lücke ein wenig schließen. Er schrieb seiner Verlobten Bohuslava Dostálová:

»Ich habe jetzt viel zu tun, nächste Woche habe ich die kurze, aber dankbare Rolle des Grafen Monterone im Rigoletto auf dem Programm, dann die des aufgebrachten Gärtners in Figaros Hochzeit und dann eine weitere Rolle in Tosca, und zwar den Cesare Angelotti, auch eine kleine, aber eine bedeutende Rolle. Außerdem bereite ich mein eigenes Lieder- und Balladenkonzert vor, und zwar Löwes Archibald Douglas und dann Lieder von Schubert und Schumann. Das alles kommt aber erst in sechs bis acht Wochen zustande.«

»Diese Woche stand besonders im Zeichen des Theaters und Gesangs. Dienstag hatte ich im Rahmen des Opernarienabends ein Konzert, drei Arien aus dem Dalibor, und zwar ›Ihr wisset, wie dieses schöne Königreich‹ [Již víte, jak to krásné království], ›Auf daß der heilige Friede das teure Vaterland schütze‹ [By svatý mír vlast chránil drahou] und ›Die schöne Sendung, die dem Herrscher zuteil wird‹ [Krásný to cíl, jenž panovníku kyne]. Es war ein ziemlicher Erfolg. Einen noch größeren hatte ich am Donnerstag im Rigoletto als Graf Monterone. Es war die Premiere der zweiten Besetzung. Morgen wiederhole ich die Opernarien wahrscheinlich mit einer kleinen Änderung in der Reihenfolge. Dienstag und Samstag wiederholen wir den Rigoletto [...].«

»Du weißt gar nicht, was für eine Freude du mir bereitet hast, erstens mit Jirásek, zweitens mit Berlioz, dessen Gesangsstücke wirklich etwas ungeheuer Schönes sind. [...] Liebling, der Berlioz, das ist etwas so Herrliches, daß es hier eine wahrhafte Sensation hervorrief [...].«[38]

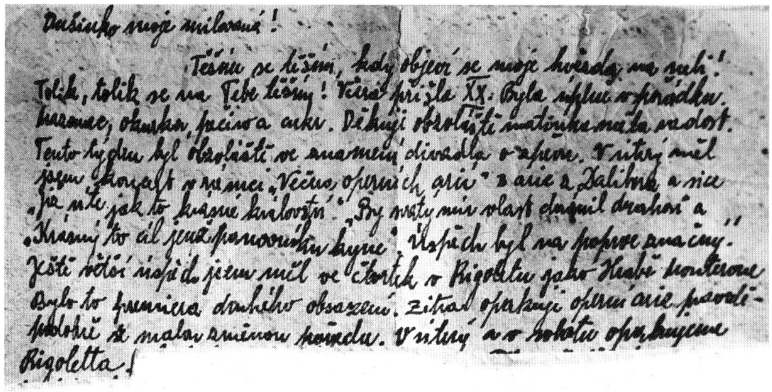
Dušinko moje milovaná!
Těšnu se těším, kdy objeví se moje hvězdy na nebi!
Tolik, tolik se na Tebe těším! Včera přišla XX. Byla úplně v pořádku.
banány, okurka, pečivo a cukr. Děkuji obzvláště maminčce za radost.
Tento týden byl obzvláště ve znamení divadla a opery. V úterý měl
jsem koncert v rámci „Večer operních árií" z árie a Dalibora a sice
„Já mám jak to krásné království". „By svaty mír vlast doprovil drahou" a
„Krásný to cíl jenž panovníku kyne". Úspěch byl na poměry značný.
Ještě větší úspěch jsem měl ve čtvrtek v Rigolettu jako Hrabě Monterone.
Bylo to premiera druhého obsazení. Zítra opakuji operní árie pravděpodobně se malou změnou pořadu. V úterý a v sobotu opakujeme
Rigoletta!

Theresienstadt. Kassiber von Otto Ambrož, in dem über den Erfolg eines Konzerts mit Opernarien sowie die *Rigoletto*-Aufführung berichtet wird

Die Opferbereitschaft und die fast fieberhafte Begeisterung, mit der die Theresienstädter Sänger sich ihren selbstgestellten künstlerischen Aufgaben widmeten, ist nur verständlich, wenn man sich vor Augen führt, daß sie alle die Angst vor der nächsten Zukunft beherrschte. Nur naive Häftlinge konnten glauben, ihre Lage würde sich bessern, wenn sie Theresienstadt erst verlassen könnten. Die meisten Inhaftierten ahnten, daß es nur schlimmer werden würde, sie wußten von den Konzentrationslagern der Nazis – auch wenn sie deren wirkliche Dimensionen und Funktion nicht ahnten. Sie trieb die Furcht vor den Transporten und das Gefühl um, nur noch von einem Tag auf den anderen zu leben. Es galt, so lange wie möglich in Theresienstadt zu bleiben – ein unbewußter Antrieb für viele jener herausragenden Leistungen, die hier erbracht wurden. Man hoffte, sich unentbehrlich zu machen und deshalb in Theresienstadt bleiben und abwarten zu können, bis die antijüdische Hysterie ein Ende nehmen würde.

Ambrož' Kassiber deuten an, wie eng die Operninszenierungen mit den Lieder- oder Arienabenden verknüpft waren. Bei Solokonzerten waren es vor allem die Arien aus bekannten und populären Opern, die ein dankbares Publikum fanden. Heda Grabová-Kernmayrová, Ada Schwarzová-Kleinová, J. Klinkeová, Karel Berman, Walter Windholz, David Grünfeld, Fritz Königsgarten, Hilde Aronson-Lindt, Karel Polák, Marion Podolier und F. Stránský – sie alle traten auch als Sänger bei solchen Veranstaltungen mit gemischtem Programm auf. Das Repertoire entnahmen sie Werken wie *Der Freischütz*, *Der Maskenball*, *La Bohème*, *Aida*, *Othello*, *Carmen*, *Die Hugenotten*, *Die Afrikanerin*, *Bauer als Edelmann*, *Die Zauberflöte*, *Troubadour*, *Margarete*, *Samson und Dalila*, *La Traviata*, *Don Car-

los, *Eugen Oniegin*, *Ivan Susanin*, *Die Jüdin* sowie aus Opern tschechischer Komponisten wie Smetana und Dvořák oder aus Blodeks *Im Brunnen*.[39]
Am 22. Juni 1943 beispielsweise fand auf dem Podium von L 203 ein Konzert statt, dessen Programm Karel Berman zusammengestellt hatte. Es enthielt folgende Stücke:

1. A. Dvořák: Arie des Wassermanns *Arme, blasse Rusalka [Ubohá Rusalko bledá]* aus der Oper *Rusalka* (K. Berman);
2. A. Dvořák: Arie der Terinka *Im Herbst im Haselbusch [Na podzim v ořeší]* aus der Oper *Der Jakobiner* (J. Klinkeová);
3. B. Smetana: Arie der Karolina *Ich herrsche selbständig [Samostatně vládnu já]* aus der Oper *Zwei Witwen* (J. Klinkeová);
4. A. Dvořák: Arie des Burggrafen Filip *Wartet, ihr Narren [Počkejte vy blázni]* aus der Oper *Der Jakobiner* (K. Berman);
5. V. Blodek: Arie des Janko *Ei, das wird ein Spaß sein [Aj, to bude švanda]* aus der Oper *Im Brunnen* (K. Berman);
6. B. Smetana: Arie Mariens *Wenn ich so etwas [Kdybych se cos takového…]* aus der Oper *Die verkaufte Braut* (J. Klinkeová);
7. A. Dvořák: Arie der Rusalka *Du Mond am tiefen Himmel [Měsíčku na nebi hlubokém]* aus der Oper *Rusalka* (J. Klinkeová);
8. B. Smetana: Arie des Königs Wladislaus *Ihr wisset schon, wie das schöne Königreich [Již víte, jak to krásné království]* aus der Oper *Dalibor* (F. Stránský);
9. B. Smetana: Arie des Kalina *Ich bin Bettler [Jsem žebrák]* aus der Oper *Das Geheimnis* (F. Stránský).[40]

Arien wie diese hatten von Beginn an zu den musikalischen Veranstaltungen in Theresienstadt gehört; sogar schon zu jener Zeit, als Musik noch verboten war und die Sänger allein oder nur von einer Harmonika begleitet ihr Publikum unterhielten. Als ihnen dann größere Freiheiten eingeräumt wurden und viele Veranstaltungen schließlich sogar mit offizieller Unterstützung durchgeführt wurden, gehörten solche Arienabende zu den beliebtesten Musikdarbietungen im ganzen Lager. Diese Konzerte fanden nicht nur in geschlossenen Räumen, also in Häusern oder ehemaligen Kasernen statt, sondern nach den Besuchen der verschiedenen Kommissionen im Jahre 1944 auch unter freiem Himmel und in der Nähe der Schanzen. Bohuslava Dostálová hat ihre Eindrücke von einer solchen Veranstaltung festgehalten:

»Einmal hatte uns Ota [Otto Ambrož /M. K.] wissen lassen, wir sollen hinaus in die Felder gehen, es wird eine Sängerin singen. Abends saßen wir nun mit A. Cmíralová auf der rechten Seite der Ohře und warteten. Etwa um zehn Uhr abends begann das, was Ota ›Generalprobe‹ nannte. Die Berliner Sängerin sang herrlich. Die Arien waren für ihre Stimme ideal gewählt. Alles verlief eher in der Art eines Konzertes. Es war ein schöner Sommerabend, und das Konzert aus dem ›Ghetto‹ war herrlich […].«[41]

Wir müssen noch einmal auf Willi Mahlers Tagebuch zurückgreifen. Am 6. Juli 1943 hatte er Kleins Inszenierung des *Rigoletto* besucht und am 18. September 1943 und am 13. Juli 1944 die *Tosca*. *Carmen* erwähnt er nicht. Eva Herrmanová sah *Tosca* bereits am 9. Juni 1944. Diese Daten zeigen deutlich, wie schnell F. E. Klein dem Beispiel Rafael Schächters gefolgt war und welche Popularität seine Aufführung der *Tosca* in Theresienstadt erreichte. Da auch darüber keine aufschlußreicheren Beschreibungen bekannt sind, bleibt wiederum nur Mahlers Tagebuch als einzige Quelle, die über diese Inszenierung Auskunft gibt. Am 13. Juli 1944 notiert dieser Musikkenner:

»Abends haben wir mit Trude die Aufführung der *Tosca* in L 514 besucht, die von Kapellmeister Franz Klein geleitet wurde. – Auch diese Aufführung hat ein hohes künstlerisches Niveau. Ada Hecht hatte die Tosca mit bewundernswert klarer Stimme gesungen, F. Weissenstein italienisch den Cavadossi und W. Windholz vortrefflich den Scarpio. Auch schauspielerisch hatte die Aufführung in adaequaten dramatischen Umsetzung des Handlungsverlaufs ein gutes Niveau. Die Vorstellung hinterließ durch die schönen, fröhlichen und wertvollen Leistungen ihrer Darsteller einen starken Eindruck. In dieser Hinsicht war besonders der zweite Akt von mitreißender Wirkung.«[42]

Seit Ende September und im Oktober 1944 verließen – wie schon erwähnt – Massentransporte das »Ghetto« in Richtung Auschwitz. Unter den Deportierten befanden sich fast alle Musiker Theresienstadts. Das Leben der Zurückgebliebenen ging weiter. Als die Front näherrückte und die Nazis keinen Ort mehr hatten, an den sie die Menschen zur Vernichtung hätten schicken können, wurden die Transporte eingestellt.

Doch das kulturelle Leben Theresienstadts hatte die SS zu diesem Zeitpunkt längst endgültig zerschlagen. Als sich eine weitere Kommission des Roten Kreuzes ankündigte, gab der Kommandant des

Theresienstadt. Auszug aus einem Kindertagebuch. Das Mädchen Eva Herrmannová berichtet über die Aufführung von J. Offenbachs *Hoffmanns Erzählungen* an Ostern, 9. April 1945

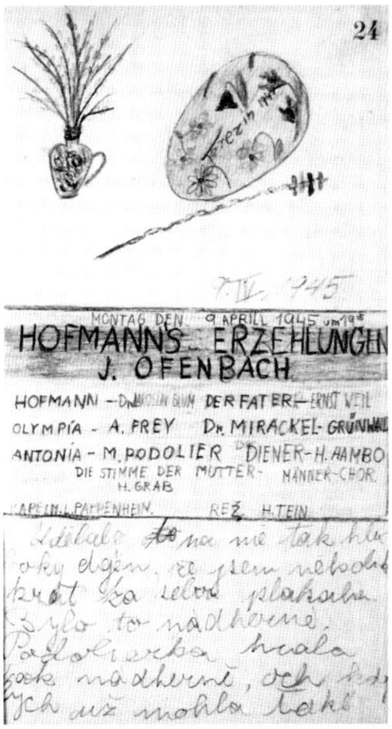

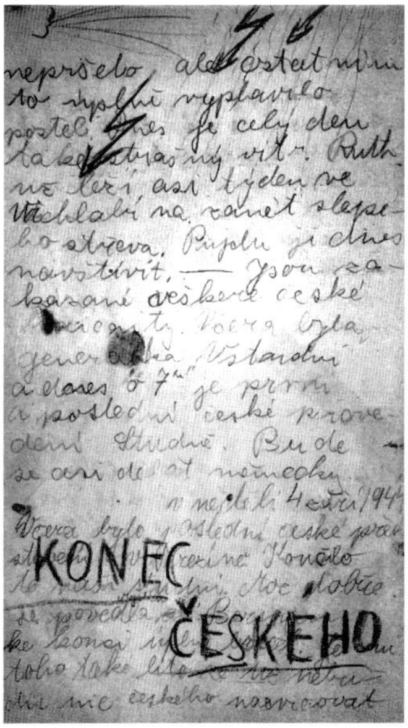

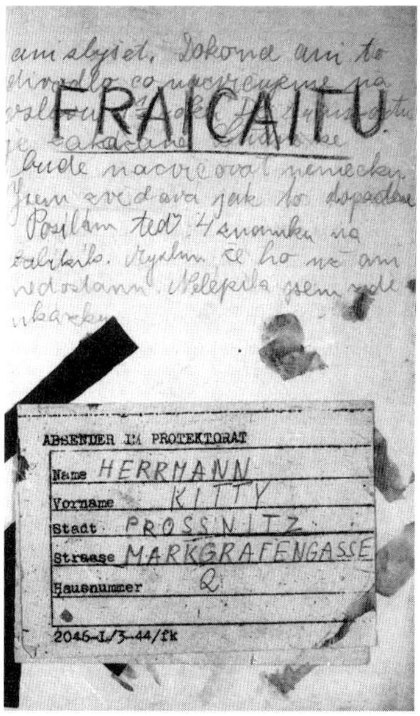

Lagers am 7. März 1945 den Befehl, neuerlich ein Potemkinsches Dorf zu errichten. Natürlich sollte die Kultur bei dieser neuen Maskerade wieder nicht fehlen. Zu Ehren des hohen Besuches sollte wieder einmal die Kinderoper *Brundibár* aufgeführt werden. Doch die kleinen Darsteller und die Musiker gab es nicht mehr; so blieb es schließlich bei der Wiederaufnahme von Jan Karafiáts *Glühwürmchen*,[43] einer Musik- und Tanzfolge der Theresienstädter Kinder sowie bei der rasch einstudierten Oper Jacques Offenbachs *Hoffmanns Erzählungen*. Geleitet wurde die Aufführung von L. Pappenheim, Regie führte Hanuš Thein.[44] Hoffmanns Träume und seine phantastischen Visionen, Offenbachs Gesang von den Sehnsüchten und der Liebe vermochte aber die Schmerzen der Menschen nicht mehr zu übertäuben, die von der Ermordung bedroht blieben. Welchen Sinn hatte diese Schönheit, wenn doch der barbarischste Tod ihnen bevorstand? – Aber wie Hus' Kampf für die Wahrheit, der auf dem Scheiterhaufen endete, oder der Kampf, den die kaum zwanzigjährigen jungen Männer an den Fronten gegen den Faschismus führten, blieb ihr Ringen um die Kultur am Vorabend des Todes, dem sie nicht entkommen konnten, ein Sich-Aufbäumen, das Spuren hinterließ. Mit ihrem Kampf gegen Defätismus und Feigheit haben die Theresienstädter Künstler ein Denkmal gesetzt, das künftigen Generationen vor Augen bleiben wird.

Verdis *Requiem* in Theresienstadt

Neben den Inszenierungen der zahlreichen Opern war die Erarbeitung von Verdis *Requiem* eines der herausragendsten künstlerischen Ereignisse in Theresienstadt. Daß hier eine katholische Totenmesse zur Aufführung gelangte, hatte für die gefangenen Juden eine besondere Bedeutung und war ein symbolischer Akt, der über die Schanzen ihrer Gefängnis-Stadt hinausreichen sollte.

Die Wahl von Verdis *Requiem*, der Entschluß und die Idee, den Schmerz und das Leid der Juden durch diese Musik auszudrücken und zu trösten, war freilich nicht unumstritten und weckte den Zweifel vieler jüdischer Intellektueller im Ghetto. Für die Mehrzahl der orthodoxen Juden, für zionistisch gesinnte Gegner nationaler Assimilation war Rafael Schächters Wahl unbegreiflich, wenn nicht verwerflich. Gab es nicht genügend Oratorien, die sich mit spezifisch jüdischen Themen auseinandersetzten? Gab es nicht beispielsweise Händels *König Salomo* und *Esther*, den *Josua* und *Israel in Ägypten* oder *Judas der Makkabäer*, die durch ihre großartige Konzeption und musikalische Schönheit viele andere Werke weit überragten? Und gab es nicht inzwischen auf der Karte von ganz Kontinentaleuropa kein einziges Land und keine einzige Stadt mehr, wo die Aufführung solcher Werke – wegen ihrer »jüdischen« Thematik oder weil ihre Autoren Juden waren – nicht totgeschwiegen wurden oder verboten gewesen wären? War denn nicht die Aufführung von Werken aus der jüdischen Tradition nur noch an einem einzigen Ort möglich – in Theresienstadt? Aus welchem Grund sollten sich jüdische Musiker – ohne dazu gezwungen zu sein und ohne äußeren Anlaß – dieser Möglichkeit begeben?[1]

Solche Fragen sind Rafael Schächter gewiß nicht fremd geblieben, und es sind Einwände, die er gewiß nicht leichtfertig beiseite geschoben hat. Seine Wahl war eine Entscheidung; ihm standen, schon als er begann, sich mit dem *Requiem* zu befassen, die Noten vieler anderer in Frage kommenden Werke in der Theresienstädter Bibliothek zur Verfügung.[2] Daran hat Kurt Otto Singer, der spätere Vorsitzende des jüdischen Kulturverbandes, in seiner Würdigung der Theresienstädter Aufführung erinnert.[3] Er war mit Schächter gut bekannt und gehörte zu dessen engerem Freundeskreis, in dem wichtige kulturelle Ereignisse inner- und außerhalb Theresienstadts beraten wurden.[4] Singer selbst hatte es für unverzeihlich gehalten, daß ein jüdischer Künstler in diesem Lager ein christlich-katholisches Oratorium einem jüdischen Werk vorziehen wollte.

Warum hat Schächter diesem Drängen nicht nachgegeben? Nach dem Erfolg der *Verkauften Braut*, mit der die Musiker ihre Zugehörigkeit zur tschechischen Nation ausgedrückt hatten, entschloß sich Schächter, durch eine ähnliche Geste auch die Verbundenheit der tschechischen Juden mit europäischen Traditionen zu demonstrieren. Demgegenüber schien ihm die enge Beziehung des *Requiems* zum Christentum und zur katholischen Liturgie offensichtlich zweitrangig. Jene Juden, die wie Schächter aus Böhmen oder Mähren nach Theresienstadt gelangt waren, vertraten ohnehin meist keine orthodox-religiöse Einstellung oder zionistische Positionen. Sie fühlten sich als Tschechen, die als Künstler ihre Heimatliebe und ihren Patriotismus zum Ausdruck bringen wollten. Für sie war Schächters Einstudierung des *Requiems* weder eine Huldigung an die christliche Religion oder den katholischen Ritus, noch Ausdruck eines unverbindlichen L'art pour l'art: Sie verstanden es als Bekenntnis zur Humanität. Um wieviel höher standen, menschlich und ethisch, die Theresienstädter Juden, die in einem lateinischen Requiem von Tod und Erlösung, von Trost und Auferstehung sangen, als jene »Christen«, die durch ihre hochmütige Selbsterhöhung, ihre Selbsucht und bestialische Grausamkeit die Hölle auf Erden gebracht und alle moralischen Prinzipien über Bord geworfen hatten.

Es gab noch ein zweites Dilemma. An wen richtete sich das *Dies irae?* An jene, die im Augenblick litten und keinen Hoffnungsschimmer sehen konnten? Oder an ihre todbringenden Unterdrücker und Verfolger? Liegt in der Wendung an beide nicht etwas, was künftigen Generationen weit mehr über das Leiden der Juden in den Konzentrationslagern der Nazi sagen wird, als die verschiedenen Oratorien alttestamentarischer Thematik? Wird nicht für immer das *Requiem aeternam dona eis, Domine*... das nachdrücklichste Memento und der eindringlichste Appell bleiben, jeden Menschen – unabhängig von seiner Religion, seiner Rasse oder seiner Nationalität – zu respektieren? Verdis *Requiem* sollte in Theresienstadt vom Ideal der Humanität Zeugnis ablegen. Wer nicht verblendet war, hatte diese Intention Schächters erfaßt. Es waren nicht wenige, die mit ihrer Begeisterung dieses Vorhaben getragen haben.

Obwohl die Aufführung von Verdis *Requiem* von erstrangiger Bedeutung in Theresienstadt war, liegt vieles im dunkeln, was mit den Vorbereitungen und der Aufführung zusammenhängt. Ehemalige Häftlinge berichten von etwa 15 Aufführungen; wahrscheinlich waren es aber einige mehr, auch wenn sie sich im einzelnen nicht mehr genau datieren lassen. Mit Sicherheit weiß man nur, daß die Premiere vor dem 6. September 1943 stattgefunden haben muß, dem

Tag, als in Theresienstadt der große Transport in das »Familienlager« von Auschwitz abgefertigt wurde. Von der Premiere selbst besitzen wir nur das Zeugnis Karel Bermans, der bei diesem Konzert mitgesungen hat:

»Rafael Schächter saß auf einem kleinen Podium hinter seinem voluminösen Harmonium. Vor ihm standen auf einem Brett die Solisten, dahinter, auch auf Brettern, der Chor. Auf diese Art wurde unser größtes Werk einstudiert – Verdis *Requiem*. Das war eine glänzende Premiere in dem kleinen Saal, eigentlich ein Rathaussaal, in dem früher der Ausschuß getagt hat. Auf dem Podium stand der gemischte Chor: 150 Personen. Vor ihm die Solisten: Marion Podolier, Heda Aronson-Lindt, David Grünfeld und ich. Unterhalb des Podiums die beiden Klaviere, am einen Gideon Klein, am anderen Edith Kraus, und vor uns allen, auf einer kleinen Kiste, Rafael Schächter, der die komplizierte Partitur perfekt und aus dem Gedächtnis dirigierte. Diese Einstudierung war etwas Revolutionäres, etwas Kämpferisches, etwas, das nicht seinesgleichen hatte. Das *Requiem* mußte im ganzen dreimal neu einstudiert werden, weil nach jeder Premiere ein großer Teil des Chores mit einem Osttransport deportiert worden war.«[5]

In einem Punkt muß Bermans Notiz, die erst 25 Jahre nach dem Ereignis geschrieben wurde, korrigiert werden. Die Aufführungen des *Requiems* wurden nicht von zwei, sondern nur von einem Klavier begleitet. Edith Kraus hat am 29. Dezember 1976 berichtet, daß sie an keiner dieser Veranstaltungen als Pianistin teilgenommen hat.[6] Nach anderen vorliegenden Berichten ist es wahrscheinlich, daß stets entweder Ella Pollak oder Gideon Klein am Klavier gesessen haben. Wer von beiden bei der allerersten Aufführung gespielt hat, die in Theresienstadt organisiert wurde, läßt sich nicht einwandfrei klären. Margit Kampertová zufolge, die zu dem Kreis der Sängerinnen gehörte, ist dies Gideon Klein gewesen.[7]

Es ist unwahrscheinlich, daß Rafael Schächter mit der Einstudierung des *Requiems* vor der Premiere des *Kuß* am 20. Juli 1943 beginnen konnte. Verdis abendfüllendes Werk, das hohe Anforderungen an Technik und Disziplin von Sängerinnen und Sängern stellt, nahm den Chor sicherlich ganz in Anspruch. Alle Mitglieder erarbeiteten sich ihre Partien mit ungeheurem Fleiß und lernten den lateinischen Text des riesigen Werks auswendig. Margit Kampertová erinnert sich, Jahre später, daß diese Proben im Keller des Jugendheimes von L 410 veranstaltet wurden, einem Raum, der tagsüber als Tischlerwerkstatt benutzt wurde und in dem Schächter abends an einem nicht immer funktionierenden Harmonium spielte.

»Raffi [gemeint ist Rafael Schächter / M. K.] war gewohnt, uns das, was er mit uns erreichen wollte, vorzusingen. Wir waren gehorsame Sänger, oft rannten wir, ohne uns nach der Arbeit gewaschen zu haben, zur Probe, damit Raffi nicht böse würde. Beim *Requiem* wollte er alles vollkommen haben, er achtete nicht nur auf die musikalische Seite, sondern auch auf die für ihn sehr wichtige Aussprache; und wenn ihm etwas nicht gefallen hatte, konnte er auch zornig werden; wir waren dann bemüht, ihn zu versöhnen.«[8]

Er wollte, daß viel Gefühl in den Gesang gelegt wurde, und rief den Sängerinnen seines Chores oft zu: »Mädels, singt doch vom Herzen weg, so wie ein Engelschor, vielleicht hört euch jemand dort oben!«[9] Auch Karel Berman spricht in seinen Erinnerungen davon, wie unerbittlich Rafael Schächter war und daß er von seinem Chor absolute Konzentration forderte. Während der Proben durfte nicht einmal gesprochen werden.[10] Nur drei Künstlern, die Schächter als Musikkenner anerkannte, billigte er das Privileg zu, auch während der Proben Anregungen und Ratschläge geben zu dürfen; das waren der deutsche Dirigent Bendix, der bereits erwähnte Kurt Otto Singer aus Berlin und der Regisseur Erich Meinhard.
Nach der Premiere des *Requiems* wurde ein Transport von Theresienstadt nach Auschwitz abgefertigt. Zu ihm gehörten fast alle Mitglieder des Schächter-Chores, des ersten gemischten Chores in Theresienstadt. Die intensive Arbeit vieler Wochen war mit einem Schlag zu Nichts zerronnen. Rafael Schächter aber konnte sich damit nicht abfinden. Bei einer Aufführung durfte es nicht bleiben. Nach diesem furchtbaren Schlag, seinen Chor verloren zu haben, machte sich Schächter auf die Suche nach neuen Sängerinnen und Sängern. Dabei kam ihm entgegen, daß sich viele Junge für seine Arbeit interessierten. Der Andrang war so groß, daß er nur die Besten auswählen konnte. Mit ihnen begann er nun, in der schon bekannten beharrlichen und disziplinierten Weise von vorne. Wann diese Proben begannen und wann es zur zweiten Premiere kam, wissen wir nicht. Möglicherweise war es der 2. Januar 1944; darauf deutet jedenfalls eine Notiz in Willi Mahlers Tagebuch hin, wo von der »zweiten Aufführung« im Sitzungssaal des Rathauses die Rede ist. Dabei kann es sich eigentlich nur um die Premiere der Einstudierung mit dem zweiten Chor handeln, da Willi Mahler mit einiger Sicherheit von der Deportation der zahlreichen Mitglieder des ersten Chores nichts gewußt hat.
Als musikalisches Ereignis hinterließ das *Requiem* in Theresienstadt einen tiefen Eindruck. Mahler hat seine Eindrücke ausführlich beschrieben:

»Die Aufführung war, was den Gesang anbetrifft, schön. Außer dem perfekt koordinierten Chor sangen die Solisten M. Podolier, A. Schwarzová-Kleinová (Mezzosopran), F. Weissenstein die Tenorstimme und K. Berman die Baßstimme. Einstudiert und aus dem Gedächtnis geleitet wurde es von Rafael Schächter. Er beherrschte die Einzelheiten und das Werk als ganzes auswendig und leitete es mit leichten, aber suggestiven Gesten. Die Solisten waren, was die Stimmen anbelangt, ausgezeichnet disponiert, die Chöre klangen überwältigend. Man sang den lateinischen Originaltext. Wenn mir auch der Textteil nicht verständlich war, begriff ich den Inhalt der tief religiösen und musikalisch herrlich durchgeführten Komposition – Tod und Auferstehung in ein besseres Leben. Das gesungene *Requiem* wurde am Klavier von Ella Pollak begleitet, sehr feinfühlig und treffend. Unter den Anwesenden befanden sich zahlreiche Mitglieder des Ausschußes und der Leitung, mit Dr. Pavel

Eppstein an der Spitze. Wir alle standen im Bann sowohl dieses vollkommenen Werkes wie der Aufführung und dankten den Mitwirkenden und dem Dirigenten mit aufrichtigen Ovationen.«[11]

Die erwähnte Anwesenheit des Ausschusses und des Vorsitzenden des »Ältestenrates« belegt, daß dies eine offizielle Veranstaltung war, es sich also wohl um die Premiere der zweiten Einstudierung gehandelt haben muß. Gegenüber der Aufführung vom September 1943, auf die sich der Bericht von Karel Berman wahrscheinlich bezieht, hatte sich die Besetzung der Solostimmen geändert. Marion Podolier und Berman selbst waren noch dabei. Ada Schwarzová-Kleinová und František Weissenstein dagegen traten zum erstenmal auf. Eine erhaltene Wochenübersicht der Musikveranstaltungen zeigt, daß das *Requiem* in dieser Besetzung mindestens einmal, nämlich am Sonntag, dem 20. Februar 1944, um 17.30 Uhr im Saal des ehemaligen Rathauses wiederholt wurde.[12] Zu dieser Zeit stand das Kultur- und Musikleben in Theresienstadt in voller Blüte. Zu diesem Zeitpunkt lagen freilich auch die Pläne der Nazis, wie diese Anstrengungen für ihre Zwecke propagandistisch ausgeschlachtet werden konnten, ebenfalls schon in den Schubladen.
In dieser einzigen Woche, die mit Verdis Werk einen krönenden Abschluß gefunden hatte, fanden am Montag, dem 14. Februar 1944, ein Kammerkonzert des Klaviertrios von W. Lederer und ein Konzert des Taube-Orchesters statt. Am Dienstag standen Kleins Inszenierung der *Tosca* und Fischers Aufführung von Haydns Oratorium *Die Schöpfung* auf dem Spielplan. Am Mittwoch gab Edith Steiner-Kraus ein Solo-Konzert mit Werken von Bach. Donnerstag stand ein Klavierquartett mit Gideon Klein, Karel Fröhlich, Romuald Süssmann und Friedrich Mark mit einem Kammerkonzert mit Stücken von Brahms und Dvořák auf dem Programm. Freitag spielte dann Carlo Taube Werke von Chopin. Samstag, den 19. Februar, gab Heda Grabová-Kernmayrová in Begleitung von Karel Reiner einen Liederabend, und das Orchester unter der Leitung von V. Kohn veranstaltete ein Konzert. Am Sonntagvormittag spielte Taubes Orchester populäre Stücke im Saal an der Hauptstraße 2/241; und um 16.30 Uhr, also genau eine Stunde vor der neuerlichen Aufführung des *Requiems*, leitete Hans Hofer die Vorstellung von Strauß' Operette *Die Fledermaus* ein.
Das war ein Programm, mit dem jede Großstadt Ehre eingelegt hätte, zumal es überwiegend Aufführungen mit hohem künstlerischem Anspruch waren. Dieses rege künstlerische Leben freilich wurde durch neue Osttransporte empfindlich zur Ader gelassen. Da die SS plante, Theresienstadt der aus- und inländischen Öffentlichkeit als »Mustersiedlung« vorzuführen, hielten es die Nazis für zweckmäßig, Platz zu schaffen und die Zahl der Häftlinge drastisch zu reduzieren. Zum allgemeinen Entsetzen wurden im Frühjahr 1944 zahlreiche Transporte organisiert. Verdis *Requiem* begleitete diese Transporte

auf ihrem Weg zum unbekannten und für fast alle Deportierten letzten Ziel.
Es ist nicht bekannt, wieviele Aufführungen mit dem zweiten Chor zustande kamen, bevor auch dessen Mitglieder die Züge nach Auschwitz bestiegen. Viktor Ullmann, der unbestechlichste Kritiker, den es in Theresienstadt gab, hat eine der späteren Aufführungen besucht und meinte, es sei eine Einstudierung von großstädtischem Niveau. Er schrieb:

»Schächter hat es, läßt man die technischen Aspekte der Aufführung einmal beiseite, verstanden, die Seele dieses Werkes zum Leben zu erwecken, und es durch sparsame, aber wirkungsvolle Gesten zu leiten. Der Chor sang nicht nur präzise, es gelang ihm auch sehr gut, die notwendigen Nuancen herauszuarbeiten. Die Solisten stehen neben dem Dirigenten: der vor allem in den höheren Lagen glänzende Sopran der Podolier, die warme, abgerundete Stimme der Aronson-Lindt, der frische Tenor Grünfelds und der schöne dunkle, tiefe Baß Bermans vereinigen sich im bel canto, das die Zuhörer fasziniert. [...] Dankend würdigen wir die herrliche Aufführung mit Gideon Klein am Klavier und hoffen, daß wir einmal auf der Opernbühne Verdis wahres Vermächtnis hören werden – den unvergleichlichen *Falstaff*, wo der Meister in der abschließenden Fuge folgende Botschaft als höchste Weisheit mitteilt: ›Fröhlich ist es auf der Welt‹.«[13]

War das böse Ironie, gehörte Ullmann, dem Perfektion in der Kunst über alles ging, ebenfalls zu jenen, die mit Schächters Wahl nicht einverstanden gewesen waren? Oder war dieser Schlußsatz seiner Besprechung nur ein Seufzer angesichts der tragischen Situation in diesen Verhältnissen? Es spricht mehr dafür, daß er auf der Seite seines Freundes Schächters stand, schließlich hat er mit seinem Lob nicht gegeizt und auch die besondere Leistung der Solisten ausführlich gewürdigt.
Ein weiteres Mal wurde nun Schächters 150köpfiger Chor auseinandergerissen. Unter einigen Intellektuellen stieß zwar das *Requiem* nach wie vor auf Ablehnung, aber die Menschen in Theresienstadt wünschten sich weitere Aufführungen dieses Werkes, das nach allgemeiner Ansicht alles in den Schatten stellte, was bislang in Theresienstadt einstudiert worden war. Wenn Schächter auf Verdis Komposition, auf diesen Appell an die Humanität, nicht verzichten wollte, dann mußte er sich erneut an den Aufbau seinen Chores machen. War es Infamie, hat ein unglücklicher Zufall oder ein böser Fluch, der auf diesem Werk lastete, das so eingerichtet? Diesmal meldeten sich nur noch sechzig Amateursänger. Über die Gründe dafür läßt sich spekulieren; es mag eine Rolle gespielt haben, daß viele Jüngere schon aus dem Lager entfernt worden waren und Schächter andererseits der Mühe aus dem Wege gehen wollte, den lateinischen Text mit älteren Menschen einzustudieren, die ihn nur mit großer Mühe hätten auswendig lernen können. Mit deutlich kleinerem Chor nahm er das *Requiem* erneut in Angriff. Seine Begeisterung für Verdis Werk grenzte an Fanatismus; zu einer Zeit,

zu der jeder Häftling im innersten nur noch um sein Leben bangte, erarbeitete er wie ein Besessener eine Totenfeier, das *Requiem* aller Opfer der Nazi-Verbrechen.
Über Schächters Unternehmen stand ein unglücklicher Stern. Aus dem Zeitabschnitt, als die Tragödie von Theresienstadt ihrem Höhepunkt zueilte, und der kleine Chor das *Requiem* mehrmals in kurzer Zeit in nunmehr dritter Einstudierung aufführte, stammt eine Würdigung, die Dr. Kurt Singer Schächters großem Unternehmen angedeihen läßt: Er war mit der Wahl des Werkes nie einverstanden gewesen, verneigte sich aber vor der künstlerischen Leistung, die der Dirigent vollbracht hatte. Sie ist wohl die aufrichtigste Ehrenbezeugung für Schächter – zugleich aber auch die letzte:

»Sicher aber war die Aufführung die größte künstlerische Tat, die bisher in Theresienstadt geboren und geboten wurde, eine Leistung auch in der allersorgfältigsten Vorbereitung. Ein Erlebnis im Artistischen gewiß, leider fern von allem, was Juden angehen sollte, solange sie in Theresienstadt leben. Für Rafael Schächter und seinen Chor ein triumphaler Erfolg, der möglichst vielen, möglichst in einem anderen Raume als im Rathaussaal zugute kommen möge. [...] Eine Meisterleistung Rafael Schächters, der das Werk im Laufe eines Jahres so einstudiert hatte, daß alle Choristen ohne Noten sangen. Dazu mit absoluter Sauberkeit, rhythmisch und dynamisch jedem leisen Wink des auswendig dirigierenden Schächter folgend. Die Liebe, die der Dirigent für das Werk in seinem Herzen trägt, ging spürbar auf jedes einzelne dieser frischen Mädel und jungen Burschen über. Es war bezwingende Energie, elastischer melodischer Schwung, leidenschaftliches Rufen und deutliche Accentuation in den Stimmen; sie deckten sich nicht, sondern stützten einander, obgleich genauso viele Männer wie Frauen den Chor bildeten. Ein jugendlich-helles Chorensemble, am Werk so musikalisch geworden, daß es der Dirigent kaum mehr nötig hätte, alle Einsätze zu geben. Sicher wäre das Pianissimo des Beginns noch schöner, ästhetischer, wenn statt 60 Menschen 150 sängen (so paradox es klingen mag), und wahrscheinlich würde Schächter das Tempo des *Dies irae* noch mehr ins Presto steigern, wenn er statt des Klaviers (ungünstig postiert, aber von Fräulein Pollak ausgezeichnet gespielt) ein Orchester vor sich hätte. Hier ist der Punkt, wo das *Requiem*-Wagnis gefährlich wird: Der Zeichnung fehlt die Farbe, und kaum eine Stimme konnte ganz ausgekostet werden. Schächter bringt sonst alles für die Erfüllung der Partitur mit: Seine Hände sind – ohne Taktstock – eisern im Rhythmus, weich im Legato, genau im Fugato und andächtig im Psalmodischen. Auch die Solisten hätten all dies von ihm lernen müssen. Diese schwierigen Partien fanden noch nicht ganz ihre Meisterung. Aber auch hier gab es viel Schönes und Beachtliches: Der süße Sopran Podolier klang engelhaft, nur oft allzu zart und ohne Nachdruck in den Himmel; die sonore und klangvolle Stimme der Altistin Aronson-Lindt, der mit ihr würdig und vornehm den Ensemble-Geist verkörpernde Bassist Berman und die hellstrahlende, nicht immer ganz stilsicher geführte Tenorstimme Grünfelds ergaben prächtige Einzelwirkungen, doch leider noch kein einheitliches Quartett der ausgeglichenen und aneinander gewachsenen Qualitäts-Stimmen. Aber wo fände man das selbst außerhalb Theresienstadts? [...] In Parenthese sei bemerkt, daß weder Toscanini noch Walter einen Solisten für Verdis *Requiem* verpflichten, der die Partie nicht vollkommen auswendig beherrscht. Disciti moniti! Nehmt alles in allem, der große Erfolg gab einer Riesen-Arbeit den verdienten Segen. Als alter Regens Chori freue ich mich, dies neidlos allen in halber Öffentlichkeit sagen zu dürfen.«[14]

Es mag irritieren, daß zeitgenössische Berichte (W. Mahler, V. Ullmann, K. Singer) und spätere Erinnerungen (K. Berman) unterschiedliche Solisten anführen. In den Unterlagen Karel Heřmans wird neben den schon genannten Sängerinnen und Sängern die Sopranistin Gertrude Borgerová erwähnt, deren Name sonst nirgendwo auftaucht. Allerdings ist – mit Ausnahme von Mahlers Tagebuch – keine dieser Quellen datiert; für den Versuch, eine Chronologie und eine Zuweisung zur ersten, zweiten oder dritten Einstudierung zu rekonstruieren, sind sie also eine untaugliche Basis. Wahrscheinlich hat Schächter auch die Solopartien des *Requiem* von Beginn an doppelt besetzt und wechselte dann die Solisten – je nach den sonstigen Verpflichtungen der Künstler oder nach Gutdünken des Dirigenten, wie er das auch früher bei seinen Opern zu tun pflegte. Schließlich war auch die Klavierbegleitung von jeweils zwei Pianisten einstudiert worden.

Wie oft wurde das *Requiem* nun insgesamt aufgeführt? Häufiger jedenfalls, als man bislang angenommen hat: Die erste Einstudierung mit Sicherheit nur einmal; die zweite dagegen ist zwar nur zweimal belegt, doch sind weitere Aufführungen wahrscheinlich; die dritte wurde, wie Ulrike Migdal gezeigt hat, fünfzehnmal auf der Bühne gegeben.[15]

Als irgendwann im Mai oder Juni 1944 ausgewählte Journalisten aus dem »Reich« nach Theresienstadt kamen, um die Vorbereitungen für den Besuch der Kommission des Internationalen Roten Kreuzes zu kontrollieren, erhielt Rafael Schächter die Anweisung, am 23. Juni 1944 nachmittags mit dem Chor und den Solisten zur Aufführung des *Requiems* zur Verfügung zu stehen. Abzusagen wäre unvorstellbar gewesen. Am festgesetzten Tag haben dann nicht nur die ausländischen Gäste, sondern eine ganze Reihe hoher Nazi-Funktionäre, Adolf Eichmann an der Spitze, einige Teile des Werkes gehört. Der Spitzenbeamte aus dem Reichssicherheitshauptamt konnte zufrieden sein. Die totgeweihten Juden spendeten sich vor seinen Augen Trost, indem sie eine lateinische Totenmesse sangen. Und die Kommission lauschte mit ernster Miene und ahnte nichts von der Perfidie dieser Kulissenwelt und der zum Himmel schreienden Tragödie, die sich im Hintergrund vollzog.

Aber waren in diesem perfekten Arrangement der Nazis nirgendwo Risse zu erkennen, in dieser scheinbar so harmonischen Idylle keine schrillen Nebentöne herauszuhören? Was ging den Delegationsteilnehmern bei dieser Aufführung durch den Kopf? Erbebte irgend jemand, als nach dem pianissimo gesungenen *Requiem aeternam dona eis, Domine* das leidenschaftliche, zornige *Dies irae* durch den Raum hallte?

Die Weltöffentlichkeit wurde getäuscht. Nicht lange danach wurden der Chor und Rafael Schächter nach Auschwitz deportiert. Nun ist das Schicksal dieser Chöre und ihres Dirigenten im Rahmen der riesigen, so erfolgreichen Vernichtungsmaschinerie zur Ausrottung der Juden eine in der Menge von Millionen ähnlicher Schicksale fast verschwindende Facette. Gleichwohl, wer die Geschichte der Aufführungen von Verdis *Requiem* in Theresienstadt kennt, der wird in den Klängen dieses Oratoriums immer die Verzweiflung, das moralische Sich-Aufbäumen der Theresienstädter Musiker mit vernehmen.

Musik von und für Kinder in Theresienstadt

So wie Samen auf fruchtbaren Boden fallen müssen, um die Nährstoffe zu finden, die sie zur Verwandlung in eine Pflanze brauchen, verlangt auch ein Kunstwerk nach einer bestimmten Umgebung – nach aufnahmefähigen und aufmerksamen Menschen –, sonst schlägt es keine Wurzeln und wird bald vergessen. Die Aufführung der Kinderoper *Brundibár* fand in Theresienstadt einen solchen Nährboden. Der phantastische Erfolg, den sie hatte, ist später fast zur Legende geworden.

Brundibár ist nicht im »Ghetto« komponiert worden. Hans Krása, ihr Komponist, hatte sich schon 1938 mit dem Avantgardekünstler Adolf Hoffmeister über das Libretto für eine Oper für Kinderstimmen verständigt, die sie zu einem Wettbewerb des Ministeriums für Schulwesen und Kultur einreichen wollten. Zwar konnten sie ihre gemeinsame Arbeit in kurzer Zeit vollenden und abliefern, doch zu einer Entscheidung über die Preisvergabe kam es nicht mehr. Die deutsche Besetzung brach über das Land herein. In der allgemeinen Wirrnis war die Partitur unauffindbar geworden. Glücklicherweise ging sie aber nicht in den Akten des Ministeriums verloren. Dr. Jaroslav Jindra hatte die eingereichte Partitur seinerzeit zu sich genommen, was erst fünfunddreißig Jahre nach dem Krieg bekannt geworden ist, als sie nach J. Jindras Tod dem Museum der Gedenkstätte Theresienstadt übergeben wurde.[1]

Als im Sommer 1941 Moritz Freudenfeld, der Direktor des jüdischen Waisenhauses in Prag, des sogenannten »Hagibor«, seinen 50. Geburtstag feierte, kam unter den jüdischen Künstlern, zu denen Rafael Schächter, Erik Saudek, Gideon Klein und František Zelenka gehörten, die Idee auf, die Waisenkinder könnten die Oper *Brundibár* einstudieren, um dem kunst- und musikliebenden Heimleiter eine Freude zu machen. Rafael Schächter begann mit den Kindern die Oper einzustudieren, in der die unverdorbene Welt der Kinder mit einem bösen Menschen aus der eigensüchtigen Erwachsenenwelt konfrontiert wird. Als er am 27. November 1941 nach Theresienstadt deportiert wurde, übernahm Rudolf Freudenfeld, der Sohn des Jubilars, an Schächters Stelle diese Aufgabe. František Zelenka entwarf die Kostüme und das Bühnenbild, er übernahm auch die

Regie. Die Proben und Vorbereitungen mußten in aller Heimlichkeit stattfinden, die Gestapo durfte davon nichts erfahren, da öffentliche Aufführungen für jüdische Kinder und Lehrer verboten waren.[2] Zelenka mußte sich mit wenigen Requisiten behelfen. Ein Bretterzaun rahmte die Bühne ein; darauf wurden Bilder von spielenden Tieren befestigt, in deren Köpfe kreisrunde Löcher geschnitten wurden, durch die die singenden Kinder die Köpfe stecken konnten. Da die Partitur nicht mehr zur Verfügung stand, mußten sich die drei Instrumentalisten an den ihnen allein zugänglichen Klavierauszug halten. Es waren ein Pianist, ein Geiger und ein Schlagzeuger.[3] Nur etwa 160 Personen konnten die Veranstaltung, die tatsächlich zustande kam und von Rudolf Freudenfeld geleitet wurde, besuchen; das »Hagibor« mußten sie einzeln und nach und nach betreten, damit niemand Verdacht schöpfte, daß hier etwas Besonderes vor sich ging. Die Kinder waren mit Begeisterung bei der Sache; wäre es nach ihnen gegangen, hätte es sicherlich mehr als nur zwei Aufführungen gegeben.

Hans Krása selbst hatte an keiner der beiden Aufführungen mehr teilnehmen können. Er war schon am 10. August 1942 nach Theresienstadt verschleppt worden,[4] und die Premiere fand erst im Herbst des Jahres statt. Er erinnerte sich jedoch gern an die angefangene Arbeit mit diesen Kindern, deren musikalisches Talent ihn frappiert hatte. »Die Arbeit war außerordentlich lehrreich, spannender als mit Erwachsenen, denn die Unbefangenheit und Unbändigkeit der Kinder führt zu einer natürlichen musikalischen und schauspielerischen Darstellung des Werkes.«[5] Krása hatte noch nicht einmal erfahren, daß die Aufführug überhaupt zustande gekommen war; er ging davon aus, daß die Deportationen alle Vorbereitungen für die geheime Veranstaltung zunichte gemacht hätten. In seiner Enttäuschung wollten ihm aber die ersten Proben, die er miterlebt hatte, nicht aus dem Kopf, und er hoffte, irgendwann wieder an den Klavierauszug seines Werkes zu kommen und in Theresienstadt mit der Arbeit von vorne zu beginnen. Im »Ghetto« lebten zu dieser Zeit schon viele Kinder; er konnte also hoffen, ein interessiertes Publikum und genügend Akteure zu finden. Da er obendrein für die »Freizeitgestaltung« tätig war, hielt er es für seine Aufgabe, der spürbaren Resignation und Passivität durch ein solches Unternehmen etwas entgegenzusetzen. Die äußeren Bedingungen waren in Theresienstadt günstiger als in Prag: Hier gab es die organisatorischen Voraussetzungen für größere Veranstaltungen und hier drohte keine Zensur mehr.

Mitte 1943 trafen die Transporte jüdischer Waisenkinder aus Prag in Theresienstadt ein; sie wurden von ihren Betreuerinnen und Betreuern begleitet, und es galt schnell als ausgemachte Sache, daß sie sich wieder an ihrem geliebten *Brundibár* versuchen sollten. Die Proben fanden in L 417 statt, der Unterkunft der Knaben; Rudolf

Freudenfeld nahm sich, unterstützt von Rafael Schächter, der neuen Erarbeitung wieder an. Er hatte den Klavierauszug ins Lager mitbringen können, und nun wechselten die beiden Musiker sich am Harmonium ab und probten mit den Kindern.

Hoffmeisters Libretto hat keinen großen literarischen Anspruch; schnell und routiniert hatte der Autor seinen Text verfaßt und sich dabei auf schlichte Formulierungen beschränkt. Aber seine Verse waren witzig, und die Kinder hatten ihren Spaß an den vielen Anspielungen auf die Gegenwart, die im Text versteckt waren. Den eigentlichen Wert der Oper macht Krásas melodische, originelle Musik aus, sie machte den Kindern keine Probleme und rettete manche eher schwachen Textpassagen. Krása selbst schrieb dazu:

»Das schwierigste Problem beim Plan dieser Kinderoper war selbstverständlich das Libretto. Denn die üblichen dramatischen Konflikte, wie erotische, politische und solche materieller Art, mußten natürlich entfallen. Märchenstoffe lagen weder dem Textdichter noch mir vor. Trotzdem gelang es dem Autor, ein Buch zu schreiben, das kindlich heiter ist und einen Vorgang aus dem realen Leben bringt, in dem unaufdringlich dargestellt wird, daß man gegen das Böse zusammenhalten muß. Im Falle der Kinderoper ist es ein Sängerkrieg zwischen allen Kindern und dem Leierkastenmann.«[6]

Hoffmeisters Libretto enthielt eine verdeckte, aber spürbare Botschaft, die Verse im *Brundibár* hatten einen satirischen Zeitbezug; vielleicht hatte die Erfahrung mit Voskovecs und Werichs Bühnenwerken beim Textbuch Pate gestanden. Der Kampf von Gut und Böse wird als Kampf zweier Welten dargestellt, die aufeinanderprallen und gegeneinander arbeiten. Das leuchtete den Kindern unmittelbar ein, das kannten sie aus eigener Erfahrung. Der besondere Reiz für Hans Krása bestand darin, die Gesangspartien künstlerisch und doch – für Akteure wie Publikum – kindgerecht zu komponieren. Es durften keine abgegriffenen Klischees aus Kinderliedern verwendet werden und keine Melodien, die sich zu sehr an Volkslieder anlehnten. Die Musik sollte modern sein, innovativ und mit wechselnden Rhythmen, sie durfte aber auch die Stimmen der kleinen Sängerinnen und Sänger nicht überfordern. Das war eine schwierige Aufgabe. Er mußte Solopartien für Sepperl und Annerl, für eine Reihe von auftretenden Tieren und für den Leierkastenmann schreiben; darüber hinaus auch Partien für den Chor, der im Stück eine wichtige Rolle spielt, die Handlung vorantreibt und immer wieder kommentiert, während die beiden Kinder, alle Tiere und der Chor gemeinsam gegen den mürrischen und egoistischen Brundibár kämpfen.

Für Kinder in Theresienstadt, die ihrer Bewegungsfreiheit fast ganz beraubt waren und von ihren Eltern getrennt lebten, die statt Geborgenheit und Fülle nur noch Not und Trostlosigkeit kannten, mußte ein solches Spiel viel bedeuten. Sie konnten sich in eine Geschichte hineinleben, die auf ihre Wahrnehmungswelt zugeschnitten war und

viel über ihre derzeitige Lage im »Ghetto« zu sagen hatte. Das Böse, für das der Leierkastenmann Brundibár stand, erlebten sie jeden Tag am eigenen Leib. Den Kampf um die Milch, die die Mutter im Stück braucht, um wieder gesund zu werden, fochten sie mit allergrößtem Ernst und Hingabe aus, und jede Niederlage des Leierkastenmannes auf der Bühne war für sie ein kleiner Sieg im wirklichen Leben. Spielerisch erfuhren sie, daß der Kampf gegen das Böse durch gemeinsames, vernünftiges Handeln gewonnen werden kann. Träume und Sehnsüchte – die wir aus den erschütternden Zeichnungen vieler Theresienstädter Kinder kennen – rankten sich um diese Erlebnisse und verloren etwas von ihrer Trostlosigkeit. Kein Geschenk wäre mit dem vergleichbar gewesen, das Krása ihnen mit seiner Oper gemacht hatte. Was immer man heute vielleicht gegen dieses Stück einwenden mag – die besondere Sendung, die es in Theresienstadt erfüllte, wird man nicht bestreiten können.
Die Handlung von *Brundibár* ist rasch erzählt: Die Mutter der Geschwister Sepperl und Annerl ist krank. Der Doktor hat ihr Milch verordnet, doch woher sollen die beiden Kinder sie bekommen, da sie doch kein Geld haben? Sie beobachten den Leierkastenmann Brundibár, der an den Straßenecken musiziert, um von den Passanten Geld zu bekommen. Also versuchen sie es ihm nachzutun. Doch ihre Kinderstimmen sind schwach, ihr Lied ist klein – die Straßenecke gehört dem Erwachsenen. Die Kinder sind verzweifelt. Da kommen ihnen drei Tiere zu Hilfe: eine Katze, ein Hund und ein Spatz. Zusammen mit anderen Kindern aus der Nachbarschaft singen sie nun alle ein Wiegenlied und können tatsächlich Geld einsammeln. Doch Brundibár nimmt das nicht hin und stiehlt ihnen das Geld. Er ist schließlich der Stärkere. Aber die Kinder und Tiere verfolgen ihn, entdecken sein Versteck und können ihn am Ende besiegen.
Krásas Melodien untermalen diese Geschichte durch viele Harmoniewechsel, auf fröhlich burleske folgen unmittelbar lyrische Töne. Manche Melodien sind wie ein Volkslied tonal fest verankert, ein andermal greifen sie auf dissonante, harmonische Besonderheiten zurück. Insgesamt wird das Werk jedoch durch eine strenge melodische Ordnung gehalten. Alle Solostimmen haben einen ihnen eigentümlichen Charakter, der Hund zeichnet sich durch eine scharf akzentuierte Melodik aus, die sich im verkleinerten Septakkord oder in kleinen Sexten bewegt, das Kätzchen scheint in chromatischen Kreisen um einen Ton zu schnurren, der Spatzengesang reicht nicht über die verminderte Quinte hinaus. In solchen Partien spielt der Komponist mit lautmalerischen Elementen, was ihnen einen kindhaften Reiz verleiht. Für Brundibár selbst ist eine schnelle Achtelbewegung typisch, eine gewisse Überheblichkeit mit einem etwas übertreibenden Gepränge. Das Schlußlied der Kinder, die den Leierkastenmann verjagt haben, hat den Charakter eines flotten, sieg-

reich-kämpferischen Marschliedes. Während sie singen, heben die Kinder die Fäustchen und drohen dem fliehenden Brundibár. Sich vorzustellen, daß sie dabei an denjenigen gedacht haben, der all das Böse verkörpert, das über ihre Welt hereingebrochen ist, daß für sie Brundibár ein Name für Hitler wurde, dazu braucht es wohl keiner großen Phantasie. Sie haben dieses Lied voller Inbrunst auch außerhalb der Aufführungen gesungen. Schnell wurde es in Theresienstadt sehr populär, seine Verse waren in den Gassen, Höfen und Unterkünften bald überall zu hören.

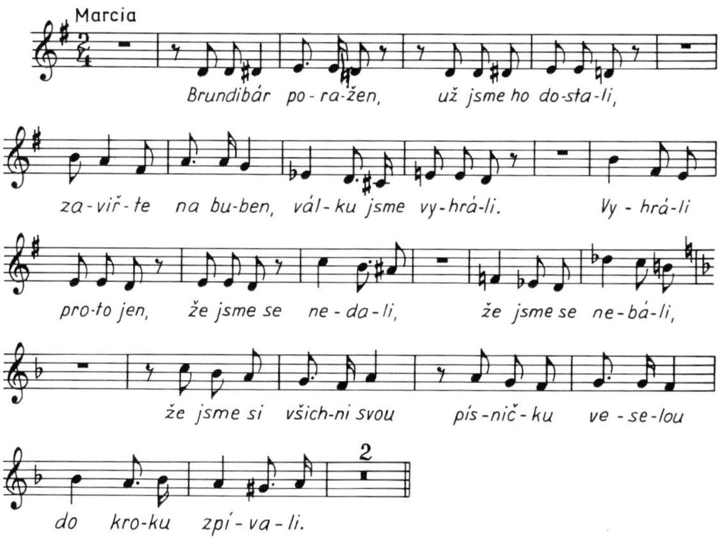

Frei übersetzt lautet die Strophe:

Brundibár ist geschlagen, wir haben ihn schon erwischt,
schlagt die Trommeln, wir haben den Kampf gewonnen.
Nur deshalb gewonnen, weil wir uns nicht unterkriegen ließen,
weil wir uns nicht gefürchtet haben,
weil wir alle im Gleichschritt unser fröhliches Lied gesungen haben.

Die Oper endet mit einer zuversichtlichen Ansprache an die kleinen Zuschauer, die sich nach der Aufführung von den Helden auf der Bühne verabschieden müssen. Der Chor singt: »Liebe Kinder, steht nun von den Stühlchen auf, es ist spät geworden, die Oper ist zu Ende. Aber bevor wir auseinandergehen, singen wir noch ein fröhliches Lied.« Die dann folgenden Liedverse Hoffmeisters »Wer das Recht liebt und standhält ...« hatte der Dichter E. Saudek – noch für die Kleinsten verständlich – umgeschrieben: »Wer Mutti und Vati liebt und auch unser Vaterland, der ist unser Kamerad und darf mit uns spielen.«[7]

Rafael Schächter hatte sich gleich zu Beginn dafür eingesetzt, *Brundibár* in Theresienstadt noch einmal zu inszenieren, die Schilderungen seiner Verlobten Erna Grünfeldová, die die Oper seinerzeit in Prag hatte sehen können, hatten ihn für das Stück eingenommen. Jene Kinder, die sich in Prag bewährt hatten, erhielten auch im »Ghetto« die Solopartien. Pinťa Mühlstein, der schon in der *Verkauften Braut* den Bären gespielt hatte, übernahm wieder die Rolle des Sepperl; die zwölfjährige Greta Hofmeisterová gab das Annerl, Zdeněk Ornest sang den Hund, Eva Steinová das Kätzchen, und Rafael, der sechsjährige Sohn von Alice Herzová-Sommerová, trat als Spatz auf. Jan Treichlinger, ein Waisenjunge aus Pilsen, übernahm die undankbare Rolle des Leierkastenmannes und bewältigte diese schwerste Rolle so bravourös, daß ihm der Beifall der alten und jungen Zuschauer immer sicher war. Rudolf Freudenfeld führte das darauf zurück, daß Treichlinger den Brundibár menschlicher zeichnete als er im Libretto angelegt war:

»So hatte er zum Beispiel gelernt, den Schnurrbart, der unter seiner Nase angeklebt war, zu drehen, und er drehte ihn so gut und immer im richtigen Augenblick, daß dadurch die Spannung im Kinderkollektiv nachließ und die Kinder erleichtert aufatmeten.«[8]

Schächter ließ Freudenfeld bei der Inszenierung freie Hand. Die Theresienstädter Premiere fand am 23. September 1943 in der »Magdeburger Kaserne« statt, also zwei Monate nachdem die meisten der an der Vorstellung beteiligten Kinder im Lager eingetroffen waren. František Zelenka sorgte wieder für das Bühnenbild und führte auch Regie. Gegenüber der Prager Aufführung änderte er fast nichts; in allen choreographischen Fragen assistierte ihm Kamila Rosenbaumová.

Als Hans Krása die Begeisterung sah, mit der seine Oper aufgenommen wurde, machte er sich umgehend daran, sie ein zweites Mal – de facto neu – zu instrumentieren. Vor dem Krieg wäre es in Prag kein Problem gewesen, ein beliebig großes Orchester zusammenzustellen; in Theresienstadt dagegen mußte er sich mit den Musikern und Instrumenten begnügen, die eben zur Hand waren. Entsprechend eigenartig war das Ensemble, das für *Brundibár* vorgesehen wurde: Es gab vier Geigen, ein Cello und einen Kontrabaß, jedoch keine Bratsche; es gab eine Piccoloflöte, ein Klavier und eine Trompete, aber keine Oboe, kein Fagott, kein Waldhorn und keine Posaune; der Einsatz von Gitarre, Akkordeon, Piano und Schlagzeug deuten ebenfalls darauf hin, daß Krása nur wenig Spielraum hatte. Zum Ausgleich standen ihm jedoch hervorragende Musiker zur Seite: Bei der Theresienstädter Premiere spielten Karel Fröhlich, Pavel Kling, Romuald Süssmann, die Brüder Kohn, Gideon Klein, Fredy Mark und Bedřich Weiss.[9]

Brundibár wurde im Ghetto von Tag zu Tag bekannter und beliebter. Im Verlauf des einen Jahres zwischen September 1943 und den Transporten in den letzten Tagen des Septembers 1944 wurde die Oper 55mal aufgeführt – also mindestens einmal in jeder Woche, was selbst die *Verkaufte Braut* in den Schatten stellt.[10]

Partiturauszug (Finale) aus Hans Krásas Kinderoper *Brundibár* in der Theresienstädter Instrumentierung

An dieser Beliebtheit hatte ein neues Bühnenbild, das Zelenka auf Veranlassung der jüdischen Selbstverwaltung geschaffen hatte, keinen geringen Anteil. Es war vorgesehen, *Brundibár* bei dem angekündigten Besuch einer Kommission des Roten Kreuzes aufzuführen; deshalb wurde Farbe, Papier, Tuch und anderes Material zugeteilt, um die Bühne farbiger zu gestalten. Selbst Glühlampen für Lichteffekte gab es. Zuletzt wurde die Aufführung von der Magdeburger Kaserne in die Turnhalle des ehemaligen Sokol-Hauses verlegt, die zu einem modernen Theater hergerichtet worden war und über Bühne, Orchesterraum und sogar über eine Künstlergarderobe verfügte. Die Grundkonzeption seines Bühnenbildes behielt Zelenka bei; mit den bunten Farben wurde das Ganze so prächtig, daß *Brundibár* zuletzt auch für den Film *Der Führer schenkt den Juden eine Stadt* herhalten mußte. Die Oper war die Sensation schlechthin, die sich niemand entgehen lassen wollte. Ehemalige Häftlinge berichten, daß es zu einem schwungvollen Handel mit den Eintrittskarten gekommen sei, und wir wissen auch, daß Krásas Melodien für

die »Ghetto-Swingers«, die Jazz-Combo von Bedřich Weiss, bearbeitet wurden. Nach einem Jahr waren sie in aller Munde.
Es blieb nicht aus, daß die Nazis mit *Brundibár* ihr infames Spiel treiben würden. Auch die jüdische »Selbstverwaltung« spannte das Stück für ihre Zwecke ein. Wer sehen und hören konnte, mußte wissen, daß diese Oper eindeutig antifaschistische Positionen vertrat. Dennoch sollte sie zum Jubiläum des zweiten Jahrestages der Übergabe Theresienstadts an den jüdischen »Ältestenrat« aufgeführt werden. Das war eine absurde Feierlichkeit, die den Tag verherrlichte, an dem de facto das KZ über die gesamte Stadt ausgedehnt und der Zustrom weiterer Zehntausender von Häftlingen ermöglicht worden war. Aber vielleicht hat auch die SS diese Veranstaltung befohlen. – Wie auch immer: Am 15. Juli 1944 fand im

Theresienstadt. Szenen aus der Aufführung von Hans Krásas Kinderoper *Brundibár*.
Die Aufnahmen sind Standfotos aus dem Nazi-Propagandafilm *Der Führer schenkt den Juden eine Stadt*

geschmückten Saal des Sokol-Hauses der Festakt statt, bei dem Dr. Benjamin Murmelstein, Dr. Egon Popper und Dr. Paul Eppstein nacheinander tschechische und deutsche Ansprachen hielten. Im wesentlichen dankten sie allen Anwesenden und allen anderen Häftlingen für die geleistete Aufbauarbeit; dann machten sie Platz für Krásas Oper. Dem Tagebuch Willi Mahlers zufolge verlief sie sehr fröhlich und hatte »ein sehr gutes Niveau«.[11]

So wiederholte sich der Erfolg, den das Werk drei Wochen zuvor schon bei den Vertretern des Internationalen Roten Kreuzes gehabt hatte. Diese Repräsentanten der freien Welt hatten nicht bemerkt, welch infames Spiel getrieben wurde, welches Elend auf die kleinen Darsteller wartete, wenn sie die Bühne wieder verlassen hatten. Die offizielle Begleitung dieser Kommission, die Nazis und Beauftragten aus Berlin und Prag, wußten bestimmt, was diesen Kindern bald bevorstand, daß sie acht bis zehn Wochen später in den Gaskammern von Auschwitz sterben sollten. Die Gleichgültigkeit und Unverantwortlichkeit jener Vertreter des Roten Kreuzes ist unbegreiflich: Sie, die den Betrug der Nazis hätten enthüllen sollen, haben sich statt dessen am Spiel und an der Fröhlichkeit dieser Kinder vergnügt!

Ende September 1944 wurden die Kinder aus Theresienstadt deportiert; die meisten kehrten nicht mehr zurück. Sie standen auch nicht mehr zur Verfügung, als sich die Nazi-Funktionäre im März 1945 erneut mit einer Kommission des Roten Kreuzes konfrontiert sahen. Zwar wurde angeordnet, *Brundibár* wieder einzustudieren. Man hatte dabei nur vergessen, daß inzwischen all die kleinen Darsteller tot waren und man auch jene deportiert hatte, die die Aufführung geleitet hatten.

Alles war anders, nur die Not der Kinder war unverändert. So nutzten diejenigen, die sich in dieser schwersten Zeit von Theresienstadt um die Kinder kümmerten, die »günstige» Gelegenheit des ausländischen Besuchs, der SS die Erlaubnis abzuringen, mit den Kindern tschechische Lieder (seit September 1944 war Tschechisch zu sprechen in Theresienstadt verboten) im Rahmen einer tänzerischen Umsetzung von *Die Glühwürmchen* von Jan Karafiát singen zu dürfen. Schon zu Beginn des Jahres 1943 hatten die kleinsten Kinder in Theresienstadt dieses Stück einstudiert. Kamila Rosenbaumovás Idee, die Ereignisse, die im Buch geschildert wurden, durch Volkslieder und Tänze auszudrücken, war seinerzeit von Vlasta Schönová choreographisch ausgestaltet worden und von 30 Kindern auf einer Bühne, für die der Maler Adolf Aussenberg gesorgt hatte, vorgeführt worden.[12]

In der gänzlich veränderten Situation im Frühjahr 1945 wurde diese Arbeit von einer Künstlergruppe wieder aufgegriffen, die mit den letzten Transporten ins »Ghetto« gekommen war. Vlasta Schönová hat davon berichtet:

»Hanuš Thein nahm sich der musikalischen Seite an. Er stellte eine Folge von Volksliedern zusammen, betraute den Kapellmeister Robert Brock mit der Instrumentierung und dem Dirigieren des Orchesters, die Malerin Burešová schuf den Vorhang, Bedřich Lederer kümmerte sich um die Ausstattung. [...] Die Premiere fand statt. Es war eine saubere, bis ins Detail durchdachte Aufführung; die Kinder wurden zu keinen schauspielerischen Leistungen genötigt, sie behielten ihre Natürlichkeit. Den Chor der Glühwürmchen bei der Hochzeit spielten slowakische Kinder, die mit ihrer Natürlichkeit und großem Können slowakische Lieder sangen und tanzten. Das slowakische Temperament war schon an neunjährigen Buben zu erkennen, die den Volkstanz *Odzemek* tanzten. An die 700 tschechische Häftlinge hatten den Saal gefüllt, in den Sesseln auf der Galerie saßen die SS-Männer. Aber schon nach den ersten Takten der Musik hatte das Publikum deren Anwesenheit vergessen. Es erklang *Ihr grünen Haine [Zelení hájové], Der Frühling kommt [Přijde jaro, přijde]*, und schon blieb kein Auge trocken, und als gar die Worte zu hören waren ›Und es ward Frühling und alles stand in Blüte...‹ kannte die Begeisterung kein Ende. – Es war eine wirkliche Leistung, daß es gelungen war, Kinder die Sätze jenes schlichten Pfarrers Karafiát sprechen zu lassen – eben hier, in Theresienstadt, diesem Babylon, wo in acht Sprachen geredet wurde. Und Hanuš Thein sang mit seinem wunderbaren Baß *Beim Gutshof [U panského dvora]* und fügte eine Strophe hinzu: ›Wenn du nur auf der Welt bist, dann erkennst du am Beten die Stimme der Heimat, die uns ruft.‹«[13]

Die Glühwürmchen hatten einen Erfolg, der nur mit dem des *Brundibár* zu vergleichen ist, und als eine weitere Aufführung angekündigt wurde, war das Interesse so groß, daß die Leute durch die Fenster in den Saal klettern wollten. Jeder wollte dieses wunderschöne Spiel sehen, das sie an die Heimat erinnerte, die viele von denen, die an dieser Inszenierung mitgewirkt haben, dann auch wenige Monate später nach der Befreiung wirklich wiedersahen.

Die Theresienstädter Orchester

Nachdem kulturelle Aktivitäten, insbesondere auch die Musik, in Theresienstadt durch die Gründung der »Freizeitgestaltung« legal und offiziell zugelassen worden war, standen der Gründung von Orchesterensembles keine grundsätzlichen Hindernisse mehr im Wege. Nur fehlte es im Jahr 1942 noch an geeigneten Instrumenten, um all das verwirklichen zu können, was sich die Theresienstädter Musiker wünschten. Zwar hatten manche Musiker im Reisegepäck – zugestanden hatte man den deportierten Juden 50 Kilogramm – auch Instrumente nach Theresienstadt schmuggeln können. Aber einige Geigen oder Klarinetten, ein Akkordeon oder auch jenes Cello, das in Einzelteile zerlegt ins Lager gelangte und dann wieder zusammengeleimt wurde,[1] machten noch kein Orchester. Erst gegen Ende des Jahres 1942 konnte die jüdische »Selbstverwaltung« die Erlaubnis erwirken, durch die es der Jüdischen Religionsgemeinde, die auf Befehl der Deutschen die Deportationen nach Theresienstadt durchzuführen hatte, möglich wurde, Musikinstrumente, vor allem Streichinstrumente, bereitzustellen. Mit Jahresbeginn 1943 setzte schließlich auch auf dem Gebiet der Orchestermusik eine ähnlich überraschende und fruchtbare Tätigkeit ein wie auf dem des Gesangs.

Zu den ersten in Theresienstadt entstandenen kleinen Orchestern gehörte das Ensemble des Pianisten und Komponisten Carlo S. Taube. Er hatte bei Busoni in Berlin studiert und war vor dem anrückenden Faschismus aus Wien in die Tschechoslowakei geflohen, wo er in Nachtclubs in Brünn und Prag arbeitete. Der unmittelbare Anlaß für die Gründung seines Orchesters war eine Symphonie, in der er die Erfahrungen der Okkupation und die Eindrücke aus dem »Ghetto« verarbeitet hatte, und die bis dahin unaufgeführt geblieben war. Aus den Themen und Motiven, die in diesem Werk verarbeitet wurden, geht der programmatische Charakter deutlich hervor. Arnošt Weiss hat beschrieben, daß in den ersten beiden Sätzen die Melodik slawischer und jüdischer Musik verwendet wurde, daß der dritte Satz unter Pianissimobegleitung des Orchesters das Wiegenlied einer jüdischen Mutter entfaltete und dann im vierten Satz die deutsche Nationalhymne in exzessiven Parodien verfremdet wurde,

Der Pianist, Dirigent und
Komponist Carlo S. Taube.
Zeichnung von Petr Kien

wobei deren Harmonien schließlich in gräßlichen Dissonanzen zerfielen. Die Premiere dieser Symphonie, zu der zahlreiche Gäste geladen wurden, fand im »Bethaus« statt; das Orchester bestand vorwiegend aus Streichern und aus vier Akkordeonspielern, welche die Holz- und Blechbläser ersetzen mußten. Der Geiger Karel Fröhlich hatte als Konzertmeister seinen Platz am ersten Pult. Trotz des improvisierten Ensembles waren die Zuhörer von der Komposition wie von der Darbietung überrascht.[2]

Taube hatte vor dem Krieg auch Erfahrungen mit populärer Musik sammeln können und baute in Theresienstadt ein Estradenorchester auf, mit dem er Unterhaltungsmusik machte. Nur das sei hier erwähnt. Sein größtes Verdienst bleibt, daß er als erster in diesem Lager ein Orchester gründete und mit seinen Musikern ein antifaschistisches Musikstück einstudierte.[3]

Partitur des Lieds *Ein jüdisches Kind* von Carlo S. Taube, komponiert in Theresienstadt

Zu einem neuen Versuch, ambitionierte Orchestermusik zu machen, kam es in Theresienstadt erst nach der Ankunft Karel Ančerls. Er war mit seiner Familie schon 1941 mit einem der Novembertransporte in die Stadt gelangt, und es dauerte ziemlich lange, bis er sich als Musiker in das kulturelle Leben der ehemaligen Stadt eingliedern konnte. Das war aber nicht seine Schuld. Es wurde ihm verwehrt, sich nach den ersten 100 Tagen »schwarzer« Arbeit, die jeder Neuankömmling abzuleisten hatte, einer der Abteilungen der »Freizeitgestaltung« anschließen zu dürfen, wo er die Möglichkeit gehabt hätte, sich künstlerisch zu betätigen. Statt dessen landete er als Hilfskraft in der Küche. Bis zum Ende seiner Haftzeit konnte er sich nur nach der Arbeit in den Abendstunden mit Musik befassen.
Ančerl war Schüler des Dirigenten Václav Talich, dann Assistent Herrmann Scherchens an der Münchner Oper, wo er unter anderem Hábas vierteltönige Oper *Die Mutter* einstudiert hatte; danach arbeitete er im »Befreiten Theater« und darüber hinaus im Orchester des Prager Rundfunks. Er hatte also genügend Erfahrungen sammeln und genug Autorität gewinnen können, sich mit anderen Theresienstädter Künstlern zusammen auf Unternehmungen mit höchstem Anspruch einlassen zu können. Seine Zeit kam in der zweiten Hälfte des Jahres 1943. Während sein ehemaliger Mitschüler Rafael Schächter bereits die *Verkaufte Braut*, *Figaros Hochzeit* und vielleicht sogar schon den *Kuß* auf die Bühne gebracht hatte, begann

Der Cellist. Gezeichnet in Theresienstadt von Otto Ungar

Karel Ančerl, Schächters Beispiel zu folgen und einen gemischten Chor, die Musiker und Instrumente zusammenzusuchen, um ein eigenes Orchester aufzubauen. In seiner Art fand dieses Orchester in den Nazi-Konzentrationslagern nirgendwo seinesgleichen.[4]
Nach Ančerls eigenen Angaben umfaßte sein Orchester zwölf erste und zehn zweite Geigen, acht Bratschen, acht Violoncelli und einen Kontrabaß, den die einzige Frau unter diesen Musikern spielte.[5] Die Besetzung dieses Streichorchester schwankte; je nach den Umständen waren es weniger, dann wieder konnten die Reihen seiner Mitglieder durch Blech- und Holzbläser beträchtlich verstärkt werden. Konstante Basis des Ensembles waren ungefähr 40 Streicher, überwiegend Musiker aus den böhmischen Ländern, Berufsmusiker wie auch erfahrenere Amateure; ein Däne, ein Deutscher und zwei Holländer aus dem Concertgebow Orchestra zählten ebenfalls dazu. Die Aufgaben des Konzertmeisters übernahm Karel Fröhlich; Egon Ledeč hatte ihm diesen Platz ohne weitere Umstände überlassen, da er das Talent seines jungen Kollegen schätzte, und gerne bereit war, sich wie in der Tschechischen Philharmonie, wo er zuletzt gespielt hatte, mit dem zweiten Pult zu begnügen. Im Propagandafilm der Nazis über Theresienstadt spielen 25 bis 29 Instrumentalisten, am Pult des Konzertmeisters ist Egon Ledeč zu sehen.
Bei der Vorbereitung des ersten Programmes hatte Ančerls Orchester – wie alle anderen in Theresienstadt – mit einer Reihe von Schwierigkeiten zu kämpfen. Das begann bei der Beschaffung von geeignetem Notenmaterial, mit dem Ausschreiben der Stimmen und all den Problemen, die unter Lagerbedingungen mit künstlerischer Arbeit unweigerlich einhergehen. Ančerl hatte hohe Ansprüche. Erst nachdem er die gesamte Theresienstädter Bibliothek durchstöbert hatte, fand er einige kleinere Partituren, die ihm geeignet schienen. Aber nun machte sich der Mangel an Notenpapier bemerkbar; alle Mitglieder des Orchesters bekamen die Aufgabe, sich irgendwelches Papier zu linieren und nachts auf diesen Fetzen ihre Stimmen zu kopieren. Das erste Programm setzte sich aus folgenden Werken zusammen:

1. Georg Friedrich Händel: *Concerto grosso in F-Dur*;
2. Johann Sebastian Bach: *Konzert für Violine und Orchester in E-Dur*;
3. Wolfgang Amadeus Mozart: *Eine kleine Nachtmusik*.

Karel Ančerl selbst beschrieb lange Zeit später, wie er den Sinn seiner Arbeit auffaßte:

»Heute, zwanzig Jahre später, ist es kaum möglich, sich die Qualität des Orchesters vorzustellen, das kaum ein Jahr lang existierte. Eines aber wurde mir klar, nämlich daß die Macht der Musik so groß ist, daß sie jeden Menschen, der Herz und offenen Sinn besitzt, in ihren Bann zieht und ihn auch die schwersten Stunden seines Lebens durchstehen läßt. Für diese Erkenntnis werde ich immer all den Ärzten, Hausältesten, Professoren, Kohlenträgern, den Arbeitern von der Landwirtschaft des ›Ghettos‹ und allen anderen, die mithalfen, mein Orchester zu bilden, dankbar sein. Aber nicht nur die Mitglieder unseres Orchesters wurden von unserer Musik gefangengenommen, es kamen auch viele, die, still in einem Winkel sitzend, jede Probe mit anhörten und die sich dabei nicht daran stießen, daß einzelne Passagen oft zahllose Male wiederholt wurden, ehe sie richtig saßen. Unser ›Publikum‹ erwartete unser erstes Konzert mit großer Spannung. Der Saal, in dem wir musizieren durften, war überfüllt, sogar die Gänge waren gestopft voll von Leuten, die zum erstenmal unser ganzes Programm hören wollten. Unser Erfolg war so groß, daß wir befürchteten, unsere Tätigkeit könnte dem Lagerkommandanten mißfallen.«[6]

Die Frage, wer der erste Solist bei Bachs Konzert gewesen war, wird unterschiedlich beantwortet. H. G. Adler schreibt in seinem Buch über Theresienstadt Jindřich Taussig diese Ehre zu,[7] aber es muß bezweifelt werden, ob Karel Fröhlich, der dieses Stück schon vor seiner Theresienstädter Zeit in seinem Repertoire gehabt hatte und ebenfalls Konzertmeister war, sich diese Solopartie hätte nehmen lassen.[8] Willi Mahler jedenfalls notiert am 25. Oktober 1943, daß er bei einem Konzert des Ančerl-Orchesters anwesend gewesen und daß Fröhlich dort als Solist aufgetreten sei. Es ist durchaus möglich, daß dies die Premiere war:

»Gestern war ich im Orchesterkonzert im Sitzungssaal des Rathauses. Das hohe, reich mit Stuckarbeit geschmückte Gewölbe mit Statuen an den Seiten und den roten Tapeten an den Wänden bot einen schönen Anblick. Neben dem Wappen der Stadt war jenes des böhmischen Königreiches – der weiße Löwe im roten Feld. Neunzehn Musiker, und zwar fünf erste, fünf zweite Violinen, fünf Bratschen, drei Violoncelli, ein Baß und das Klavier bilden ein vortrefflich eingespieltes, von Karel Ančerl zusammengehaltenes Ganzes. Auf dem Programm des schönen Abends stand Händels *Concerto grosso*, Bachs *Violinkonzert in E-Dur* und Mozarts *Kleine Nachtmusik*, Solist von vortrefflichem Künstlerniveau war der Absolvent des Konservatoriums Karel Fröhlich. Er spielte Bachs Komposition auswendig, mit Hingabe und Temperament, sauber und präzise. Der Dirigent Ančerl leitet das Orchester ohne Taktstock, nur durch Hand- und Kopfbewegungen. Er beherrscht die Werke, die er leitet, auswendig und bildet aus dem Klangkörper ein wirkliches künstlerisches Ganzes. Der ausverkaufte Saal spendete stürmischen Beifall, und Dirigent und Solisten konnten für den aufrichtigen Applaus nicht genug danken. Dieser war wirklich verdient, sowohl für deren Streben nach wahrer Kunst als auch für den dargebotenen Genuß.«[9]

In seinen Erinnerungen hat Karel Ančerl berichtet, daß sein Orchester dieses Programm »so oft als möglich wiederholte«, daß aber gleichzeitig schon ein neuer Abend einstudiert wurde, der ausschließlich mit tschechischer Musik bestritten werden sollte. Folgende Werke wurden dafür ausgewählt:

1. Pavel Haas: *Studien für Streichinstrumente*;
2. Josef Suk: *Meditationen über den alttschechischen Choral des heiligen Wenzel*;
3. Antonín Dvořák: *Serenade in E-Dur für Streichinstrumente*.

Pavel Haas' Komposition – auf die wir noch einmal zurückkommen werden – war eigens für Ančerls Orchester geschrieben worden, war ihm gewidmet und wurde im Rahmen dieses Programmes uraufgeführt. Die Premiere fand jedoch unter ungünstigen Umständen statt. Sie wurde mit einer Propagandaveranstaltung verknüpft, die beweisen sollte, daß es den Juden in Theresienstadt an nichts fehlte. Das »Ghetto« wurde als Kurort vorgeführt, wo Abend für Abend die Bewohner sich Kunst und Kultur, besonders der Musik verschreiben konnten. Ančerl hat sein Dilemma selbst beschrieben:

»Als wir mit den Proben für dieses Programm fertig waren, kam der Befehl, das Konzert im Saal des sogenannten Kaffeehauses zu geben. Überrascht und nichts Gutes ahnend wurden wir in den mit Blumen ausgeschmückten Saal eingelassen. Allen Musikern waren schwarze Anzüge zugeteilt worden. Mein Dirigentenpodest war mit Topfblumen umrahmt, damit meine Holzschuhe nicht sichtbar würden. Bald erschien auch ein hoher offizieller Besucher in SS-Uniform und kontrollierte, ob alles klappte. Tschechische Kollaboranten mit Filmkameras tauchten auf. Ich wurde angewiesen, den Komponisten Pavel Haas nach der Uraufführung seines Werkes einem unsichtbaren, jubelnden Publikum vorzustellen. Diese Farce wurde gefilmt, um der Außenwelt die idealen Bedingungen unseres Ghettolebens vor Augen zu führen. Am nächsten Tag fand das normale Konzert unseres zweiten Programms statt, und nach zwei weiteren Tagen, im Oktober 1944, wurden wir alle mit 2500 anderen Ghettoinsassen nach Auschwitz abtransportiert. Damit endete die kurze Geschichte des Theresienstädter Orchesters.«[10]

Diese Inszenierung war ein Beispiel mehr für die Infamie der Nationalsozialisten. Ančerl irrt sich im Rückblick allerdings bei der Datierung. Auch Willi Mahler hatte an dem ersten Konzert teilgenommen, das vor laufender Filmkamera aufgeführt wurde, und in seinem Tagebuch als Datum den 1. September 1944 genannt.[11] Joža Karas datiert die zweite Aufführung auf den 13. September und stützt sich dabei auf die Ausführungen Viktor Ullmanns, die H. G. Adler in London aufbewahrt hat.[12] Aus Ullmanns Text geht auch hervor, daß zwischen diesem Konzert und den großen Oktobertransporten wahrscheinlich ein längerer Zeitraum lag, als Ančerl meint. Der Dirigent hatte dann in Auschwitz das Glück, in ein Arbeitslager gesteckt zu werden, dadurch den Gaskammern zu entgehen und zu überleben.

Anders als Willi Mahler, der zwar ein gebildeter Mensch, aber doch ein musikaler Laie war, interessiert sich Viktor Ullmann weniger für das Orchester als für die Werke, die Ančerl dirigierte, insbesondere Haas' anspruchsvolle *Studien*, die in Theresienstadt am 13. September uraufgeführt wurden. Ančerl lobte er als einen hervorragenden Dirigenten, der ein wahrer Schüler von Talich und Scherchen sei und bemerkenswerte Interpretationen liefere. Und es sei anzuerkennen, wieviel Professionalität und außerordentliche Geduld nötig seien, um aus dem bestehenden Orchester einen so bewundernswerten Klangkörper zu machen.[13] Bedenkt man, wie rigoros Ullmann seine Urteile gefällt hat, kann man ermessen, wie groß das Lob war, das er mit diesen Bemerkungen Ančerls Orchester ausgestellt hat.

Zwischen der Erarbeitung des ersten und des zweiten Programms beteiligte sich das Orchester auch an der Feier zur Übergabe des großen Theatersaales im Sokol-Haus an die »Freizeitgestaltung«, der von Häftlingen umgebaut worden war. An der festlichen Eröffnung in der Oststraße 3, am 30. April 1944, nahm Ghettoprominenz teil, aber auch an der Aktion zur »Stadtverschönerung« beteiligte Arbeiter waren anwesend. Die Veranstaltung war bewußt auf den Vorabend zum »Tag der Arbeit« gelegt worden, um diesem internationalen Festtag einen würdigen Auftakt zu geben. In einem Bericht heißt es, daß Ančerl diesen Festakt mit dem ersten Satz der *Neunten Symphonie* von Beethoven begonnen habe. Das ist nicht ganz richtig, in Wirklichkeit fehlten ihm dazu die Mittel. Ančerl war die Bedeutung des Anlasses bewußt, und er hatte deshalb sein Orchester um einige Blech- und Holzbläser erweitert. Doch ließ er sich nicht dazu verführen, den gesamten Satz einzustudieren. Ihm lag daran, die Idee der Verbrüderung aller Menschen zum Ausdruck zu bringen und jenen Appell zu übermitteln, der sich an alle Menschen guten Willens richtet. Deshalb begnügte er sich mit einer Art von Montage aus Teilen des vierten Satzes, in denen Schillers jedem Gebildeten bekannte Ode leitmotivisch zitiert wird. Er war klug genug, den unangemessenen Kontrast zwischen seinem kleinen Orchester und dem großen Chor zu vermeiden. Die Aufführung war überwältigend. Dr. Paul Eppstein, der »Judenälteste«, begann im Anschluß seine Rede, indem er die Ode Schillers wieder aufgriff. Er dankte den Arbeitern für ihre Hingabe und betonte die Bedeutung dieser Feier. Nach dieser Ansprache sang dann der hundertköpfige von Rafael Schächter geleitete Chor zwei jüdische Chorstücke. Die anschließende Rezitation proletarischer Lyrik durch Jiří Wolker leitete auf den 1. Mai über; den Abschluß machte Ančerls Orchester mit der Premiere von Dvořáks *Streicherserenade in E-Dur.*[14]

Darüber, wie Ančerl mit seinem Orchester arbeitete, ließe sich noch manches anfügen; so hat er beispielsweise, um die Baßlinien zu unterstreichen, die durch nur einen Kontrabaß zu schwach vertreten waren zwei Violoncelli eingesetzt und ihnen dadurch einen zauberhaft weichen Klang verliehen. Hier ins Detail zu gehen, würde freilich den Rahmen dieses Buches sprengen.

Das Entscheidende für uns ist etwas anderes. Scheint es nicht absurd und gegen jeglichen gesunden Menschenverstand gewesen zu sein, mit welcher Hingabe und Konzentration sich die Musiker ganz dem Augenblick verschrieben haben und ihre Interpretationen und Einspielungen bis zur Perfektion ausfeilten? Sie, die in die unbarmherzige Maschinerie der »Endlösung der Judenfrage« hineingeraten waren, haben sich vom Gedanken an eine Verbesserung ihrer trostlosen Lage offensichtlich in keiner Weise ablenken lassen, sie scheinen ihn sich geradezu verboten zu haben. Dabei haben sie aber keine

Musiker in Theresienstadt. Skizze von Petr Kien

Werke geschaffen, die Spuren hinterlassen hätten, denn ihre Anstrengung galt esoterischen Reproduktionen und dem einmaligen Ereignis einer Konzertaufführung, die ja nichts Dauerhaftes hat. Was sie geschaffen haben, lebt ganz von der flüchtigen Beglückung des Augenblicks, in dem sie für sich und ihr Publikum Vollendung suchten. Sie haben dies im Bewußtsein getan, daß ihre Leistungen außerhalb Theresienstadts von niemandem in der Welt zur Kenntnis genommen würden. Und sie wußten ebensogut, daß – von jenen elenden Trugbildern in einem Propagandafilm der Nazis einmal abgesehen – nichts existieren würde, keine Aufnahme, kein Dokument, das in der Nachwelt Zeugnis von dem ablegen könnte, was sie hier den elenden Verhältnissen eines Konzentrationslagers abgetrotzt haben. Man mag sagen, daß diese Konzentration auf das Musizieren eine Flucht gewesen ist. Unter solchen Bedingungen nach künstlerischer Vollendung zu streben, die nur für den Augenblick Bestand hat und mit dem Verklingen des letzten Tons verlischt, ist aber auch die Entscheidung für ein unerhörtes *carpe diem*; es ist eine Haltung, die zutiefst demütig ist, aber auch ungeheuer stolz und heroisch.

Karel Ančerls Orchester war nicht das einzige in Theresienstadt. Der 63jährige Cellist Luzian Horwitz arbeitete mit einem Kammerensemble, das mit Ausnahme des Tschechen Karel Fröhlich, der auch hier die Funktion eines Konzertmeisters übernahm, nur aus Deutschen bestand. Horwitz selbst war an öffenlichen Auftritten nicht mehr interessiert. Er gab aber seine Erfahrungen an jüngere Musiker weiter, die seine Ratschläge zu schätzen wußten. Wie lange dieses Ensemble bestanden hat und welche Stücke zum Repertoire gehörten, ist nicht bekannt; wir wissen nur, daß sich die Musiker auf

alte Musik spezialisiert hatten und daß sie vor allem zur eigenen Erbauung und aus Freude an der Musik gespielt haben.
Weit mehr brachte sich die »Stadtkapelle« in das öffentliche Leben Theresienstadts ein, die in der Literatur in eine Reihe mit dem populären Orchester Taubes gestellt wird. Die Beziehungen zwischen den beiden Orchestern sind im einzelnen nicht klar; am wahrscheinlichsten ist aber, daß zwischen beiden im Grunde kaum ein Unterschied bestand, denn die Musiker waren wohl dieselben. Taube arbeitete schon früh daran, klassische Musik im Stil eines Kurorchesters zu präsentieren; sein Orchester existierte früher als die »Stadtkapelle«, ist dann aber wohl in diesem neuen Ensemble aufgegangen. Die treibende Kraft hinter der »Stadtkapelle« wurde der ehemalige Dirigent des Königlichen Orchesters in Kopenhagen, Peter Deutsch, nachdem im September 1943 dänische Juden nach Theresienstadt eingewiesen worden waren. Der Aufbau der mehr als vierzig Köpfe zählenden »Stadtkapelle«, in deren Leitung sich Deutsch und Taube teilten, fiel in eine Zeit, die dem Theresienstädter Musikbetrieb günstig war, da schon mit dem Besuch der Kommission des Internationalen Roten Kreuzes gerechnet wurde. Also hinderte weder die SS noch die Selbstverwaltung die Kapelle daran, so oft wie möglich zu spielen, und damit die düsteren Verhältnisse im Lager zu kaschieren. Die Musiker hatten deshalb bei der Zusammenstellung ihres Programmes ebenfalls völlige Freiheit, die Anordnungen der Protektorats- und Reichszensur drangen nicht bis hierher.
Neben einer Anzahl von Streichern verfügte das Ensemble über Holz- und Blechblasinstrumente sowie über ein Schlagzeug. Auf die Begleitung durch ein Klavier oder eine Harmonika, um für fehlende Stimmen einen Ausgleich zu haben, konnte verzichtet werden, da

Musiker in Theresienstadt.
Skizze von Petr Kien

die vorhandene Besetzung ausreichend war. Die Musiker waren zumeist begabte und erfahrene Instrumentalisten, die unter beiden Dirigenten ihr Bestes gaben. Ihre Namen lassen sich nicht mehr feststellen, ein Namensverzeichnis der Mitglieder der Stadtkapelle ist nicht erhalten geblieben; man weiß nur, daß Tschechen im Ensemble überwogen. Unter den Mitgliedern gab es zwei Frauen: die Klarinettistin Erika Kohnová, die Ehefrau des Trompeters Pavel Kohn, und Liese Lederer, eine Kontrabassistin aus Wien.[15]

Die »Stadtkapelle« wurde beim Theresienstädter Publikum bald äußerst populär. Sie spielte jeden Tag im Pavillon auf dem Hauptplatz, der sich dann rasch mit einem sehr aufmerksamen Publikum füllte, dessen Applaus zuweilen so stürmisch war, daß er das Mißtrauen der SS erregte. Die »Stadtkapelle« war zwar eine feste Größe in deren Konzept von der jüdischen »Mustersiedlung«, trotzdem aber wurden dem Ensemble immer wieder jene Stücke zu spielen untersagt, die wegen ihres Inhaltes den größten Anklang fanden. Dazu gehörten Walzer von Strauß, einige Märsche von Kmoch und das Liederpotpourri von Karel Vacek. Besonders dessen Lied *Bei unserer Kaserne [U našich kasáren]* war beim Theresienstädter Publikum – aus denselben Gründen wie in Mauthausen – beliebt. Die Tschechen hatten den Text aktualisiert und sangen: »Bei unserer Kaserne steht in der Nacht die Wache, warte nicht Adolf, auf uns wartest du vergeblich.« Um nun Vaceks gesamtes Potpourri für die Konzerte zu retten, ersetzten die Musiker dieses abschließende Lied schließlich durch das unverfänglichere Volkslied *Schaffers Annerl [Anička šafářová]*.[16]

Die »Stadtkapelle« spielte bekannte Opern- und Operettenmelodien sowie populärere Werke klassischer Komponisten, die sie im Stil eines Salonorchesters umarrangiert hatte. Das war genau das, was die Häftlinge hören wollten, erinnerte sie doch diese Musik an jene unbeschwerten Zeiten, von denen sie, die täglich Gedemütigten, wie durch einen tiefen Graben getrennt waren. Diese Theresienstädter Kapelle spielte für sie und nur für sie; und sie spielte nur und alles das, was sie sich wünschten.

Das Niveau und die Attraktivität der Konzerte der »Stadtkapelle« stieg auch deshalb, weil manche Solisten sich bald von diesem Ensemble begleiten ließen. Zu den bevorzugten Werken gehörten die Ouvertüre zu Carl Maria v. Webers *Freischütz*, ein Potpourri aus Smetanas Opern, Dvořáks *Slawische Tänze* und Suks bekannter Marsch *Ins neue Leben*. Die Arrangements entsprachen der Edition Continental und Universal. Ein Beispiel, wie ein vollständiges Konzertprogramm ausgesehen und welche Rolle darin tschechische Musik gespielt hat, ist das ›Große Festkonzert‹ vom 25. Juni 1944, das neun Tage nach der Inspektion des Lagers durch K. H. Frank und zwei Tage nach dem Besuch des Roten Kreuzes stattfand. Die von Carlo Taube und Peter Deutsch geleitete Kapelle wiederholte

Musiker in Theresienstadt. Skizze von Petr Kien

darin eigentlich nur diejenigen Stücke, die sie für die verschiedenen Gäste der vorangegangenen Tage einstudiert hatte:

1. Taube: *Marsch der Stadtwache [Pochod městské stráže];*
2. Suppé: Ouvertüre zur Operette *Leichte Kavallerie;*
3. Plesov: *Serenade in Blau;*
4. Smetana: Marsch aus der Oper *Die verkaufte Braut;*
5. Chopin: *Polonaise in A-Dur;*
6. Ritter: *Melodien in Dur und Moll;*
7. Melodien aus dem Film *Schneewittchen und die Sieben Zwerge;*
8. Bizet: Ouvertüre zur Oper *Carmen;*
9. Brahms: *Ungarische Tänze Nr. 5 und 6;*
10. Vacek: Liederpotpourri *Was uns gefällt [Co se nám líbí]*
11. Deutsch: *Theresienstädter Marsch.*[17]

In Willi Mahlers Tagebüchern finden sich mehrere Notizen über die Arbeit dieser Kapelle. Zitieren wir daraus vor allem jene Passagen, die die Atmosphäre verdeutlichen, die bei diesen Veranstaltungen herrschte:

»Vormittag mit Mutter und Trude in B V/241 im Konzert des Orchesters Prof. Carlo Taubes. Auf dem Programm standen Carl Maria von Weber (*Der Freischütz*), Bedřich Smetana (Potpourri aus seinen Werken), Camille Saint-Saëns und ein Potpourri ungarischer Tänze (Karel Fröhlich spielte brillant das Violinsolo). Das Konzert hatte ein hohes künstlerisches Niveau.« [12. März 1944]

»Heute hat das erste Konzert der Stadtkapelle am Hauptplatz stattgefunden – in der hergerichteten Parkanlage und dem dort gebauten Musikpavillon. Es spielte ein Orchester von vierzig Mitgliedern, das abwechselnd von Prof. Carlo Taube und Peter Deutsch geleitet wurde. Als Eröffnungsnummer spielte man die Ouvertüre von Carl Maria von Webers *Der Freischütz*. Das Konzert fand bei schönem Wetter und unter großer Teilnahme der Theresienstädter Bevölkerung zwischen 12 und 13 Uhr statt.« [13. April 1944]

»Am Abend zwischen 20 und 21 Uhr fand am Hauptplatz ein Konzert der Stadtmusik statt. Wir nahmen mit Trude daran teil und verfolgten mit Interesse das gute Programm. Das Potpourri tschechischer Volkslieder und Schlager hatte einen solchen Riesenerfolg, daß ich mich bei Platzkonzerten an einen ähnlichen nicht erinnern kann, das Publikum erzwang eine Wiederholung. Das Konzert wurde von Peter Deutsch geleitet. – Ist all das nicht ein Paradox? Der deutsche Soldat verliert den Kampf um sein Dasein im Westen, Süden und in Osteuropa, und die Juden, eingeschlossen in der ruhigen Theresienstädter Atmosphäre, haben die Möglichkeit, Promenadenkonzerten ihrer Kapelle zuzuhören und dazu noch auf Befehl der deutschen Leitung unserer Siedlung?« [30. Juni 1944]

»Das heutige Abendkonzert der Stadtkapelle haben wir mit Trude angehört. Auf ihrem Programm standen Taubes Marsch *Bastion*, die *Serenade in Blau* von Plesov, Kohns Potpourri bekannter Opernmelodien, begonnen mit den Fanfaren aus der *Libussa*, und schließlich Vaceks Potpourri *Prag singt und tanzt*, das täglich einen großen Beifall der Zuhörer hervorruft. Die anschließenden Töne des Marsches von Suks *Ins neue Leben* flößen uns Hoffnung ein, daß sich die Tore unseres Gefängnisses bald öffnen und daß wir als freie Menschen wieder den Weg in ein wirklich besseres und schönes Leben antreten werden.« [3. Juli 1944][18]

Mahlers Tagebuch, das noch manche, auch eher nüchtern-informative Passagen über die »Stadtkapelle« enthält,[19] zeigt zur Genüge, daß dieses Ensemble eine sehr viel größere Rolle im Lagerleben spielte, als bisher angenommen worden ist. Die Dirigenten und ihre Musiker erhoben nicht den künstlerischen Anspruch etwa des Orchesters von Ančerl oder des Theresienstädter Quartetts, sie spielten eher für die breite Masse der Häftlinge, die sie aufrichten wollten und denen sie für einige Stunden ein Stück Normalität im Lageralltag bescherten. In solcher Weise das Zuhause, das verlorene Leben in Freiheit – auch nur für kurze Momente – wiederaufleben zu lassen, und sei es nur in der Erinnerung, darin lag für die Häftlinge der Wert von Häftlingskapellen in Buchenwald, Mauthausen, Flossenbürg, Dachau, Neuengamme wie auch in Theresienstadt. In Theresienstadt waren die Arbeitsbedingungen leichter, und kulturelle Aktivitäten haben hier einen ungleich breiteren Raum eingenommen; wenn aber in den Mauern Theresienstadts eine Art Scheinwelt entstehen konnte, so sind die Theresienstädter Häftlinge gleichwohl von der Wirklichkeit des Konzentrationslagers eingeholt worden und haben durch fürchterliches Leid und mit ihrem Leben bezahlt.

Um das Ende der »Stadtkapelle« erzählen zu können, muß man die Schanzen der Großen Festung Theresienstadt verlassen. Mit einigem Glück hatten die Musiker sich vor den Transporten »in den Osten« im Herbst 1944 retten können. Mit Wissen und auf Veranlassung einiger Mitglieder der »Freizeitgestaltung« hatten sie sich zwei Tage im Sokol-Haus versteckt, damit sie beim Zusammenstellen des Transports nicht greifbar waren. Statt ihrer bestiegen andere Häftlinge die Waggons. Beim zweitenmal gab es jedoch kein Entkommen. Die Künstler wurden nicht mehr geschont, auch die »Freizeitgestaltung« wurde mit einbezogen. Alle Musiker der Kapelle, mit Ausnahme von Peter Deutsch und einigen Dänen, erhielten Transportvorladungen für den 28. September 1944. Sie wußten nicht, wohin sie eigentlich fuhren und nahmen ihre Instrumente mit. Als die Rolltüren der Viehwaggons aufgeschoben wurden, waren sie in Auschwitz-Birkenau.

»Es war in der Nacht«, erinnert sich einer der Betroffenen, »ich nahm meine Posaune in den Transport mit und hatte ein paar Tomaten hineingesteckt. Bei der Selektion auf der Rampe bin ich durchgekommen. Das geschah so, daß um die Wagen tschechische Häftlinge, Jungs vom Kommando ›Kanada‹ [›Kanada‹ – im Auschwitzer Lagerjargon Bezeichnung für die Effektenkammer, in der die den Häftlingen abgenommene Habe aufgehäuft wurde /Red.], herumgingen und ständig wiederholten: ›Ihr seid alle gesund‹. Die ganze Stadtkapelle hat sich dann in Birkenau wieder zusammengefunden.«[20]

Hinter diesem Empfang steckten in Wahrheit aber andere Gründe: Die SS in Auschwitz-Birkenau wußte über die Theresienstädter Musiker genau Bescheid; sie ließen sie zusammen, weil im Lager eine neue Kapelle aufgebaut werden sollte.[21] Deshalb wiesen sie alle ankommenden Mitglieder der Stadtkapelle in das Arbeitslager, ins Männerlager Birkenau ein, und zwar ins ehemalige »Zigeunerlager«, das kurz zuvor aufgelöst und mit neuen Häftlingen belegt worden war. Den Neuankömmlingen, denen befohlen wurde, ein Orchester zu formieren, wurde eine bestimmte Baracke zugewiesen. Blockältester war ein Pole, ein alter, erfahrenen Häftling, ein Altkonzentrationär mit einer ungewöhnlich niedrigen Häftlingsnummer – etwa 200. Auf Anordnung der SS wurde an allen Musikern Maß genommen. Umgehend wurden ihnen Uniformen angepaßt, aus dunkelblauem Satin, die Jacken bis zum Hals geknöpft. Auf dem Rücken freilich war ein weißer Streifen, der sie als Häftlinge auswies, ein ähnlicher an den Hosennähten. Schuhe gab es keine. Wer barfuß war, erhielt den Rat, sich Schuhwerk von Häftlingen des nächsten Transports, die vergast werden sollten, zu besorgen. »Man ging und spielte lieber in zerrissenen Latschen«.[22]

Es ist schwer zu begreifen, was die SS in Auschwitz mit dieser herausgeputzten Kapelle vorhatte. Wenn sie die neue Kapelle vorführen und mit ihr prahlen wollte, so wurde daraus jedenfalls nichts mehr. Die Front, die Rote Armee war nähergerückt. Die ehemaligen Theresienstädter Musiker spielten nur noch etwa einen Monat lang, dann wurde die neue Lagerkapelle aufgelöst und ihre Mitglieder mit den anderen Häftlingen aus Auschwitz evakuiert. In den Wochen bis zur Evakuierung von Auschwitz spielten die Musiker morgens, wenn die Häftlingskolonnen zur Arbeit ausrückten, und abends bei der Rückkehr; zuweilen, wenn sie von der SS angefordert wurde, auch tagsüber. Noten gab es keine. Sie spielten, was sie von früher oder von Theresienstadt her auswendig konnten. Man improvisierte bekannte Melodien, überwiegend Marschmusik, und weil viele Musiker aus Böhmen und Mähren stammten, besonders Stücke von Kmoch oder Vacek.[23] Darauf, was gespielt wurde, kam es eigentlich auch nicht mehr an; die meisten der Häftlinge, die morgens oder abends an der Kapelle vorüberzogen, waren in so elendem Zustand, daß sie von der Musik kaum noch etwas wahrnahmen.

Die Musiker der ehemaligen Theresienstädter »Stadtkapelle« starben nicht im Gas. Viele starben elend auf den endlosen »Todesmärschen«, die die SS bei der Evakuierung des Lagers organisierte. Andere wurden in Viewaggons, ohne Essen und Trinken, zu von der Front weiter abgelegene KZ verfrachtet, rettungslos überfüllte »Auffanglager«, in denen katastrophale Zustände herrschten. In alle Winde zerstreut, sind fast alle Musiker aus Theresienstadt unter den elendigsten Bedingungen umgekommen.[24]

In Theresienstadt selbst war das kulturelle Leben nach dem Abtransport der Musiker und bislang verschonten Künstler vollkommen zerstört. Wahrscheinlich lag es außerhalb des Vorstellungsvermögens der SS, daß die Oktobertransporte des Jahres 1944 die letzten sein könnten und daß die Todesmaschinerie in den Vernichtungslagern im Osten ihren Betrieb einstellen würde. In Theresienstadt konsolidierten sich ansonsten die alten Verhältnisse wieder etwas. Es gab den Hunger, die Not und das Sterben, um so mehr, als ein Zustrom neuer Häftlinge einsetzte, entkräftete und heruntergekommene Häftlinge aus anderen Lagern, die evakuiert worden waren; darüber hinaus hatte die SS aber auch begonnen, Partner aus sogenannten »Mischehen« ins »Vorzugslager« Theresienstadt zu deportieren.

Die Kommandantur hatte nicht damit gerechnet, daß sie ein weiteres Mal dazu genötigt sein könnte, die ausländische Öffentlichkeit und das Internationale Rote Kreuz davon zu überzeugen, »wie gut für die Juden in Theresienstadt gesorgt« werde. Nach der Ankündigung einer weiteren Kommission des Roten Kreuzes für den März 1945 brach hinter den Theresienstädter Schanzen fieberhafte Aktivität aus, wieder sollte – nach außen – alles in Ordnung gebracht werden. Dem »Judenältesten« Murmelstein wurde die Verantwortung übertragen, die »Vorzeigekultur« wieder zum Leben zu erwecken, Opern- und Kinderaufführungen sollten veranstaltet werden, die »Stadtkapelle« sollte wieder im Pavillon auf dem Hauptplatz spielen. Mit ihrer Neugründung wurde der Geiger Karel Blum aus Böhmen beauftragt.[25] In der kurzen, zur Verfügung stehenden Zeit waren keine Wunder zu erbringen, es gab fast keine professionellen Musiker mehr im »Ghetto«. Blum vermochte immerhin sechs oder sieben Musiker aufzutreiben, die in der Lage waren, ein halbwegs passendes Programm einzustudieren. Darunter waren die beiden Instrumentalisten Pařízek und Melzer aus Prag, Erich Glass und Erich Adler, deren Herkunft nicht bekannt ist, und ein ausgezeichneter Pianist namens Papenheim aus Holland. Diese Männer übten mit größtem Fleiß zehn Tage lang und spielten schließlich vor der Kommission, die ihnen eine Weile freundlich zuhörte, um dann den Rundgang durch Theresienstadt fortzusetzen; das eiligst gebildete Ensemble hatte damit seine Rolle ausgespielt,[26] es löste sich alsbald wieder auf. Die Zeit, in der in Theresienstadt auf dem Hauptplatz im Pavillon Musik gemacht wurde, war vorbei; mit der ehemaligen »Stadtkapelle« war das neue Ensemble in keiner Weise zu vergleichen.

Wegen des Besuchs der Kommission des IRK hatte man im Frühjahr 1945 auch noch ein neues Kammermusikensemble zusammengetrommelt, für das buchstäblich von Haus zu Haus nach Musikern gesucht wurde, die ein Streichinstrument spielen konnten. Die Zeit drängte; ein deutscher Offizier aus Prag namens Günther, der die Vorbereitungen zur Besichtigung Theresienstadts überwachte, war an der Beschleunigung der Sache persönlich interessiert. Der für das neue Ensemble bestellte Dirigent, Robert Brock, ein erfahrener Musiker, der vor dem Krieg in der UdSSR und in Prag gearbeitet hatte, begann sofort mit den Proben. Neue Noten wurden nicht mehr beschafft, die Musiker griffen auf Material von Karel Ančerl zurück. Dvořáks *Serenade in E-Dur* kam wieder auf das Programm, vielleicht auch ein Divertimento von Mozart.[27] Über dieses Kammerorchester weiß man wenig. Nach der Aussage eines Augenzeugen waren es 15 bis 20 Musiker, nach der eines anderen zählte das Ensemble rund 30 Mitglieder.[28] Wahrscheinlicher, weil realistischer, scheint die niedrige Schätzung. Woher hätten so viele Musiker in Theresienstadt noch kommen sollen?

Auch dieses Kammerorchester spielte nur einmal – eben vor der Kommission des Roten Kreuzes. Mit diesem Besuch war gewissermaßen der Schlußpunkt der musikalischen Aktivitäten in Theresienstadt gesetzt. Die Befreiung war nahe, aber bis dahin wurden die Verhältnisse im »Ghetto« von Tag zu Tag schlimmer. Hunderte ausgelaugter Häftlinge jeden Alters und aller Nationalitäten fielen der Entkräftung, dem Hunger und Epidemien zum Opfer. In dieser Periode war an Musik nicht mehr zu denken.

Kammermusik in Theresienstadt

Für die Kammermusik im jüdischen Theresienstadt galten andere Bedingungen als in Lagern, in denen vorwiegend »arische« Häftlinge waren. Die Musiker im »Ghetto« stammten meist aus tschechischem oder tschechisch-deutschem Milieu und kannten sich schon vor ihrer Deportation. Während es für nicht-jüdische Musiker bis Anfang 1944, als unter den Bedingungen des »totalen Kriegs« im Protektorat fast alle kulturellen Tätigkeiten eingestellt wurden, fast keine Einschränkungen ihrer beruflichen Arbeitsmöglichkeiten gab, waren die Juden schon im Frühjahr 1939 von einem Tag zum anderen aus den Konzert- und Theaterräumlichkeiten ausgeschlossen worden. Da sie sich damit nicht abfinden wollten, mußten sie auf halblegale oder illegale Möglichkeiten zurückgreifen; sie spielten also in Privatwohnungen oder in Kinderheimen und hauptsächlich für die, die wie sie selbst von der Rassendiskriminierung betroffen waren.[1] Das war ein schwacher Ersatz für die frühere Arbeit; das einzig Positive daran war, daß die Künstler in Kontakt mit ihrem Publikum blieben, selbst wenn es auf einen kleinen Kreis zusammengeschrumpft war, und daß sie sich dadurch besser dagegen wappnen konnten, angesichts ihrer Lage in Passivität und Resignation zu verfallen.

Doch selbst das wurde ihnen bald genommen. Ende 1941 erging eine Verordnung, wonach die Juden im Protektorat ihre sämtlichen Musikinstrumente unverzüglich abzugeben hatten. Daraufhin verstummte die Musik auch in den Privatwohnungen, das Risiko, gehört und denunziert zu werden, war zu groß.[2]

Die beiden Streichquartette, die dann in Theresienstadt spielten, hatten sich schon vor der Deportation in Prag mehr oder weniger fest formiert: sowohl das Ledeč-Quartett wie das »Theresienstädter Quartett«.

Der Geiger Egon Ledeč in Theresienstadt. Zeichnung von Petr Kien

Der 52jährige Egon Ledeč, Primarius seines Quartetts, war als ausgezeichneter Geiger und vielseitiger Künstler bekannt. In der Klasse Otakar Ševčíks und Jaroslav Kocians an der Prager Meisterschule hatte er sich auf eine Solistenkarriere vorbereitet, eine Absicht, die er auch in Theresienstadt nicht aufgab. Als zweiter Konzertmeister der Tschechischen Philharmonie hatte er langjährige Erfahrungen gesammelt, ebenso als Kammermusiker und nebenbei auch als Komponist.[3] Schon zu Beginn des Jahres 1942 baute er in Theresienstadt sein altes Quartett wieder auf, nachdem er gerade erst mit dem Transport L 178 eingetroffen und in der Unterkunft Nr. 178 in der »Magdeburger Kaserne«, für deren Bewohner Ausgehverbot bestand, einquartiert worden war. Seine früheren Kollegen, die Brüder Viktor und Walter Kohn aus Prag, die als Berufsmusiker Bratsche bzw. Cello spielten, waren schon vor ihm im »Ghetto«. Ledeč nahm zunächst den erfahrenen Amateurmusiker Schneider hinzu, der die Position der zweiten Geige übernahm, ersetzte diesen aber ein halbes Jahr später, im August 1942, durch Julius Swertka, ein Mitglied des weltbekannten Wiener Rosé-Quartetts. Für das Quartett war dieser Wechsel ein unschätzbarer Gewinn. Das Ledeč-Ensemble trat in der ursprünglichen Besetzung nur in der »Magdeburger Kaserne« auf, mit dessen ungastlichen Pritschen sie sich wegen des Ausgehverbots zufrieden geben mußten.

Der Geiger Viktor Kohn in Theresienstadt. Zeichnung von Petr Kien

Dort befanden sich auch die »Wohnungen« des Ältestenrates und einiger »Prominenter«, unter denen es auch begeisterte Musikliebhaber gab. Dr. Otto Zucker beispielsweise spielte Violine, Dr. Erich Klapp Violoncello, Dr. Paul Eppstein, Obmann des Ältestenrats, Klavier. Ihnen gelang es schließlich, daß der Besitz von Musikinstrumenten und das Musizieren erlaubt wurden. Die SS war wohl der Überzeugung, es sei besser, der ersten Häftlingsgeneration, die das Ghetto erbaute, das zu gestatteten und sie musizieren zu lassen, als sich womöglich mit aufsässigen Häftlingen herumzuärgern. Ledeč spielte manchmal mit diesen Musikern; die Besetzung Egon Ledeč, Viktor Kohn, Dr. Ilona Královà und Dr. Erich Klapp wurde unter dem Spitznamen »Doktorenquartett« bekannt. Zu Beginn der Umbauarbeiten kamen diese Musiker in Klapps »Appartment« zusammen.[4]

Die ersten Aufführungen des wirklichen Ledeč-Quartetts waren freilich keine Konzerte im Sinne vorbereiteter Veranstaltungen mit einem wohlüberlegt zusammengestellten Programm. Man spielte Kammermusik für Interessierte aus der Nachbarschaft. Das Quartett saß dann inmitten von Zuhörern, die sich eher zufällig hinzugesellt hatten. Die Werke wurden mehr oder weniger vom Blatt gespielt, obwohl sie den vier Musikern meist schon von früher geläufig waren. An ausgefeilten Interpretationen versuchten sich die vier Musiker nicht. Die Streichquartette von Haydn, Mozart, Beethoven, Schubert und Dvořák wurden hauptsächlich zum eigenen Vergnügen gespielt.[5]

Arnošt Weiss hat später erzählt, wie er einmal Noten für dieses Quartett beschaffte. Als Leiter der Bauabteilung verfügte er über einen Passierschein, mit dem er das nötige Baumaterial außerhalb des »Ghettos«, also in der übrigen Stadt, besorgen mußte. Auf einem seiner Wege durch Theresienstadt betrat er auch eine Musikalienhandlung und bat den Besitzer, ihm einige Noten für Streichquartette zu verschaffen. Für einen Juden aus der »Magdeburger Kaserne« war das ziemlich riskant – schließlich hätte ihn der Ladenbesitzer ohne weiteres anzeigen können. Doch dieser anständige Mensch, ein Herr Žalud, verstand, worum es ging, und Arnošt Weiss hatte wenige Tage später einen schönen Stapel Notenblätter in Händen.[6]

Auch wenn die vier Musiker bei ihren ersten gelegentlichen Konzerten keine besonderen Ansprüche hatten, war, was sie machten, keine simple Hausmusik. Nachdem Swertka als vierter zu Ledeč gestoßen war, saßen an allen Pulten hochbegabte und versierte Quartettmusiker, die selbst ohne eingehende Vorbereitung gediegene Interpretationen der Stücke lieferten. Sie spielten konzentriert für ein Publikum, von dem sie sich inspirieren ließen, auch wenn es nur aus Laien bestand, die bescheiden einen Platz im Raum gesucht hatten. Und so kamen festliche Aufführungen schon zu einer Zeit zustande, als Musik in Theresienstadt noch nicht heimisch, geschweige denn gefördert war und nur unter mancherlei Vorsichtsmaßnahmen gespielt werden konnte.

Die Besetzung des Quartetts veränderte sich im Lauf des Jahres 1944 noch einmal. Als Ledeč im Sommer 1944 im Rahmen einer Veranstaltung der »Freizeitgestaltung« auftrat, saß Viktor Kohn zwar noch an der zweiten Geige, die Bratsche spielte jetzt aber Adolf Kraus, und am vierten Pult sah man den Cellisten Daubner.[7] Der erste Auftritt dieses neuen Ensembles brachte ein Streichquartett von Haydn, das *Divertimento ebraico* von Sigmund Schul, der in Theresienstadt inhaftiert war, sowie Alexander Borodins populäres *Streichquartett in D-Dur*. Auf dieses Konzert folgten weitere, so daß diese Gruppierung – Viktor Ullmann zufolge – einen wichtigen Beitrag dazu leistete, daß sich im Ghetto Theresienstadt ein musikalisches Leben entfaltet hat.

Das Ledeč-Quartett trat auch bei Veranstaltungen auf, die kulturell oder politisch wichtig waren. Beispielsweise an der Trauerfeier für Eduard Lederer, der unter dem Pseudonym Josef Leda schrieb und einer der einflußreichsten Protagonisten tschechisch-jüdischer Assimilation gewesen ist. Als bekannter Schriftsteller und einflußreicher Beamter im Prager Ministerium für Schulwesen genoß er bei den tschechischen Juden höchstes Ansehen. Er erreichte ein hohes Alter und starb, nach dem Schock der Deportation, kurz vor seinem 85. Geburtstag. Am Freitag, dem 14. Juli 1944, am Vorabend des posthumen Feiertages, wurde zu seinen Ehren eine Totenfeier abgehalten. Die Beteiligung war groß, anwesend waren Mitglieder der »Selbstverwaltung« und Intellektuelle, vor allem tschechische.

Das Ledeč-Quartett eröffnete die Feier mit dem langsamen Satz aus Dvořáks *Streichquartett in F-Dur*. Dann hielt Dr. Alfred Meissner eine Ansprache, in der er den Verstorbenen würdigte. Im Anschluß

Partiturauszug der von Egon Ledeč in Theresienstadt komponierten *Gavotte* für Streichquartett

interpretierte Ledeč mit Alice Herzová-Sommerová den zweiten Satz aus Dvořáks *Konzert für Violine in a-Moll*. Dr. František Weidmann schloß sich mit einer weiteren Rede an. Abschließend wurde der langsame Satz aus Smetanas Streichquartett in e-Moll *Aus meinem Leben* vorgetragen. Neben den Rednern unterstrichen die Musiker auf ihre Weise Lederers Bedeutung für die Verbrüderung von Tschechen und Juden: Sie spielten keinen Mendelssohn oder Mahler, sondern Stücke großer tschechischer Komponisten.[8]

Als Solist musizierte Ledeč nicht nur mit Alice Herzová-Sommerová, sondern auch mit dem Harmonikaspieler Wolfgang Lederer. Wenn Lederer Akkordeon spielte, hatte es einen so edlen und kulti-

vierten Klang, daß sich seine Zuhörer niemals daran störten, daß die Kompositionen für Violine nicht von einem Klavier begleitet wurden. Durch seine vielfältigen Aktivitäten gehörte Ledeč zu den herausragenden und prägenden Persönlichkeiten unter den Musikern im Lager. Er hat jedoch, wie so viele, die Befreiung nicht mehr erlebt. Mit den Oktobertransporten kam er nach Auschwitz, wo er am 17. des Monats im Alter von 55 Jahren in einer Gaskammer ermordet wurde. Mit ihm verschwand das Ensemble, das inoffiziell seinen Namen trug; niemand hat seine Arbeit weitergeführt, auch die anderen Mitglieder des Ensembles fielen dem Genozid zum Opfer.
Die Mitglieder des Ledeč-Quartetts waren alle schon älter gewesen und hatten sich über den Sinn ihrer Kunst keine Illusionen gemacht. Beim »Theresienstädter Quartett« war das anders. Die Geiger Karel Fröhlich und Jindřich Taussig, der Bratschist Romuald Süssmann und der Cellist Friedrich Mark gehörten zur jüngeren Generation. Musik bedeutete für sie alles; sie hatten schon in Prag miteinander gearbeitet und illegale Konzerte gegeben. Viktor Ullmann, der sie für außerordentlich begabt und zielstrebig hielt, prophezeite ihnen eine große Zukunft. Diese Prophezeiung ging nicht in Erfüllung, die Realität des KZ hat sie zunichte werden lassen.
Die vier Musiker widmeten sich auch in Theresienstadt mit aller Ernsthaftigkeit ihrer Kunst. Sie hatten gerade erst die Prager Musikschulen absolviert und waren im Grunde ihres Herzens davon überzeugt, daß sie einmal als freie Bürger und ohne den elenden Stern auf der Brust ein Leben für die Kammermusik führen würden. Sie glaubten, die Zukunft und das Tor zur Welt stünde ihnen offen, und lebten in der Gewißheit, es sei ihnen vergönnt, einmal als professionelles Ensemble in richtigen Konzertsälen vor einem Publikum von

Das Ledeč-Quartett in Theresienstadt. Zeichnung von Felix Bloch

Musikliebhabern zu spielen. Im »Ghetto« irgendwelche Abstriche von ihren hohen Ansprüchen zu machen, kam ihnen nicht in den Sinn; sie nützten jede Gelegenheit, um ihr gemeinsames Spiel zu verbessern. Primarius der Gruppe war Karel Fröhlich, der das Prager Konservatorium absolviert und an der Meisterschule die Klasse von Professor Jindřich Feld besucht hatte. Er war mit seinen 25 Jahren die Seele des Ensembles und spornte die anderen zu konzentriertestem Arbeiten und zäher Ausdauer an. Ältere, erfahrenere Musiker-Häftlinge standen dem Quartett mit ihrem Rat zur Seite, darunter Viktor Ullmann, Karel Ančerl und Gideon Klein. Am wertvollsten aber war die Hilfe des berühmten Wiener Cellisten Luzian Horwitz, der selbst nicht mehr auftrat und seine Genugtuung darin fand, seine außergewöhnliche Erfahrung mit Kammermusik mit diesen jungen Kollegen zu teilen.

Der Geiger Karel Fröhlich in Theresienstadt. Zeichnung von Petr Kien

Das Repertoire dieses Quartetts war sehr breit und nicht auf das Gängige beschränkt, obwohl natürlich im Lager von einer freien Auswahl der Stücke keine Rede sein konnte. Werk für Werk mußte unter schwierigen Bedingungen besorgt werden. Zu den am häufigsten gespielten Stücken zählten Mozarts *Streichquartett in D-Dur*, Beethovens *Streichquartett in c-Moll Op. 18/4*, Brahms *Streichquartett in B-Dur*, Suks *Meditationen zu dem Choral des heiligen Wenzel*, Tschaikowskis berühmtes *Andante* aus dem *Streichquartett in D-Dur* sowie zwei Werke moderner Musik, Die *Variationen auf ein eigenes Thema* für Streichquartett von Hans Krása – ein Werk, das in Theresienstadt zur Uraufführung kam –, und die *Phantasie* und *Fuge* von Gideon Klein, ebenfalls gegen Ende 1942 in Theresienstadt entstanden und uraufgeführt.[9]

Die vier Musiker beschränkten sich jedoch nicht auf Kammermusik, sie spielten bei anderen und größeren Ensembles mit und nützten jede Gelegenheit, weitere Erfahrungen zu sammeln. Karel Fröhlich war ein Muster solcher Hingabe; er beteiligte sich an anderen Kammermusikgruppen, arbeitete als Konzertmeister im Ančerl-Orchester, spielte zusammem mit Horwitz und Taube und war schließlich noch Mitglied der »Stadtkapelle«.[10] Schon daran ist ersichtlich, wie anpassungsfähig er neben seiner künstlerischen Begabung gewesen ist. Die anderen Quartettmitglieder befaßten sich mit Klavierquartetten und stürzten sich auf alles, was im Lager zur Hand und einer anspruchsvollen Interpretation wert war. Meist spielten sie in folgender Besetzung – Gideon Klein am Klavier, Karel Fröhlich Violine, Romuald Süssmann Bratsche und Friedrich Mark Cello – das *Klavierquartett c-Moll* von Johannes Brahms und das *Klavierquartett Es-Dur Op. 87* von Antonín Dvořák.[11] In der Zusammensetzung Gideon Klein, Karel Fröhlich und Friedrich Mark haben diese jungen Leute auch das *Klaviertrio in B-Dur* von Ludwig van Beethoven und das *Klaviertrio in B-Dur* von Franz Schubert einstudiert und aufgeführt.[12]

Die Mitglieder des »Theresienstädter Quartetts« gaben in der Kammermusik Theresienstadts den Ton an. Viele andere Gruppen sind erst auf ihre Initiative hin zustande gekommen. Doch damit nicht genug – gelegentlich musizierten sie in kurzfristig ins Leben gerufenen Musikergruppen, in denen sie oft mit älteren Kollegen irgendein Werk einstudierten, das auf Schleichwegen ins Ghetto gelangt war, oder mit dem das Jubiläum eines bedeutenden Komponisten begangen wurde. Auch das war kein unwesentlicher Beitrag zum kulturellen Leben in Theresienstadt.

Der Pianist und Harmonikaspieler Wolfgang Lederer. Zeichnung von Petr Kien

Wolfgang Lederer (Klavier), Jindřich Taussig (Violine) und Pavel Kohn (Cello) mußten ihr Programm aus Beethovens *Klaviertrio in D-Dur Op. 70* und Nováks *Trio in g-Moll Op. 1* öfters wiederholen, so groß war die Resonanz, die sie nach der ersten Aufführung im März 1944 beim Publikum fanden.[13]

Zwei weitere denkwürdige Kammermusikabende sind zu erwähnen, die ebenfalls von hervorragenden Musikern bestritten wurden und in einer Situation veranstaltet wurden, in der in nie voraussehbaren Abständen Transporte neue Lücken in die Theresienstädter Häftlingsgesellschaft rissen und in der jedes Konzert das letzte sein konnte, das den Musikern und ihrem Publikum noch vergönnt war. An einem dieser Abende wurden zwei Kleinodien der Kammermusik aufgeführt, das *Streichquintett in C-Dur Op. 163* von Franz Schubert und das *Streichsextett in G-Dur Op. 36* von Johannes Brahms. Sind sie durch einen Zufall damals gerade in Theresienstadt aufgetaucht, oder sind sie mit viel Mühe besorgt worden? Wir wissen nur, daß sie am 7. August 1944 aufgeführt wurden. Die Einstudierung hatten Jindřich Taussig (erste Geige), Pavel Kling (zweite Geige), Romuald Süssmann (erste Bratsche), Karel Ančerl (zweite Bratsche), Friedrich Mark (erstes Cello) und Pavel Kohn (zweites Cello) vorbereitet.[14] Mit Ausnahme von Egon Ledeč und Karel Fröhlich waren es Musiker der beiden etablierten Streichquartette, die sich zu diesem Anlaß unter der Leitung von Ančerl zusammengefunden hatten. Es läßt sich nicht in Erfahrung bringen, ob nur diese eine Aufführung stattfand. Die (einzige) Datierung stammt wieder einmal aus dem Tagebuch von Willi Mahler, der das Konzert besuchte und anschließend notierte, daß es hohes künstlerisches Niveau hatte und »sehr zahlreich besucht war«.[15]

Der zweite Kammermusikabend, der in einer Geschichte dieser Musikgattung in Theresienstadt nicht unerwähnt bleiben darf, fand am 17. April 1944 statt und war eine Veranstaltung zu Ehren von Wolfgang Amadeus Mozart – nach den Operneinstudierungen Rafael Schächters ein weiterer Beleg, wie nahe Mozarts Genius den Theresienstädter Künstlern stand, auch wenn die Feier zu seinem 150. Todesjahr im Jahre 1941 auf das Musikleben im Ghetto ohne spürbaren Einfluß geblieben war. Die Initiative für diese Veranstaltung ging von der 32jährigen Pianistin Julietta Arányiová aus.

Mit Karel Fröhlich und einem weiteren Musiker zusammen interpretierte sie Mozarts *Klaviertrio in Es-Dur*, danach spielte sie solo die *Klaviersonate in F-Dur* und abschließend gaben die Pianistin, Karel Fröhlich, der Cellist Schwabe (Dr. Schwab od. Schwaab?) und ein vierter Musiker, M. Smyders, das *Klavierquartett in g-Moll.*[16] Dieses Konzert wurde auf jeden Fall einmal wiederholt. Willi Mahlers Tagebuch nennt jedenfalls ein weiteres Datum, den 7. Juli 1944:

»[...] mit Trude nehmen wir am Konzert im Rathaussaal teil. Auf dem Programm sind Werke von Wolfgang Amadeus Mozart. Das Trio für Violine, Bratsche und Klavier erfüllte die Zuhörer mit wohltuender Ruhe und Helligkeit. Das einschmeichelnde Grundmotiv windet sich in verschiedenen Tonarten durch das ganze Werk. Karel Fröhlich, Romuald Süssmann und Julietta Arányiová verliehen der Komposition eine individuell künstlerische Prägung. In der *Sonate für Klavier in F-Dur* hatte Arányiová die Möglichkeit, ihr vollkommenes Können vorzuführen. Abschließend wurde das *Klavierquartett in g-Moll* gespielt. Den Cellopart hat Fritz Schwabe gespielt, die Stimme seines Instruments war von klarster Reinheit. Das Publikum spendete den Mitwirkenden großen und verdienten Beifall.«[17]

Dieser Mozart-Abend war Julietta Arányiovás letzter künstlerischer Triumph. Die Pianistin aus der Slowakei hatte sich schon vor ihrer Verhaftung in Bratislava einen Namen gemacht, Viktor Ullmann hatte der jungen Künstlerin sein *Klavierkonzert Op. 25* gewidmet. In Theresienstadt wurde sie von jedermann verehrt und bewundert; einige Monate vorher, am 22. September 1943, hatte sie in der Stadt einen eigenen Klavierabend veranstaltet, bei dem sie Bachs *Französische Suite in E-Dur*, die *Sonate in C-Dur* von Mozart, die *Arabesken*, den *Kinderwinkel* und den *General Lavine* aus den *Zwölf Präludien* von Claude Debussy, das *Nocturno in Fis-Dur* und die *Phantasie in f-Moll* von Chopin vortrug. Dieses Konzert mußte sie mehrmals wiederholen.[18] Unter anderem am 6. Oktober 1943, als Willi Mahler ihr im »Kaffeehaus« zuhören konnte, wo öfter auch ernste Musik gegeben wurde, und Folgendes notierte: »Sie spielte Bach und Debussy ganz ausgezeichnet, ihre Zugaben von Smetana ebenfalls. Ihren großen Erfolg hat sie wirklich verdient, das Haus war völlig ausverkauft.«[19] Kurz nach jenem Mozart-Abend, im Juli 1944, wurde sie einem Transport nach Auschwitz zugeteilt; Mahlers Notizen blieben die letzte Erinnerung an sie.

Eine Reihe weiterer Pianistinnen und Pianisten, jüngere und ältere Berufsmusiker, absolvierten ähnliche Konzerte; meist ging das nur mit Bewilligung der »Freizeitgestaltung«, denn es gab nur wenige Klaviere in Theresienstadt, und das Interesse war groß. Aus diesem Grund sind Leistungen wie die von Alice Herzová-Sommerová, die an einem einzigen Abend alle Etüden Chopins mit vollendeter Technik und großem Einfühlungsvermögen spielte, besonders bewundernswert, da sie im Lager nicht die Möglichkeit hatte, sich angemessen vorzubereiten. Über eines ihrer Konzerte am 29. Juni 1944 im Sitzungssaal des Rathauses schrieb Willi Mahler, der zufällig anwesend war:

»Sie spielte 24 Etüden von Chopin brillant wie eine große Künstlerin. Sie riß die Zuhörer durch ihre eigenwillige Interpretation und den Zauber ihrer Hände mit. Die Klaviertasten erwachen unter ihren Händen zu wirklichem Leben, sie rasen, wachsen, beunruhigen, erzählen, illustrieren, beruhigen, lassen vergessen und versetzen in fast rauschhafte Wonne. Die Töne der Musik sind wunderschön, leise, sanft, harmonisch und wiederum tosend. Chopins Werk wurde von der Künstlerin auswendig gespielt. Man bereitete ihr rauschende, verdiente Ovationen, die kein Ende nehmen wollten.«[20]

Alice Herzová-Sommerová gab in Theresienstadt eine ganze Reihe – mindestens fünf abendfüllende – Konzerte. Unter Beethovens Klavierwerken bevorzugte sie die *Sonate in f-Moll Op. 57*, die *Appassionata*, die *Sonate in D-Dur Op. 10* und die *Sonate in Es-Dur Op. 81* mit dem Titel *Les Adieux*. Sie spielte Bachs *Partita in B-Dur*, romantische Klaviermusik, *Carnaval* von Schumann oder aus dessen *Fantasiestücke*, die *Intermezzi* und die *Rhapsodie in g-Moll* von Brahms sowie Smetanas *Tschechische Tänze*, die sie als einzige Musikerin in Theresienstadt in ihr Repertoire aufnahm. Moderne Stücke waren durch Debussys *Reflets dans l'eau* aus den *Bildern* und durch *Minstrels* aus den *Zwölf Präludien* vertreten; sie hatte auch eine der im Lager entstandenen Klaviersonaten von Viktor Ullmann einstudiert.[21] Es ist fast unbegreiflich, wie es der Pianistin gelang, dieses Respekt heischende breite Repertoire, das zu großen Teilen schon in Prag einstudiert worden war, im Gedächtnis und in den Fingern zu behalten.

Was künstlerische Durchdringung und die Breite des Repertoires anging, konnten sich nur zwei weitere Pianistinnen in Theresienstadt mit ihr messen: Edith Steinerová-Krausová, die in Prag gelebt hatte, und Renée Gaertner-Geiringer aus Wien. Steinerová-Krausová spielte häufig Bachs *Toccata und Fuge in D-Dur*, Mozarts *Sonate in B-Dur*, Chopins *Nocturno in cis-Moll* und die *Ballade in as-Moll*, Brahms *Capriccios*, *Intermezzi* und die *Sonate in f-Moll*, Schumanns *Kreisleriana* sowie zwei konzertante *Polkas* von Smetana. Darüber hinaus führte sie als erste Ullmanns sechste *Sonate für Klavier* auf, die im »Ghetto« komponiert worden war.[22] Und sie beteiligte sich am sogenannten Schubert-Abend, bei welchem sie Marion Podolier, Kurt Freund und Karel Berman am Klavier begleitete und selbst die *Sonaten in D-Dur* und *a-Moll* vortrug.[23]

Die Pianistin Renée Gaertnerová-Geiringerová in Theresienstadt. Zeichnung von Petr Kien

Renée Gaertner-Geiringer veranstaltete in Theresienstadt wahrscheinlich 32 selbstständige Konzerte, fast eine Rekordleistung. Ihre Programme enthielten Werke aus dem ganzen klassischen Kanon der Klaviermusik, dem Barock, der Klassik und der Romantik; nur moderne Musik fehlte. Ob die Pianistin sie bewußt ausklammerte oder ob sie kein geeignetes Material fand, wissen wir nicht. Bachs *Chaconne* spielte sie in Busonis Bearbeitung, sie gab auch das *Italienische Konzert*, Haydns *Sonate in Es-Dur*, Beethovens *Sonate*

in Es-Dur Op. 31 Nr. 3, in *d-Moll Op. 90* und *cis-Moll Op. 27* Nr. 2, ferner Chopins *Mazurkas*, *Scherzo in b-Moll Op. 2* und *Variationen*, Schuberts *Wandererphantasie*, Brahms *Sonate Op. 1*, Schumanns-*Abegg Variationen Op. 1*, zwei Bearbeitungen der *Paganini-Etüden* von Liszt und schließlich César Francks *Präludium*, *Choral und Fuge*.[24]
Neben Carlo Taube, der in seinen eigenen Klavierkonzerten viele Stücke von Chopin, aber auch Werke von Beethoven, Brahms, Liszt und Schumann vortrug,[25] ragten zwei tschechische Pianisten mit ganz unterschiedlichem Temperament und Mentalität hervor. Der eine war der Pianist und Musikpädagoge Professor Bernhard (manchmal auch: Bernard) Kaff aus Brünn, der schon in ganz Europa Konzerte gegeben hatte und große Erfahrung und umfassendes Wissen besaß. Er soll so meisterhaft gespielt haben, daß er noch auf den schlechtesten Instrumenten seine Zuhörer zu verzaubern verstand. In Theresienstadt zog er sich ganz auf die Musik zurück.[26] In seinen Konzerten spielte er Beethovens *E-Dur-Sonate Op. 109*, die *Wallensteinsonate in C-Dur Op. 53*, die *Appassionata in f-Moll Op. 57*, die *Sonaten in Fis-Dur Op. 78*, in *c-Moll Op. 111*, die *Variationen in c-Moll* sowie die *Eroica*-Variationen; ferner Brahms' *Variationen über ein Thema von Händel*, Chopins *Sonate in h-Moll*, die *Nocturnos* und die *Polonaise in As-Dur*, Liszts virtuose *Sonate in h-Moll* und dessen *Mephistowalzer*. Sehr gerne spielte er die *Suite für Klavier* von Pavel Haas, seines Freundes aus Brünn.[27] Öfters begleitete er den Geiger Karel Fröhlich. Die Interpretationen des damals fast vierzigjährigen Bernhard Kaff verbanden eine wunderbare Intuition in der Auffassung mit vollendeter Beherrschung der Technik.

Der Pianist Bernhard Kaff in Theresienstadt. Zeichnung von Petr Kien

Aus einer Kritik, die Viktor Ullmann verfaßte, geht hervor, daß Kaff auch Konzerte mit tschechischer und russischer Musik bestritt: mit Pavel Haas' *Partita im alten Stil*, Janáčeks Zyklus *Im Nebel [V mlhách]* und Mussorgskis *Bilder einer Ausstellung*. Dieses Konzert fand am 28. Juni 1944 statt und fand großen Beifall. Kaff spielte brillant und mit größter Hingabe. Daß er die *Bilder einer Ausstellung* ins Programm genommen hatte, war kühn, geradezu revolutionär. In Theresienstadt galten zwar keine Anordnungen der Zensur wie im Protektorat, aber wie leicht hätte man dies als antifaschistische Provokation denunzieren können. War das abschließende Bild, das *Große Tor von Kiew*, nicht das Symbol endgültiger Befreiung, hat sich dieses Stück nicht geradezu als Allegorie auf den Sieg der Sowjetunion und der Roten Armee über die faschistische Besatzermacht angeboten?[28]
Gideon Klein war das genaue Gegenteil von Kaff. Er hatte bei Vilém Kurz die Meisterschule in Prag absolviert und trat in Theresienstadt bei fast allen kulturellen Veranstaltungen in Erscheinung. Als Korrepetitor bei Rafael Schächters Operneinstudierungen, als Kammermusiker und als Komponist. Seine Domäne war das Piano – auch

wenn er heute meist nur als Komponist bekannt ist. Zusammen mit Bernhard Kaff spielte er schon Ende 1941 auf einem halbkaputten Klavier und unter Gefahr für Leib und Leben. Sein Repertoire bestand unter anderem aus jenen Stücken, die er zwischen seiner Ausbildung an der Meisterschule und der Deportation nach Theresienstadt erarbeitet hatte. Dazu gehörten Mozarts *Adagio in h-Moll*, Beethovens *Sonate in cis-Moll Op. 110*, Schumanns *Phantasie Op. 17*, Brahms' *Intermezzi*, und die Busoni-Bearbeitung von Bachs *Toccata und Fuge in C-Dur*. Weiterhin Janáčeks *Sonate 1. X. 1905* und Suks Zyklus *Durch Leben und Traum [Životem a snem] Op. 30*. Mit solchen Solo-Programmen trat Gideon Klein mindestens 15mal auf Theresienstädter Podien auf.[29]
Daneben machte er mit Friedrich Mark und Pavel Kling Kammermusik; beispielsweise studierten sie Beethovens *Klaviertrio Op. 70 Nr. 2* und Brahms' *Klaviertrio Op. 8* ein. Ullmann hat davon berichtet und seine Wertschätzung dieses Ensembles ausgedrückt.[30] Für Pavel Kling war dieser Abend sein Theresienstädter Debut als Violinist, in dem er sich als hervorragender Virtuose und aufsteigendes Talent präsentierte. An anderen Kammermusikabenden spielte Gideon Klein auch mit Karel Fröhlich, Romuald Süssmann und Friedrich Mark Klavierquartette von Brahms und Dvořák.
Ullmann hielt den jungen Gideon Klein für ein herausragendes Talent, den Repräsentanten eines kühlen, sachlichen Interpretationsstils einer neuen jungen Generation. Er bewunderte seine stilistische Sicherheit und musikalische Intelligenz und war davon überzeugt, daß Klein – gerade weil er auch als Komponist arbeitete – seinen Weg machen und ein Künstler von höchster Empfindungsfähigkeit werden würde.[31]

Klavierkonzert im Theresienstädter Sokol-Haus. Skizze von Petr Kien

Auch der Primarius des »Theresienstädter Quartetts« Karel Fröhlich ließ kaum eine Gelegenheit verstreichen, vor seinen dankbaren Mithäftlingen als Solist aufzutreten. Er hatte alle Voraussetzungen, erfolgreich zu sein. Sein Repertoire umfaßte die Konzerte in *a-Moll* von Vivaldi, in *d-Moll* von Tartini, in *E-Dur* von Johann Sebastian Bach, die Konzerte in *D-Dur* von Mozart und *a-Moll* von Dvořák, außerdem die Sonaten von Leclaire, Tartini, Mozart, Beethoven, Franck sowie Dvořáks *Sonatine in G-Dur Op. 100.* Hinzu kamen Ausschnitte aus Bachs Sonaten und Partiten für Solovioline und andere kürzere Stücke verschiedener Komponisten.[32] Willi Mahler trug nach einem solchen Konzert in sein Tagebuch ein:

»Das vormittägliche Sonatenkonzert habe ich heute am Sonntag, den 10. Januar 1944, in 241 in B V gehört. Es spielte der Geiger Karel Fröhlich, am Klavier von Prof. Kaff mit großer Bravour begleitet. Zuerst spielte Fröhlich die *Kreutzersonate* von L.v. Beethoven und dann César Francks ansprechende *A-Dur Sonate*. Beide Werke boten ihm Gelegenheit, seine vollkommene Technik und individuelle Auffassung vorzuführen. Dem Künstler wurden vom überfüllten Saal stürmische Ovationen bereitet.«[33]

Wir haben oben schon über die Darbietung von Opernarien gesprochen. Fast alle Sänger in Theresienstadt pflegten sich daran mit eigenen Auftritten zu beteiligen. Zu den Besonderheiten des Theresienstädter Musikbetriebs gehörte, daß sie sich dabei aber nicht nur auf Arien tschechischer und anderer Komponisten beschränkten, sondern auch Kammerlieder mit Begleitung ins Programm nahmen – auch das ein Beleg, mit welchem Anspruch in Theresienstadt Musik gemacht und vom Häftlingspublikum aufgenommen wurde. Unterlagen, aufgrund derer im Detail belegt werden könnte, was alles zum Repertoire solcher Gesangsveranstaltungen gehört hat, gibt es nicht. Beispielsweise ist aber bekannt, daß Michael Gobec Lieder von Schubert, Brahms und Händel, Walter Windholz Lieder von Smetana, Brahms und Schubert sowie Liedkompositionen jüdischer Komponisten wie Gustav Mahlers *Lieder eines fahrenden Gesellen*, aber auch von Ullmann und Krása gesungen hat, und Karel Berman neben Liedern von Schubert und Beethoven Werke von Pavel Haas, die dieser eigens für ihn nach chinesischen Versen im »Ghetto« komponiert hatte. Heda Grabová-Kernmayrová und der Tenor aus Brünn, Fritz Königsgarten, gaben vergleichbare Liederabende, über deren Aufbau und Resonanz beim Publikum wir allerdings nichts wissen. Einmal mehr sind wir auf das Tagebuch von Willi Mahler angewiesen, der zumindest eine der Veranstaltungen Königsgartens beschrieben hat:

»Am Abend sind wir im Rathaussaal im Liederkonzert Fritz Königsgartens. Auf dem Programm standen Werke von Schubert, Mendelssohn-Bartholdy und Auspitzer. Wirkungsvoll war Schuberts *Lied auf dem Meer* und das *Ständchen*, vom zweiten Tondichter der *Morgengruß* und das *Winterlied* und schließlich das *Schwanenlied* des letztgenannten Autors. Königsgarten war bestimmt ein Sänger von hohem Format. Auch heute noch ist seine volle Tenorstimme hinreißend. Der Vortrag der Lieder war rein, wohlklingend und das gesprochene Wort klar und verständlich. Am Klavier fand er in Kapellmeister Franz Eugen Klein eine zurückhaltende Begleitung, der dann noch ein kleines, bezauberndes Werk von Schubert und eine eigene Komposition zugab. Beide Künstler fanden bei ausverkauftem Saal begeisterte Aufnahme.«[34]

Am 19. Februar 1944 gaben die Altistin Heda Grabová-Kernmayrová, am Klavier von Karel Reiner begleitet, im Rathaussaal ein Konzert mit Liedern von tschechischen Komponisten des zwanzigsten Jahrhunderts. Ihre Auswahl war wirklich repräsentativ: die *Melancholischen Lieder von der Liebe [Melancholické písně o lásce] Op. 38* und die *Slowakischen Volkslieder für Gesang und Klavier* von Vítězslav Novák, den aus sieben Liedern bestehenden Zyklus *Vergängliches Glück [Míjivé štěstí] Op. 11* von Karel Boleslav Jirák, die *Zwei Lieder [Dvě písně]* von Josef Suk sowie einige Bearbeitungen aus Janáčeks Sammlung *Mährische Volkspoesie in Liedern [Moravská lidová poezie v písních]*.[35] Das war ein Program, das beabsichtigte und dem es gelang, die Bedeutung des modernen tschechischen Liedschaffens zu dokumentieren, das sich hinter dem anderer Länder nicht zu verstecken braucht. Den Rang der Interpretation der Lieder von Janáček hat Viktor Ullmann auch betont:

»Dies war sogleich entschieden, als man Leoš Janáčeks ›Mährische Volkspoesie in Liedern‹ hörte, reizvolle Bagatellen, durch vollendete Meisterschaft zum Range hoher Kunst erhoben. Hier fanden auch Sängerin und Begleiter ein dankbares Objekt ihrer Interpretation, wie der Komponist umgekehrt die umfangreiche, große und doch schmiegsame Stimme, die empfundene und doch natürliche Expression der Frau Grab-Kernmayr und das kristallene, urmusikalische Spiel Dr. Karl Reiners, der uns nun hoffentlich seinen ersten Klavierabend nicht länger schuldig bleiben wird.«

Ein besonderes Ereignis war auch ein Konzertabend, der am 9. Juli 1943 den Liedern Gustav Mahlers gewidmet war. Von Beethoven und Mozart abgesehen, war es in Theresienstadt eigentlich nicht

Vor der Aufführung. Zeichnung von Petr Kien

üblich, eine ganze Veranstaltung nur mit den Werken eines einzigen Komponisten zu bestreiten. Daß sie Mahler in besonderer Weise ehren wollten, geschah zweifellos deshalb, weil seine Werke als »jüdische Kunst« in Deutschland wie im Protektorat nicht mehr aufgeführt werden durften. Nur in Theresienstadt bestand die Möglichkeit, sich über eine solche Zensurbarriere hinwegzusetzen. Die Initiative zu diesem Abend ging von der Mezzosopranistin Hilde Aronson-Lindt und dem Bariton Walter Windholz aus. Vom Pianisten Otto König begleitet, stellten sie Lieder aus *Des Knaben Wunderhorn*, aus *Kindertotenlieder* und den *Liedern eines fahrenden Gesellen* vor.[36]

Als Mitarbeiter der »Freizeitgestaltung« hatte Viktor Ullmann ein sogenanntes *Studio für neue Musik* gegründet, um sich dort möglichst intensiv dem Komponieren widmen zu können und ein Refugium zu haben, das ihn vor möglichen Anforderungen des »Arbeitseinsatzes« einen gewissen Schutz bot. Wieviele Programme in diesem Studio tatsächlich erarbeitet worden sind, wissen wir bis heute nicht. Vier sind es mindestens gewesen. Außerhalb Theresienstadts hätte allein das vierte schon genügt, daß die Mitwirkenden von der Gestapo geholt worden wären.[37] Zu hören waren die edelsten Glanzstücke »entarteter Kunst«: Alice Herzová-Sommerová, Heda Grabová-Kernmayrová und Viktor Ullmann stellten an diesem Abend zwölf Klavierstücke von Max Reger *Aus meinem Tagebuch*, Lieder von Alexander Zemlinsky und Arnold Schönberg, drei Klavierstücke von Alois Hába, eine Komposition von Bruno Walter und eine Auswahl aus *Des Knaben Wunderhorn* von Gustav Mahler vor.

Zu den von Ullmann organisierten Konzerten gehörten mehrere Veranstaltungen, die von besonderer Bedeutung waren und unter dem Titel »Junge Autoren in Theresienstadt« angekündigt wurden. Nur das Programm des zweiten Konzertes ist erhalten geblieben. Hier wurden in Theresienstadt entstandene Musikstücke aufgeführt; leider ist nur von einigen das Notenmaterial erhalten geblieben. Im einzelnen handelte es sich um:

1. Gideon Klein: *Die Pest* – vier Lieder für Cello und Klavier;
2. Heinz Alt: *Sechs Miniaturen* für Klavier;
3. Sigmund Schul: *Zwei Chassidtänze* für Cello und Klavier;
4. Karel Berman: *Knospen [Poupata]* – ein Liederzyklus;
5. Sigmund Schul: *Divertimento ebraico* für Streichquartett.

Mitwirkende an diesem Konzert waren: Aronson-Lindt, Kling, das Ledeč-Quartett, Reiner, Schächter und Weissenstein.[38]

Das Gegenstück zum *Studio für neue Musik* war das *Collegium Musicum*, das sich alter Musik widmete und gelegentlich auch Vorträge zu Musikthemen organisierte. Von diesem Kreis ging die Initiative aus, die Musik der Familie Bach zu spielen – was unter den Theresienstädter Verhältnissen gewiß etwas seltsam anmuten konnte.[39] Bemerkenswert ist an diesen Veranstaltungen, die als »Musik des

Vorbereitungen für ein Konzert in Theresienstadt. Zeichnung von Petr Kien

Rokoko« angekündigt wurden, welche Werke aus dieser Stilepoche wiederentdeckt wurden. Ada Schwarzová-Kleinová sang, Professor Armin Tiroler spielte Oboe, Adolf Kraus Violine und Pavel Kohn Cello. Außer Arien von Pergolesi und Paisiello erklang hier die *Violinsonate* von Johann Heinrich Rolle und das *Oboenkonzert* Joseph Haydns.[40]

Der relativ enge Rahmen unserer Untersuchung, die sich auf das Schicksal und die Tätigkeit der aus Böhmen und Mähren stammenden Musiker konzentriert, verwehrt uns, an dieser Stelle die Programmgestaltung aller kammermusikalischen Konzerte und den Anklang, den sie gefunden haben, eingehender darzustellen und zu analysieren. Aber bereits aufgrund unserer Skizze wird deutlich, daß in den dreieinhalb Jahren bis zum Herbst 1944 die Kammermusik die stärkste Komponente im Musikleben im Ghetto gewesen ist. Sie hat, was die Programmgestaltung anlangt, ein ganz außerordentliches Niveau erreicht. Keine Stadt der Welt hätte sich für das zu schämen gehabt, was hier geboten wurde. In keiner Stadt der Welt wäre ein Publikum zu finden gewesen, für das Musik so viel bedeutet hätte und das nach Musik geradezu lechzte. Musik ist weder Ersatz für Unterhaltung gewesen noch bloße Zerstreuung nach körperlich erschöpfender Arbeit. Sie war für die Häftlinge der mit verzweifeltem Trotz geführte Kampf um den Menschen als Kulturwesen, sie war die Anstrengung, ihre Zugehörigkeit zu jener europäischen Kulturtradition zu beweisen und zu zementieren, aus der sie die Herren des »Dritten Reiches« herausreißen wollten. Die Theresienstädter Künstler, Komponisten wie Interpreten, Berufsmusiker wie Amateure, sind in diesem ungleichen Kampf fast alle umgekommen. Die Erinnerung an das, was sie – intuitiv oder bewußt – verfochten haben, soll wach gehalten werden. Es ist eine Erfahrung, aus der eine künftige Generation Kraft schöpfen kann.

Musik im »tschechischen Lager« von Auschwitz

Das »tschechische Lager« von Auschwitz und seine besondere Funktion sind bereits erwähnt worden. Es fällt schwer, den Zynismus und die Gefühllosigkeit jener in Worte zu fassen, die dieses Projekt ersonnen und organisiert haben. Anfang September 1943 wurden 5000 Juden aus Böhmen und Mähren in Waggons verfrachtet und nach Auschwitz gebracht. Die Selektion an der Rampe blieb ihnen erspart; für sie war eigens das Lager B II in Auschwitz-Birkenau eingerichtet worden. Was mit den Neuankömmlingen geschah, rief bei den älteren, erfahrenen Häftlingen Staunen hervor. Was hatte die SS mit diesen Menschen im Sinn, die in ganzen Familiengruppen angekommen waren, die weder an der Rampe von der Meute der Schäferhunde umstellt und unter dem Gebrüll der Aufseher aus den Waggons getrieben worden waren, noch vom »Kanada«-Kommando ihre gesamte Habe abgenommen bekamen?

Alles war seltsam. Unter den Neuankömmlingen waren Männer und Frauen, Kinder und Greise, Gesunde und Kranke. Sie durften ihre Zivilkleidung, die sie am Leib trugen, behalten, sie wurden nicht wie die übrigen Häftlinge kahlgeschoren und in höllischem Tempo zur Arbeit getrieben; zuweilen erhielten sie sogar Weißbrot als Verpflegung. Die Kommandantur hatte sie in besonderen Blocks verteilt, Männer, Frauen und Kinder getrennt; sie konnten sich treffen und gegenseitig besuchen. Man ließ ihnen auch die Möglichkeit, Bekannte und Verwandte um die Zusendung notwendiger Dinge zu bitten. Es gab nur eine Bedingung für diese Vergünstigungen: Die Häftlinge mußten Briefe schreiben, aus denen hervorging, wie gut es ihnen »im Osten« ergehe, und daß ihnen dort nichts Schlimmes geschehe.

Adolf Eichmann hatte dafür gesorgt, daß die Häftlinge im – wie man nach einiger Zeit sagte – »Familienlager« anders behandelt wurden. Für sie galt das Amtskürzel »S. B.« – Sonderbehandlung. Der Zweck des sechsmonatigen Quarantäneaufschubs bis zu ihrer Ermordung bestand darin, die Öffentlichkeit in Deutschland und in der Welt zu beschwichtigen, die über die Deportationen zu einem Ort namens »Auschwitz« zunehmend in Unruhe versetzt wurden, über den es Gerüchte und Berichte gab, die man kaum glauben konnte. Nun schrieben diese Unglücklichen also reihenweise Postkarten und Briefe an ihre Bekannten in Theresienstadt und an ihre Freunde außerhalb dieser Festung; sie schrieben auch an Adressen außerhalb des deutschen Einflußbereiches, und sie freuten sich wahrscheinlich sogar über diese Freiheit und über die erhaltenen Antworten. Die Zensur prüfte jedes Wort und kümmerte sich dann um die Zustellung. Einige Briefe wurden schließlich auch vordatiert, so daß die Tarnaktion noch weiterlaufen konnte, als die Häftlinge schon längst umgebracht worden waren.[1]

Nach genau einem halben Jahr, am Geburtstag T. G. Masaryks, am 7. März 1944, wurden die Häftlinge aus dem ersten »Familienlager« mit Ausnahme von 37 Jungen in die Gaskammern geschickt. Wieder einmal spielten die Nazis mit ihren Opfern Katz und Maus. Da im Dezember 1943 aus Theresienstadt weitere drei Transporte mit 7500 Häftlingen ins »tschechische Lager« eingewiesen worden waren, brachte ein Zug die Deportierten des ersten Transportes aus Auschwitz fort, und man erklärte, man werde sie alle in ein anderes, besseres Lager schaffen. Doch nach einer Nacht in den Waggons, die irgendwo auf den Gleisen abgestellt worden waren, brachte die SS die Opfer heimlich auf Lastwagen nach Auschwitz zurück und trieb sie unverzüglich in den Tod. Diejenigen, die später eingetroffen waren und von all dem nichts gemerkt hatten, mußten derweilen nach Theresienstadt schreiben, daß die Deportationen korrekt und ordentlich verlaufen seien.

Zu den Besonderheiten des tschechischen Lagers in Auschwitz gehörte, daß die Kinder ihre eigenen Blocks zugewiesen bekamen. Sie hatten Schulunterricht, der von Freddy Hirsch geleitet wurde. Zum ersten Transport bereits gehörten 285 Kinder, die noch keine 14 Jahre alt waren. Sie bekamen Erzieher, es gab eine Bibliothek, die für Jung und Alt offenstand. Musikerziehung wurde organisiert, vor allem Gesang.[2] Gegenüber Theresienstadt waren das Verbesserungen, dort hatten die Kinder nur heimlich unterrichtet werden können, schließlich hatte die SS kein Interesse daran, daß jüdische Kinder Lesen und Rechnen lernten.[3]

In einem fast ansprechend eingerichteten Block wurden die Kinder nicht nur in Tschechisch und in Rechnen unterrichtet, sondern durften auch Theater spielen und Musizieren. Ihre Erzieher studierten mit ihnen *Schneewittchen und die sieben Zwerge* ein und arrangierten eine schöne Vorstellung mit vielen Melodien bekannter tschechischer Volkslieder.[4] Ihre Veranstaltungen wurden nicht nur von den Kindern und ihren Eltern, sondern auch von der SS – sogar von Lagerführer Schwarzhuber – besucht. Der kam freilich weniger, um sich zu amüsieren, sondern weil er mit seiner Leutseligkeit dem »Familienlager« einen Anschein von Normalität und Sicherheit geben wollte.[5] Aus diesem Grund kam auch öfters eine 15köpfige Kapelle aus dem Männerlager herüber, um abends vor den Häftlingen des »Familienlagers« zu spielen. Man sollte sich »wohlfühlen«. Einige Häftlinge griffen das auf und begannen, die Verse von *Manon Lescaut* einzustudieren, die sie dann ihren Mithäftlingen vortrugen.[6]

Einige Erzieher bemühten sich hingebungsvoll, den Kindern ein paar schöne Stunden zu machen und sie von der trostlosen Umgebung etwas abzulenken. Sie erzählten Geschichten und trugen Gedichte tschechischer und anderer Autoren vor – eben das, was ihnen geläufig war. Die junge Zuzana Růžíčková tat sich dabei besonders hervor. Sie sang mit Vorliebe Ježeks Lieder aus dem »Befreiten Theater« mit den Kindern, da sie die alle auswendig kannte. Diese Lieder sang sie auch abends, zum Einschlafen, im Block der Frauenhäftlinge, da viele in dieser unwirklichen Welt, in der Angst und Schrecken herrschte, keinen Schlaf finden konnten.[7]

Freddy Hirsch, der leitende Erzieher, brachte den Kindern auch Blockflöte bei, da zufällig zwei Instrumente mit ins Lager gelangt waren. Außer einer Mundharmonika waren das allerdings die einzigen Musikinstrumente, die zur Verfügung standen.

Es ist grotesk, daß den Kindern ausgerechnet in diesem Lager die Melodien aus Beethovens *Neunter* mit Schillers Ode *An die Freude* beigebracht wurden.[8] Die näheren Umstände sind nicht bekannt. Haben die Kinder begriffen, was sie da sangen? Und was haben jene aus den Klängen herausgehört, die den Text besser verstanden und tagtäglich den Rauch aus den Kaminen der Krematorien aufsteigen sahen? Wer führte überhaupt die Regie bei diesem aberwitzigen Theater auf dem Schauplatz der größten Verbrechen des zwanzigsten Jahrhunderts?

Musik in Lodz

Einer der großen Transporte aus dem Protektorat Böhmen und Mähren hatte – noch ehe die jüdische Bevölkerung in Theresienstadt konzentriert wurde – die Stadt Lodz zum Ziel. Unmittelbar nach der Besetzung Polens hatten die Nazis dort ein zentrales jüdisches Ghetto eingerichtet. Auf engstem Raum lebten dort zunächst etwa 70000 Menschen, später waren bis zu 120000 Insassen in diesem Großghetto zusammengepfercht; sie stammten nicht nur aus der unmittelbaren Umgebung (Kreis Werta), sondern waren aus einer Reihe europäischer Städte dorthin deportiert worden, aus Wien, Berlin, Frankfurt am Main, Düsseldorf, Luxemburg und aus Prag. Aus Prag trafen im Oktober 1941 etwa 5000 Tschechinnen und Tschechen ein, die im Sinne der »Nürnberger Gesetze« von der deutschen Protektoratsverwaltung als Juden eingestuft wurden, größtenteils Angehörige der Intelligenz – der sozialen Schicht, mit deren politischem Widerstand das Okkupationsregime am ehesten rechnete und im Vorgriff brechen wollte. Musiker oder Künstler waren kaum unter ihnen.

Das Ghetto von Litzmannstadt, wie Lodz von den Deutschen genannt wurde, wuchs schnell. Von einem ehemaligen Stadtteil, der mit Stacheldraht eingezäunt und von der »arischen« Bevölkerung isoliert worden war, breitete sich das KZ nach und nach über die gesamte Stadt aus. Mit Theresienstadt hatte das »Ghetto Litzmannstadt« nur wenig Ähnlichkeiten. Die jüdische Selbstverwaltung in Lodz wurde direkt von der SS kommandiert und exekutierte nur deren Befehle; es gab eine jüdische Polizei und sogar eine aus kollaborierenden polnischen Juden gebildete Feuerwehr, ein sogenanntes Sonderkommando.

Das Ghetto in Lodz erfüllte wie Theresienstadt die Funktion einer Zwischenstation bei der »Ausrottung« der polnischen und europäischen Juden. Die Häftlinge wurden von hier aus meist weiter in das Vernichtungslager Chelmno deportiert, wo sie zu Tausenden in den Gaskammern umkamen. Von den 250000 Juden aus Lodz haben nur 887 den Tag der Befreiung, den 19. Januar 1945, erlebt.

Bei einer so dichtgedrängten Bevölkerung konnte kein differenziertes kulturelles Leben in Lodz entstehen. Theresienstadt und Warschau waren in dieser Hinsicht begünstigter. Dennoch spielten kulturelle Aktivitäten auch im Leben der Ghettobewohner in Litzmannstadt eine wichtige Rolle.

In der ersten Phase, von der Entstehung des Ghettos bis zum Februar 1941, bemühte sich die Selbstverwaltung vor allem darum, Musikkonzerte und Gesangsveranstaltungen zu organisieren. Unter den Aktiven ragten besonders die Geigerin Bronislava Rotsztatowna und der begabte Tenor Nikodem Sztajman hervor. Sie wurden bei ihren Auftritten von Professor Theodor Ryder am Klavier begleitet. Die äußerst dünnen Eintragungen in der Chronik der Selbstverwaltung sind so spärlich, daß man nur erfährt, die Geigerin habe mit Wieniawskis *Violinkonzert* und später auch mit Werken von Bach, Glazunov und Mozart Beifall geerntet und Sztajman sei mit seinen Arien aus Opern von Puccini, Verdi, Tschaikowski, Leoncavallo und Meyerbeer erfolgreich gewesen. Solche Konzerte scheinen mit einiger Regelmäßigkeit stattgefunden zu haben.[1]

Die zweite Phase des Musiklebens begann mit dem 12. März 1941. An diesem Tag fand das erste symphonische Konzert im Kulturhaus in der Krakauer Straße Nr. 4 unter Leitung von D. Bajgelman statt. Folgendes, recht seltsames Programm kam zur Aufführung: zwei Ouvertüren von Keller Beli und Massenet *[Fedra]*, Poppes *Orientalische Suite* und einige Werke jüdischer Komponisten, beispielsweise Szalits *Der Jusim [Die Waise]* und Ajzenmans *Jüdische Suite*. Ob der Mangel an Noten diese Auswahl diktiert hatte? Wir wissen nur, daß von da an solche Konzerte regelmäßig in wöchentlichem Rhythmus stattfanden. Über die Programme und die Absichten der Interpreten wissen wir nichts. Allenfalls noch, daß kurz nach dem Entstehen des Orchesters auch ein Gesangsverein »Hazomir«, der schon vor dem Krieg in Lodz bestanden hatte, sich bei Musikveranstaltungen zu engagieren begann.[2]

Der Obmannn der jüdischen Selbstverwaltung nützte diese Konzertabende immer auch für Ansprachen an die Ghettobewohner, die er bei dieser Gelegenheit mahnte, die Vorschriften ernst zu nehmen und genauestens zu befolgen.

In der zweiten Jahreshälfte 1941 wurden nach dem Eintreffen weiterer Transporte alle Künstler im Ghetto registriert, die fähig waren, eigene Auftritte zu bestreiten oder im symphonischen Orchester zu musizieren. Ende 1941 waren das immerhin 61 Personen: Instrumentalisten, Sänger und einige Schauspieler. Unter ihnen stammten aus dem »Protektorat« H. Valdner, Opernsänger aus Ostrava und Rudolf Bandler, Opernsänger aus dem Neuen Deutschen Theater in Prag. Beide sangen Arien mit Orchesterbegleitung, hatten aber auch Auftritte nur mit Klavierbegleitung.[3] Wie oft sie Gelegenheit aufzutreten erhielten, ehe sie wieder aus Lodz fortgeschafft wurden, wird man wohl nicht mehr feststellen können.

Zu Beginn des Jahres 1942 wuchs die Ghettobevölkerung aufgrund neuer Transporte sprunghaft, die Lebensbedingungen veränderten sich einschneidend, kulturelle und musikalische Aktivitäten kamen fast zum Erliegen. Nicht nur die Sänger, von denen wir oben gesprochen haben, kamen in den Gaskammern um, sondern auch der deutschsprachige Musikkritiker aus Prag, Dr. Erich Steinhard, sowie ein großer Teil der Lehrer der »Umschulungskurse«, unter ihnen Jan Freund. Als einer von ganz wenigen, die im Oktober 1941 nach Lodz gekommen waren, hat Dr. Pavel Eckstein, ein weiterer Musikkritiker aus Prag, das Lager Litzmannstadt überlebt.

Streichquartette in anderen Lagern

Was es heißt, unter den Verhältnissen eines KZ zu Streichinstrumenten zu greifen und ernste, anspruchsvolle Musik zu interpretieren, bleibt allen, die davon nicht direkt betroffen waren, für immer unvorstellbar. Es gab gleichwohl fast kein Lager, in dem nicht Streichquartette gebildet worden wären. Solche Ensembles bildeten sich in Buchenwald, Sachsenhausen, Flossenbürg und Mauthausen, also überall, wo – neben anderen – tschechische Musiker inhaftiert waren. Was konnten sich Menschen davon versprechen, wenn sie zwei Geigen, eine Bratsche und ein Cello aufgetrieben hatten, was konnte die Musik ihnen selbst, was konnte sie den Mitgefangenen vermitteln? Wir wissen teilweise um die Schwierigkeiten, die den Ensembles gemacht wurden, und können deshalb ausschließen, daß es nur das eigene intellektuelle Vergnügen gewesen ist, was die Künstler zu diesen Leistungen angespornt hat; außer der Eingliederung in ein leichteres Arbeitskommando konnten sie mit keinen weiteren Vorteilen für sich rechnen.

In Buchenwald formierte sich schon 1939/40 im jüdischen Block ein Streichquartett, in einer Periode, als die Anstrengungen der Häftlinge zur Selbstorganisierung noch nicht wie später den Terror der SS und der Kriminellen-Häftlinge um vieles gemildert hatten. Die Musiker spielten vor ihren gedemütigten Leidensgenossen. Die Initiative dazu war von einem jungen jüdischen Antifaschisten ausgegangen, einem Mitglied des kommunistischen Jugendverbandes, Rudi Arndt aus Berlin. Nach langen Jahren in Gefangenschaft wurde er im Steinbruch durch einen Schuß verwundet und starb im Mai 1940 im Buchenwalder Lazarett.[1] Zu den Schikanen, denen solche Musiker sich immer wieder ausgesetzt sahen, gehörte, daß die Mitglieder dieses Streichquartetts eines Tages zum Tor beordert und bestraft wurden, weil sie deutsche Musik »geschändet« hätten – sie waren dabei ertappt worden, als sie vor jüdischen und anderen Häftlingen Mozarts *Kleine Nachtmusik* spielten. Das hieß nicht, daß sie etwa schlecht gespielt hätten; gegenüber den Juden war eben alles erlaubt. Die Willkür der Erfüllungsgehilfen Rosenbergs und Himmlers kannte keine Grenzen, wenn es galt, »deutsches Kulturgut zu schützen«.

Nachdem sich in Buchenwald die Situation für die Häftlinge stabilisiert und die »Politischen« über die Kriminellen-Häftlinge die Oberhand gewonnen hatten, entstanden auch hier einige Streichquartette, unter anderem das »französische Quartett«, das so hieß, weil sein Primarius der weltbekannte Geiger und Musikprofessor Maurice Héwitt war, vormals Mitglied des Capet-Quartetts aus Paris. An den übrigen Pulten saßen Polen, ausgezeichnete Musiker, die aber nicht an die Virtuosität und den Ruhm ihres ersten Geigers heranreichten und weit weniger bekannt waren. Héwitt war ein bescheidener Mensch; in seinem Zebraanzug, abgemagert und mit rasiertem Schädel, unterschied er sich kaum von seinen Mithäftlingen. Aber wenn er eine Geige ergriff, wurde er ein anderer Mensch. Héwitts Quartett spielte meist klassische Werke, Quartette von Haydn, Mozart oder Beethoven; die Musiker waren jedoch bei ihrer Wahl auf die Noten angewiesen, die sie im Lager finden konnten – eine freie Auswahl hatten sie nie.[2]

Außer diesem Quartett existierte ein Ensemble, dessen Kern aus tschechischen Musikern bestand. Diese Gruppe bildete sich zur gleichen Zeit, zu der sich das von Vlastimil Louda geleitete Orchester erneuerte, nachdem weitere Musiker ins Lager eingewiesen wurden, die fähig waren, anspruchsvolle Werke zu interpretieren. Zwei Transporte, einer aus Auschwitz und einer aus der »Kleinen Festung Theresienstadt«, hatten im Frühjahr 1943 diesen Neubeginn ermöglicht. Die Tschechen, die nach Buchenwald kamen, brachten ihre Musikinstrumente meist mit, konnten also umgehend in der Lagerkapelle, ins Bläser- oder ins Streichorchester integriert werden. Neben Vlastimil Louda und anderen Musikern, die oft nicht nur in einem dieser Ensembles spielten, kamen auch František Polák aus Moravská Ostrava, der irrtümlich verhaftet und nun von Auschwitz nach Buchenwald verschickt worden war, Jaroslav Mikula aus Radvanice, der schon in Auschwitz einen Chor aufgebaut hatte und dann in Buchenwald als Chorleiter außerordentliche Aktivitäten entfaltete, sowie Josef Kuča, der ein guter Geiger und ein erfahrener Waldhornbläser war und sich sofort mit zehn anderen Musikern der Bläserkapelle anschließen und so die Privilegien eines Lagermusikers erlangen konnte. Louda übernahm die erste Geige, Kuča spielte die zweite, Mikula die Bratsche und Polák das Cello. Alle waren gute Musiker – Louda hat das in seinen Erinnerungen[3] betont –, aber Laien; sie leisteten, was man von einem guten Amateurensemble erwarten durfte, reichten aber an das Quartett von Héwitt nicht heran. Das heißt aber keineswegs, daß ihre Arbeit für die Mithäftlinge von geringerer Bedeutung gewesen wäre. Sie taten, was immer ihnen möglich war, um vor den Häftlingen in den Blocks aufzutreten, bei Konzerten des Lagerorchesters mitzuwirken oder vor den Kranken im Lazarett zu spielen.

Die Geschichte und Entwicklung dieses tschechischen Quartetts

gibt dem Historiker ein kleines Rätsel auf. Die einzige authentische Quelle, in der das Louda-Quartett erwähnt wird, ist das Konzertprogramm des Lagerorchesters vom 19. September 1943.[4] Hier wird eine andere Besetzung angegeben, als wir sie oben genannt haben: Die zweite Geige spielte nicht Kuča, sondern der Pole J. Kropiński, und Mikula, nicht Willi Hild, spielte Bratsche. Auf dem Programm standen das *Streichquartett in D-Dur Op. 20 Nr. 4* von Haydn und das Klaviertrio Ondřej Volrábs *Sehnsucht [Touha]*, das von Louda (Geige), Polák (Cello) und Kazimierz Tymiński (Klavier) vorgetragen wurde. Der Wechsel in der Besetzung und die Chronologie, in der die Musiker dem Quartett angehörten, ist bis heute ungeklärt.
Auf solche Details, ob das Quartett einen Monat länger und manchmal in wechselnder Besetzung gespielt hat, kommt es vielleicht auch weniger an. Fest steht nur eines: Im Februar 1944 war es mit der verdienstvollen Tätigkeit dieses tschechischen Ensembles vorbei. Denn zu diesem Zeitpunkt wurde endlich der Irrtum bei der Verhaftung F. Poláks aufgeklärt. Die Gestapo in Ostrava sorgte für seine Entlassung. Kurz darauf verließ auch Josef Kuča das Ensemble. Man mußte nun abwarten, ob sich an die vakanten Pulte Nachfolger aus den Reihen neu eingewiesener Häftlinge setzen würden.
Der »Buschfunk« im Lager verstummte niemals ganz. Wie er arbeitete, wußte niemand so ganz genau. Doch schon im Frühjahr 1944 waren unter den Buchenwalder Musikern Gerüchte im Umlauf, nach denen der hervorragende tschechische Musiker Jaroslav Pekelský, Professor am Prager Konservatorium und Mitglied des Ondříček-Quartetts, in der »Kleinen Festung Theresienstadt« gefangengehalten werde.
Ihm stand dort kein Instrument zur Verfügung, dennoch wußte jeder, um was für einen bedeutenden Künstler es sich handelte. Unter den Tschechen war Solidarität mit bekannten Künstlern oder Wissenschaftlern ein ungeschriebenes Gesetz – das hatte auch schon für E. F. Burian, Vladimír Helfert oder Rudolf Karel gegolten. Aus den Erinnerungen eines Häftlings an Pekelský geht das deutlich hervor:

»Er war ein Mensch, dessen Benehmen und Auftreten vornehm war. Er hatte das Aussehen eines Intelligenzlers, den es aber irgendwie mehr zu uns, den einfachen Häftlingen, hinzog, und wir revanchierten uns solchen Menschen gegenüber natürlich, indem wir ihnen halfen. Ein Blick auf seine feinen Musikerhände ließ uns wissen, daß ein solcher Mensch keine so schwere Arbeit verrichten kann wie wir, und wir unternahmen alles, um ihn davor zu bewahren. Er machte mit uns auch unser Kommando mit, hatte es aber abgelehnt, in der Auswahlzelle Nr. 13 zu wohnen, und ging lieber mit uns ins Ziegelwerk nach Ústí arbeiten, wo wir die schwerste Arbeit verrichteten. Damals wurden wir nicht mehr von der SS bewacht, sondern von der Wehrmacht. Wir entschlossen uns, einen Wachsoldaten zu bitten, er möge Pekelský zu unserem Kapo machen. Der Wachsoldat willigte ein, und Pekelský war von schwerer Arbeit verschont.«[5]

Als Pekelský erfuhr, daß er nach Buchenwald verschickt werden würde, wurde er schon im voraus auf Vlastimil Louda hingewiesen. Er solle sich bei dem Leiter des dortigen Orchesters melden, der werde ihm weiterhelfen. Den Transport nach Buchenwald, wahrscheinlich am 9. Juni 1944, konnte er also etwas gelassener antreten. Kaum hatte er die demütigenden Aufnahmeprozeduren hinter sich, wurde er zu seiner Überraschung von den Mitgliedern der Lagerkapelle freundschaftlich begrüßt. Louda konnte ihn sofort dafür gewinnen, im Streichorchester und vor allem im Streichquartett, das damit einen neuen Anfang nahm, mitzuarbeiten. Ihm wurde die erste Geige anvertraut sowie die Leitung der Proben – niemand verfügte schließlich über mehr Erfahrung als er. Pekelský war schon seit 1921 fast ununterbrochen Primarius eines Quartetts von Berufsmusikern gewesen und verfügte über ein Repertoire an tschechischer und anderer Musik, das er sich im Laufe einer mehr als zwanzigjährigen Tätigkeit angeeignet hatte. Damit war aber noch nicht geklärt, wer an den übrigen Pulten sitzen würde, denn der Unterschied zwischen den Musikern des Quartetts durfte nicht zu groß sein. Also nahm Louda sich der zweiten Geige an; der Professor für organische Chemie an der Technischen Hochschule Brünn, Vítězslav Veselý, ein ausgezeichneter Amateurmusiker, spielte Bratsche, und ein Pole, Koziel aus Poznan [Posen], wurde als Cellist gewonnen. Die Musiker wurden umgehend leichteren Kommandos zugewiesen und brauchten deshalb das Lager nicht mehr für Arbeitseinsätze zu verlassen. Sie probten jeden Tag, anfangs nur in der Mittagspause, und zwar in der Rasierstube der Häftlinge; für kontinuierliches Arbeiten war das aber wenig befriedigend. Die Musiker wollten auch am Abend und sogar in den Nachtstunden proben, denn sie hatten den Ehrgeiz, ihr Repertoire möglichst perfekt vor-

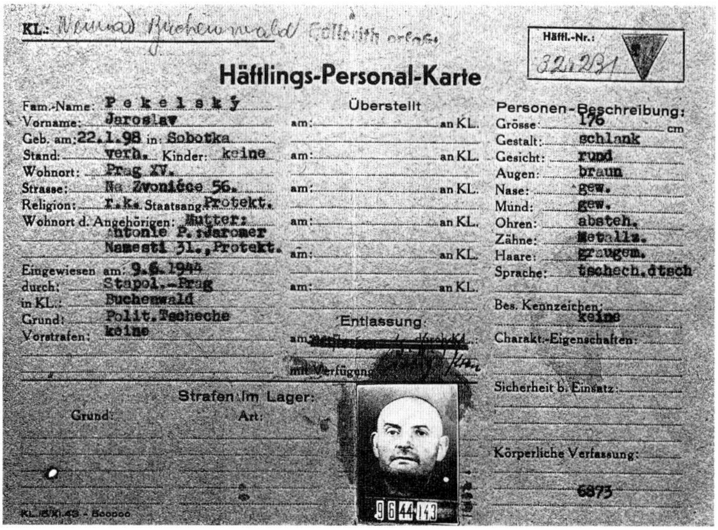
KL.: Buchenwald
Häftl.-Nr.: 32.231
Häftlings-Personal-Karte
Fam.-Name: Pekelský
Vorname: Jaroslav
Geb. am: 22.1.98 in: Sobotka
Stand: verh. Kinder: keine
Wohnort: Prag XV.
Strasse: Na Zvoníčce 56.
Religion: r.k. Staatsang. Protekt.
Wohnort d. Angehörigen: Mutter: Antonie P. Jaromer Namesti 31., Protekt.
Eingewiesen am: 9.6.1944
durch: Stapol.-Prag
in KL.: Buchenwald
Grund: Polit. Tscheche
Vorstrafen: keine
Überstellt
am: an KL.
Entlassung:
am: durch KL.:
mit Verfügung
Strafen im Lager:
Grund: Art:
Personen-Beschreibung:
Grösse: 176 cm
Gestalt: schlank
Gesicht: rund
Augen: braun
Nase: gew.
Mund: gew.
Ohren: absteh.
Zähne: Metalls.
Haare: graugem.
Sprache: tschech. dtsch
Bes. Kennzeichen: keine
Charakt.-Eigenschaften:
Sicherheit b. Einsatz:
Körperliche Verfassung:
6873
9 6 44 143

KZ Buchenwald. Häftlings-Personal-Karte des Geigers Jaroslav Pekelský

zubereiten. Während zur gleichen Zeit das »französische Quartett« in der Pathologie zusammenkam und zwischen Präparaten, Schädeln und gegerbter und tätowierter Menschenhaut probte, wanderte das tschechische Quartett von Ort zu Ort, um ein wenig Ruhe für seine künstlerische Arbeit zu finden. Meist probten sie dann im »Revier«, in einem Nebenraum des Krankenbaus, wo sie in den Abendstunden nicht gestört wurden. Die Kranken setzten sich dann oft dazu um ihnen beim Proben zuzuhören.[6]

Das erste Werk, das die tschechischen Streicher in Buchenwald einstudierten, war das weltbekannte *Streichquartett in F-Dur Op. 96* von Dvořák, das *Amerikanische*. Dessen Anforderungen ließen sich auch von fähigen Amateuren bewältigen, und außer Koziel hatten alle dieses Stück früher schon einmal gespielt. Pekelský entpuppte sich als strenger Lehrer. Louda schrieb später, daß der Leiter des Quartetts über dem Studium bisweilen vergaß, daß sie alle in einem Konzentrationslager lebten und niemals wußten, ob sie am nächsten Tag noch am Leben sein würden. Pekelský verzieh keinen falschen Ton und verlangte, als ob ihre ganze Zukunft davon abhinge, unter allen Umständen äußerste Perfektion.

Dabei stand ihm vorerst nur ein sehr schlechtes Instrument zur Verfügung, und es war ein Wunder, daß er dennoch so schöne Musik machen konnte. Doch kurze Zeit nachdem das Quartett seine Arbeit aufgenommen hatte, hörte ein SS-Mann Pekelský beim Proben und war von seinem virtuosen Spiel so begeistert, daß er für ihn in der Effektenkammer nach der besten vorhandenen Geige suchen ließ. Das war einmalig. Am 28. Juni 1944 erhielt Pekelský das Instrument, das tatsächlich gut war, mitsamt Reservesaiten, Bogen, Kolophonium und Sordino. Es war zwar keine Meistergeige, sie stand im Klang aber erlesenen Instrumenten nicht nach.[7] Pekelský spielte auf diesem Instrument bis zur Befreiung und nahm sie dann mit nach Hause – als Andenken an die düsteren Jahre in Gefangenschaft, die nur durch die Musik ein bißchen erträglicher geworden waren.[8]

Im Anschluß an Dvořáks Quartett befaßten sich die vier Musiker mit Smetanas Streichquartett in e-Moll *Aus meinem Leben*, ein anspruchsvolleres und schwierigeres Werk, das viel Mühe erforderte, die jedoch niemals reute. Darauf folgten dann Quartette von Haydn, Mozart und Beethoven, deren Noten den Tschechen von Héwitt geliehen wurden, und schließlich wagten sie sich an ein Streichquartett von Edward Grieg, an Kompositionen Bachs und Boccherinis. Sie spielten auch Stücke, die je nach Gelegenheit bearbeitet waren. Darin war Pekelský außerordentlich gewandt. Oft ging es darum, weniger anspruchsvolle Stücke für die Mitgefangenen vorzubereiten; also arrangierte er beispielsweise die *Serenade* von František Drdla, die ursprünglich für Sologeige komponiert war, oder die *Humoreske* von Dvořák für Klavier. Nebenbei schrieb er Paraphrasen auf die tschechische Hymne und auf den *Marsch der gefallenen*

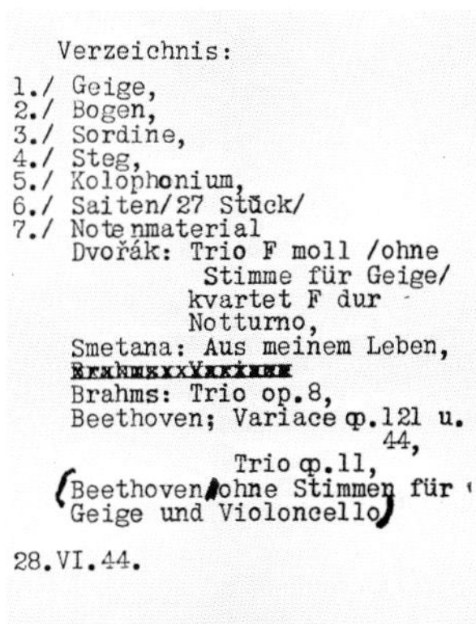

Verzeichnis:
1./ Geige,
2./ Bogen,
3./ Sordine,
4./ Steg,
5./ Kolophonium,
6./ Saiten/27 Stück/
7./ Notenmaterial
Dvořák: Trio F moll /ohne
Stimme für Geige/
kvartet F dur
Notturno,
Smetana: Aus meinem Leben,
[illegible]
Brahms: Trio op.8,
Beethoven; Variace op.121 u. 44,
Trio op.11,
(Beethoven/ohne Stimmen für Geige und Violoncello)

28.VI.44.

KZ Buchenwald. Verzeichnis der Musikalien, die dem Geiger Jaroslav Pekelský ausgehändigt wurden

Revolutionäre – kurz, alles andere als bloße Gelegenheitsmusik. Solche Stücke waren in einem Konzentrationslager etwas Unerhörtes und konnten nicht vor einem zufällig zusammengewürfelten Häftlingspublikum gespielt werden, sondern nur vor einem kleinen Kreis vertrauenswürdiger, politisch zuverlässiger und eingeweihter Kameraden. Pekelský komponierte auch selbst; von seinen Werken bot das Quartett unter anderem die *Großvaterpolka [Dědečkova polka]*, die Louda als ein witziges, geschmackvolles Kammerstück beschreibt.[9] Von dieser Komposition wie auch von den verschiedenen Bearbeitungen Pekelskýs ist leider nichts erhalten geblieben.
Der Tenor und Smetana-Kenner Alfons Waisar erinnert sich ebenfalls an das tschechische Quartett und seine Zusammenarbeit mit der Gruppe um Héwitt. Er selbst stand den Tschechen nahe, denn er war an der Universität ein Schüler Nejedlýs gewesen und musiktheoretisch hochgebildet:

»Die Kammermusik in Buchenwald wurde bald um ein neues Quartett bereichert, diesmal mit einer tschechischen Mehrheit [...]. Es arbeitete unter viel schwierigeren Bedingungen als das schon eingeführte erste (französische). Es wanderte von Ort zu Ort. Aber bald ist es zu einer schönen Zusammenarbeit zwischen beiden Gruppierungen gekommen, vor allem als der französische Primarius sich an die zweite Geige der Tschechen setzte und sich hingebungsvoll ins Repertoire einschaltete, oder wenn umgekehrt ein Tscheche am zweiten Pult des französischen Quartetts, wie wir es nannten, saß und mit seiner spontanen Musikalität das französische Repertoire bereicherte. Solche Konzerte fanden in der Nacht in der Kanzlei des Häftlingslazaretts statt, wo das Publikum wohl aus Vertretern aller europäischen Nationen zusammengesetzt war. Es wurde zur Gewohnheit, daß die Konzerte des tschechischen Quartetts, die in tschechischen Blocks stattfanden, durch Vorträge eingeleitet wurden, die entweder die gespielten Kompositionen oder deren Autoren behandelten oder die Musikformen erläuterten, die im Programm vorkamen. So wurde über Smetana, Dvořák, Mozart gesprochen, darüber, was Kammermusik ist, usw.«[10]

Für viele Häftlinge waren das unvergeßliche Stunden. Waisars Erinnerungen über die letzten Tage des Lagers lassen ahnen, welche Funktion das Streichquartett für Buchenwald gehabt hat:

»Die kritischsten Stunden sind da. Es ist nötig, den rasch schwindenden Lebenswillen zu stützen. Aushalten! Die verwirrte Lage muß sich bald auflösen. Nur auszuhalten ist nötig. In dieser Zeit finden in den tschechischen Blocks Konzerte mit Vorträgen statt. Man spielt Smetanas Quartett *Aus meinem Leben [Z mého života]*. Hört zu, was sein Schöpfer alles erlebt hat. Aber er hat ausgehalten. Man spielt Dvořáks *Amerikanisches Quartett*, es stärkt die Sehnsucht nach Zuhause. Die darf man nicht verlieren. Diese Sehnsucht bedeutet Kraft.«[11]

Sowohl das französische wie das tschechische Quartett hatten ein solches Niveau, daß sie häufig auch bei den Konzerten in der »Kinohalle« auftraten. Obwohl sie durchweg ernste Musik spielten, nahmen sie ihr Publikum, das mit solcher Musik kaum vertraut war, für sich ein.

Auch in Sachsenhausen gab es ein vorwiegend aus Tschechen bestehendes Streichquartett. Es war entstanden, lange bevor im Lager kulturelle Aktivitäten offiziell geduldet und als eine Art von Ventil für die Häftlinge akzeptiert wurden. Es sollte sie ablenken und davon abhalten, die politischen Vorgänge inner- und außerhalb des Lagers allzu intensiv zu verfolgen. Ein Absolvent des Prager Konservatoriums aus der Violinklasse des Professors Jan Mařák, der Tscheche Bohumír Červinka, ein ausgezeichneter Geiger, kümmerte sich um den Aufbau des Ensembles. Er spielte Musikstücke, die er auswendig kannte, mußte sich anfangs allerdings mit einem geborgten Instrument behelfen. Er erntete viel Beifall, wenn er gelegentlich in die Blocks ging, um vor seinen Mithäftlingen zu musizieren. Niemand störte sich daran, daß die Klavierbegleitung fehlte; es war ein Genuß, ihm zuzuhören. Nachdem er im Februar 1942 seine eigene Geige aus der Heimat erhalten hatte, die ihm der Geigenbauer Alfons F. Vávra in Prag gefertigt hatte, verbesserte sich die Ausdrucksfähigkeit seines Spiels nochmals. Wäre es nach seinen Zuhörern gegangen, hätte Červinka ihnen die ganze Nacht hindurch vorspielen müssen. In dieser Atmosphäre unersättlichen Hungers noch nach den einfachsten kulturellen Erlebnissen kam es dann auch zur Formierung des Streichquartetts. Damals wurden noch die tschechischen Hochschüler von der »Aktion 17. November 1939« in Sachsenhausen festgehalten, die jede Initiative mit jugendlichem Elan unterstützten. Professionelle Geiger gab es mehrere im Lager: neben Červinka noch den Tschechen Zdeněk Langer aus Brünn, den Deutschen Harry Vogt, den Berliner Juden Max Hüttner und den Polen J. Klonowski.

Die Zusammensetzung des Streichquartetts war folgende: Die erste Geige spielte Červinka und die zweite Karel Štancl, der zu den aktivsten Musikern im ganzen Lager zählte; Bratsche spielte Jan Škorpík, ein tschechischer Student, und Cello der deutsche Kommunist Eberhard Schmidt, von Beruf Lehrer. Er war als Mitglied der spanischen Internationalen Brigaden verhaftet worden und hatte anders als die tschechischen Studenten keinerlei Aussichten, vor Kriegsende freigelassen zu werden.[12]

Gemeinsam hatten die vier Musiker – auch nachdem Karel Štancl durch Professor Rudolf Zvolánek ersetzt worden war – ein für Sachsenhausener Verhältnisse relativ breites Repertoire einstudiert. In ihren Konzerten trugen sie Quartette von Haydn, Beethoven, Schubert und Grieg vor, von Mozart die *Kleine Nachtmusik*, von Brahms das *Streichquartett in c-Moll*, aus Borodins 2. Quartett das *Nokturno* und am liebsten von allen das *Amerikanische*, das *Streichquartett in F-Dur Op. 96* von Dvořák. Doch damit nicht genug. Eberhard Schmidt, der Cellist, war in Komposition bewandert, er arrangierte viele Lieder und schuf Paraphrasen auf bekannte Melodien. Dabei handelte es sich nicht um lange Stücke; sie boten eine willkommene Ergänzung zu den ernsteren Programmteilen und wurden vor allem bei den Konzerten in den Blocks gerne gehört. Marušan hatte sich unter Mithilfe von Štancl sogar daran gewagt, den langsamen Satz von Schuberts »*Unvollendeter*«, der 8. Symphonie, zu spielen, den er in der Häftlingsbibliothek in einer Bearbeitung für Violine und Klavier gefunden hatte. Die berühmte Melodie wurde durch die Vorstellung des Červinka-Quartetts in Sachsenhausen bald zum Allgemeingut.[13]

Das Sachsenhausener Quartett konnte anfangs nur heimlich spielen. Die Proben fanden zunächst in der Pathologie statt. Das war gewiß keine anheimelnde Umgebung, erlaubte aber ruhiges und konzentriertes Arbeiten. Der ehemalige Medizinstudent Škorpík, der hier arbeitete und im Quartett die Bratsche spielte, kümmerte sich um das Notwendigste. Als später die Musik nicht mehr verboten war, konnten die vier Männer in der Häftlingsbibliothek proben, wo der Student Edgar Bennert, der hier Dienst hatte, den Musikern bereitwillig half.[14]

Bohumír Červinka hat festgehalten, wie er die ersten Auftritte und die Stimmung bei den späteren Konzerten erlebte:

»Unser erstes öffentliches Auftreten fand zu Ostern 1941 in der Aufnahmehalle der Entlausungsstelle statt. Da der Raum klein und das Interesse für unser Spiel groß war, wurden die weiteren Konzerte in der Halle des Lagerbades abgehalten, die die im Bad beschäftigten deutschen Genossen sehr geschmackvoll hergerichtet hatten. Aus Tischen bauten sie ein Podium, stellten einige Reihen Stühle auf und vergaßen auch den Blumenschmuck nicht. Damals hatten wir einen großen Erfolg, besonders als wir Dvořáks *Amerikanisches Quartett* aufführten. Ich spielte bei dieser Gelegenheit auch einige Violinstücke solo. – Später, als auch die Badehalle zu klein wurde, traten wir im großen, zum Wäschetrocknen bestimmten Raum auf. Dort fanden 500 Zuhörer Platz. Wir spielten auf der Bühne, auf der kurz vorher der dramatische Zirkel der deutschen Häftlinge, unter denen es auch Berufsschauspieler gab, Hauptmanns *Biberpelz* aufgeführt hatte. Die Kulissen dieses Spiels wurden vom tschechischen Maler und Dichter Josef Čapek gemalt [...]. Wir ernteten riesigen Erfolg, der Saal war immer überfüllt, und viele Zuhörer, die keinen Platz mehr gefunden hatten, versammelten sich um das Gebäude herum.«[15]

Das Červinka-Quartett nahm nicht nur an rein musikalischen Veranstaltungen teil. Ein interessantes Beispiel für eine Veranstaltung, bei der sich Musik, Rezitationen und Schauspieleinlagen abwechselten, wird durch das zufällig erhaltene Programm der »Oster-Feierstunde« dokumentiert, die in den Abendstunden des 26. April 1943, also zwei Jahre nach ihrem ersten Auftritt, im 28. Block abgehalten wurde. Hier wurden das Adagio aus dem *Streichquartett in F-Dur* von Beethoven, der zweite Satz, das Lento, aus dem *Streichquartett in F-Dur Op. 96* von Dvořák und schließlich das Allegro aus dem *Quartett in D-Dur* von Schubert aufgeführt. Zwischen den Musikstücken wurden Szenen aus Goethes *Faust* vorgetragen – der Prolog im Himmel, zwei Auftritte aus Fausts Studierstube und der Schlußmonolog.[16]

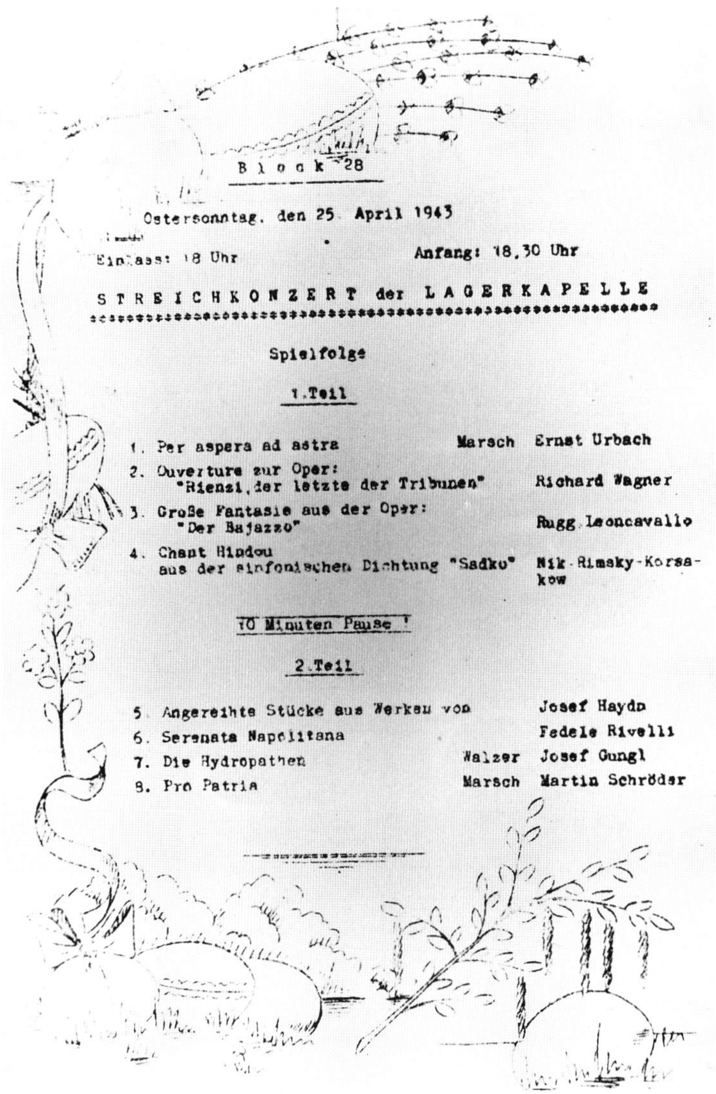

Block 28

Ostersonntag, den 25. April 1943

Einlass: 18 Uhr Anfang: 18,30 Uhr

STREICHKONZERT der LAGERKAPELLE

Spielfolge

1. Teil

1.	Per aspera ad astra	Marsch	Ernst Urbach
2.	Ouverture zur Oper: "Rienzi, der letzte der Tribunen"		Richard Wagner
3.	Große Fantasie aus der Oper: "Der Bajazzo"		Rugg. Leoncavallo
4.	Chant Hindou aus der sinfonischen Dichtung "Sadko"		Nik. Rimsky-Korsakow

10 Minuten Pause!

2. Teil

5.	Angereihte Stücke aus Werken von		Josef Haydn
6.	Serenata Napolitana		Fedele Rivelli
7.	Die Hydropathen	Walzer	Josef Gungl
8.	Pro Patria	Marsch	Martin Schröder

KZ Sachsenhausen. Programm des Konzertes der Lagerkapelle vom 25. 4. 1943

Das Červinka-Quartett arbeitete fast drei Jahre lang zusammen, bestand aber nicht bis zur Befreiung. Jan Škorpík wurde eines Tages aus unbekanntem Grund in ein anderes Lager deportiert. Zwar war auch er Student, gehörte aber nicht zu jener Gruppe von Hochschülern, die bei der »Aktion 17. November« 1939 verhaftet worden waren und die, wie erwähnt, von den Nazis während des Krieges entlassen wurden. Er blieb in den Krallen der SS bis zum Ende des »Dritten Reiches«. Da man ihn im Quartett nicht entbehren und auch nicht ersetzten konnte, löste sich die Formation auf.

In Flossenbürg entstand 1944 auf Initiative von Zdeněk Kolářský und des Häftlings Skalický, beides Tschechen, ebenfalls ein Streich-

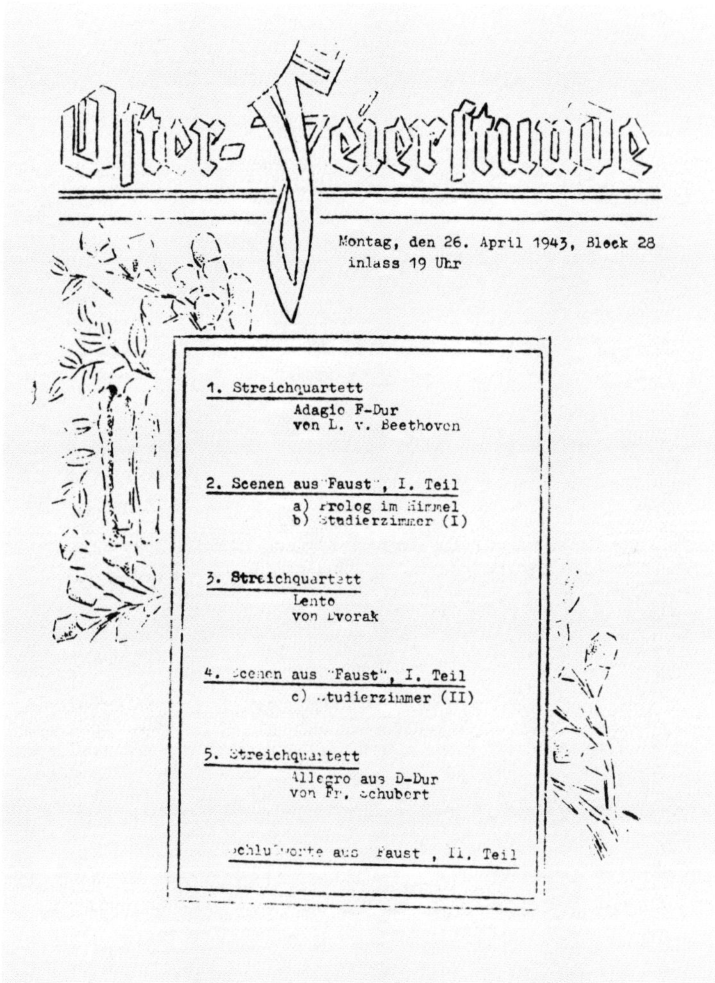

Oster-Feierstunde

Montag, den 26. April 1943, Block 28
inlass 19 Uhr

1. Streichquartett
Adagio F-Dur
von L. v. Beethoven

2. Scenen aus "Faust", I. Teil
a) Prolog im Himmel
b) Studierzimmer (I)

3. Streichquartett
Lento
von Dvorak

4. Scenen aus "Faust", I. Teil
c) Studierzimmer (II)

5. Streichquartett
Allegro aus D-Dur
von Fr. Schubert

Schlußworte aus Faust, II. Teil

KZ Sachsenhausen. Programm des Osterkonzertes, an dem das tschechische Streichquartett beteiligt war

quartett. Kolářský war Mitglied der Tschechischen Philharmonie. Die Bratsche übernahm ein Franzose, und Cello spielte ein Pole; die Namen dieser beiden Musiker lassen sich jedoch nicht mehr feststellen; außer Kolářský waren es keine Berufsmusiker, bei der Auswahl ihres Repertoires mußten sie also auf allzu schwierige Stücke verzichten. Darüber hinaus fehlte es in Flossenbürg immer an Notenmaterial. Sie mußten sich auf Werke von Mozart und Haydn beschränken, die sie in einer umfangreicheren Sammlung von Streichquartetten hatten finden können, sowie auf ein Quartett von Beethoven, eines der anspruchsvollsten überhaupt, nämlich *Op. 133*. Tschechische Musik spielte dieses Quartett nicht; das lag aber nur daran, daß die Musiker nicht eine einzige Partitur auftreiben konnten. Sie musizierten meist für ihre unglücklichen Gefährten im Krankenbau; anfangs ohne die Bewilligung der SS, doch gegen Ende des Jahres 1944 auch mit Einverständnis von Lagerkommandant

Fritsche. Der hatte dem Quartett bei Beethovens Musik zugehört, nur das Wort »schön« über die Lippen gebracht und sich dann wortlos entfernt. Beugte er sich damit vor Beethovens Kunst oder wurde er bloß sentimental angesichts eines fast schon verlorenen Krieges?[17]

Auch in Mauthausen gab es ein Streichquartett, doch es unterschied sich von allen bisher genannten Ensembles dadurch, daß es sich von Beginn an keine hohen künstlerischen Ziele steckte. Es handelte sich um vier Musiker aus dem großen Lagerorchester, die nur gelegentlich zusammenkamen, um zum eigenen Vergnügen zu musizieren. Meist saß nur ein kleines Häuflein lauschender Häftlinge um sie herum; Primarius war Hans Rumbauer, der auch das Orchester dirigierte; die zweite Geige und die Bratsche spielten die Tschechen Alois Lamač und Václav Dvořák, am Cello, das im Lager gebaut worden war, saß der Sowjetbürger Saša Sotnikov.[18]
Beim Musizieren konnten sie vergessen, wo sie sich befanden. Die Musik von Haydn, Mozart und Beethoven war eine Oase der Ruhe, in der sie vielleicht für einige kurze Momente sogar so etwas wie Beglückung fanden. Im Rahmen der Verhältnisse, die im KZ Mauthausen herrschten, glich dies einem wahren, fast unbegreiflichen Wunder.

Quartett- und Kammermusik erklang auch in Dachau. Die Mitglieder des Ensembles waren zwar keine Tschechen, doch hatten Tschechen die Organisation übernommen, die Musikalien beschafft und den Musikern auch sonst unter die Arme gegriffen. Dabei war das Streichquartett eigentlich nur ein Teil eines weit größeren Kammermusikensembles, des sogenannten Henych-Ensembles. Ludvík Henych aus Prag war Journalist, ein hochgebildeter Mensch mit einer sehr innigen Beziehung zur klassischen Musik. Was seine Meinung über moderne Musik anging, war er eher konservativ, er hatte eine ausgeprägte Vorliebe für barocke, klassizistische und neuromantische Komponisten. Doch als inoffizieller Verwalter der SS-Bibliothek, die sich in einem Gebäude außerhalb des Lagers befand, hatte er nicht nur zu wertvoller Literatur, sondern auch zu den dort aufbewahrten Musikalien Zutritt. Im geheimen schaffte er die Noten aus der Bibliothek und schrieb sie aus; das war mit einem gewissen Risiko verbunden, aber das nahm er in Kauf. Aus verschiedenen Büchern über Musik und Musikgeschichte erarbeitete er sich eine Fülle von Erläuterungen, mit denen er die Aufführungen seines Ensembles kommentierte. Er kümmerte sich sehr sorgfältig um alle organisatorischen Angelegenheiten seines kleinen Orchesters. Die Besetzung des Ensembles war international. Erste Geige spielte der Bulgare Vasil Černajev, der den Primarius Kulawik aus Polen abgelöst hatte, zweite Geige Wladyslav Witkowski, Bratsche ein Rheinländer, Heinrich Wohlheim, und Cello der Holländer Hugo Nolthenius. Über die

künstlerischen Ansprüche und Leistungen wissen wir nichts, doch kann man annehmen, daß das technische Niveau recht gut gewesen sein muß, da diese Musiker ja in der Lage waren, in den wenigen Abendstunden ein umfassendes Repertoire einzustudieren und den Mitgefangenen vorzutragen. Von Mozart gehörten einige Quartette dazu – unter anderem das weltbekannte Nr. 15 –, von Franz Schubert neben vielen anderen *Der Tod und das Mädchen*, ferner Beethovens *Quartette Nr. 1–4 op. 18*, Borodins *Quartett in D-Dur*, sowie das *Klavierquartett in D-Dur Op. 23* von Dvořák, dessen Klavierpartie von einem der beiden in Dachau gefangenen Pfarrer, also entweder von Sparber oder Moosbauer, gespielt wurde. Das Ensemble trat manchmal auch in kleinerer Besetzung auf, wenn sie Streichtrios klassischer Komponisten wie Haydn, Mozart, Beethoven oder Schubert interpretierten oder die sogenannten Trio-Sonaten spielten. Manchmal wurde auch die Geige durch die Flöte des Holländers van Hurk ersetzt. Dieser – wie auch Černajev – trat nebenbei als Solist auf; beispielsweise bei Beethovens *Romanze*, Händels Flötensonaten, Mozarts *Violinenkonzert* und Schuberts *Phantasie*.[20]
Eine besondere Würdigung verdient aber auch der Tscheche František Süss, ein Bariton, der mit Henychs Ensemble eng zusammenarbeitete und dessen Veranstaltungen durch anspruchsvolle Lieder bereicherte. Henych hatte ihm aus der SS-Bibliothek eine breite Auswahl niveauvoller Stücke besorgt, und dieser hatte sie mit den Pianisten erarbeitet. Süss sang Lieder von Beethoven, die *Wiegenlieder* von J. Brahms und M. Reger, den *Morgen* von Strauß, Löwes Ballade *Tom* sowie Dvořáks »Als die alte Mutter« [Když mne stará matka] aus den *Zigeunermelodien* und »Laß mich allein« [Kéž duch můj sám] aus den *Vier Liedern Op. 82*.[21]
An diesem Programm wäre wenig bemerkenswert, was über die Aktivitäten in manchen anderen Lagern hinausweisen würde, wenn es nicht gerade in Dachau, dem ältesten Konzentrationslager, erarbeitet worden wäre. Die Musiker hatten ihren künstlerisch nicht engagierten Mithäftlingen nichts voraus; sie arbeiteten nicht weniger, waren nicht leichteren Arbeitskommandos zugewiesen und erhielten auch keine größeren Essensrationen. Sie spielten aus Freude an der Musik, widmeten ihr nach der täglichen Schinderei die Abendstunden und spielten bei politischen Anlässen, bei Jubiläen oder Totenfeiern für gestorbene Kameraden. Sie spielten regelmäßig in den Blocks der Häftlinge aller Nationalitäten und besuchten einmal in der Woche den berüchtigten Dachauer Krankenbau, wo sie musizierten und für die Allerelendesten spielten, die nicht einmal mehr hoffen konnten, zu den andern in die Blocks zurückkehren zu können. Ein schwaches Lächeln, wenn sie andächtig der ernsten, schönen Musik und der ausdrucksvollen Stimme von Süss zuhörten, war oft das letzte in ihrem Leben.[22]

Die Totenfeier für Ernst Thälmann

Häftlinge in deutschen Lagern haben oft durch besondere Taten ihren Mut bewiesen – sowohl im moralischen wie im politischen Sinne –, nicht zuletzt bei der legendären Totenfeier für Ernst Thälmann. Diese Trauerfeier wurde durch Musik würdig umrahmt, obwohl sie in Buchenwald nur unter strengster Geheimhaltung und mit allergrößter Vorsicht abgehalten werden konnte.

Vor Thälmann, dem prominenten Reichstagsabgeordneten und Führer der KPD, hatten die Nazi sogar noch als Häftling fast so etwas wie Angst. In den zehn Jahren seiner Haft hatten sie nie gewagt, ein Gerichtsverfahren gegen ihn zu eröffnen; andererseits aber konnten sie diesen Mann auch nicht entlassen, denn nach dem Krieg hätte er die Deutschen vor der internationalen Arbeiterschaft und vor dem politischen Forum der Weltöffentlichkeit zur Rechenschaft gezogen. Also brachten sie ihn um. Am 18. August 1944 wurde Ernst Thälmann nach seiner Verlegung nach Buchenwald von SS-Offizieren heimlich erschossen und sein Leichnam eingeäschert.[1]

Vor den Häftlingen im Lager und vor der Weltöffentlichkeit versuchten sie diesen Mord zu verheimlichen; sie erklärten, Thälmann, der weltbekannte Kommunist und Symbol der deutschen Arbeiterbewegung, sei bei dem Bombenangriff auf Weimar am 24. August 1944 ums Leben gekommen. Dieser Angriff fand jedoch erst eine Woche nach Thälmanns Ermordung statt.

Was mit Thälmann geschehen war, war trotz aller Geheimhaltung den kommunistischen Häftlingen im Lager nicht entgangen; sie beschlossen, des Todes dieses Mannes so zu gedenken, wie es seiner würdig war, und damit zugleich einen Beweis dafür abzulegen, wozu ihre Solidarität selbst noch im KZ in der Lage war. Sie wagten einen demonstrativen politischen Akt, der in der Geschichte der Konzentrationslager einmalig geblieben ist. Es ging nicht darum, Leben zu retten; was sie taten, war etwas anderes als der Aufstand der Häftlinge kurz vor der Befreiung von Buchenwald, als die Gefahr bestand, daß die SS sie, die Zeugen ihres Terrors, allesamt umbringen würde; es war auch etwas anderes als der verzweifelte Aufstand der jüdischen Häftlinge in Sachsenhausen, die die SS-Leute mit bloßen Händen angriffen – es war ein demonstrativer politischer Akt.

Wenige Tage nach Thälmanns Tod – das genaue Datum ist nicht bekannt – kam es zu dieser Totenfeier. Unter Leitung des illegalen Häftlingsausschusses hatten sie in einer Nacht den Keller der »Desinfektion« hergerichtet; der Raum, in dem die Feier stattfand, war von der Decke bis zum Boden mit weißem, schwarzgeränder-tem Stoff ausgekleidet, vorne hing ein Bild Thälmanns und darüber die Inschrift »Tod seinen Henkern«; davor befand sich ein mit rotem Tuch überzogener Katafalk, und um den herum standen bewegungslos und in Viererreihen Rotarmisten in Felduniform mit spitzen Mützen auf den Köpfen. All das, das Tuch, die Uniformen, sogar Blumen und Lorbeerbäumchen hatten die Häftlinge durch Verbindungsleute aus den Magazinen und Fabriken außerhalb des Lagers organisiert. Zu beiden Seiten des Katafalks standen sogar Pilone, in deren Blechschalen fester Spiritus brannte – die einzige Beleuchtung im ganzen Raum. Die schweigende Ehrenwache von Rotarmisten, hier im KZ, war etwas Überwältigendes. Die Häftlinge kamen nach und nach in kleinen Gruppen zur Feier, es waren nur ausgewählt wenige, die man eingeweiht hatte und für absolut vertrauenswürdig hielt. Jeder Teilnehmer war sich bewußt, daß Verrat unweigerlich zu den wütendsten und brutalsten Strafexzessen der SS führen würde. Die Trauerzeremonie selbst folgte einer bestimmten Dramaturgie: In dem Raum, in dem der Katafalk stand, hatten etwa 100 Menschen Platz, die Teilnehmer lösten sich im Verlauf der Nacht mehrmals ab. Mehrere Reden über Thälmann und seine Bedeutung für die Arbeiterbewegung wurden gehalten. Als Vertreter der deutschen Häftlinge sprach als erster Robert Siewert; darauf folgte ein Franzose und auf diesen dann der Tscheche Josef Lieberzeit, ein ehemaliger Redakteur der Brünner Zeitung *Rovnost* und Mitglied des illegalen Buchenwalder Häftlingskomitees. Musik und halblauter Gesang begleiteten die Feier. Über den Verlauf jenes Teils, der für die Deutschen gedacht war, hat Robert Siewert ausführlicher berichtet:

> »Die Trauerfeier wurde von Genosse Willi Bleichert eröffnet. Ein Geiger spielte einen russischen Trauermarsch, und die anwesenden Kameraden sangen die Melodie leise mit. Karl Schnog beteiligte sich an der künstlerischen Gestaltung des Programms. Ich hielt eine Ansprache, schilderte Ernst Thälmanns Leben, seinen heldenhaften Kampf gegen die faschistische Terrorherrschaft, beurteilte die Situation, in der wir lebten, und sprach von den Aufgaben, die vor uns stehen [...]. Nach der Ansprache wurde die *Warschawjanka* gesungen. Einige Minuten blieben wir mit geballter Faust in tiefes Schweigen versunken stehen.«[2]

Die Tschechen und ausländischen Genossen waren von der Feier nicht weniger ergriffen; andachtsvoll und bewegt folgten die Teilnehmer der Musik, die die tschechischen Musiker spielten. Das Quartett mit Pekelský, V. Louda, V. Veselý und Koziel spielte Händels *Largo*; nach Lieberzeits Ansprache wurde der *Marsch der gefallenen russischen Revolutionäre* angestimmt, den Pekelský mit

Hilfe von Volráb in aller Eile für Streichquartett eingerichtet hatte.[3] Für einige hundert Häftlinge, die an dieser Feierstunde teilnahmen und Buchenwald überlebt haben, wird diese Melodie für immer mit dieser Nacht verbunden bleiben. Die Kraft, die von den Klängen dieser Musik ausgeht, kann sicherlich nirgendwo stärker empfunden werden, als hinter dem Stacheldraht eines Konzentrationslagers. Und die Wut und Empörung, die hinter dem Aufruf »Tod seinen Henkern« stand, konnte niemand tiefer empfinden als jene Handvoll Häftlinge, die mit der Totenehrung für den deutschen Arbeiterführer ihr Leben aufs Spiel gesetzt haben.

Trotz aller konspirativen Vorsicht, die die Organisatoren und die beteiligten Häftlinge hatten walten lassen, wurde die Gedenkfeier für Ernst Thälmann verraten. Zwölf Teilnehmer wurden in die Zellen des Bunkers geworfen und fürchterlich gefoltert. Die Weimarer Gestapo nahm sich der Sache an, es gelang ihr jedoch nur, ein paar Einzelheiten herauszufinden. Informationen über die illegale Organisation, die für diese Veranstaltung verantwortlich war und in der man eine gefährliche Zelle des Widerstandes sehen mußte, erhielt sie nicht. Die Verhöre blieben ergebnislos.[4] Die Gefolterten, unter ihnen auch der Tscheche Lieberzeit, zogen den Tod dem Verrat der illegalen Organisation vor.[5]

Jazz in Konzentrationslagern

Unmittelbar nachdem die NSDAP in Deutschland die Macht übernommen hatte, beeilten sich die Naziideologen und -funktionäre, alle Musik zu verbieten, die etwas mit der »artfremden« Musik von Farbigen zu tun hatte. Bei der Wiedergeburt der »geistigen Reinheit« jener über alles »rassisch Minderwertige« erhabenen deutschen Kultur, die die Nazi propagierten, war für »Negermusik« kein Platz.

Um so unglaublicher scheint es, daß in deutschen Konzentrationslagern Jazzmusik gemacht werden konnte, als wüßten SS-Leute und Lagerverwaltung nichts von den rassistischen und chauvinistischen Maximen der Nazi-Kulturpolitik, die mit großem propagandistischem Getöse jeden Tag verkündet wurden. Freilich, kein Lagerleiter hätte die Verantwortung auf sich genommen, Häftlingen Jazzmusik zu erlauben. Jazz, der sich als die typischste Form der Musik amerikanischer Schwarzer nach dem Ersten Weltkrieg in Europa verbreitet hatte, stand für die Nazis auf der untersten Stufe der »entarteten Kunst«.

Jazz hinter KZ-Stacheldraht war nur eine weitere jener vielen paradoxen Merkwürdigkeiten, die das Leben der Häftlinge in allen diesen Einrichtungen bestimmten. Mit dem Jazz war es nicht anders als mit den konzertanten Opernaufführungen oder Streichquartetten. Vorwiegend jüngere Häftlinge sehnten sich derart nach der Kraft der Musik, die ihnen vertraut war und die zu ihnen sprach, daß sie jedes Risiko in Kauf zu nehmen bereit waren.

Die Hindernisse waren enorm. Den Jazzmusikern drohte Gefahr, nicht nur von Seiten der SS, die ihre Kunst ohne weiteres zur Provokation stempeln konnte, auf die sie mit drakonischen Strafen reagieren würde, sondern auch von Seiten der »Politischen«, die für diese Musik kein Verständnis aufbrachten und sie im KZ für völlig deplaziert hielten. Gerade von letzteren gab es nicht wenige – wobei ein gewisses demonstratives Desinteresse oder etwas Geringschätzung bedeutsam genug war und den jungen Leuten zur Genüge zu verstehen gab, daß sie mit ihrem musikalischen Engagement Gefahr liefen, aus der Häftlingsgemeinschaft ausgegrenzt zu werden. Im Gegensatz dazu bekamen sie freilich zuweilen auch Unterstützung in ihrem Bemühen, solche Barrieren zu überwinden.

Jazzorchester oder kleinere Combos gab es in einer ganzen Reihe von Lagern: in Auschwitz, Buchenwald, Mauthausen, im jüdischen Theresienstadt und anderswo. Nur in einigen Lagern bildeten Tschechen den Kern solcher Gruppen.

In Auschwitz waren Tschechen überhaupt nicht beteiligt; wir wissen ohnehin nur sehr wenig über diese Gruppe, und was bekannt ist, klingt nicht sehr schmeichelhaft. Angeblich hat dieses Orchester nur bestanden, um die SS bei Saufereien, Gelagen und Orgien zu unterhalten. Häftlingsmusiker waren ja nur austauschbare Staffage – wurden sie zu lästigen Zeugen irgendwelcher peinlicher Vorfälle und Disziplinlosigkeiten, konnte man sie mit einer Handbewegung loswerden. Daß sich die SS-Leute solche Musik anhörten, zeigt, wie gleichgültig alle proklamierten Grundsätze und Prinzipien – selbst die des Rassismus und kultureller Dünkelhaftigkeit – in einer Welt werden, in der Humanität und Anstand allen Wert verloren haben, um so mehr in einer Zeit, als sich die militärische Niederlage abzeichnete und die Lager-SS sich nicht mehr in der überheblichen Sicherheit wiegen konnte, auf der Siegerseite der Geschichte zu stehen. Unter diesen Bedingungen ließen sie sich zum eigenen Amüsement sogar »entartete« Musik vorspielen. Die Häftlinge freilich, die nächtelang zu den alkoholischen Exzessen ihrer Herren aufspielen mußten, wurden dadurch zwar »Prominente«, hatten andererseits aber den engen Kontakt mit der SS auch dadurch zu bezahlen, daß sie die Fühlung mit der übrigen Häftlingsgemeinschaft verloren.[1] Freilich hat man gewiß kein Recht, sie deswegen zu verdammen oder über sie den Stab zu brechen. Sie haben, wie so viele andere auch, um ihr Leben gekämpft; und wenn sie für eine Scheibe Brot musiziert haben, dann haben sie von dem, was sie erhielten, anderen oft auch abgegeben.

Um das Buchenwalder Jazzorchester war es ganz anders bestellt. Dessen Mitglieder wahrten von Beginn an Distanz zu den Lagerherren, sie spielten meist mehr oder weniger halblegal. Eine Voraussetzung für dieses Orchester war, daß sich die Verhältnisse im Lager politisch stabilisiert und für die Häftlinge berechenbarer geworden waren. Schon 1939 hatten sich Häftlinge darum bemüht, eine solche Musikergruppe ins Leben zu rufen,[2] doch war dieser Versuch gescheitert, weil damals, als Deutschland noch siegreich auf die Weltherrschaft zuzumarschieren glaubte, die Häftlinge noch nicht einmal als unverzichtbare Arbeitsressource galten und als Menschen, deren Arbeitskraft besser auszubeuten war, wenn auf deren kulturelle Bedürfnisse, sofern das nichts kostete und nicht störte, in bestimmter Weise Rücksicht genommen wurde. Die »Kriminellen«, die im Lager zu dieser Zeit die Funktionsstellen besetzten, ließen keinerlei Initiative zu, sie herrschten durch Prügel, Hunger und

Angst. Aber als die »Politischen« in der Selbstverwaltung die Oberhand gewannen, als Buchenwald immer größer und die Häftlingsgesellschaft internationaler wurde und das Lager zunehmend billige Arbeiter für die umliegende Industrie bereitzustellen hatte, änderte sich die Lage – auch für die Musiker, die Jazz machen wollten. In dem Maße, wie die SS den Überblick verlor, immer mehr Funktionen der Lagerverwaltung an Häftlinge übertrug und sich konspirative Gruppierungen, nationale wie internationale, unter den Häftlingen bilden konnten, blühten Kultur und Musik auf.

Damit das Buchenwalder Jazzorchester musizieren konnte, mußten einflußreiche Häftlinge begabten Musikern solche Arbeitsplätze verschaffen, die ihnen Zeit und Kraft für das Musizieren ließen. Das war keine einfache Sache, denn die Häftlinge mußten meist zehn bis zwölf Stunden am Tag arbeiten; zudem mußten die Interessen von Menschen verschiedener Nationalität miteinander in Einklang gebracht werden, die in ganz verschiedenen Kommandos eingesetzt waren. Um diese Dinge kümmerte sich Professor Herbert Weidlich, der sich seit 1942 in Buchenwald befand und der beim »Arbeitseinsatz« bei der Arbeitszuteilung seine Hand schützend über manche Musiker halten konnte.

»Dieses Arbeitseinteilungskommando hatte einen bedeutenden Anteil an der antifaschistischen Widerstandsleistung«, teilte Weidlich in einem Brief an Wolfgang Muth mit, »es waren darin Vertreter einiger Volksgruppen tätig. Ich selbst habe das Zustandekommen einer Jazzkapelle insofern unterstützt, daß ich hinter dem Rücken des SS-Leiters des Arbeitseinsatzes den Kern ihrer Mitglieder den Leuten angegliedert habe, die zum Kommando der Schreibstube gehörten.«

Außer ihm halfen dem Orchester noch der Deutsche Willi Seifert, Chef der sogenannten Arbeitsstatistik, sowie der Tscheche Josef Frank, der beim »Arbeitseinsatz« mit der Organisation der Außenkommandos zu tun hatte. Besonders Frank war wegen seiner Zähigkeit und seiner Organisationsgabe für die Musiker wie für alle anderen tschechischen Häftlinge eine große Hilfe. Die Orchestermitglieder Jiří Žák und Miroslav Broft standen in unmittelbarem Kontakt mit diesen drei Männern. Ihren gemeinsamen Anstrengungen war es zu verdanken, daß das Orchester immer eng zusammen und innerhalb des Lagers gehalten werden konnte. Einzelne Mitglieder mußten sich allerdings immer wieder bereit finden, auch außerhalb der Stacheldrähte zu arbeiten. Es war eine komplizierte Lösung, die gefunden worden war, aber sie war gerade deshalb von der SS kaum zu durchschauen.[3]

Die Buchenwalder Jazzcombo, sie hieß »Rhythmus«, entstand im Sommer 1943. Nach kleinen Anfängen, als man erst noch nach geeigneten Noten und Instrumenten suchen mußte, wuchs die Gruppe bald auf etwa vierzehn Musiker an, die großen Ehrgeiz darin setzten, ihr individuelles Können zu einem möglichst harmonischen Ganzen zu verschmelzen und zu dem zu finden, was die Jazzer den »Sound« nennen. Instrumente waren schwer zu bekommen – auch Loudas Lagerkapelle hatte nur wenige.

»Diejenigen, die samt ihren Instrumenten verhaftet wurden, hatten diese im Wertsachenmagazin abgegeben. Man mußte sie also herausholen. Andere Instrumente liehen wir uns bei der Lagerkapelle aus. Einige Instrumente sind von zu Hause gekommen, freilich wieder durch das Wertsachenmagazin.«[4]

Zu besonderem Dank waren die Ensemblemitglieder auch dem tschechischen Häftling Kunc verbunden, der in Ostrava eine Musikalienhandlung besaß und in einigen Fällen um ein fehlendes Instrument nach Hause schrieb, das ihm seine Frau dann nach Buchenwald schickte.[5]

»Rhythmus« – ohne Erlaubnis gegründet – mußte zunächst einmal eine Möglichkeit finden, wie in aller Heimlichkeit geprobt werden konnte. Die wenige Zeit, die nach der Arbeit blieb, hätte niemals ausgereicht. Das Kommando, in dem die meisten Musiker eingesetzt waren, eröffnete ihnen aber andere Möglichkeiten. Sie arbeiteten beim »Transportschutz«, d. h. sie organisierten Transporte, die zur Arbeit außerhalb des Lagers und in entfernte Industrieanlagen oder andere Konzentrationslager abgefertigt wurden. Sie mußten Namen und Nummern der Häftlinge auf den Transportlisten vergleichen und die Gruppen zusammenstellen. Bei dieser Arbeit konnten sie unter den vielen Häftlingen andere Musiker herausfinden und es manchmal so einrichten, daß Musikerkollegen im Lager bleiben konnten. Ähnlich verfuhren sie auch bei bedeutenden Personen aus der Politik. – »Wegräumen« nannte man das. Der Transportschutz hatte aber auch zum »kleinen Quarantänelager« Zutritt, in dem die Neuankömmlinge drei Wochen verbringen mußten, damit sie keine Epidemien einschleppten. Die SS-Leute betraten die Quarantäne nur, wenn das unumgänglich war. Also konnte die Jazzkapelle dort proben und an ihren Arrangements feilen. Die Musiker nutzten jeden freien Augenblick, selbst die Mittagspause, und manchmal übten sie auch statt zu arbeiten, obwohl sie dadurch ihr Leben riskierten.[6]

Das Orchester reifte mit der Zeit heran und erreichte schließlich eine feste Besetzung, mit der es sich überall in der freien Welt hätte sehen lassen können. Es gab zwei Tenorsaxophone, zwei Saxophone mit Klarinettalternierung, mindestens drei Trompeten, eine Posaune, ein Klavier, zwei oder drei Gitarren, zwei Kontrabässe, Schlagzeug und in Ausnahmefällen auch eine Violine. Die Musiker waren keine Neulinge. Tschechische Musiker bildeten den harten Kern, die Besetzung insgesamt aber war international. Die Tschechen waren: Jaroslav Štverka (Posaune, Saxophon und Trompete), Jiří Žák (Baß), František Mužík (Gitarre und Arrangements), Miroslav Broft (Klarinette und Altsaxophon), Miroslav Hejtmar (Saxophon und Klarinette), Miloslav Plzák (Trompete), Václav Krumlovský (Gitarre) und schließlich noch Tůma und Damek (beide Trompete). Diese neun bildeten eine geschlossene Gruppe, die fast unverändert bis zur Befreiung des Lagers beisammenblieb. Mit der Zeit kamen Musiker aus anderen Ländern dazu, manchmal kam es zu Wechseln, wenn es einen von ihnen in ein anderes Lager verschlug oder wenn jemand der Willkür der SS zum Opfer fiel. Die vollständigen Namen wissen wir nicht; oft kennen wir nur die Vor- oder Spitznamen, die ihre Kollegen sich gemerkt hatten. Zur Kapelle gehörten beispielsweise Louis Markovitch (»Marco«), ein Franzose, der Tenorsaxophon und Klarinette beherrschte, Ives Dariet, der Stücke für das Orchester arrangierte, der Däne Finn Jacobsen, der Trompete spielte, der amerikanische Bassist John, der Holländer Lena, der zu den Trompetern zählte, der belgische Schlagzeuger John Verden, der russische Gitarrist Nicolaj und der deutsche Pianist und Arrangeur Herbert Goldschmid. Unter ihnen gab es einige wirkliche Könner, die den anderen viel beibrachten und das Niveau der ganzen Gruppe beträchtlich hoben. Zu den herausragenden Figuren gehörte beispielsweise der französische Kommunist Markovitch. Er war aus dem Lager Compiègne nach Buchenwald gekommen und wegen seiner Tätigkeit in der Resistance eigentlich für den Tod bestimmt – einem Schicksal, dem er nur entging, weil bei einem Luftangriff seine Personalunterlagen in der Gestapo-Zentrale in Weimar verbrannt waren. Er war gesundheitlich nicht in bester Verfassung, dennoch wurde er die führende Persönlichkeit des Ensembles. Dazu gehörten ein Landsmann, Holberg, ein Trompeter, der auch hervorragend Violine spielte und als einer von ganz wenigen »Hot-Jazz« beherrschte; der Holländer Lena, ein erstklassiger Posaunist, hatte sogar vor dem Krieg mit verschiedenen bekannten europäischen und amerikanischen Orchestern gespielt, unter anderen auch mit Louis Armstrong.[7] Neben Jazzern dieses Formats traten die tschechischen Bandmitglieder in den Hintergrund. Dennoch trugen sie durch ihre musikalische Begabung ihr Teil zum schnellen Aufbau des Repertoires bei. Jiří Žák hat später erzählt, daß hier jeder von jedem gelernt habe:

»[...] ich spielte Baßgeige, schlecht, auf Zigeunerart und eher als geduldete Zugabe. Etwas hat mir Jaroslav (Štverka) beigebracht, und etwas habe ich vom amerikanischen Piloten John abgeguckt, dessen Zunamen wir leider alle vergessen haben. Er hatte zwar nicht immer fehlerlos den betreffenden Baß gegriffen, dafür versetzte er uns aber dadurch in Erstaunen, daß er die Saiten nicht nur mit dem Daumen und dem Zeigefinger zupfte, sondern auch mit dem Mittel- und Ringfinger und sich bei den raschen Läufen auch mit dem kleinen Finger half.«[8]

Man sollte sich durch solche Bemerkungen nicht zu der Annahme verleiten lassen, das Buchenwalder Jazzorchester habe eher schlecht als recht gespielt. Das trifft nicht zu; andere Zeugen haben bestätigt, daß dieses Ensemble auch neben anspruchsvoller Konkurrenz hätte bestehen können. Das größte Verdienst daran hatten Musiker wie

Louis Markovitch, Finn Jacobsen und Ives Dariet, der unter dem Künstlernamen Jean Roland bekannt war.
Die Musiker waren darauf angewiesen, Stücke zu spielen, deren Arrangements sie selbst einrichteten. Dabei hatten sie stets mit mangelnden Notenpapiervorräten zu kämpfen. Eine Lösung fand sich in der Kanzlei des Deutschen Ausrüstungswerkes [die *Deutsche Ausrüstungswerke GmbH* war eine SS-eigene Firma, in deren zahlreichen Betrieben und Werkstätten in oder bei Konzentrationslagern Häftlinge Zwangsarbeit verrichteten. Nach 1941 wurden die DAW-Betriebe überwiegend auf Rüstungsproduktion umgestellt /Red.]; hier stand ein Vervielfältigungsapparat, mit dessen Hilfe die Musiker sich heimlich Notenmaterial herstellen konnten. Die meisten Arrangements stammten von den begabten und erfahrenen Künstlern Ives Dariet und Helmut Goldschmid. Beide hatten weder ein Klavier noch die notwendige Ruhe für ihre Arbeit; sie komponierten entweder in Kellerräumen oder an einem Tisch in Stuben, in denen sich zweihundert Männer drängten; dennoch waren bei den späteren Proben kaum einmal Veränderungen nötig. Ein wesentlicher Teil des Repertoires waren Stücke von Duke Ellington, Cole Porter, Glen Miller, W. C. Handy, I. Berlin; daneben standen Nummern der Orchester von Louis Armstrong, Artie Shaw oder Fats Waller u. a. – alles Melodien, die zum Repertoire der beliebtesten zeitgenössischen Spitzenensembles des Jazz gehört hatten und oft bis heute Evergreens geblieben sind. Doch neben den amerikanischen Einflüssen behaupteten die tschechischen Orchestermitglieder auch breiten Raum für die Musik aus ihrer Heimat. Wiederum war es Ježeks Musik, die besonders gut ankam. Seine Lieder ließen sich sehr ansprechend als Jazz-Nummern einrichten und waren überall, nicht nur bei Tschechen, populär. Hinzu kamen Stücke von Leopold Korbař und anderen Komponisten, die damals durch die Ensembles von Karel Vlach und Emil Ludvík in Prag bekanntgemacht worden waren.

»Außerdem komponierten auch Orchestermitglieder und haben dadurch die Programmschwerpunkte wesentlich beeinflußt. Der Franzose Ives [Dariet / M. K.] hatte einige hervorragende Orchesternummern geschrieben, Marco [Louis Markovitch /M. K.] typisch französische Couplets, es wurden Gedichte von Vítězslav Nezval vertont, und mit Genugtuung haben wir ein Lied nach den Worten von Heinrich Heine aus dem Buch der Lieder gespielt, das, wie der ganze Heine, im ›Dritten Reich‹ verboten war.«[9]

Diese Kompositionen stammten vom bescheidenen Žák selbst, der auch das Lied *Der eiserne Besen* nach den Versen von Jaroslav Bartl komponiert und damit ein antifaschistisches Werk geschaffen hatte, dessen erste acht Takte von der Gruppe »Bohema« als Erkennungszeichen für ihre Auftritte im Lager benutzt wurden.
Bedauerlicherweise sind die Noten, die das Orchester benutzte, nicht erhalten geblieben, sonst wüßten wir Genaueres über das

Repertoire, das innerhalb von zwei Jahren schließlich an die hundert Stücke aufwies. Aber dieses Material befand sich in einer einzigen Kiste, die im tschechischen Block aufbewahrt wurde und bei der Befreiung des Lagers und im Durcheinander der Evakuierung und Repatriierung verlorenging. Wir bleiben also auf die Aussagen von Jiří Žák angewiesen, der als Mitglied der Kapelle selbst große Verdienste um das Zustandekommen von Jazzdarbietungen hatte und in den 60er Jahren folgendes schrieb:

»Da das Orchester für seine Mithäftlinge spielte, stand es vor dem gleichen Problem wie die heutigen Orchester: Wie sind Jazz und populäre Couplets in Einklang zu bringen? In der damaligen Ausdrucksweise: hot und sweet. Natürlich war damals der Kontrast nicht so ausgeprägt; der Hot-Jazz hatte damals noch nicht den hohen Anspruch des heutigen modernen Jazz – ganz unabhängig vom Niveau der Orchester. Für uns gab es noch keine solchen Begriffe wie ›traditioneller Jazz‹, ›Revival‹ usw. Wir hatten aber doch das Bedürfnis, unseren Kameraden nicht nur anspruchsvolle Musik zu bieten, sondern auch musikalische Unterhaltung. Das war im Lager selten genug. Deshalb arrangierten wir einige im Lager damals populäre französische Chansons, die dann der sechzehnjährige Pariser Robert sang, man benutzte auch die altbewährte Methode, ein Lied so zu arrangieren, ›wie man es in Wien, Paris, Berlin etc. darbieten würde‹. Die Zuhörerschaft der geduldeten Konzerte, sei es in der ›Kinohalle‹, sei es in den Blocks, war so verschiedenartig, wie man es sich nur vorstellen kann. Nicht nur, daß die Häftlinge aus allen Ecken Europas, das die Nazis besetzt hatten, hierhergekommen waren, sie wiesen auch die unterschiedlichste Bildung und Meinung auf und waren auch, was das Alter anbelangt, grundverschieden. Neben einem zwölfjährigen Kind saß vielleicht ein fünfundsechzigjähriger Mann. [...] All das mußte berücksichtigt werden.«[10]

Nachdem die SS von der Existenz des Orchesters erfahren hatte, hinderte sie die Musiker nicht an gelegentlichen Auftritten vor den Häftlingen, sondern führte die Combo sogar stolz SS-lern aus anderen Lagern vor, um zu zeigen, was »ihre« Buchenwalder Häftlinge alles zuwege brachten. Ein paar Mal spielte das Orchester auch in der »Kinohalle« bei jenen größeren Unterhaltungsveranstaltungen, die wir schon oben beschrieben haben. Belegt ist die Teilnahme an den Konzerten vom 25. Dezember 1943, vom 1. und 2. Januar 1944 und bei jenem »Kopf hoch!« genannten Programm, bei dem besonders die Melodien Ježeks großen Beifall erhielten. Gewöhnlich aber wanderten die Musiker in kleinerer, wechselnder Besetzung von Block zu Block, um vor einem überschaubaren Publikum zu musizieren. Diese Veranstaltungen hatten meist einen intimeren und unmittelbareren Charakter. Bei solcher Gelegenheit konnten sie dann beispielsweise auch Glen Millers *In the mood* spielen, das im besetzten Europa sonst noch fast nirgendwo zu hören gewesen war.

Für die Auftritte in großer Besetzung hatten sich die Jazzmusiker einheitliche Kleidung beschafft. Die gestreiften Häftlingshosen mußten sie zwar weiterhin tragen, doch hatten sie sich aus Lazarettkitteln weiße Hemden genäht. In dieser Kluft saßen sie an Pulten, auf denen in dekorativen Schriftzügen »Rhythmus«, der Name des Orchesters, aufgemalt war. Um so etwas zustandezubringen und »organisieren« zu können, hatten ihnen eine ganze Reihe hilfsbereiter Häftlinge zur Seite stehen müssen.[11]

Obwohl die Verhältnisse in Mauthausen weit schrecklicher waren als in Buchenwald, fanden sich auch in diesem KZ einige Musiker zusammen, die gelegentlich Jazz und ähnliche Musik spielen wollten. Nachdem es Georg Streitwolf, dem Organisator des großen Orchesters gelungen war, ein Klavier zu besorgen, und die SS probende Musiker duldete, schienen die Umstände günstig. Treibende Kraft wurde der Blockfriseur Dr. Jaroslav Tobiášek, ein Tscheche aus Prag, der ausgezeichnet Klavier spielte und auch zum Lagerorchester gehörte.[12] Die Mitglieder dieser kleinen Jazz-Kapelle stammten aus allen Ländern Europas; von tschechischer Seite war noch der Saxophonist Rudolf Dudák beteiligt. Seit Sommer 1944 spielten die Musiker in einem der Blocks, meist nur zum eigenen Vergnügen oder für Häftlinge, die zufällig in der Nähe waren. Der Dirigent des Lagerorchesters, der Deutsche Rumbauer, sah das nicht gern und legte der Combo immer wieder Steine in den Weg. Als dann aber die Mauthausener SS die Kapelle spielen gehört hatte, verlangte sie, die Musiker sollten zur Unterhaltung im Bordell antreten, wo bis dahin meist zwei Zigeuner mit Violine und Harmonika aufspielten. Darauf, der SS zu Gefallen im Bordell zu spielen, wollte sich die Kapelle aber nicht einlassen. Um dem zu entgehen, zogen sie es vor, die Gruppe aufzulösen.[13]

In Theresienstadt, diesem modernsten »Konservatorium« Europas, wurde ebenfalls Jazz gemacht – und zwar nicht nur gelegentlich. Eine Jazz-Combo war sogar die erste in diesem Lager organisierte Kapelle überhaupt. Sie entstand schon kurz nach der Ankunft der ersten Häftlinge aus Brünn und Prag, die zunächst gezwungen waren, das »Ghetto« für die Aufnahme größerer Transporte vorzubereiten. Wie schon beschrieben, wurden diese ersten jüdischen Häftlinge in Kasernen untergebracht, wo sie zunächst ohne Erlaubnis und mit nur ganz wenigen Mitteln darangingen, so etwas wie ein Kulturleben auf die Beine zu stellen. In den ersten Wochen gab es die »bunten Abende«, bei denen Rezitationen, Gesang und Instrumentalmusik geboten wurden und bei denen manchmal auch ein Zauberer auftrat, wenn sich brauchbare Utensilien organisieren ließen.
An einem der ersten dieser Abende, am 6. Dezember 1941, trat erstmals ein Jazzorchester in der Sudetenkaserne auf. Ins Leben gerufen hatte es der noch jugendliche Bedřich Weiss, der schon in Prag als Jazzer hervorgetreten war und der neben seiner geliebten Klarinette auch die Noten für eine ganze Reihe von Arrangements nach Theresienstadt mitgebracht hatte. Ob die Weiss-Combo vorher hatte pro-

ben können und wie sie gespielt hat, wissen wir nicht; bekannt sind nur einige Musiker, die zu der Gruppe gehörten: der Harmonika- und Klavierspieler Wolfi Lederer, Fredy Mautner, František Goldschmidt, Pavel Kohn, Jan Seelig und Tedy Berger.[14] Weiss spielte Klarinette und Lederer Harmonika; welche Instrumente die übrigen einsetzten, können wir nur vermuten. Goldschmidt übernahm wahrscheinlich den Gitarrenpart, Pavel Kohn Violine, Fredy Mautner war Posaunist, konnte aber auch Gitarre spielen; alles weitere ist aus den Quellen nicht mehr zu ermitteln. Doch müssen wir davon ausgehen, daß Blechblasinstrumente keine Rolle spielten, da sie in der Phase der verbotenen Veranstaltungen zuviel Lärm gemacht hätten.

Bedřich Weiss gab sich in der Folge aber nicht mit zufälligen Auftritten seines Ensembles zufrieden. Zwar zweifelte er zu Beginn daran, ob es überhaupt Sinn habe, im Milieu eines Lagers ernsthaftere Jazz-Unternehmungen zu starten, doch im Verlauf des Jahres 1942 formierte er schließlich ein neues Ensemble – das Jazz-Quintet-Weiss. Ob diese Musiker schon in Prag gemeinsam und unter dem gleichen Namen aufgetreten waren, ist bis heute umstritten; es gibt jedoch keine glaubwürdigen Berichte, die dafür sprechen. Der damals erst zweiundzwanzigjährige Weiss war allerdings einer der profiliertesten Jazzer im Prag der späten dreißiger Jahre gewesen. Nachdem er nach dem deutschen Einmarsch als Jude vom öffentlichen Kulturleben ausgeschlossen worden war, hatte er weiterhin unter wechselnden Namen in bekannten Orchestern und beispielsweise auch im jüdischen Waisenhaus musiziert.[15] Er unterhielt auch bis zu seiner Internierung Kontakte zu solchen tschechischen Jazzkapellen, die unter der Nazi-Herrschaft noch auftreten durften; er arrangierte Stücke für die Orchester von Emil Ludvík und Karel Vlach, mit denen er auch einige Male heimlich Plattenaufnahmen machte.

Der Klarinettist und Jazzmusiker Bedřich Weiss. Zeichnung von Petr Kien

Joža Karas nennt in seinem Buch über die Musik in Theresienstadt folgende Musiker als Mitglieder des Weiss-Quintetts: den Pianisten Wolfi Lederer, den Bassisten Pavel Libenský, den Schlagzeuger Koko Schumann, der ursprünglich Gitarrist gewesen war, sowie František Goldschmidt, der mit einer sehr schlechten Gitarre vorliebnehmen mußte.[16] Karas gibt aber leider keine Auskunft darüber, woher er seine Angaben hat. In einem Nachruf auf Bedřich Weiss geben E. Vogel und B. Marek jedenfalls eine ganz andere Besetzung an: am Klavier Jan Fišer, an der Gitarre František Mautner und am Schlagzeug V. Werfel; übereinstimmend geben sie nur Pavel Libenský als Bassisten an.[17] Es mag sein, daß diese Differenzen sich dadurch erklären lassen, daß die Besetzung im Lauf von zwei Jahren wechselte und daß Weiss sein Ensemble auch manchmal erweiterte, um mit anderen guten Musikern zusammenspielen zu können. Wie auch immer – Vogel und Marek, zwei Jazzkenner, stellen im Rückblick die

Leistungen des Quintetts und besonders diejenigen des Leiters Weiss heraus:

»Das Niveau dieser improvisierenden Gruppe war gut, und Weissens Spiel sprudelte vor den herrlichsten Einfällen, obwohl es in Theresienstadt keine Möglichkeit gab, Rundfunk oder Platten anzuhören. Er wurde von Tag zu Tag besser und riß durch seine Kunst auch die anderen zu bewundernswerten Leistungen mit.«[18]

Wie gut Weiss wirklich war, wird vor allem dadurch bestätigt, daß schon bald ein Weg gefunden wurde, seine Arrangements von Theresienstadt zurück nach Prag zu schmuggeln, damit sie dort gespielt werden könnten. Daran hatten einige tschechische Gendarmen großen Anteil, die die Theresienstädter Juden bewachten und den geheimen Außenkontakt des Ghettos mit der Umgebung herstellten. Sie sorgten dafür, daß Weiss Notenpapier erhielt, auf dem er dann Kompositionen für Vlachs Orchester notieren konnte. Auf diese Weise entstand unter anderem *Die Zigeunerin nach zehn Jahren*, *O Velvary*, *Tik-tak* und ein Potpourri aus Frimls Melodien. Auch das Stück mit dem Titel *Doktor Swing*, an das sich Arnošt Kavka erinnert, hat Weiss erst in Theresienstadt vollendet.[19]

Weiss' Quintett spielte dort bis zum August 1944; dann entschloß sich Bedřich Weiss, seinen Vater auf einem Transport nach Auschwitz zu begleiten, wo beide am 4. Oktober 1944 umkamen. Das bedeutete das Ende des kleinen Ensembles, nicht aber das Ende des Jazz in Theresienstadt. Schon Anfang 1943 war auf Initiative von Erich Vogel ein Dixieland-Orchester gegründet worden. In dem ursprünglichen Gesuch an die Adresse der »Freizeitgestaltung« war Weiss nicht genannt worden (doch schon nach kurzer Zeit war er der künstlerische Leiter dieser Einrichtung und blieb es bis zum Frühjahr 1944).[20] Dieses Ensemble erhielt den Namen »Ghetto-Swingers«; die erste Besetzung, die im genannten Antrag vorgesehen war, war folgende: Dr. Brammer (Klavier), Dr. Kurt Bauer (Schlagzeug), František Goldschmidt (Gitarre), Fasal (Kontrabaß), Ingenieur Erich Vogel (Trompete), Langer (Tenorsaxophon und Klarinette) und František Mautner (Posaune). Weiss-Quintett und Dixieland-Orchester arbeiteten bald zusammen, wodurch die Besetzung der »Ghetto-Swingers« durch neue Musiker und Sänger erweitert wurde. Auf der Einladung zum »Kameradschaftsabend« der Transportleitung, der am 9. März 1943 im Theater des Hauses Q 319 stattfand, wurden die »Ghetto-Swingers« mit folgender Besetzung angekündigt: am Klavier Dr. Brammer, am Schlagzeug Werfel, an der Gitarre Goldschmidt, an der Trompete P. Kohn, am Tenorsaxophon E. H. Langer, an der Klarinette K. Vodňanský, an der Posaune Mautner und als Sängerin Gaby Meislová.[21]

Als im Frühjahr 1944 der sehr renommierte holländische Pianist Martin Roman nach Theresienstadt deportiert wurde, vermittelte Pavel Libenský den Kontakt zu dem tschechischen Ensemble.

Roman stieg ein und übernahm schon bald die künstlerische Leitung. Weiss stellte sich dem nicht entgegen, ein so erfahrenen Musiker wie Roman war eine entscheidende Verbesserung. Roman wurde zu einem hervorragenden Solisten; das große Vorbild, dem er nacheiferte, war Benny Goodman. Auf seine Initiative wurden auch Dänen und Holländer bei den »Ghetto-Swingers« aufgenommen; in den letzten Monaten der Existenz der Combo zählte sie deshalb bis zu dreizehn Mitglieder. Es gab drei Geigen, zwei Saxophone, drei Trompeten, eine Posaune, ein Akkordeon, einen Baß und ein Schlagzeug; stand auch ein Klavier zur Verfügung, wurde es von Roman selbst gespielt. Als Musiker dieser letzten Besetzung sind aus authentischer Quelle einige Namen überliefert: Kohn, Gokkes, Vogel, Taussig, Weiss, Vodňanský, Donde, Libenský, Nettl, Goldschmidt und Schumann.[22] Im Stil der Andrew Sisters nahm Roman auch ein Mädchentrio hinzu sowie den Tenor Fredy Haber.[23]

Weiss und Roman arrangierten insgesamt an die 30 neue Kompositionen. Als Klangzeichen verwendeten sie Gershwins *I got rhythm*. Weiss' berühmtestes Stück wurde seine Bearbeitung der Melodien aus Krásas Kinderoper *Brundibár*, die nicht weniger beliebt wurde wie die Oper selbst. Krása war begeistert. Bekannt wurde Roman auch durch seine Bearbeitung des Tangos von Boulangers *Avant de mourir*, in der ein Sängertrio, drei Geiger und ein von Jetti Kantor gespieltes Solo einander ablösen.[24] Welchen Eindruck die Jazzer bei den Theresienstädter Häftlingen hinterließen, hat Willi Mahler in seinem Tagebuch am 15. Juni 1944 notiert:

> »Am Nachmittag haben wir am Platz das Konzert des von Martin Roman geleiteten Jazzorchesters angehört. Elf sehr gut eingespielte junge Burschen spielten beliebte moderne Schlager und Jazzmusik, meist auswendig und auf einem Niveau bester vergleichbarer Klangkörper. Das Konzert hörten sich viele an, vor allem freilich junge Männer und Frauen, die sich für den gebotenen Genuß sehr dankbar erwiesen.«[25]

Als eine Woche nach diesem Auftritt die Kommission des Internationalen Roten Kreuzes in Theresienstadt eintraf, waren auch die »Ghetto-Swingers« im Musikpavillon der neu hergerichteten Stadt gefordert; ebenso bei den Dreharbeiten zu Gerrons Propagandafilm. Die Musiker erhielten dunkle Hosen und weiße Hemden mit dunklen Krawatten; an der linken Brustseite befand sich jedoch weiterhin ihr Kains-Zeichen, der rot-gelbe Stern. Die Noten waren auf Pulten ausgebreitet, wie man sie sonst in luxuriösen Kaffeehäusern oder Kurrestaurants finden mochte, Roman selbst dirigierte in festlicher Kleidung. Es war der letzte Auftritt der »Ghetto-Swingers«, bei dem sie Instrumente in der Hand hatten. Ganz in der Nähe tanzten einige hübsche junge Paare. Was ihnen bei diesem Tanz am Abgrund wohl durch den Kopf ging?

Die zynische Taktik der Nazis täuschte jedenfalls nicht nur die Kommission, die anwesenden Journalisten und durch den Propa-

Die Jazzkapelle in Theresienstadt. Standfotos aus dem 1944 im Lager gedrehten Nazi-Propagandafilm *Der Führer schenkt den Juden eine Stadt*

gandafilm die ganze Weltöffentlichkeit über das Leben der Juden in Theresienstadt, sondern auch die jungen Menschen, die in ihrem Optimismus die Farce, in der sie mitzuspielen hatten, nicht durchschauen wollten und konnten. Wie hoffnungsvoll sie damals in die Zukunft blickten, berichtet einer, der die Hölle des Vernichtungslagers durch einen Zufall überlebte:

»Wir, die Musiker, fühlten nicht, daß wir nichts als ein Werkzeug in den Händen unserer Unterdrücker waren. Wir waren derart bei der Sache und glücklich darüber, unseren geliebten Jazz spielen zu können, daß wir sorglos geworden waren gegenüber der Traumwelt, die die Deutschen für ihre Propagandazwecke errichtet hatten. Wir fühlten uns sicher und waren darauf vorbereitet, bis zum Kriegsende im Ghetto zu bleiben. Wir machten sogar Pläne, das Orchester nach dem Krieg zusammenzuhalten.«[26]

Aber was war ihnen statt dessen bestimmt! Außer den Dänen und Holländern, die vom Roten Kreuz geschützt werden konnten, hat fast niemand seine Heimat wiedergesehen. Aus Auschwitz gab es für die meisten keine Rückkehr.

Wir richten heute meist unweigerlich den Blick auf das Leid der Menschen in den großen Konzentrationslagern. Not und Widerstandsgeist in den vielen kleinen Einrichtungen, die in Deutschland und in der Tschechoslowakei dort entstanden, wo billige Arbeitskräfte gebraucht wurden, übersehen wir leicht. In einem dieser kleinen Lager, in Bystřice bei Benešov, konnte man im letzten Jahr des Krieges an jedem Sonntagnachmittag Jazz und andere populäre Melodien hören. Vom Juli 1944 bis Kriegsende existierte hier ein Arbeitslager für Juden im Alter zwischen 20 und 60 Jahren und für »Arier«, die mit Juden verwandt waren. Bis zu 1000 Tschechen wurden hier zusammengepfercht.[27] Die Stimmung in Bystřice war nicht weniger niederdrückend wie in jedem anderen KZ. Aber auch hier wehrten sich die Häftlinge gegen Mutlosigkeit und Depression durch Musik und Kulturveranstaltungen. Unter Anwesenheit der SS wurde einmal wöchentlich eine Art von Estradenkonzert mit Kabarett aufgeführt. Die Pianisten Kopecký, Mancl und Zschok spielten in der Regel Kompositionen von Gershwin, etwa die *Rhapsody in blue* oder *Ein Amerikaner in Paris*. Das Tanzorchester des Geigers Fišer gab Melodien von Dunajewski, Irwin Berlin, Cole Porter, Duke Ellington sowie ein weltbekanntes Lied Charlie Chaplins zum besten. Hinzu kamen Opernarien, die von Jára Pospíšil, Ing. Soběský oder von Kabourek, dem »Caruso« dieses Lagers, gesungen wurden.[28] Die begeisterten Häftlinge fanden so wenigstens einmal in der Woche etwas Entspannung. Doch auch die SS fand Gefallen daran und lud »Kameraden« aus umliegenden Einrichtungen und Ortschaften ein. Daß dabei Musik gespielt wurde, die für die Tschechen einen tieferen Sinn hatte, merkten die Gäste meist gar nicht.
Fassen wir zusammen. Jazz und die von ihm beeinflußte Tanzmusik hat in den KZ eine durchaus wichtige Rolle gespielt. Die Bedingungen waren nicht immer günstig; manchmal, wenn auch selten, mußten die Musiker der SS zuwillen sein und für ihre Bewacher aufspielen. Aber der Jazz, mit seinen lebendigen, schwungvollen Rhythmen hat die Häftlinge in ihrem Überlebenswillen sicher nicht weniger bestärkt als andere Musikgattungen.

Karel Hašler, der Sänger des alten Prag: Legenden und Wirklichkeit

Der Schriftsteller Bruno Apitz hat das Leben in den Konzentrationslagern einmal so zusammengefaßt: Man arbeitete dort nicht, um sich erträgliche Lebensbedingungen zu verschaffen, sondern bloß, »weil man noch nicht gestorben ist«. Hunderttausende haben dort den Tod erlitten – jedes einzelnen müßte gedacht werden, viele von ihnen haben ihr Leben im Dienste der Freiheit nachfolgender Generationen geopfert. Doch blieben viele von ihnen namenlos. Denn das Leben ist stärker als der Tod, niemand kann ständig zurückblicken.

Der Schauspieler und Liedermacher Karel Hašler, geboren am 31. Oktober 1879, ist einer von denen, die besondere Aufmerksamkeit verdienen. Er war der Schöpfer der populären *Altprager Lieder*, hatte spritzige Kabarettszenen verfaßt, war selbst auch ein guter Sänger und Kabarettschauspieler. Dutzende seiner Lieder fanden weite Verbreitung; sie waren schlicht und leicht zu behalten, dabei witzig, satirisch und oft mit politischem Einschlag. Er schrieb Texte zu einer ganzen Anzahl von Operetten und Filmen; aber vor allem sein etwas sentimentales *Unser tschechisches Lied [Ta naše písnička česká]* vermochte seinen Landsleuten während der Nazi-Okkupation die Tränen in die Augen zu treiben. Es wurde geradezu zur inoffiziellen Hymne im besetzten »Protektorat«; jene, die von den Deutschen in Konzentrationslager verschleppt worden waren, verbanden damit nicht nur die Erinnerung an die verlorene Freiheit, für sie war diese Melodie auch Erinnerung an die ferne Heimat.

Hašler wurde am 2. September 1941 während der Dreharbeiten zu dem Film *Das Städtchen auf der Hand*, nach dem Roman von Jan Drda, verhaftet.[1] Fünfundvierzig Tage lang war er in den Gefängnissen in Prag und Dresden; die Verhöre der Gestapo, die Schläge und der Hunger hatten zwar ihre Spuren hinterlassen, vermochten den alten Volkssänger aber nicht zu brechen. Wir wissen wenig über diese Wochen, denn es ist kein Zellengenosse bekannt, der über Hašlers Haltung berichten könnte. Es gibt nur eine kurze Notiz der Choreographin Nina Jirsíková, die jedoch ungenau ist:

»In Dresden wartete ich in der Transportzelle zehn Tage. Zu dieser Zeit war in der Zelle unter uns auch Karel Hašler, der uns einen sehr optimistischen

Kassiber geschickt hatte – er ging tapfer dem Tod entgegen, der ihn nach etwa einem Monat (in Mauthausen) erreichen sollte.«[2]

Ihre Angaben widersprechen sich freilich: Wenn sie zehn Tage im Dresdner Gefängnis verbracht hat und, wie sie schreibt, im Dezember 1941 nach Ravensbrück gebracht wurde, hat sie Hašler in Dresden nicht treffen können. Er wurde schon am 17. Oktober 1941 nach Mauthausen gebracht und der Rache der Nazis ausgeliefert, die seine Standhaftigkeit brechen wollten. Es könnte also eher so sein, daß der Ruf seiner unerschütterlichen Haltung im Bewußtsein der Häftlinge noch wachblieb, als Hašler selbst schon nicht mehr im Gefängnis war. Denn es wurde überall von diesem Mann gesprochen, dessen Widerstandsgeist ihn auf ein Hazardspiel einließ, als er in den ersten Monaten der Besatzung ganz Böhmen bereiste und seine patriotischen Lieder gesungen hatte.

In Mauthausen war seine Lage hoffnungslos. Mauthausen war, wie es im Nazi-Verwaltungsjargon hieß, das KZ für die »Nicht-Besserungsfähigen«, das Lager, das keiner lebend verlassen sollte. Der zweiundsechzigjährige Mann, der für seine Landsleute so viel getan und ihnen so viel bedeutet hatte, lebte noch 66 Tage. Er, der fast alle Leute um sich herum mit seiner Fröhlichkeit anstecken konnte und ein überaus sanftmütiger und edler Mensch gewesen ist, mußte als einer der Elendesten sterben. Wie schrecklich die letzten Tage seines Lebens verliefen, wird von allen Zeugen bestätigt, die Berichte weichen jedoch in wichtigen Details stark voneinander ab. Vielleicht war bei manchen Zeugen, die mit diesem beliebten und bekannten Menschen im Lager in Berührung kamen, unbewußt ein Bestreben vorhanden, sich selbst mit seinem Andenken in Verbindung zu bringen. Wir werden versuchen, Hašlers letzte Tage anhand der verschiedenen Erinnerungen seiner Mitgefangenen zu rekonstruieren und Vermutungen und Gerüchte von Tatsachen zu trennen.

Die erste Schilderung von Hašlers Weg in den Tod stammt von L. N. Zvěřina und findet sich in dem Buch *Bili nás pruty železnými [Man hat uns mit eisernen Ruten geschlagen]* im Kapitel *Der Fall Karel Hašler* aus dem Jahre 1945.[3] Der Autor bezeichnet sein Werk als Dokumentation, doch handelt es sich eher um eine belletristische Schilderung, die durch keine Quellenangaben gestützt wird. Die Darstellung von Emil František Burian in seinem Artikel *Jak zemřel Karel Hašler [Wie Karel Hašler gestorben ist]* von 1947 hingegen stützt sich auf die Aussagen eines Ing. Dušan Morman, der mehrere Jahre in Mauthausen verbrachte und mit Hašler Kontakt hatte.[4] Eine dritte Darstellung findet sich in Rudolf Deyls *Písničkář Karel Hašler [Der Liedersänger Karel Hašler]* aus dem Jahr 1968.[5] Deyl zitiert die beiden obigen Texte, stützt sich selbst aber auf den Bericht des Stabskapitäns Antonín Kramář, der vom 3. Oktober 1941 bis zum 5. Mai 1945 in Mauthausen lebte und sich ebenfalls an den Sänger erinnert. Ein vierter Bericht stammt von Bohumil Bardoň, dem Liedersänger aus Ostrava, der schon vor dem Krieg mit Hašler bekannt war und der nur einen Tag vor ihm in Mauthausen eintraf, das Lager aber überlebte. Seine Aussagen liegen nur handschriftlich vor, sind aber in einigen strittigen Fragen durch mündliche Äußerungen ergänzt worden.[6]

Folgt man Antonín Kramář, traf Karel Hašler schon am Nachmittag des 17. Oktober 1941 in Mauthausen ein. Er stand vor dem Quarantäneblock in einer Gruppe von etwa vierzig Häftlingen – alle in Unterwäsche, Holzschuhen und zitternd vor Kälte. Geschoren, rasiert und durch die vorangegangene Haft abgemagert, war er kaum wiederzuerkennen. Kramář half zu dieser Zeit dem Blockschreiber der »Evidenz« bei der Registrierung der Neuzugänge; so hatte er die Möglichkeit, den Kapo der Strumpfstopferei dazu zu bringen, Hašler in seinem Kommando aufzunehmen. Die Häftlinge stopften dort die Strümpfe der SS-Männer; damit hatte Hašler im Grunde die Chance bekommen, eine lebensrettende Gnadenfrist zu erhalten.

Zvěřina schildert diese ersten Tage ganz anders. Er spricht von Hašlers Zuweisung zu den schwersten Arbeiten in jenem Steinbruch, zu dem die berüchtigte, vom Blut zahlreicher Häftlinge getränkte Steintreppe hinabführte. Hašler habe bei den »Karrenschiebern« gearbeitet, die die Steine von der Felswand zu einer außerhalb des Bruchs liegenden Lagerstelle zu transportieren hatten. Diese Häftlinge waren den ständigen Schlägen und dem Gebrüll der Aufseher ausgesetzt. Hier herrschte ein mörderisches Arbeitstempo. Nach wenigen Tagen nahm sich dann aber, laut Zvěřina, Ing. Dušan Morman des Sängers an und erwirkte dessen Zuweisung zur Strumpfstopferei. Diese Schilderung wirft viele Fragen auf: Im Steinbruch wurden die Steine nicht nur gefahren, sondern auch getragen. Ein »Karrenkommando« gab es zwar, aber nur beim Siedlungsbau, wo kleine Wohngebäude für die SS errichtet wurden und die Steine in die sogenannte Mühle, den Schotterbrecher, gefahren wurden. Dort hat Hašler nie gearbeitet.

Mormans eigene Darstellung, die von Burian 1947 zitiert wird, nimmt sich zurückhaltender aus: Danach soll Hašler im November 1941 – richtig ist am 17. Oktober 1941 – zusammen mit Professor Podlaha, Dr. Dolšík, Dr. Šilhan und dem Bildhauer Amort in Mauthausen eingetroffen sein. Die Tschechen im Lager unternahmen sofort alles, um diesen neuen Häftlingen zu helfen, und sorgten deshalb dafür, daß sie nicht im Steinbruch zum Steinetragen eingesetzt wurden. Sie bestachen die Kapos und die SS und brachten sie in der Strumpfstopferei unter. Morman hat das Verhältnis der Tschechen zu ihrem Sänger ausführlich charakterisiert:

»Am Abend, wenn es nur irgendwie möglich war, brachten wir Karel in unseren Block und gaben ihm heimlich Suppe, die wir löffelweise unter den Kameraden zusammengebracht hatten. Er war glücklich, erzählte davon, wie ihn der Regisseur Binovec angezeigt habe und wie er bei Außendreharbeiten verhaftet wurde; und von unserem geliebten Prag verstand er so schön zu erzählen, daß er uns oft zum Weinen brachte. Wir haben für ihn eines Tages eine Gitarre aufgetrieben, und er sang ganz leise, damit uns niemand hören konnte – denn tschechisch zu singen war streng verboten –, patriotische Lieder, und wir schlossen uns an und sangen ergriffen mit. Niemand, der solche Stunden nicht erlebt hat, kann begreifen, was sie für uns bedeuteten. Wie es uns nach der Plackerei des ganzen Tages, dem Hunger und den Schlägen geistig gestärkt hat [...].«

Sicher ist es zu Kontakten zwischen Hašler und den tschechischen Häftlingen gekommen, auch wurde ihm von seiner Umgebung Hilfe geleistet – aber gegen Ende 1941 dürfte es kaum so friedlich zugegangen sein. Wer in den Blocks sang, riskierte sein Leben, und was die Gitarre anlangt, so gab es im ganzen Lager überhaupt nur eine; sie gehörte einem Zigeuner, der den »Prominenten« vorzusingen und aufzuspielen hatte. Es ist ausgeschlossen, daß Hašler zu jener Zeit einfach eine Gitarre in die Hand nehmen und für die Häftlinge singen konnte. Diese Schilderung Mormans widerspricht allem, was wir über die damaligen Verhältnisse – Ende 1941 – im Lager wissen.

Ganz anders beschreibt Bohumil Bardoň den Aufenthalt Hašlers. Demnach ist der Volkssänger nach den unvermeidlichen Wochen im Quarantäneblock direkt in Block 13 eingewiesen worden, der einer der schlimmsten im ganzen Lager war. Blockältester war ein »Krimineller«, der Deutsche Ecker, der es fertiggebracht haben soll, ein Dutzend Menschen an einem Tag zu erschlagen. Er berauschte sich an der Macht, die er über die wehrlosen Häftlinge hatte, und verstand sich als verlängerter Arm der SS. Aus diesem Block gab es für Hašler kein Entrinnen; an Plaudereien oder gemeinsamen Gesang war gar nicht zu denken. Reden konnte man allenfalls abends am Waschraumfenster, und dann auch nur ein paar Worte wechseln – »Wie gehts dir?« oder »Was war bei euch heute?«

So wenig glaubwürdig wie der Bericht, daß Hašler in Mauthausen seine Lieder gesungen habe, so wenig überzeugend ist Zvěřinas Schilderung von Hašlers schwerer Fußverletzung. Hašler hatte angeblich im Flur seines Blocks nach einer in einem Kübel liegenden Brotrinde gegriffen, wurde dabei aber von einem SS-Mann ertappt und durch Fußtritte zu Boden geschleudert. Im Sturz schlug er gegen die Kante einer eisenbeschlagenen Schwelle. Der Fuß begann zu eitern, und er bekam eine Phlegmone.

Morman beschreibt diesen Vorfall anders: Als er eines Tages in der Frühe zu Hašler ging, um ihm ein bißchen erbettelte Suppe zu bringen, wurden beide von einem Blockführer erwischt, der die Schale Morman über den Kopf schlug und Hašler dermaßen gegen das Schienbein trat, daß es eine offene Wunde riß. Medizinische Hilfsmittel waren nicht aufzutreiben, das Bein begann zu eitern. Hašler konnte nicht zur Arbeit antreten, und das wurde ihm dann zum Verhängnis. Auch an dieser Aussage stimmt nichts – außer der Tatsache, daß Hašler an einer Phlegmone erkrankte.

Leider trifft das genauso auf die Schilderung von Hašlers Freund Antonín Kramářs zu:

»Hašler hatte viele Bekannte getroffen und sich bald in die Verhältnisse gefügt. In der zweiten Novemberhälfte begegnete er bei einem Gang zwischen den Blocks dem wachhabenden SS-Mann. Dieser schlug, vielleicht nur aus grenzenlosem Haß gegen die tschechischen Häftlinge, vielleicht auch in Trunkenheit, unbegründet auf ihn los und trat ihn mit Füßen [...]. Ins Lagerkrankenhaus wurde Hašler nicht aufgenommen und mußte deshalb zur Arbeit zurückkehren.«

Und Kramář ergänzt noch:

»Im Lager erfreute sich Hašler wegen seiner heiteren, menschenfreundlichen Art großer Beliebtheit. Auch den deutschen Mithäftlingen und Aufsehern imponierte der ›Kinoschauspieler Karl‹. Der SS-Arzt Dr. Richter aus Prag behandelte seine Verletzung und wollte ihn als Hilfsschreiber im Block 3 unterbringen. Hašler lehnte es mit der Begründung ab, in der Strumpfstopferei sei es sicherer.«

Fest steht also zunächst nur, daß sich Hašler die eitrige, bösartige Phlegmone zugezogen hat. Laut Kramář habe ihn dort der Dr. Richter, der sich seiner ursprünglich angenommen hatte, nach einigen Tagen »im Stich gelassen«. Der Chefarzt des Lagers, SS-Untersturmbannführer Dr. Krebsbach, ließ nach der Untersuchung alle Tschechen in den berüchtigten Invalidenblock 13 einweisen. Auch Hašler kam dorthin. Sie alle seien, wiederum laut Kramář, ungeachtet ihrer Nationalität, zur Tötung vorgesehen gewesen. Sie erhielten nur noch halbe Kost, durften den Block nicht verlassen und keinen Besuch empfangen. Zu genau dieser Zeit löste Lagerkommandant Ziereis das »Strumpfstopfkommando« auf, alle Häftlinge des Kommandos hatten nun in den Steinbrüchen zu arbeiten. Folgt man Kramář, dann war Hašler von diesem Wechsel schon nicht mehr betroffen.

Selbst diese Schilderung trifft nicht zu. Hašler blieb von den Schrecken Mauthausens nichts erspart. Er wurde entgegen Kramářs Schilderung doch noch den Kommandos im Steinbruch zugewiesen; Bohumil Bardoň, der als einziger bis zuletzt mit ihm Kontakt hatte, hat über die letzten Tage des Volkssängers später berichtet.

Block 13 war nicht nur Invalidenblock, er stellte zwischen 50 und 100 Häftlinge, die täglich den Steinbruchkommandos zugeteilt wurden, wo Felsblöcke gesprengt, grob bearbeitet, wegtransportiert und zum Lager geschafft wurden. Den Trägern wurde keine Minute Rast gegönnt, es war verboten, miteinander zu sprechen, unter ständigem Drangsalieren mußten die Häftlinge Stunde und um Stunde die 50 Kilo schweren Blöcke (Himmler selbst hatte bei seinem Besuch in Mauthausen das Gewicht festgelegt) auf dem Rücken schleppen. Mit ständigem Geschrei und unter Schlägen mit dem Ochsenziemer wurden sie angetrieben. Auf dem Weg vom Steinbruch zum Lager mußten sie 186 steile, nur grob zugehauene und unebene Stufen hinaufsteigen. Unter ständigem »los, los!« wurde, wer stehen blieb und

Atem schöpfen wollte, angeschrien und sofort geschlagen, auch wenn er nur den Schritt verlangsamte. Wer nicht mehr weiter konnte, wurde erschossen oder von den Felsen hinabgestürzt. Mitleid gab es nicht.
Wie lange Hašler, nachdem Ziereis das Strumpfstopfkommando aufgelöst hatte, die Schinderei im Steinbruch durchgehalten hat, ist heute kaum noch genau festzustellen. Jeder Tag war furchtbar, und für einen Mann wie Hašler mit seinen 62 Jahren war es nur eine Frage der Zeit, bis er körperlich völlig erschöpft zusammenbrechen würde. Mitte Dezember 1941 gab es bereits recht strengen Frost, und das Steinetragen zehrte immer mehr an den Kräften. Tag für Tag stolperten die Häftlinge schon im Dunkeln zur Arbeit hin und kehrten erst nach Tageslicht wieder ins Lager zurück. Eines Tages verlor Hašler beim Treppensteigen einen seiner beiden Holzschuhe. Das war eine Katastrophe, vor der sich jeder Häftling fürchtete, da man nicht stehenbleiben und sich bücken durfte. Hašler humpelte also einige Wegstrecken hin und her, nachdem er seinen Fuß mit ein paar Fetzen umwickelt hatte. Kameraden halfen ihm in einem unbewachten Augenblick und umwickelten die Lappen zusätzlich mit etwas Draht, der nach Sprengungen liegengeblieben war und den man sorgfältig aufbewahrte. Aber in der Nacht schwoll der Fuß bedrohlich an, entzündete sich und eiterte. Obendrein hatte sich Hašler erkältet und litt an einer Darminfektion mit schweren Durchfällen. Das war furchtbar. Ohne Arzneien hätte auch ein kräftigerer Häftling als der halbverhungerte Hašler das kaum überstehen können. Zwar hatten Kameraden ihm wollene Socken und Papierwatte besorgt, aber dieser Liebesdienst hat sein Leben nicht gerettet.
Nachdem wir dem Bericht Bardoňs so weit gefolgt sind, wollen wir versuchen, die genaueren Umstände seines Todes zu klären. Auch in diesem Punkt widersprechen sich die verschiedenen Darstellungen, die eher auf Vermutungen zu beruhen scheinen, ganz erheblich.
Laut Zvěřina konnte Hašler, nachdem er von einem SS-Mann zu Boden geworfen und getreten worden war, am nächsten Tag nicht zur Arbeit antreten. Beim Morgenappell fehlte er und wurde von einem SS-Mann im Block entdeckt, der sofort mit dem Knüppel auf ihn einschlug und dem Bewußtlosen mit seinem schweren Stiefel gegen die Brust trat. Dann ließ er Hašler nackt ausziehen, unter eine eiskalte Dusche stellen und dort anbinden. – Zwar ist es richtig, daß solche Bestialitäten in Mauthausen vorkommen konnten, aber so hat es sich nicht zugetragen.
Morman gibt eine ähnliche Darstellung. Er behauptet aber, daß Hašler nicht der einzige gewesen sein soll, den die SS-Männer an diesem Morgen in den Blocks fanden. Sie trieben alle Kranken in den Strafblock, »wo sie sie in der grimmigen Kälte nackt auszogen, an die Hocker unter den Duschen banden und eiskaltes Wasser auf sie strömen ließen, bis die Armen unter Schmerzen starben.« Als Morman

erfuhr, was vorfiel, habe er, wie er berichtet, seinen Arbeitsplatz verlassen und sei ins Lager geschlichen, wo er den sterbenden Hašler im Waschraum gefunden habe.

»Ich drehte den Wasserhahn zu, band den Armen los, sein Körper glitt regungslos auf den Betonboden. Ich legte seinen Kopf in meinen Schoß, und nach einer Weile öffnete er die Augen, schaute mich mit einem so traurigen Blick an, daß ich es mein Leben lang nicht vergessen werde. Er erhob sich mühsam und stieß langsam ein Wort nach dem anderen hervor: ›Dušan, bewahre das Lied, du weißt, es darf nicht vergessen werden!‹ – und das waren die letzten Worte Karel Hašlers, des tschechischen Liedersängers.«

Hat Morman das so berichtet? Oder hat Burian, der ihn zitiert, seine Worte ein wenig literarisch zurechtgeschliffen?
Die eiskalten Duschen erwähnt auch Antonín Kramář; er spricht aber nur von unbestätigten Informationen aus zweiter Hand. Er berichtet bloß, daß er Hašler durch das Fenster des Waschraumes tot auf dem Betonboden liegen sah – abgemagert bis zum Skelett, mit großen, weit aufgerissenen Augen, die von buschigen Brauen überschattet waren.
In Mauthausen wurde wie in vielen anderen KZ auf jede erdenkliche Weise gemordet. Häftlinge wurden durch Hunger, körperliche Erschöpfung, Injektionen, Erschießen oder Erhängen umgebracht – in Mauthausen hatte der Erfindungsreichtum der Menschenschinder noch weitere Methoden hervorgebracht, unter anderem das sogenannte »Krummschließen« der Häftlinge, die dann bei größter Kälte so lange mit Wasser begossen wurden, bis sie starben. Es ist also nicht abwegig, im Falle von Karel Hašler etwas Vergleichbares zu vermuten, da er ja tatsächlich im Waschraum des Blocks 13 starb. Was ihm über die Umstände von Hašler Tod bekannt wurde, faßte Hans Maršálek, einer der besten Kenner von Mauthausen und Verfasser einer großen, grundlegenden Monographie über das Lager, auf Nachfrage ganz ähnlich zusammen:

»Hašler soll im Block 13 vom damaligen Blockältesten Franz Unek in einer Tonne ertränkt worden sein. Unek war ein österreichischer krimineller Häftling, betätigte sich als offizieller Lagerhenker und wurde später zweiter Lagerältester sowie Blockältester. Hašler soll sich zur Zeit seiner Ermordung in sehr schlechtem körperlichen Zustand befunden haben.[7]

Der Vermutung, daß Karel Hašler durch Ertränken oder an einer Lungenentzündung, die durch Duschen mit eiskaltem Wasser hervorgerufen worden sei, gestorben ist, wurde im allgemeinen nicht widersprochen. Auch jene, die die Mauthausener Verhältnisse aus eigener Erfahrung kannten und wußten, welche Bestialitäten tatsächlich im Waschraum geschahen, hielten sie für glaubhaft. Unter anderem ist das auch der Beschreibung Karel Noseks zu entnehmen:

»Die Dusche in der Ecke des Raumes diente, ebenso wie das Faß, meistens zum Strafvollzug. Wieviele Menschen wurden von den Blockleitern unter diesen Duschen nur deshalb ertränkt, weil man sie des Brotdiebstahls bezichtigt hatte! In diesem Waschraum ist auch Karel Hašler gestorben. Von

Hunger und Durchfall total erschöpft, hatte er sich abends in den Waschraum geschleppt, wo schon mehrere andere Unglückliche herumstanden. Der Blockleiter Ackerl, ein roher Berufsverbrecher, stürzte hinein und begann, nach allen Seiten Schläge auszuteilen. Am Morgen lagen im Waschraum zwölf Leichen, denen der Blockleiter die Goldzähne herausgerissen hatte.«[8]

Der einzige, der von diesen Versionen abweicht und den Hergang aus eigener Anschauung berichtet, ist Bohumil Bardoň. Er erinnert sich an folgenden Ablauf: In einem Raum der Mauthausener Blocks schliefen oft bis zu 450 Menschen. Wenn die Häftlinge sich zum Schlaf niederlegen wollten, um ein wenig Kraft für den nächsten Tag zu schöpfen, mußten sie auf dem Boden in ausgerichteten Reihen liegen, damit alle auf den dünnen Strohsäcken und unter den leichten Decken Platz fanden. Sie lagen eingezwängt auf der Seite, die Füße des einen neben dem Kopf des Nachbarn, so eng wie möglich nebeneinander. Ihre Holzschuhe dienten ihnen als Kopfkissen.[9] So sah es auch in den drei Nächten vor dem Heiligen Abend des Jahres 1941 aus. Wegen seines Durchfalls mußte Hašler aber in der Nacht aufstehen, um zur Latrine zu gehen; er blieb lange weg und kam zwischen zwei und drei Uhr taumelnd und erschöpft zu der Reihe zurück, in der sein Schlafplatz gewesen war. Aber dort war kein Platz mehr; die Lücke, die er freigemacht hatte, war längst wieder gefüllt. Er konnte sich nirgendwo mehr zwischen den Mitgefangenen niederlegen, und das hatte böse Konsequenzen für ihn.

Am nächsten Morgen hat er Bardoň, der bestürzt gesehen hatte, wie zerschlagen und blutbedeckt Hašler war, erzählt, was vorgefallen war. Nachdem er sich taumelnd und wegen des schmerzenden Fußes nur mühsam zwischen den Schlafenden durchzwängte und seinen Schlafplatz nicht mehr fand, balancierte er hilflos zwischen den Häftlingen, trat ungewollt auf einen der Liegenden und stürzte auf ihn. Jemand begann zu schreien, es wurde Licht gemacht, der Blockführer und der Blockälteste stürzten herein und schlugen mit Ochsenziemern blindwütig um sich – auf Hašler ebenso wie auf die, die in seiner Nähe waren. Sie schlugen so lange zu, bis sie Hašler zwischen die übrigen auf den Boden geprügelt hatten.

Am Morgen konnte er sich kaum mehr aufrichten. Am Kopf hatte er eine stark blutende Wunde, und er klagte über Schmerzen im Rücken. Zum Morgenappell konnte er sich noch hinschleppen, doch seine Kräfte schwanden schon. In dem Augenblick, in dem der Blockälteste dem SS-Mann Meldung machte, brach Hašler zusammen und riß dabei einen weiteren Häftling mit sich zu Boden. Der Kapo begann sofort auf den Gestürzten einzuschlagen; dann zog er ihn in den Waschraum, während die übrigen Häftlinge zum Appellplatz abmarschierten.

Nach dem Appell lief Bardoň zum Waschraum zurück, aber Hašler atmete nicht mehr. Er lag unter anderen Toten, nur sein Gesicht war zu sehen, mit den charakteristischen Augenbrauen über den weit aufgerissenen Augen. Um seinen Mund herum klebte viel eingetrocknetes Blut: Der Kapo hatte ihn verletzt, als er ihm die goldene Prothese aus dem Mund riß.[10]

Der einzige, der noch Näheres über den Tod Hašlers berichten konnte, war ein Spanier, der zum Stubendienst gehörte und mitbekommen hatte, was den Opfern im Waschraum zugestoßen war. Zusammen mit František Maršík, der mehrere Sprachen beherrschte, befragte ihn Bardoň und erfuhr, daß Hašler schon in Agonie gewesen sei, als man ihn in den Waschraum schleppte. Nur beim Ausreißen des Zahngoldes habe sein Körper noch ein Lebenszeichen gezeigt. Ein weiterer Tscheche, Robert Hrdlička, der gut Deutsch sprach, befragte den Spanier ebenfalls, erfuhr aber nichts Neues. So nahmen sie zu dritt als letzte von Hašler Abschied.[11]

Aber was hieß das schon in Mauthausen, »Abschied nehmen«, wo täglich so viele starben, daß jedes würdige Gedenken unmöglich war? Der Kamerad ist gestorben, und das Hundeleben, das eigentlich kein Leben war, ging für die anderen weiter. Ein kurzer Blick auf den Toten, mehr nicht. Wer weiß, ob die, die heute noch da sind, morgen noch Bericht über das Grauen erstatten können, das sie erlebt haben? Und wenn sie noch die Kraft haben werden, davon zu erzählen, werden dann nicht ihre Seelen verdorrt, leer und gefühllos sein?

Die Nachricht von Hašlers Tod verbreitete sich blitzschnell unter den Tschechen im Lager. Bitterkeit erfüllte sie. Aber von ihrem Sänger wollten sie Abschied nehmen. Als Hašlers Leichnam im Krematorium eingeäschert wurde, versammelten sich viele seiner Freunde vor Block 11, von dem aus der Schornstein zu sehen war. Sie sangen Abschiedslieder – darunter auch *Unser tschechisches Lied*.[12] Sie setzten damit einiges aufs Spiel, während sie halblaut sangen, aber sie taten es auch für sich selbst. Hatte nicht ihnen allen Kommandant Ziereis versprochen, daß es für sie nur einen Weg aus Mauthausen geben würde, den durch den Schlot der Krematorien? Wahrscheinlich war ihnen in diesem Augenblick überhaupt nicht bewußt, daß sie bei diesem Anlaß als erste zu gemeinsamem Gesang in diesem KZ zusammengefunden hatten. Aus dem Singen zum Ableben des Freundes erwuchs ihnen neue Kraft, die Erfahrung von Solidarität und ein gewisser Trotz, so lange wie möglich am Leben festzuhalten. Und es gehört zur Geschichte des Lagers Mauthausen, daß aus dieser spontanen Geste so etwas wie ein Brauch entstanden ist. Auch später, wenn einer der bekannteren tschechischen Häftlinge erschlagen oder auf andere Weise ums Leben gebracht wurde, pflegten die Kameraden von nun an in dieser Form Abschied zu nehmen.

Die Nazis haben Karel Hašler quälen und ihn physisch vernichten können. Seinen Liedern konnten sie nichts anhaben. Die lebten nicht nur in Hašlers Heimat weiter, wo die Menschen um ihr künftiges Schicksal bangten und kämpften, sondern auch in den KZ. Sie waren nicht für aufwendige Bearbeitungen und mehrstimmigen Chor gedacht; es waren einfache und schlichte Lieder für den Alltag, Volkslieder, die man summt und immer wieder mal singt, nicht nur wenn eine Gitarre oder Harmonika zur Hand ist und man im Kreis zusammensitzt. Man kann solchen vergleichsweise harmlosen Werken heute kritisch gegenüberstehen, doch tut man ihnen damit Unrecht. Hašlers Melodien ließen für die Tschechen im Lager die Heimat wieder auferstehen und weiterleben, darin bestand ihre Macht und ihre emotionale Kraft. Wo und wie häufig Hašlers Melodien erklungen sind, kann man kaum sagen. Sie waren jedenfalls weit verbreitet, sie wurden beispielsweise von den tschechischen Studenten an den wehmütigen Abenden im Lager Sachsenhausen gesungen. Als sich unter den jungen Männern die »Sing-Sing-Boys« formierten, nahmen sie Hašlers *Ein Prager Flößer [Podskalák]*, *Auf der Kaiserwiese [Na císařské louce]* und manche anderen Melodien in ihr Repertoire auf.[14] Bekannt ist auch, daß die Lieder in den Zellen der »Kleinen Festung« sehr beliebt waren und oft gesungen wurden. Wenn die SS-Aufseher an Feiertagen außer Hör- und Sichtweite waren, gehörten die Lieder Karel Hašlers immer dazu, wenn Gesang angestimmt wurde.[15]

Von all den Liedern, Chansons und Couplets, unter denen die *Altprager Lieder* die bekanntesten waren, wurde eines mit besonderer Anteilnahme gesungen. Es war das patriotische *Unser tschechisches Lied*, dessen Melodie und Geist besonders mitriß und für das man oft einiges riskierte. Nach Hašlers Tod traf sich eine Gruppe tschechischer Häftlinge – darunter František Šnábl, Karel Nosek, J. Rozehnal, Jaroslav Šnábl, Josef Kučera, Josef Čuhel, Karel Hanuš, Robert Hrdlička, Bohumil Bardoň – häufiger hinter Block 5 oder 10 und sang zusammen dieses Lied. Irgendwann lieh ihnen ein Zigeuner eine Gitarre dazu, und wenn sie bei schlechtem Wetter in der Stube sangen, schlossen sich zahlreiche weitere Kameraden an.[16]

In Mauthausen nahm dann auch die Šnábl-Kapelle das Lied in ihr Programm auf und spielte es nicht nur für die tschechischen Häftlinge in deren Block, sondern, nachdem das Musizieren im Lager erlaubt worden war, auch auf dem Appellplatz vor Häftlingen aus allen besetzten Ländern.[17]

Selbstverständlich gehörte *Unser tschechisches Lied* in das Programm der tschechischen Häftlinge in Dachau, wenn sie ihre Weihnachtsfeiern veranstalteten. Unter den Versammelten fanden sich immer einige, die es anstimmten; und immer stimmten die anderen begeistert ein.[18] In Auschwitz I sangen junge Zigeuner Hašlers Lied, als sie dort als Maurer eingesetzt wurden, und zogen damit das Interesse der übrigen Häftlinge auf sich.[19] Die Insassen des Gefängnisses Gräfenthonna bei Gotha, denen einmal in der Woche der Besuch der Häftlingskapelle bewilligt war, haben das Lied ebenfalls immer wieder angestimmt. Der Lehrer Josef Procházka aus Kostelec nad Černými lesy spielte es während des Gottesdienstes auf dem Harmonium, und die tschechischen Patrioten sangen mit gleichsam religöser Inbrunst mit.[20]

So könnte man von einem Lager zum nächsten gehen und würde immer wieder auf Hašlers kleines Werk stoßen – bei den tschechischen Frauen in Ravensbrück, bei den Verzweifelten in Auschwitz-Birkenau, in Dora, wo die Häftlinge nie aus den unterirdischen Stollen herauskamen und keine Hoffnung hatten, noch einmal das Tageslicht zu erblicken. Und wenn auch heute noch jemand an der patriotischen Haltung jener böhmischen Juden Zweifel hegt, welche von den Nazis ausgerottet werden sollten, dann möge er zur Kenntnis nehmen, was diesen Menschen, die ihre angestammte Heimat über alles liebten, neben den Opern von Smetana auch das bescheidene *Unser tschechisches Lied* in Theresienstadt bedeutete.

Im »Ghetto« lebte der aus Prag stammende Harmonikaspieler František Kraus, der als Straßensänger in den Höfen der Häuserblocks spielte, stets umgeben von Scharen zufälliger Zuhörer, die seine Lieder angezogen hatten. Wann immer er Hašlers Lied spielte, rührte er sein Publikum zu Tränen.[21] Und wem das als Beweis nicht reicht, der lese Willi Mahlers Tagebucheintragung vom 24. August 1944, als ein bunter Abend zugunsten von Viktor Langer veranstaltet worden war:

> »Das Lied Karel Hašlers, *Unser tschechisches Lied*, hat abermals seine Kraft und Größe erwiesen. So inbrünstig, wie es heute Robert Fassel gesungen hat, habe ich es noch nie gehört. Es erweckte in mir bisher unbekannte Empfindungen der Liebe zum tschechischen Lied und erweckte bei den Deportierten die glühendste Sehnsucht nach der Heimat. Wenn Hašler nichts anderes als das geschaffen hätte, bliebe er auch so der volkstümlichste tschechische Liedersänger, der niemals vergessen wird und nicht vergessen werden darf.«[22]

Zu dieser Zeit war Hašler schon lange tot – was Willi Mahler kaum ahnen konnte. Einen schöneren Nachruf auf Karel Hašlers Kunst als diese wenigen Zeilen kann es wohl kaum geben.

Der Liedermacher Jan Vala in Sachsenhausen

Von welch großer praktisch-nützlicher Bedeutung es für den Überlebenswillen eines Häftlingskollektivs war, wenn unter der Schar der Häftlinge einer in der Lage war, vielleicht nur durch das Singen eines Liedes der täglichen Erniedrigung die Stirn zu bieten und gegen die moralische Zermürbung anzukämpfen, haben die vorangegangenen Kapitel deutlich zu machen versucht. Ein solcher »Arzt für die geschundenen Seelen« war auch Jan Vala, der im Alter von einundvierzig Jahren in das Konzentrationslager Sachsenhausen eingewiesen wurde. Es schien geradezu, als sei sein ganzes Leben bis dahin nur eine Vorbereitung auf diese schweren Zeiten im KZ gewesen.

Vala war ein Mann aus dem Volke, eine musikalische Ausbildung hatte er nicht genossen. Er besaß in Ostrava eine gutgehende Weinstube, in der er seine Gäste durch Schauspiel- oder Gesangsauftritte zu unterhalten pflegte. Künstlerische Ambitionen hatte er keine; als dann aber seine Heimat unter die deutsche Besetzung geriet, gab er seinen Sketchen, Einlagen und satirischen Liedern zuweilen antifaschistische Spitzen. Er scheute sich nicht, dabei sogar Hitler zu imitieren und sich ganz unverhohlen über ihn lustig zu machen. Und das wurde ihm bald zum Verhängnis. Am 4. September 1939 wurde er verhaftet. In deutschen Gefängnissen und Lagern verbrachte er insgesamt 2060 lange Tage. Es begann damit, daß er in Ostrava verhört wurde. Man wollte herausbringen, wer seine Weinstube besuche und abfällig über die Deutschen und das deutsche Besatzungsregime redete. Doch Vala konnte sich »nicht erinnern« und verriet niemanden.[1] Nach vier Monaten – zwischenzeitlich war er nach Wien gebracht worden – gelangte er dann nach Sachsenhausen.

Sein Widerstandsgeist und seine kämpferische Natur hatten sich schon in Wien gezeigt, wo er eine Zelle mit sechzig anderen Häftlingen aus Ostrava und Brünn teilte. In den langen dunklen Wintermonaten wurden dann abends in den unbeleuchteten Zellen volkstümliche und patriotische Lieder gesungen. Dabei marschierten die Gefangenen in der Zelle auf und ab und gaben – ziemlich provokant – zum besten, was sie von den Besatzern hielten. Valas parodistisches Stück *Wenn ich aus dem Arrest herauskomme [Až já půjdu z areštu]* entstand in dieser Situation, als alle noch glaubten, bald wieder entlassen zu werden.[2] Anfang Januar 1940 kam Vala nach Sachsenhausen und sollte schnell am eigenen Leib erfahren, was die Nazis mit der Losung »Jedem das Seine« meinten, die über dem Tor prangte. Die tschechischen Häftlinge blieben zusammen, Vala bei denen aus Ostrava, zusammen mit 130 Häftlingen im Block 26, darunter auch etliche deutsche Kommunisten, die gleich 1933 verhaftet worden waren – erfahrene, abgehärtete Konzentrationäre, die wußten, wie der Hase lief, und für die Tschechen, die sich nicht auskannten, eine große Hilfe waren.

Anfangs war das Singen der tschechischen Häftlinge, mit denen Jan Vala ins Lager gekommen war, eine vorsichtige, zaghafte Sache. Begonnen hatten sie damit im Januar, an einem Sonntagabend vor dem Einschlafen. Sie waren ausgelaugt und erschöpft – von der täglichen Schinderei, vom ewigen Hunger und »Sport«, den die Kasernenhofschinder von der SS die Häftlinge treiben ließen, um sie zu zermürben. Zuerst hatten sie das mährische *Gute Nacht, meine Liebe [Dobrú noc, má milá]* angestimmt, zart, innig und mit fast religiöser Inbrunst. Niemand wußte, wie das Singen im Lager, in dem sonst Stille herrschte, aufgenommen werden würde. Doch nichts passierte, und eine Woche verging. Einer der Betroffenen erinnert sich:

»Es ist kalt. Wir Tschechen sitzen wieder an unserem Tisch und hängen unseren Gedanken nach. Der Blockführer sitzt auf seinem Platz und liest. ›Na, ihr Tschechen, was ist heute mit euch? Wollt ihr nicht singen?‹ – ›Wenn wir dürfen, singen wir gern‹, meint Jan Vala zum Blockführer, steht auf und stimmt, ohne sich mit jemandem abzusprechen, Lieder wie *Blauäugiges Mädel [Holka modrooká]*, *Tanze, tanze [Tancuj, tancuj, vykrúcaj]*, *Wir mahlen nicht [Nemelem, nemelem]* und ähnliche an. Aus dem anderen Teil des Blocks kommen weitere Tschechen hinzu, sie schließen sich an, und der Gesang hallt durch das ganze Lager.«[3]

Von da an ließ Vala, allen anderen Tschechen voran, keine Gelegenheit zum Singen verstreichen; ungefähr zu dieser Zeit begannen – auf Anregung der deutschen Kommunistenhäftlinge – in Sachsenhausen auch die Studenten, die im November 1939 verhaftet worden waren, mit ihrem gemeinsamen Singen.

Das färbte auf die Häftlinge anderer Nationalität ab. Um einen besseren Kontakt zu diesen Gruppen herzustellen, lernte Jan Vala bald auch deren Lieder und brachte sie seinen tschechischen Kameraden bei: Von den Norwegern beispielsweise *Majn Sari Mareis*, aus Jugoslawien das temperamentvolle *Ich saß vor der Maschine [Sedela som kraj mašine]*, aus Polen *Der Morgen, der Morgen [Ráno, ráno, ranušenko]* und *Gural*, aus Frankreich *O Marie* und *Auprès de ma blonde*, aus der Ukraine *Kotschigar*, aus Rußland *Trojka* und von den deutschen Häftlingen die *Moorsoldaten*.[4] Wenn die Tschechen durch dieses Repertoire dazu beitrugen, daß zwischen den verschiedenen Nationen die Bindungen enger wurden, so war das nicht zum wenigsten Valas Verdienst.

Aber Vala übernahm nicht nur bekannte Lieder. Wo immer er war und arbeitete, ihm lag immer am Herzen, daß er seine Kameraden etwas aufheitern konnte. Wenn das stundenlange Stehen am Appellplatz nicht mehr auszuhalten war, war es Vala, der plötzlich ein paar ironische Verse, die er sich ausgedacht hatte, leise zu singen begann. Ein Lied wie (frei übersetzt):

In der Näh' von Veronesch, hei,
Kriegt der Nazi seine Dresch, hei,
Vergeblich wird der Adolf klagen, hei,
Bis Berlin wird man ihn jagen, hei, hei, hei, hei.

wirkte wie ein Zündfunken. Die Tschechen trugen die Köpfe ein bißchen höher, mit einem Lächeln summte man mit und gab den Vers weiter. Und so machte dann das Lied im Lager die Runde, bis alle es kannten.

Das *Muselmannlied* verbreitete sich auf ganz ähnliche Weise:

Fürchtet euch nicht, ihr Muselmänner,
Es kehrt alles zurück,
Es wird sich alles wieder wenden,
Ihr werdet wieder frei leben,
Die Welt wird euch wieder gehören.
Der Tag des Sieges ist schon nahe,
Jedes Kind weiß das heute schon,
Am Ende werden wir alle lachen,
Wenn jeder auf Deutschland scheißt.

Ein weiteres Lied, *Der Frühling kommt [Přijde jaro, přijde]*, wurde in Sachsenhausen besonders populär. Einige ehemalige Häftlinge haben berichtet, daß sie es immer sangen, wenn der Winter zu Ende ging, und dabei hofften, ihre Befreiung und ein neues Leben werde endlich näherrücken. Zum fünften Frühjahr hat Jan Vala die Strophe abgeändert:

Der Frühling wird kommen,
er kommt bestimmt auch hierher zu uns.
Im Lager werden die Sokol-Sportler turnen,
auf den Wachtürmen Kosaken sitzen,
und im Straflager werden endlich die Nazis leiden.[5]

Natürlich ermahnte man Vala, vorsichtiger zu sein und mit seinen Liedern nicht so viel zu riskieren. Aber bei ihm war das vergeblich, er sprudelte geradezu über von solchen Spottversen; wahrscheinlich war ihm gar nicht bewußt, wieviel er dadurch dazu beitrug, daß die tschechischen Häftlinge im Lager zu den zähesten und optimistischsten gehörten. Seine Liedchen waren immer nur für die aktuelle Situation gedacht und wurden rasch durch neue abgelöst; aber das schmälerte ihren Wert nicht. Keiner sammelte sie oder schrieb sie auf, auch Vala nicht, das wäre viel zu gefährlich gewesen – aber jeder kannte sie.

Mit einigen Freunden besuchte Vala immer wieder verschiedene Blocks und den Krankenbau, um dort die kranken Häftlinge zu unterhalten und ein wenig aufzumuntern; meist begleiteten ihn Oberleutnant Kňourek und der Sänger Erben, die beide gute Stimmen hatten und einfachere Melodien sehr schön mehrstimmig singen konnten. Vala spielte dann auf einer Gitarre, die er von einem französischen Studenten geerbt hatte, den die Deutschen hingerichtet hatten.[6] Sie sangen alles, was im Lager beliebt war; für solche Auftritte hatten sie eigens Jaroslav Mottls Tramplied *Mutter, ich möchte ... [Maminko, mámo, chtěl bych rád]* gelernt.

»Wir sangen so ergreifend,« erzählte Vala Jahre späte, »daß die alten deutschen Berufsverbrecher die Köpfe in die Hände legten und ihnen die Tränen über die Wangen liefen; dann gaben sie uns Zigaretten, Brot, Geld und bewirteten uns aus ihren reichen, durch ihre Verbindungen mit den SS-Männern erworbenen Vorräten.«[7]

Da alle fühlten, was Lieder im Konzentrationslager bedeuteten, wurden bald illegale Liederabende organisiert, an denen Schauspieler wie Jean-Louis Barrault oder der Tenor der Pariser Oper, André Lariboissière, der polnische Filmschauspieler Tadeusz Fijewski oder der spätere Direktor des Klassischen Theaters in Warschau, Jerzy Kalizewski, und nicht zuletzt auch der polnische Liedermacher Alex Kulisiewicz teilnahmen.[8]

Jan Vala verfaßte neben seinen kurzen Parodien auch längere, schnell populär werdende Lieder, in denen er Ereignisse aus dem Lagerleben aufgriff. Als nach der Eroberung der Ukraine viele ukrainische Kinder nach Sachsenhausen kamen, die, halbverhungert, nur davon träumten, wenigstens einmal am Tag eine rohe Kartoffel zum Essen zu kriegen, reimte Vala ein Lied, das bald in allen Blocks und in verschiedensten Sprachen gesungen wurde. Später wurde es sogar vom Lagerorchester gespielt, während der Tscheche die Solostimme übernahm.[9] Die witzigen Verse kreisten nur um ein Thema – um die wunderbare »Kartoška« (frei übersetzt):

Jeder denkt gern an ein gebratenes Hühnchen,
an ein Gänslein mit Kraut, ein gebackenes Zicklein,
an Kaffee mit Schlagsahne, an Käsekuchen.
Denk ich daran, ist's mir zum Weinen.
Aber es ist kein Spaß, der Teufel soll's holen!

Refrain
Kartoschki, Kartoschki, wie sie doch jeder mag!
Wenn ich sie seh, lach ich mit einem Schlag.
Am Montag, am Dienstag in der Eßschale sie liegen,
siebenmal in der Woche sind sie zu kriegen.
Der eine schluckt sie mit wilder Wut,
der andere unter die Decke sie tut.
Kartoschki, Kartoschki, welch ein Gezeter,
Kartoschki sind des Lagers Retter.[10]

Ein anderes Stück, das ebenfalls rasch im ganzen Lager bekannt wurde, war *Mein Ostrava [Ostravěnko má].* Vala hatte es sich am Tage vor Weihnachten 1941 ausgedacht, weil er wußte, daß alle von Heimweh erfaßt werden würden und sich jeder über alles freuen würde, was an Zuhause erinnerte. Am Heiligen Abend trug er es vor, und das Lied ging sofort allen zu Herzen: die Sehnsucht nach der Heimat, die Liebe zum schwarzen Ostrava, der Stadt der Gruben und Stahlhütten. In der zweiten Strophe heißt es:

Durch die ganze weite Welt würde ich gehen,
um diesen lieben Winkel wiederzusehen,
den roten Feuerschein, dein schwarzes Antlitz
kann ich nicht vergessen.
Bei Tag und bei Nacht bist du mit mir,
wenn ich zurückkehr, mein Herz schenk ich dir.
Mein Ostrava, über den Bergen dort,
zu dir drängt es mich immerfort.

Die Melodie hat die typischen Merkmale der tschechischen Volkslieder, die sich besonders im Refrain zeigen.[11]

Dieses Lied sangen die Tschechen – nicht nur die aus Ostrava – bald überall. Es wurde fast eine Art Hymne, die immer gern, auch von den deutschen »Politischen«, gehört und gesungen wurde.
Als Josef Čapek nach Sachsenhausen kam, konnte es gar nicht ausbleiben, daß auch er *Mein Ostrava* kennenlernte und bald auswendig konnte. Seinem Freund Josef Dobeš erzählte er:

»Über Ostrava habe ich bisher wenig gewußt, außer daß dort Bezruč gelebt hat. In diesem Lied ist ein Stück der Seele ihrer Stadt enthalten und auch die Stimmung unseres elenden Lebens im Konzentrationslager!«[12]

Obwohl auch Vala im Lager häufig in einem Zustand war, in dem er kaum die Gitarre halten konnte und bei dem ihm wenig nach Singen zumute war, unterkriegen ließ er sich nie. »Ins Singen legten wir unseren Glauben und unsere Sehnsucht nach Freiheit, diese Liedchen, das war unser Gebet, durch sie stärkten und erweckten wir jene wieder zum Leben, die schon die Köpfe hängen ließen und alle Hoffnung verloren hatten«, bemerkte er später, als er an diese schlimme Zeit zurückdachte, die ihn so viele Jahre seines Lebens gekostet hatte.[13]
Trotz des Leides, das er sah und erduldete, hat er in dieser Zeit selten an sich oder an seinen Schmerz gedacht. Er war mit seinen Liedern immer für seine Kameraden da, und von seiner Gitarre trennte er sich auch nicht in den letzten Apriltagen 1945, als die Häftlinge auf den Todesmarsch von Sachsenhausen nach Pommern geschickt wurden. Jeder sonst hatte allen überflüssigen Ballast abgeworfen, doch Vala gab das Instrument nicht aus der Hand. So konnte er hier und da immer wieder ein Lied anstimmen: Das war das Kreuz, das er auf sich genommen hatte und das er tapfer trug. Es war etwas, worauf er sein Leben lang stolz sein durfte: Er war ein tschechischer Liedermacher im besten Sinne des Wortes, ein aufrichtiger Patriot und ein treuer Kamerad.

Die populären Melodien Otto Sattlers

»Heute nachmittag war ich zum erstenmal im Kaffeehaus. Ich kam eben in dem Augenblick, als der erstrangige und beliebte Prager Geiger Otto Sattler das Podium bestieg, begleitet von seinem treuen Gefährten, dem Pianisten Kurt Meyer. Es gibt hier wenige Künstler, die so beliebt wären wie diese zwei. Wir saßen in der rechten Ecke des Kaffeehauses, tranken Kaffee, der diesmal noch kühler serviert wurde, als ich es mag, aßen dazu das mitgebrachte Brot mit Margarine. Viel redeten wir dabei nicht. Wir hörten aufmerksam den beiden Künstlern zu, die heute erstklassig spielten.« (27. September 1943)
»Im Kaffeehaus spielte heute Meyer mit Sattler. Ihr Spiel ist bezaubernd und von erlesenem Geschmack. Ein Potpourri aus den Opern *Cavalleria rusticana*, *Bohème* und *Madame Butterfly* weckte in mir viele schöne Erinnerungen. Das musikalische Potpourri *Prag tanzt und singt* vergegenwärtigte uns Prag, die Vision unserer Träume, und steigerte unser sehnsüchtiges Verlangen, bald dahin zurückzukehren.« (11. Juni 1944)[1]

Musik, die früher, in Freiheit, bloß alltägliche Geräuschkulisse zur sorglosen Plauderei im Café gewesen wäre, hatte in Theresienstadt einen ganz anderen Wert und wurde ganz anders wahrgenommen. Die Menschen hörten aufmerksamer zu, man überließ sich ihr, sie tat den Sinnen wohl, man konnte für kurze Momente vergessen, unter welcher Bedrohung man lebte.
Otto Sattler[2] gehörte in seinem Fach zu den bewundertsten und den kultiviertesten Musikern. Er besaß ein phänomenales Gedächtnis, das Melodien der unterschiedlichsten Musikgattungen geradezu in sich aufsaugen konnte. Sein Instrument, die Violine, beherrschte er aufgrund seines Privatstudiums bei Professor Jindřich Feld in Prag bis zur Perfektion. Er konnte selbst die schlichteste Melodie in anregende Unterhaltungsmusik verwandeln.
Als Sattler 36jährig im September 1942 nach Theresienstadt kam, wurde er dort gleich aufgefordert, öffentlich zu spielen: Selbst bis hierher war ihm der Ruf vorausgeeilt, ein ausgezeichneter Barmusiker zu sein. Er hatte noch bis zum November 1939 mit dem Pianisten und Harmonikaspieler Kurt Meyer,[3] manchmal auch mit dem Pianisten Max Löffelholz im »Elysée« gespielt, einer der luxuriösesten Bars in Prag, wo die Prager Bourgeoisie und während der Okkupation auch hohe Wehrmachts- und SS-Offiziere ihr Geld zu

verschwenden pflegten. Beide spielten dort noch acht Monate lang, nachdem durch Anschlag längst bekanntgegeben worden war, daß Juden in diesen noblen Räumen »nichts zu suchen« hätten. Danach wurden sie an das Kaffeehaus »Nice« in der ehemaligen Fochstraße verwiesen, das als einziges Etablissement dieser Art für die jüdische Bevölkerung bestimmt war (bevor es dann im Herbst 1942 geschlossen wurde).

Sattler griff denn auch in dieser Umgebung sogleich zu seiner Geige, die er beim Transport mitgenommen hatte, und war bemüht, sich den bestehenden Verhältnissen anzupassen. Musik war hier etwas Anderes und Neues, gewissermaßen etwas Heiliges; die Menschen kamen nicht mehr, um sich bei Musik zu unterhalten, sondern um sich in aller Ruhe den Klängen seiner Geige und den altvertrauten Melodien zu überlassen. Sattler und Meyer zu hören, gehörte in Theresienstadt zu den Erlebnissen, die man nicht vergaß; auch im schäbigsten Raum noch packten sie ihre Instrumente aus und spielten gerne. Menschen, die danach hungerten, diese Melodien noch einmal zu hören, fanden sie überall – in Kellern, auf Dachböden und in Krankenstuben, unter Alten genauso wie unter Jungen. Als dann in Theresienstadt das »Kaffeehaus« eröffnet wurde, traten sie fast nur noch dort auf.

Bald jeden Tag spielten sie dort von 16 Uhr an und manchmal bis tief in die Nacht hinein Melodien und Volkslieder aus aller Herren Länder, ebenso Tanzmusik und Potpourris aus Operetten und Opern. Man lauschte hingebungsvoll und dankte es ihnen – nicht selten mit Tränen der Rührung. Das war nicht mehr jenes Publikum, das für sein Geld Zerstreuung haben will, noch waren es gebildete Kenner der Musik, die bestimmte Interpretationen von Symphonien oder Kammermusik erwarteten. Das Publikum hier im Ghetto war eine sehr feinfühlige Zuhörerschaft, die für Musik sehr empfänglich geworden war. Die aufgewühlten, schmerzenden Seelen brauchten Musik. Sattler und Meyer hatten das sofort gespürt. Sie legten in ihr Spiel ihr ganzes Können und vermittelten den Menschen Erlebnisse, von denen sie zehren konnten.[4]

Wie schon erwähnt, gab es in der populären Musik so gut wie kein Stück, das Sattler und Meyer nicht beherrschten. Die Zuhörer in Theresienstadt konnten sich von diesem Wunder-Duo alles wünschen, was sie hören wollten. Die beiden enttäuschten nie. Noten hatten sie keine, sondern spielten alles auswendig. Sie boten auf, was sie jemals einstudiert hatten. Schranken der Zensur, die ihnen bei der Auswahl sonst gesetzt worden wären, gab es hier in Theresienstadt nicht. Wo sonst als in Theresienstadt hätte man damals in Europa an einem Abend russische Romanzen, englische, chinesische, dänische, norwegische Lieder, amerikanische Schlager und Evergreens hören können, aber auch sonst überall verbotene jüdische Lieder, nach denen das Publikum am meisten hungerte?

Daß Barmusik, wie Sattler und Meyer sie spielten, etwas anderes als banales, sentimentales Entertainement sein konnte, geht aus einer Tagebucheintragung hervor, die die Eindrücke nach einem Abend des Sattler-Meyer-Duos recht authentisch wiedergibt. Es sind Notizen von Willi Mahler, der an einem Sonntag, dem 26. September 1943, von Sattlers Violinenspiel fasziniert war, das in einer 20 Minuten langen Folge die bekanntesten Arien aus *Tosca*, *Aida*, *La Traviata*, *Carmen*, *Tiefland* und *La Bohème* aneinanderreihte und bei einem kultivierten Menschen wie Mahler, der alle diese Opern von Bühnenaufführungen her kannte, Bilder seines früheren Lebens beschwor, Erinnerungen an Prag, an Theater- und Konzertabende:

»Ich ergab mich ganz dem Zauber der Musik, die fröhlich und auch feierlich klang. Es war wirklich eine süße Sprache, die Sattler mit seinem Gefährten vorführte. Die einschmeichelndsten und feinsten Töne der berühmten Opern ließen in mir Erinnerungen aufleben [...]. Für zwanzig Minuten lebte ich außerhalb von Theresienstadt. Ich erlebte in dieser kurzen Spanne viel Schönes und dankte der Musik dafür, daß sie uns soviel Erquickung bringt, wie wir sie hier brauchen, und auch so viele schöne Erinnerungen. Ich vergaß ganz, wo ich mich befand. Nur schwer wurde ich mir nachher dessen bewußt, daß ich in einem modernen Ghetto des zwanzigsten Jahrhunderts neben meiner jetzigen Freundin saß, unter lauter mit dem sechszackigen schwarzgelben Stern und der Aufschrift *Jude* gekennzeichneten Menschen. Uns gegenüber saß ein älteres Ehepaar. Er mochte an die siebzig sein, sie um sieben Jahre jünger. Sie hielt noch immer seine Hand und drückte ihre tränenbenetzte Wange hinein. Es war rührend, wenn auch ein Ausdruck von Schwäche, sicher hervorgerufen durch schöne Erinnerungen. Und als ich aufmerksam umherblickte, stellte ich fest, daß das Opern-Potpourri einen tiefen Eindruck hinterlassen hatte. Es herrschte eine seltsame Stille. Dann nahmen einige Frauen wieder ihre Häkelarbeit in die Hände, und ein Invalide nahm aus der Tasche ein Buch, um zu lesen. In was für einem sonderbaren Kontrast erschienen jetzt Ungars Ghettomotive, Zeichnungen, die so traurig und so lebensnahe waren im Verhältnis zur hinreißenden Musik. – Und als wir dann den Raum verließen, in dem die Sauberkeit der Tischtücher und der ganzen Einrichtung uns an jene Welt erinnerte, aus der wir hier herzukommen gezwungen worden waren, wurde mir bewußt wie niemals vorher, daß die Zeit unserer Befreiung aus der Knechtschaft bald kommen wird und daß wir dann all das Schöne, Zauberhafte und Liebliche, an das uns heute die Musik erinnert hat, als redliche und freie Menschen in Frieden, Ruhe und Ordnung wieder werden erleben können. Und wie noch nie zuvor sehnte ich mich nach Freiheit und nach meinem Heim.«[5]

Sattler und Meyer gehörten, ohne es zu ahnen, zu jenen ausgewählten Häftlingen, die bis zum Herbst 1944 vor den gefürchteten Transporten in den Osten geschützt waren. Am 28. September 1944 jedoch wurde Sattler deportiert, Meyer nur wenige Tage später. Von den 3000 Häftlingen, die den ersten Transport bildeten, wurden in Auschwitz 2400 sofort in die Gaskammern getrieben, nur 600 überstanden die Selektion an der Rampe, wurden ins Lager geschickt und den Kommandos für Schwerstarbeit zugewiesen. Als Sattler vor dem »schönen« Dr. Mengele stand und angab, Musiker zu sein, wurde er der Gruppe zugewiesen, die ins Lager sollte. Man schor ihm den Schädel kahl und bearbeitete ihm das Gesicht mit stumpfen Rasierklingen. Sogar die Kleidungsstücke, die sie von Theresienstadt her noch am Leib trugen, waren zu nobel und »zu schön«; statt diesen bekamen sie die schauderhaften Fetzen, die in Auschwitz üblich waren. Sein persönliches Eigentum wurde Sattler abgenommen, auch die Geige. Doch es hatte sich in Auschwitz sehr schnell herumgesprochen, daß Sattler eingetroffen sei, und schon nach dem ersten Appell wurde sein Instrument vom »Kanada«-Kommando wieder herausgegeben. Als man ihn auch nach Kurt Meyer fragte, antwortete Sattler, der treffe mit dem nächsten Transport ein und man lasse am besten alle Musiker mitsamt ihren Instrumenten gesondert antreten. So wurde nicht nur Kurt Meyer, sondern mit ihm wurden 35 weitere Musiker vorläufig vor dem Gas bewahrt, aber nicht nur Musiker, sondern darunter auch Männer, die ein Instrument nur deshalb in die Hand genommen hatten, weil sie ahnten, das könne von Vorteil für sie sein. Sattler und Meyer wurden neu eingekleidet, diesmal in annehmbare Anzüge, erhielten ein gesondertes Quartier und Sonderrationen an Essen und Zigaretten. Sie wurden wieder die »prominenten« Musiker, hatten nun aber die Pflicht, nicht für Mithäftlinge, sondern für ihre Unterdrücker zu spielen. Denn ein betrunkener SS-Mann braucht schließlich Musik! Sie, die »Könige der Barmusik«, erspielten sich täglich das Recht, noch einen Tag länger zu leben. Drei Monate lang, Tag und Nacht, mußten sie den SS-Leuten bei ihren Gelagen aufspielen; sie konnten froh sein, sich vormittags etwas ausruhen zu dürfen. Je näher die sowjetischen Truppen rückten, desto trostloser und fatalistischer wurde die Stimmung in der SS-Garnison. Illusionen über einen siegreichen Ausgang des Krieges machten sie sich jetzt nicht mehr. Das Bewußtsein, daß ihre Herrentage ganz abrupt zu Ende gehen würden, überspielten sie mit sadistischen Exzessen oder ertränkten es im Alkohol.[6] Für die beiden Musiker war das eine Gratwanderung: Eine dumme Ungeschicklichkeit, ein kleiner Fehltritt konnte jederzeit zum Tod in der Gaskammer führen. Einzig der Umstand, daß sie alles spielen konnte, was den SS-Leuten in den Sinn kommen wollte, bewahrte sie bis zum Schluß davor, daß die SS die beiden Musiker, die Zeugen ihrer Orgien geworden waren, nicht umbringen ließ.

Die Auflösung und Evakuierung von Auschwitz kam plötzlich und überraschend, es war Winter, Januar 1945. Sattler wurde nach Sachsenhausen deportiert. Zwei Wochen später wanderte er als einer der Elendesten nach Kauffering und weiter – auf einem sechzig Kilometer langen Hunger- und Todesmarsch nach Dachau, wo er am 29. April 1945 befreit wurde. Seine Violine hatte er schon in Auschwitz verloren. Auch Meyer wurde wie durch ein Wunder gerettet. Alle Häftlinge mit Namen bis zum Buchstaben »M« wurden Richtung KZ Buchenwald dirigiert, das freilich nur ein Bruchteil der Häftlinge erreichte, weil viele die furchtbaren Fußmärsche, halb verhungert und in Schnee und Kälte, nicht überstanden. Meyer erkrankte an Flecktyphus und wurde – schon in Agonie – auf einen Leichenberg geworfen, genau an dem Tag, an dem das Lager von den Alliierten befreit wurde; Meyer wurde nur zufällig von einem alten Freund aus Karlsbad entdeckt, der bemerkte, daß der Pianist noch atmete.

Hatte damit ein schweres Schicksal ein glückliches Ende gefunden? So einfach zu bejahen ist das nicht. Sie hatten überlebt, nicht aber so viele Freunde und Verwandte, ihre Väter, Mütter, Frauen, Söhne und Töchter. Meyer hatte seiner greisen Mutter in den Waggon geholfen, der sie nach Auschwitz brachte. Sattlers Vater war in Theresienstadt verhungert, seine Frau und seine drei Söhne waren in den Gaskammern von Auschwitz ermordet worden. Er selbst hatte sich in seiner ohnmächtigen Verzweiflung in den elektrisch geladenen Zaun stürzen wollen, wovon ihn nur ein Wächter – »Du mußt noch für uns spielen!« – abgehalten hatte. Also spielte er. Aber gibt es einen größeren Schmerz als den, Zeuge der bestialischen Ermordung unserer Nächsten zu werden? Wird eine Seele, die solche Greuel kennt, je wieder in ein freies, in ein heiteres Leben zurückfinden können? Der Preis, der für das Überleben bezahlt werden mußte, übersteigt jegliches Maß.

Emil F. Burians Weg durch deutsche Konzentrationslager

»E. F. Burians Theater mußte geschlossen und aufgelöst werden, er selbst hinter die Stacheldrähte eines Konzentrationslagers. Es besteht kein Zweifel, daß die vorübergehenden Machthaber, diese verbissenen Feinde der Menschlichkeit, vom ersten Augenblick an, da sie in Böhmen eingefallen waren, es auf Burian abgesehen hatten. Sofern sie sich ein wenig Zeit ließen, bevor sie ihn im Jahre 1941 wegen der Aufführung von Přecechtěls Ballett *Das Märchen vom Tanz* verhaftet hatten, geschah das nur deshalb, weil sie vor Europa, über das sie heimtückisch herzufallen sich anschickten, das Gesicht wahren wollten. Burian war in der Welt bekannt; was auf der Bühne seines Theater gemacht wurde, hat man in einer ganzen Reihe von Ländern voller Bewunderung und mit großer Aufmerksamkeit verfolgt. Sobald aber die Nazis keine Rücksichten mehr kannten, mußte Burian – wie Tausende anderer Kommunisten – den Platz räumen.«[1]

Damit hat der Regisseur Antonín Dvořák den Kern der Sache getroffen. Schon zur Zeit der ersten Republik war Burians Arbeit, der sich von sowjetischen Vorbildern beeinflussen ließ, bei den Rechten als marxistisch verschrieen. Die späteren Regiearbeiten, die einen gewissen Nationalismus aufgreifen, waren sowohl den Helfershelfern der Okkupanten (z. B. die sogenannten Vlajka-Leute) suspekt wie auch den Nazis selbst. Der Widerstand gegen das faschistische Regime war allzu deutlich herauszuspüren.[2]
Burians Verhaftung am 12. März 1941 erfolgte zwangsläufig. Sein Theater wurde geschlossen, die meisten Mitarbeiter wurden mit ihm ins Gefängnis gesteckt. Die Verhöre in Prag begannen schlimm, aber die Gestapo griff nicht zu Foltermethoden, da der weltbekannte Theaterregisseur nichts zu verraten hatte, was die Besatzer nicht schon wußten. Er war Kommunist – daraus hatte er noch nie ein Hehl gemacht –, doch stand er zu sehr im Rampenlicht, als daß er den Widerstandsgruppen im Untergrund hätte von Nutzen sein können. Er kämpfte auf der Bühne seines Theaters und in der Presse, er nutzte jede sich bietende legale Gelegenheit, den Tschechen durch seine Arbeit zu zeigen, wie sie Stolz und moralisches Rückgrat wahren konnten. Für die Gestapo hieß das, das Forum zu zerschlagen, das er in seinem Theater hatte. Unter dem Vorwand, eine »Verschwörung gegen das Deutsche Reich« aufgedeckt zu haben – Beweise konnten nie erbracht werden –, nahm man Schauspieler und

Theaterpersonal fest und deportierte sie in verschiedene Lager. Drei Mitarbeiter seines Theaters sind dabei ums Leben gekommen.
Burians Charakterfestigkeit und sein Wille, sich von der SS nicht unterkriegen zu lassen, wurde in keinem Gefängnis oder Lager gebrochen. Um detailliert nachzeichnen zu können, was auf den verschiedenen Stationen seines Leidensweges geschehen ist, wissen wir zu wenig. Seine eigenen, eher literarischen Texte geben über sein persönliches Schicksal zu wenig Auskunft. Wir können also nur versuchen, in groben Zügen seine weitere künstlerische Arbeit zu beschreiben.
Emil František Burian kam im Frühjahr 1941 in die »Kleine Festung«, nachdem ihn die Gestapo in Prag nicht mehr »brauchte«. Hier mußte er abwarten, wie über sein weiteres Schicksal entschieden werden würde; indes trug in Prag sein Häftlingsdossier bereits das Kürzel »RU«, was in der Amtssprache der Okkupanten bedeutete »Rückkehr unerwünscht« – sozusagen die Ehrenbezeichnung für die, die die Nazis für »unverbesserlich« hielten, die nicht »erziehbaren« Feinde des Regimes, die auch nach Verbüßung der festgesetzten Haft nicht wieder nach Hause entlassen werden sollten. Mit einigen anderen elenden und halbverhungerten Häftlingen, darunter dem Prior von St. Thomas in Prag, brachte man ihn in einem Polizeiwagen nach Theresienstadt und steckte ihn in die Zelle 12. Dort freilich nahmen sich Genossen seiner sofort an.[3] Geschwächt wie er war, hätte das erste Kommando, dem er zugeteilt wurde – Schwerstarbeit auf den Schanzen mit Schaufeln, Spitzhacken und Schubkarren, bei der den Häftlingen keine Minute Rast gegönnt wurde –, seines Gesundheitszustandes wegen die völlige Erschöpfung bedeutet. Deshalb setzte sich die illegale Häftlingsorganisation für ihn ein und konnte ihm eine Arbeit in der Waschküche verschaffen, die weniger anstrengend war. Hier konnte man überleben; die Häftlinge halfen einander und durften miteinander sprechen.[4]
Doch erst in den Abendstunden konnte Burian den Leidensgenossen das vergelten, was sie tagsüber für ihn taten. Dazu hatte er nicht viel mehr als sein gesprochenes Wort, seine Erläuterungen, Gedanken und Bewertungen zur politischen Lage; für seine Mithäftlinge war das etwas ganz Wichtiges. In diesen Monaten nämlich erreichten die deutschen Truppen die Adria, sie rückten auf dem Balkan vor und schickten sich an, die UdSSR zu überfallen. Die politischen Perspektiven waren zum Fürchten, Aufstieg und Sieg der Nazis schienen unaufhaltbar. Und an diesen Fragen hing alles, das Schicksal ihres Landes, das Schicksal Europas, aber auch das eines jeden einzelnen.
Jetzt freilich gab es einen unter den Häftlingen, der mit analytischem Scharfsinn zu beobachten verstand. Vor Zellenabschluß versammelten sich bei Burian zahlreiche Genossen, die mit ihm debattieren wollten. Über die militärischen Kräfteverhältnisse wurde diskutiert

und über die Rolle der Sowjetunion; und wenn ihnen Burian darlegte, warum die Nazis diesen Krieg am Ende verlieren müßten, hatte er aufmerksame Zuhörer. Er hielt hinter verschlossenen Türen regelrechte Vorträge und führte politische Schulungen durch. In einigen Erinnerungsberichten werden die Ausstrahlung Burians und seine kraftvolle Persönlichkeit sehr plastisch und deutlich; er war in der Lage, sich den Haftbedingungen gut anzupassen. Er sprach über seine Arbeit im Avantgarde-Theater, über Bühnen und Kunst in der Sowjetunion, brachte ihnen revolutionäre Lieder bei, und als die Deutschen in der UdSSR einfielen, war er derjenige, der leidenschaftlich von der Unbesiegbarkeit der Roten Armee überzeugt war.[5]

Burian kannte die Befürchtungen seiner Mitgefangenen und bemühte sich, ihren Ängsten nicht nur durch Gespräche, Argumente oder Vorträge entgegenzuwirken, sondern sie auch mit Humor und durch Lachen zu zerstreuen. Rudolf Dubský erinnert sich, daß Burian, als sie einmal über die Zeit nach dem Kriege sprachen, ihnen von einem Roman erzählte, den er schreiben wolle und dem er den Titel *500 Schwejks* geben werde.[6]

Er selber war nicht jemand, der sich mit der Häftlingsrolle hätte ganz abfinden können, zu der beispielsweise gehört, es Nicht-Häftlingen gegenüber nie an dem geforderten Respekt fehlen zu lassen. So kam während seiner Haft in Theresienstadt ein Filmteam des Ateliers Barandov in die »kleine Festung«, um Aufnahmen für einen deutschen Film zu machen, *Die Kameraden*. Draußen war es warm, aber die Handlung spielte im Winter, deshalb wurde eine Gruppe Häftlinge, darunter auch Burian, dazu abkommandiert, künstlichen Schnee an alle vorgesehenen Drehorte zu schaufeln. Als der Regisseur, ein Deutscher, ihn anstarrte und erstaunt fragte, was er da mache, antwortete Burian: »Das sehen Sie doch!« und entfernte sich ohne ein weiteres Wort.[7] Ein andermal grüßte Burian den gefürchtetsten Mann in der Festung, Kommandant Jöckel, nicht in der genau vorgeschriebenen Weise, wie das Häftlingen befohlen war. Das war eine Saloppheit, die ihm eine so brutale Ohrfeige einbrachte, daß sein Hörvermögen auf längere Zeit beeinträchtigt wurde.[8]

Das brachte ihm berechtigte Warnungen, aber auch die Bewunderung seiner Mithäftlinge ein, was sich etwa darin äußern konnte, daß er, als er Mitte Juni 1941 in das Gefängnis Golnow überstellt wurde, in seinen Taschen Nahrungsmittel fand, die seine Freunde für ihn in der Zelle zusammengespart hatten.

Bedrohlicher wurde seine Lage in Dachau. Hier ging es nicht mehr nur um die Demütigung des Künstlers, dessen aufsässiger Geist gebrochen werden sollte, sondern um die physische Vernichtung. Nachdem Burian einige Tage lang in den »Plantagen« eingesetzt worden war, wurde er in die Strafkompanie eingewiesen. Häftlinge, denen das widerfuhr und die dann nicht nach kurzer Zeit wieder einem anderen Kommando zugeteilt wurden, hatten kaum eine Chance zu überleben. Viele warfen sich aus Verzweiflung in den elektrisch geladenen Zaun, um diese Quälerei durch Selbstmord zu beenden. Als Burian eintraf, zählte die Kompanie 937 Häftlinge. Als er 14 Monate später Dachau verließ, waren von diesen noch fünf am Leben; die Toten wurden sofort durch andere Häftlinge ersetzt, meist ebenfalls »RU«-Kandidaten, die aus dem KZ niemals entlassen werden sollten. Nur mit viel Glück und dank seiner inneren Festigkeit konnte Burian dieser Hölle entkommen.

In der Strafkompanie war alles – sogar das Bettenbauen und Putzen – Teil der verschärften Strafe. Schon nach wenigen Tagen machte Burian eine jener demütigenden Selektionen mit, bei denen die Häftlinge nackt im Kreis um den Lagerkommandanten herumlaufen mußten, und dieser durch Fingerzeig aussortierte, wer dem Invalidentransport zugewiesen wurde – was die Gaskammer bedeutete. Mit Glück überstand er dies.[9]

Kapo und Blockältester der Strafkompanie war ein Deutscher aus Prag namens Kalbavi, der gut Tschechisch sprach. Er war ein großer, ungeschlachter und roher Kerl, der Menschen mit dem »Bügelbrett« – einem Stück Holz, mit dem man die Pritschen glattstrich – erschlagen konnte, um auf diese Weise eine zusätzliche Essensration zu ergattern. Glücklicherweise hatte Burian bei ihm einen Stein im Brett. Abends pflegte Kalbavi – unter Totenstille der versammelten Häftlinge des Blocks – auf der Zither zu spielen; als er erfuhr, daß Burian Harmonika spielte, wollte er von ihm begleitet werden und besorgte ein Instrument. Sein Lieblingslied, das immer wieder gespielt werden mußte, war *Lili Marleen*. War erst dieser Programmpunkt abgehakt und Kalbavis Wünsche erfüllt, machte Burian die rituellen Ständchen für den Kapo zu einer Art Musikabend, von dem die geschundenen und erschöpften Häftlinge etwas hatten.[10]

Als Gegenleistung erhielt Burian hier und da etwas zusätzlich zu essen. Das war ausschlaggebend dafür, daß er überlebte. Andererseits verließ ihn in einem schwachen Augenblick seine Nervenstärke. Kalbavis Forderung, zum tausendsten Mal *Lili Marleen* herunterzunudeln, ging ihm so gegen den Strich, daß er sich weigerte. Vor allen Häftlingen erklärte er: »Scheißdreck, ich spiel nicht!« Das war eine Revolte, für die Kalbavi jeden anderen totgeschlagen hätte. Wütend fiel er über ihn her und schlug ihn so, daß er blutüberströmt über seiner Harmonika zusammensank und zu Boden stürzte. Aber weil es Burian war, begnügte sich Kalbavi damit und ließ den am Boden Liegenden wegtragen.

Burian blieb nichts anderes übrig, als für Kalbavi wieder *Lili Marleen* zu spielen. Nicht lange danach, brütete er die Idee aus, den Blockältesten dafür zu gewinnen, eine Theaterveranstaltung zu organisieren. Er köderte ihn mit der Ankündigung, ihm zu Ehren *Cyrano*

von Bergerac einstudieren zu wollen. Kalbavi fühlte sich geschmeichelt und gab seine Zustimmung. Es wurde eine ganz besondere Version von Rostands *Cyrano*, die Burian da für seine Mithäftlinge aufführte, um sie ihrer Apathie zu entreißen. Er machte ein Zwei-Personen-Stück daraus, er selbst fungierte als Erzähler, Rezitator und Musiker, während Antonín Libiger, ein hochbegabter Student, den szenisch-mimischen Part übernahm. (Von Libigers Talent war Burian so begeistert, daß er ihm versprach, ihn nach dem Krieg in sein Ensemble aufzunehmen. Der junge Bursche hat freilich das Lager nicht überlebt, er wurde in der Strafkompanie erschlagen.)
Endlich war es soweit. Zur Premiere rückten die Häftlinge einige Tische zusammen und hängten Leintücher darüber. Und da der Wachposten auf dem naheliegenden Turm neugierig war und sehen wollte, was da im Block passierte, richtete er seinen Scheinwerfer durch das Fenster auf die improvisierte Bühne. Alle 900 Häftlinge der Strafkompanie sahen dieser Vorstellung zu; wer keinen Platz mehr im Raum fand, stellte sich an eines der Fenster. Im bunt zusammengewürfelten Publikum waren Häftlinge aus zehn verschiedenen Nationen. Burian hatte deswegen den Text in mehrere Sprachen übertragen, und sprang bei seiner Rezitation von einer Sprache in die andere. Libiger begleitete den Text und die Instrumentalmusik pantomimisch, die Burian nach Notizen improvisierte. Die Musik stand im Mittelpunkt der Inszenierung. Es war hinreißend, und die Resonanz bei den Zuschauer sprang auf Burian zurück, der völlig selbstvergessen und vielleicht so konzentriert spielte wie nie zuvor. Er hatte völlig vergessen, wo er war. Bei Cyranos Worten: »Saget selbst, geziemt sich so etwas? Den Rücken stets krümmen, nach Protektion trachten, wie kriechender Efeu den mächtigen Stamm umschlingen, sich wie ein Schmarotzer gebärden und die Rinde lecken, nicht mit eigener Kraft, nur durch List hinaufklettern«, erreichte die allgemeine Erregung ihren Höhepunkt. Einige Häftlinge hielt es nicht mehr auf ihren Sitzen. Aber Kalbavi war nun aus seiner Verblüffung erwacht und begann jetzt rücksichtslos auf alle einzuschlagen, die in seiner Nähe saßen. Ein wüstes Getümmel inner- und außerhalb des Raumes war die Folge. Die Vorstellung wurde abgebrochen. Erst am folgenden Tag, als Burian und Libiger das Stück nochmals aufführten, konnten die Häftlinge, die nun vorsichtiger waren, das ganze Stück sehen.[11]
Weshalb die Häftlinge von diesem Spiel so gepackt wurden, braucht man wohl nicht zu erklären, für sie war das ein Stück Protest gegen die erbarmungslosen Verhältnisse. Burians Musik riß die Häftlinge des Strafblocks aus ihrer Lethargie, und ein solches Atemholen für den Überlebenswillen hat sicher manch einem geholfen, sich nicht aufzugeben.
Burian selbst hätte die Verhältnisse in diesem Block und die maßlose Tortur der Arbeit nicht lange ausgehalten. Das war ihm wie auch den

Mitgliedern der Untergrundorganisation klar. Aber wie konnte man hier herauskommen? Um eine Krankheit vorzutäuschen, wurde ihm heimlich eine Milchinjektion verabreicht. Burian bekam 40 Grad Fieber, wurde in den Krankenbau eingewiesen und zu den Tuberkulosepatienten gelegt, die dem Tod entgegendämmerten.[12] Und nachdem er sich nach einiger Zeit dann erholt hatte, wurde er in den tschechischen Block gebracht, wo es erträglicher zuging. Er wurde einem der Kommandos zugeteilt, die Zwangsarbeit in einem der SS-eigenen Wirtschaftsbetrieb zu leisten hatten.
In den 14 Monaten, die er vom 27. Juni 1941 bis zum 7. August 1942 in Dachau verbrachte, unterhielt Burian auch Kontakte zu den zahlreichen Musikern. Doch war es ihm nie möglich gewesen, in den Kreisen der Musiker-»Prominenten« Fuß zu fassen, wo die Atmosphäre von Eifersüchteleien und Rangeleien um Positionen vergiftet war. Daß Burian der begabteste Musiker damals in Dachau war, war kein Geheimnis. Trotzdem nahm man ihn nicht ins Lagerorchester auf. Kapellmeister Kozlík, völlig abhängig von der SS, verhinderte das, weil er in Burian einen möglichen Konkurrenten witterte. Er setzte den Künstler nur als Sänger in der Jazzkapelle ein, die gerade gegründet worden war, und ließ ihn beispielsweise zum Geburtstag des Lagerältesten Kapp, der mit allem Brimborium gefeiert wurde, deutsche Schlager »vom Blatt singen«, wie sich ein Augenzeuge erinnert.[13]
Doch der unternehmungslustige Burian wäre nicht er selbst gewesen, wenn er sich damit begnügt hätte. Wenn man ihn in der Kapelle nicht wollte, so sollte man ihn anderenorts hören können. Als er erfuhr, daß Heinrich Himmler Dachau besuchen würde, ließ er verlauten, zu diesem Anlaß eine »schwungvolle Komposition« schreiben zu wollen. Josef Ulc, der Vertreter des Kapellmeisters, gab das weiter, bis diese Neuigkeit auch Lagerkommandant Weiss zu Ohren kam. Der war davon sehr angetan. Offiziell – vor Kozlík und allen anderen Musikern – gab sich jedoch Ulc als Komponist aus und instrumentierte nach Burians Vorgaben.
Es war tatsächlich eine »schöne« Komposition geworden. Sie auf dem Appellplatz vor den SS-Göttern und allen Häftlingen zu spielen, verlangte allerdings eine Portion Teufelsmut. Als auf dem Appellplatz nach dem Befehl »Mützen ab!« der Lagerkommandant der Kapelle das Zeichen gab, vor den Gästen – Himmler, Pohl und mehreren Generälen – das neue Werk aufzuführen, erklang eine Musik im frechen Polkarhythmus. Die eigentliche Frechheit des Stücks war freilich nicht ganz so schnell zu erkennen, die Tonfolge seines Leitmotivs bildeten *c, d, e, c, d, c.* Dem hohen Besuch fiel nichts auf; aber allen Häftlingen, denen der Sinn dieses Motivs klar war – es hieß soviel wie: »Leckt uns ...!« – stockte das Blut, und deren Erstarrung löste sich erst, als einer der Generäle, nachdem er sich beim Kommandanten erkundigt hatte, was das für ein Stück sei,

meinte: »Wirklich, fabelhafte Musik das!« – woraufhin jedem Musiker ein Stück Brot mit Marmelade als Extraration zugeteilt wurde.[14] Mehr als ein- oder zweimal wagte aber niemand mehr, das Stück zur Aufführung zu bringen und der Sicherheit der Musiker wegen wurden die Noten vorsichtshalber vernichtet.

Das war kein Späßchen mehr und war mehr als eine Schwejkiade einer biederen tschechischen Seele. Nur um einen Witz zu machen, hätte in Dachau niemand – auch Burian nicht – so viel riskiert. Aber es ging dabei weniger um Himmler und die anderen anwesenden Nazigrößen. Es war etwas, was für Burian ganz typisch war: Die Häftlinge sollten einen Grund haben, wieder ein wenig an sich selbst zu glauben. Burian, der schon in der Strafkompanie seinen Kopf riskierte, als er sich nicht länger zur Kreatur des Blockältesten machen lassen wollte, hatte damals zu einem Freund gesagt: »Konnte ich denn etwas anderes machen, wenn die Augen so vieler Menschen auf mich gerichtet waren?« Eine Gelegenheit wie die, wo 20000 Häftlinge als arme Teufel vor dem allmächtigen Herrn auf dem Appellplatz anzutreten hatten, konnte man einfach nicht verstreichen lassen. Nein, sie waren nicht der letzte Dreck, das Recht stand auf ihrer Seite. Die Zukunft würde das zeigen.

Da sich alles in ihm sträubte, vor den Lagerherren den Rücken zu beugen, war Burian ständig in Gefahr. Wenn er nichts sonst in der Hand hatte, machte er gepfefferte Bemerkungen über die Nazis und SS-Leute. Das sprach sich herum und schon bald gab ihm ein SS-Mann zu verstehen, daß man mit ihm gelegentlich noch abrechnen müsse. Das war nicht auf die leichte Schulter zu nehmen, der Boden begann für Burian in Dachau zu heiß zu werden. Deshalb wurde Burian von der illegalen Häftlingsorganisation in eine Transportliste für ein anderes Lager hineingemogelt; ihre Hand im Spiel hatten dabei Dr. Matějka, ein Tscheche, und der Deutsche Karl Röder. Ob er dabei nicht womöglich vom Regen in die Traufe käme, konnte niemand wissen – um so mehr, als der betreffende Transport eine Strafkolonne war. Wenn Burian am Leben bleiben sollte, mußte dieses Risiko eingegangen werden.

Schließlich verschlug es Burian in ein anderes Konzentrationslager. Am 7. August 1942 traf er im KZ Neuengamme in der Nähe von Hamburg ein. In diesem Lager waren insgesamt 101000 Häftlinge, 55000 haben es nicht überlebt. Zur Zeit von Burians Ankunft lebten etwa 3000 Häftlinge im Hauptlager und weitere 12000 in Nebenlagern; darunter war auch eine kleine tschechische Gruppe (von 800 Tschechen, die insgesamt im KZ Neuengamme gewesen sind, sind nur 260 nach Hause zurückgekehrt). Nach Dachau war Neuengamme zunächst eine Verbesserung. Burian wurde in der Hamburger Fabrik MESSAP eingesetzt, beim Apparatebau für die Rüstung. Unter den Tschechen fanden sich gute und hilfsbereite Kameraden, beispielsweise Jaromír Kaštil aus Prostějov, Adolf Cejpek aus

Lovosice oder Josef Holý aus Šumperk. Burian war geschickt und stieg sogar zum Kontrolleur bei der Fertigungsabnahme auf. Da er das schnell und gründlich erledigte, blieb ihm Zeit für sich selbst, und er fing an, Französisch zu lernen, und schrieb sogar Gedichte.[15] Burian schloß sich in dieser Zeit aber auch einer konspirativen Gruppe von Tschechen an, die großen Einfluß auf kulturelle Veranstaltungen hatte.[16]

In Neuengamme nützte die Lagerprominenz wie in jedem anderen KZ die Samstage und Sonntage so oft es ging für persönliche Feiern. Es wurde für Essen und Trinken gesorgt, was wer-weiß-wo »organisiert« worden war. Dabei hatte auch die Lagerkapelle zu spielen. Burian machte mit, weil ihm das etwas einbrachte: Von großem Wert hielt er solche Veranstaltungen nicht. Seinem Freund gegenüber, Dr. Miroslav Krčmář, konnte er sagen: »Jetzt gehe ich mich wieder prostituieren«. Er spielte am Klavier zusammen mit zwei Geigern und einem Schlagzeuger; tschechische und deutsche Schlager standen auf dem Programm, manchmal sang er auch.

Wenig mit derartiger Unterhaltungsmusik hatte es zu tun, wenn in den Blocks für die gewöhnlichen Häftlinge musiziert wurde. Als Mitglied der konspirativen Gruppe hatte Burian nicht wenig Verdienst daran, daß das organisiert wurde. Ein vom Hunger gequälter Häftling hatte nichts zu feiern: Was er brauchte, war nicht Zerstreuung, sondern moralischer Halt und Zuspruch. Bei solchen Gelegenheiten sang Burian Chansons, neben anderen Tschechen aus dem Lagerorchester traten auch der spätere Opernsänger Jaromír Erben, die Geiger František Kraus und Vladimír Slavík sowie ein Chansonier aus Frankreich auf, der allgemein »La grande Jeanette« genannt wurde, weil er ein so distinguiertes Auftreten hatte. Burian trug auf die ihm eigene, bezwingende Weise von ihm im Lager verfaßte Gedichte vor. Leider sind alle Texte später bei der Versenkung der »Cap Arcona« verlorengegangen.[17]

Eine ähnliche Führungsrolle wie Burian bei den Tschechen hatte der Theater- und Filmschauspieler Erwin Geschonnek bei den deutschen Häftlingen. Beide freundeten sich bald an und arbeiteten zusammen. Wenn Geschonnek sang, begleitete Burian ihn am Klavier; ihre gemeinsame Darbietung von Auszügen aus Brecht/Weills *Dreigroschenoper* gefiel vor allem den deutschen Antifaschisten im Lager.[18]

Erstaunlicherweise wurde in Neuengamme immer Weihnachten gefeiert. Am Appellplatz stand ein großer Tannenbaum, der mit bunten Glühbirnen geschmückt war. Welch ein Paradox: das Symbol einer ruhigen und besinnlichen Adventszeit im KZ! Im steinernen Block gegenüber der Küche wurden im großen Saal, in dem 500 Personen Platz fanden, Weihnachtsveranstaltungen abgehalten, an denen Häftlinge aus allen Ländern Europas teilnahmen. Seit 1941 sang Jaromír Erben hier an Weihnachten Dvořáks *Durch die Fremde sind wir gezogen [My cizinou jsme bloudili]*; zur Weihnachtsfeier 1944 hatte Burian ein eigenes Werk uraufgeführt. Zusammen mit Geschonnek, einem großen Chor und einem 20köpfigen Streichorchester hatte er eine Kantate vorbereitet, den *Song von der Kuhle*. Die Premiere dirigierte der Tscheche Bohumil Mrklas. Sie hatte großen Erfolg; Text und Musik drückten das aus, was jeder verstand. Die erste Strophe lautete:

»Unser täglich Brot ist ein hartes Brot,
schmeckt nach Blut, schmeckt nach Schweiß, schmeckt nach Tränen.
Ist die Arbeit herum, dann verzehren wir stumm,
dann zermahlen wir schnell mit den Zähnen unser tägliches Brot!
Unsere Kuhle!«[19]

In keinem Wörterbuch findet man die Erläuterung, was »Kuhle« hier bedeutet. Nur ältere Häftlinge, die aus Esterwegen nach Neuengamme gekommen waren, wußten, woher dieses Wort stammte: Ursprünglich war damit das Stück Torf gemeint, das jeder Häftling täglich in Esterwegen aus dem Moor zu stechen hatte. Für dieses Pensum erhielt er dann eine Scheibe Brot – eine »Kuhle« Brot. Verse wie Partitur sind verlorengegangen. Miroslav Krčmář hat zwar später versucht, einige Teile aus dem Gedächtnis zu rekonstruieren, aber aus diesen Fragmenten auf den Gesamtcharakter des Stückes zu schließen, ist nicht möglich.[20]

1944 erkrankte Burian, er bekam eine gefährliche Lungenspitzenentzündung, der er mit Sicherheit erlegen wäre, wenn in Neuengamme nicht einige tschechische Mithäftlinge, der Arzt Dr. Bohuslav Došlík und Arnošt Losenisky, Verbindungen zu Došlíks Bruder Václav in Prag unterhalten hätten. Auf diesem Weg hatten schon mehrfach – natürlich ohne Wissen der SS – Medikamente für Häftlinge ins KZ geschmuggelt werden können. Sie behandelten Burian mit Kalziuminjektionen und brachten ihn so über den Berg.[21]

Neuengamme blieb nicht die letzte Station auf Emil F. Burians Weg durch deutsche Lager. In der letzten Aprilwoche 1945 verfrachteten die Nazis alle Häftlinge dieses Lagers, die ihre Verbrechen hätten verraten können, an die Lübecker Bucht und pferchten sie auf einigen seeuntüchtigen Schiffen zusammen, die vor der Stadt vor Anker lagen und ideale Ziele für Luftangriffe der Alliierten abgaben. Die *Cap Arcona*, ein ehemaliger Luxusdampfer, die *Deutschland* und der Frachter *Thielbeck* wurden, mit Tausenden von Häftlingen (hauptsächlich aus den KZ Neuengamme und Dora-Mittelbau) an Bord, einige Kilometer von der Küste entfernt festgemacht.[22] Burian und andere Tschechen waren auf die *Cap Arcona* eingeschifft worden. Jeder ahnte, daß von dieser neuen Aktion nichts Gutes zu erwarten wäre.

»In unserer Kabine wohnten 16 Häftlinge – 15 Tschechen und ein Slowake namens Kubík [...]. Von den älteren befanden sich in unserer Kabine Vladimír Kalda aus Prag, E. F. Burian, Jaromír Kaštil aus Prostějov, Dr. jur. Ladislav Urbánek aus Bučovice, Jaroslav Lepa aus Brünn, Josef Smejkal. Von den anderen weiß ich noch die Namen Vilém Randák, Jaroslav Tlustoš, Čeněk Thorn, Jan Vlada, Ladislav Žitný.«[23]

In der vollgestopften Kabine fragten sich alle, was wohl mit ihnen geschehen würde; es gab weder genügend Wasser noch Lebensmittel. Und was machte Burian? Er schrieb an einem großen Gedicht über Prag – als ob er ahnte, daß auch dieser Stadt in diesen Tagen und Wochen ein großer Kampf bevorstünde, bei dem sich entscheiden würde, ob ihre Jahrhunderte alte Schönheit zu Schutt und Asche würde:

»[...] er setzte sich in der Kabine in einer Ecke auf den Boden, holte einige Blätter gefaltetes Papier aus der Tasche, und schon reihten sich Verse über sein geliebtes Prag aneinander. Er schrieb bis zum Abend, und als es dunkel wurde und wir sicher waren, ungestört zu bleiben, bat Burian um Ruhe und begann vorzutragen. In der stillgewordenen Kabine ertönte sein Bekenntnis zu Mütterchen Prag, sein Glaube an die Rote Armee und den Sieg des Sozialismus nach all den bitteren Erfahrungen, die wir erlebt hatten. Lange las er das Gedicht mit seiner leidenschaftlichen Stimme, und den Männern, die sozusagen ihren eigenen Tod überlebt hatten, standen Tränen in den Augen. Emil hat ohne jeden Zweifel einen starken Willen gehabt; sein Glaube an die Verwirklichung des Kommunismus muß unerschütterlich gewesen sein, sonst hätte er, umgeben von all diesem demoralisierenden Elend, seinen reichen Gedanken kaum auf so bestimmte und klare Weise Ausdruck verleihen können.«[24]

Am 3. Mai 1945, nachmittags gegen 15 Uhr, griffen britische und kanadische Flugzeuge die Schiffe an. Der Angriff wurde zu einer unvorstellbaren Katastrophe. Die Piloten ahnten nicht, wen sie auf diesen Schiffen, die die Hoheitszeichen der deutschen Kriegsmarine trugen, mit Brandbomben bombardierten und beschossen. Die Schiffe gingen in Flammen auf und waren innerhalb einer Stunde versenkt. Die Menschen sprangen ins Wasser, und die Flieger schossen mit Maschinengewehren auf alles, was sich regte. Wer nicht verbrannte oder erschossen wurde, den drohten die sinkenden Schiffe mitzureißen. Von 7500 Menschen konnten sich nur 500 retten, die im Schock des eiskalten Wassers nicht die Orientierung verloren hatten und sich, an irgendein Stück Holz geklammert, an der Oberfläche hielten und in der Dunkelheit, gegen 20 Uhr, die Küste bei Neustadt erreichten.
Emil František Burian hat zu diesen wenigen gehört.[25]

Komponisten in Theresienstadt

In einem Lager, Ghetto oder KZ Musik zu komponieren, setzt fast übermenschliche Fähigkeiten voraus, die nur ganz wenige und außergewöhnliche Menschen mit großer Willensstärke manchmal besitzen. Die Komponisten in Theresienstadt hatten mit den gleichen Schwierigkeiten zu kämpfen und die gleichen Krisen zu überwinden wie alle anderen Häftlinge. Es waren Menschen, die vor der Besetzung der Tschechoslowakei durch Nazi-Deutschland in aller Abgeschiedenheit in einem Arbeitszimmer gearbeitet hatten und es gewohnt waren, am Klavier in aller Ruhe zu experimentieren und ihre kompositorischen Ideen prüfen zu können. Nun aber lebten und arbeiteten sie in überfüllten Unterkünften, in denen es keinen stillen Winkel gab. Konzentriertes Arbeiten war ein Kraftakt äußerster Disziplin, zu der nur der in der Lage war, der sich – physisch wie psychisch – von seiner Umgebung abschotten konnte.

Andererseits waren Komponisten in Theresienstadt aber auch in einem lange nicht mehr gekannten Maße gefordert. Niemand mehr hatte seit der Okkupation im Mai 1939 nach ihrer Arbeit gefragt, niemand hatte bei ihnen neue Werke in Auftrag gegeben, und niemand hatte in den letzten Jahren ihre Kompositionen mehr aufführen dürfen. Im »Ghetto« war das anders, hier brauchte man ihre Musik; daß das tatsächlich ein großer Ansporn gewesen ist, dem sie sich nicht verweigerten, belegt nicht zuletzt die ungeheure Produktivität dieser Komponisten, die im Ghetto einsetzte. Fast alles, was in Theresienstadt komponiert wurde, entstand für einen bestimmten Anlaß und war für ganz bestimmte Interpreten oder Musiker-Ensembles geschrieben. Für Musik gab es einen fast unstillbaren täglichen Bedarf. Gleichwohl war es nicht Gelegenheitsmusik, die komponiert wurde. Was von diesen Kompositionen erhalten geblieben ist, hat bis heute nichts von seiner künstlerischen Ausstrahlung und seinem Wert verloren.

Zur älteren Generation der Komponisten in Theresienstadt, die aus Böhmen stammten bzw. die tschechoslowakische Staatsbürgerschaft besaßen, gehörte Viktor Ullmann. 1898 in Těšín geboren, hatte er seine Jugend zum größten Teil in Wien verbracht, wo er ein Schüler Arnold Schönbergs gewesen war. Ab 1919 hatte er dann, unter-

Der Komponist Viktor Ullmann.
Zeichnung von Petr Kien

brochen durch kürzere Aufenthalte in Zürich und Stuttgart, in Prag und in Ústí nad Labem gearbeitet und bei Alois Hába Komposition studiert.[1] Er war Komponist, aber auch Dirigent, Pianist und Korrepetitor, Musikkritiker, Anreger und Organisator – eine Persönlichkeit also, die eine reiche Erfahrung nach Theresienstadt mitbrachte. Nach seiner Einlieferung ins Lager am 8. September 1942 hatte er zunächst die üblichen hundert Tage körperlicher Arbeit überstehen müssen, danach war er zur »Freizeitgestaltung« gestoßen. Und hier, im Ghetto, blieb ihm für die Musik sogar mehr Zeit als in den Jahren zuvor, in denen er immer für den Unterhalt seiner Familie hatte arbeiten müssen.

Die düsteren Zukunftsaussichten, die jedem im Lager täglich aufs neue bewußt wurden, trieben Ullmann zu fieberhafter Tätigkeit. In den zwei Jahren in Theresienstadt entstanden zwanzig Kompositionen, von denen allerdings nur vier fragmentarisch überliefert sind – teilweise weil sie nicht vollendet wurden, teilweise sind nur Bruchstücke gerettet worden. Ullmann war ein verschlossener Mensch; die Häftlinge, die mit ihm zusammenarbeiteten, erzählen, ein Lächeln oder einen Scherz habe es von ihm nie gegeben; von der bedrückenden Situation im Ghetto, scheint es, konnte er sich nie, auch nicht für kurze Augenblicke, lösen. Der ständigen Bedrohung war er sich wahrscheinlich nur zu sehr bewußt; dafür spricht auch, daß er seine Werke, als er 1944 dem Transport nach Auschwitz zugeteilt wurde, nicht mitnahm, sondern sie dem Leiter der Theresienstädter Bibliothek, Professor Emil Utitz, mit der Anweisung überließ, sie H. G. Adler zu übergeben, falls er nicht zurückkehre. Lange war man übrigens der Meinung, Ullmanns Theresienstädter Opus sei vollständig verlorengegangen,[2] da sich die Partituren in London im Privatbesitz von Adler befanden und der Öffentlichkeit nicht zugänglich waren. Erst kürzlich ist sein Nachlaß dem Archiv des *Goetheaneums* der Anthroposophischen Gesellschaft im schweizerischen Dornach übergeben worden (Ullmann war ein naher Freund von Albert Steffen).[3] Für ein breiteres und gründlicheres Studium seines Schaffens wären freilich gedruckte Partituren notwendig, die bis heute nicht erhältlich sind. [Seit 1991 sind immerhin Tonaufnahmen einiger Kompositionen greifbar; vgl: *Terezin. The Music 1941–45*; A. Goldscheider, London 1991, Romantic Robot; auch das *Klavierkonzert*, die *Sinfonie D-Dur* und die *Variationen op. 5* sind neuerdings erhältlich; CD bei Bayer-Records, 74321 Bietigheim. /d. R.]

Seine jüdische Abstammung bekam für Ullmann erst in Theresienstadt Bedeutung. Hier begann er, sich entschieden zum Judentum zu bekennen, er verfaßte sogar Kompositionen nach jüdischen Texten. In Prag hatte er unterschiedlos in deutsch-jüdischen wie tschechischen Kreisen verkehrt. Mittler zwischen den zwei unterschiedlichen Milieus und Kulturen waren Alexander Zemlinsky und Alois Hába. Zu beiden unterhielt Ullmann bis zum Ende seines Lebens

enge Beziehungen; unter anderem führte er auch Werke von ihnen im Theresienstädter »Studio für neue Musik« auf.
Ullmann wird durchaus zu Recht als Schüler Schönbergs bezeichnet. Von den Komponisten der Zweiten Wiener Schule stand ihm freilich Alban Berg wegen des unorthodoxeren Umgangs mit der Zwölftontechnik und wegen seiner offenen Atonalität näher. Auch Hába hatte ihn in der zweiten Hälfte der 30er Jahre stark beeinflußt, nicht nur musikalisch, sondern auch als Vertreter einer anthroposophischen Weltanschauung. Als Musiker verehrte Ullmann vor allem Gustav Mahler, als Literaten und Anthroposophen den Schweizer Albert Steffen, dessen Verse er in Theresienstadt vertonte.
Mit zunehmendem Alter und auf der Höhe seiner künstlerischen Reife wurde Ullmann die Verbindung von Wort und Musik in seinem Schaffen immer wichtiger: in Liedern und Chorwerken, in Kantaten und Opern. In der Öffentlichkeit wird dieser Aspekt seiner Arbeiten bislang leider noch unterschätzt. Aber mit einer Ausnahme – dem verlorenen und nie aufgeführten Opus 12 – hat Ullmann alle seine Chorwerke in Theresienstadt geschrieben – und ihnen im Lager sogar den Vorzug vor allen anderen Musikgattungen gegeben. Geschah das unter dem Einfluß der Lagerverhältnisse? Daß sie vom Leben im »Ghetto« geprägt und für diese Situation geschrieben worden sind, darf man annehmen, auch wenn wir nicht wissen, ob die Werke in Theresienstadt aufgeführt worden sind. Ullmann komponierte in dieser Zeit beispielsweise *Drei Kinderchöre* nach hebräischen Texten *[1. Horra, 2. Halleluja, 3. Hedad nedad Gina ktana]*, die mit großer Wahrscheinlichkeit das Repertoire von Vrbas Jugendchor, dem auch Ullmanns Sohn Max angehörte, bereichern sollten; ferner *Drei Frauenchöre* nach jiddischen Texten *[1. Jome, mome, spil mir, 2. Du sollst nischt gejn, 3. Du mejdele, du schejns]*, zwei chassidische Frauenchöre *[Hala jarden]*, *Drei Männerchöre* a capella *[1. As der Rebe, 2. Scha still, 3. Fregt die Welt]*, zwei Kompositionen für gemischten Chor ohne Begleitung *[Eliahu hanawi, Ann olin]*. Rafael Schächter, der neben seinem großen gemischten Chor auch einen reinen Frauen- und einen Männerchor leitete, hat verschiedene Male jüdische Chorwerke zu besonderen Anlässen aufgeführt. Wir wissen allerdings nicht welche – also auch nicht, ob Werke von Ullmann darunter gewesen sind.
Zahlreich sind auch die Lieder, die Ullmann nach deutschen, seltener auch nach französischen und jiddischen Texten komponierte: *Drei Lieder* für Bariton und Klavier nach Conrad Ferdinand Meyer *[1. Schnitterlied, 2. Säerspruch, 3. Die Schweizer]*, das Kammerstück *Herbst* für Stimme, Geige, Bratsche und Cello zu einem Text von Georg Trakl, ein Zyklus von zwölf Liedern *Der Mensch und sein Tag* nach Kurzgedichten H. G. Adlers, die den Tagesablauf im »Ghetto« aufgriffen *[1. Gang in den Morgen, 2. Gesang, 3. Heimat, 4. Der Liebsten, 5. Blüten, 6. In der Stube, 7. Der Nachbar, 8. Gebete,*

9. Im Walde, 10. Verdämmern, 11. Nacht, 12. Stille]. Das einzige bekannte Lied aus den *Chansons des enfants françaises* ist ein ironisches Werk; es enthält eine scherzhafte Widmung an die Mutter und erzählt, daß der Komponist, von Geburt ein hochwohlmögender Adliger und ein Prinz, zum mit Füßen getretenen Theresienstädter Häftling erniedrigt worden sei. In anderen Liedern ist Ullmanns Streben zu erkennen, Wort und Musik aufs innigste miteinander zu verschmelzen und zugleich bestimmten moralischen Werten und Idealen Ausdruck zu geben: in den *Drei chinesischen Liedern*, von denen nur zwei erhalten sind *[1. Wanderer erwacht in der Herberge, 2. Der müde Soldat]*, in zwei Liedern nach Hölderlin *[1. Wo bist du?*

Partitur des *Säerspruch*, komponiert von Viktor Ullmann in Theresienstadt

2. Der Frühling], in Liedern nach jiddischen Texten, opus 53 *[1. Berjoskele, 2. Margaritelech, 3. A Mejdel in die Johren]* sowie in der Komposition für Stimme und Klavier *Abendphantasie*, nach einem Text von Hölderlin. Ähnliches gilt auch für seine Solokantate für Mezzosopran und Klavier nach Texten H. G. Adlers *Immer inmitten* und den Zyklus für tiefe Stimme und Streichtrio *Lieder der Tröstung* nach einem Text von A. Steffen *[1. Tote wollen nicht verweilen, 2. Erwachen an Weihnachten]*. Laut Karl Reiner hat Ullmann einige dieser Stücke in Programme des »Studios für neue Musik« aufgenommen.[4]

Zu den ersten Instrumentalwerken, die Ullmann in Theresienstadt komponierte, gehört das *III. Streichquartett*, das er am 23. Januar 1943 vollendet hat. Es ist im Stil einer großen kombinierten Form geschrieben, andeutungsweise sind die Merkmale einer Sonatenstruktur erkennbar. In seinem Ausdruck ist das Stück modern und orientiert sich an der tschechischen Schule Alois Hábas. Fast monothematisch geht es aus einem Thema hervor, das aus einer unorthodox angelegten Zwölftonreihe modelliert wird.

Zu den Hauptwerken, die Ullmann in Theresienstadt komponiert hat, gehören drei *Klaviersonaten*, die *Nr. 5, 6* und *7*, die sehr subjektiv angelegt sind, aber Allgemeingültiges intendieren. Die *Sonate Nr. 5* setzt sich zu Beginn mit den Erinnerungen an die Kindheit und Jugend des Komponisten auseinander, die folgenden Sätze *[Minuet Totentanz, Toccata, Serenada, Notturno]*, bei denen Ullmann gelegentlich auf slawische Melodien zurückgreift, haben eher genrehaften Charakter. *Sonate Nr. 6* behält die traditionelle dreisätzige Form bei, behandelt sie aber mit einer Virtuosität, die bei der Theresienstädter Uraufführung durch Edith Steinerová-Krausová das Publikum zu Beifallsstürmen hinriß. Mit dem Versuch, außermusikalische Inhalte zu vermitteln, ist die *Sonate Nr. 7* das für Ullmann vielleicht typischste Werk. Kunstvoll verschlüsselt zitiert er darin den Hussitenchoral *Wer Gottes Kämpfer ist [Ktož jsú boží bojovníci]*, die slowakische Hymne *Blitze kreuzen über der Tatra [Nad Tatrou sa blýska]* und *Wo ist mein Heimatland [Kde domov můj]*, ein ironisch wirkendes Walzermotiv aus dem *Rosenkavalier*, den Choral *Wir danken alle Gott* und im letzten Satz Variationen eines volkstümlichen hebräischen Gesangs – das *Lied der Einwanderer* –, in dem die biblische Rahel »vom Blut, das in meinem fließt, von deiner Stimme, die in der meinen klingt«, spricht. Das Thema greift nicht über den Umfang einer reinen Quart hinaus und hat etwas vom Charakter eines orientalischen Lieds. Ullmann hat es in acht Variationen bearbeitet – ein ausgezeichnetes Sujet für eine Fugenbearbeitung.

Wie wichtig Ullmann diese Sonaten waren, geht auch daraus hervor, daß er Nr. 5 und 7 orchestrieren wollte. Bei *Sonate Nr. 5* gelangte er nicht – vielleicht fehlte ihm die Zeit oder die Muße – über die vierte Seite der Partitur hinaus; mit *Sonate Nr. 7* blieb es bei der bloßen Absicht und bei einigen Instrumentierungsanmerkungen im Klavierautographen, die nicht mehr ausgeführt werden konnten – sie datieren kurz vor seinem Tod. Möglicherweise wollte er beide Sonaten als Orchesterwerke veröffentlichen; das könnte der Grund sein, warum er sie in Theresienstadt nie aufführen ließ.

Zu seinen Klavierkompositionen gehören auch vier *Kadenzen zu vier Klavierkonzerten* von Beethoven, die er der Pianistin Renée Gaertner-Geiringer widmete.

Das Werk, dessen Ausstrahlung bis heute ungebrochen scheint, ist Ullmanns Theresienstädter Oper *Der Kaiser von Atlantis oder die*

Petr Kien. *Selbstporträt mit dem Vater*. Tempera

Tod-Verweigerung. Der Text stammt von dem Maler und Dichter Petr Kien. Es gibt zwei, geringfügig voneinander abweichende Ausgaben des Librettos: Der ursprüngliche Untertitel lautete *Der Tod dankt ab*; mit Zustimmung des Autors änderte Ullmann den Text an einigen Stellen, beispielsweise schwächte er direkte Anspielungen auf die politischen Verhältnisse ab. Wann Ullmann daran zu arbeiten begann, wissen wir nicht; die letzte Seite der 140seitigen Partitur, die auf der Rückseite von Häftlingsformularen geschrieben wurde, hat er mit dem 8. November 1943 datiert. Die Oper war also zu jenem Zeitpunkt schon fast fertig, als sich das Musik- und Kulturleben in Theresienstadt sprunghaft entfaltete.

Das Thema war bildhaft und aussagekräftig; keiner, der nicht verstanden hätte, daß es um Hitler und um den Weltkrieg ging: Der

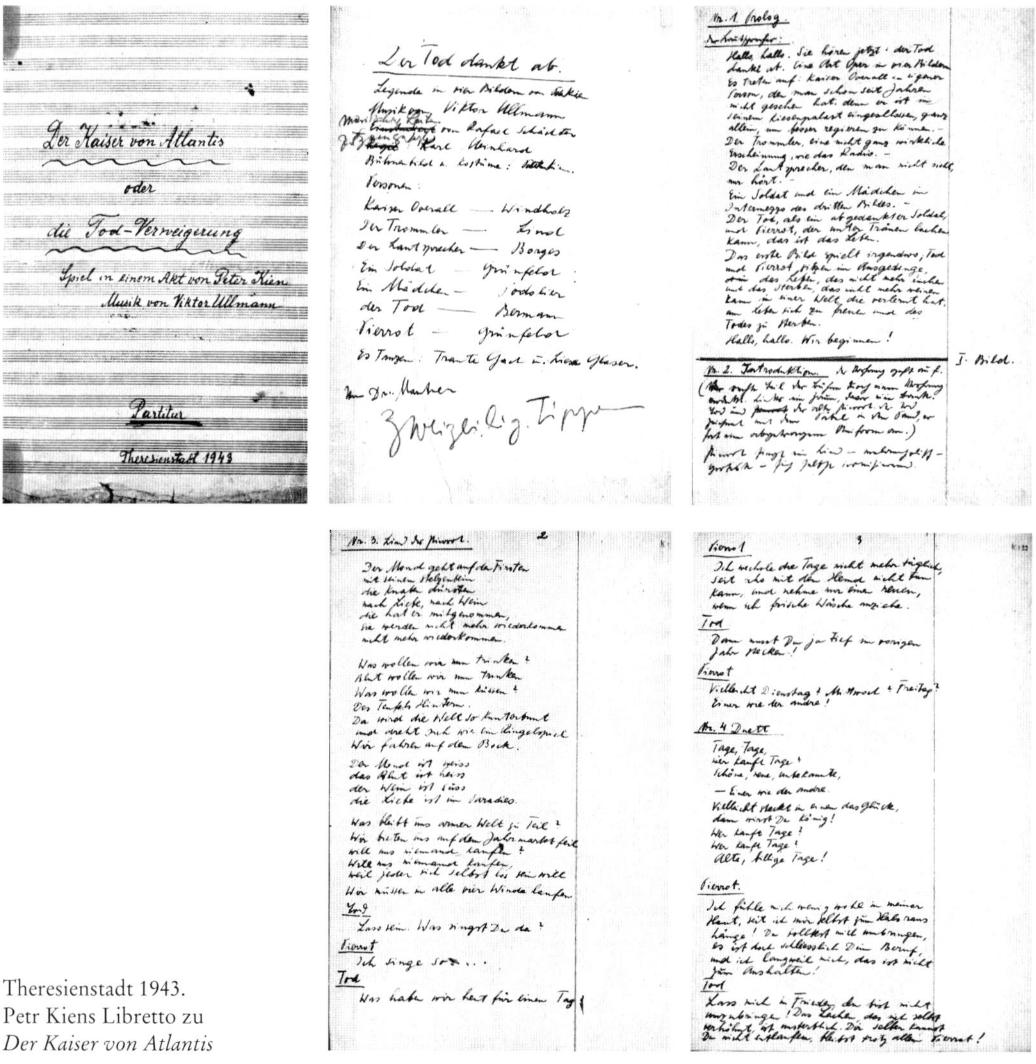

Der Kaiser von Atlantis
oder
die Tod-Verweigerung
Spiel in einem Akt von Peter Kien
Musik von Viktor Ullmann
Partitur
Theresienstadt 1943

Theresienstadt 1943.
Petr Kiens Libretto zu
Der Kaiser von Atlantis

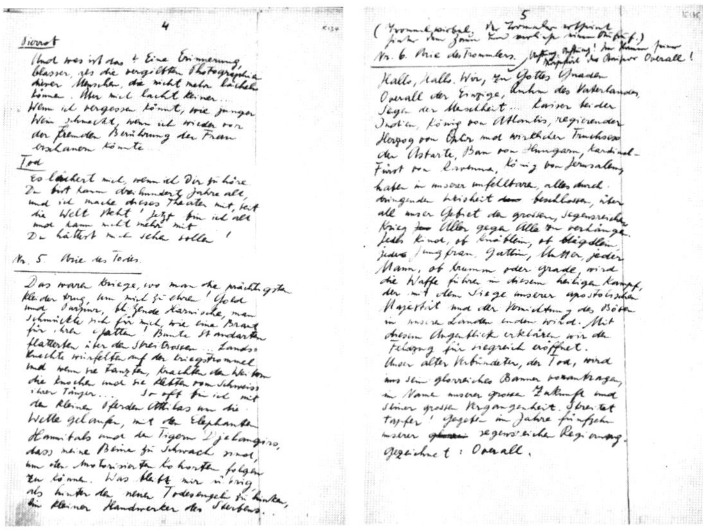

Kaiser von Atlantis herrscht als Tyrann über sein Land und führt Krieg, weil er sich bereichern und größere Macht gewinnen will. Dem als Person auftretenden Tod befiehlt er, die feindlichen Soldaten niederzustrecken. Aber der lehnt das ab, verweigert sich ganz und streikt: Nun stirbt überhaupt niemand mehr. Das Leben verfällt in Lähmung ohne den Tod, der Kaiser kann nichts mehr ausrichten, sein Land versinkt im Chaos. Verzweifelt fleht der Herrscher in seiner Ohnmacht den Tod an, mit seinem Werk doch wieder fortzufahren. Aber vergeblich. Am Ende willigt der Tod schließlich ein, seine Rolle wieder zu spielen, stellt aber zur Bedingung, daß der Kaiser das erste Opfer sein soll.

Der Kaiser von Atlantis ist als Kammeroper für sieben Sänger und dreizehn Instrumentalisten ohne Chor komponiert. Alles spricht dafür, daß Ullmann eine genaue Vorstellung davon hatte, welche Theresienstädter Musiker die Partien übernehmen sollten. Das vorgesehene Orchester umfaßte neben den üblichen Holzinstrumenten – Flöte, Oboe und Klarinette sowie Violine, Bratsche, Cello und Kontrabaß – eine Trompete, ein Altsaxophon, ein Tenorbanjo, Schlagzeug und Cembalo.

Ullmann arbeitete auch bei dieser Komposition mit Zitaten aus bekannten Werken oder Melodien, um bestimmte Absichten zu verdeutlichen und für jeden verständlich zu symbolisieren. Das Motiv des Todes ist Suks Symphonie *Asrael* und Dvořaks *Requiem* entnommen, als parodierende Anspielung auf den Kaiser Overall und »sein« Land zitiert er Passagen der deutschen Nationalhymne und Luthers ehrwürdigen Choral *Ein feste Burg ist unser Gott*. 1975, bei der Uraufführung in Amsterdam unter der Leitung von Keery Woodward, aber auch bei späteren Inszenierungen in Europa oder den USA fühlten sich Kritik und Publikum in vieler Hinsicht an

Werke von Kurt Weill erinnert. Diese Parallele gilt aber nur bedingt; es gibt Ähnlichkeiten bei einzelnen Bildern, der Gesamtcharakter der Musik aber ist durchaus eigenständig.
Mit Proben für *Der Kaiser von Atlantis* wurde im Sommer 1944 in Theresienstadt begonnen, zu einer Aufführung kam es jedoch nicht mehr. Schächter sollte dirigieren und Karl Meinhard die Regie übernehmen; beide arbeiteten mit den Sängern im Keller von L 411 und hielten hier alle Proben und Korrepetitionen ab. Bühnenbild und Kostüme hatte Petr Kien entworfen.[5] Folgende Besetzung war vorgesehen: Kaiser Overall – Walter Windholz, Tod – Karel Berman, Ansager – Bedřich Borges, Pierrot und Soldat – David Grünfeld, Trommler – Hilde Aronson-Lindt, Mädchen – Marion Podolier, kurz, ein wahrlich erlesenes Ensemble von höchstem Niveau.

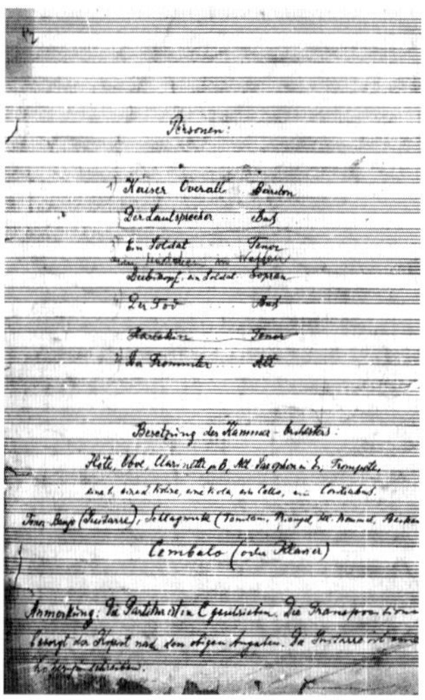

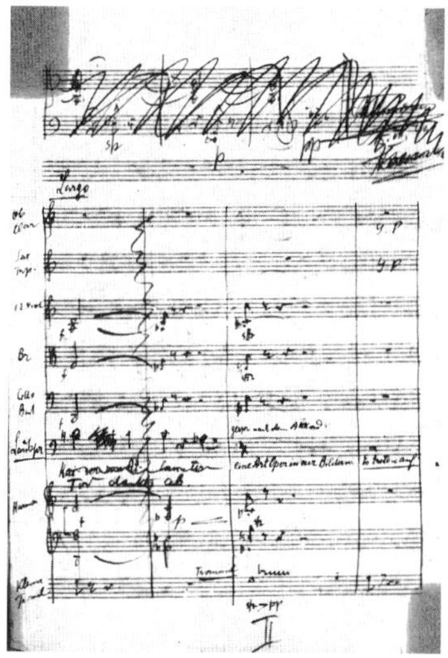

Theresienstadt 1943.
Viktor Ullmanns Partitur zu
Der Kaiser von Atlantis

Warum es zu einer Aufführung und der Premiere nicht mehr kam, ist unklar. Es mag sein, daß die SS nach einer der Proben die Aufführung verboten hat, vielleicht sind aber auch die beteiligten Musiker nach Auschwitz deportiert worden, noch ehe die Inszenierung stand und die Proben abgeschlossen waren. Möglicherweise haben die Akteure aber auch auf die Uraufführung verzichtet, weil sie erkannten, daß dieses unverholen antifaschistische Werk aufzuführen selbst in den Freiräumen, die in Theresienstadt eingeräumt wurden, zu riskant wäre und die SS zu wütenden Reaktionen provozieren könnte.[6] Wie auch immer – man findet in der Geschichte der modernen Oper wohl kaum ein eindrucksvolleres Beispiel dafür, wie ein groß angelegtes Kunstwerk brennende Fragen der Gegenwart allegorisch aufgreift, ohne dabei irgend etwas von seinem künstlerischen Rang einzubüßen.

Ein anderer Komponist und Altersgenosse Ullmanns in Theresienstadt, Hans Krása, spielte eine ähnlich bedeutende Rolle im »Ghetto«. Im Lager wurde er zu einem völlig anderen Menschen. Vor dem Krieg hatte er in Prag gelebt und nur selten komponiert. In diesen Jahren führte er eher das Leben eines Bohemiens, verbrachte die Zeit mit Diskussionen unter Freunden, spielte Schach und hörte im Unterricht seinen Schülerinnen zu.[7] Er war bereits 43 Jahre alt, hatte als Komponist an der Deutschen Musikakademie von Alexander Zemlinsky eine vorzügliche Ausbildung genossen, aber in seinem Werdegang keine große Beharrlichkeit und Zielstrebigkeit an den Tag gelegt. Sieben Werke hatte er bis zur Aufführungsreife gebracht, die Aufführungen hatten zwar Erfolg gehabt, aber weder in seiner Heimat noch im Ausland bleibende Spuren hinterlassen. Vor Theresienstadt war Komponieren für Krása nie der Sinn und Inhalt seines Lebens gewesen. Dazu fand er erst, als er im Lager lebte und sah, welch unerhörten Erfolg und Anklang seine Kinderoper *Brundibár* fand, deren Melodien überall im Ghetto zu hören waren. Krása begann sich immer stärker für die »Freizeitgestaltung« zu engagieren, er leitete dort die Sektion Musik, stellte sich als Klavierbegleiter anderen Musikern zur Verfügung, schrieb Rezensionen über musikalische Ereignisse in der Stadt und arbeitete bei Aufführungen von Pergolesis Oper *La serva padrona* mit. Zum hauptsächlichen Lebensinhalt wurde ihm aber das Komponieren: Er hatte erfahren, was er mit diesem Talent auszurichten und wieviel er damit seinen Mitmenschen zu geben vermochte.

Der Komponist Hans Krása in Theresienstadt. Porträt von Otto Ungar. Temperaskizze

Seine frühere Liebe zu Prag wandelte sich im Lager zu einem bewußten Tschechentum. Andere begannen in dieser Umgebung, sich mit ihrer jüdischen Herkunft zu befassen, Krása, der deutsch erzogen worden war und sich stark an der französischen Kultur orientierte, wandte sich mehr und mehr seiner Heimat zu. In seiner Arbeit knüpfte er – wie schon in der Zusammenarbeit mit Hoffmeister – wieder an die tschechische Sprache und Dichtung an.

Partitur von einem Thema mit Variationen für Streichquartett. In Theresienstadt komponiert von Hans Krása

Spätestens mit den *Drei Liedern für Bariton, Klarinette, Bratsche und Violoncello*, in denen er Rimbauds Poesie in der wunderbaren Übersetzung von Vítězslav Nezval vertonte *[1. Viervers, 2. Ergriffenheit, 3. Freunde]*, brach er definitiv mit seinen Bindungen an die deutsche Kultur.[8]

Für Karel Fröhlich, Romuald Süssmann und Friedrich Mark komponierte Krása Anfang 1944 ein Streichtrio in einem Satz, das er *Tanz* überschrieb. Es ist ein Werk voller Frische und Temperament, das in seinen elementaren Kompositionstechniken ein urwüchsiges Künstlertalent verrät. Es lebt vom Kontrast zweier Themen, einem Tanzthema mit mixolydischer Septime und einem lyrischen Gegenstück, das schlichten, liedhaften Charakter hat.

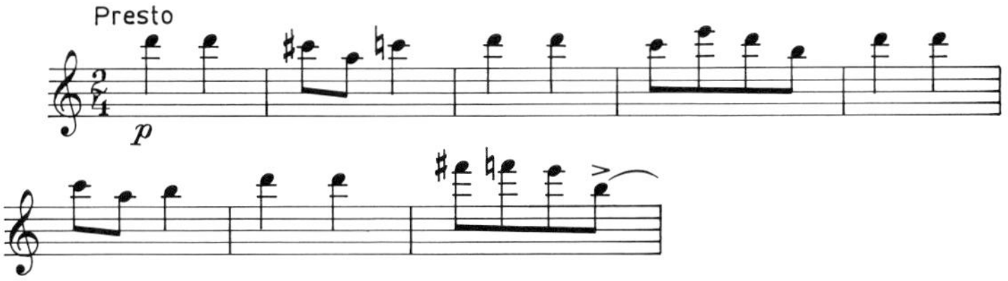

Da das Theresienstädter Quartett sehr häufig dieses Werk spielte, entschloß sich Krása, noch etwas für das Ensemble zu komponieren, eine *Passacaglia* und *Fuge* für Streichtrio, die am 7. August 1944 fertig wurden. Es sind zwei sehr unkonventionell ausgeführte polyphone Sätze. Vor allem das Passacaglia-Thema – in ionischer und phrygischer Tonart – bot die Möglichkeit zu kompositorisch eigenständigen Lösungen in polyphoner Harmonik.

Die gleichen tonalen Elemente bilden auch das Thema der Fuge, das immer schneller wird und sich zu einer ausgesprochen effektvollen Komposition entfaltet. Freilich wurde das Stück in Theresienstadt nicht mehr aufgeführt. Das Kulturleben im Ghetto erlosch mit einem Schlag, als im Herbst 1944 eine Welle von Transporten nach Auschwitz die Ghettobewohner dezimierte.[9]

Wenn Ullmann und Krása in Theresienstadt ein besonders fruchtbares Schaffen entfalten konnten, darf das nicht zu der Annahme verführen, in Theresienstadt habe ein Klima geherrscht, das musikalischem Schaffen förderlich gewesen sei. Es gab andere, die das Leben im Lager lähmte und demoralisierte, die sich nichts mehr zutrauten und die nichts mehr zustande brachten. Manche, wie der Schriftsteller Karel Poláček, lebten nur noch mit dem Selbstgefühl eines Märtyrers; das war zwar auch eine Art des Protestes gegen die Demütigungen und Erniedrigungen, führte aber nur zu Apathie und Resignation. Man versank gleichsam in der Trauer über jene Welt, aus der die Nazis die Juden herausgerissen hatten.

Auch der Komponist Pavel Haas, bereits im Dezember 1941 mit den ersten Transporten in Theresienstadt eingetroffen, war von den Zuständen wie gelähmt. Er war 42 Jahre alt, seine gesundheitliche Verfassung aber war nicht die beste; in der ersten Zeit im Ghetto war der ehemalige Janáček-Schüler wie paralysiert und hatte an der Musik das Interesse verloren. Es dauerte fast ein Jahr, bis seine Freunde ihn dazu brachten, wieder mit dem Komponieren zu beginnen. Eliška Kleinová erinnert sich, daß ihr Bruder Gideon das Notenpapier vor Haas ausbreitete und ihm sozusagen befahl, jetzt mit dem Komponieren anzufangen.[10]

Der Komponist Pavel Haas. Zeichnung von Petr Kien

Das erste bekannte Werk, das Pavel Haas als Häftling schrieb, war der Männerchor *Al s'fod [Klage nicht]*, den er – wie auf dem Deckblatt der einzigen noch erhaltenen Kopie auf hebräisch vermerkt ist – zum ersten Jahrestag seiner Ankunft im Lager komponiert hat.[11] Es war ein kämpferisches Stück, das seine politische Aussage geschickt tarnte: Der Text war in hebräischer Sprache, er stammte von dem Schriftsteller Jakov Šimoni und war schon zur Zeit der Kämpfe der israelitischen Siedler gegen die arabischen Nachbarn zwischen 1936 und 1939 von J. Milet als Lied vertont worden.[12] Haas nahm diesen kämpferisch-aufrüttelnden Text für sein Chorwerk, obwohl er des Hebräischen nicht mächtig war. Er wollte sich nicht länger treiben lassen und nur klagen. Komponieren war ein Mittel, sich aus der eigenen seelischen Not zu helfen, zugleich aber auch ein Appell an alle anderen Häftlinge, daß man in Theresienstadt doch vielleicht überleben könne: »Die Freiheit nähert sich zwar auf mühsamen Wegen,

Partitur des Männerchors *Al s'fod* von Pavel Haas

v'- sak-Kel u-g'-dor, u-fal-les us-s'-lol,
m'- sil-lat d'- ror l'- jom ha-or.
u-n'-ta va-a'-dor v'- sak-Kel u-g'-dor,
u-fal-les us-s'-lol m'- sil-lat d'-ror l'- jom ha-or.
Bi - n'-tiv ha - e'-nut ho - l'-chah, ho-l'-chah, hap-p'-dut, hap-p'-dut,
hap-p'-dut,
l'-mis-mat ha-am:

l'-mis-mat ha-am:
Hit-na-er uf-al!
Hig-ga-el ug-al.
Hig-ga-el ug-al!

aber das Blut ruft die Seele des Volkes: Werde jung und schaffe! Befreie und erlöse dich!« Haas ließ das Werk hoffnungsvoll enden, es atmet den Geist der Revolte, der sich mit keiner Form der Vergewaltigung von Freiheit abfindet.

Nach diesem Versuch nahm er bald ein weiteres Werk in Angriff – ein Stück für Ančerls Kammerorchester –, in dem sich Haas' ganze Meisterschaft entfaltete. Ihm stand genau vor Augen, welche Musiker seine Komposition in Theresienstadt spielen würden; mit der *Studie für Streichorchester* gelang ihm ein äußerst anspruchsvolles Werk, sowohl kompositorisch – es schwelgt geradezu in polyrhythmischen Strukturen und Polyphonien – als auch seinem Gehalt nach. Die durchgängigen fünf Streicherstimmen spaltet er des öfteren zu einem komplexen Gewebe instrumentaler Linien weiter auf. Die *Studie* wurde am 13. September 1944 in Theresienstadt uraufgeführt, und Viktor Ullmann würdigte das Werk in seiner Rezension ausgesprochen positiv.[13]

Die letzten erhaltenen Kompositionen von Haas sind die *Vier Lieder nach Worten der chinesischen Poesie*, deren Texte der Komponist der Mathesius-Sammlung *Neue Gesänge des alten Chinas* (Prag, 1940) entnommen hatte. Er nahm die Texte ohne Zweifel deshalb, weil sie seiner eigenen Stimmung entsprachen. Sie stehen insofern dem Chor *Al s'fod* näher als der *Studie*. Die Grundstimmung, von der ausgegangen wird, ist Trauer und Heimweh sowie Hoffnung auf Rückkehr in ein freies Leben. Die Trauer tritt vor allem im ersten und im dritten Lied *[Ich hörte Wildgänse* und *Fern ist der Mond der Heimat]* stärker hervor als in den vorangegangenen Werken, aber Haas überläßt sich ihr nicht. Das zweite Lied *[Im Bambushain]* ruft eine Atmosphäre fast sorgloser Behaglichkeit hervor, und das vierte *[Durchwachte Nacht]* – die beiden vorangegangen Grundstimmungen meisterhaft steigernd – setzt bei der Trauer ein, um zuletzt in einen fröhlichen, optimistischen Gesang überzugehen, der von der Vision einer Rückkehr beseelt ist. Bindeglied der vier Stücke ist das Heimatmotiv, das aus dem alt-tschechischen Choral *Heiliger Wenzel* hergeleitet ist.

Haas schrieb diesen Zylus eigens für Karel Berman, der um einen Beitrag für einen seiner Liederabende gebeten hatte, auf dem er neben Liedern von L. v. Beethoven, A. Dvořák und Hugo Wolf den Höhepunkt der Veranstaltung bilden sollte. Die *Vier Lieder*, von Rafael Schächter am Klavier begleitet, erklangen zum erstenmal im Mai 1944 und kamen gut an. Viktor Ullmann lobte, sie gehörten zum Besten, was hier in Theresienstadt entstanden sei:

»Sobald man sie einmal gehört hat, will man nicht mehr darauf verzichten und will mit ihnen intim zusammenleben. Die einzige Art, wie die moderne Kunst Erfolg haben kann, ist, in das Heim der Menschen einzudringen und ihr naher Freund zu werden, so wie ein gutes Buch, oder was auch immer der Mensch verwendet oder für seine Tätigkeit braucht.«[14]

Pavel Haas hat in Theresienstadt noch andere Werke komponiert, die aber nicht erhalten geblieben sind. Das Ledeč-Quartett hat seine *Phantasie auf ein Volkslied* gespielt und Bernhard Kaff seine *Partita im alten Stil* einstudiert. Zu den letzten in Theresienstadt verfaßten Stücken gehörten außerdem *Variationen für Klavier und Streichorchester* und der Liederzyklus *Advent* für Mezzosopran, Tenor und einige Musikinstrumente; beide konnten nicht mehr uraufgeführt werden. Haas hatte beabsichtigt, zum Gedenken an die Opfer der Naziherrschaft ein *Requiem* für großes Ensemble zu komponieren. Aus diesen Plänen sollte nichts mehr werden, Haas wurde am 17. Oktober 1944 in Auschwitz umgebracht. Sein Werk ist ein Torso – viele Werke sind ungeschrieben geblieben, andere sind verlorengegangen. Von seinem Talent her, das sich erst in Theresienstadt entfaltete, gehört er gewiß in eine Reihe mit den anderen großen Meistern der tschechischen Gegenwartsmusik.[15]
Ein etwas glücklicheres Schicksal war Ullmanns jüngerem Gefährten Karel Reiner, der 1910 in Žatec geboren worden war, beschieden. Er hatte die Meisterschule bei Josef Suk absolviert, danach bei Alois Hába studiert. Nach Theresienstadt kam er im Frühjahr 1943, vorher hatte er als Angestellter der jüdischen Kultusgemeinde in Prag gearbeitet. Im Lager widmete sich Reiner vor allem der Arbeit mit Kindern, darüber hinaus war er ein engagierter Förderer musikalischer Aktivitäten. Mit einer Kindergruppe studierte er den großen Zyklus *Das geblümte Pferd* nach Texten Norbert Frýds ein, er spielte als Solopianist im »Studio für neue Musik«, begleitete beispielsweise Heda Grabová-Kernmayrová bei ihren Konzerten oder spielte mit Karel Berman vierhändig die Begleitung zu Smetanas *Das tschechische Lied*. Außerdem komponierte er auch. Jedoch ist uns nicht eine seiner Handschriften geblieben. Wir wissen lediglich, daß unter anderem die szenische Folge zu Tyls *Dudelsackpfeifer aus Strakonitz* von ihm verfaßt wurde, in der Motive aus der tschechischen Hymne *Wo ist mein Heimatland* verarbeitet werden.
Sehr beachtlich ist Reiners Bühnenmusik zu dem biblischen Stück *Esther*, das Emil F. Burian vor dem Krieg in seinem Theater vorbereitet hatte[16] und zu dessen Aufführung es aus politischen Gründen dann nicht mehr kam. Frýd hatte Burians Texte samt der Regieanweisungen nach Theresienstadt mitgebracht und, sobald sich eine Gelegenheit bot, damit begonnen, das Spiel aufs neue einzuüben. Anfangs probte er mit Jugendlichen, da er einige Szenen und Regieanweisungen erst einmal ausprobieren wollte; dann machte er sich mit Erwachsenen an die Arbeit. Reiner gehörte zu den engsten

Freunden Frýds und hatte mehrere Jahre mit Burian gearbeitet. Es war von vorneherein ausgemachte Sache, daß er die Musik, die in diesem Stück eine wichtige Rolle spielt, schreiben würde.
Es war ein Sujet, das für Theresienstadt besonders geeignet war: Die junge und schöne Esther rettet durch ihre Tapferkeit das jüdische Volk vor der Auslöschung. Diese Geschichte wird wie ein wirklichkeitsfernes Märchen in der Manier eines barocken Volksstücks erzählt. Selbstverständlich stellten die Zuschauer sofort einen Bezug zu ihrer eigenen Lage her, der Konflikt im Stück war auch ihr Konflikt. Sie lebten mit der Heldin, ihr Haß und ihre Entschlossenheit war ihnen nichts Fremdes, gespannt folgten sie jeder Wendung der Handlung und nahmen jedes Wort auf. Reiner hatte die Lieder mit eingängigen Melodien unterlegt. Das Lied des Königs Aschwer, das Reiner aus dem Gedächtnis rekonstruiert hat, mag dafür ein Beispiel sein:

Auch Viktor Ullmann hat sich über diese Aufführung und vor allem über Reiners Musik anerkennend geäußert:

»Die Musik K. Reiners ist insofern eine Überraschung, als sie den Ton alttschechischer Volksweisen so treu nachahmt und trifft, daß die Kopie den Hörer vollkommen täuscht und er der liebenswürdigen Fälschung erliegt. Reiner hat im besten Sinne altböhmisch komponiert und sich bis in den primitiven Klang seines kleinen Instrumentalkörpers hinein dem Bauernstil sehr realistisch angepaßt.«

Unter den jüngeren Komponisten war Gideon Klein, geboren 1919 in Přerov, wohl sicherlich das meistversprechendste Talent. Er gehörte in Theresienstadt zu den agilsten Künstlern. Da er jung und ziemlich robust war, kam er mit den Verhältnissen im Lager besser zurecht. Mit bewunderswertem Elan stürzte er sich auf die Arbeit in der »Freizeitgestaltung« und engagierte sich für die Musik. Er war überall dabei: als Solist am Klavier, als Mitglied von Kammermusikensembles oder Klavierquartetten und -trios, als Begleiter bei Liederabenden oder Chorwerken. Daneben komponierte er in Theresienstadt mit einer Intensität wie nie zuvor in seinem Leben.

Über seine Chorwerke haben wir schon in Zusammenhang mit Rafael Schächters Arbeiten berichtet: Klein war als Komponist durch die Schule von Alois Hába gegangen. Rafael Schächter, der immer auf der Suche nach Chorwerken war, half er oft mit Eigenkompositionen aus; er bearbeitete eine ganze Reihe tschechischer und schlesischer Volkslieder, an denen er verschiedene Kompositionstechniken erproben konnte. Der Erfolg, den seine Kompositionen hatten, spornte ihn an, sich an anspruchsvolleren, vier- und fünfstimmigen Chören zu versuchen. So entstanden das *Madrigal* für zwei Sopranstimmen, Alt, Tenor und Baß nach Versen von François Villon, ein Männerchor *Die erste Sünde [První hřích]*, ein Stoff aus der tschechischen Volksdichtung, und – eineinhalb Jahre später – der gemischte Chor *Madrigal*, in dem die sehnsuchtsvolle Stimmung der Verse Friedrich Hölderlins der Wehmut Ausdruck gibt, mit der der junge Komponist angesichts der Ausweglosigkeit seines Lebens im Ghetto in die Zukunft sah.[17]

Der Komponist und Pianist Gideon Klein. Zeichnung von Petr Kien

Partitur des Männerchors *Es wandelte der Herr, er ging ins Paradies.* Komponiert von Gideon Klein in Theresienstadt

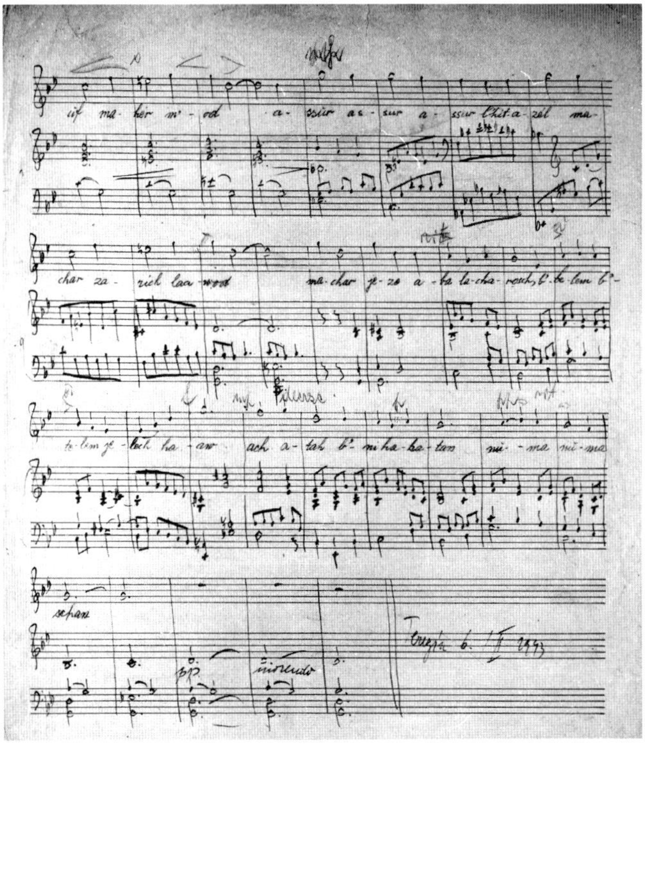

Wiegenlied, für Gesang und Klavier nach einem hebräischen Text. Komponiert von Gideon Klein in Theresienstadt

Partiturauszug einer Klaviersonate. Komponiert von Gideon Klein in Theresienstadt

Das eigentliche Feld, auf dem Kleins Talent ganz zur Entfaltung kam, war freilich die Kammermusik. Er schrieb vier sehr unterschiedliche Stücke, von denen wir immerhin drei kennen, der Zyklus *Pest* ist leider verlorengegangen. *Phantasie und Fuge für Streichorchester*, eine *Sonate für Klavier* und ein *Trio für Geige, Bratsche und Cello*, alle zwischen Dezember 1942 und September 1944 entstanden, liegen vor.

Das erste dieser Werke schrieb Klein für seine jungen Freunde vom Theresienstädter Quartett, mit denen er viel und gern zusammenarbeitete und durch deren Vermittlung er auch mit den besonderen Anforderungen dieses Genres vertraut wurde. *Phantasie und Fuge* ist eine moderne Komposition, besonders bemerkenswert ist ihre Harmonik und ihr plastisch polyphones Empfinden. Gelungen ist auch die *Sonate für Klavier*, in der sich Kleins positive Einstellung zur Atonalität – ganz im Stil Schönbergs – dokumentiert.

Das Werk ist von einer Reife und Stilsicherheit, die bei einem so jungen Komponisten überrascht. Während er in der Sonate noch dem Expressionismus der Zweiten Wiener Schule zuneigt, orientierte er sich im *Trio für Streicher* eher an den Werken Leoš Janáčeks, dessen Musik er allen anderen vorzog. Dieses Werk ist farbiger, es fließen folkloristische Motive ein, und die gesamte Konzeption ist technisch

weniger anspruchsvoll. Der zweite Satz besteht sogar aus Variationen auf ein mährisches Volkslied – eine Huldigung Gideon Kleins an seine Heimat.
Sich stolz über das fertige Werk freuen zu können, war Gideon Klein nicht mehr vergönnt. Neun Tage nach Vollendung, am 16. Oktober 1944, wurde er einem Transport nach Auschwitz zugeteilt. Er überstand die Selektion an der Rampe und wurde – als junger, gesunder Mensch – sogleich einem Außenkommando zugewiesen, das in der »Fürstengrube« in Schlesien, Distrikt Kattowitz, eingesetzt war. Hier arbeitete er drei Monate lang unter schlimmsten Bedingungen in den Kohlegruben. Als die Front näherrückte, wurde das Lager evakuiert; nur ein kleiner Teil der Häftlinge, die Kranken und Geschwächten, blieben zurück. Ein Sonderkommando der SS brachte am 27. Januar 1945 alle im Lager Verbliebenen um. Wie Gideon Klein gestorben ist, bei der Evakuierung oder im Kugelhagel der Maschinengewehre der SS, weiß man nicht.[18]
Wir haben nur ein paar Namen herausgegriffen: Ullmann, Krása, Haas, Reiner und Klein waren nicht die einzigen. Es gab noch weitere Tonsetzer, die nach ihrer Deportation – manche vielleicht nur gelegentlich – komponiert haben. Aber auch solche Beiträge waren für die Musikstadt Theresienstadt wichtig, bezeugen sie doch die Anstrengung und den Willen, angesichts der Ausweglosigkeit nicht in Resignation zu verfallen. Karel Berman komponierte den Liederzyklus *Knospen* für Gesang und Klavier nach Texten von J.V. Sládek und F. Halas sowie die Suite *Theresienstadt* für Klavier; František Domažlický (Taussig) hatte ein *Maienlied* für Männerchor geschrieben, das *Lied ohne Worte* für Streichquartett, die *Theresienstädter Suite* für zwei Geigen und die kleine Ouvertüre *Petriana*, die er, nachdem sie verlorengegangen war, aus dem Gedächtnis wieder zu Papier brachte. Egon Ledeč komponierte eine *Gavotte* für Streichquartett und Viktor Kohn das *Präludium* für Streichquartett – beides Stücke, die das Ledeč-Quartett in sein Programm aufnahm. Zu erwähnen ist auch Sigmund Schul, der, aus Kassel stammend, vor den Nazis in die Tschechoslowakei geflohen war und bei Alois Hába Komposition studiert hatte. Nach der Besetzung der Tschechoslowakei war er in Prag geblieben. Von dort wurde er dann nach Theresienstadt deportiert; er ist im Ghetto umgekommen. Ein talentierter Musiker war auch Karel Švenk, der vor allem Lieder für satirische Veranstaltungen schrieb. Er soll im übrigen auch der Verfasser der *Theresienstädter Hymne* gewesen sein.
Das Schaffen der Komponisten in Theresienstadt wird noch lange Gegenstand weiterer und eingehenderer musikwissenschaftlicher Studien sein. Was sie geschaffen haben, gehört zur fortgeschrittenen modernen Musik; der Tradition der musikalischen Moderne haben sich die Komponisten verbunden gefühlt, zu ihr gehören sie, auch wenn die Nazis alles getan haben, um sie daraus zu verbannen.

Partiturauszug aus der *Cantata judaica*, komponiert von Sigmund Schul in Theresienstadt

Das Schicksal Rudolf Karels

Vieles von dem, was vor fünf Jahrzehnten geschehen ist, kann man sich heute kaum noch vorstellen. Sich von Hunger, Angst, Verzweiflung, Depression und Prügel nicht lähmen zu lassen, dazu bedarf es viel. Viele schöpferische Menschen sind damit nicht fertig geworden.[1] Mit bloßer Willenskraft allein hat sich gewiß niemand darüber hinwegsetzen können. Um seinen Hoffnungen und seinem Leid an einem Ort wie Theresienstadt, einem Zuchthaus, einem Gefängnis oder einem Konzentrationslager künstlerisch Ausdruck zu geben, dazu bedurfte es größter Zähigkeit und eines fast übermenschlichen Antriebs. Es ist ein Wunder, daß inmitten dieser Trostlosigkeit von einigen wenigen tatsächlich wahre Meisterwerke geschaffen werden konnten.

Rudolf Karel, der letzte und jüngste Schüler Antonín Dvořáks gehört zu ihnen. Bei seiner Verhaftung war er bereits 63 Jahre alt, ein eiserner Wille und die Fähigkeit, seine Energien zu bündeln und einzig auf sein Werk zu konzentrieren, hatten ihn durch viele Krisen in seinem Leben geleitet.

Schon während des Ersten Weltkriegs, in dem er als tschechischer Legionär den Marsch durch Sibirien mitmachte, hatte er nicht auf das Komponieren verzichtet. In einem Eisenbahnwaggon auf der Strecke Jekaterinenburg–Wladiwostok war ein Werk für großes Orchester entstanden, das symphonische Gedicht *Dämon*, in dem er das Böse als Dämon der Leidenschaft gestaltete, der den Menschen ins Verderben stürzt. Nach seiner Rückkehr hatte er damit zu Haus wie im Ausland Erfolg und allgemeine Anerkennung gefunden. Nach Kriegsende lehrte er am Prager Konservatorium. In ihm und seinem Talent blieben die Traditionen Dvořáks lebendig. Zu dieser Zeit schuf er seine reifsten Vokalwerke – Liederzyklen nach J. S. Machar und Jaroslav Seifert, den Männerchor *Zborov*, die Kantaten *Auferstehung* und *Süße Kinderballade*, ferner das *Zweite Streichquartett* und die *Frühlingssymphonie*. Das Hauptwerk dieser Jahre aber war *Gevatter Tod*, eine Oper, in der er ein Märchenmotiv verarbeitet.

Mit der deutschen Besetzung der Tschechoslowakei wurde alles anders. Karel war glühender Antifaschist, schon die Verhandlungspolitik, die Präsident Hácha im März 1939 in Berlin verfolgt hatte,

Der Komponist Rudolf Karel, der in der »Kleinen Festung Theresienstadt« inhaftiert war. Zeichnung von Antonín Bareš, 1945

war ihm äußerst suspekt gewesen; seinen politischen Oppositionsgeist bewies er nicht nur als Musiker – er hatte eine *Revolutionäre Ouvertüre* geschrieben –, sondern ganz handfest, indem er sich dem Widerstand anschloß, wo er als Verbindungsmann zur Gruppe Kvapil-Krofta-Lány fungierte, bei dem viele Fäden, Informationen und Weisungen für Untergrundgruppen zusammenliefen. Sein Landsitz in der Nähe von Nový Jáchymov diente als Versteck für Verfolgte, die aus der Haft ausgebrochen waren und verpflegt und neu eingekleidet werden mußten. Für sich und seine Familie nahm er damit große Risiken in Kauf.[2] Als die Untergrundzelle aufflog, der Karel angehörte, wurde auch der Komponist verhaftet. Am 19. März 1943 wurde er im Petschek-Palais in Prag eingeliefert. Die Gestapo verhörte ihn die ganze Nacht, er wurde ins Pankrác-Gefängnis eingewiesen, wo ihn die Gestapo 700 Tage gefangen hielt und immer wieder aus seiner Zelle zum Verhör holen ließ, da man hoffte, ihn zu Aussagen zu bewegen. Aber Karel schwieg beharrlich. Und selbst als die Verhörspezialisten mit ihm »fertig« waren und er in der »Kleinen Festung Theresienstadt« sozusagen »abgelegt« worden war, war sein Fall für die politische Polizei amtlich keineswegs schon abgeschlossen – so wichtig war Karel für die Gestapo.

Im Pankrač-Gefängnis war er in Zelle 127, einer Zelle für drei bis vier Häftlinge. Die Zellenbelegschaft wechselte ständig, nur Karel blieb; absichtlich ließ man ihn darüber im unklaren, was man mit ihm vorhatte. Die Haft zehrte an ihm, sein Haar wurde weiß, er litt unter Schwächeanfällen, zeitweise konnte er kaum noch gehen. Dennoch schaffte er es, dem Druck, dem er bei den Verhören ausgesetzt war, standzuhalten. Wenn er die Demütigungen und Grausamkeiten nicht mehr aushielt, griff er verschiedentlich zur Taktik, die Schmerzen zu übertreiben, die er besonders schlimm in den Beinen hatte; er ließ sich dann, gestützt von einem jungen Mithäftling namens Stanislav Falta, zu den Verhören führen; manchmal simulierte er auch Geistesgestörtheit und stumpfsinnige Apathie. In seiner Zelle zurück, wurde die Musik wieder zum Mittelpunkt, worauf er sich ausschließlich konzentrierte. Hier, in der Gefängniszelle, schuf er die Grundlagen für das bemerkenswerteste musikalische Opus, das je unter solchen Umständen entstanden ist.

Als er verhaftet wurde, hatte Karel an einer Opernfassung von Shakespeares *Der Widerspenstigen Zähmung* gearbeitet. Im Gefängnis konnte er daran nicht mehr weiterarbeiten, da ihm kein Text zur Verfügung stand. Also wandte er sich einem anderen Projekt zu, das er seit zwei Jahren mit sich herumtrug. Der Stoff stammte aus einem tschechischen Märchen von Karel Jaromír Erben und behandelte das Schicksal des volkstümlichen Helden Plaváček. Es ist sehr bekannt und heißt *Die drei goldenen Haare des Großvaters Allwissend.* Karel skizzierte ein Szenario und machte sich dann an ein Libretto. Den Titel änderte er leicht ab; da der alte Mann in seiner Oper silbrigweiße Haare bekommen sollte, hieß das Stück *Die drei Haare des Großvaters Allwissend [Tři vlasy Děda Vševěda]*. Die reimlosen Verse notierte er auf Toilettenpapier, da ihm nichts anderes zur Verfügung stand. Das Märchen vom Köhlersohn Plaváček, dem ein glückliches Leben prophezeit wird und dem durch viele Wunder alles Böse erspart bleibt, war im Gefängnis ein besonders verlockendes Sujet. Es führte einerseits weit von der unmittelbaren Umgebung fort und blieb aber dennoch mit dem Leid, das er selbst und das tschechische Volk zu erdulden hatten, in manchen Episoden eng verbunden. *Drei Haare* ist kein revolutionäres und kämpferisches Stück; mit dem *Kaiser von Atlantis* oder *Esther* ist es also insofern nicht zu vergleichen. Das Schicksal aller Figuren in diesem Ringen des Guten mit dem Bösen ist durch Märchentopoi vorgegeben. Aber die Erzählung nimmt ein gutes Ende, und darin kommt Karels Überzeugung vom endgültigen Sieg über den Faschismus zum Ausdruck. Die schicksalhafte Vorbestimmtheit wird im Einleitungs- und Schlußchor zum Thema. Philosophisch überhöht, sind beide Partien aus der eigentlichen Handlung der Oper ausgegliedert: »Das Schicksal ist wie ein Rad, das sich rasend im Weltall dreht, den einen emporhebt, den anderen zermalmt; wer den Fall nicht fürchtet, wer, zermalmt, nicht verzweifelt, der erreicht die ewige Seligkeit.« Damit stellte Karel sich hinter die Altersweisheit seiner Titelfigur, hinter die innere Ruhe der allwissenden Sonne, die gleichmütig und philosophisch abgeklärt auf die Wechselfälle der Geschichte herabblickt. Müde von der ganztägigen Wanderung am Firmament, überdenkt die Sonne am Abend die Freuden und Leiden der Menschen, die sie gesehen hat:

> »[...] und von der Näh' erblickt mein Auge, daß Freude von Schmerz begleitet wird, der Tod erbarmungslos durch's Leben schreitet. Da ergreift mich der Menschheit wegen ein tiefer Kummer. Ist das Sterben dieses Leben wert? Die Antwort des Totengeläutes sagt mir: Nein! Doch wenn ich der Auen der Erde gedenke, wo die zarte Blume der Liebe aufgegangen ist, erfüllt Frieden mein Inneres; auch wenn es denn wahr wäre, daß das Leben den Tod nicht einlöst, lohnt es sich doch zu leben.«

Das ist die Weisheit des einfachen Volkes, der Karel hier seine Stimme leiht. So ist das ganze Stück; zumal in seiner musikalischen Durchführung ist es volkstümlich und sehr tschechisch.

Karel hatte das Glück, im Gefängnis immer wieder Menschen zu finden, die sich für ihn einsetzten und ihm halfen, mit seinen körperlichen Beschwerden und dem seelischen Leid fertig zu werden. Der Gefängnisarzt, ein Dr. Navara, der als ehemaliger Sanitätsoffizier der Tschechischen Legion in Rußland mit Karel persönlich bekannt war, konnte sich für ihn verwenden und ihm bestimmte Vergünstigungen verschaffen: Er ließ ihm hin und wieder eine zusätzliche Ration zur elenden Häftlingsverpflegung zukommen und sorgte für Erleichterungen im Lageralltag. Karel durfte in der Zelle liegen oder beim

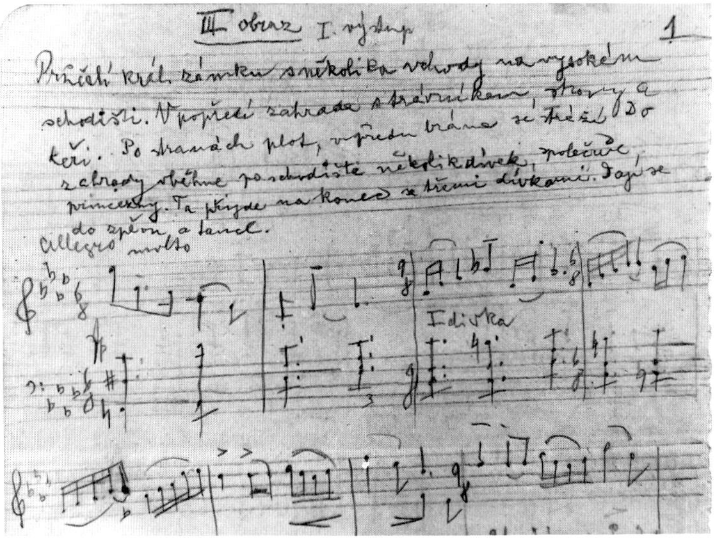

Skizze zum dritten Bild der Oper *Die drei Haare des Großvaters Allwissend* von Rudolf Karel, entstanden im Prager Pankrác-Gefängnis

Partiturskizze zum Finale

Hofgang im inneren Kreis gehen, wo man nicht so schnell marschieren mußte. Oder Navara schmuggelte Vitaminpräparate und Arzneien ins Gefängnis, die Karel unbedingt benötigte und die ihm seine Frau besorgt hatte. Und wenn er Aktivkohle gegen seine Darmbeschwerden bekam, brauchte er das noch für einen anderen Zweck. Wenn er nichts anderes hatte, nahm er die Kohle auch als Bleistift.

Im Sommer 1944 gelang es Navara nach einigen Schwierigkeiten, dem verantwortlichen Inspektor ein so alarmierendes Bild von Karels Gesundheitszustand zu zeichnen, daß er einer Überweisung ins Gefängnislazarett zustimmte. In den sechs Zellen, in denen jeweils drei Personen untergebracht werden konnten, gab es etwas bessere Verpflegung und ein wenig mehr Freiraum, da die Kranken nicht mehr ständig von den Aufsehern überwacht wurden. Hier fand Karel neben Navara in dem Aufseher František Müller einen weiteren Freund, der sich aufopfernd um ihn kümmerte. Täglich schmuggelte er Karels kleine Blätter mit den Partiturskizzen aus dem Gefängnis und versteckte sie bei den Musikalien seiner kleinen Tochter. 240 Blätter Klosettpapier mit Noten kamen so nach und nach zusammen. Karel hat sich bei beiden bedankt, indem er ihnen ein kleineres Musikstück widmete; Dr. Navara den *Pankrác-Marsch* für Klavier, in dessen Text der Trio-Partie es melancholisch heißt: »Tag für Tag und Nacht für Nacht vergeht in Trauer unsere Zeit, lieber Gott, wann werden wir wieder neue Hoffnung schöpfen?« František Müllers Tochter Věrka eignete er die *Pankrác-Polka* für Violine und Klavier zu. (Müller selbst hat später für die Hilfe, die er Gefangenen – nicht nur Karel – geleistet hatte, mit dem Leben bezahlen müssen.)

Hilfsbereite Menschen fanden sich immer wieder, beispielsweise Dr. Josef Reim, ein praktischer Arzt aus dem Pankrác-Viertel, Dr. Jandura, der junge Aufseher František Holubec und der Schließer Josef Remta, der von Beruf Maler war. Es war Holubec, der später dann Karels Kompositionsentwürfe aus dem Gefängnis herausschaffte und sie teilweise sogar bei sich zu Hause aufbewahrte. Karel hat auch diesen Männern ihre Unterstützung vergolten, indem er ihnen das einzige gab, was er zu verschenken hatte: Er widmete ihnen einige kleinere Gelegenheitskompositionen, Josef Remta das lyrische Lied *Das Weib – mein Glück* und den *Pankrác-Walzer* dem »Kameraden im Leid«, Dr. Hrubý.[3] Eine Oper zu komponieren ist natürlich unendlich viel komplizierter als solch kleine Stücke – zumal im Gefängnis. Auch wenn der Text schon steht, erfordert das alle Kraft und Konzentration. Karel hatte ja kein Instrument, mit dem er hätte arbeiten und seine Ideen prüfen können. Die komplizierten Harmoniebeziehungen und -auflösungen, die Verläufe der polyphonen Verhältnisse – all das konnte er nur mit dem inneren Ohr hören! Und natürlich war er es eigentlich gewohnt, bei jeder neuen Komposition mit einer Menge von Notizen, Skizzen und Entwürfen zu arbeiten, sie zu überdenken, abzuändern und zu korrigieren. Hier ging das alles nicht. Papier war im Gefängnis etwas unendlich Kostbares: Alles mußte erst im Kopf herangereift und fertig sein, bevor es endgültig niedergeschrieben werden konnte.

Für *Drei Haare* entwarf er nur eine einzige Skizze, die in allen wesentlichen Linien schon ausgearbeitet war, ehe er daran ging, das Particell mit den Gesangspartien in einer Art Klavierauszug auszugestalten und eine Vielzahl von Instrumentierungshinweisen einzufügen, die er später – in der Freiheit – ausfeilen und konkretisieren wollte. Aber allein das Niederschreiben und Fixieren war beinahe ein Ding der Unmöglichkeit, denn er hatte ja nie das Ganze vor sich, sondern nur kleine Bruchstücke: Was er geschrieben hatte, konnte er nicht in seiner Zelle sammeln; jeden Tag mußte, was fertig war, zur Sicherheit weggegeben werden, er mußte also alles, was er in den sieben Monaten komponiert hatte, im Gedächtnis haben – alle musikalischen Motive, alle Harmoniewechsel, Rhythmusverschiebungen und die Konzeption polyphoner Linien: Note für Note und Takt für Takt. Wann ist etwas ähnliches unter solchen Umständen geschaffen worden?[4]

Obwohl seine körperlichen Kräfte schon stark geschwunden waren, machte sich Karel, als er seine Oper vollendet hatte, mit großem Elan an etwas Neues, an ein *Nonett*. Ohne an die Charaktere vorgegebener Figuren und an ein Sujet gebunden zu sein, konnte er hier seiner musikalischen Phantasie freien Lauf lassen. Wie schon in *Dämon* hätte er in diesem neuen Werk die Erfahrungen der Gewalttätigkeit und der bösen Kräfte, die ihm in der Gestapo begegnet waren, musikalisch bearbeiten und umsetzen können. Doch das tat er nicht. Es gelang ihm tatsächlich, sich nicht mehr von dieser dunklen Seite in Bann

Partiturskizze zu einem *Nonett* von Rudolf Karel, im Prager Pankrác-Gefängnis auf Toilettenpapier entworfen

schlagen zu lassen und zu jenem elementaren Optimismus zurückzufinden, ohne den jeder Überlebenswillen abzusterben beginnt.[5]
Wie seine Oper besitzt auch das *Nonett* ein sich durchhaltendes »Schicksalsmotiv«, das eine Art Gerüst bildet und dem Ganzen seine tektonische Homogenität verleiht. Im ersten Sonatensatz schält sich das Nebenthema, das den Charakter eines Trauermarsches hat, als das bedeutendste heraus:

Der zweite Satz ist ein von schmerzlicher Sehnsucht durchdrungenes Lied, das von tiefster Innerlichkeit und melancholischer Schönheit ist. Die Variationen dieser Melodie werden in breitem Bogen durchgeführt:

Der dritte Satz hingegen ist so frisch und optimistisch, daß man kaum glauben mag, daß er hinter Gefängnisgittern entstanden sein soll. Karel selbst beschreibt den lebensbejahenden Grundzug des Schlußsatzes in einem Kassiber: »[...] ich schließe mit ein bißchen Musik, die sich bemüht, die Vision des Frühlings, unseres Erlösers, hervorzuzaubern.«[6]
Dabei knüpfte er an die Form mährischer Tänze an:

Kurz nachdem Karel die letzten Blätter, auf denen er das *Nonett* notiert hatte, hatte in Sicherheit bringen lassen, wurde er einem Transport nach Theresienstadt zugewiesen und am 7. Februar 1945 in die »Kleine Festung« überführt. Wieder zehrte die Ungewißheit an seinen Kräften, was werden würde. Die Zustände waren schlimmer, als es sich die Vorstellungskraft hatte ausmalen können. Die Zellen waren überfüllt, die hygienischen Einrichtungen unsäglich verdreckt. Es herrschte furchtbare Kälte. Er konnte sich nicht vorstellen, es an diesem Ort auch nur ein paar Wochen auszuhalten. Die Menschen um ihn herum starben zu Dutzenden, ständig trafen neue und wieder neue Häftlinge ein und wurden in die überfüllten Zellen, in denen längst kein Platz mehr war, hineingetrieben. Epidemien drohten.

Karel war kein junger Mann mehr, die Haft hatte an seiner Gesundheit gezehrt, gebrechlich wie er inzwischen war, setzte ihm das alles besonders zu. Aber auch in der »Kleinen Festung« sollte er wieder Leidensgenossen finden, die sich dem alten Mann zuwandten. Die Häftlingsselbstverwaltung hatte von der Ankunft des Komponisten erfahren und dafür gesorgt, daß er in Zelle 35 eingewiesen wurde, die auf Hof IV des Gefängnisses ausging.[7] Unlängst hatten die Häftlinge von der Gefängnisleitung erwirken können, diesen Raum zu einer »Rekonvaleszenz-Zelle« für Häftlinge mit besonders geschwächter Konstitution zu machen. Deshalb war es für die Gefangenen in dieser Zelle vergleichsweise erträglich. Karel konnte sogar Besuch prominenter Häftlinge aus anderen Zellen haben – beispielsweise kam der Maler Karel Bidlo zu ihm, der Musikwissenschaftler Vladimír Helfert und der Zeichner Antonín Bareš. Man duldete sogar, daß er komponierte; geschwächt wie er war, wagte er sich freilich nur noch an vergleichsweise kleine Stücke. Für den Kapo der Lazarettzelle, den Lehrer Alois Bobek aus Turnov, der Karel gegenüber ausgesprochen freundlich war, harmonisierte er einige tschechische Volkslieder für Kinderchor; für Bobeks Sohn schrieb er den *Theresienstädter Walzer*. Beide Arbeiten sind leider verlorengegangen. Verschollen ist auch Karels Lied *Theresienstadt* für Bariton und Klavierbegleitung, das nach einem Gedicht von Stanislav Medek entstand, der mit dem Komponisten die Zelle teilte. In Theresienstadt skizzierte er auch die nicht mehr erhaltene Ouvertüre zu seinen *Drei Haaren*; die Partitur wurde wieder auf Toilettenpapier notiert.[8]

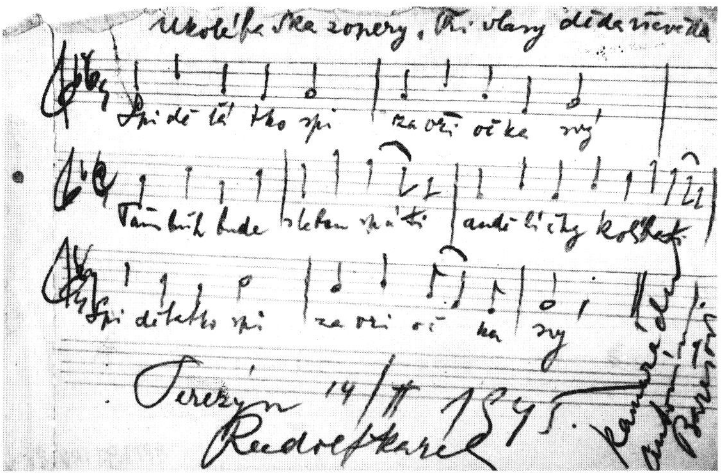

Partiturauszug aus Rudolf Karels *Die drei Haare* … mit einer Widmung für den in der »Kleinen Festung« einsitzenden Antonín Bareš

Die Theresienstädter Ärzte V. Sailer, J. Syllaba und J. Vápeník sahen nach ihm und taten für den Komponisten, was sie konnten; aber er verfiel von Tag zu Tag mehr. Noch am 3. März 1945 schrieb er auf einer Postkarte an seine Familie: »… bin sehr krank, jetzt ein wenig besser …«. Das war freilich eher ein Wunsch und der Fürsorge entsprungen, seinen Angehörigen keinen Schreck einzujagen. Der Wahrheit entsprach das nicht mehr. Die Medikamente, die ihm sein ehemaliger Arzt Dr. Vilibald Burian aus Prag-Nusle zuschickte,[9] wirkten immer weniger; Karel erhielt als einziger jener Häftlinge, die unter Dysenterie litten, heimlich Chinindosen – derartige Arzneien waren damals eine Kostbarkeit, die im Lager ansonsten allenfalls Kommandant Jöckel vorbehalten war.[10] Doch es war nichts mehr zu machen. Am 5. März 1945 platzte der Vertreter des Lagerkommandanten, Rojko, in die Rekonvaleszenz-Zelle und trieb alle Häftlinge, die teilweise bis zu 40 Grad Fieber hatten, in die Kälte auf den Hof hinaus. Man müsse entlausen, war der Vorwand, der für dieses elende Theater angeführt wurde. Die Kranken sollten aus eigenen Kräften zu einem 500 Meter entfernten Hof marschieren. Dazu waren die meisten aber gar nicht mehr in der Lage. Zwei Kapos von Hof IV griffen ein und trugen etwa 20 schwerkranke Häftlinge, nackt und ohne Decken, in Zelle 36 zurück. Unter ihnen war auch Karel.

»Wir hüllten ihn in Decken ein. Die heftigen Bewegungen seines mächtigen, freilich bis auf Haut und Knochen abgemagerten Brustkorbs sowie sein geöffneter Mund deuteten auf einen kritischen Zustand. Nach zwei Stunden wurden die Kranken wieder in die Lazarettzelle gebracht. Und am Tag darauf waren neun von ihnen tot, unter ihnen auch Rudolf Karel. Er starb auf dem Betonboden, nahe beim Ofen – einer der Ärmsten; lange hatte er sich gegen die Agonie gewehrt, bis dann der Tod siegte […].«

War dieses Ende unvermeidlich? Noch einmal Karel Novák:

»[…] Rudolf Karel hat zweifellos höchste Fürsorge erfahren. Dieser Künstler hat bis in die letzten Tage seines Lebens in einem Milieu menschlicher

Wärme gelebt, es gab immer Menschen in seiner Umgebung, die ihm wirklich aufopfernde Freundschaft entgegenbrachten.«[11]

Rojkos »Entlausungsaktion« hat Karels Tod wahrscheinlich nur beschleunigt, schon in den Tagen zuvor war Karel der Agonie nahe gewesen. Dr. Švec, ein weiterer Augenzeuge, hat bestätigt, daß die gesamten Umstände, die unzureichenden Arzneien, die Theresienstädter Lebensbedingungen und die schlechte Verpflegung, die nur aus schwarzem Kaffee und angebranntem Kartoffelbrei bestand, Karels Siechtum beschleunigt haben.[12] Es gab keine Trauerfeier, als man Karels Leiche aus der Zelle trug. Sein Körper wurde in eines der Massengräber geworfen. Das Los, das ihm so lange vor Augen stand und gegen das er mit so großen moralischen Energien angekämpft hat, konnte er nicht abwenden; das Vertrauen auf die Realitätsmächtigkeit und Ausstrahlung seines Werkes hat ihm wohl diese schier unbegreiflichen Kräfte zuwachsen lassen: Sein Glaube und Optimismus würden durch sein Werk noch lebendig bleiben, wenn er selbst schon längst nicht mehr sein würde.

Das Vermächtnis Vladimír Helferts

»Rückkehr unerwünscht« – der Häftling, dem die Gestapo diese Formel in seine Akten gestempelt hatte, hatte kaum eine Aussicht, lebend davonzukommen. Vladimír Helfert, einer der wichtigsten tschechischen Musikwissenschaftler, der zwischen den beiden Weltkriegen an der Universität von Brünn gelehrt hat,[1] gehört ebenfalls zu den Opfern, die den Leidensweg durch die Lager bis zum Ende gehen mußten. Sechs Jahre verbrachte er in der Gewalt der SS. Er starb einige Tage nach der Befreiung am 18. Mai 1945 im Alter von 59 Jahren.[2]

Der Musikwissenschaftler Vladimír Helfert.
Das Foto wurde in der Zeit zwischen seiner Haft in Wohlau und der »Kleinen Festung« aufgenommen

Helfert war eine bedeutende Persönlichkeit: Als Gelehrter hat er in seinem Land zu den Kapazitäten seines Faches gehört, aber vom ersten Augenblick an erhob er auch als politischer Kopf und Staatsbürger seine Stimme, als die Nazis sein Land besetzt hatten. Durch Vorträge versuchte er, seine Zuhörer wachzurütteln und sie für die Bedrohung ihrer angestammten Kultur durch die Nationalsozialisten zu sensibilisieren. Unmittelbar nach der Besetzung der Tschechoslowakei schloß er sich deshalb auch Mitte April 1939 dem Vorstand des ersten illegalen Landesausschusses in Brünn an. Am 14. November 1939 wurde er verhaftet.[3]

Helferts wissenschaftliches Werk umfaßt große Monographien wie *Hudební barok na českých zámcích [Der musikalische Barock an den böhmischen Höfen]* von 1916, *Hudba na jaroměřickém zámku Fr. V. Míča 1696–1745 [Die Musik am Hof von Jaroměřice, Fr. Míča 1696–1745]* von 1924, *Jiří Benda. Příspěvek k problému české hudební emigrace [Jiří Benda. Ein Beitrag zum Problem der tschechischen Musikeremigration]* von 1929, *Česká moderní hudba [Die tschechische moderne Musik]* von 1936 und *Leoš Janáček. Obraz životního a uměleckého boje [Leoš Janáček. Schilderung eines Lebens- und Künstlerkampfes]* von 1939. Hinzu kamen Studien über Bedřich Smetana und Richard Wagner, Abhandlungen über Musikästhetik, -erziehung und Folkloristik. Darüber hinaus widmete sich Helfert auch programmatischen und methodischen Fragen der Musikwissenschaft.

Auch nach seiner Verhaftung, als sein Leben nur an einem dünnen Faden hing, schmiedete Helfert Pläne für wissenschaftliche Projekte. Er dachte daran, ein modernes musikgeschichtliches Institut aufzubauen, er trug sich mit dem Plan, zwei alte, besonders wichtige tschechische Gesangbücher zu edieren, das Jistebnitzer und das Comeniusgesangbuch, er wollte einen Thesaurus zum tschechischen Kirchenlied erarbeiten, und er plante zwei große Monographien zu Janáček und Smetana, sowie eine Grundlagenarbeit zur zeitgenössischen tschechischen Musik.[4]

Keines dieser Projekte konnte Helfert realisieren. Was wir von Helfert besitzen, sind etwa 70 Blatt mit Bleistift beschriebenes brüchiges Zeitungspapier, das zu zerfallen droht.[5] Die Blätter sind Kassiber, die der Musikwissenschaftler an den Mithäftling im Zuchthaus Wohlau, den Arbeiter und Freund Jura Sosnar, geschickt hat.[6] Nach der Haft in Brünn-Špilberk vom 20. November 1939 bis zum 6. Januar 1940 war Helfert zunächst für einige Tage, bis zum 29. Januar, in das Kounic-Studentenheim und dann bis Juli 1940 in das Gefängnis von Wroclav verschleppt worden. Schließlich kam er nach Wohlau, in ein dreistöckiges kreuzförmig angelegtes Backsteingebäude mitten in den fruchtbaren Feldern der schlesischen Ebene. Dieses Zuchthaus hatte 400, für zwei bis vier Gefangene berechnete Zellen. Es war überfüllt mit verhafteten tschechischen Widerstandskämpfern. Die Gefangenen schliefen und arbeiteten in denselben Räumen. Die meisten mußten Netztaschen flechten oder hölzerne Knöpfe für Trachten aus Bayern oder Tirol bemalen.[7] Hunger und Prügel, drohende Transporte und Terror – alles noch schlimmer und unbarmherziger, nachdem der Überfall auf die Sowjetunion begonnen hatte – bestimmten den Tag. Die Rote Armee zog sich ständig weiter zurück; unter den Häftlingen, die über die allgemeine militärische Lage mehr oder weniger genau Bescheid wußten, machte sich Hoffnungslosigkeit breit. Wo sollten sie auch Halt finden, woher noch die Kraft zum Überleben nehmen?

Während des kurzen Gangs auf dem Gefängnishof, eines Tages im Juli 1941, sagte ein kleiner hagerer Mann mit weißem Spitzbart und Professorenbrille mit halblauter, aber fester Stimme: »Keine Angst, Kameraden! Auch wenn Moskau fällt, Rußland und die Freiheit werden am Ende siegen.« Es war Helfert, und was er da sagte, war Balsam für die Seelen der im Kreise trottenden Hofgänger. Auf diese wenigen Worte hin erhielt der kleine Professor den Kassiber eines Mithäftlings. Es war Jura Sosnar, der mit ihm Kontakt aufnehmen wollte und ihm für das Stück Zuversicht dankte, das er auf dem Hof hatte aufschnappen können. Zwischen beiden begannen nun die Kassiber hin und her zu gehen, in denen aber nicht über den Gefangenenalltag geredet wurde, sondern Pläne geschmiedet und Zukunftsperspektiven diskutiert wurden: Wie würde man leben, wenn erst der Faschismus besiegt war? Und daß Hitlerdeutschland eines Tages besiegt werden würde, daran hatte Helfert nie den geringsten Zweifel gehabt. Im Juli 1941, als die deutschen Armeen in ihrem Vormarsch unaufhaltsam schienen, schrieb er:

»Diese heutigen Herrscher Deutschlands, das sind verlogene Erzschufte. Sie haben es verstanden, die Geschichte zu fälschen und sie für sich zu mißbrauchen. Du kannst Dir, mein Freund, dieses einschüchternde Prahlen mit den Erfolgen, die sie zugegebenermaßen haben, wohl vorstellen. Sie schlagen sich an die Brust wie ein Gorilla über dem schlafenden Löwen. Aber, wenn der Löwe erwacht! [...] Wenn du alles näher betrachtest, so merkst du, daß sie übertreiben: nicht die Zahl der besetzten Städte, sondern die Perspektiven. Sie werden bald am Ende sein, und dann werden alle Kräfte, die sie selbst hervorgerufen haben, beginnen zurückzuwirken. Die Nationen, die die Deutschen durch Okkupation zum Gehorsam gezwungen haben, werden sich auflehnen und ihnen in den Rücken fallen. Dieser Widerstand wird ständig wachsen [...]. Gegen die deutsche Expansion steht eine ganze Welt guter, ehrlicher Menschen, die ganze Welt der Kultur und des Fortschritts, die Idee der Freiheit, des Friedens und der Gleichberechtigung der Nationen. Ein Rußland, das der Welt einen Gercen, Tolstoj, Glinka, Puschkin, Lenin gegeben hat und eine tiefe und alte Tradition des Fortschritts aufweist, das ist imstande und vermag erstaunliche moralische Kräfte zu mobilisieren, denen nichts auf der Welt gleichkommt.«[8]

Helferts Kassiber, die von den Häftlingen abgeschrieben wurden und im Lager zirkulierten, gaben den tschechischen Häftlingen bestimmt nicht weniger Kraft als irgendeine Zusatzration oder eine

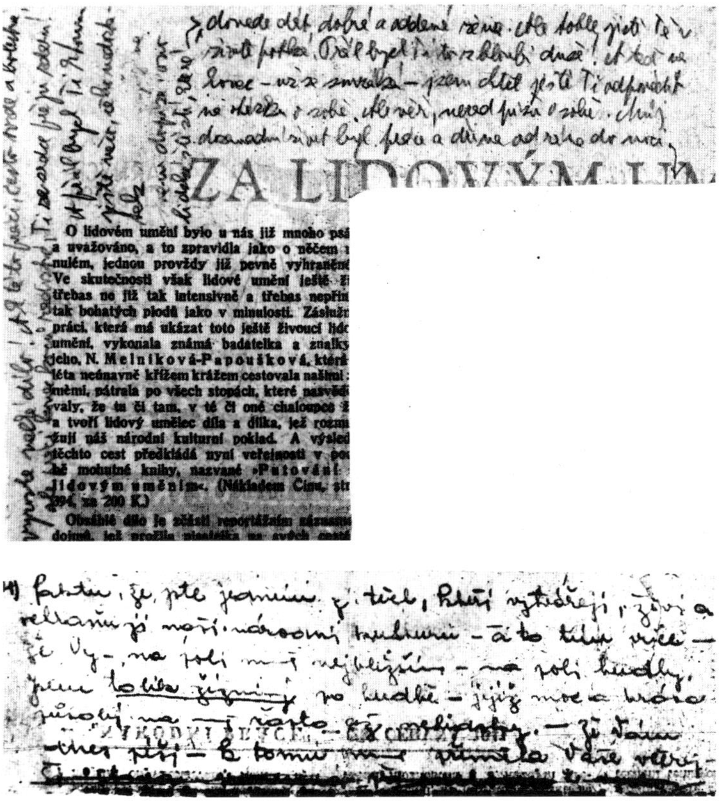

Kassiber Valdimírs Helfert an Jura Sosnar, geschrieben im Zuchthaus Wohlau 1941

Scheibe Brot – gleichgülig ob sie von der politischen Lage oder den militärischen Kräftverhältnissen, von tschechischer Kultur, von der Musik Smetanas oder Dvořáks handelten, oder ob sie Überlegungen zu Religion, Ethik und Ehe oder Betrachtungen über die Schönheit der gemeinsamen Heimat enthielten.

Helfert, der Intellektuelle und Wissenschaftler, hatte schon immer das einfache Volk und die arbeitenden Menschen für die Quelle gehalten, aus der jede Nation ihre Kraft und ihren besonderen Charakter schöpft, und diese Überzeugung hatte ihn in dem Glauben bestärkt, daß es zu einer gesellschaftlichen Ordnung kommen wird, in der die schöpferischen Fähigkeiten zur Entfaltung kommen können, die in jedem, auch dem einfachsten Menschen verborgen liegen: »Indem das Volk der Nation aus seiner Mitte große Männer geschenkt hat, ermöglichte es ihr, neue und immer wieder neue Erfolge auf dem Gebiet des menschlichen Geistes zu erreichen.«[9] Wenn von Helferts Ethos eine so große Ausstrahlung auf seine Mithäftlinge ausgehen konnte, dann deshalb, weil er die Erfahrung gemacht hatte, daß bei den einfachen Menschen oft beständigere geistige und moralische Grundsätze vorherrschen als bei vielen Gebildeten.

Die zweite Quelle seiner inneren Stärke war ein gewisser moralischer Determinismus. Helfert war davon überzeugt, daß die Entwicklung der Menschheit von einer überpersönlichen Ordnung, von einer gewaltigen schöpferischen Energie bestimmt würde, die das gesamte Menschengeschlecht unweigerlich vorwärts in Richtung auf eine fortschrittlichere Gesellschaft, auf eine höhere Stufe der Gerechtigkeit und Humanität hinleiten würde. Rückschläge waren dabei nicht zu vermeiden, waren jedoch nur vorübergehende Unterbrechungen. Diese Überzeugungen belegte er immer wieder durch historische Beispiele, vor allem aus seinen eigenen Forschungen. An Sosnar schrieb er im Juli 1941:

»Niemals in der Geschichte hat das Unrecht gesiegt. Wenn es auch manchmal schien, daß alle menschlichen und moralischen Werte mit Füßen getreten wurden, wenn alle Tyrannen und ihre Helfershelfer ihren Sieg feierten, die menschliche Ehre und Würde herabsetzten, war es immer ein Pyrrhus-Sieg, ein zeitlich begrenzter, der sich schließlich in eine völlige Niederlage der Unterdrücker umkehrte.«[10]

Wie sich inmitten des Elends, des trostlosen Grau der Zellen des Wohlauer Zuchthauses ein solcher Optimismus, eine fast ekstatische Lebensbejahung und Heilsgewißheit entfalten konnte, vermag man fast nicht zu verstehen:

»Ich fühle mich mit all den Kameraden hier im Gefängnis durch die Bande des gemeinsamen Leides verbunden, und das verleiht mir das Gefühl brüderlicher Gemeinschaft. [...] Hier sind wir Menschen, nichts mehr und nichts weniger als Menschen! – Diese Verpflichtung zum Menschsein werden wir bestimmt als ein dauerndes Andenken an diese bittere, aber zugleich große Zeit mitnehmen, in der aus schrecklichen Schmerzen und entsetzlichem Leid ein neues Menschentum entsteht – eine höhere Stufe jener unerbittlichen Ordnung, die zu einer stets größeren und tieferen Vollkommenheit führt. Wenn ich darüber nachdenke, so muß ich mir eingestehen, daß das Leben, trotz so viel Elend, Haß und Niedertracht, immer wieder neue Schönheiten offenbart; ich will es dann mit Březina halten und sagen: ›Zu leben ist süß!‹ Nur muß man das Leben wirklich verstehen, man darf nicht oberflächlich der Schönheit, aber auch nicht dem Elend und dem Bösen ausweichen, man muß es von einer höheren Warte aus, aus dem Blickwinkel der Ewigkeit sehen und diesen erstaunlichen, unbesiegbaren Rhythmus der kosmischen Ordnung beobachten. Und dann offenbart sich das Leben in seiner ganzen überwältigenden Größe, seinem unerbittlichen Gesetzen gehorchenden, folgerichtigen Gang. Und das nenne ich höchste Schönheit.«[11]

Kein Wunder, daß ein solches Bekenntnis hochverdichteter Erfahrung, die im Antlitz des Todes und inmitten des größten Terrors artikuliert worden ist, bei seinen Mithäftlingen auf starke Resonanz traf. Niemand hätte Helferts Kassiber vernichtet – obwohl der Verfasser darum gebeten hatte, weil er sich der Folgen einer Entdeckung dieser Schreiben durch die Gestapo bewußt war.[12] Diese Philosophie fand offene Ohren. Daß hier vom unausweichlichen und insofern absehbaren Untergang des Faschismus geredet wurde und daß dies mit einem Fortschreiten zu mehr Freiheit und zu einer Gesellschaft mit größerer sozialer Gerechtigkeit verbunden sei, die auf festen, wissenschaftlich begründeten, moralischen Grundlagen beruhen würde, hatte eine eigene Plausibilität. Am 17. März 1942 faßte Helfert seine Überzeugung folgendermaßen zusammen:

»Dagegen unsere Zukunft! Wir nähern uns doch an etwas an, das zu den erstaunlichsten Ereignissen der menschlichen Kultur gehören wird. Und es liegt an uns, daß sich jeder konzentriert und mit voller Verantwortung auf diese großen, schwierigen, verantwortungsvollen, aber zugleich äußerst freudigen Aufgaben, die auf uns warten, vorbereitet [...].«[13]

Am 23. Februar 1942 wurde Helfert, obwohl er zur Kategorie der »RU«-Häftlinge – »Rückkehr unerwünscht« – gehörte, als hoffnungslos Kranker überraschend freigelassen. Und er kam davon! Nach einer Gallenoperation, die ohne Narkose im Prager Weinberger-Krankenhaus durchgeführt wurde, nahm er seine politische und wissenschaftliche Arbeit wieder auf. In der Korrespondenz mit Freunden war er die Stimme der Ermutigung, die selbstsicher schon von den zukünftigen Aufgaben sprach. Daß die Gestapo jeden seiner Schritte natürlich verfolgen würde, wußte er. Deshalb änderte er ständig seinen Aufenthaltsort und lehnte eine feste, ihm angebotene Zuflucht bei einer mährischen Familie ab, um diese Menschen nicht zu gefährden. Die Gestapo fand ihn – eine Warnung hatte ihn zu spät erreicht – und nahm ihn am 23. Juni 1944 erneut fest. Zuerst brachte man ihn ins Pankrác-Gefängnis, anschließend in die »Kleine Festung«. Dort hatte sich die Lage der Häftlinge in den überfüllten Zellen noch verschlimmert.[14]

Helfert wurde in Zelle 44 eingewiesen, dort waren Häftlinge, die auf ein »Gerichtsverfahren« warteten und deshalb nicht zur Arbeit abkommandiert wurden. Wer hier saß, hatte mit allem zu rechnen. Vielleicht warteten »nur« endlose Verhöre auf ihn, vielleicht aber auch die Folter und am Ende der Galgen. Es war eine Situation, in der Niedergeschlagenheit um sich greift und schnell in nackte Verzweiflung umschlagen kann. Um dem zu entgehen, hatten die Häftlinge Gesprächsstunden organisiert, in denen jeder von sich, von seinem Leben, seiner Arbeit und seinen Überzeugungen sprechen konnte. Auch Helfert pflegte hier das Wort zu ergreifen. In seinem letzten Diskussionbeitrag, Mitte April 1945, sprach er, schon vom Tode gezeichnet, über die moralische Kraft der Musik.

»In der Zelle summte es wie in einem Bienenstock, aber es genügte, in die Hände zu klatschen, daß ein Erzählen beginne, und alles verstummte. In diese immer tiefer werdende Stille erklang die schwache Stimme eines Mannes von eher kleinerer Gestalt, eines von Hunger und all dem Elend und Leid Gepeinigten, aber ein unverwüstlicher Geist. Begeistert sprach er vom Einfluß der Musik auf den Menschen, von ihrer Schönheit und Harmonie, sprach über das Leben und Werk Smetanas, über die Kraft und den Einfluß seiner Musik bei der Wiedergeburt der tschechischen Nation [...]. Ich finde keine Worte, um die einzelnen Passagen zu wiederholen, aber das Gefühl, das mich dabei beherrschte, werde ich nie vergessen. Es rüttelte auf, mir war, als ob auch ich eine neue, lebensspendende Kraft erhielte. Und nicht nur ich. Professor Helferts Vorträgen hatten in seinem Leben bestimmt oft fachlich Gebildetere gelauscht, als wir, die Theresienstädter Häftlinge, es waren, aber ich bezweifle, daß er je aufmerksamere und dankbarere Zuhörer gehabt hatte als im April 1945 in der Kleinen Theresienstädter Festung.«[15]

Als Theresienstadt befreit wurde, war Helfert am Leben, aber so geschwächt, daß sein Körper trotz ärztlicher Pflege nicht mehr genügend Abwehrkräfte mobilisieren konnte, um eine Flecktyphusansteckung abzuwehren. Warnungen in den Wind schlagend, hatte er die Quarantänestation und das Lager verlassen, kam aber nicht weiter als bis nach Račiněves. Hier warf ihn hohes Fieber nieder, das bei Flecktyphus auftzutreten pflegt. Der Sanitätsdienst brachte ihn in das Prager Krankenhaus Bulovka, wo ihn Professor Procházka noch behandeln, aber nicht mehr retten konnte.[16]
Helfert erlebte noch die Befreiung, aber das Leben in Freiheit war ihm nicht mehr vergönnt. In ihm hat sich wissenschaftliche Wahrheitssuche und die Sehnsucht nach dem Guten verkörpert, er hat für Gerechtigkeit gekämpft und für das Recht eines jeden, seine schöpferischen Fähigkeiten zur Geltung bringen zu dürfen. Vladimír Helfert steht in einer Reihe mit Antonio Gramsci, Ernst Thälmann, Vladislav Vančura oder Josef Čapek: Menschen, die – eingesperrt und von der Welt isoliert – nie aufgehört haben, ihre Überzeugungen zu verteidigen, und die bereit waren, dafür mit ihrem Leben zu bezahlen.

Musik – ein Lebensbedürfnis

Die vorangegangenen Kapitel haben gezeigt, welche Bedeutung musikalische Aktivitäten in Konzentrationslagern, in Ghettos oder Arbeitslagern gehabt haben. Die Gelegenheiten und Anlässe, zu denen musiziert wurde, waren dabei ebenso unterschiedlich wie die Musik, die gemacht wurde. Es gab Gesang und Instrumentalmusik, es wurde klassische Musik gespielt, aber auch Barmusik, Jazz und Zwölftonmusik. Gassenhauer wurden gesungen, Opern wurden aufgeführt, und in einer Zuchthauszelle ist sogar eine Oper komponiert worden. Daß sich so viele Häftlinge so oft mit Musik beschäftigt haben, überrascht und wurde bisher kaum zur Kenntnis genommen.

Der Schluß, daß die Lebensverhältnisse in den Lagern im Grunde doch nicht so schlimm gewesen sein können, wenn gesungen, musiziert und sogar komponiert werden konnte, wäre freilich falsch und ginge völlig an der Sache vorbei. Musik hatte in Konzentrationslagern eine sehr große Bedeutung, blieb aber gleichwohl eine Sache von wenigen – denkt man an die Millionen, die durch die Lager gegangen sind. Das Überraschende und geradezu Frappierende ist vielmehr, mit welcher Energie und Hartnäckigkeit das Musizieren – und zwar unter den verschiedensten Bedingungen, zu beliebigen Anlässen und von ganz unterschiedlich veranlagten Menschen – den rigidesten Verhältnissen abgetrotzt wurde. Musik scheint überall und immer wieder, sobald sich für die Häftlinge eine Gelegenheit zu eröffnen schien, zum Kristallisationspunkt der Möglichkeit eigenen sinnvollen Handelns geworden zu sein.

Niemals und nirgendwo dürfte der Versuch, sich gleichsam »Reste« oder den Schatten eines elementaren kulturellen Lebens zu sichern, an Kultur und Musik teilzunehmen und sie anderen zu vermitteln, so beharrlich – ob instinktiv oder zielbewußt – betrieben worden sein, wie in Lagern und Gefängnissen der Nazi. Der Kampf gegen den politischen Gegner, der Widerstand gegen einen übermächtigen Aggressor, die Wahrung von Selbstachtung und Solidarität, Entschlossenheit und Patriotismus – all dies entwickelte sich im Zusammenhang mit musikalischen Aktivitäten, die gleichsam ein Boden für moralische Grundnahrung zu sein scheinen. Musik und Gesang scheinen zu jenen Bedürfnissen zu zählen, auf die der Mensch unter keinen Umständen verzichten kann; und gerade wenn der Mensch zur bloßen Nummer degradiert wird, wenn das Gefühl menschlicher Zusammengehörigkeit abzusterben droht, sucht er instinktiv dieser Bedrohung dadurch zu begegnen, daß er Kräfte für kulturelle Aktivitäten zu mobilisieren beginnt. Um nicht zu resignieren, um nicht den letzten Überlebenswillen einzubüßen, sind solche »nutzlosen« Gesten für das psychische Überleben nicht weniger existentiell, als es Essen, Trinken und Schlafen für das physische sind.

Musik vermag nichts an den äußeren Bedingungen des Lebens der Häftlinge zu verändern. Aber ein Lied, das jemand den Kameraden in der Zelle vorsang, ein mehrstimmig gesungenes Volkslied, in das alle einstimmten, waren deshalb nicht bedeutungslos. Aber worin lag ihr Wert? Viele dieser Aktivitäten hatten nichts oder wenig mit »Kunst« zu tun. Ein solcher Anspruch sollte und konnte oft gar nicht erhoben werden. Aus der Sicht von Menschen, die ein freies Leben führen, sind viele Dinge, von denen für den Häftling das Leben abhängt, unerhebliche »Kleinigkeiten«, im Prinzip nutzlose, nichtige Gesten. Im Kräftehaushalt des Häftlings gab es keine »Reste«, nichts »Unerhebliches«, auf das verzichtet werden konnte: Nachts, unter der dünnen Decke, mußte er sich häufig umdrehen, damit jede Körperseite von der wärmsten Stelle profitieren konnte; tagsüber, bei der Arbeit, mußte er die Schaufel sinken lassen, sobald der Kapo wegschaute, sonst hätte er nicht bis zum Abend durchgehalten. Wärme oder Energie konnte man nicht »verschenken«: Entbehrung, Auszehrung und Erschöpfung bestimmten und steuerten jede Regung, nicht nur die des Körpers, sondern auch die der Seele.

Im Nazi-Programm der »Vernichtung durch Arbeit« starb der Häftling mehrere Tode. Meist ging dem endgültigen Zusammenbruch des Körpers ein seelischer Zusammenbruch voraus: Vor dem physischen Tod kamen der soziale und der psychische Tod. Für Häftlinge, die dieses gefürchtete Stadium erreicht hatten, gab es im Lager einen eigenen Begriff, sie wurden »Muselmänner« genannt. Es waren Menschen in einem Zustand der völligen Willen- und Antriebslosigkeit, Menschen, die sich selbst aufgegeben und die Beziehungen zu anderen gleichsam abgebrochen hatten. In diesem Stadium hat der Mensch als soziales Wesen zu »funktionieren« aufgehört. Ein solcher Zustand mußte nicht unbedingt Folge körperlicher Auszehrung und Erschöpfung sein, zu derartigen seelischen Zusammenbrüchen konnte es auch nach Schockerlebnissen und nicht mehr zu bewältigenden Erschütterungen kommen; auch dieses Syndrom war unter den Häftlingen bekannt und hatte eine eigene Bezeichnung, man sprach von der sogenannten »Auschwitzer«-Krankheit (die es auch in anderen Lagern gab).

In diesem Grenzbereich sozialer Kälte, in dem sich der Mensch langsam selbst aufzugeben beginnt, haben solche banal scheinenden

Dinge – ein einfaches Lied, eine ohne jegliche Ambitionen auf einem simplen Instrument gespielte Melodie – eine Bedeutung, die sich uns, die wir die Realität der Lager nicht kennen, nur schwer erschließt. Gesten, die uns banal scheinen, beinhalten in dieser Realität einen ganz und gar nicht »unerheblichen Rest« sozialer Wärme, ohne die das Leben erstarrt; in ihnen kristallisieren sich Erinnerung und biographische Selbstvergewisserung, Spontaneität und Selbstbestimmtheit, Gemeinschaftserfahrung und Selbstachtung. Es ist nicht leicht für jemand, der im »Luxus« eines funktionierenden sozialen Gefüges lebt, der als Mensch anerkannt und geliebt wird, dies nachzuvollziehen.

Die Funktionen, die Musik und das Musizieren von Häftlingen in den Lagern gehabt haben, kann man nicht auf einen einzigen, thesenartig handhabbaren Nenner bringen. Aber das gleiche gilt schließlich auch, wenn wir die Frage zu beantworten versuchen, was Musik für uns, die wir nicht hinter Stacheldraht leben, denn eigentlich alles bedeutet. Eines freilich scheint uns unbestreitbar: Musik ist für Häftlinge im Konzentrationslager in eminentem Maß und im allerwörtlichsten Sinne ein existentielles Bedürfnis gewesen. Sie hat die Bande des einzelnen an das Leben und an die Gemeinschaft gestärkt, und sie hat Kräfte stimuliert, die zum Überleben unverzichtbar sind.

Der vorliegende Versuch, am Beispiel der Musiker aus den böhmischen Ländern die Funktionen zu untersuchen, die Musik und Musizieren in nationalsozialistischen Lagern gehabt haben, läßt – neben anderen – auch die Frage unbeantwortet, wie sich die Kunst der Häftlinge in der abgeschlossenen Welt der Lager zum kulturellen Leben im Protektorat Böhmen und Mähren verhalten hat. Sind es zwei getrennte, voneinander abgeschottete Welten oder sind es zwei miteinander interagierende Pole eines historischen Entwicklungsstrangs? Dies entscheiden können wir hier nicht. Zweifelsfrei aber hat das musikalische Schaffen vor und hinter dem Stacheldraht der Konzentrationslager dazu beigetragen, das Selbstbewußtsein der tschechischen Nation unter dem Druck der Fremdherrschaft aufrechtzuerhalten und zu stärken. Musik im Konzentrationslager war in stärkerem Maß, als man bisher glaubte, eine bewußte Form des Kampfes. Ebenso wird man auch sagen können, daß der eigenständige Beitrag, den Häftlinge in Konzentrationslagern zur modernen Musik geleistet haben, gewichtiger ist als bisher vermutet. Musik an der Grenze des Lebens zeigt uns, worauf der Mensch in seiner kulturellen Selbsterschaffung und -verwirklichung angewiesen bleibt. Darüber hinaus ist sie Bestandteil unserer kulturellen Tradition, die anzueignen nicht nur uns, sondern auch unseren Nachfahren aufgegeben ist.

Anmerkungen

Einleitung

[1] Diese Dissertation kann im Institut für Musikwissenschaft der Akademie der Wissenschaften der Tschechischen Republik in Prag eingesehen werden.

[2] Vgl. den Sammelband zur Ausstellung *Umění v Terezíně 1941–1945 [Die Kunst in Theresienstadt 1941–1945]*, (auch in deutscher, englischer und russischer Übersetzung), herausgegeben von der Gedenkstätte Theresienstadt 1972. Er enthält unter anderem auch ein vollständiges Exponatenverzeichnis.

[3] Vgl. *Hudba v koncentračních táborech [Die Musik in den Konzentrationslagern]*, herausgegeben von der Gedenkstätte Theresienstadt [im folgenden nur als: PT] 1982, das auch ein Exponatenverzeichnis enthält.

[4] Karl Michael Komma: *Das böhmische Musikantentum*, Kassel 1960

Musik – eine verfolgte und verbotene Kunst

[1] Vgl. Vojtěch Sailer: *Byli jsme tři lékaři [Wir waren drei Ärzte]*, Ústí nad Labem 1972, S. 40

[2] Es war das III. Konzert des Prager Musik-Mai, bei dem Suks Kompositionen *Epilog*, *Meditationen auf den Choral Heiliger Wenzel [Meditace na staročeský chorál Svatý Václave]*, *Die Legende von den toten Siegern [Legenda o mrtvých vítězích]* und *Ins neue Leben [V nový život]* gespielt wurden.

[3] *Chronik der Stadt Jičín* für das Jahr 1939, S. 106. Vgl. auch Emil Chrtek: *Odbojová činnost odbočky SLH v Jičíně [Der Widerstand der SLH in Jičín]*, in: *Věstník Syndikátu českých hudebníků*, Prag 1946, Jahrg. II, S. 5 ff.

[4] Vgl. Vladimír Karbusický und Václav Pletka: *Písničkář naší doby [Der Liedersänger unserer Zeit]*, in: *Hudební rozhledy*, Prag 1959, Jahrg. XV, S. 824

[5] Hašlers *Unser tschechisches Lied [Ta naše písnička česká]* war nicht das einzige Lied, in dem sich ein tiefempfundener Patriotismus ausdrückt. Das Chorlied *Mein schönes Böhmen [Čechy krásné, Čechy mé]* von Leopold Zvonař und besonders der Männerchor *Mähren [Moravě]* von Josef Nešvera, der in der Regel als Abschluß eines Konzertes von mährischen Chören gesungen wurde, und bei dem die Leute wie bei der Nationalhymne aufzustehen pflegten, sind weitere Beispiele.

[6] Vgl. Josef Dřevíkovský: *Čtyři roky za ostnatým drátem [Vier Jahre hinter dem Stacheldraht]*, Wettbewerb des »Verbandes der antifaschistischen Widerstandskämpfer« [im folgenden nur als: SPB] (No. 158, Archiv des SPB Prag)

[7] Laut Eva Herrmannová, Manuskript 1985, SPB-Archiv Prag, bearbeitet von Ludmila Vrkočová

[8] Vgl. Milan Kuna: *Životnost Smetanova odkazu. Kapitola z let nacistické okupace 1939–1945* [Die Lebenskraft des Smetana-Vermächtnisses. *Das Kapitel über die Jahre 1939–1945*], Prag 1974, S. 92

[9] Schon früher, etwa um die Jahreswende 1942, mußten sich die Verfasser von Programmheften bei der Charakterisierung des *Tábor* und *Blaník* auf eine Zeile beschränken.

Musik als Vergehen – Musik als Strafe

[1] Vgl. B. Rossa: *Písně z lágru [Lieder aus dem Lager]*, in: *Hlas revoluce*, Prag 1966, No. 10. – Der Verfasser fügt diesem Sonntagslied folgendes hinzu: »Mit Widerwillen und Angst sangen wir das, was den SS gefiel. Wehe uns, wenn wir nicht gut sangen! Das geschah vor allem dann, wenn ins Lager Häftlingsgruppen anderer Nationalitäten eingeliefert wurden. Die übliche Strafe für falsches Singen war ›Sport‹ oder mehrstündiges Stehen auf dem Appellplatz.«

[2] Vgl. J. Jelínek: *Jedna terezínská neděle. Podíl občanů z České Třebové a okolí na osvobození ČSR od fašismu [Ein Sonntag in Theresienstadt. Der Anteil der Bevölkerung von Česká Třebová und Umgebung an der Befreiung der Tschechoslowakei vom*

Faschismus], II, S. 79–82. Vgl. auch V. Novák und Kollektiv: *Malá pevnost Terezín [Die Kleine Festung Theresienstadt]*, Prag 1976, S. 235 ff.

3 Vgl. Vojtěch Sailer: *Byli jsme tři lékaři [Wir waren drei Ärzte]*, Ústí nad Labem 1972, S. 123

4 Vgl. B. Čurda-Lipovský: *Terezínské katakomby [Die Theresienstädter Katakomben]*, Prag 1946, S. 133

5 Vgl. Eliška Ježková: *Osudy komunistů [Das Schicksal der Kommunisten]*, in: *Bojovali jsme a zvítězili. Léta 1938–1945 ve vzpomínkách pamětníků [Wir haben gekämpft und gesiegt. Die Jahre 1938–1945 in der Erinnerung der Zeitgenossen]*, Prag 1979, S. 89

6 Vgl. Václav Berdych: *Mauthausen. K historii odboje vězňů [Mauthausen. Zur Geschichte des Häftlingswiderstandes]*, Prag 1959, S. 147

7 Vgl. František R. Kraus: *Plyn, plyn, pak oheň [Gas, Gas, dann Feuer]*, Havlíčkův Brod 1945, S. 34

8 Vgl. Josef Ullrich: *Šest let za ostnatým drátem [Sechs Jahre hinter Stacheldraht]*, Pilsen 1945, S. 48; Jan Hajšman: *V drápech bestie – Buchenwald [In den Krallen der Bestie – Buchenwald]*, Prag 1947, S. 41

9 Vgl. Ilse Schulz: *Kunst und Literatur als Waffe im Kampf gegen den Faschismus im Konzentrationslager Buchenwald*, Hausarbeit zum Staatsexamen 1957, Mskr., Archiv Buchenwald

10 Vgl. Josef Rudolf: *Byl jsem číslem 7809... [Ich war Nummer 7809...]*, Brünn 1945, S. 22

11 Vgl. Kurt Thomas: *Lieder im antifaschistischen Kampf*, in: *Wenn wir gemeinsam kämpfen, sind wir unüberwindlich*, Protokoll der Konferenz vom Januar 1972 am Historischen Institut der Ernst-Moritz-Arndt-Universität Greifswald, S. 190

12 Vgl. Bedřich Hoffmann: *A kdo vás zabije ... Život a utrpení kněžstva v koncentračních táborech [Und wer euch tötet ... Leben und Leid des Klerus in den Konzentrationslagern]*, Přerov ^{4}1946, S. 213

13 Ebenda, S. 62

14 Vgl. Liselotte Thoms: *Die Spur ist nicht verloren*, in: *Neues Deutschland*, Berlin 14. 2. 1951, Beilage zu Kunst und Literatur

15 Vgl. Seweryna Szmaglewska: *Dýmy nad Birkenau [Rauchwolken über Birkenau]*, Prag 1947, S. 247

16 Vgl. Dagmar Hájková, Božena Holečková, Hana Housková, Vlasta Kladivová, Lída Krutinová, Miroslava Berdychová, Marina Křížová, Jindřich Veselý: *Ravensbrück*, Prag 1964, S. 214

17 Ebenda, S. 87

18 Laut Ernst Brennscheidts Aussage im Prozeß vor dem sowjetischen Militärtribunal, Archiv Sachsenhausen. Vgl. auch František Roblínský: *Za dráty koncentráku [Hinter dem Stacheldraht des Konzentrationslagers]*, Prag 1945, S. 71

19 Mitteilung der Leitung der Gedenkstätte Sachsenhausen

20 Vgl. *Buchenwald varuje. Dokumenty, vzpomínky, svědectví [Buchenwald warnt. Dokumente, Erinnerungen, Zeugnisse]*, Prag 1964, S. 254

Mißbrauchte Musik

1 Es war der Österreicher Hans Bonarewitz, der im Juni 1942 in einer Kiste auf einem Lastwagen aus dem Konzentrationslager Mauthausen zu flüchten versuchte. Er wurde erst nach 18 Tagen aufgegriffen, ins Lager zurückgebracht und am 30. Juli 1942 gehängt; vgl. Hans Maršálek: *Die Geschichte des Konzentrationslagers Mauthausen*, Wien ^{2}1980, S. 248. Das Foto wurde zuerst 1964 in *Paris-Match* veröffentlicht, später auch in anderen Zeitschriften und Büchern. Ähnlich wurde dieses Ereignis auch von Karel Nosek in: *Krvavé kaskády [Blutige Kaskaden]*, Prag 1978, S. 159 beschrieben. Als Hans Bonarewitz in Mauthausen gehängt wurde, gab es im Lager infolge der »Heydrichiade« schon einige Tausend tschechischer Häftlinge. Die Überlebenden berichten, daß der Verurteilte auf dem Appellplatz vor den angetretenen Häftlingen auf einem Karren herumgefahren wurde.

2 Aussage von Jaroslav Šnábl vom 20. 10. 1987 in Neratovice

3 Nach Rudolf Dudáks handschriftlicher Eintragung vom November 1987 (im Besitz von M. K.)

4 Laut Josef Pražáks Aussage vom Februar 1982 in Prag

5 Vgl. Rudolf Kraml: *Skladatel, který rozdává radost. Rozhovor s Jaroslavem Škabradou [Ein Komponist, der Freude schenkt. Gespräch mit Jaroslav Škabrada]*, in G 70, Prag, 1. 4. 1970

6 Vgl. Josef Ulc: *Dachauská táborová kapela [Die Dachauer Lagerkapelle]*, in: *Almanach Dachau. Kytice událostí a vzpomínek [Almanach Dachau. Erinnerungen und Zeugnisse]*, Prag 1946, S. 76

7 Vgl. Josef Ullrich: *Šest let za ostnatým drátem [Sechs Jahre hinter dem Stacheldraht]*, Pilsen 1954, S. 26 ff.; Ludwig Rusch: *Každou minutu mrtvola [Jede Minute ein Leichnam]*, in: *Buchenwald varuje. Dokumenty, vzpomínky, svědectví [Buchenwald warnt. Dokumente, Erinnerungen, Zeugnisse]*, Prag 1964, S. 230–231

8 Vgl. Ladislav Vozábal: *Přežil jsem Cap Arconu [Ich habe die Cap Arcona überlebt]*, České Budějovice 1980, S. 97

9 Vgl. Ota Kraus und Erich Kulka: *Továrna na smrt [Die Todesfabrik]*, Prag 1964, S. 190

10 Vgl. Mil. Matoušek: *Buchenwald*, Prag 1945, S. 40

11 Vgl. Seweryna Szmaglewska: *Dýmy nad Birkenau [Rauchwolken über Birkenau]*, Prag 1947, S. 291

[12] Vgl. Václav Berdych: *Mauthausen. K historii odboje vězňů [Mauthausen. Zur Geschichte des Häftlingswiderstandes]*, Prag 1951, S. 125. Diese Begebenheit wird auch von Karel Nosek: *Krvavé kaskády [Blutige Kaskaden]*, S. 179 Anm. 1 geschildert. Anders als Berdych berichtet er aber, daß der berühmte jüdische Sänger das *Ave Maria* gesungen habe.

[13] Aussage von Prof. Zdeněk Kolářský vom 20. 5. 1986 in Prag

[14] Darauf weist Fania Fénelon in ihrem Gespräch mit Karl Heinz Kammertöns hin; vgl. *Ensemble der Hölle, Das Mädchenorchester in Auschwitz – ein Gespräch mit der Sängerin Fania Fénelon*, in: *Die Zeit*, Nr. 41, 3. Oktober 1980. Hier sagt Fénelon wörtlich: »Manchmal machten wir die Musik im Block, in dem die Frauen inhaftiert waren. Es war schrecklich. Wir spielten morgens und wußten, daß die Frauen nachmittags vergast würden. Wenn das Orchester in ihren Block kam, wußten sie, daß sie nachmittags vergast werden.«

Was Musikinstrumente berichten

[1] Die Harfe aus Rýnovice bei Jablonec n. N. befindet sich im Museum der Gedenkstätte Theresienstadt (Inv. No. 8882).

[2] Die Mandoline mit den eingeritzten Worten wurde im Rahmen der DDR-Wanderausstellung *Musik in den Konzentrationslagern* in Theresienstadt gezeigt, die unter der Schirmherrschaft des Weimarer Bürgermeisters 1975 in Theresienstadt stand.

[3] Vgl. Václav Tvrdíks Erinnerungen, Archiv der Gedenkstätte Theresienstadt (Inv. No. 345). Tvrdík war Häftling in der »Kleinen Festung Theresienstadt« von September 1942 bis Mai 1943.

[4] Laut Bohumil Bardoň (29. 2. 1988). Diese Gitarre befindet sich im Museum der Gedenkstätte Theresienstadt (Inv. No. 6120).

[5] Die Geige trägt ein Schildchen: »Made in London Kennsington R=35. Reedworth Street by JIM CU. ERSEFIELD 1871«. Sie befindet sich im Museum der Gedenkstätte Theresienstadt (Inv. No. 1285).

[6] Die Geige des Meisters J. B. Herclík befindet sich ebenfalls im Museum der Gedenkstätte Theresienstadt (Inv. No. 8888).

[7] Diese Geige ist in Privatbesitz.

[8] Die von Josef Pražák aus Flossenbürg gerettete Geige befindet sich im Museum der Gedenkstätte Theresienstadt (Inv. No. 10 903), die Trompete von Jaroslav Škabrada ist in Privatbesitz.

[9] Die Geige, die Vlastimil Louda in Buchenwald spielte, befindet sich im Museum der Gedenkstätte Theresienstadt (Inv. No. 11 160).

[10] Die erwähnte Ziehharmonika befindet sich im Archiv der Nationalen Mahn- und Gedenkstätte Sachsenhausen.

[11] Nach Rudolf Dudáks Aussagen vom 7. 11. 1987 in Jablonec n. N., die dem Verfasser in einem Brief vom 9. 12. 1987 bestätigt wurden. Rudolf Dudák berichtet auch von folgender Episode: An einem Sommertag erschien ein Flugzeug der Alliierten am Himmel über Mauthausen und nahm im Tiefflug das Haupttor des Lagers unter Feuer. Der Angriff erfolgte am hellen Tag, während gerade die Lagerkapelle auf dem Appellplatz musizierte. Die Musiker stoben auseinander, um vor den Querschlägern Deckung zu suchen. Rudolf Dudák trug dabei zum Glück das Saxophon an einem Band um den Hals, so daß das Instrument seinen Bauch deckte. Ein Geschoß streifte das Metall, glitt ab wie an einem Stahlhelm, und Dudák kam mit dem Leben davon. Die Spur der Kugel ist noch heute auf dem Saxophon zu sehen.

[12] Vgl. die Gedenkprogramme von Edith Steinerová-Krausová aus der Sammlung Karel Heřmans, Museum der Gedenkstätte Theresienstadt (Inv. No. 341, 342).

[13] Laut Rudolf Dudák (7. 11. 1987, Jablonec n. N.)

[14] Vgl. Karl Grafs Erinnerungen, Mskr. (Archiv der Nationalen Mahn- und Gedenkstätte Sachsenhausen; R 41/4/8).

Bedeutung und Zweck der Lagerkapellen

[1] Darüber äußert sich auch Charlotte Müller: *Die Klempnerkolonne in Ravensbrück*, Berlin 1983, S. 171 f., die u. a. schreibt: »In Begleitung eines SS-Mannes gingen Marie Wiedmaier, Rakel Bökenhauer, Anni aus Aachen und ich ins Beutelager, um die Instrumente auszusuchen. Was wir dort zu sehen bekamen, war sagenhaft. Das Beutelager bestand aus zwölf Baracken. Sie waren bis unter das Dach vollgestopft mit Teppichen, Wäsche, ganzen Ballen von Seiden- und Wollstoffen, mit kostbaren Möbeln, Musikinstrumenten, sogar Klavieren und Flügeln und vielem andern mehr. Vorrat für tausend Jahre hatten die Faschisten aus den eroberten Ländern zusammengestohlen und hier gelagert.« Charlotte Müller hatte als antifaschistische Deutsche eine kleine Amateurgruppe gegründet, die im Block spielte.

[2] Vgl. Seweryna Szmaglewska: *Dýmy nad Birkenau [Rauchwolken über Birkenau]*, Prag 1947, S. 24

[3] Ebenda, S. 38–39

[4] Vgl. Karl-Heinz Kammertöns: *Ensemble der Hölle. Das Mädchenorchester in Auschwitz – ein Gespräch mit der Sängerin Fania Fénelon*, in: *Die Zeit*, Nr. 41, 3. Oktober 1980

[5] Ebenda.

Die Lagerkapelle in Buchenwald

1 Diese Divisionsmusikkapelle der SS konnte so lange gedeihen, wie die deutschen Truppen siegreich waren, d. h. bis etwa 1942. Bis dahin war ihre Besetzung so stark, wie die jeder anderen Regimentskapelle; doch danach wurde an der Front jeder gesunde Soldat gebraucht, schließlich waren es noch 18 Musiker.

2 Vgl. Vlastimil Louda: *Muzikantem za dráty. Hrst buchenwaldských vzpomínek [Als Musikant hinter Stacheldraht. Erinnerungen an Buchenwald]*, Mskr. [Privatbesitz)

3 Ebenda, S. 15–16

4 Original in: Archiv des Internationalen Suchdienstes Arolsen, BRD.

5 Laut Miroslav Broft (10. 6. 1988) und Vlastimil Louda (siehe Anm. 2). – Miroslav Broft wurde 1942 in Roudnice nad Labem verhaftet, wo die Gestapo auf einen Schlag aus zwei Gymnasialklassen und einer Klasse der Gewerbeschule 86 Schüler geholt hatte. In Buchenwald wurde Broft der sogenannten Strafkompanie zugeteilt, die unter mörderischen Bedingungen in Weimar bei Erdaushebungsarbeiten eingesetzt wurde. Mit Hilfe einiger älterer Häftlinge, die wußten, daß Broft aus einer Musikerfamilie stammte (sein Vater ist in Auschwitz umgekommen) und ein guter Klarinettist war, gelang es, »Fips« zu veranlassen, die Zustimmung Schrobers zur Entlassung Brofts aus der Strafkompanie und seine Zuweisung zur Lagerkapelle zu erreichen. M. Broft spielte anfangs ein geliehenes Instrument, später kaufte er einem Mithäftling eine Klarinette ab.

6 Vlastimil Louda (20. 3. 1990–3. 3. 1971) hatte die Technische Universität in Prag absolviert. Obwohl kein Berufsmusiker, war er ein erfahrener und vielseitiger Instrumentalist, vor allem ein guter Geiger. Er half bei Theaterorchestern aus, spielte in Kinos und machte Tanzmusik. Er widmete sich auch der Kammermusik, dirigierte und führte bei verschiedenen Theater- und Operettenaufführungen des Turnvereins Sokol im Prager Stadtviertel Spořilov Regie.

7 Dies hing damit zusammen, daß seit dem 16. 3. 1942 die Dienststelle der Inspektion der Konzentrationslager nicht mehr beim SS-Hauptamt ressortierte, sondern beim SS-Wirtschaftsverwaltungsamt; die Konzentrationslager wurden zu riesigen Zwangsarbeitslagern. Vgl. Miloslav Moulis: *Neviditelná fronta [Die unsichtbare Front]*, Prag 1970, S. 30–31

8 Zusammengestellt nach dem von Vlastimil Louda verfertigten Verzeichnis, das seinem Manuskript beiliegt (siehe Anm. 2).

9 Hinweis von Vlastimil Louda (Februar 1964, in Prag), siehe auch sein Manuskript (Anm. 2, S. 37). Die einzelnen Kleidungsstücke werden im Museum der Gedenkstätte Theresienstadt aufbewahrt. Zu den Uniformen siehe auch Jan Hajšman *V drápech bestie. Buchenwald [In den Krallen der Bestie. Buchenwald]*, Prag 1947, S. 122–123. Auch Karel Nosek: *Krvavé kaskády [Blutige Kaskaden]*, Prag 1978, S. 113, jene acht Juden, die in eben diesen jugoslawischen Uniformen am Ende einer Marschformation standen.

10 Die Partituren dieser Kompositionen befinden sich im Archiv der Gedenkstätte Theresienstadt (Sign. A 2023).

11 Laut Vlastimil Louda (siehe Anm. 2, S. 41)

12 Laut Vlastimil Louda (siehe Anm. 9 sowie Anm. 2, S. 124)

13 Vlastimil Louda war bei der Aufführung vieler Blasmusikstücke des Komponisten Ondřej Volráb aus Pilsen behilflich, der auch eigene Kompositionen mit der Kapelle einspielte.

Die Buchenwalder Konzerte

1 Vgl. Gerhard Harig: *Vězeňský tábor [Das Häftlingslager]*, in: *Buchenwald varuje. Dokumenty, vzpomínky, svědectví [Buchenwald warnt. Dokumente, Erinnerungen, Zeugnisse]*, Prag 1964, S. 52–53

2 Laut Vlastimil Louda (Februar 1964, Prag)

3 Vgl. Vlastimil Louda: *Musikantem za dráty. Hrst buchenwaldských vzpomínek [Als Musikant hinter Stacheldraht. Erinnerungen an Buchenwald]*, Mskr. (Privatbesitz)

4 Ebenda, S. 58–60

5 Das Verzeichnis findet sich in: *Buchenwald varuje [Buchenwald warnt]*, siehe Anm. 1, S. 521–522; die 27 Konzerte fanden an folgenden Tagen statt: 1. 8. 1943; 15. 8. 1943; 29. 8. 1943; 16. 9. 1943; 19. 9. 1943; 26. 9. 1943; 9. 10. 1943; 23. 10. 1943; 12. 12. 1943; 24. 12. 1943; 1. 1. 1944; 2. 1. 1944; 16. 1. 1944; 30. 1. 1944; 20. 2. 1944; 19. 3. 1944; 9. 4. 1944; 16. 4. 1944; 16. 6. 1944; 30. 7. 1944; 17. 8. 1944; 24. 9. 1944; 1. 10. 1944; 1. 11. 1944; 26. 11. 1944; 25. 12. 1944; 31. 12. 1944

6 Die Originalkopien der Programme vom 16. 4., 16. 6. und 17. 8. 1944 befinden sich im SPB-Archiv in Prag, die Programme der Konzerte vom 25. 12. 1943 und 1.–2. 1. 1944 sind in: *Buchenwald varuje [Buchenwald warnt]* nachgedruckt (siehe Anm. 1, S. 534).

7 Vgl. mit dem Programm des *Don Juan*, veröffentlicht in Wolfgang Schneider: *Kunst hinter Stacheldraht. Ein Beitrag zur Geschichte des antifaschistischen Widerstandskampfes*, Weimar 1973, S. 92

8 Das Originalmanuskript mit Noten und Texten befindet sich im SPB-Archiv in Prag.
9 Vgl. die Erinnerungen von Zdeněk Hradec: *67080*, Mskr. (Privatbesitz)
10 An dieser Manipulation waren außer den Eltern von Zdeněk Hradec auch der Komponist Boleslav Vomáčka und der Direktor des Vereins Hudební matice, Václav Mikota, beteiligt.
11 Laut Josef Větrovec (24. 5. 1988, Prag) Miroslav Broft (10. 6. 1988, Prag) und Zdeněk Hradec (15. 6. 1988, Prag)

Die Buchenwalder Hymne

1 Vgl. Josef Rudolf: *Byl jsem číslem 7809... [Ich war die Nummer 7809...]*, Brünn 1945, S. 57
2 Vgl. Kurt Eschke: *Wie das Buchenwald-Lied entstand*, in: *Patrioten*, September 1957, Heft 1
3 Vgl. Franz Janiczek: *Von »Ausgerechnet Bananen« bis zum Buchenwald-Lied*, in: Österreichisches Tagblatt, Juni 1983
4 Vgl. Ilse Schulz: *Kunst und Literatur als Waffe im Kampf gegen den Faschismus im Konzentrationslager Buchenwald*, Hausarbeit zum Staatsexamen, Mskr. – Anläßlich Löhners 100. Geburtstag bestätigte H. Leopoldi Janiczeks Angabe, daß Löhner und Leopoldi die Verfasser der sogenannten Buchenwalder Hymne gewesen seien.
5 Vgl. Stefan Heyman, Mskr. (Archiv der Mahn- und Gedenkstätte Buchenwald; Sign. 998-2)
6 Vgl. Josef Rudolf (siehe Anm. 1, S. 58)

Tschechische Musiker in Flossenbürg

1 Vgl. Josef Beneš: *Nezapomenutelná oběť [Das unvergeßliche Opfer]*, Prag 1962, S. 14
2 Vgl. *Čeští muzikanti ve Flossenbürgu [Die tschechischen Musikanten in Flossenbürg]*, in: *Hlas revoluce*, Prag, 23. 3. 1985
3 Laut Josef Pražák (Februar 1982, Prag)
4 Laut Karel Kulíšek aus Lom (Brief an den Verfasser vom 13. 6. 1986)
5 Unter anderem chiffrierte Zdeněk Kolářský für die tschechoslowakische Exilregierung in London bestimmte Nachrichten. Als er nach den Verhören in Pankrác gemeinsam mit 28 anderen politischen Häftlingen nach Flossenbürg abtransportiert wurde, wußte man dort schon, daß er ein ausgebildeter Musiker war. Der Blockälteste, Anton Uhl, ein »Krimineller«, dem er bei der Aufnahme in Flossenbürg begegnete, ließ ihn vorspielen. Obwohl Kolářský anderthalb Jahre lang keine Geige in der Hand gehabt hatte, spielte er Simonettis *Madrigal* – und hatte damit Erfolg; Anton Uhl hielt von da an seine schützende Hand über Kolářský.
6 Laut Karel Kulíšek (Brief vom 13. 6. 1986, siehe Anm. 4)
7 Hinweise an den Verfasser von: Josef Pražák (Februar 1982 in Prag), Zdeněk Kolářský (20. 5. 1986 in Prag), Karel Kulíšek (13. 6. 1986) und Miloš Reich (Brief vom 25. 5. 1988)
8 Laut Josef Pražák (siehe Anm. 3)
9 Laut Miloš Reich (Brief, siehe Anm. 7)
10 Laut Jaroslav Škabrada (Brief vom 21. 5. 1983) und Josef Pražák (siehe Anm. 3)
11 Vgl. Fridolín Macháček: *Plzeň, Terezín, Flossenbürg*, Prag 1946, S. 127; sowie: Vladimír Böhm: *K. L. Flossenbürg – »koncentrák domažlických« [K. L. Flossenbürg – »das Konzentrationslager der Menschen aus Domažlice«]*, in: *Život za pravdu. Památník chodského hrdinství [Das Leben für die Wahrheit. Gedenkbuch]*, Domažlice 1949, S. 53
12 Laut Zdeněk Kolářský (siehe Anm. 7)
13 Dieselbe Quelle
14 Dieselbe Quelle
15 Laut Josef Pražák (siehe Anm. 3)

Tschechische Musiker in Mauthausen

1 Vgl. Josef Beneš: *Nezapomenutelná oběť [Das unvergeßliche Opfer]*, Prag 1962, S. 14
2 Vgl. Václav Berdych: *Mauthausen. K historii odboje vězňů [Mauthausen. Zur Geschichte des Widerstandkampfes der Häftlinge]*, Prag 1959, S. 166. – Berdychs Zeitangabe »bis Ende des Jahres 1942« ist nicht genau. Zur Änderung der beschriebenen Zustände in Mauthausen kam es schon im Verlauf des Jahres 1942.
3 Die Veränderung in der Lagerpolitik beschreibt auch Milan Jariš in: *Oni přijdou [Sie kommen]*, Prag – Brünn 1949, vgl. das Kapitel *Nová politika [Die neue Politik]*, vor allem S. 59 ff.
4 Vgl. Karel Hanuš: *Česká hudba v Mauthausenu [Die tschechische Musik in Mauthausen]*, Mskr. (Wettbewerb SPB Nr. 99, SPB-Archiv in Prag)
5 Vgl. Bohumil Bardoň: *Jak vznikla mauthausenská kapela [Wie die Mauthausener Kapelle entstanden ist]*, Mskr., im Besitz des Verfassers
6 Miloslav Moulis berichtet in: *Neviditelná fronta [Die unsichtbare Front]*, Prag 1970, S. 132, daß 478 tschechische Häftlinge gleich nach ihrer Ankunft standrechtlich sowie weitere 132 heimlich hingerichtet und daß fast 1000 Tschechen erschlagen wurden, als sie von der Arbeit in ihre Unterkünfte zurückgekehrt waren. Im Oktober 1942 wurden dann ganze Familien umgebracht, die mit den Attentätern verwandt waren oder ihnen geholfen hatten.

[7] Vgl. Hans Maršálek: *Die Geschichte des Konzentrationslagers Mauthausen*, Wien ²1980, S. 300

[8] Laut Rudolf Dudák (November 1987), Mskr., im Besitz des Verfassers

[9] Was die Besetzung dieser Kapelle angeht, stimmen die Quellen und die Aussagen der ehemaligen Häftlinge nicht überein. Die Angaben der Musikernamen sind unterschiedlich und weichen sogar beim gleichen Autor voneinander ab. So erwähnt Karel Hanuš in seinen Erinnerungen aus dem Jahr 1946 nur František Šnábl, Robert Hrdlička, Bohumil Bardoň, Josef Dvořák, Hynek Zdvihal, Alois Lamač und sich selbst [in: *Národní osvobození*, Prag, 24./25. Januar 1946], Jíra und Josef Dvořák erwähnt er nicht, während er in einer späteren Arbeit, offensichtlich unter dem Einfluß von Bohumil Bardoň, jene, die die ursprüngliche siebenköpfige Besetzung bildeten, von denen, die später dazustießen, unterscheidet. Zu letzteren gehörte der Trompeter Josef Dvořák, ferner der Geiger Alois Lamač, der ein wirklicher Virtuose auf seinem Instrument gewesen sein soll, und Hynek Zdvihal, Schlagzeug.

[10] Laut Bohumil Bardoň (siehe Anm. 5)

[11] Vgl. Karel Hanuš: *Česká hudba v Mauthausenu [Die tschechische Musik in Mauthausen]*, in: *Národní osvobození*, Prag, 24./25. Januar 1946

[12] Vgl. Václav Berdych: *Mauthausen. K historii odboje vězňů [Mauthausen. Zur Geschichte des Widerstandes der Häftlinge]*, Prag 1959, S. 167

[13] Vgl. Karel Hanuš (siehe Anm. 11)

[14] Diese Tatsache bestätigen in ihren Erinnerungen Josef Jíra, Karel Hanuš, Bohumil Bardoň, Václav Berdych und auch Jaroslav Šnábl, ein Cousin von František Šnábl.

[15] Die Beliebtheit dieses Liedes wird auch von Robert Hrdlička in einem Gespräch betont, das am 19. 4. 1972 in Linz aufgenommen wurde, bei dem unter anderem folgendes gesagt wird: »Die Kapos kamen zu uns und verlangten, wir sollten an ihren Geburtstagen spielen. Wenn wir sie fragten, was wir spielen sollen, so sagten sie in deutscher Sprache: *Vier Paare weißer Pferde*, die Spanier sagten wieder *Quadro paro blanco cavallos*. Und so, glaube ich, wurde bei jedem Geburtstag dieses Musikstück gespielt. Schließlich wurde daraus eine *Mauthausener Hymne*.« Archiv Mauthausen, Bundesministerium für Inneres, Wien.

[16] Laut Jaroslav Šnábl (20. 10. 1987)

[17] Laut Karel Hanuš (siehe Anm. 4)

[18] Laut Bohumil Bardoň (siehe Anm. 5)

[19] Bohumil Bardoň hat seinen Mithäftlingen auch auf andere Weise geholfen; in seinen Erinnerungen erzählt er: »Ich wurde im Lager populär, hatte genug zu essen, und wenn ich einen verprügelten Tschechen sah, bat ich die Mörder, ihm zu helfen, da er mein Freund sei. Der Blockleiter verfügte jedesmal, man solle sich um ihn kümmern. So habe ich meinen Einfluß auf die Blockleiter und die Kapos ausgenutzt, um meinen Kameraden bessere Plätze in den Arbeitskommandos zu verschaffen. Glauben Sie mir oder nicht, ich habe Hunderten von Kameraden geholfen, einige haben mir dafür lange Zeit gedankt, aber die meisten wußten gar nicht, daß ich es war, der ihnen zu einem besseren Kommando verholfen hat.«

[20] Vgl. Josef Jíra (Tonbandprotokoll; 19. 4. 1972, Linz; aufbewahrt im Archiv Mauthausen, Bundesministerium für Inneres, Wien)

[21] Laut Viktor van Riet (Januar 1988; Mskr., im Besitz des Verfassers)

[22] Laut Josef Dvořák (10. 3. 1988, Stříbro)

[23] Vgl. damit die Aussage Robert Hrdličkas (siehe Anm. 15)

[24] Laut Viktor van Riet (Januar 1988; Mskr., siehe Anm. 21)

[25] Nach Aussagen von Karel Hanuš, Josef Jíra, Viktor van Riet, Rudolf Dudák (siehe Anm. 4, 8, 20, 21)

[26] Vgl. damit die Aussage von Josef Jíra (siehe Anm. 20)

[27] Laut Viktor van Riet (siehe Anm. 21). – Die Trägerkolonne ist erst Anfang 1945 umorganisiert worden; alle Musiker waren bestrebt, in andere Arbeitskommandos zu kommen, da sie fürchten mußten, wie die Sonderkommandos beseitigt zu werden, die die Krematorienöfen bedient hatten. Sie wurden in ein anderes Lager geschickt und dort vergast, da sie zu viel wußten. Auch die Häftlinge der Trägerkolonne waren immer gut informiert, sie wußten, was mit den Neuangekommenen und den Häftlingen in den Bunkern, der Gaskammer und anderswo geschah.

[28] Ebenda

[29] Ebenda

[30] Laut Rudolf Dudák (siehe Anm. 8)

[31] Laut Viktor van Riet (siehe Anm. 21)

[32] Laut Rudolf Dudák (siehe Anm. 8)

[33] Ebenda

[34] Laut Josef Jíra (siehe Anm. 20); vgl. ferner Václav Berdych (siehe Anm. 12, S. 167)

[35] Laut Viktor van Riet (siehe Anm. 21)

[36] Vgl. Karel Hanuš (siehe Anm. 4), Václav Berdych (siehe Anm. 2, S. 169) und Rudolf Dudák (siehe Anm. 8)

[37] Vgl. Václav Berdych (siehe Anm. 2, S. 169)

[38] Laut Karel Hanuš (siehe Anm. 4)

[39] In Gusen waren auch polnische Komponisten inhaftiert, die im Lager Gelegenheitslieder und -stücke schrieben. Zu ihnen gehörten Lubomír

Szopinski und Grazian Gruzinski. Populär sind die Lieder *Gusen-Hymne* und *Gusener Marsch* geworden. Vgl. Hans Maršálek: *Die Geschichte des Konzentrationslagers Mauthausen*, Wien 1980, S. 310

40 Vgl. hierzu auch Rudolf Dudák (siehe Anm. 8)

41 Vgl. Václav Berdych (siehe Anm. 2)

Die Orchester in Dachau

1 Vgl. Josef Ulc: *Dachauská táborová hudba [Die Dachauer Lagermusik]*, in: *Almanach Dachau. Kytice vzpomínek a svědectví [Almanach Dachau. Erinnerungen und Zeugnisse]*, Prag 1946, S. 69 ff.

2 Ebenda, S. 69

3 Ebenda, S. 71

4 Vgl. K. Kaščák: *Češi v koncentračním táboře Dachau [Die Tschechen im Konzentrationslager Dachau]*, in: *Almanach Dachau* (siehe Anm. 1, S. 19)

5 Vgl. Josef Ulc (siehe Anm. 1, S. 75)

6 Ebenda, S. 76

7 Vgl. Ludvík Henych: *Několik světlých vzpomínek na Dachau [Erinnerungen an Dachau]*, in: *Almanach Dachau* (siehe Anm. 1, S. 126)

8 Laut Slavoj Blecha (24. 5. 1988, Prag)

9 Vgl. Bedřich Hoffmann: *A kdo vás zabije ... Život a utrpení kněžstva v koncentračních táborech [Und wer euch tötet ... Leben und Leid des Klerus in den Konzentrationslagern]*, Přerov 1946, S. 233

10 Vgl. Josef Ulc (siehe Anm. 1, S. 77)

Gesang und Tanz in Frauenlagern

1 Zitiert nach dem Bericht von Zdeňka Nedvědová-Nejedlá, verfaßt 1945 nach der Rückkehr aus Ravensbrück, Mskr. (Privatbesitz)

2 Laut Riva Krieglová (15. 3. 1988, Prag)

3 Laut Vlasta Kladivová (15. 3. 1988, Prag)

4 Dieselbe Quelle

5 In Auschwitz gab es 1942/1943 zwei Männerorchester, entstanden auf Anordnung der SS und vorwiegend für Lagerzwecke bestimmt. Das erste Orchester war 1942 in Auschwitz I, das heißt im Stammlager der Männer tätig, das zweite entstand etwas später, Ende 1942, in Auschwitz-Birkenau. Zu seiner Stammbelegschaft gehörten etwa 15 Musiker, die von Auschwitz I ins Lager Birkenau überstellt worden waren.

6 Laut Vlasta Kladivová (siehe Anm. 3)

7 Vgl. Fania Fénelon: *Das Mädchenorchester in Auschwitz*, Frankfurt am Main 1980

8 Laut Alžběta Hellerová (10. 6. 1988, Prag)

9 Vgl. Margot Větrovcová: *Čtyři roky [Vier Jahre]*, in: *Bojovali jsme a zvítězili. Léta 1938–1945 ve vzpomínkách pamětníků [Wir kämpften und siegten. Die Jahre 1938–1945 in den Erinnerungen der Augenzeugen]*, Prag 1979, S. 129–137. Die Verfasserin schildert, wie es zur Eingliederung von Alma Rosé ins Frauenorchester und schließlich zu ihrer Berufung als Dirigentin kam. Auch in Auschwitz wurden medizinische Versuche an weiblichen Häftlingen unternommen. Eines Tages wurde, wie Větrovcová angibt, »eine schön gewachsene, gesunde Frau mittleren Alters zur Operation vorbereitet«. Der Gefangenen, die die vorgesehenen Eingriffe auf Karteikarten zu registrieren hatte, fiel der Name und die Personalien auf. Der SS-Arzt, darauf aufmerksam gemacht, ordnete an, vom Versuch an Alma Rosé abzulassen und die berühmte Künstlerin ins Häftlingsorchester einzugliedern.

10 Ebenda

11 Ebenda

12 Laut Margot Větrovcová (18. 5. 1988, Prag)

13 Dieselbe Quelle

14 Dieselbe Quelle

15 Dieselbe Quelle. Diese Schilderung widerspricht Fania Fénelons Darstellung der Beziehungen zwischen A. Rosé und den Orchestermusikerinnen.

16 Laut Margot Větrovcová in einem Brief vom 19. 5. 1988 an den Verfasser)

17 Ermittelt im Archiv des ehemaligen Konzentrationslagers Ravensbrück

18 Vgl. hierzu den Bericht von Zdeňka Nedvědová (siehe Anm. 1)

19 Ermittelt im Archiv des ehemaligen Konzentrationslagers in Ravensbrück

20 Vgl. Dagmar Hájková, Božena Holečková, Anna Housková, Vlasta Kladivová, Lída Krutinová, Miroslava Berdychová, Marina Křížová, Jindřich Veselý: *Ravensbrück*, Prag 1963, S. 167

21 Vgl. Nina Jirsíková: *O umělecké práci v koncentračním táboře Ravensbrücku [Über die künstlerische Betätigung im Konzentrationslager Ravensbrück]*, Mskr., Divadlení ústav v Praze (Theaterinstitut in Prag)

22 Vgl. Charlotte Müller: *Die Klempnerkolonne in Ravensbrück*, Berlin 1981, S. 171

23 Vgl. Nina Jirsíková (siehe Anm. 21)

24 Vgl. Autorenkollektiv (siehe Anm. 20, S. 208 ff) und Vlasta Kladivová (siehe Anm. 3)

25 Laut Vlasta Kladivová (siehe Anm. 3)

26 Zitiert nach dem Liederbüchlein von Riva Krieglová (Privatbesitz)

27 Vgl. Nina Jirsíková (siehe Anm. 21)

28 Vgl. Autorenkollektiv (siehe Anm. 20, S. 208 ff.)

29 Ebenda

30 Vgl. Nina Jirsíková (siehe Anm. 21, S. 6)

31 Ebenda

32 Ebenda

[33] Vgl. Autorenkollektiv (siehe Anm. 20, S. 167 bis 168)

[34] Vgl. Nina Jirsíková (siehe Anm. 21, S. 9)

[35] Ebenda, S. 11

[36] Ebenda, S. 7 – Der Hinweis (in: *Ravensbrück*; siehe Anm. 20, S. 208), daß das Gedicht *Mai* von 15 Frauen einstudiert worden sei, ist ungenau. Tatsächlich waren es 24: Květa Benešová, Lidka Batková, Milena Fišerová, Gusta Fučíková, Růžena Brabcová, Vlasta Fáberová, Věra Fialová, Helena Jelenová, Jiřina Javůrková, Jiřina Kryslová, Jarka Kábrtová, Anna Kvapilová, Mirka Majerová, Ilse Maršálková, Krista Pányová, Lidka Plachá, Jindra Rádrová, Vlasta Ruprychová, Vlasta Stachová, Milada Šimčíková, Božena Valentová, Anna Vopičková, Mirka Vávrová, Luisa Urxová. Vgl. Nina Jirsíková (siehe Anm. 21)

[37] Die Handschrift wird im Museum der Gedenkstätte Theresienstadt (Inv. Nr. 7082) aufbewahrt. Die Hauptdarstellerinnen, Bewohnerinnen des Vorstadthauses waren Ria Bobková, Irma Trksáková, Jaroslava Kábrtová, Nina Jirsíková, Lidka Plachá, Zora Voropinová, Manka Šafránková, die Straßensängerinnen wurden von Krista Pányová, Louisa Urxová und Malči Trličková dargestellt.

[38] Vgl. Nina Jirsíková (siehe Anm. 21, S. 10)

[39] Ebenda

[40] Vgl. Autorenkollektiv (siehe Anm. 20, S. 215)

Gesang in der »Kleinen Festung Theresienstadt«

[1] Vgl. die Erinnerungen Ilja Barts, Archiv der Gedenkstätte Theresienstadt (Sammelband der Erinnerungen Nr. 566). Bart war in der Festung vom August bis September 1940 in Haft.

[2] Vgl. B. Čurda-Lipovský: *Terezínské katakomby [Die Theresienstädter Katakomben]*, Prag 1946, S. 106

[3] Vgl. die Erinnerungen Alois Ruperts, der in der »Kleinen Festung« vom Mai bis Juni 1943 inhaftiert war. (Archiv der PT, S. E. Nr. 956)

[4] Vgl. die Erinnerungen Oldřich H.'s, inhaftiert in der Festung vom Juli bis August 1943. (Ebenda, S. E. Nr. 957)

[5] Vgl. die Erinnerungen Václav Fabiáns, in der Festung im Januar 1941 drei Wochen lang inhaftiert. (Ebenda, E. S. Nr. 961)

[6] Vgl. die Erinnerungen von Jaroslav Lorenc, der in der Festung zweimal in Haft war: zum erstenmal vom 28. 11. 1940 bis 28. 1. 1941, das zweitemal vom 6. 3. 1944 bis 1. 5. 1944. Seine Äußerungen an Jaroslav Škabrada beziehen sich auf die erste Haftperiode. (Ebenda, S. E. Nr. 1000)

[7] Vgl. die Erinnerungen Václav Kozas', inhaftiert in der Festung vom Juni 1943 bis Juli 1944. (Ebenda, E. S. Nr. 965)

[8] Vgl. die Erinnerungen Karel Mráčeks, inhaftiert in der Festung vom 24. 9. bis 2. 11. 1940. (Ebenda, E. S. Nr. 136)

[9] Vgl. die Erinnerungen Antonín Šnydras, inhaftiert in der Festung vom Juli bis Oktober 1940. (Ebenda, E. S. Nr. 145)

[10] Vgl. die Erinnerungen Jaroslav Kosinas. (Ebenda, E. S. Nr. 375)

[11] Vgl. die Erinnerungen Ladislav Holubs, inhaftiert in der Festung im Jahre 1945. (Ebenda, E. S. Nr. 109)

[12] Vgl. die Erinnerungen Rostislav Korčáks, inhaftiert in den Jahren 1942 bis 1944. Korčák kam in die Festung als Blinder, bei den Gestapo-Verhören hatte er sein Augenlicht eingebüßt. (Ebenda, E. S. Nr. 52)

[13] Vgl. die Erinnerungen Oldřich Patrovskýs, inhaftiert in der Festung vom 14. 1. bis 4. 10. 1942. (Ebenda, E. S. Nr. 614)

[14] Vgl. die Erinnerungen Bedřich Malýs, inhaftiert in der Festung vom Juli 1940 bis August 1941. (Ebenda, E. S. Nr. 635)

[15] Vgl. die Erinnerungen Karel Hrubýs, inhaftiert in der Festung vom 26. 2. 1943 bis 9. 5. 1945. (Ebenda, E. S. Nr. 755)

[16] Vgl. die Erinnerungen Karel Urbáneks, inhaftiert in der Festung vom 4. 11. 1943 bis 3. 4. 1944. (Ebenda, E. S. Nr. 710)

[17] Vgl. die Erinnerungen Břetislav Dědeks, inhaftiert in der Festung vom September 1943 bis April 1944. (Ebenda, E. S. Nr. 1080)

[18] Vgl. die Erinnerungen Josef Moráveks, inhaftiert in der Festung vom 6. 4. bis 28. 9. 1944. (Ebenda, E. S. Nr. 698)

[19] Vgl. die Erinnerungen Bedřich Coufals, inhaftiert in der Festung vom März bis 1. 5. 1945. (Ebenda, E. S. Nr. 807)

[20] Vgl. Oldřich Musil: *Kultura a její působení mezi vězni [Die Kultur und ihr Wirken unter den Häftlingen]*, Terezínské listy, Terezín 1971, Nr. 2, S. 24–27

[21] Vgl. die Erinnerungen Josef Lončáks, SPB-Archiv Prag, Wettbewerb Nr. 1614

[22] Vgl. die Erinnerungen von Marie Felixová, inhaftiert in der Festung vom 6. 11. 1944 bis 22. 2. 1945. (Archiv der PT, E. S. Nr. 1043)

[23] Vgl. die Erinnerungen von Marie Metzelová, inhaftiert in der Festung vom 15. 1. bis 9. 5. 1945. (Ebenda, E. S. Nr. 1044)

[24] Vgl. die Erinnerungen von Alena Mikšová, inhaftiert in der Festung vom 8. 5. bis 18. 8. 1943. (Ebenda, E. S. Nr. 646)

[25] Vgl. die Erinnerungen von Božena Fuchsová, inhaftiert in der Festung von Anfang März bis 9. 5. 1945. (Ebenda, E. S. Nr. 805) – M. Zemanová war russischer Abkunft und hatte nach dem ersten Weltkrieg einen tschechoslowakischen Legionär geheiratet.
[26] Vgl. die Erinnerungen von Marie Vaníčková, verheiratete Fišerová, inhaftiert in der Festung vom Herbst 1942 bis 8. 1. 1943. (Ebenda, E. S. Nr. 815)
[27] Vgl. die Erinnerungen von Vlasta Holá, inhaftiert in der Festung vom 4. 10. bis 20. 12. 1942. (Ebenda, E. S. Nr. 690)
[28] Vgl. die Erinnerungen eines ungenannten Häftlings. (Ebenda, E. S. Nr. 348)
[29] Vgl. die Erinnerungen von Ema Blažková, inhaftiert in der Festung vom 20. 6. bis September 1942. (Ebenda, E. S. Nr. 846)
[30] Vgl. die Erinnerungen von Mirka Pokorná, inhaftiert in der Festung im Herbst 1944. (Ebenda, E. S. Nr. 156)
[31] Vgl. die Erinnerungen von Alba Špreňarová, inhaftiert in der Festung vom August 1943 bis 26. 2. 1944. (Ebenda, E. S. Nr. 236)
[32] Vgl. die Erinnerungen von Marta Ferrová, inhaftiert in der Festung vom Juni bis Oktober 1944. (Ebenda, E. S. Nr. 946)
[33] Weitere Belege über das Singen in den Zellen der Kleinen Festung Theresienstadt bringen die im Archiv der Gedenkstätte Theresienstadt in der Erinnerungensammlung unter folgenden Nummern aufbewahrten Erinnerungen: 71, 84, 88, 213, 235, 268, 292, 299, 301, 309, 489, 547, 574, 588, 662, 671, 783, 789, 828, 842, 850, 863, 871, 940, 963, 967, 987, 990, 991, 995, 1023, 1024, 1037, 1040, 1064 aj.
[34] Den Text des Liedes *Die Theresienstädter Schanzen [Terezínské šance]* zitiert in seinen Erinnerungen Alois Vogeltanz. (Ebenda, E. S. Nr. 871) Den Text des Couplets, einer Parodie des Liedes aus der Operette *Zwei Herzen*, zitiert Stanislav Maixner. (Ebenda, E. S. Nr. 863)
[35] Den Text des Liedes zitiert in seinen Erinnerungen Antonín Bycháč. (Ebenda, E. S. Nr. 113)
[36] Jaroslav Škabrada und Josef Pražák hatten schon in ihrer Studienzeit am Prager Konservatorium mit dieser Musik Erfahrungen gesammelt, als sie sich im Prager Weinberger Kaffeehaus mit Vorspielen etwas Geld verdienten.
[37] Laut Jaroslav Škabrada (Brief vom 21. 5. 1983 an den Verfasser)
[38] Im Museum der Gedenkstätte Theresienstadt befinden sich Bleistiftnotate von Volksliedern, die Jaroslav Škabrada eingerichtet hat und die die Häftlinge in einfacher, zwei- oder dreistimmiger Fassung, vielleicht auch als Kanon, gesungen haben (siehe Inv. Nr. 11150). Auch Josef Pražák organisierte den Chorgesang in einer der Zellen der Kleinen Festung. Zu Weihnachten 1940, als das Singen unterm Christbaum bewilligt wurde, hatte er mit den Häftlingen eine vierstimmige Bearbeitung des tschechischen Liedes *Christ ist geboren [Narodil se Kristus Pán]* und auch die Bearbeitung des deutschen Liedes *O, Tannenbaum* eingeübt (siehe Inv. Nr. 10906, 10907, 10908, 10910). – Josef Pražák, von dem man in der Festung wußte, daß er ein hervorragender Musiker war, mußte für den Aufseher Marx eine Operette schreiben, weil sich der damit einen Namen machen wollte. Die Partitur ist in Prag verlorengegangen, wahrscheinlich im Neuen deutschen Theater, wohin Marx sie geschickt hatte. Das Heft mit Pražáks Melodienskizzen für diese Operette befindet sich im Museum der Gedenkstätte Theresienstadt (Inv. Nr. 10904).

Der Gesang der tschechischen Studenten in Sachsenhausen

[1] Vgl. *Svědectví [Zeugenschaft]*, zusammengestellt von František Buriánek, Prag 1979
[2] Vgl. Bohdan Rossa: *První vánoce [Die erste Weihnacht]*, in: *Svědectví [Zeugenschaft]* (Siehe Anm. 1, S. 58 ff.)
[3] Vgl. Karel Štancl: *I píseň tam byla zbraní... – Vzpomínky na kulturní činnost v koncentračním táboře Sachsenhausen-Oranienburg v letech 1939 bis 1942 [Auch Lieder wurden zu Waffen ... – Erinnerungen an die kulturellen Aktivitäten im Konzentrationslager Sachsenhausen-Oranienburg in den Jahren 1939–1942]*, Mskr. (Privatbesitz)
[4] Ebenda
[5] Ebenda
[6] Vgl. Jiří Hájek: *Nedělní odpoledne se Zápotockým [Ein Sonntagnachmittag mit Antonín Zápotocký]*, in: *Svědectví [Zeugenschaft]* (siehe Anm. 1, S. 169 ff.)
[7] Vgl. Karel Štancl (siehe Anm. 3)
[8] Ebenda
[9] Vgl. František Buriánek: *Múza opěšalá [Muse zu Fuß]*, in: *Svědectví [Zeugenschaft]* (siehe Anm. 1, S. 119 ff.)
[10] Vgl. Karel Štancl (siehe Anm. 3)
[11] Ebenda
[12] An diese Gesangsfolge knüpfen sich Erinnerungen der Mitglieder der »Sing-sing-boys«. Am Weihnachtsabend 1941 kamen sie zum erstenmal in den deutschen Block der sogenannten Grünen (der »Berufsverbrecher«) und trafen auf verständnislose gleichgültige Gesichter. Es war diesen Leuten

sichtlich unbegreiflich, daß die Studenten für dieses Singen nichts verlangten, weder Brot noch Zigaretten. Sie begriffen ebensowenig, was es für einen Sinn haben sollte, Lieder zu singen. Zunächst hörten sie gleichgültig zu, aber nach einigen Liedern hörten sie dann doch zu. Und bei den »Rheinliedern«, die geselliges Zusammensein beschworen, summten die Männer die bekannten Melodien schließlich sogar mit. Štancl kommentierte: »Im Block ist es irgendwie heller geworden, und so etwas bedeutete im Lager schon einen Sieg.« (Siehe Anm. 3)

13 Vgl. Karel Štancl (siehe Anm. 3)

14 Laut Karel Štancl war es Jiří Hájek, der die bemerkenswerteste Kabarettszene vorbrachte und dabei seinen Texten volkstümliche Melodien unterlegte. Die Folge hieß *Silvesternacht*, und es traten darin beispielsweise ein Krämer, ein Polizeischef, ein Karrierist und ein Spießbürger auf sowie ein Studentenhäftling mit seinen Vorstellungen vom Leben in Freiheit. Dieses satirische Gelegenheitsstück hatte Erfolg, es war Ausdruck der politischen Reife der inhaftierten Studenten. (Siehe Anm. 3)

15 Štancls Lieder aus Sachsenhausen sind lediglich im Manuskript erhalten (Privatbesitz).

16 Die Feier des 60. Geburtstages von Antonín Zápotocký hatte einen internationalen Charakter; dahinter stand der geheime politische Ausschuß der Sachsenhausener Häftlinge. Zuerst sprach der Mithäftling Jaromír Dolanský zu Antonín Zápotocký, dann sang Jan Vala, begleitet von der Violine Bohumil Červinkas, das Lied *Mein Ostrava [Ostravěnka]*, danach sangen alle zusammen im Chor, nicht nur die tschechischen Studenten, sondern auch Deutsche, Norweger, Polen und Franzosen. Dann erzählte Antonín Zápotocký aus seinem politischen Leben.

17 Vgl. Karel Štancl (siehe Anm. 3)

18 Zum Chorgesang der tschechischen Hochschüler in Sachsenhausen vgl. auch die handschriftlichen Abhandlungen von František Murušan *Über die Kulturarbeit der Konzentrationslager Sachsenhausen* (Archiv der Nationalen Mahn- und Gedenkstätte Sachsenhausen), und *Český sbor v koncentračním táboře Sachsenhausen [Der tschechische Chor im Konzentrationslager Sachsenhausen]*, (Privatbesitz). Beide Abhandlungen stehen sich inhaltlich sehr nahe.

19 Nach František Marušan (31. 5. 1988, Příbor)

20 Vgl. hierzu die Erinnerungen des ehemaligen Häftlings Helmuth Bock (28. 1. 1979, Mskr., in: Archiv der Nationalen Mahn- und Gedenkstätte Sachsenhausen, R 47/27). Danach leitete den Chor der deutsche politische Häftling Eberhard Schmidt.

21 Dieser jüdische Chor hatte etwa 25 Sänger, er sang heimlich und mit größter Vorsicht; denn die jüdischen Blocks waren in Sachsenhausen oft bestialischen Schikanen ausgesetzt. Meist wurden jüdische Lieder gesungen oder Kompositionen von Sachsenhausener Musikern; vgl. auch Eberhard Schmidt, Mskr. (Archiv der Nationalen Mahn- und Gedenkstätte Sachsenhausen, R 41/4/18)

Tschechische Chöre und Lieder in anderen Lagern

1 Vgl. Karel Hanuš: *Česká hudba v Mauthausenu [Die tschechische Musik in Mauthausen]*, Mskr., SPB-Archiv, Prag, Wettbewerb SPB Nr. 99

2 Vgl. Václav Vlach: *Vzpomínka ... [Eine Erinnerung ...]*, in: *Šedesát let pěveckého sboru Typografia [Sechzig Jahre Sängerchor Typografia]*, Prag 1960, S. 150

3 Auch E. F. Burian hatte in seiner Erzählung *Silvestrovská příhoda [Eine Silvesterbegebenheit]* diesem Chor eine ironische Bemerkung gewidmet, siehe E. F. Burian: *Osm odtamtud [Die acht von drüben]*, Prag 1954, S. 50.

4 Vgl. Ludvík Henych: *Několik světlých vzpomínek na Dachau [Erinnerungen an Dachau]*, in: *Almanach Dachau. Kytice událostí a vzpomínek [Almanach Dachau. Erinnerungen und Zeugnisse]*, Prag 1946, S. 126

5 Vgl. die Aussage über František Süss und Václav Vlach, geschrieben von Ladislav Huml von der Typografia (Mskr., im Besitz des Verfassers)

6 Vgl. Ludvík Henych (siehe Anm. 4)

7 Vgl. Bedřich Hoffmann: *A kdo vás zabije ... Život a utrpení kněžstva v koncentračních táborech [Und wer euch tötet ... Leben und Leid des Klerus in den Konzentrationslagern]*, Přerov ^{4}1946, S. 282

8 Ebenda, S. 295

9 Ebenda, S. 300

10 Laut Josef Větrovec (24. 5. 1988, Prag) und Zdeněk Hradec *67080* (Mskr., Privatbesitz)

11 Vgl. Rudolf Kychler: *Ostraváci v Buchenwaldu [Die Männer aus Ostrava in Buchenwald]*, in: *Buchenwald varuje [Buchenwald warnt]*, Prag 1964, S. 417

12 Nach der Eintragung des Mitgliedes des Ensembles »Bohema« von Zdeněk Hradec aus Prag

13 Vgl. Jaroslav Bartl – Jiří Žák: *Buchenwaldský zpěvník [Das Buchenwalder Liederbuch]*, Pilsen 1945

14 Vgl. Miloslav Moulis: *Neviditelná fronta [Die unsichtbare Front]*, Prag 1970

15 Vgl. Alfons Waisar: *Hudba nás posilovala [Die Musik hat uns gestärkt]*, in: *Buchenwald varuje [Buchenwald warnt]*, Prag 1964, S. 529

[16] Vgl. Vlastimil Louda: *Muzikantem za dráty [Als Musikant hinter Stacheldraht]*, Mskr., S. 86
[17] Ebenda, S. 86
[18] Laut Robert Zikmund (26. 3. 1975, Mrač)

Häftlingsgesang in Gestapogefängnissen

[1] Aus dem Brief von Alois Bláha an die Redaktion der Tageszeitung *Svobodné slovo* vom 22. Mai 1982 (im Besitz des Verfassers)
[2] Ebenda. František Kryšpín hatte im Nazigefängnis in einigen Heften ein Tagebuch geführt, die seine Frau rettete und nach Prag gebracht hatte. (Laut Alois Bláha, 1. 5. 1988, Prag)
[3] Vgl. Jacob Boulanger: *... s číslem na srdci [... mit der Nummer am Herzen]*, Prag 1960, S. 33
[4] Vgl. Dagmar Hájková, Božena Holečková, Hana Housková, Vlasta Kladivová, Lída Krutinová, Miroslava Berdychová, Marina Křížová, Jindřich Veselý: *Ravensbrück*, Prag 1963, S. 220
[5] Ladislav Jandásek, geb. am 19. 11. 1887, war von 1919–1938 Professor in Brünn-Husovice, danach Schulinspektor. In dieser Position organisierte er den Widerstand unter den Lehrern. Im September 1941 wurde er verhaftet, zunächst im Gefängnis »Pod Kaštany« in Brünn gefangengehalten und dann im Juni 1942 nach Auschwitz als RU-Häftling – »Rückkehr unerwünscht« – gebracht. Nach drei Monaten wurde er in der Gaskammer ermordet. (Laut Jarmila Chmelíková, geborene Jandásková; Brief an den Verfasser vom 14. Juni 1988.) Die Kompositionen L. Jandáseks werden im Museum der Gedenkstätte Theresienstadt aufbewahrt (Ins. Nr. 11407/2, 11408, 11409/2, 11410/4, 11411/2, 11412/4, 11413/3, 11414/3).
[6] Vgl. M. Malafová: *Vyprávění o statečné dívce [Erzählung von einem tapferen Mädchen]*, in: *Život za pravdu. Památník chodského hrdinství [Das Leben für die Freiheit. Gedenkstätte der Helden der Choden]*, Domažlice 1949, S. 113
[7] Vgl. Věra Doležalová: *Mé vzpomínky [Meine Erinnerungen]*, Mskr., SPB-Archiv Prag, Wettbewerb Nr. 104
[8] Rudolf Karel hatte das *Lied der Freiheit [Píseň svobody]* noch im Pankrác-Gefängnis in Prag für Gesang und Klavier komponiert, bevor er die Zelle Nr. 127 verließ und in die Krankenabteilung des Gefängnisses kam (Originalmanuskript in Privatbesitz).
[9] Vgl. Rudolf Karel: *Skladby z vězení [Werke aus dem Gefängnis]*, Prag, Melantrich 1947

Das Singen hymnischer Lieder

[1] Vgl. R. Blank: *Mrtvý se vrátil [Der Tote ist zurückgekehrt]*, Prag 1945, S. 25
[2] Vgl. Willi Mahlers Tagebucheintragung vom 1. 1. 1943 (Archiv der Gedenkstätte Theresienstadt, A 5704)
[3] Vgl. Josef Rudolf: *Byl jsem číslem 7809... [Ich war Nummer 7809...]*, Brünn 1945, S. 117
[4] Vgl. Josefa Solanská: *Vzpomínka na Svatobořice [Erinnerung an Svatobořice]*, SPB-Archiv Prag, Wettbewerb Nr. 1575
[5] Margot Větrovcová beschreibt ihr eigenes Erleben in folgenden Worten: »Seitdem bin ich nicht imstande, mich bei der Hymne einer höchsten Ergriffenheit zu erwehren. Ich bemühe mich, sie zu bewältigen, aber jedesmal weine ich dabei hemmungslos.« (Brief an den Verfasser, 19. 5. 1988)
[6] Vgl. Václav Kuthans Erinnerungen, Archiv der Gedenkstätte Theresienstadt (Erinnerungensammlung Nr. 1037)
[7] Laut Josef Pražák (Februar 1982, Prag)
[8] Laut Josef Pražák (19. 5. 1986, Prag)
[9] Laut Vlasta Kladivová (15. 3. 1988, Prag). Die Kopie von Máchas *Mai* mit Hinweisen zur chorischen Rezitation in Ravensbrück befindet sich in ihrem persönlichen Besitz.
[10] Vgl. Josef Rudolf (siehe Anm. 3, S. 168)
[11] Vgl. Dagmar Hájková, Božena Holečková, Hana Housková, Vlasta Kladivová, Lída Krutinová, Miroslava Berdychová, Marina Křížová, Jindřich Veselý: *Ravensbrück*, Prag 1963, S. 130
[12] Vgl. Ota Kraus – Erich Kulka: *Továrna na smrt [Die Todesfabrik]*, Prag 1964, S. 172, 181
[13] Vgl. Emil Utitz: *Psychologie života v terezínském koncentračním táboře [Psychologie des Lebens im Theresienstädter Konzentrationslager]*, Prag 1947, S. 40
[14] Vgl. Otakar und Sylva Krejčí (nach Adolf Burgers Erzählung): *Číslo 64401 mluví [Die Nummer 64401 spricht]*, Prag 1945, S. 53
[15] Erinnerung von Viktor Heller, Archiv der Gedenkstätte Theresienstadt (Erinnerungensammlung Nr. 292)
[16] Ebenda
[17] Vgl. Krystyna Zywulska: *Přežila jsem Osvětim [Ich habe Auschwitz überlebt]*, Prag 1957, S. 98
[18] Vgl. Norbert Frýd: *Lahvová pošta aneb konec posledních sto let [Die Flaschenpost oder das Ende der letzten hundert Jahre]*, Prag 1971, S. 194
[19] Vgl. Dagmar Hájková und Autorenkollektiv (siehe Anm. 11, S. 104)
[20] Ebenda, S. 220
[21] Vgl. Miloslav Moulis: *To byl Buchenwald. Příspěvek k historii koncentračního tábora Buchenwald*

[Das war Buchenwald. Ein Beitrag zur Geschichte des Konzentrationslagers Buchenwald], Prag 1957, S. 84

22 Vgl. Felix Müller: *Májová oslava*, in: *Buchenwald varuje. Dokumenty, vzpomínky, svědectví [Die Maifeier*, in: *Buchenwald warnt. Dokumente, Erinnerungen, Zeugnisse]*, Prag 1964, S. 429–430

Voraussetzungen des musikalischen Lebens in Theresienstadt

1 Vgl. dazu besonders die Studie Ulrike Migdals *»Freizeitgestaltung« in Theresienstadt*, in: *Und die Musik spielt dazu*, München – Zürich 1986

2 Nur zwischen April und September 1943 wurden am Theresienstädter Platz große Zirkuszelte aufgebaut und dort mit der Produktion von kriegswichtigen Gütern, die sogenannte K-Produktion, begonnen, bei der vor allem Frauen beschäftigt waren.

3 Die Juden im Protektorat Böhmen und Mähren waren verpflichtet, vom 1. September 1939 an gelbe sechszackige Sterne zu tragen.

4 Vgl. Miroslav Kryl: *Terezín 1941–1945 [Theresienstadt 1941–1945]*, Mskr. (Privatbesitz)

5 Vgl. Ulrike Migdal (siehe Anm. 1)

6 H. G. Adler schreibt in: *Theresienstadt 1941–1945*, Tübingen 1955, S. 581) die Idee zur Einrichtung der »Freizeitgestaltung« den Propagandabestrebungen der Nazi zu, womit diese Institution aber nicht zureichend charakterisiert ist.

7 Vgl. den Bericht über die »Judenfrage« in den Jahren 1939–1945, den Karel Reiner am 15. 7. 1945 niederschrieb (Archiv der Gedenkstätte Theresienstadt, Sammelband der Erinnerungen Nr. 372)

8 Vgl. Willi Mahlers Tagebucheintragung vom 10. 6. 1944 (Archiv der Gedenkstätte Theresienstadt, A 5704)

9 Vgl. die Tagebucheintragung Willi Mahlers vom 23. 6. 1944 (ebenda)

10 Vgl. H. G. Adler (siehe Anm. 6, S. 589)

11 Vgl. Dr. Rudolf Iltis: *Se žlutou hvězdou na prsou [Mit dem gelben Stern an der Brust]*, Židovská ročenka, 1966–1967, S. 25

Die verkaufte Braut in Theresienstadt

1 Vgl. Milan Kuna: *Životnost Smetanova odkazu. Kapitola z let nacistické okupace 1939–1945 [Die Lebenskraft von Smetanas Vermächtnis. Ein Kapitel aus den Jahren der nazistischen Okkupation 1939–1945]*, Prag 1974

2 Diese Handschriften werden im Museum der Gedenkstätte Theresienstadt aufbewahrt (Inv. Nr. 11 167, 11 170).

3 Laut Bedřich Borges (28. 5. 1986, Prag)

4 Vgl. Heda Grabová: *Opera v Terezíně [Die Oper in Theresienstadt]*, Mskr. vom 28. 9. 1945, Staatliches Jüdisches Museum in Prag (Theresienstädter Sammlung, Inv. Nr. 243)

5 Laut Bedřich Borges (siehe Anm. 3)

6 Das Original des Chorbuches befindet sich in Privatbesitz.

7 Vgl. Heda Grabová (siehe Anm. 4)

8 Vgl. die Aussage von Bedřich Borges aus dem Jahr 1986, SPB-Archiv Prag, bearbeitet von Ludmila Vrkočová.

9 Vgl. das Tagebuch Egon Redlichs (Archiv der Gedenkstätte Theresienstadt, A 1226/1)

10 Vgl. hierzu die Tagebucheintragung Willi Mahlers vom 25. 11. 1942 (Archiv der Gedenkstätte Theresienstadt, A 5704). Die Premiere dieser Revue hatte früher, am 17. 11. 1942 in der Magdeburger Kaserne stattgefunden (vgl. Rabbiner [Erich] Weiner: *Entstehung und Anfänge der Freizeitgestaltung Februar 1942 bis Februar 1943*, in: *Und die Musik spielt dazu*, Zürich – München 1986, S. 154).

11 Laut Bedřich Borges (29. 5. 1986, Prag)

12 Bedřich Borges (Siehe Anm. 3)

13 Die Originale dieser Kassiber befinden sich im Archiv der Gedenkstätte Theresienstadt (A 313).

14 Trude Borgerová wird von Joža Karas: *Music in Terezín. 1941–1945*, New York 1985, S. 24, als erste Marie angeführt, Ludmila Vrkočová dagegen (in: *Hudba terezínského ghetta [Musik des Theresienstädter Ghettos]*, Praha 1981, Edition Jazzpetit Nr. 8, S. 13) nennt Marion Podolier als erste Marie.

15 Vgl. Willi Mahlers Tagebucheintragung vom 15. 12. 1942 (siehe Anm. 10)

16 Goldring wird von Bedřich Borges angegeben, A. Singer dagegen von Joža Karas aufgrund eines Erinnerungsprogramms aus der Sammlung Karel Heřmans (siehe Anm. 14).

17 Vgl. Willi Mahlers Tagebucheintragung vom 15. 12. 1942 (siehe Anm. 10), ferner das Erinnerungsprogramm der *Verkauften Braut* aus der Sammlung Karel Heřmans (siehe Anm. 12), laut Bedřich Borges und Ota Růžička (22. 10. 1968 und 27. 3. 1965, Prag) nach Notizen von Eva Šormová.

18 *Československý hudební slovník [Das Tschechoslowakische Musikwörterbuch]* aus den Jahren 1963 und 1965 erwähnt keinen dieser Sänger. Angaben über sie stammen aus meinen Gesprächen mit B. Borges, K. Berman und anderen, die sie kannten.

19 Vgl. Rabbiner [Erich] Weiner (siehe Anm. 10, S. 151)

20 Dieses Datum wurde häufig angenommen, da es

mit den handschriftlichen Erinnerungen von Heda Grabová und H. G. Adlers [*Theresienstadt 1941 bis 1945*, Tübingen 1955, S. 587) übereinstimmt.

21 Laut Bedřich Borges (siehe Anm. 11)

22 Vgl. Hans Krása, Josef Stross, Gideon Klein, Pavel Libenský: *Kurzgefaßter Abriß der Geschichte der Musik in Theresienstadt*, in: *Und die Musik spielt dazu*, Zürich – München 1986, S. 162

23 Vgl. Rabbiner [Erich] Weiner (siehe Anm. 10, S. 157, 158, 159)

24 Vgl. Willi Mahlers Tagebucheintragung vom 12. 7. 1944 (siehe Anm. 10)

25 Die deutschen Namen der Hauptpersonen der Smetana-Oper *Die verkaufte Braut* werden Ernst Kraus: *Oper von A–Z, Ein Opernführer*, Leipzig 1967, S. 654, entnommen, sie sind in der Literatur üblich (siehe auch *Das Opernbuch* von Karl Storck, Stuttgart 1923, und Reclams Opernführer von Georg Richard Kruse, Leipzig 1928).

Weitere Opernaufführungen in Theresienstadt

1 Aus denselben Gründen hatten tschechische faschistische Chauvinisten in ihrer Zeitung *Vlajka* Václav Talich angegriffen, der 1939 Mozarts *Figaros Hochzeit* in seinen patriotisch geprägten Zyklus *Prager Musik-Mai* aufgenommen hatte.

2 Laut Bedřich Borges (notiert von Eva Šormová, 22. 10. 1968)

3 Vgl. das Gedenkprogramm Nr. 227 aus der Sammlung Karel Heřmans (Museum der Gedenkstätte Theresienstadt)

4 Vgl. die Tagebucheintragungen Willi Mahlers vom 3. und 5. 11. 1943 (Archiv der Gedenkstätte Theresienstadt, A 5704)

5 Vgl. zum Beispiel Mahlers ausführliche Eintragung vom 27. 9. 1943, in der der Verfasser seine Erlebnisse aus verschiedenen Aufführungen der Opern *Tosca, Aida, La Traviata, Carmen, Tiefland, La Boheme* schildert. (Ebenda)

6 Laut Bedřich Borges, 1986, SPB-Archiv Prag, bearbeitet von Ludmila Vrkočová

7 Vgl. die Kassiber Otto Ambrožs [Abeles], adressiert an Bohuslava Dostálová (ohne Datum; Archiv der Gedenkstätte Theresienstadt, A 313) sowie die Aussage von Dostálová in der Erinnerungensammlung (ebenda, Inv. Nr. 419)

8 Nach Bedřich Borges (siehe Anm. 2)

9 Vgl. das Gedenkprogramm Nr. 361 aus der Sammlung Karel Heřmans (Museum der Gedenkstätte Theresienstadt)

10 Vgl. das Gedenkprogramm Nr. 236 aus der Sammlung Karel Heřmans (ebenda), ferner die Abhandlung Karel Bermans: *Erinnerungen*, in: *Theresienstadt*, Europa-Verlag, Wien 1968, S. 257

11 Laut Bedřich Borges, Karel Berman u. a.

12 Vgl. Karel Berman (siehe Anm. 10)

13 Vgl. die Gedenkprogramme Nr. 229 und 236 aus der Sammlung Karel Heřmans (Museum der Gedenkstätte Theresienstadt)

14 Beide Aussagen wurden von Eva Šormová im Buch *Divadlo v Terezíně 1941–1945 [Das Theater in Theresienstadt 1941–1945]*, Ústí nad Labem 1973 eingetragen; am 10. 4. 1963 von Karel Berman, am 12. 10. 1968 von Bedřich Borges.

15 Laut Bedřich Borges (29. 5. 1986, Prag)

16 Vgl. Willi Mahlers Tagebucheintragung vom 3. 10. 1943 (siehe Anm. 4)

17 Ebenda vom 10. 9. 1943 (siehe Anm. 4)

18 Die Kritiken Viktor Ullmanns waren dem Verfasser nicht zugänglich. Sie werden von Joža Karas (in: *Music in Terezín 1941–1945*, New York 1985, Kap. 4) referiert.

19 Darüber sind sich alle Augenzeugen einig, die diese Oper in Theresienstadt gehört haben.

20 Laut Karel Ančerls, zit. nach Joža Karas (siehe Anm. 18, S. 28)

21 Vgl. Karel Berman (siehe Anm. 10)

22 Vgl. Gedenkprogramm Nr. 240 aus der Sammlung Karel Heřmans (Museum der Gedenkstätte Theresienstadt)

23 Die Kostümentwürfe für diese Oper von František Zelenka werden in der Theaterabteilung des Nationalmuseums in Prag aufbewahrt.

24 Vgl. Gedenkprogramm Nr. 248 aus der Sammlung Karel Heřmans (Museum der Gedenkstätte Theresienstadt)

25 Vgl. Gedenkprogramm Nr. 242 aus der Sammlung Karel Heřmans (ebenda)

26 Vgl. Eduard Vavruška: *Lístky z kroniky [Blätter aus der Chronik]*, SPB-Archiv Prag, Wettbewerb Nr. 1239

27 Angaben über die Familie von Hanuš Jochowitz hatte Jiří Lauscher aus Prag in einem Brief vom 18. 10. 1987 an das Staatliche jüdische Museum in Prag zusammengefaßt.

28 Vgl. Karel Reiner: *Komentář k životopisu [Kommentar zum Lebenslauf]*, 1971, Mskr., S. 129 (Privatbesitz)

29 Vgl. mit den Zettelchen von Hanuš Jochowitz vom 1. 5. 1944 und 22. 7. 1944, geschrieben in Theresienstadt und adressiert an Lisa Šedivcová (Abschriften in Privatbesitz)

30 Laut Karel Berman, zitiert im Brief Jiří Lauschers (siehe Anm. 27)

31 Diese Datierung wird von Eva Herrmannová präzisiert, die sich in ihr Mädchentagebuch (Privatbesitz) am 4. 8. 1944 eingetragen hatte: »Wir üben jetzt bei Berman *Im Brunnen* ein.«

32 Laut Tagebuch von Eva Herrmannová, die als

fünfzehnjähriges Mitglied des Berman-Ensembles am 3. 9. 1944 notiert hatte: »Sämtliche tschechische Freizeiten sind verboten. Gestern war die Generalprobe *Im Brunnen.*« Am folgenden Tag fügte sie noch hinzu: »Gestern war die letzte tschechische Aufführung in Theresienstadt. Es endete mit unserem *Brunnen*. Der *Brunnen* wird deutsch einstudiert werden.« – Zu einer deutschen Einstudierung ist es aber nicht gekommen, es gab daran kein Interesse.

33 Vgl. Joža Karas: *Music in Terezín*, New York 1985, S. 55. Er nennt als Datum der Premiere von Blodeks Oper Mittwoch, den 5. September 1944, und schildert, wie das Ensemble dieses Werk zwei Nächte lang – von Sonntag auf Montag und von Montag auf Dienstag einübte, um die Premiere zum befohlenen Zeitpunkt zu schaffen.

34 Vgl. die Gedenkprogramme Nr. 228, 233, 237, 238 aus der Sammlung Karel Heřmans (Museum der Gedenkstätte Theresienstadt)

35 Über diese konzertant aufgeführten Opern erfahren wir nur aus nachträglichen Mitteilungen. H. G. Adler führt noch (in: *Theresienstadt 1941 bis 1945*, Tübingen 1955, S. 584) Mozarts *Entführung aus dem Serail* und Puccinis *Boheme* an, die angeblich in Theresienstadt aufgeführt wurden; es gibt aber keine Belege dafür.

36 Diese Oper von Klein wird ausführlicher von Joža Karas erwähnt (siehe Anm. 33, S. 35–36)

37 Zelenkas szenische Entwürfe und seine Kostümentwürfe für die Operngestalten Carmen, Frasquitta, Don José, Mercedes, Eskamilio, Michaela und Dancairo werden in der Theaterabteilung des Nationalmuseums in Prag aufbewahrt. Daran knüpfen die Entwürfe für den Chor in *Carmen* von Charlotte Burešová an (die Originale befinden sich im Museum der Gedenkstätte Theresienstadt, Inv. Nr. 5520 und 5521).

38 Kassiber von Otto Ambrož (siehe Anm. 7)

39 Vgl. Gedenkprogramme Nr. 357, 372, 374 u. a. aus der Sammlung Karel Heřmans (Museum der Gedenkstätte Theresienstadt)

40 Vgl. Gedenkprogramm aus der Sammlung Karel Heřmans (ebenda). Am Klavier lösten einander Karel Berman, J. Klinkeová und Karel Polák ab. Polák fügte in diese Veranstaltung zwei ausländische Arien ein – aus Glinkas Oper *Das Leben für den Zaren [Ivan Susanin]* und aus Halévy *Die Jüdin*.

41 Vgl. Erinnerung von Bohuslava Dostálová (Archiv der Gedenkstätte Theresienstadt, Erinnerungensammlung, Inv. Nr. 419). Die Sängerin muß wohl Marion Podolier gewesen sein.

42 Vgl. die Tagebucheintragung Willi Mahlers vom 13. 7. 1944 (siehe Anm. 4)

43 Vgl. Vlasta Schönová: *Dětské divadlo v Terezíně [Das Kindertheater in Theresienstadt]*, Mskr. (Staatliches jüdisches Museum in Prag, Theresienstadt – Erinnerungen, Inv. Nr. 343)

44 Nach dem Tagebuch von Eva Herrmannová (Privatbesitz) fand eine der Aufführungen von *Hoffmanns Erzählungen* am 9. 4. 1945 statt. Den Hoffmann sang K. Blum, die Olympia Annie Frey, die Erscheinung der Mutter Heda Grabová-Kernmayrová, den Vater Arnošt Weil, den Doktor Mirakel David Grünfeld, die Antonia Marion Podolier. Diese Angaben stimmen mit den späteren Aussagen von Hanuš Thein überein, die Eva Šormová dokumentiert hatte. Bei ihm findet man noch den Hinweis, eine der Gestalten sei auch von Ada Schwarzová-Kleinová gesungen worden. Die Aufführung wurde deutsch eingeleitet.

Verdis *Requiem* in Theresienstadt

1 Vgl. Kurt Singer: *Musikkritischer Brief Nr. 4, Verdis Requiem*, in: *Und die Musik spielt dazu*, München – Zürich 1986, S. 169

2 Vgl. Ulrike Migdal: *Freizeitgestaltung in Theresienstadt*, in: *Und die Musik spielt dazu* (siehe Anm. 1, S. 18 ff.). Nach den Angaben der Autorin war die Zahl der Bände in der Ghettobibliothek auf 200 000 angestiegen. Die Bibliothek enthielt nicht nur Belletristik, sondern auch philosophische und historiographische Werke, Literatur der verschiedensten Wissenschaftsdisziplinen, ferner griechische und lateinische Werke sowie Bände in hebräischer Sprache. Die Häftlinge hatten in ihrem Gepäck auch eine Reihe wertvoller Bibliophilien mitgebracht, die dann ein Bestandteil der Bibliothek wurden. Hier waren auch Partituren und Klavierauszüge musikalischer Werke vertreten.

3 Vgl. Kurt Singer (siehe Anm. 1)

4 Vgl. Karel Berman: *Erinnerungen*, in: *Theresienstadt*, Wien 1968, S. 256

5 Ebenda

6 Vgl. Joža Karas: *Music in Terezín 1941–1945*, New York 1985, S. 140

7 Das Gedenkprogramm aus der Sammlung Karel Heřmans – nachgedruckt in Karas' Buch (S. 34, siehe Anm. 6) – führt als Pianisten Gideon Klein an; es bleibt aber unklar, ob sich die Angaben auf die Premiere oder auf eine andere Aufführung dieses Werkes beziehen. Augenzeugen, die sich zu den verschiedenen Aufführungen kritisch äußerten, mit Ausnahme Willi Mahlers aber keine Daten anführen, weichen voneinander ab. Willi Mahler und Kurt Singer führen als Pianistin Ella Pollak an, Viktor Ullmann erwähnt lediglich Gideon Klein. Margit Kampertová, verheiratete Silberfeld, die als

Fünfzehnjährige in Schächters Chor gesungen hatte, teilte dem Verfasser (Brief vom 11. 11. 1987) mit, daß bei der Premiere Gideon Klein gespielt habe.

8 Zitiert aus dem tschechischen Brief von Margit Silberfeld vom 11. 11. 1987 aus Jerusalem (siehe oben)

9 Ebenda

10 Vgl. Karel Berman (siehe Anm. 4, S. 256)

11 Vgl. Tagebucheintragung Willi Mahlers vom 2. 1. 1944 (Archiv der Gedenkstätte Theresienstadt, A 5704)

12 Die Reproduktion dieser Übersicht führt Joža Karas im Buch *Music in Terezín 1941–1945*, New York 1985, S. 136 an.

13 Vgl. Joža Karas (ebenda) S. 140–141

14 Vgl. Kurt Singer (siehe Anm. 1, S. 169–174)

15 Vgl. Ulrike Migdal (siehe Anm. 2, S. 33)

Musik von und für Kinder in Theresienstadt

1 Hans Krása war in Prag geblieben, während Adolf Hoffmeister – wegen des *Brundibár* – die Republik beizeiten verlassen hatte. Hoffmeister hatte sich eine Einladung zur »Premiere« nach London verschafft und emigrierte über Frankreich in die U.S.A. Vgl. Blanka Müllerová: *Hans Krása. Kapitoly ze života a díla skladatele [Hans Krása. Kapitel aus dem Leben und Schaffen des Komponisten]*, Diplomarbeit, Mskr., Prag 1966, S. 31

2 Vgl. Rudolf Franěk: *Terezínská škola [Die Theresienstädter Schule]*, Prag 1965, S. 23

3 Geige spielte im Waisenhaus ein Kind namens Berkovič, Klavier spielte eins mit Namen Löffelholz, und am Schlagzeug saß eines, das Kaufman hieß (ebenda).

4 Hans Krása kam mit dem Transport Ba unter der Nr. 67 nach Theresienstadt.

5 Vgl. Hans Krása: *Eine persönliche Erinnerung an den Brundibár*, Mskr. (Staatliches jüdisches Museum in Prag, Inv. Nr. 304)

6 Ebenda

7 Vgl. den Klavierauszug (Museum der Gedenkstätte Theresienstadt). Im Gegensatz zum alten Klavierauszug sind die letzten 28 Takte der sogenannten Theresienstädter Partitur des Brundibár ohne Text. Der Hinweis von Josef Karas (Music in Terezín, New York 1985, S. 102), die letzten Verse seien von Emil A. Saudek geändert und aktualisiert worden, wird durch diese Autographen nicht bestätigt. Weder Emil A. Saudek noch sein Sohn Erik Saudek waren in Theresienstadt inhaftiert.

8 Diejenigen, die sich an diese Aufführungen erinnern, behaupten, daß nach Jan Treichlinger wohl niemand als Leierkastenmann einen solchen Erfolg erreicht hätte. In Auschwitz ist dieser Junge wegen seines kleinen Wuchses umgekommen. Kinder, die nicht an eine aufgehängte Meßlatte heranreichten, wurden ins Gas geschickt. Dasselbe Schicksal hatte auch den Sepperl-Darsteller Jan Mühlstein getroffen; vgl. Joža Karas: *Music in Terezín*, New York 1985, S. 99.

9 Dies dokumentiert Rudolf Franěk (siehe Anm. 2, S. 25)

10 Die Zahl von 55 Aufführungen läßt sich nur schätzen.

11 Vgl. Tagebucheintragung Willi Mahlers vom 15. 7. 1944 (Archiv der Gedenkstätte Theresienstadt, A 5704)

12 Vgl. Vlasta Schönová: *Dětské divadlo v Terezíně [Das Kindertheater in Theresienstadt]*, Staatliches jüdisches Museum in Prag, Theresienstadt – Erinnerungen (Inv. Nr. 343)

13 Ebenda. – Ähnlich hat Ela Kašparová die Aufführungen der *Glühwürmchen* bewertet: »Das Stück war sorgfältig einstudiert, und man war so aufeinander eingespielt, daß man es auch im Nationaltheater hätte spielen können. Ich war die ganze Vorstellung hindurch so aufgeregt, daß ich nachher vor Freude und Schmerz weinte wie ein kleines Kind. Ich werde das nie vergessen.« Vgl. Ela Kašparová: *Vzpomínky [Erinnerungen]*, Archiv der Gedenkstätte Theresienstadt (A 4148/356)

Die Theresienstädter Orchester

1 Vgl. Joža Karas: *Music in Terezín 1941–1945*, New York 1985, S. 13

2 Vgl. Arnošt Weiss: *Musikleben in Theresienstadt 1942*, in: *Theresienstadt*, Wien 1968, S. 250. – Weiss nennt Taubes Symphonie die *Theresienstädter* und setzt damit indirekt voraus, daß sie erst nach Taubes Ankunft in Theresienstadt entstanden sei.

3 C. Taubes *Theresienstädter Symphonie* ist nicht erhalten; der Autor hat sie vermutlich nach Auschwitz mitgenommen, wo er umgekommen ist.

4 Vgl. Karel Ančerl: *Musik in Theresienstadt*, in: *Theresienstadt*, Wien 1968, S. 261

5 Joža Karas führt in seinem Buch (siehe Anm. 1) eine abweichende Besetzung an, ohne aber die Quelle zu nennen, auf die er sich stützt. Auf Seite 65 behauptet er, daß das Ančerl-Orchester 16 erste Geigen, 12 zweite, 8 Bratschen, 6 Celli und 1 Kontrabaß hatte; Ludmila Vrkočová gibt in: *Die Musik im Theresienstädter Ghetto*, Prag 1981, sogar an, daß es 21 erste Geigen gab. Beides ist übertrieben. Der authentische Bericht Willi Mahlers vom 26. 10. 1944 in seinem Theresienstädter Tagebuch (Archiv der Gedenkstätte Theresienstadt, A 5704)

führt an, daß das Orchester bis zu 19 Musiker hatte, darunter allenfalls 5 erste Geigen.

6 Vgl. Karel Ančerl (siehe Anm. 4, S. 261)

7 Vgl. H. G. Adler: *Theresienstadt 1941–1945*, Tübingen 1955, S. 586

8 Vgl. Karel Fröhlichs Repertoireverzeichnis, angefertigt für Karel Heřmans Sammlung (Museum der Gedenkstätte Theresienstadt, Nr. 353)

9 Vgl. zwei Eintragungen aus Willi Mahlers Tagebuch: Die eine stammt vom 25. 10. 1943 und ist sehr kurzgefaßt, die andere, vom 26. 10. 1943, wurde offensichtlich für künftige Leser geschrieben (Archiv der Gedenkstätte Theresienstadt, A 5704).

10 Vgl. Karel Ančerl (siehe Anm. 4, S. 262)

11 Willi Mahler schrieb über das Konzert: »Mit Trude habe ich dann am Drehen des Konzertes des dreißiggliedrigen [!], vom Dirigenten des Prager Rundfunks Karel Ančerl geleiteten Streichorchesters teilgenommen. Auf dem Programm standen Werke von Dvořák und Schubert [sic!]. Für den Film wurden Teile des Werkes des hiesigen Autors Pavel Haas gedreht.« (Eintragung vom 1. 9. 1944; siehe Anm. 9)

12 Von Ullmanns Kritiken hatte H. G. Adler 27 Texte gerettet. Sie wurden nicht nachgedruckt und herausgegeben, aber Joža Karas hat sie ausgewertet (siehe Anm. 1).

13 Viktor Ullmanns Kritik von Ančerls zweitem Programm wird von Joža Karas zitiert (siehe Anm. 1, S. 66–67).

14 Einzelheiten über diese Feier mit dem Ančerl-Orchester erfährt man aus Willi Mahlers Tagebucheintragung vom 5. 5. 1944. Mahler stützt sich jedoch nur auf Informationen aus zweiter Hand, denn er war in Trauer wegen seiner verstorbenen Mutter und hatte an der Veranstaltung nicht teilgenommen (siehe Anm. 9). Die Beschreibung der Musikdarbietung folgt Bedřich Borges (25. 5. 1986, Prag).

15 Laut Rudolf Lánský (25. 3. 1988, Ždírec nad Doubravkou). Rudolf Lánský, früher Löwy, spielte in der Theresienstädter Stadtkapelle Posaune. Nach 44 Jahren vermochte er sich noch daran zu erinnern, daß der Vater Pavel Kohns mit Liese Lederer Kontrabaß und sein Freund Böhm aus Nové Město nad Metují Violine spielte.

16 Dieselbe Quelle

17 Vgl. hierzu die Eintragung in Willi Mahlers Tagebuch vom 25. 6. 1944 (siehe Anm. 9)

18 Ebenda. Die einzelnen Eintragungen finden sich unter dem jeweiligen Datum.

19 Beiseite gelassen wurden die Eintragungen über die Stadtkapelle vom 30. 8. 1944, 5. 9. 1944 und 9. 9. 1944.

20 Vgl. die Erinnerung Rudolf Lánskýs vom 20. 4. 1979, Archiv der Gedenkstätte Theresienstadt, Inv. Nr. 1890.

21 Vgl. hierzu, was O. Sattler über die Ankunft der Theresienstädter Musiker in Auschwitz schreibt (siehe unten).

22 Laut Rudolf Lánský (siehe Anm. 15)

23 Dieselbe Quelle

24 Mehr ist über den Fall des Musikers Rudolf Lánský bekannt, der am 28. 10. 1944 ins Lager Hinkel-Werke deportiert wurde und nach fünf Wochen ins Konzentrationslager Sachsenhausen überführt wurde. »Von dort aus sind wir nach Bayern, ins Lager Landshut gebracht worden,« führt Lánský an. »Zu Fuß gingen wir die Grundmauern von Gebäuden graben. Dort ging es schlimm zu, großer Hunger. Dort ist auch mein Bruder gestorben, und die Verbrecher haben mir die Hand gebrochen. Dann wurde ich nach Mühldorf gebracht, wo wir unterirdische Bunker bauten. Dort war der Hunger noch schlimmer und außerdem bin ich an Furunkulose erkrankt. Ein großer Furunkel platzte, als ich einen Sack mit Zement trug . . . An der Wende zwischen Winter und Frühjahr 1945 evakuierte man uns und transportierte uns unter ständigen Flugzeugangriffen über München weiter in Richtung Alpen. Acht Tage haben wir nichts zu Essen und Trinken bekommen . . . Ich hatte vier rohe Kartoffeln, wir teilten uns die Scheiben . . . Auf einer Station erfuhren wir am 27. 4. 1945, daß das amerikanische Rote Kreuz da ist . . .« (Ebenda, siehe Anm. 20)

25 Karel Blum trat in Theresienstadt als Sologeiger auf, am Klavier von Ernst Latzke begleitet. Auf seinem Programm standen Werke von Schumann, Schubert und Brahms. Das erste Konzert fand am 2. 4. 1945 im »Terassensaal« statt, das zweite mit dem gleichen Programm am 10. 4. 1945 im »Bühnensaal«. (Siehe *Darbietung der Freizeitgestaltung*, Staatliches Jüdisches Museum in Prag, Kart. 317a). Karel Blum führt in seinen Erinnerungen an, daß er mit dem holländischen Pianisten auch Smetanas Werk *Aus meinem Heimatland*, Dvořáks *Sonatine in G-Dur* und Schuberts *Duo in A-Dur für Klavier und Violine* aufgeführt hat (Archiv der Gedenkstätte Theresienstadt, Erinnerungensammlung Nr. 895). Nach dem Krieg spielte Karel Blum hauptberuflich im Orchester des Smetanatheaters in Prag und dann im Symphonischen Orchester des tschechoslowakischen Rundfunks in Pilsen.

26 Vgl. Karel Blums (siehe Anm. 25)

27 Ebenda

28 Die erste Angabe stammt von Karel Blum (siehe Anm. 25), die zweite von Hanuš Thein: *Tři, čtyři*

záběry z Terezína [Drei, vier Aufnahmen aus Theresienstadt], veröffentlicht im Sammelband *Theater-Divadlo. Vzpomínky českých divadelníků na německou okupaci a druhou světovou válku [Theater-Divadlo. Erinnerungen tschechischer Theaterschaffender an die deutsche Okkupation und den zweiten Weltkrieg]*, Prag 1965, S. 242

Kammermusik in Theresienstadt

1 Vgl. Karel Reiner im handschriftlichen Bericht vom 15. 7. 1945 über die in Theresienstadt aus »rassepolitischen« Gründen internierten Tschechen (Archiv der Gedenkstätte Theresienstadt, Erinnerungensammlung Nr. 372); derselbe: *Komentář k životopisu [Kommentar zum Lebenslauf]*, Mskr., Abteilung III, S. 115–148 (Privatbesitz)

2 Natürlich gaben die Juden vor allem zweitklassige Instrumente ab, Meisterinstrumente haben sie rechtzeitig bei »arischen« Bekannten in Aufbewahrung gegeben oder sie unter dem Vorwand einer Reparatur in einer Musikalienwerkstatt gelassen. Diese List ist nicht immer gelungen – wurde sie entdeckt, konnte das das Leben kosten.

3 Vgl. Egon Ledečs *Curriculum vitae* vom 12. 2. 1942, Mskr. (Privatbesitz)

4 Vgl. Arnošt Weiss: *Musikleben in Theresienstadt 1942*, in: *Theresienstadt*, Wien 1968, S. 249

5 Vgl. H. G. Adler: *Theresienstadt 1941–1945*, Tübingen 1955, S. 585

6 Vgl. Arnošt Weiss (siehe Anm. 4)

7 Vgl. Joža Karas: *Music in Terezín 1941–1945*, New York 1985, S. 39

8 Vgl. Willi Mahlers Tagebucheintragung vom 30. 1. 1944, Mskr. (Archiv der Gedenkstätte Theresienstadt, A 5704)

9 Vgl. Gedenkprogramm Nr. 353 aus der Sammlung von Karel Heřman (Museum der Gedenkstätte Theresienstadt); vgl. auch Milan Slavický: *Gideon Klein. Torzo života a díla [Gideon Klein. Torso eines Lebens und Werkes]*, in: *Hudební věda [Musikwissenschaft]*, Jahrg. XIV., Prag 1977, Nr. 4, S. 349

10 Vgl. Gedenkprogramm Nr. 353 (ebenda)

11 Ebenda

12 Ebenda

13 Vgl. Gedenkprogramm Nr. 346 (ebenda)

14 Vgl. Gedenkprogramm Nr. 365 (ebenda)

15 Vgl. Eintragung in Willi Mahlers Tagebuch vom 7. 8. 1944 (siehe Anm. 8)

16 Vgl. Gedenkprogramm Nr. 333 (siehe Anm. 9)

17 Vgl. Eintragung in Willi Mahlers Tagebuch vom 7. 7. 1944 (siehe Anm. 8)

18 Vgl. Gedenkprogramm Nr. 332 (siehe Anm. 9)

19 Vgl. Eintragung in Willi Mahlers Tagebuch vom 6. 10. 1943 (siehe Anm. 8)

20 Vgl. Eintragung in Willi Mahlers Tagebuch vom 29. 6. 1944 (ebenda)

21 Vgl. Gedenkprogramm Nr. 345 (siehe Anm. 9)

22 Vgl. Gedenkprogramme Nr. 341 und 342 (ebenda)

23 Vgl. Gedenkprogramm Nr. 342 (ebenda)

24 Vgl. Gedenkprogramm Nr. 335 (ebenda)

25 Vgl. Gedenkprogramm Nr. 349 (ebenda)

26 Vgl. H. G. Adler (siehe Anm. 5, S. 578)

27 Vgl. Gedenkprogramm Nr. 337 (siehe Anm. 9)

28 Vgl. Joža Karas (siehe Anm. 7, S. 45)

29 Vgl. Gedenkprogramm Nr. 339 (siehe Anm. 9)

30 Vgl. Joža Karas (siehe Anm. 7, S. 40 ff.)

31 Ebenda, S. 46

32 Vgl. Gedenkprogramm Nr. 353 (siehe Anm. 9)

33 Vgl. Eintragung in Willi Mahlers Tagebuch vom 10. 1. 1944 (siehe Anm. 8). Der 10. 1. 1944 war jedoch kein Sonntag, sondern ein Montag, das Konzert dürfte also am 9. 1. 1944 stattgefunden haben.

34 Vgl. Eintragung in Willi Mahlers Tagebuch vom 17. 6. 1944 (ebenda)

35 Vgl. Gedenkprogramm Inv. Nr. 4218 (siehe Anm. 9)

36 Vgl. Gedenkprogramm Nr. 315 (ebenda)

37 Vgl. Gedenkprogramm unter dem Namen *Studio für neue Musik* (ebenda)

38 Vgl. Gedenkprogramm unter dem Namen *Junge Komponisten in Theresienstadt* (ebenda)

39 Vgl. Gedenkprogramm unter dem Namen *Musik der Bachfamilie* (ebenda)

40 Vgl. Gedenkprogramm unter dem Namen *Musik des Rokoko*, in: Joža Karas (siehe Anm. 7, S. 60)

Musik im »tschechischen Lager« von Auschwitz

1 Über das tschechische Lager in Auschwitz vgl. auch Ota Kraus – Erich Kulka: *Továrna na smrt. Dokument o Osvětimi-Birkenau [Die Todesfabrik. Ein Dokument über Auschwitz-Birkenau]*, Prag 1964, Táňa Kulišová-Karel Lagus-Josef Polák: *Terezín [Theresienstadt]*, Prag 1967, Joža Karas: *Music in Terezín* 1941–1945, New York 1985, und vor allem Otto Kulka: *Bericht über das »Theresienstädter Familienlager« in Auschwitz-Birkenau*, 1964, Archiv der hebräischen Universität, Jerusalem. Dies ist die Hauptquelle von Joža Karas, dessen Darstellung über das Musikgeschehen in diesem Lager wir im wesentlichen folgen.

2 Vgl. Joža Karas (siehe Anm. 1, S. 160)

3 Vgl. Irma Lauscherová: *Ze zápisků a pamětí terezínského čísla [Aus den Eintragungen und Erinnerungen der Nummer über Theresienstadt]*, in: Terezínské listy, Terezín 1985, č. 14, S. 38–55

4 Nach Zuzana Růžičková (18. 4. 1988, Prag)

5 Vgl. Ota Kraus – Erich Kulka (siehe Anm. 1, S. 177)
6 Nach Zuzana Růžičková (siehe Anm. 4)
7 Dieselbe Quelle
8 Vgl. Joža Karas (siehe Anm. 1, S. 158)

Musik in Lodz

1 Vgl. *Kronika Ghetta Lódzkiego*, Lódz 1965
2 Vgl. Martin Fuks: *Muzyka v ghettach*, in: Muzyka, 1971, Nr. 1, S. 64–67
3 Laut Pavel Eckstein (15. 3. 1974, Prag)

Streichquartette in anderen Lagern

1 Vgl. *Buchenwald varuje. Dokumenty, vzpomínky, svědectví [Buchenwald warnt. Dokumente, Erinnerungen, Zeugnisse]*, Prag 1964, S. 518.
2 Vgl. Vlastimil Louda: *Muzikantem za dráty. Hrst buchenwaldských vzpomínek [Als Musikant hinter Drähten. Ein paar Erinnerungen an Buchenwald]*, Mskr. (Privatbesitz)
3 Laut Vlastimil Louda (Februar 1964, Prag)
4 Das Programm aus Vlastimil Loudas Nachlaß wird im Museum der Gedenkstätte Theresienstadt aufbewahrt.
5 Vgl. das unveröffentlichte Manuskript *KSČ Přílepy v ilegalitě [KSČ Přílepy in der Illegalität]*, Archiv Gedenkstätte Theresienstadt (Erinnerungensammlung Nr. 264, Beilage, S. 49)
6 Vgl. Alfons Waisar: *Hudba nás posilovala [Die Musik hat uns gestärkt]*, in: *Buchenwald varuje [Buchenwald warnt]*, siehe Anm. 1, S. 530 ff.
7 Pekelský erwarb zugleich auch das Notenmaterial zu Dvořáks *Klaviertrio in f-Moll* Op. 65 allerdings ohne die Geigenstimme, zum *Streichquartett in F-Dur* Op. 96 und zum *Nokturno in H-Dur* Op. 40 für Violine und Klavier, ferner zu Smetanas *Streichquartett in e-Moll »Aus meinem Leben«*, zu Beethovens *Variationen Op. 121* und *Op. 44* und zum *Streichtrio Op. 11.*
8 Diese Geige befindet sich in Privatbesitz.
9 Vgl. Vlastimil Louda (siehe Anm. 2)
10 Vgl. Alfons Waisar (siehe Anm. 1, S. 531)
11 Ebenda, S. 533
12 Laut František Marušan (31. 5. 1988) waren die Anfänge für dieses Quartett schwierig. Für Karel Štancl konnte man zwar eine Geige in der sogenannten Effektenkammer auftreiben, aber eine Bratsche war dort nicht vorhanden. Das Quartett spielte deshalb vorerst in einer Besetzung von drei Geigen und einem Cello, die Bratschenstimme mußte transkribiert werden, aber das dauerte nicht lange. Über die Kantine hatte man die Bratsche in einer Musikalienhandlung in Berlin bestellt, und als sie ankam, wurde sie vom Geld der Hochschüler bezahlt, die – dank der bewilligten 100 Reichsmark von zu Hause – die »reichste« Schicht der Häftlinge im Lager waren. Auf ähnliche Weise erwarben die Studenten über die Bibliothek oder die Kantine auch kleine Taschenpartituren mit Werken, die das Quartett spielen wollte.
13 Vgl. Eberhard Schmidt: *Die Erinnerung*, Archiv der Nationalen Mahn- und Gedenkstätte Sachsenhausen (R 41/4/18)
14 Ebenda
15 Vgl. Bohumír Červinka: *Hudba utěšitelka smutných a povzbuzovatelka statečných v Sachsenhausenu [Musik bringt Trost den Bedrückten und ermutigt die Tapferen in Sachsenhausen]*, in: *Čeští učitelé v protifašistickém odboji 1939–1945, Sborník studií a vzpomínek [Die tschechischen Lehrer im antifaschistischen Widerstand 1939–1945. Gesammelte Studien und Erinnerungen]*, Prag 1978, S. 332–333
16 Programm in: Archiv der Nationalen Mahn- und Gedenkstätte Sachsenhausen (R 10/9)
17 Laut Zdeněk Kolářský (Mai 1986). – Dieser Abende gedenkt auch Fridolín Macháček kurz nach seiner Rückkehr aus Flossenbürg. In: *Plzeň, Terezín, Flossenbürg*, Prag 1946, S. 125, schreibt er, daß es »erbauliche Stunden« gewesen seien, die sie bei Kolářskýs Spiel mit Kyselka sowie bei jenem des Streichquartetts erlebten. Zum Unterschied zu Kolářskýs Aussage schreibt er auch über Dvořáks Quartette, die dieses Flossenbürger Ensemble gespielt haben soll.
18 Laut Rudolf Dudák (7. 11. 1987, Jablonec nad Nisou)
19 Seine Ansichten über Musik erläuterte Ludvík Henych im Artikel *Několik světlých vzpomínek na Dachau [Einige Erinnerungen an Dachau]*, in: *Almanach Dachau. Kytice vzpomínek a svědectví [Almanach Dachau. Erinnerungen und Zeugnisse]*, Prag 1946, S. 127 ff.
20 Ebenda, S. 128 ff.
21 Ebenda, S. 129
22 Die Streichquartette in Theresienstadt haben wir im Kapitel über Kammermusik in Theresienstadt behandelt.

Die Totenfeier für Ernst Thälmann

1 Vgl. *Zavraždění Ernsta Thälmanna dne 18. 8. 1944 v Buchenwaldu [Ermordung Ernst Thälmanns am 18. 8. 1944 in Buchenwald]*, in: *Buchenwald varuje. Dokumenty, vzpomínky, svědectví [Buchenwald warnt. Dokumente, Erinnerungen, Zeugnisse]*, Prag 1964, S. 237–239. – Vgl. auch Josef Ullrich: *Šest let za ostnatým drátem [Sechs Jahre hinter Stacheldraht]*, Pilsen 1945, S. 65

2 Vgl. Robert Siewert: *Tryzna za E. Thälmanna v Buchenwaldu [Die Totenfeier für E. Thälmann in Buchenwald]*, in: *Buchenwald varuje* (siehe Anm. 1, S. 430–431)
3 Vgl. Vlastimil Louda: *Muzikantem za dráty. Hrst buchenwaldských vzpomínek [Als Musikant hinter Stacheldraht. Erinnerungen an Buchenwald]*, Mskr., S. 96 ff. (Privatbesitz)
4 Vgl. Erich Reschke: *Zatýkání v říjnu a listopadu 1944 [Verhaftungen im Oktober und November 1944]*, in: *Buchenwald varuje* (siehe Anm. 1, S. 432–433)
5 Nach der außerordentlichen Resonanz, die die Totenfeier für Ernst Thälmann unter den Buchenwalder Häftlingen gefunden hatte, veranstaltete der illegale Ausschuß im Oktober 1944 eine ähnliche Totenfeier für den deutschen Gewerkschaftsführer Albert Kayser. Nach den üblen Erfahrungen mit dem Verrat der Thälmann-Totenfeier wurde sie jedoch nicht so groß konzipiert, es nahmen nur 30 verläßliche, ausgewählte Genossen daran teil. Das Streichquartett, wahrscheinlich abermals von Jaroslav Pekelský geleitet, spielte Beethoven. Vgl. Herbert Sandberg: *Tryzna za Alberta Kaysera [Die Totenfeier für Albert Kayser]*, in: *Buchenwald varuje* (siehe Anm. 1, S. 431)

Jazz in Konzentrationslagern

1 Vgl. Miroslav Hejtmar: *Rytmus za dráty [Rhythmus hinter Stacheldraht]*, in: *Buchenwald varuje. Dokumenty, vzpomínky, svědectví [Buchenwald warnt. Dokumente, Erinnerungen, Zeugnisse]*, Prag ^{2}1964, S. 541
2 Vgl. Wolfgang Muth: *»Rhythmus« – ein internationales Jazzorchester in Buchenwald*, in: *Eisenacher Jazztage 1984. 25 Jahre AG Jazz im Klubhaus AWE*, Programm.
3 Ebenda. Ergänzt durch Angaben von Miroslav Broft (10. 6. 1988, Prag)
4 Vgl. Miroslav Hejtmar (siehe Anm. 1)
5 Laut Miroslav Broft (siehe Anm. 3)
6 Vgl. Wolfgang Muth (siehe Anm. 2)
7 Laut Miroslav Hejtmar, Wolfgang Muth, Jiří Žák und Miroslav Broft
8 Vgl. Jiří Žák: *Jazz za ostnatým drátem [Jazz hinter dem Stacheldraht]*, in: *Taneční hudba a jazz [Tanzmusik und Jazz]*, Prag 1963, S. 31
9 Ebenda, S. 33
10 Laut Miroslav Broft (siehe Anm. 3)
11 Vgl. Jiří Žák (siehe Anm. 8, S. 32)
12 Vgl. Hans Maršálek: *Die Geschichte des Konzentrationslagers Mauthausen*, Wien ^{2}1980, S. 310
13 Laut Rudolf Dudák (7. 11. 1987), Jablonec nad Nisou)
14 Vgl. Gedenkprogramm aus der Sammlung Karel Heřmans (Museum der Gedenkstätte Theresienstadt, Inv. Nr. 41)
15 Bedřich Weiss hatte vom öffentlichen Musikleben mit dem Konzert seines »Rhythmus-Ensembles« [Soubor rytmiků] im Saal des Rundfunkgebäudes am 1. 3. 1939 Abschied genommen.
16 Vgl. Joža Karas: *Music in Terezín 1941–1945*, New York 1985, S. 149–150
17 Vgl. E. Vogel – B. Marek: *Za Bedřichem Weissem [Ein Nachruf auf Bedřich Weiss]*, Jazz, Jahrg. I., Mai 1947, S. 3
18 Ebenda
19 Vgl. Arnošt Kavka: *Za Bedřichem Weissem [Ein Nachruf auf Bedřich Weiss]*, Mskr. – Das Vorliegen dieser Kompositionen ist in Weiss' Kassiber an Arnošt Kavka vom 7. 6. 1942 aus Theresienstadt belegt.
20 Dieses Gesuch vom 8. 1. 1943 wird von Joža Karas zitiert (siehe Anm. 16, S. 151)
21 Vgl. Gedenkprogramm aus der Sammlung Karel Heřmans (Museum der Gedenkstätte Theresienstadt, Inv. Nr. 4238)
22 Vgl. Gedenkprogramm (ebenda, Inv. Nr. 3979)
23 Laut Martin Roman in Emerson, New Jersey (mitgeteilt an Joža Karas am 8. 9. 1979; siehe Anm. 16, S. 152)
24 Ebenda.
25 Vgl. das Tagebuch Willi Mahlers, Eintragung vom 15. 6. 1944 (Archiv der Gedenkstätte Theresienstadt, A 5704)
26 Vgl. *Down Beat* vom 21. 12. 1961. Zit. auch Wolfgang Muth: *Musik hinter Stacheldraht*, in: *Sonntag*, 11, 1984, S. 8.
27 Vgl. Růžena Bubeníčková, Ludmila Kubátová, Irena Malá: *Tábory utrpení a smrti [Die Lager des Leides und des Todes]*, Prag 1969, S. 151–152.
28 Vgl. Jan Marek: *Sonderlager A Bystřice u Benešova, Historie jednoho roku koncentračního tábora [Sonderlager A Bystřice u Benešova, Geschichte eines Jahres im Konzentrationslager]*, Mskr. (SPB-Archiv Prag, Wettbewerb SPB Nr. 870)

Karel Hašler, der Sänger des alten Prag: Legenden und Wirklichkeit

1 Vgl. Rudolf Deyl: *Písničkář Karel Hašler [Der Liedersänger Karel Hašler]*, Prag 1968, S. 182. Einige Autoren behaupten, daß es zur Verhaftung bei Außenarbeiten in Ládví bei Benešov gekommen sei; vgl. L. N. Zvěřina: *Bili nás pruty železnými [Man hat uns mit eisernen Ruten geschlagen]*, Prag-Brünn 1945, S. 95
2 Vgl. Nina Jirsíková: *Pohádka o tanci [Das Mär-*

chen vom Tanz], in: *Theater-Divadlo*, Prag 1968, S. 255

3 Vgl. L. N. Zvěřina (siehe Anm. 1)

4 Vgl. E. F. Burian: *Jak zemřel Karel Hašler [Wie Karel Hašler gestorben ist]*, in: *Květen*, Jg. III., Nr. 22 vom 31. 5. 1947. Dieser Text war ursprünglich ein Rundfunkkommentar, den Burian im Frühjahr 1947 vorgetragen hat.

5 Vgl. Rudolf Deyl (siehe Anm. 1), Kramářs Zeugenschaft auf S. 183–184

6 Bohumil Bardoňs Handschrift befindet sich in Privatbesitz.

7 Hans Maršálek befand sich noch nicht in Mauthausen, als Hašler starb; seine im Brief an den Verfasser enthaltene Mitteilung vom 12. 7. 1987 trifft nicht zu.

8 Vgl. Karel Nosek: *Krvavé kaskády [Blutige Kaskaden]*, Prag 1958, S. 125

9 Wie auf die Art geschlafen wurde, beschreibt Karel Nosek (siehe Anm. 8, S. 115)

10 Bohumil Bardoň teilt mit, daß die »Kriminellen«-Kapos die Häftlinge mit Goldzähnen besonders im Auge hatten und oft dafür sorgten, daß diese Häftlinge bald starben. Aus dem herausgebrochenen Gold ließen sie sich bei einem Häftling, einem Tschechen namens Pištora, Ringe und Medaillons anfertigen.

11 Die Tatsache, daß Hašler tot im Waschraum und mit verunstaltetem Gesicht gelegen hat, bestätigt Robert Hrdlička im Brief an Bohumil Bardoň vom 22. 10. 1977 aus Žulová. Der Brief ist im Besitz des Adressaten.

12 Laut Josef Dvořák (10. 3. 1988, Stříbro) und Bohumil Bardoň (29. 2. 1988, Ostrava-Zábřeh)

13 Laut Jaroslav Šnábl (20. 10. 1987, Neratovice)

14 Dazu ausführlicher im Kapitel über die tschechischen Studenten in Sachsenhausen

15 Das bedstätigt auch Břetislav Dědek (Archiv der Gedenkstätte Theresienstadt, Erinnerungensammlung No. 1080)

16 Laut Bohumil Bardoň (siehe Anm. 6)

17 Laut Bohumil Bardoň (siehe Anm. 12)

18 Vgl. die Aussagen der Häftlinge im *Almanach Dachau*, Prag 1946

19 Laut Robert Zikmund (26. 3. 1975, Mrač)

20 Laut Alois Bláha (1. 5. 1988, Prag). – Diese Hašlerlieder wurden im Juni und Juli 1943 gesungen; auch den Deutschen haben Hašlers Lieder gefallen, aber sie hielten sie für eine Art religiöse Gesänge. Erst als nach zwei Monaten dieses Repertoire verraten wurde, wurde es Josef Procházka verboten, sie zu spielen.

21 Laut Vilma Levitusová, vgl. auch ihre Erinnerungen an Theresienstadt (Archiv PT, Erinnerungensammlung No. 797)

22 Vgl. die Eintragung Willi Mahlers vom 24. 8. 1944 (ebenda, A 5704)

Der Liedermacher Jan Vala in Sachsenhausen

1 Vgl. *Písnička na kraji lesa [Ein Lied am Rande des Waldes]*, bearbeitet von Karel Čejka nach Jan Valas Erzählung, Ostravský večerník, Ostrava 8. 5. 1970

2 Vgl. Karel Fiala: *Honza Vala vypravuje o svých písničkách [Jan Vala erzählt von seinen Liedern]*, Text für eine Rundfunksendung, Mskr. (Privatbesitz)

3 Vgl. Josef Pekárek: *Honza Vala [Jan Vala]*, Ostravský večerník, Ostrava 20. 5. 1973.

4 Ebenda

5 Die Beispiele (aus Jan Valas Familienarchiv, Ostrava):

In der Näh' von Voronesch

Nedaleko Veroněže, hej,
statný Ivan nácky řeže, hej,
marně Adolf ruce špíná, hej,
poženou ho do Berlína, hej, hej, hej, hej.

Fürchtet euch nicht, ihr Muselmänner

Nebojte se Múzulmani,
vše se zase vrátí zpět,
zas budete volně žíti,
zas vám bude patřit svět.
Doba vítězství se blíží,
ví to už dnes každé děcko,
nakonec se budem smáti,
posere to Německo.

Der Frühling wird kommen

Přijde jaro, přijde,
sem do okolí,
v Sachsenhausen budou cvičit »sokoli«,
strážné věži budou hlídat kozáci,
a ve štráfce budou chcípat »sosáci«.

6 Diese Gitarre ist jetzt im Besitz von Valas Enkel.

7 Vgl. Karel Fiala (siehe Anm. 2)

8 Vgl. IEST [Internationale Essener Song Tage], 1968, S. 17.

9 Auf der großen Kabarettveranstaltung *Sachsenhausen wie noch nie* im Sommer 1943, bei der Vala als eine Art Conférencier fungierte.

10 Každý rád vzpomíná na pečené kuřátko,
husičku se zelím, osmažené kůzlátko,
se šlehačkou kávu, tvarohové koláče,
když si na to myslím, je mě do pláče.
Tohle není žert, aby to vzal čert:

Der Refrain:

Kartošky, kartošky, ty má každý rád,
když vidím kartošky, hned se počnu smát,
v pondělí, úterý, každý den

mám je teď sedumkrát za týden.
Někdo ty kartošky hltá ze vzteku,
jiný si kartošky schová pod deku.
Kartošky, kartošky, každý jen volá,
kartošky jsou spásou tábora.
[atd.]
(Texte aus Jan Valas Familienarchiv)

11 Das Lied *Mein Ostrava [Ostravěnko má]* ist in Ostrava in einer Taschenbuchausgabe erschienen. Die übersetzte Strophe lautet im Original:
Přes celý svět – já šel bych hned
shlédnout zas ten milý kout,
na rudou zář, tvou černou tvář
nemohu zapomenout.
Ve dne v noci na tě vzpomínám,
až se vrátím zas ti srdce dám,
Ostravo má za horama,
ty jsi moje láska jediná.

12 Vgl. Josef Dobeš: *Jak vznikla píseň »Ostravěnka« [Wie das Lied »Mein Ostrava« entstand]*, Mskr. (Privatbesitz)

13 Vgl. Karel Fiala (siehe Anm. 2)

Die populären Melodien Otto Sattlers

1 Beide Eintragungen aus dem Theresienstädter Tagebuch Willi Mahlers (Archiv der Gedenkstätte Theresienstadt, A 5704)

2 Otto Sattler wurde am 5. 5. 1906 in Písek geboren.

3 Kurt Meyer wurde 1912 in Karlsbad geboren und ist im Ausland, wahrscheinlich im Jahr 1982, gestorben.

4 Vgl. die Artikel über Sattler in: *Věstník židovských náboženských obcí*, Mai 1946, in: *Lidová demokracie*, Prag, 5. Mai 1986 und in: *Svět v obrazech*, Prag 1986, Nr. 17

5 Aus dem Tagebuch Willi Mahlers (siehe Anm. 1)

6 Laut Otto Sattler, bearbeitet von Ludmila Vrkočová, 1983, SPB-Archiv Prag

7 Vgl. Jiří Bílý: *Muž, který si vyhrál život na houslích [Der Mann, der sein Leben durch sein Geigenspiel gerettet hat]*, in: *Svoboché slovo*, Prag, den 1. 12. 1945.

Emil F. Burians Weg durch deutsche Konzentrationslager

1 Vgl. Antonín Dvořák: *Trojice nejodvážnějších. Jindřich Honzl, Emil František Burian, Jiří Frejka [Die drei mutigsten. Jindřich Honzl, Emil František Burian, Jiří Frejka]*, Prag 1961, S. 126

2 Vgl. Celestin Rypl: *Návrh na navázání a prohloubení styků hudebních s Německem [Entwurf zur Anknüpfung und Vertiefung der musikalischen Kontakte mit Deutschland]*, Mskr. (Staatliches Zentralarchiv in Prag, Fond MLO, Kart. 3)

3 Vgl. Oldřich Táborskýs (Archiv der Gedenkstätte Theresienstadt, Erinnerungensammlung Nr. 489)

4 Vgl. Stanislav Maixners (ebenda; Erinnerungensammlung Nr. 863)

5 Vgl. Erinnerungen der Häftlinge aus der Kleinen Festung Theresienstadt (ebenda; Erinnerungensammlung, Nr. 144, 489, 863)

6 Vgl. Rudolf Dubskýs (ebenda; Erinnerungensammlung Nr. 863)

7 Vgl. Stanislav Maixners (siehe Anm. 4)

8 Vgl. rudolf Dubskýs (siehe Anm. 6)

9 Laut Slavoj Blecha (24. 5. 1988, Prag). – Über seine Erinnerungen in der Strafkompanie hat E. F. Burian eine Erzählung *Tichá hodinka [Ein ruhiges Stündchen]* verfaßt, in: E. F. Burian: *Osm odtamtud [Die acht von drüben]*, Prag 1954, S. 132–144

10 Laut derselben Quelle

11 Laut derselben Quelle

12 Vgl. K. Kaščák: *Češi v koncentračním táboře Dachau [Die Tschechen im Konzentrationslager Dachau]*, in: *Almanach Dachau. Kytice událostí a vzpomínek [Almanach Dachau. Erinnerungen und Zeugnisse]*, Prag 1946, S. 19

13 Vgl. Josef Ulc: (ebenda, S. 72)

14 Darüber berichtet auch Josef Ulc in seinen Erinnerungen (siehe Anm. 13); er erwähnt aber Burians Urheberschaft nicht. Slavoj Blecha, der mit Burian dieselbe Pritsche teilte, bestätigt jedoch (siehe Anm. 9), daß Burian die Bedeutung und allgemeine Kenntnis dieses Motivs mit ihm besprach, sich Burian also mit dieser Komposition beschäftigte.

15 Vgl. Ladislav Vozábal: *Přežil jsem Cap Arconu [Ich überlebte Cap Arcona]*, České Budějovice 1980, S. 84

16 Vgl. Václav Novák und Kollektiv: *Malá pevnost Terezín [Die Kleine Festung Theresienstadt]*, Prag 1976, S. 343

17 Vgl. Ladislav Vozábal (siehe Anm. 15, S. 105). – Ebenso laut Miroslav Krčmář (16. 6. 1988, Prag)

18 Laut Miroslav Krčmář (siehe Anm. 17)

19 Der Text ist im Sammelband *Lieder aus den faschistischen Konzentrationslagern*, zusammengestellt von Inge Lammel und Günter Hofmeyer, Heft 7, Leipzig 1962, S. 114 abgedruckt. Vgl. auch A. Ježek: *I v lágrech se zpívalo [Auch in den Lagern wurde gesungen]*, in: *Hlas revoluce*, 4. 7. 1963. Auch über die Entstehung dieses Stückes gibt es mißverständliche Informationen. Ladislav Vozábal (siehe Anm. 15) schreibt den Text des Werkes Teddy Arndt zu, der in Neuengamme als sogenannter Vorarbeiter im Kartoffellager beschäftigt war. Das Stück sollte ähnlich wie das Lied *Ej*

uchněm geklungen und bei den Häftlingen einen tiefen Eindruck hinterlassen haben.

20 Die Melodie ist auf Tonband aus dem Nachlaß von Zuzana Kočová dokumentiert.

21 Vgl. Ladislav Vozábal (siehe Anm. 15, S. 93)

22 Die Zahl der auf den einzelnen Schiffen untergebrachten Häftlinge wird in der Literatur sehr unterschiedlich angegeben; ihre Summe entspricht der Zahl der aus Neuengamme und den benachbarten Lagern evakuierten Häftlinge.

23 Vgl. Ladislav Vozábal (siehe Anm. 15, S. 129)

24 Vgl. J. Kaštil: *Neuengamme* (SPB-Archiv Prag, Wettbewerb SPB Nr. 277)

25 E. F. Burian beschrieb dieses einschneidende Ereignis in dem romanhaften Bericht *Trosečníci z Cap Arcony [Die Schiffbrüchigen von Cap Arcona]*, Prag 1945

Komponisten in Theresienstadt

1 Vgl. Jitka Ludvová: *Viktor Ullmann [1898–1944]*, in: *Hudební věda [Musikwissenschaft]*, Jhrg. XVI., Prag 1979, Nr. 2, S. 99; Joža Karas fügt in seinem Buch *Music in Terezín 1941–1945*, New York 1985, einige biographische Tatsachen Ullmann betreffend hinzu.

2 In diesem Punkt irrte sich auch der Verfasser in seiner Studie *Hudba a její etická síla [Musik und ihre moralische Kraft]*, erschienen im Sammelband zur Ausstellung *Umění v Terezíně 1941–1945 [Die Kunst in Theresienstadt 1941–1945]*, Gedenkstätte Theresienstadt 1972, S. 33–43.

3 Vgl. Elke Wolkowitcz: *Die Musik Viktor Ullmanns in Israel*, in: Das Goetheanum, Nr. 22, 24. 5. 1987

4 Laut Karel Reiner (Februar 1972)

5 Hier gibt es freilich eine Unklarheit. Aufgrund einer Entwurfsskizze, von der man vermutet, daß sie für die Oper Ullmanns gedacht ist, wird geschlossen, daß der Bühnenbildentwurf für diese nicht realisierte Theresienstädter Aufführung von František Zelenka stammt; das widerspricht jedoch der Eintragung Kiens auf dem Autographen des Librettos.

6 Laut Karel Berman, Karel Reiner sowie der Untersuchung von Joža Karas (siehe Anm. 1)

7 Vgl. Blanka Müllerová: *Hans Krása. Kapitoly ze života a díla skladatele [Hans Krása. Kapitel aus dem Leben und dem Werk des Komponisten]*, Diplomarbeit, Prag 1966, S. 24

8 Die Handschrift dieser Lieder von Krása wird im Museum der Gedenkstätte Theresienstadt (Inv. Nr. 11 176) aufbewahrt.

9 Die Handschriften beider Kompositionen Krásas für ein Streichtrio *Tanz* und *Passacglie und Fuge* werden ebenfalls dort aufbewahrt (Inv. Nr. 11 178 und 11 179).

10 Vgl. Joža Karas (siehe Anm. 1, S. 76)

11 Das Original dieses Chorwerkes von Haas ist nicht erhalten geblieben, die Kopie aus Theresienstadt befindet sich im Staatlichen Jüdischen Museum in Prag.

12 Vgl. Lubomír Peduzzi: *Složeno v Terezíně [Komponiert in Theresienstadt]*, in: *Hudební rozhledy*, Prag 1968, Nr. 6, S. 152

13 Vgl. Joža Karas (siehe Anm. 1, S. 66–67)

14 Zit. in Joža Karas (siehe Anm. 1, S. 83)

15 Haas' Nachlaß wird in der Musikabteilung des Mährischen Museums in Brünn betreut. Hier sind auch die Theresienstädter Parte der *Studie* für Streichorchester aufbewahrt, die Lubomír Peduzzi mit Hilfe Karel Ančerls wegen der fehlenden Kontrabaßstimme in Partitur gesetzt hat. Die Handschrift der *Vier Lieder nach den Worten chinesischer Poesie [Čtyři písně na slova čínské poezie]* befindet sich in Privatbesitz.

16 Karel Reiner wurde aus Theresienstadt gemeinsam mit Norbert Frýd nach Auschwitz deportiert. Die Selektion überstand er, bei der Evakuierung von Auschwitz verschlug es ihn nach Dachau und Kauffering. Die Notate zur Bühnenmusik von *Esther* findet sich in seinem Nachlaß (Privatbesitz).

17 Mit der Analyse von Kleins Werken aus der Theresienstädter Zeit beschäftigt sich Milan Slavický in der Studie *Gideon Klein – torzo života a díla [Gideon Klein – ein Lebens- und Schaffenstorso]*, in: Hudební věda, Jhg. XIV, Prag 1977, S. 336–359.

18 Ebenda, S. 341. – Im Museum der Gedenkstätte Theresienstadt wird der Nachlaß Gideon Kleins aufbewahrt, nicht nur die Theresienstädter Werke, sondern auch jene aus den vorangegangenen Jahren. Kleins Chorwerke tragen die Nummern 11 163–11 170, die *Phantasie und Fuge* Nr. 11 162, die *Sonate für Klavier* Nr. 11 171, das *Trio für Violine, Bratsche und Violoncello* Nr. 11 172.

Das Schicksal Rudolf Karels

1 Der Komponist und Pianist Erwin Schulhoff scheint psychisch die Verhältnisse im bayrischen Konzentrationslager Würzburg, wo er mit seinem Sohn Peter inhaftiert war, nicht ertragen zu haben. Er versuchte zwar auch hier zu komponieren, aber es blieb bei einer Skizze zu seiner achten Symphonie.

2 Vgl. Jiří Černý: *Výstřely u Habrového potoka [Schüsse am Hagebuchebach]*, in: *Svoboda*, Prag, den 4. 1. 1975, Beilage, S. 4–5

3 Otakar Šourek hat nach der Befreiung Angaben über Karels Gefangenschaft im Pankrác-Gefängnis

in Prag gesammelt und im letzten Kapitel seiner Monographie *Rudolf Karel. Variace o životě a díle [Rudolf Karel. Studien zu Leben und Werk]*, Prag 1947, S. 125–151, verarbeitet.

4 Karels Notate zur Oper *Tři vlasy Děda Vševěda [Die drei Haare des Großvaters Allwissend]* bilden einen Teil seines Nachlasses (Privatbesitz). Nach dem Krieg machte sich Karels Privatschüler Zbyněk Vostřák an die Instrumentierung und damit gewissermaßen auch an die Vollendung des Werkes. Die Oper wurde unter Vostřáks Leitung am 28. 10. 1947 im Nationaltheater in Prag uraufgeführt.

5 Die ursprünglichen Skizzen sowie das Gesamtkonzept des *Nonetts* von Rudolf Karel werden im Museum der Gedenkstätte Theresienstadt (Inv. Nr. 11 658 und 11 659) aufbewahrt. – Nach diesen Eintragungen hatte zunächst der Kontrabasist František Hertl das Werk instrumentiert, das dann in dieser Version zum erstenmal im Konzert des Tschechischen Nonetts am 15. 2. 1946 in Prag aufgeführt wurde. Vierzig Jahre nach dem Entstehen des Werkes griff Václav Snítil auf die ursprünglichen Skizzen zurück und arbeitete eine neue Instrumentierung dieses Werkes aus. Unter Snítils Leitung interpretierte das Tschechische Nonett Karels *Nonett* in dieser neuen Bearbeitung am 5. Mai 1985 in Beroun.

6 Laut Karels Kassiber, geschrieben am 5. 2. 1945 im Pankrác-Gefängnis in Prag zum Geburtstag der Gattin eines Mithäftlings, des Arztes Jaroslav Hrubý (Privatbesitz).

7 Vgl. Karel Nováks (Archiv der Gedenkstätte Theresienstadt, Erinnerungensammlung Nr. 850). Ing. Novák »versetzte« als Mitglied der Häftlingsselbstverwaltung illegal Häftlinge aus verschiedenen Zellen, um sie zu schützen.

8 Vgl. Dr. Švec: *K úmrtí skladatele R. Karla [Zum Ableben des Komponisten R. Karel]*, in: *Lidová demokracie*, Prag, am 25. 5. 1945, über Otakar Šoureks Buch (siehe Anm. 3) und B. Čurda-Lipovský: *Terezínské katakomby [Die Theresienstädter Katakomben]*, Prag 1945, S. 241

9 Vgl. -la: *Mučedník Rudolf Karel [Der Märtyrer Rudolf Karel]*, in: *Svobodné slovo*, Prag, den 24. 5. 1945

10 Vgl. Karel Novák (siehe Anm. 7)

11 Ebenda.

12 Vgl. Dr. Švec (siehe Anm. 8) und Dr. Josef Pluhař: *Z katakomb terezínských [Aus den Theresienstädter Katakomben]*, in: *Svobodné slovo*, Prag, 16. 6. 1945

Das Vermächtnis Vladimír Helferts

1 Vladimír Helfert wurde am 24. 3. 1886 in Planice im Bezirk Klatovy geboren. An der Karls-Universität in Prag studierte er Geschichte bei Jaroslav Goll, Josef Pekař und Josef Šusta und Musikästhetik und Musikgeschichte bei Otakar Hostinský. Er habilitierte sich in Brünn. Dort wurde er am 26. 2. 1921 Privatdozent, am 3. 3. 1931 ordentlicher Professor, im Jahre 1935/1936 Dekan der philosophischen Fakultät.

2 Helfert hat die Befreiung in der »Kleinen Festung in Theresienstadt« erlebt, ist aber einige Tage nach seiner Einlieferung in ein Prager Krankenhaus gestorben.

3 Der Nationalausschuß des Landes Mähren wurde auf Anregung der Tschechoslowakischen Kommunistischen Partei gegründet. Den Vorsitz hatten Prof. Vladimír Helfert, Major Ptašinský, Prof. Uher und das Parteimitglied O. Blažek aus Rájec. Dieser Ausschuß war der erste seiner Art in der Republik. Er bemühte sich, den Widerstand zu einen, gründete neue Nationalausschüsse und knüpfte Verbindungen zu verschiedenen illegalen Arbeitsgruppen. Nach halbjähriger Tätigkeit wurde er verraten und seine Mitglieder wurden verhaftet; alle sind umgekommen, einige wurden hingerichtet.

4 Vgl. Vladimír Helfert: *Moje literární plány. Z deníku ve vězeňské nemocnici ve Wohlau [Meine literarischen Pläne. Aus dem Tagebuch im Lazarett in Wohlau]*, in: Vladimír Helfert – Jura Sosnar: *Hovory tužkou. Dokumenty z let 1941–1942 [Mit Bleistift geschriebene Gespräche. Dokumente aus den Jahren 1941–1942]*, Prag 1956, S. 71–78

5 Seit 1984 werden diese Kassiber im Archiv der Gedenkstätte Theresienstadt aufbewahrt (Nr. A 6896).

6 Vgl. Vladimír Helfert – Jura Sosnar (siehe Anm. 4)

7 Vgl. František Kudělka: *Vzpomínka na vězení ve Wohlau [Erinnerungen an das Gefängnis in Wohlau]*, SPB-Archiv Prag, Wettbewerb des SPB, Nr. 1187.

8 Vgl. Vladimír Helfert – Jura Sosnar, siehe Anm. 4, S. 32–33.

9 Ebenda, S. 21

10 Ebenda, S. 21

11 Ebenda, S. 24

12 Jura Sosnar hat, obwohl auch er in manchen Kassibern provokative Passagen »unleserlich« machte, dank seinem Mut und Erfindungsgeist den ganzen Komplex gerettet. Helferts Kassiber hatte er in seinen Gürtel eingenäht und damit alle Untersuchungen überstanden.

[13] Laut Jura Sosnar (siehe Anm. 4, S. 15)

[14] Als Verbindungsmann trat Mula Hejdová auf, damals in Prag am heutigen Janáček-Kai wohnhaft. Laut Helferts Bruder Jaroslav (22. 9. 1971, Potštejn)

[15] Krušina [vielleicht Rudolf Kruschina]: *Je tomu dvacet let [Es ist zwanzig Jahre her]*, SPB-Archiv Prag, Wettbewerb des SPB, Nr. 850

[16] Laut Jaroslav Helfert (siehe Anm. 14)

Abbildungsnachweise

Autor und Verlag möchten dem Archiv der Gedenkstätte Theresienstadt (AGTh), dem Archiv der Nationalen Mahn- und Gedenkstätte Sachsenhausen (ANMGSa), dem Archiv der Nationalen Mahn- und Gedenkstätte Buchenwald (ANMGBu), dem Archiv des Museum Mauthausen (AMMa), dem Bezirksmuseum Beroun (BMBe), dem Museum der Gedenkstätte Theresienstadt (MGTh) sowie dem Staatlichen Jüdischen Museum Prag (SJMP) für die freundliche Überlassung der Bildmaterialien danken.

NACHWEISE. – 16, BMBe, Foto: Zdeněk Zůna; 32, AMMa; 33, AMMa; 38, AGTh, Foto: Jana Nováková; 39, MGTh, Foto: Jana Nováková; 40, MGTh, Foto: Jana Nováková; 50, ANMGBu; 53, MGTh, Foto: Jana Nováková; 82, MGTH, Foto: Jana Nováková; 96, Privat; 102, MGTh; 104, MGTh; 108, MGTh; 110, MGTh; 114, AGTh; 119, MGTh; 143, MGTh; 144, MGTh; 146, MGTh; 157, SJMP; 161, SJMP; 163, SJMP; 164, SJMP; 167, MGTh; 168, SJMP; 168, SJMP; 171, MGTh; 172, MGTh; 173, SJMP; 174, AGTh; 175, MGTh; 177, AGTh; 189, MGTh; 192, AGTh; 194, Privat; 211, MGTh; 212, AGTh; 215, SJMP; 216, SJMP; 217, SJMP; 218, MGTh; 222, MGTh; 223, MGTh; 224, MGTh; 230, MGTh; 231, MGTh; 233, SJMP; 234, MGTh; 235, SJMP; 236, SJMP; 238, SJMP; 239, SJMP; 240, SJMP; 242, SJMP; 244, SJMP; 254, MGTh; 255, MGTh; 259, ANMGSa; 260, ANMGSa; 274, SJMP; 277, AGTh; 312, SJMP; 314, SJMP; 317, MGTh; 318, Privat; 319, Privat; 320, Privat; 321, MGTh; 322, SJMP; 324 (oben), SJMP; 324 (unten), MGTh; 325, MGTh; 329 (unten), MGTh; 329, MGTh; 330, MGTh; 331, MGTh; 334, SJMP; 336, MGTh; 338 (oben), Privat; 338 (unten), Privat; 340, MGTh; 343, MGTh; 345, Privat; 347, AGTh.

Nachwort zur deutschen Ausgabe

Das Manuskript der tschechischen Ausgabe dieses Buches ging am 1. September 1988 zum Satz. In den Monaten, in denen ich dieses Buch fertigstellte, ahnte noch niemand, in wie kurzer Zeit sich die politischen Verhältnisse von Grund auf ändern würden – das politische Klima nicht nur meiner Heimat, wo das totalitäre Regime im November 1989 zusammenbrach, sondern Europas und der ganzen Welt. Gleichwohl bestand und besteht kein Anlaß – weder bei der tschechischen Originalausgabe noch bei der vorliegenden deutschen Fassung –, am Grundkonzept meines Buches irgendeine einschneidende inhaltliche Änderung vorzunehmen. Im nachhinein kann ich sogar sagen, daß das Buch in gewisser Hinsicht positiv durch die ideologische Intoleranz des damaligen Systems beeinflußt worden ist.

Die Kommunisten haben sich für Internationalisten gehalten. Davon waren sie weit entfernt. Besondere Empfindlichkeiten gab es in allen Fragen, die mit dem Schicksal der Juden zusammenhingen. Beispielsweise durfte für die Ausstellung *Kunst in Theresienstadt 1941–1945*, die in den siebziger Jahren in der »Kleinen Festung« gezeigt wurde, keine Werbung gemacht werden. Plakate durften allenfalls in der näheren Umgebung von Theresienstadt ausgehängt werden, in Prag und anderen großen tschechischen Städten war das verboten. Weder in Dokumentarsendungen noch in den Nachrichten durfte das Fernsehen darüber berichten. Es gab eine Zensur, die so leise wie konsequent alle Versuche unterdrückte, die Rolle des jüdischen Widerstands zu thematisieren. Daß es Juden gewesen waren, die in den Ghettos und Konzentrationslagern musische Aktivitäten entwickelt haben, daß sie sich unter Bedingungen, die jeder Menschenwürde Hohn sprachen, als Wesen behauptet haben, die sich kulturelle Ansprüche nicht nehmen lassen, darüber war öffentlich nicht zu diskutieren.

Die führenden politischen Kreise in der Tschechoslowakei vor 1989 erinnerten sich ohnehin nur höchst ungern an das, was den Juden in den Lagern der Nazis angetan wurde. Ein Beleg dafür ist unter anderem auch die Geschichte der Gedenkstätte Theresienstadt: Die Überlebenden des Holocaust haben lange erfolglos um die Ein-

richtung einer Gedenkstätte gekämpft, die an das Ghetto erinnern sollte.* Erst jüngst ist dieses Unrecht wiedergutgemacht worden.
Ich war der Überzeugung, daß eine Monographie über das musikalische Schaffen der tschechischen jüdischen Künstler in Theresienstadt nur geschrieben werden und gelingen könnte, wenn der Rahmen eines solchen Buches möglichst weit gesteckt würde: wenn gezeigt würde, daß die kulturellen Aktivitäten der Häftlinge in den jüdischen Ghettos und die der politischen Gefangenen in den Konzentrationslagern eine untrennbare Einheit bilden. Die schwer zu bewältigende Aufgabe, die Position, daß sich die aus rassistischen Gründen verfolgten Juden und die politischen Lagerhäftlinge in ihren kulturellen Aktivitäten und in ihrem Antifaschismus nicht grundsätzlich unterschieden, hatte ich damals nicht ohne taktische Motive zum Ausgangspunkt genommen. Das Ergebnis sollte mir rechtgeben; auch wissenschaftlich erwies sie sich als sehr ergiebig.
Ein anderer Punkt, der ebenfalls angesprochen werden muß, ist die Haltung, die die politischen Häftlinge damals gegenüber der UdSSR hegten, das Verhältnis, das sich herausbildete, als sie mit sowjetischen Kriegsgefangenen in den Lagern in Berührung kamen, welche Bedeutung deren Lieder für sie bekamen und welche wachsende Hochachtung sie dem Sowjetregime damals entgegenbrachten. Dies alles ist unschwer nachvollziehbar und hat eher emotionale als politisch rationale Gründe. Es war eine Haltung, die vom Paradox jener Epoche gezeichnet war. Die Westmächte hatten das tschechische Volk zutiefst enttäuscht; im »Münchener Abkommen« hatten sie die Tschechoslowakei Hitlerdeutschland mehr oder weniger bedingungslos ausgeliefert. Als nach dem Überfall Hitlers die Sowjetunion in den Krieg eintrat, begannen die Häftlinge ihre Hoffnungen verstärkt auf sie zu richten. Sie glaubten an die humanitäre und moralische Sendung der UdSSR, in ihr sahen sie die militärische Kraft, die den Faschismus niederkämpfen könnte und zur Wiedergeburt von Humanität und Zivilisation beitragen würde.
In der offiziellen Historiographie haben die Kommunisten fast nur jene Verdienste gelten lassen, die sich ihre eigenen Genossen im Widerstand erworben hatten. Einer solchen Verkürzung hat das vorliegende Buch keinen Tribut gezollt. Mit der Fragestellung und

* Die Gedenkstätte Terezin wurde 1947 gegründet; ihr Schwerpunkt lag auf der Geschichte des Gestapogefängnisses in der »Kleinen Festung« und den dort inhaftierten kommunistischen Häftlingen. Die bereits in den sechziger Jahren existierenden Pläne, in einem Ghetto-Museum die Geschichte des Konzentrationslagers für Juden darzustellen, rückten mit der Niederschlagung des Prager Frühlings wieder in weite Ferne. An seiner Stelle wurde Anfang der siebziger Jahre ein »Museum der nationalen Sicherheit und der revolutionären Traditionen Nordböhmens« errichtet. Dieses Museum, in dem wiederum fast nur der kommunistische Widerstand zur Darstellung kam, wurde im Zuge der politischen Umwälzungen 1989 geschlossen. Anläßlich des 50. Jahrestages der Ghettoerrichtung wurde am 17.10.1991 das Ghetto-Museum eröffnet. (A. d. Red.)

Konzeption des Buches hätte sich eine solche Verkürzung im übrigen gar nicht vereinbaren lassen. Musik war kein Vorrecht irgendeiner politischen Partei, Musizieren hing nicht von einer Weltanschauung ab. Wenn Häftlinge sangen oder Musik machten, dann taten sie das, aus welchen Ländern sie auch immer stammten und aus welchen Gründen auch immer sie verhaftet worden waren. Damit soll weder geleugnet werden, daß die Häftlinge zum politischen Geschehen Stellung genommen haben, noch daß sie Vorstellungen entwickelt haben, wohin die politische Entwicklung zukünftig führen könnte. Heute wissen wir mehr. Täglich erfahren wir neue Einzelheiten über kommunistische Konzentrationslager, über das sinnlose Leiden von Millionen Menschen in Kriegen, die kommunistische Regimes während und nach dem Stalinismus geführt haben. Was in der Tschechoslowakei nach dem Putsch vom Februar 1948 geschah, war ebensowenig eine Ausnahme wie die Panzer, die dem Prager Frühling ein Ende bereitet haben. Wir sprechen deshalb heute vom »Dritten Widerstand«, dem Kampf, der in der Epoche nach dem Zweiten Weltkrieg in Osteuropa gegen den Kommunismus geführt wurde. Von dieser Entwicklung bleiben nun aber die Tatsachen unberührt, denen sich der Historiker heute in aller Objektivität zuzuwenden hat. Wenn wir feststellen, daß Häftlinge in den Konzentrationslagern der Nazis noch unter den elendsten Umständen kulturelle Aktivitäten entwickelt haben, daß es ein Sich-Aufbäumen gab, mit dem die Menschen sich dagegen gewehrt haben, sich den letzten Rest ihrer Würde nehmen und sich zu kulturlosen Sklaven machen zu lassen, daß sie ohne Musik aufgehört hätten, sich als Menschen zu fühlen, dann ist dies eine Erkenntnis, an deren Bedeutung kein Regimewechsel etwas zu ändern vermag.

Prag, den 17. April 1993
Milan Kuna

Musik und bildende Kunst in nationalsozialistischen Lagern

Eine kommentierte Bibliographie

von *Guido Fackler* und *Martin Weinman*

I Allgemeine Grundlagen – II Quellen und Dokumente – III Historiographie – IV Diskographie – V Archive /Initiativen

I Allgemeine Grundlagen

Lager. Organisation und Geschichte

Benz, Wolfgang / Barbara Distel, *Dachauer Hefte. Studien und Dokumente zur Geschichte der nationalsozialistischen Konzentrationslager,* Brüssel (seit 1985).

Broszat, Martin, »Nationalsozialistische Konzentrationslager 1933 bis 1945«, in: Buchheim (Hg.), *Anatomie des SS-Staates*, Band II, Freiburg: Walter 1965; München: dtv [3]1982. — Die seinerzeit erste Gesamtdarstellung der Geschichte der nationalsozialistischen KZ wurde als Gutachten des Münchener Instituts für Zeitgeschichte für den Frankfurter Auschwitz-Prozeß verfaßt.

Broszat, Martin (Hg.), *Studien zur Geschichte der Konzentrationslager*, Stuttgart: Deutsche Verlags-Anstalt 1970 (Schriftenreihe der Vierteljahrshefte für Zeitgeschichte, Nr. 21). — Monographien zu einzelnen Lagern.

Institut für Zeitgeschichte (Hg.), *Gutachten des Instituts für Zeitgeschichte,* Band 1 (Selbstverlag) 1958, Band 2: Stuttgart: Deutsche Verlags-Anstalt 1966. — Die für verschiedene NS-Prozesse angefertigten Gutachten enthalten eine Fülle von Einzelrecherchen.

Kaminski, Andrzej J., *Konzentrationslager 1896 bis heute: Eine Analyse*, Stuttgart: Kohlhammer 1982; München / Zürich: Piper 1990. — Vergleichende Darstellung des nationalsozialistischen Lagersystems mit dem GULag unter Stalin.

Kogon, Eugen, *Der SS-Staat: Das System der deutschen Konzentrationslager*, Frankfurt: Verlag der Frankfurter Hefte 1946; erweiterte u. durchgesehene Ausgabe 1949; München: Heyne [22]1989. — Klassische Studie, in der am Beispiel des KZ Buchenwald die Organisationsstrukturen und der KZ-Alltag systematisch dargestellt werden. Das Buch beruht auf einem Bericht, den K. noch im Jahr 1945 (direkt nach seiner Befreiung aus dem KZ Buchenwald) für die Alliierten verfaßt hat.

Tuchel, Johannes, *Konzentrationslager: Organisationsgeschichte und Funktion der ›Inspektion der Konzentrationslager‹ 1934–1938,* Boppard: Boldt 1991 (Schriften des Bundesarchivs, Band 39).

Situation der Häftlinge

Adler, Hans Günther, *Theresienstadt 1941–1945. Das Antlitz einer Zwangsgemeinschaft. Geschichte, Soziologie, Psychologie,* Tübingen: J. C. B. Mohr 1955, durchgesehen u. erweitert ²1960. — A. war Häftling im KZ Theresienstadt. Seine Untersuchungen haben den Rang von Standardwerken.

Goldstein, Jacob / Irving F. Lukoff / Herbert A. Strauss, *Individuelles und kollektives Handeln in Konzentrationslagern. Soziologische und psychologische Studien zu Berichten ungarisch-jüdischer Überlebender,* Frankfurt a. M: Campus 1990 (Studien zur hist. Sozialwissenschaft Nr. 60). — Untersuchung auf breiter empirischer Basis, Interviewmaterial aus der unmittelbaren Nachkriegszeit.

Hamburger Institut für Sozialforschung (Hg.), *Die Auschwitz-Hefte. Texte der polnischen Zeitschrift »Przeglad Lekarski« über historische, psychische und medizinische Aspekte des Lebens und Sterbens in Auschwitz,* aus dem Polnischen von J. August, F. Griese, V. Körner, O. Kühl, B. Roepke, Textredaktion Jochen August, 2 Bände, Weinheim / Basel: Beltz 1987. — Über den Orchesterblock in Auschwitz vgl. den Bericht von Helena Dunicz-Niwinska, Band 2, Seite 144–145.

Langbein, Hermann: *Menschen in Auschwitz*; Wien 1972.

Langbein, H., *...nicht wie die Schafe zur Schlachtbank. Widerstand in den deutschen Konzentrationslagern 1938–1945,* mit einem Geleitwort von Eugen Kogon. Frankfurt a. M.: Fischer 1981. — Trägt Informationen über Aktionen und Formen des Widerstands zusammen; L. war Häftling in Dachau, Neuengamme sowie Auschwitz und Mitglied der Widerstandsorganisation.

Pingel, Falk, *Häftlinge unter SS-Herrschaft: Widerstand, Selbstbehauptung und Vernichtung im Konzentrationslager,* Hamburg: Hoffmann & Campe 1978.

Erinnerungsliteratur von Häftlingen

Antelme, Robert, *Das Menschengeschlecht. Als Deportierter in Deutschland,* deutsch von E. Helmlé, München: Hanser 1987; München: dtv 1990. — A., als Angehöriger der Resistance deportiert (1944/45), war Häftling in Buchenwald, Gandersheim und Dachau.

Levi, Primo, *Ist das ein Mensch?,* aus dem Italienischen von H. Riedt, München: Hanser 1988. — L., als Angehöriger der Resistenza 1943 verhaftet, war Häftling in Auschwitz.

Levi, Primo, *Die Untergegangenen und die Geretteten,* aus dem Italienischen von M. Kahn, München: Hanser 1990.

[Service d'Information des Crimes de Guerre, Hg.], *Konzentrationslager. Dokument F 321 für den Internationalen Militärgerichtshof Nürnberg,* durchgesehen, erläutert und mit einem Nachwort versehen von P. Neitzke und M. Weinmann, Frankfurt: Zweitausendeins 1988, ⁷1992. — Dokumentation mit Aussagen von mehr als 100 überlebenden Häftlingen aus NS-Lagern der unterschiedlichsten Typen.

Sozialwissenschaftliche Analyse

Arendt, Hannah, *Elemente und Ursprünge totaler Herrschaft,* Frankfurt: Europäische Verlagsanstalt 1955; München: Piper 1986 ²1991. — Vgl. insbesondere Teil III, Kapitel 12.

Arendt, Hannah, »Social Science Techniques and the Study of Concentration Camps«, in: Jewish Social Studies, Vol. XII (1950); dt. in: dies., *Nach Auschwitz. Essays & Kommentare 1,* hg. von E. Geisel u. K. Bittermann, Berlin 1989.

Baumann, Zygmunt, *Dialektik der Ordnung. Die Moderne und der Holocaust,* aus dem Engl. von Uwe Ahrens, Hamburg 1992. — Der Holocaust ist nicht Zivilisationsbruch, sondern Zivilisationsfolge: »ein Fenster, durch das Dinge sichtbar wurden, die normalerweise unentdeckt bleiben.«

Sofsky, Wolfgang, *Die Ordnung des Terrors: Das Konzentrationslager,* Frankfurt: S. Fischer 1993. — Die Machtverhältnisse in den Lagern werden als grundsätzlich von allen anderen Macht- und Herrschaftstypen verschiedene »absolute Macht« beschrieben. Die mikrosoziologischen Analysen stützen sich auf Erinnerungsliteratur.

Holocaust

Gilbert, Martin, *The Holocaust. The Jewish Tragedy,* London 1987. — Stützt sich vornehmlich auf jüdische Quellen und verzichtet weitestgehend auf amtliches deutsches Dokumentenmaterial.

Hilberg, Raul, *Die Vernichtung der europäischen Juden,* Berlin: Olle & Wolter 1982; überarbeitet u. erweitert, Frankfurt: S. Fischer 1990. — Rekonstruiert umfassend die Abfolge der administrativen Schritte des Völkermords an den Juden.

Reitlinger, Gerald, *Die Endlösung: Hitlers Versuch der Ausrottung der Juden Europas 1939–1945*, Berlin: Colloquium 1956, ^{5}1979. — Die erste historiographische Gesamtdarstellung stützt sich hauptsächlich auf das Quellenmaterial der Nürnberger NS-Prozesse.

»Protektorat Böhmen und Mähren«

Brandes, Detlev, *Die Tschechen unter deutschem Protektorat,* Band 1: *Besatzungspolitik, Kollaboration und Widerstand im Protektorat Böhmen und Mähren bis Heydrichs Tod. 1939–1942,* Band 2: *Besatzungspolitik, Kollaboration und Widerstand im Protektorat Böhmen und Mähren von Heydrichs Tod bis zum Prager Aufstand. 1942–1945*, München: Oldenbourg 1969, 1975.

Dagan, A. et al. (Hg.), *The Jews of Czechoslovakia,* Philadelphia 1984.

Wlaschek, Rudolf M., *Juden in Böhmen. Beiträge zur Geschichte des Judentums im 19. und 20. Jahrhundert,* München: Oldenbourg 1990.

Musik und Kabarett im Nationalsozialismus

Akademie der Künste (Hg.), *Geschlossene Vorstellung. Der jüdische Kulturbund in Deutschland 1933–1941*, Berlin: Edition Hentrich 1992.

Broder, Henryk M. / Eike Geisel, *Premiere und Pogrom. Der jüdische Kulturbund 1933–1941,* Berlin: Siedler 1992.

Dümling, Albrecht / Peter Girth (Hg.), *Entartete Musik. Eine kommentierte Rekonstruktion zur Düsseldorfer Ausstellung von 1938,* Düsseldorf 1988. — Zur Publikation erschienen Tonbeispiele auf MC und CD.

Heister, Hanns-Werner / Hans-Günter Klein (Hg.), *Musik und Musikpolitik im faschistischen Deutschland*, Frankfurt a. M.: Fischer 1984.

Hippen, Reinhard, *Es liegt in der Luft. Kabarett im Dritten Reich*, Zürich: Pendo 1988 (Kabarettgeschichten; Band 13).

Kater, Michael H., *Different Drummers. Jazz in the Culture of Nazi Germany*, New York / Oxford: Oxford University Press 1992.

Kellersmann, Christian, *Jazz in Deutschland von 1933–1945*, Menden: Jazzfreund 1990 (Jazzfreund-Publikation, Band 40).

Meyer, Michael: *The Politics of Music in the Third Reich.* New York / Bern / Frankfurt a. M. / Paris: Peter Lang 1991.

Musikalische Volkskultur und die politische Macht. 13. Arbeitstagung der Kommission für Lied-, Musik- und Tanzforschung in der Deutschen Gesellschaft für Volkskunde vom 24. bis 27. 9. 1992 in der Hochschule für Musik »Franz Liszt« Weimar. Essen: Die Blaue Eule 1993. — In Vorbereitung; vgl. die Beiträge von Kurt Thomas und Hans Ludger Kreuzheck.

Prieberg, Fred K., *Musik im NS-Staat*, Frankfurt a. M.: Fischer 1982, 1989.

Wulf, Joseph, *Musik im Dritten Reich. Eine Dokumentation*, Frankfurt a. M. / Berlin / Wien: Ullstein 1966, 1989 *(Kultur im Dritten Reich*, Band 5). — Umfangreiche Dokumentation von Quellenmaterial.

Zwerin, Mike, *La tristesse de Saint Louis. Swing unter den Nazis,* aus dem Amerikanischen von W. R. Langer, Wien: Hannibal 1988.

Nachschlagewerke

Institut für Zeitgeschichte / Research Foundation for Jewish Immigration Inc., *Biographisches Handbuch der deutschsprachigen Emigration nach 1933*, New York; Band I: *Politik, Wirtschaft, öffentliches Leben,* Band II (1,2): *The Arts, Sciences, and Literature,* München / New York / London / Paris: K. G. Saur 1980–1983. — Das Handbuch ist mit seinen über 8000 Biographien eine Art »Who's Who« der jüdischen Intelligenz und darüber hinaus ein Stück Sozialgeschichte der Emigration.

Czech, Danuta, *Kalendarium der Ereignisse im Konzentrationslager Auschwitz-Birkenau. 1939–1945,* Reinbek bei Hamburg: Rowohlt 1989. — Die Chronologie der täglichen Ereignisse in Auschwitz gibt mikroskopischen Einblick in die Entwicklung des ganzen Lagerkosmos.

Gilbert, Martin, *Endlösung. Die Vertreibung und Vernichtung der Juden. Ein Atlas,* Reinbek bei Hamburg: Rowohlt 1982. — 316 Karten mit Darstellungen zum Genozid an Juden, Sinti und Roma, zur »Euthanasie«, zur Ermordung von Kriegsgefangenen und zur nationalsozialistischen Besatzungspolitik.

Gutman, Israel et al. (Hg.), *Enzyklopädie des Holocaust. Die Verfolgung und Ermordnung der europäischen Juden,* 3 Bände, Berlin: Argon 1993.

Gedenkbuch – Opfer der Verfolgung der Juden unter der nationalsozialistischen Gewaltherrschaft in Deutschland. 1933–1945, bearbeitet vom Bundesarchiv, Koblenz, und dem Internationalen Suchdienst, Arolsen, Koblenz 1986.

Studienkreis Deutscher Widerstand (Hg.), *Heimatgeschichtlicher Wegweiser zu Stätten des Widerstandes und der Verfolgung 1933–1945*; bisher erschienen: Band 1: *Hessen*; Band 2: *Niedersachsen I*; Band 3: *Niedersachsen II*; Band 4: *Saarland*; Band 5: *Baden-Württemberg I*; Band 6: *Bremen Bremerhaven, Bremen-Nord,* Köln: Pahl-Rugenstein (bis Band 4) 1984–1990; Frankfurt a. M.: Verlag für Akademische Schriften 1991ff. — Geographisch nach Landkreisen und Orten gegliedert, werden Daten zu Lagern, Widerstands- und Verfolgungsaktionen erhoben und zusammengetragen sowie weiterführende Literaturangaben aufgelistet.

Weinmann, Martin (Hg.), *Das nationalsozialistische Lagersystem (CCP)*, mit Beiträgen von A. Kaiser, U. Krause-Schmitt u. M. Weinmann, Frankfurt: Zweitausendeins 1990. — Hauptstück des Buches bildet der Reprint des »Catalogue of Camps and Prisons«, das bis heute umfangreichste, noch unter den Alliierten erstellte geographische Gesamtverzeichnis nationalsozialistischer Lager und Haftstätten.

Bibliographien

Edelheit, A. J. / H. Edelheit, *Bibliography on Holocaust Literature*, 2 Bände, Boulder 1986 / 1990.

Hüttenberger, Peter, *Bibliographie zum Nationalsozialismus*, Göttingen 1980.

II Quellen und Dokumente

Liedsammlungen

Ackermann, Emil / Wolfgang Szepansky, *»... denn in uns zieht die Hoffnung mit«. Lieder, gesungen im Konzentrationslager Sachsenhausen*, hg. v. Sachsenhausenkomitee Westberlin, Berlin [o. J.]. — A. und S. waren im KZ Sachsenhausen inhaftiert. Zur Publikation ist eine MC mit Liedbeispielen erhältlich.

[Anonym,] *Das Lagerliederbuch. Lieder, gesungen, gesammelt und geschrieben im Konzentrationslager Sachsenhausen bei Berlin 1942*, Dortmund: Pläne ^{4}1983. — Reprint eines KZ-Liederbuches mit 152 teilweise illustrierten Liedern.

Committee of Jews of Vilna in France (Hg.), *Dos Gezang fun Vilner Getto*, Paris 1947.

Congress for Jewish Culture (Hg.), *Lider fun Getto un Viderstand*, New York 1983.

Fater, I., *Yidishe Musik in Polyn. Tsvishn Bayde Velt Milkhomes*, Tel Aviv 1970.

Feder, Z. (Hg.), *Zamlung fun Katset un Geto lider*, Bergen-Belsen 1946.

Frankl, Hai / Topsy, *Jiddische Lieder*, Frankfurt a. M.: Fischer 1981.

Gebirtig, Mordechaj, *Jiddische Lieder*, hg. v. Manfred Lemm, Wuppertal: Edition Künstlertreff 1992. — Manfred Lemm & Ensemble haben mehrere CDs mit Liedern von G. eingespielt. → IV Diskographie

Gottlieb, Malke / Mlotek, Eleanor (Hg.), *We are here. Songs of the Holocaust*, mit einem Vorwort von E. Wiesel, New York: Educational Dept. of the Workmen's Circle 1983.

Gottlieb, M. / Ch. Mlotek (Hg.), *25 Ghetto Songs*, New York 1968.

Jaldati, Lin / Eberhard Rebling (Hg.), *'s brent, briderlech, 's brent. Es brennt, Brüder, es brennt. Jiddische Lieder*, Nachdichtung von Heinz Kahlau, Berlin: Rütten & Loening 1966, erweiterte Auflage ^{2}1985.

Janda, Elsbeth / Max M. Sprecher (Hg.), *Lieder aus dem Ghetto. Fünfzig Lieder jiddisch und deutsch mit Noten*, mit einem Vorwort von Fritz Nötzoldt, München: Ehrenwirth 1962.

Kalisch, Shoshana / Barbara Meister, *Yes we sang! Songs of the Ghettos and Concentration Camps*, New York etc. 1985.

Katscherginsky, Scholem, *Lieder aus dem Wilnaer Ghetto*, Paris 1947.

Katscherginsky, Shmaryahu (»Schmerke«) / H. Leivick, *Lider fun die Getos un Lagern*, New York 1948. — Eine der ersten Anthologien; sie enthält 236 Lieder.

Katzenelson, Itzhak, *Le chant du peuple juif massacré*, Ghetto Fighters House Publishers Ltd. 1983. — Unvollständige Übersetzung.

Kon, H., *30 Songs of the Ghetto*, New York 1960.

Kon, H., *Kdoishim-Martyrs*, New York 1947.

Kon, H., *More Songs of the Ghetto*, New York 1972.

Lammel, Inge / Günter Hofmeyer (Hg.), *Lieder aus den faschistischen Konzentrationslagern*, Leipzig: Friedrich Hofmeister 1962 (Das Lied – Im Kampf geboren, Heft 7). — Enthält mehrere Faksimiles eines handschriftlichen Liederbuchs aus dem KZ Sachsenhausen.

Leichter, Sinai / Abba Kovner / Aharon Vinkovetzky, *Anthology of yiddish folksongs,* 4 Bände, Hebrew University of Jerusalem, Jerusalem: Magnes Press 1983–1987.

Linde, Carsten (Hg.), *KZ-Lieder. Eine Auswahl aus dem Repertoire des polnischen Sängers Alex Kulisiewicz*, Sievershütten: Wendepunkt 1972. — K. (1918–1982) verfaßte als Häftling im KZ Sachsenhausen mehrere Lagerlieder, die er nach seiner Befreiung in Konzerten in der ganzen Welt immer wieder vortrug. In seinem einzigartigen Privatarchiv sammelte er musikalische, literarische und künstlerische Dokumente aus den Lagern. Einige seiner Forschungsergebnisse sind veröffentlicht. → III Historiographie

Met bloed en niet met inkt is dit geschreven. Liederen uit ghetto's en konsentratiekampen, Kreuze en transkriptie: Chanah Milner, Bewerking: Wim Gijsen, Den Haag 1966.

Migdal, Ulrike (Hg.), *Und die Musik spielt dazu. Chansons und Satiren aus dem KZ Theresienstadt*, München: Piper 1986.

Pups, R., *Das Lid fin Getto,* Warschau 1962.

Rubin, Ruth, *Voices of a people. The story of yiddish folksong*, Philadelphia 1979. — Publikation mit stark dokumentarischem Charakter.

Sakanishi, Hachiro (Hg.), *Ecce Homo*, Tokio 1974. — In japanischer Sprache; basiert hauptsächlich auf Materialien aus dem Privatarchiv von Aleksander Kulisiewicz.

Sobol, Joshua, *Ghetto. Schauspiel in drei Akten. Mit Dokumenten und Beiträgen zur zeitgeschichtlichen Auseinandersetzung sowie Zeichnungen von Johannes Grützke*, hg. v. Harro Schweizer, Berlin: Quadriga 1984. — Abdruck des eindrucksvollen Theaterstücks (u. a. ergänzt durch Lieder aus dem Ghetto Wilna), in dem sich S. mit der Ambivalenz künstlerischer Aktivitäten im Ghetto auseinandersetzt.

Spector, Johanna (Hg.), *Ghetto und Kazetlieder aus Lettland und Litauen*, Wien 1947.

Weiner, L., *Songs of the Concentration Camps*, New York 1948.

Wulf, Joseph, *Yiddish-Gedichte aus den Ghettos 1939–1945*, Übersetzungen aus dem Yiddish von Iris von Stryk, Berlin-Grunewald 1964.

Erinnerungsliteratur / Biographien / Dokumentationen

Adler, Hans Günther, *Die verheimlichte Wahrheit*, Theresienstädter Dokumente. Tübingen: J. C. B. Mohr 1958.

Cummings, Paul F.: *Dachau Song* [The twentieth-century odyssey of Herbert Zipper], Frankfurt a. M. / Paris: Peter Lang 1992. — Z. war im KZ Dachau, wo er 1938 die Melodie zum Dachau-Lied (Text: Jura Soyfer) schrieb, und im KZ Buchenwald inhaftiert. Vgl.: »Über die Entstehung des Dachau-Lieds. Mit Herbert Zipper sprach Wilhelm Zobl«, in: *Österreichische Musik Zeitschrift* 1988, Heft 12, Seite 666–676.

Bejarano, Esther, *»Man nannte mich Krümel«. Eine jüdische Jugend in den Zeiten der Verfolgung*, hg. v. Auschwitz-Komitee in der Bundesrepublik e. V. Hamburg: Curio ²1991. — B. war 1943 als Akkordeonistin und Flötistin Mitglied des Frauenorchesters von Auschwitz-Birkenau. Begleitet von dem Ensemble »Coincidence« tritt sie zusammen mit ihrer Tochter in Konzerten auf; das Repertoire besteht hauptsächlich aus Widerstandsliedern. → IV Diskographie

Bor, Josef, *Theresienstädter Requiem. Eine Novelle*, Berlin: Der Morgen 1975.

Buchenwald. Mahnung und Verpflichtung. Dokumente und Berichte, Berlin: VEB Deutscher Verlag der Wissenschaften ⁴1983. — Lagermonographie mit vielen Zeitzeugenberichten.

Coudy, Réne / Simon Laks, *Musiques d'un autre monde*, Préface de Georges Duhamel de l'Académie Française, Paris 1948; mit einigen Ergänzungen versehen und in englischer Sprache veröffentlicht: Laks, Szymon, *Music of Another World*, transl. by Chester A. Kisiel, Evanston, Illinois: Northwestern University Press 1989; eine Teilübersetzung in deutscher Sprache ist erschienen in: Hans Günther Adler / Hermann Langbein / Ella Lingens-Reiner (Hg.), *Auschwitz. Zeugnisse und Berichte*, Frankfurt a. M.: Europäische Verlags-Anstalt 1962, Seite 223–232. — C. und L. waren Mitglieder der Lagerkapelle im Männerlager von Auschwitz-Birkenau.

Elias, Ruth, *Die Hoffnung erhielt mich am Leben. Mein Weg von Theresienstadt und Auschwitz nach Israel*, München: Piper 1988.

Fénelon, Fania, *Das Mädchenorchester von Auschwitz* [»Sursis pour l'Orchestre. Témoignage recueilli par Marcelle Routier«, Paris 1976], deutsch von S. Loritz, Frankfurt a. M.: Röderberg 1980; München: dtv 1981, ⁵1986. — F. orchestrierte 1944 für das Frauenorchester von Auschwitz-Birkenau, in dem sie auch sang. Nach dem Drehbuch Arthur Millers entstand aufgrund ihrer Lebenserinnerungen der Film »Playing for Time« [Spiel um Zeit – Das Mädchenorchester in Auschwitz].

Grand, Anselm J., *Turm A ohne Neuigkeit. Erleben und Bekenntnis eines Österreichers. Ein Komponist, Maler und Schriftsteller schildert das KZ*, Wien / Leipzig: Ludwig Doblinger (Bernhard Herzmansky), o. J. [1946].

Jani, Emilio, *Mi ha salvato la voce* [Meine Stimme hat mich gerettet], Milano 1960.

Langhoff, Wolfgang, *Die Moorsoldaten*, mit einem Vorwort von Werner Heiduczek, Köln: Röderberg 1988. — Einer der ersten Berichte aus einem deutschen KZ, den L. nach seiner Entlassung aus dem KZ Bögermoor verfaßte (Erstausgabe: Zürich 1935). L. schildert darin u. a. die Entstehung und Erstaufführung des Moorsoldatenliedes (1933). Vgl. dazu: Hanns Eisler, »Bericht über die Entstehung eines Arbeiterliedes«, in: ders., *Musik und Politik. Schriften 1924–1948*, Leipzig 1973, Seite 274–280.

Mandl, Herbert, *Musik aus der Finsternis. Ein Lebensbericht aus Auschwitz und Dachau 1944/45*, Ingolstadt 1983 (Veröffentlichung der Zeitgeschichtlichen Forschungsstelle, Band 6).

Meyer, Henry, »Mußte da auch Musik sein? Der Weg eines Geigers von Dresden über Auschwitz nach Amerika«, in: *Musik und Exil. Folgen des Nazismus für die internationale Musikkultur*, hg. v. Hanns-Werner Heister, Claudia Maurer-Zenck und Peter Petersen, Frankfurt a. M. 1993. — In Vorbereitung.

Niemand und nichts vergessen. Ehemalige Häftlinge aus verschiedenen Ländern berichten über das KZ Sachsenhausen, Berlin: Verlag Ausbildung und Studium in der Elefanten Press 1984. — Sammlung von Zeitzeugenberichten.

Sachnowitz, Herman, *Auschwitz. Ein norwegischer Jude überlebte*, übersetzt von Josef Berg, Frankfurt a. M.: Büchergilde Gutenberg ²1981. — S. spielte in mehreren Lagerkapellen Trompete.

Schmidt, Eberhard, *Ein Lied – ein Atemzug. Erinnerungen und Dokumente*, Gesprächspartner und Hg. Manfred Machlitt, Berlin 1987.

Theresienstadt, aus dem Englischen von Walter Hacker, Wien: Europa-Verlag 1968. — Sammlung von Zeitzeugenberichten zu allen Aspekten des Lageralltags in Theresienstadt.

Walda, Dick, *Trompettist in Auschwitz. Herinneringen van Lex van Weren*, Amsterdam: De Baatsche Leeuw ²1989. — W. war Trompeter im Lagerorchester des Stammlagers von Auschwitz; seine Erinnerungen erschienen in niederländischer Sprache.

III Historiographie

HINWEIS. Die oben unter I zu »Musik und Kabarett im Nationalsozialismus« aufgeführte allgemeine Grundlagenliteratur enthält teilweise auch Hinweise oder Beiträge zum Themenkreis Musik in Lagern.

Musik

Arbeiterklasse und Musik II. Forum: Musik in der DDR. Internationale Tagung der Akademie der Künste der DDR. Wissenschaftliche Abteilung Musik, Arbeiterliedarchiv, 4. bis 6. Dezember 1974, Berlin: Henschel

1977 (Arbeitshefte, Akademie der Künste der DDR, Band 22). — Darin: Friedrich Vogl, »Politischer Widerstand im österreichischen Lied«, Seite 40–46; Inge Lammel, »Lied und Gesang im illegalen Widerstand gegen den Faschismus in Deutschland 1933–1945«, Seite 46–50; Dietrich Brennecke, »KZ-Lieder. Fragen an Aleksander Kulisiewicz«, Seite 50–58, 184–189.

Bergmeier, Horst J. P., »Sie spielten um ihr Leben ...«, in: *Fox auf 78. Ein Magazin rund um die gute alte Tanzmusik* 1987, Heft 3, Frühjahr, Seite 12–20. — Über Musik im Durchgangslager Westerbork (Niederlande).

Bloch, Max, »Viktor Ullmann. A brief biography and appreciation«, in: *Journal of the Arnold Schoenberg Institute* 1979, Heft 2, Seite 150–177. — U. (1898–1944) war von 1941–1944 im KZ Theresienstadt inhaftiert, wo er u. a. die Oper »Der Kaiser von Atlantis oder Der Tod dankt ab« komponierte. Im Oktober 1944 wurde er in Auschwitz ermordet.

Chansons und Satiren aus Theresienstadt, hg. v. Direktor des Theaters in der Josefstadt GmbH. Wien 1992. — Programmheft.

Dauer, Hannelore, »Kunst im täglichen Schatten des Todes. Künstlerischer Widerstand in Konzentrationslagern und Ghettos«, in: *Tribüne. Zeitschrift zum Verständnis des Judentums* 1984, Heft 90, Seite 116–124.

Dem Morgenrot entgegen! Lied und Musik der sozialistischen Arbeiterbewegung. Eine Dokumentar-Ausstellung zu Ehren der Einweihung des Buchenwald-Mahnmals, Weimar 1958. — Ausstellungsbegleitheft.

Den Opfern der Gewalt. Europäische Komponisten – gestorben in den Weltkriegen und Konzentrationslagern. 2. Baden-Württembergische Musikhochschultage in Stuttgart vom 11. bis 18. 10. 1989, Stuttgart 1989. — Programmheft.

Eberle, Gottfried (Hg.), *Erwin Schulhoff. Die Referate des Kolloquiums in Köln am 7. Oktober 1992, veranstaltet von der Kölner Gesellschaft für Neue Musik und musica reanimata*, Hamburg: von Bockel 1993 (Verdrängte Musik. NS-verfolgte Komponisten und ihre Werke, Band 5). — In Vorbereitung.

Fackler, Guido, »Musik in Konzentrations- und Vernichtungslagern«, in: *Gedenkstätten-Rundbrief*, hg. v. Aktion Sühnezeichen Friedensdienste e. V. 1991, Heft 44, September, Seite 3–9.

Fackler, Guido: *»We never would have survived without music.« Jazz im KZ Theresienstadt. Unter besonderer Berücksichtigung von Jazz im »Dritten Reich« und Jazz in nationalsozialistischen Konzentrationslagern*, Freiburg 1991. — Unveröffentlichte Magisterarbeit.

Flam, Gila, *Singing for Survival. Songs of the Lodz Ghetto 1940–45*, Urbana / Chicago: University of Illinois Press 1992.

Freise, Judith / Joachim Martini, *Jüdische Musikerinnen und Musiker in Frankfurt 1933–1942. Musik als Form geistigen Widerstandes*, Frankfurt a. M.: Otto Lembeck 1990. — Ausstellungsbegleitheft. Auflistung der musikalischen Aktivitäten der Israelitischen Gemeinde Frankfurts mit kurzen biographischen Notizen zum Schicksal der Musikerinnen und Musiker.

Freund, Florian / Franz Ruttner / Hans Safrian, *Ess firt kejn weg zurik ... Geschichte und Lieder des Ghettos von Wilna 1941–1943*, mit einem Vorwort von Simon Wiesenthal, Wien: Picus 1992. — Zum Buch erschien eine CD bei »Extraplatte« in Wien.

Gatter, Nikolaus, »Vergeßt uns nicht! Ein einzigartiges Archiv soll aus Europa verschwinden«, in: *Musikblatt*, 1990, Heft 90, Seite 26–30. — Über das Privatarchiv von Aleksander Kulisiewicz.

Gatter, Nikolaus, *Kommentierte Auswahl-Mediographie zu Aleksander Kulisiewicz*, Supplement zum Weltmusik-Sonderheft 1990, Musikblatt Heft 141, Göttingen 1990.

Hoffmann, Heidi Tamar / Hans-Günter Klein, *Musik in Theresienstadt. Die Komponisten Pavel Haas, Gideon Klein, Hans Krása, Viktor Ullmann, Erwin Schulhoff (gestorben im KZ Wülzburg) und ihre Werke. Die Referate des Kolloquiums in Dresden am 4. Mai 1991 und ergänzende Studien*, Berlin 1991 (Verdrängte Musik. NS-verfolgte Komponisten und ihre Werke, Band 1).

John, Eckhard, »Musik und Konzentrationslager. Eine Annäherung«, in: *Archiv für Musikwissenschaft*, XLVIII. Jg., 1991, Heft 1, Seite 1–36. — Kompakter und souveräner Problemaufriß.

Karas, Joza, *Music in Terezin 1941–1945*, New York: Beaufort Books Publishers in Ass. with Pendragon Press 1985. — Umfassende Darstellung der musikalischen Aktivitäten im KZ Theresienstadt.

Karbusicky, Vladimir, »Karel Hašler. Ein im KZ umgebrachter Liedermacher«, in: *Dokumente,* Band 2: *Ethnische Minderheiten. Regionalismus. Rassismus. Dokumente. Referate der Tagung Ethnische Minderheiten. Regionalismus. Rassismus, vorgetragen am 18. November 1989 im Musikwissenschaftlichen Institut der Universität Hamburg,* Herausgegeben von Musik von unten e. V. Hamburg (Selbstverlag) 1991, Seite 51–74.

Klein, Hans-Günter (Hg.), *Viktor Ullmann. Materialien*, mit Beiträgen von Viktor Ullmann, Vlasta Benetková, Jan Dostal und Hans-Günter Klein, Hamburg: von Bockel 1992 (Verdrängte Musik. NS-verfolgte Komponisten und ihre Werke, Band 2).

Kraft, Günther, »Die künstlerisch-musikalische Arbeit im ehemaligen Konzentrationslager Buchenwald«, in: *Thüringer Heimat. Wissenschaftliche Heimatzeitschrift für die Bezirke Erfurt, Gera, Suhl*, 4. Jg., 1959, Heft 1, Seite 1–9.

Kreuzheck, Hans-Ludger, »›Unsere Kuhle‹. Musik im KZ Neuengamme und in anderen Lagern«, in: *Zündende Lieder. Verbrannte Musik*, hg. v. der Projektgrupppe Musik und Nationalsozialismus am Musikwissenschaftlichen Institut der Universität Hamburg, Hamburg: VSA 1988, Seite 55–68.

Kreuzheck, Hans-Ludger, »Musik im Konzentrationslager. Lieder aus der Hölle«, in: *Dokumente.* Band 1: *Was ist Musik von unten?*, Referate der Tagung Was ist Musik von unten?, gehalten am 19. November 1988, hg. v. Musik von unten e.V., Hamburg (Selbstverlag) 1989, Seite 12–18.

Kreuzheck, Hans-Ludger, *Musik im KZ. Zur Rekonstruktion und funktionalen Bestimmung musikalischen Verhaltens in extremer Situation*, Hamburg 1991. — Unveröffentlichte Magisterarbeit.

Kühn, Volker, »Kabarett im Angesicht des Todes«, in: *Frankfurter Allgemeine Magazin*, Heft 560 vom 23.11.1990, Seite 32–43. — K. ist Autor des Dokumentarfilms »Totentanz. Kabarett hinter Stacheldraht« (HR 1991).

Kulisiewicz, Aleksander, »Dalsze przyczynki do zagadnien psychopatologii muzyki i piesni w obozach hitlerowskich« [Weitere Beiträge zur Psychopathologie von Musik und Liedern in den Nazi-Lagern], in: *Przeglad Lekarski* [Medizinische Rundschau], 1975, Seite 33–40.

Kulisiewicz, Aleksander, »Dalsze przyczynki do zagadnien muzyki i piesni w zakresie samoobrony psychicznej wiezniow w obozach hitlerowskich« [Weitere Beiträge zu Musik und Liedern als psychische Selbstverteidigung der Häftlinge in den Nazi-Lagern], in: *Przeglad Lekarski* [Medizinische Rundschau], 1979, Seite 38–50.

Kulisiewicz, Aleksander, »Muzyka i piesn jako wspolczynnik samoobrony psychicznej wiezniow w obozach hitlerowskich« [Musik und Lieder als Faktor der psychischen Selbstverteidigung der Häftlinge in den Nazi-Lagern], in: *Przeglad Lekarski* [Medizinische Rundschau], 1977, Heft 1, Seite 66–77.

Kulisiewicz, Aleksander, »Z zagadnien psychopatologii muzyki i piesni w obozach hitlerowskich« [Zur Psychopathologie von Musik und Liedern in den Nazi-Lagern], in: *Przeglad Lekarski* [Medizinische Rundschau], 1974, Seite 39–45.

Kuna, Milan, *Hudba v koncentračních táborech* [Musik in Konzentrationslagern], Terezín 1982. — Ausstellungskatalog, Entwurf und Gestaltung der Ausstellung: Milan Kuna.

Lammel, Inge, »Lied und Gesang im antifaschistischen Widerstandskampf. Zur Methodik der Forschung im Arbeiterliedarchiv«, in: *Mitteilungen der Akademie der Künste der DDR*, XIII. Jg., 1975, Heft Mai–Juni, Seite 2–5.

Lammel, Inge, »Lieder im faschistischen Konzentrationslager. Aus der Tätigkeit des Arbeiterliedarchivs der Akademie der Künste der DDR«, in: *Musik und Gesellschaft*, 33. Jg., 1983, Heft 1, Januar, Seite 16–20.

Lammel, Inge, »Zur ethischen Funktion des deutschen KZ-Liedes«, in: *Musik und Gesellschaft*, 16. Jg., 1966, Seite 148–153.

Mai, Günter/Scheidacker, Wolfgang, *»Der vorletzte Akt – Brundibár«. Die Geschichte der Kinderoper von Theresienstadt.* München 1966 (Sonderreihe aus gestern und heute. Dokumentationen und zeitgeschichtliche Beiträge, Nr. 15).

Margry, Karel, »›Theresienstadt‹ (1944–1945). The Nazi Propaganda Film Depicting the Concentration Camp as Paradise«, in: *Historical Journal of Film, Radio and Television,* 12. Jg. (1992), Heft 2, Seite 145–162.

Mellacher, Karl, *Das Lied im österreichischen Widerstand. Funktionsanalyse eines nichtkommerziellen literarischen Systems*, Wien: Europa-Verlag 1986 (Materialien zur Arbeiterbewegung, Band 44).

mr-Mitteilungen [seit 1992; Vorläufer: Animation (seit 1990)], hg. v. musica reanimata, Berlin.

Musik aus Theresienstadt. Eine Veranstaltung der Projektgruppe Musik und Nationalsozialismus im Verein Musik von unten e. V. in Zusammenarbeit mit dem Terezin Music Memorial Project, Hamburg 1990. — Programmheft.

Musik in Auschwitz. Begleitheft zur Ausstellung, Frankfurt 1988. — Eine Ausstellung der Evangelischen Initiative »Zeichen der Hoffnung Znaki Nadziei e.V.« in Zusammenarbeit mit der Staatlichen Gedenkstätte Auschwitz-Birkenau, Polen, und der Evangelischen Erwachsenenbildung Frankfurt a. M., Idee und Konzeption: J. Martini, B. Schneppen-Rauer.

Muth, Wolfgang, »›Rhythmus‹ – ein internationales Jazzorchester in Buchenwald«, in: *Eiserne Lerche*, 1984, Heft 2, Seite 14–16.

Muth, Wolfgang, »Musik hinter Stacheldraht. Swing in Ghetto und KZ«, in: *»Swing Heil«. Jazz im Nationalsozialismus*, hg. v. Bernd Polster, Berlin: Transit 1989, Seite 211–220.

Probst-Effah, Gisela, »Das Lied im NS-Widerstand. Ein Beitrag zur Rolle der Musik in den nationalsozialistischen Konzentrationslagern«, in: *Musikpädagogische Forschung*, Band 9, Laaber 1989, Seite 79–89.

Projektgruppe Musik in Konzentrationslagern (Hg.), *Musik in Konzentrationslagern*, Freiburg (Selbstverlag) 1991, [2]1992. — Katalog zur Veranstaltungsreihe vom 21.10. bis 18.12.1991 in Freiburg i. Br.

Salmen, Walter: *Critiques musicaux d'artistes. Künstler und Gelehrte schreiben über Musik,* Freiburg: Rombach 1993. — Enthält einen kommentierten Abdruck einer Musikkritik von Kurt Singer über die Aufführung von Verdis Requiem im KZ Theresienstadt.

Schneider, Wolfgang, *Kunst hinter Stacheldraht. Ein Beitrag zur Geschichte des antifaschistischen Widerstandskampfes*, Weimar 1973. — Über künstlerische und musikalische Aktivitäten von Häftlingen im KZ Buchenwald; leider ohne genaue Quellennachweise.

Schneider, Wolfgang, *Lebenswille hinter Stacheldraht*, Weimar / Berlin 1975. — Ausstellungskatalog.

Schultz, Ingo, »›... ich bin schon lange ein begeisterter Verehrer Ihres 'Wozzek'...‹ Viktor Ullmann und Alban Berg«, in: *Musiktheorie,* 7. Jg., 1992, S. 113–128.

Schultz, Ingo, »Viktor Ullmann. 1898–1944. Der verschüttete Lebensweg eines Musikers der geköpften Generation«, in: *mr-Mitteilungen,* 1993, Heft Nr. 4/Januar, S. 1ff.

Schultz, Ingo (Hg.), *Viktor Ullmann. 26 Kritiken über musikalische Veranstaltungen in Theresienstadt*, mit einem Geleitwort von Thomas Mandl, Hamburg: von Bockel 1993 (Verdrängte Musik. NS-verfolgte Komponisten und ihre Werke, Band 3). — Interviews mit Zeitzeugen ergänzen die Besprechungen Ullmanns, die im KZ Theresienstadt entstanden.

Schultz, Ingo (Hg.), *Viktor Ulmann – Pressespiegel. Die Werke der zwanziger Jahre*, Hamburg: von Bockel 1993 (Verdrängte Musik. NS-verfolgte Komponisten und ihre Werke, Band 4). — In Vorbereitung.

Schultz, Ingo, »Viktor Ulmann. Jude – Anthroposoph – ›Entarteter Musiker‹«, in: *Flensburger Hefte*, Sonderheft »Anthroposophen in der Zeit des Faschismus. Zur Verschwörungsthese«, Flensburg 1991, Seite 5–26.

Seidel, Sonja, *Kultur und Kunst im antifaschistischen Widerstandskampf im Konzentrationlager Buchenwald*, Weimar-Buchenwald 1983 (Buchenwaldheft 18).

Staar, Sonja, *Kunst, Widerstand und Lagerkultur. Eine Dokumentation*, Weimar-Buchenwald 1987 (Buchenwaldheft 27).

Tihlaríková, Jaromíra, »Komponisten in Theresienstadt«, in: *Melos. Zeitschrift für neue Musik*, 36. Jg., 1969, Heft 6, Seite 252–253.

Vrkočová, Ludmila, *Hudba terezínského ghetta*, Praha 1981.

Widmaier, Tobias, »›Allen Gewalten zum Trotz sich erhalten …‹ Spuren geistiger Behauptung im KZ«, in: *Saarbrücker Hefte*, 1992, Heft 67, Seite 21–25.

Widmaier, Tobias, »Dadaist mit Wolkenpumpe. Zur Wiederentdeckung von Erwin Schulhoff«, in: *Neue Zeitschrift für Musik*, 152. Jg. 1991, Heft 11, Seite 5–11.

Bildende Kunst

Arbeitskreis Stadtgeschichte Salzgitter / Aufbaustudiengang Kulturarbeit und Erwachsenenbildung der Hochschule für bildende Künste Hannover (Hg.), *Bilder, die nicht vergessen lassen. Fünf italienische Künstler in deutschen KZ's: Babieri – Belgiojoso – Carpi – Music – Slama*, Hannover 1987.

Barrau, Jacques: *Zeichnungen aus einem Lager. Das KZ-Außenkommando Neckarelz*, Karlsruhe: Michael Schmid 1992.

Brebeck, Wulff E., et al., *Über-Lebens-Mittel. Kunst aus Konzentrationslagern und in Gedenkstätten für Opfer des Nationalsozialismus*, Marburg: Jonas 1992. — Mit ausführlicher Bibliographie.

Das Buch des Alfred Kantor, mit einem Vorwort von Friedrich Heer, aus dem Amerikanischen von J. Eidlitz, Frankfurt a. M.: Jüdischer Verlag 1987.

Costanza, Mary S., *Bilder der Apokalypse. Kunst in Konzentrationslagern und Ghettos*, München: Kindler 1983.

Frommhold, Erhard (Hg.), Kunst im Widerstand 1922 bis 1945. Malerei – Grafik – Plastik, Vorwort von Ernst Niekisch, Dresden: VEB Verlag der Kunst / Frankfurt a. M.: Röderberg 1968.

Green, Gerald, *The Artists of Terezin*, New York: Schocken Books 1978.

Gurs. Ein Internierungslager in Südfrankreich 1939–1943. Zeichnungen – Aquarelle – Fotografien, Sammlung Elsbeth Kasser. Skovgaard Museets Forlag [o. J.]. — Ausstellungskatalog.

Herzog, Monika, *Ravensbrücker Zeichnungen. »… Hoffnung, die in uns lebt«*, mit einem Beitrag von Hans Hübner, hg. v. der Nationalen Mahn- und Gedenkstätte Ravensbrück, Fürstenberg 1990.

Heubner, Christoph / Alwin Meyer / Jürgen Pieplow, *Gesehen in Auschwitz: Lebenszeichen*, Berlin: Aktion Sühnezeichen / Friedensdienste 1987.

Hoffmann Detlev / Karl Ermert (Hg.), *Kunst und Holocaust. Bildliche Zeugen vom Ende der westlichen Kultur*, Loccum (Selbstverlag) 1990 (Loccumer Protokolle 14 / 1989). — Dokumentation einer Tagung der Evangelischen Akademie Loccum vom 19. bis 21 Mai 1989; siehe hierin besonders: Gisela Probst-Effah, »Musik in Konzentrationslagern«, Seite 121–141.

Julsgaard-Larsen, S. (Tekst) / T. Bostrup, *Buchenwaldsangen. Danmarks Politi's Slagsang i Tekst og Tegninger*, Samlerens Forlag [o. J.].

Kinderzeichnungen aus dem Konzentrationslager Theresienstadt, hg. v. Berufsverband Bildender Künstler Schwaben-Nord und Augsburg e.V., Augsburg (Selbstverlag) 1990. — Ausstellungskatalog.

Kopf hoch, Kamerad! Künstlerische Dokumente aus faschistischen Konzentrationslagern, mit einem Geleitwort von Wolfgang Langhoff, Nachwort von Inge Lammel, Sektion Musik, Abt. Arbeiterliedarchiv, Berlin: Henschel ²1966.

Koscielniak, M., *Bilder von Auschwitz*, Frankfurt a. M. ²1986. — Ausstellungskatalog.

Křížková, Marie R. / Milan Kuna / Oliva Pechová / Eva Šormová, *Umění v Terezíně 1941–1945* [Kunst in Theresienstadt 1941–1945], Terezín 1972.

Milton, Sybil, »Die Kunst im Holocaust«, in: *Die Künste und die Wissenschaften im Exil. Protokoll der Osnabrücker Tagung im Jahre 1983 zum 50. Jahrestag der Bücherverbrennung 1933*, Heidelberg 1988.

Pieck, Henri, *Buchenwald. Zeichnungen aus dem Konzentrationslager*, Frankfurt a. M. 1981.

Spiritual Resistance 1940–1945. Art from Concentration Camps, Kibbutz Lochamei ha Ghettaot, Israel, New York: Union of American Hebrew Congregation 1973.

Stanic, Dorothea (Hg.), *... und draußen blühen Blumen. Kinder im KZ. Mit Kinderzeichnungen aus Theresienstadt, Zeichnungen der Theresienstädter Maler Leo Haas und Fritz Fritta, Fotos und Dokumenten*, Berlin: Elefanten Press ²1982.

Überleben und widerstehen. Zeichnungen von Häftlingen des Konzentrationslagers Auschwitz 1940–1946, Köln 1980. — Ausstellungskatalog.

Widerstand statt Anpassung. Deutsche Kunst im Widerstand gegen den Faschismus. 1933–1945, hg. v. Badischen Kunstverein, Karlsruhe, in Zusammenarbeit mit Elefanten Press, Berlin: Elefanten Press 1980.

Verband Bildender Künstler Württembergs (Hg.), *Kunst zum Überleben – gezeichnet in Auschwitz. Ausstellung von Werken ehemaliger Häftlinge des Konzentrationslagers Auschwitz aus dem Besitz der Gedenkstätte Oswiecim-Brzezinka*, Ulm 1989.

IV Diskographie

Bejarano, Esther, *'s dremlen fejgl oif di zwajgn*, Hamburg: Maske Media 1987, MMG 640 035.

Brundibár. Kinderoper aus dem KZ Theresienstadt, Musik: Hans Krása, Text: Adolf Hoffmeister, dt. Fassung, Instrumentierung und Leitung: Sr. Maria Veronika Grüters, Solisten, Chor und Instrumentalisten des St. Ursula-Gymnasiums Freiburg, Regie: Ute Stüber. Theresienstadt-Hymne gesungen von Ruth Elias. Freiburg: Christopherus-Verlag 1988, LC 0612, 74047. — K. (1899–1944) schrieb die Kinderoper 1938. Von 1942–1944 war er im KZ Theresienstadt inhaftiert, wo »Brundibár« nach einem Klavierauszug neu instrumentiert und unter Leitung von Rudolf Freudenfeld 55 mal aufgeführt wurde. K. wurde mit den Herbsttransporten nach Auschwitz deportiert, wo er im Oktober 1944 ermordet wurde.

Chamber music from Theresienstadt 1941–1945, Werke von Gideon Klein und Viktor Ullmann, Hawthorne String Quartet, Virginia Eskin, Piano 1991, CC1 1691.

Chants de la déportation, par Alex Kulisiewicz, Le Chant du Monde, LDX 74552. — Mit Begleitheft.

Frenk, Ruth, *Jewish Songs / Jüdische Lieder*, L'Art 30 DDD.

Frenk, Ruth, *Lieder aus Theresienstadt*, 035 Erasmus Producties.

Hudba psaná v Terezíně / Music written at Terezin, Werke von P. Haas, G. Klein, H. Krása und V. Ullmann, Praha: Panton 1985, 8111 0509 G.

Kulisiewicz, Alec, *Lieder aus der Hölle*, Heidelberg: Da Camera Song 1968, SM 95011.

Lied-Wort-Dokument im antifaschistischen Widerstand 1933–1945. Berlin: VEB Deutsche Schallplatte 1980, Eterna Stereo 8 15 097–098. — Doppel-LP mit Begleitheft.

Manfred Lemm & Ensemble, *Jiddische Lieder des Volkssängers und Arbeiterdichters Mordechaj Gebirtig (Krakau 1877–1942)*, Vol. 1: »Gehat hob ich a hejm«; Vol. 2: »Der singer fun nojt«; Vol. 3: »Majn Jowl«. Wuppertal: Edition Künstlertreff 1989; 1991; 1992; LC 6615.

Songs from the Depths of Hell. New York City: Folkway Records 1979, Album No. FSS 37700. — Gesungen von Aleksander Kulisiewicz; mit einem 16-seitigen Begleitheft.

Terezin. The Music. 1941–44 / Theresienstadt. Die Musik. 1941–44, Vol. 1: »Chamber Music« (Gideon Klein, Viktor Ullmann, Hans Krása); Vol. 2: »Songs and Opera« (Hans Krása, Viktor Ullmann, Pavel Haas), London: Romantic Robot, 54 Deansvroft Avenue, London NW9 8EN. — Doppel-CD mit 28seitigem Begleitheft.

Through Roses. Musikdrama für einen Schauspieler und acht Soloinstrumente, Musik und Text: Marc Neikrug. Hamburg: Polydor 1986, CD 415 9832. — Entstanden 1979 / 1980; N. versucht die Schuldgefühle von Überlebenden des Holocaust anhand des Schicksals eines ehemaligen Mitglieds einer Lagerkapelle mit den Mitteln des Musikdramas darzustellen.

Voices of the Ghetto. Warszava, 1943. Le 19. Avril 1943, commençait l'Insurrection du Ghetto de Varsovie. Chants Yiddish, 7 Productions – André Benichou Association RYTM (Rythme Yiddish dans le Théâtre et la Musique) 1993, 242066 WM 334.

V Archive / Initiativen

Hinweis. Viele der angegebenen Publikationen und Tondokumente sind nur in kleinen Auflagen erschienen und schwer greifbar. In Stadtbüchereien, kommunalen Diskotheken, selbst in wissenschaftlichen Bibliotheken mit Fernleihservice wird manches nur schwer aufzufinden sein. Im folgenden listen wir deshalb einige Institutionen mit einschlägigen Spezialarchiven und Sammlungen auf und nennen Kontaktadressen von Initiativen, die sich mit dem Thema beschäftigen.

Archive / Bibliotheken

Arbeiterliedarchiv an der Akademie der Künste, Hermann-Matern-Straße 58–60, Berlin.

Deutsches Volksliedarchiv, Silberbachstr. 13, D-79100 Freiburg i. Br.

Deutsches Rundfunkarchiv, Bertramstr.8, D-60320 Frankfurt a. M.

Klaus-Kuhnke-Archiv für Populäre Musik, Dechanatstraße 13–15, D-28195 Bremen.

Musikarchiv »Komponisten als Opfer der Gewalt« an der Staatlichen Hochschule für Musik und darstellende Kunst, Urbansplatz 2, D-70182 Stuttgart.

Terezin Music Memorial Project, Universität Tel Aviv, Israel.

United States Holocaust Memorial Museum, Washington D. C., USA. — Zu den Beständen des HMM gehört u. a. das Privatarchiv von Aleksander Kulisiewicz.

Yad Letslilei Haschoa (Institut zur Erhaltung und Erforschung der jüdischen Musik aus der Zeit der Shoa), Tel Aviv, Israel. — Sammelt und publiziert Musikwerke und Lieder.

Initiativen

musica reanimata, Berlin, Kontakt: Wiclefstraße 59, 10551 Berlin.

Musik von unten e. V., Hamburg, Kontakt: Treptowerstraße 140, 22147 Hamburg.

Projektgruppe »Musik in Konzentrationslagern«, Freiburg i. Br., Kontakt: Becherwaldstraße 35, 79249 Merzhausen.

Personenregister

zusammengestellt von *Martin Weinmann*